黨的二十大報告

輔導讀本

責任編輯　鄭海檳　席若菲　王　穎　郭　楊
書籍設計　吳冠曼
校　　對　栗鐵英
排　　版　楊　錄

書　　名　黨的二十大報告輔導讀本

著　　者　《黨的二十大報告輔導讀本》編寫組

出　　版　三聯書店（香港）有限公司
　　　　　香港北角英皇道 499 號北角工業大廈 20 樓

發　　行　香港聯合書刊物流有限公司
　　　　　香港新界荃灣德士古道 220-248 號 16 樓

版　　次　2022 年 11 月香港第一版第一次印刷

規　　格　16 開（170 mm × 240 mm）576 面

國際書號　ISBN 978-962-04-5108-9

目　　錄

高舉中國特色社會主義偉大旗幟
為全面建設社會主義現代化國家
而團結奮鬥

—— 在中國共產黨第二十次全國代表大會上的報告

（2022 年 10 月 16 日）

習 近 平

同志們：

現在，我代表第十九屆中央委員會向大會作報告。

中國共產黨第二十次全國代表大會，是在全黨全國各族人民邁上全面建設社會主義現代化國家新征程、向第二個百年奮鬥目標進軍的關鍵時刻召開的一次十分重要的大會。

大會的主題是：**高舉中國特色社會主義偉大旗幟，全面貫徹新時代中國特色社會主義思想，弘揚偉大建黨精神，自信自強、守正創新，踔厲奮發、勇毅前行，為全面建設社會主義現代化國家、全面推進中華民族偉大復興而團結奮鬥。**

中國共產黨已走過百年奮鬥歷程。我們黨立志於中華民族千秋偉業，致力於人類和平與發展崇高事業，責任無比重大，使命無上光榮。全黨同志務必不忘初心、牢記使命，務必謙虛謹慎、艱苦奮鬥，務必敢於鬥爭、善於鬥爭，堅定歷史自信，增強歷史主動，譜寫新時代中國特色社會主義更加絢麗的華章。

一、過去五年的工作和新時代十年的偉大變革

十九大以來的五年，是極不尋常、極不平凡的五年。黨中央統籌中華民族偉大復興戰略全局和世界百年未有之大變局，召開七次全會，分別就憲法修改，深化黨和國家機構改革，堅持和完善中國特色社會主義制度、推進國家治理體系和治理能力現代化，制定"十四五"規劃和二〇三五年遠景目標，全面總結黨的百年奮鬥重大成就和歷史經驗等重大問題作出決定和決議，就黨和國家事業發展作出重大戰略部署，團結帶領全黨全軍全國各族人民有效應對嚴峻複雜的國際形勢和接踵而至的巨大風險挑戰，以奮發有為的精神把新時代中國特色社會主義不斷推向前進。

五年來，我們堅持加強黨的全面領導和黨中央集中統一領導，全力推進全面建成小康社會進程，完整、準確、全面貫徹新發展理念，着力推動高質量發展，主動構建新發展格局，蹄疾步穩推進改革，扎實推進全過程人民民主，全面推進依法治國，積極發展社會主義先進文化，突出保障和改善民生，集中力量實施脫貧攻堅戰，大力推進生態文明建設，堅決維護國家安全，防範化解重大風險，保持社會大局穩定，大力度推進國防和軍隊現代化建設，全方位開展中國特色大國外交，全面推進黨的建設新的偉大工程。我們隆重慶祝中國共產黨成立一百周年、中華人民共和國成立七十周年，制定第三個歷史決議，在全黨開展黨史學習教育，建成中國共產黨歷史展覽館，號召全黨學習和踐行偉大建黨精神，在新的征程上更加堅定、更加自覺地牢記初心使命、開創美好未來。特別是面對突如其來的新冠肺炎疫情，我們堅持人民至上、生命至上，堅持外防輸入、內防反彈，堅持動態清零不動搖，開展抗擊疫情人民戰爭、總體戰、阻擊戰，最大限度保護了人民生命安全和身體健康，統籌疫情防控和經濟社會發展取得重大

積極成果。面對香港局勢動盪變化，我們依照憲法和基本法有效實施對特別行政區的全面管治權，制定實施香港特別行政區維護國家安全法，落實"愛國者治港"原則，香港局勢實現由亂到治的重大轉折，深入推進粵港澳大灣區建設，支持香港、澳門發展經濟、改善民生、保持穩定。面對"台獨"勢力分裂活動和外部勢力干涉台灣事務的嚴重挑釁，我們堅決開展反分裂、反干涉重大鬥爭，展示了我們維護國家主權和領土完整、反對"台獨"的堅強決心和強大能力，進一步掌握了實現祖國完全統一的戰略主動，進一步鞏固了國際社會堅持一個中國的格局。面對國際局勢急劇變化，特別是面對外部訛詐、遏制、封鎖、極限施壓，我們堅持國家利益為重、國內政治優先，保持戰略定力，發揚鬥爭精神，展示不畏強權的堅定意志，在鬥爭中維護國家尊嚴和核心利益，牢牢掌握了我國發展和安全主動權。五年來，我們黨團結帶領人民，攻克了許多長期沒有解決的難題，辦成了許多事關長遠的大事要事，推動黨和國家事業取得舉世矚目的重大成就。

同志們！十八大召開至今已經十年了。十年來，我們經歷了對黨和人民事業具有重大現實意義和深遠歷史意義的三件大事：一是迎來中國共產黨成立一百周年，二是中國特色社會主義進入新時代，三是完成脫貧攻堅、全面建成小康社會的歷史任務，實現第一個百年奮鬥目標。這是中國共產黨和中國人民團結奮鬥贏得的歷史性勝利，是彪炳中華民族發展史冊的歷史性勝利，也是對世界具有深遠影響的歷史性勝利。

十年前，我們面對的形勢是，改革開放和社會主義現代化建設取得巨大成就，黨的建設新的偉大工程取得顯著成效，為我們繼續前進奠定了堅實基礎、創造了良好條件、提供了重要保障，同時一系列長期積累及新出現的突出矛盾和問題亟待解決。黨內存在不少對堅持黨的領導認識模糊、行動乏力問題，存在不少落實黨的領導弱化、虛化、淡化問題，有些黨員、幹部政治信仰發生動搖，一些地方和部門形式主義、官僚主義、享樂主義和奢靡之風屢禁不止，特權思想和特權現象較為嚴重，一些貪腐問題觸目驚心；經濟結構性體制性矛盾突出，發展不平衡、不協調、不可持續，傳統發展模式難以為繼，一些深層次體制機制問題和利益固化藩籬日益顯現；一些人對中國特色社會主義政治制度自信不足，有法不依、執法不嚴等問題嚴重存在；拜金主義、享樂主義、極端個人主義和歷史虛無主義等錯誤思潮不時出現，網絡輿論亂象叢生，嚴重影響人們思想和社會輿論環境；民生保障存在不少薄弱環節；資源環境約束趨緊、環境污染等問題突出；維護國家安全制度不完善、應對各種重大風險能力不強，國防和軍隊現代化存在不少短板弱項；香港、澳門落實"一國兩制"的體制機制不健全；國家安全受到嚴峻挑戰，等等。當時，黨內和社會上不少人對黨和國家前途憂心忡忡。面對這些影響黨長期執政、國家長治久安、人民幸福安康的突出矛盾和問題，黨中央審時度勢、果敢抉擇，銳意進取、攻堅克難，團結帶領全黨全軍全國各族人民撸起袖子加油幹、風雨無阻向前行，義無反顧進行具有許多新的歷史特點的偉大鬥爭。

十年來，我們堅持馬克思列寧主義、毛澤東思想、鄧小平理論、"三個代表"重要思想、科學發展觀，全面貫徹新時代中國特色社會主義思想，全面貫徹黨的基本路線、基本方略，採取一系列戰略性舉措，推進一系列變革性實踐，實現一系列突破性進展，取得一系列標誌性成果，經受住了來自政治、經濟、意識形態、自然界等方面的風險挑戰考驗，黨和國家事業取得歷史性成就、發生歷史性變革，推動我國邁上全面建設社會主義現代化國家新征程。

——我們創立了新時代中國特色社會主義思想，明確堅持和發展中國特色社會主義的基本方略，提出一系列治國理政新理念新思想新戰略，實現了馬克思主義中國化時代化新的飛躍，堅持不懈用這一創新理論武裝頭腦、指導實踐、推動工作，為新時代黨和國家事業發展提供了根本遵循。

——我們全面加強黨的領導，明確中國特色社會主義最本質的特徵是中國共產黨領導，中國特色社會主義制度的最大優勢是中國共產黨領導，中國共產黨是最高政治領導力量，堅持黨中央集中統一領導是最高政治原則，系統完善黨的領導制度體系，全黨增強"四個意識"，自覺在思想上政治上行動上同黨中央保持高度一致，不斷提高政治判斷力、政治領悟力、政治執行力，確保黨中央權威和集中統一領導，確保黨發揮總攬全局、協調各方的領導核心作用，我們這個擁有九千六百多萬名黨員的馬克思主義政黨更加團結統一。

——我們對新時代黨和國家事業發展作出科學完整的戰略部署，提出實現中華民族偉大復興的中國夢，以中國式現代化推進中華民族偉大復興，統攬偉大鬥爭、偉大工程、偉大事業、偉大夢想，明確"五位一體"總體佈局和"四個全面"戰略佈局，確定穩中求進工作總基調，統籌發展和安全，明確我國社會主要矛盾是人民日益增長的美好生活需要和不平衡不充分的發展之間的矛盾，並緊緊圍繞這個社會主要矛盾推進各項工作，不斷豐富和發展人類文明新形態。

——我們經過接續奮鬥，實現了小康這個中華民族的千年夢想，我國發展站在了更高歷史起點上。我們堅持精準扶貧、盡銳出戰，打贏了人類歷史上規模最大的脫貧攻堅戰，全國八百三十二個貧困縣全部摘帽，近一億農村貧困人口實現脫貧，九百六十多萬貧困人口實現易地搬遷，歷史性地解決了絕對貧困問題，為全球減貧事業作出了重大貢獻。

——我們提出並貫徹新發展理念，着力推進高質量發展，推動構建新發展格局，實施供給側結構性改革，制定一系列具有全局性意義的區域重大戰略，我國經濟實力實現歷史性躍升。國內生產總值從五十四萬億元增長到一百一十四萬億元，我國經濟總量佔世界經濟的比重達百分之十八點五，提高七點二個百分點，穩居世界第二位；人均國內生產總值從三萬九千八百元增加到八萬一千元。穀物總產量穩居世界首位，十四億多人的糧食安全、能源安全得到有效保障。城鎮化率提高十一點六個百分點，達到百分之六十四點七。製造業規模、外匯儲備穩居世界第一。建成世界最大的高速鐵路網、高速公路網，機場港口、水利、能源、信息等基礎設施建設取得重大成就。我們加快推進科技自立自強，全社會研發經費支出從一萬億元增加到二萬八千億元，居世界第二位，研發人員總量居世界首位。基礎研究和原始創新不斷加強，一些關鍵核心技術實現突破，戰略性新興產業發展壯大，載人航天、探月探火、深海深地探測、超級計算機、衛星導航、量子信息、核電技術、新能源技術、大飛機製造、生物醫藥等取得重大成果，進入創新型國家行列。

——我們以巨大的政治勇氣全面深化改革，打響改革攻堅戰，加強改革頂層設計，敢於突進深水區，敢於啃硬骨頭，敢於涉險灘，敢於面對新矛盾新挑戰，衝破思想觀念束縛，突破利益固化藩籬，堅決破除各方面體制機制弊端，各領域基礎性制度框架基本建立，許多領域實現歷史性變革、系統性重塑、整體性重構，新一輪黨和國家機構改革全面完成，中國特色社會主義制度更加成熟更加定型，國家治理體系和治理能力現代化水平明顯提高。

——我們實行更加積極主動的開放戰略，構建面向全球的高標準自由貿易區網絡，加快推進自由貿易試驗區、海南自由貿易港建設，共建"一帶一路"成為深受歡迎的國際公共產品和國際合作平台。我國成為一百四十多個國家和地區的主要貿易夥伴，貨物貿易總額居世界第一，吸引外資和對外投資居世界前列，形成更大範圍、更寬領域、更深層次對外開放格局。

——我們堅持走中國特色社會主義政治發展道路，全面發展全過程人民民主，社會主義民主政治制度化、規範化、程序化全面推進，社會主義協商民主廣泛開展，人民當家作主更為扎實，基層民主活力增強，愛國統一戰線鞏固拓展，民族團結進步呈現新氣象，黨的宗教工作基本方針得到全面貫徹，人權得到更好保障。社會主義法治國家建設深入推進，全面依法治國總體格局基本形成，中國特色社會主義法治體系加快建設，司法體制改革取得重大進展，社會公平正義保障更為堅實，法治中國建設開創新局面。

——我們確立和堅持馬克思主義在意識形態領域指導地位的根本制度，新時代黨的創新理論深入人心，社會主義核心價值觀廣泛傳播，中華優秀傳統文化得到創造性轉化、創新性發展，文化事業日益繁榮，網絡生態持續向好，意識形態領域形勢發生全局性、根本性轉變。我們隆重慶祝中國人民解放軍建軍九十周年、改革開放四十周年，隆重紀念中國人民抗日戰爭暨世界反法西斯戰爭勝利七十周年、中國人民志願軍抗美援朝出國作戰七十周年，成功舉辦北京冬奧會、冬殘奧會，青年一代更加積極向上，全黨全國各族人民文化自信明顯增強、精神面貌更加奮發昂揚。

——我們深入貫徹以人民為中心的發展思想，在幼有所育、學有所教、勞有所得、病有所醫、老有所養、住有所居、弱有所扶上持續用力，人民生活全方位改善。人均預期壽命增長到七十八點二歲。居民人均可支配收入從一萬六千五百元增加到三萬五千一百元。城鎮新增就業年均一千三百萬人以上。建成世界上規模最大的教育體系、社會保障體系、醫療衛生體系，教育普及水平實現歷史性跨越，基本養老保險覆蓋十億四千萬人，基本醫療保險參保率穩定在百分之九十五。及時調整生育政策。改造棚戶區住房四千二百多萬套，改造農村危房二千四百多萬戶，城鄉居民住房條件明顯改善。互聯網上網人數達十億三千萬人。人民群眾獲得感、幸福感、安全感更加充實、更有保障、更可持續，共同富裕取得新成效。

——我們堅持綠水青山就是金山銀山的理念，堅持山水林田湖草沙一體化保護和系統治理，全方位、全地域、全過程加強生態環境保護，生態文明制度體系更加健全，污染防治攻堅向縱深推進，綠色、循環、低碳發展邁出堅實步伐，生態環境保護發生歷史性、轉折性、全局性變化，我們的祖國天更藍、山更綠、水更清。

——我們貫徹總體國家安全觀，國家安全領導體制和法治體系、戰略體系、政策體系不斷完善，在原則問題上寸步不讓，以堅定的意志品質維護國家主權、安全、發展利益，國家安全得到全面加強。共建共治共享的社會治理制度進一步健全，民族分裂勢力、宗教極端勢力、暴力恐怖勢力得到有效遏制，掃黑除惡專項鬥爭取得階段性成果，有力應對一系列重大自然災害，平安中國建設邁向更高水平。

——我們確立黨在新時代的強軍目標，貫徹新時代黨的強軍思想，貫徹新時代軍事戰略方針，堅持黨對人民軍隊的絕對領導，召開古田全軍政治工作會議，以整風精神推進政治整訓，牢固樹立戰鬥力這個唯一的根本的標準，堅決把全軍工作重心歸正到備戰打仗上來，統籌加強各方向各領域軍事鬥爭，大抓實戰化軍事訓練，大刀闊斧深化國防和軍隊改革，重構人民軍隊領導指揮體制、現代軍事力量體系、軍事政策制度，加快國防和軍隊現代化建設，裁減現役員額三十萬勝利完成，人民軍隊體制一新、結構一新、格局一新、面貌一新，現代化水平和實戰能力顯著提升，中國特色強軍之路越走越寬廣。

——我們全面準確推進“一國兩制”實踐，堅持“一國兩制”、“港人治港”、“澳人治澳”、高度自治的方針，推動香港進入由亂到治走向由治及興的新階段，香港、澳門保持長期穩定發展良好態勢。

我們提出新時代解決台灣問題的總體方略，促進兩岸交流合作，堅決反對“台獨”分裂行徑，堅決反對外部勢力干涉，牢牢把握兩岸關係主導權和主動權。

——我們全面推進中國特色大國外交，推動構建人類命運共同體，堅定維護國際公平正義，倡導踐行真正的多邊主義，旗幟鮮明反對一切霸權主義和強權政治，毫不動搖反對任何單邊主義、保護主義、霸凌行徑。我們完善外交總體佈局，積極建設覆蓋全球的夥伴關係網絡，推動構建新型國際關係。我們展現負責任大國擔當，積極參與全球治理體系改革和建設，全面開展抗擊新冠肺炎疫情國際合作，贏得廣泛國際讚譽，我國國際影響力、感召力、塑造力顯著提升。

——我們深入推進全面從嚴治黨，堅持打鐵必須自身硬，從制定和落實中央八項規定開局破題，提出和落實新時代黨的建設總要求，以黨的政治建設統領黨的建設各項工作，堅持思想建黨和制度治黨同向發力，嚴肅黨內政治生活，持續開展黨內集中教育，提出和堅持新時代黨的組織路線，突出政治標準選賢任能，加強政治巡視，形成比較完善的黨內法規體系，推動全黨堅定理想信念、嚴密組織體系、嚴明紀律規矩。我們持之以恆正風肅紀，以釘釘子精神糾治“四風”，反對特權思想和特權現象，堅決整治群眾身邊的不正之風和腐敗問題，剎住了一些長期沒有剎住的歪風，糾治了一些多年未除的頑瘴痼疾。我們開展了史無前例的反腐敗鬥爭，以“得罪千百人、不負十四億”的使命擔當祛疴治亂，不敢腐、不能腐、不想腐一體推進，“打虎”、“拍蠅”、“獵狐”多管齊下，反腐敗鬥爭取得壓倒性勝利並全面鞏固，消除了黨、國家、軍隊內部存在的嚴重隱患，確保黨和人民賦予的權力始終用來為人民謀幸福。經過不懈努力，黨找到了自我革命這一跳出治亂興衰歷史周期率的第二個答案，自我淨化、自我完善、自我革新、自我提高能力顯著增強，管黨治黨寬鬆軟狀況得到根本扭轉，風清氣正的黨內政治生態不斷形成和發展，確保黨永遠不變質、不變色、不變味。

在充分肯定黨和國家事業取得舉世矚目成就的同時，必須清醒看到，我們的工作還存在一些不足，面臨不少困難和問題。主要有：發展不平衡不充分問題仍然突出，推進高質量發展還有許多卡點瓶頸，科技創新能力還不強；確保糧食、能源、產業鏈供應鏈可靠安全和防範金融風險還須解決許多重大問題；重點領域改革還有不少硬骨頭要啃；意識形態領域存在不少挑戰；城鄉區域發展和收入分配差距仍然較大；群眾在就業、教育、醫療、託育、養老、住房等方面面臨不少難題；生態環境保護任務依然艱巨；一些黨員、幹部缺乏擔當精神，鬥爭本領不強，實幹精神不足，形式主義、官僚主義現象仍較突出；鏟除腐敗滋生土壤任務依然艱巨，等等。對這些問題，我們已經採取一系列措施加以解決，今後必須加大工作力度。

同志們！新時代的偉大成就是黨和人民一道拚出來、幹出來、奮鬥出來的！在這裏，我代表中共中央，向全體中國共產黨員，向全國各族人民，向各民主黨派、各人民團體和各界愛國人士，向香港特別行政區同胞、澳門特別行政區同胞和台灣同胞以及廣大僑胞，向關心和支持中國現代化建設的各國朋友，表示衷心的感謝！

新時代十年的偉大變革，在黨史、新中國史、改革開放史、社會主義發展史、中華民族發展史上具有里程碑意義。走過百年奮鬥歷程的中國共產黨在革命性鍛造中更加堅強有力，黨的政治領導力、思想引領力、群眾組織力、社會號召力顯著增強，黨同人民群眾始終保持血肉聯繫，中國共產黨在世界形勢深刻變化的歷史進程中始終走在時代前列，在應對國內外各種風險和考驗的歷史進程中始終成為全國人民的主心骨，在堅持和發展中國特色社會主義的歷史進程中始終成為堅強領導核心。中國人民的前進動力更加強大、奮鬥精神更加昂揚、必勝信念更加堅定，煥發出更為強烈的歷史自覺和主動精神，中國共產黨和中國人民正信心百倍推進中華民族從站起來、富起來到強起來的偉大飛躍。改革開放和社會主義現代化建設深入推進，書寫了經濟快速發展和社會長期穩定兩大奇跡新篇章，我國發展具備了更為堅實的物質基礎、更為完善的制度保證，實現中華民族偉大復興進入了不可逆轉的歷史進程。科學社會主義在二十一世紀的中國煥發出新的蓬勃生機，中國式現代化為人類實現現代化提供了新的選擇，中國共產黨和中國人民為解決人類面臨的共同問題提供更多更好的中國智慧、中國方案、中國力量，為人類和平與發展崇高事業作出新的更大的貢獻！

二、開闢馬克思主義中國化時代化新境界

馬克思主義是我們立黨立國、興黨興國的根本指導思想。實踐告訴我們，中國共產黨為什麼能，中國特色社會主義為什麼好，歸根到底是馬克思主義行，是中國化時代化的馬克思主義行。擁有馬克思主義科學理論指導是我們黨堅定信仰信念、把握歷史主動的根本所在。

推進馬克思主義中國化時代化是一個追求真理、揭示真理、篤行真理的過程。十八大以來，國內外形勢新變化和實踐新要求，迫切需要我們從理論和實踐的結合上深入回答關係黨和國家事業發展、黨治國理政的一系列重大時代課題。我們黨勇於進行理論探索和創新，以全新的視野深化對共產黨執政規律、社會主義建設規律、人類社會發展規律的認識，取得重大理論創新成果，集中體現為新時代中國特色社會主義思想。十九大、十九屆六中全會提出的"十個明確"、"十四個堅持"、"十三個方面成就"概括了這一思想的主要內容，必須長期堅持並不斷豐富發展。

中國共產黨人深刻認識到，只有把馬克思主義基本原理同中國具體實際相結合、同中華優秀傳統文化相結合，堅持運用辯證唯物主義和歷史唯物主義，才能正確回答時代和實踐提出的重大問題，才能始終保持馬克思主義的蓬勃生機和旺盛活力。

堅持和發展馬克思主義，必須同中國具體實際相結合。我們堅持以馬克思主義為指導，是要運用其科學的世界觀和方法論解決中國的問題，而不是要背誦和重複其具體結論和詞句，更不能把馬克思主義當成一成不變的教條。我們必須堅持解放思想、實事求是、與時俱進、求真務實，一切從實際出發，着眼解決新時代改革開放和社會主義現代化建設的實際問題，不斷回答中國之問、世界之問、人民之問、時代之問，作出符合中國實際和時代要求的正確回答，得出符合客觀規律的科學認識，形成與時俱進的理論成果，更好指導中國實踐。

堅持和發展馬克思主義，必須同中華優秀傳統文化相結合。只有植根本國、本民族歷史文化沃土，馬克思主義真理之樹才能根深葉茂。中華優秀傳統文化源遠流長、博大精深，是中華文明的智慧結晶，其中蘊含的天下為公、民為邦本、為政以德、革故鼎新、任人唯賢、天人合一、自強不息、厚德載物、講信修睦、親仁善鄰等，是中國人民在長期生產生活中積累的宇宙觀、天下觀、社會觀、道德觀的重要體現，同科學社會主義價值觀主張具有高度契合性。我們必須堅定歷史自信、文化自信，堅持古為今用、推陳出新，把馬克思主義思想精髓同中華優秀傳統文化精華貫通起來、同人民群眾日用而不覺的共同價值觀念融通起來，不斷賦予科學理論鮮明的中國特色，不斷夯實馬克思主義中國化時代化的歷史基礎和群眾基礎，讓馬克思主義在中國牢牢扎根。

實踐沒有止境，理論創新也沒有止境。不斷譜寫馬克思主義中國化時代化新篇章，是當代中國共產黨人的莊嚴歷史責任。繼續推進實踐基礎上的理論創新，首先要把握好新時代中國特色社會主義思想的世界觀和方法論，堅持好、運用好貫穿其中的立場觀點方法。

——必須堅持人民至上。人民性是馬克思主義的本質屬性，黨的理論是來自人民、為了人民、造福人民的理論，人民的創造性實踐是理論創新的不竭源泉。一切脫離人民的理論都是蒼白無力的，一切不為人民造福的理論都是沒有生命力的。我們要站穩人民立場、把握人民願望、尊重人民創造、集中人民智慧，形成為人民所喜愛、所認同、所擁有的理論，使之成為指導人民認識世界和改造世界的強大思想武器。

——必須堅持自信自立。中國人民和中華民族從近代以後的深重苦難走向偉大復興的光明前景，從來就沒有教科書，更沒有現成答案。黨的百年奮鬥成功道路是黨領導人民獨立自主探索開闢出來的，馬克思主義的中國篇章是中國共產黨人依靠自身力量實踐出來的，貫穿其中的一個基本點就是中國的問題必須從中國基本國情出發，由中國人自己來解答。我們要堅持對馬克思主義的堅定信仰、對中國特色社會主義的堅定信念，堅定道路自信、理論自信、制度自信、文化自信，以更加積極的歷史擔當和創造精神為發展馬克思主義作出新的貢獻，既不能刻舟求劍、封閉僵化，也不能照抄照搬、食洋不化。

——必須堅持守正創新。我們從事的是前無古人的偉大事業，守正才能不迷失方向、不犯顛覆性錯誤，創新才能把握時代、引領時代。我們要以科學的態度對待科學、以真理的精神追求真理，堅持馬克思主義基本原理不動搖，堅持黨的全面領導不動搖，堅持中國特色社會主義不動搖，緊跟時代步伐，順應實踐發展，以滿腔熱忱對待一切新生事物，不斷拓展認識的廣度和深度，敢於說前人沒有說過的新話，敢於幹前人沒有幹過的事情，以新的理論指導新的實踐。

——必須堅持問題導向。問題是時代的聲音，回答並指導解決問題是理論的根本任務。今天我們所面臨問題的複雜程度、解決問題的艱巨程度明顯加大，給理論創新提出了全新要求。我們要增強問題意識，聚焦實踐遇到的新問題、改革發展穩定存在的深層次問題、人民群眾急難愁盼問題、國際變局中的重大問題、黨的建設面臨的突出問題，不斷提出真正解決問題的新理念新思路新辦法。

——必須堅持系統觀念。萬事萬物是相互聯繫、相互依存的。只有用普遍聯繫的、全面系統的、發展變化的觀點觀察事物，才能把握事物發展規律。我國是一個發展中大國，仍處於社會主義初級階段，正在經歷廣泛而深刻的社會變革，推進改革發展、調整利益關係往往牽一髮而動全身。我們要善於通過歷史看現實、透過現象看本質，把握好全局和局部、當前和長遠、宏觀和微觀、主要矛盾和次要矛盾、特殊和一般的關係，不斷提高戰略思維、歷史思維、辯證思維、系統思維、創新思維、法治思維、底線思維能力，為前瞻性思考、全局性謀劃、整體性推進黨和國家各項事業提供科學思想方法。

——必須堅持胸懷天下。中國共產黨是為中國人民謀幸福、為中華民族謀復興的黨，也是為人類謀進步、為世界謀大同的黨。我們要拓展世界眼光，深刻洞察人類發展進步潮流，積極回應各國人民普遍關切，為解決人類面臨的共同問題作出貢獻，以海納百川的寬闊胸襟借鑒吸收人類一切優秀文明成果，推動建設更加美好的世界。

三、新時代新征程中國共產黨的使命任務

從現在起，中國共產黨的中心任務就是團結帶領全國各族人民全面建成社會主義現代化強國、實現第二個百年奮鬥目標，以中國式現代化全面推進中華民族偉大復興。

在新中國成立特別是改革開放以來長期探索和實踐基礎上，經過十八大以來在理論和實踐上的創新突破，我們黨成功推進和拓展了中國式現代化。

中國式現代化，是中國共產黨領導的社會主義現代化，既有各國現代化的共同特徵，更有基於自己國情的中國特色。

——中國式現代化是人口規模巨大的現代化。我國十四億多人口整體邁進現代化社會，規模超過現有發達國家人口的總和，艱巨性和複雜性前所未有，發展途徑和推進方式也必然具有自己的特點。我們始終從國情出發想問題、作決策、辦事情，既不好高騖遠，也不因循守舊，保持歷史耐心，堅持穩中求進、循序漸進、持續推進。

——中國式現代化是全體人民共同富裕的現代化。共同富裕是中國特色社會主義的本質要求，也是一個長期的歷史過程。我們堅持把實現人民對美好生活的嚮往作為現代化建設的出發點和落腳點，着力維護和促進社會公平正義，着力促進全體人民共同富裕，堅決防止兩極分化。

——中國式現代化是物質文明和精神文明相協調的現代化。物質富足、精神富有是社會主義現代化的根本要求。物質貧困不是社會主義，精神貧乏也不是社會主義。我們不斷厚植現代化的物質基礎，不斷夯實人民幸福生活的物質條件，同時大力發展社會主義先進文化，加強理想信念教育，傳承中華文明，促進物的全面豐富和人的全面發展。

——中國式現代化是人與自然和諧共生的現代化。人與自然是生命共同體，無止境地向自然索取甚至破壞自然必然會遭到大自然的報復。我們堅持可持續發展，堅持節約優先、保護優先、自然恢復為主的方針，像保護眼睛一樣保護自然和生態環境，堅定不移走生產發展、生活富裕、生態良好的文明發展道路，實現中華民族永續發展。

——中國式現代化是走和平發展道路的現代化。我國不走一些國家通過戰爭、殖民、掠奪等方式實現現代化的老路，那種損人利己、充滿血腥罪惡的老路給廣大發展中國家人民帶來深重苦難。我們堅定站在歷史正確的一邊、站在人類文明進步的一邊，高舉和平、發展、合作、共贏旗幟，在堅定維護世界和平與發展中謀求自身發展，又以自身發展更好維護世界和平與發展。

　　中國式現代化的本質要求是：堅持中國共產黨領導，堅持中國特色社會主義，實現高質量發展，發展全過程人民民主，豐富人民精神世界，實現全體人民共同富裕，促進人與自然和諧共生，推動構建人類命運共同體，創造人類文明新形態。

　　全面建成社會主義現代化強國，總的戰略安排是分兩步走：從二〇二〇年到二〇三五年基本實現社會主義現代化；從二〇三五年到本世紀中葉把我國建成富強民主文明和諧美麗的社會主義現代化強國。

　　到二〇三五年，我國發展的總體目標是：經濟實力、科技實力、綜合國力大幅躍升，人均國內生產總值邁上新的大台階，達到中等發達國家水平；實現高水平科技自立自強，進入創新型國家前列；建成現代化經濟體系，形成新發展格局，基本實現新型工業化、信息化、城鎮化、農業現代化；基本實現國家治理體系和治理能力現代化，全過程人民民主制度更加健全，基本建成法治國家、法治政府、法治社會；建成教育強國、科技強國、人才強國、文化強國、體育強國、健康中國，國家文化軟實力顯著增強；人民生活更加幸福美好，居民人均可支配收入再上新台階，中等收入群體比重明顯提高，基本公共服務實現均等化，農村基本具備現代生活條件，社會保持長期穩定，人的全面發展、全體人民共同富裕取得更為明顯的實質性進展；廣泛形成綠色生產生活方式，碳排放達峰後穩中有降，生態環境根本好轉，美麗中國目標基本實現；國家安全體系和能力全面加強，基本實現國防和軍隊現代化。

在基本實現現代化的基礎上，我們要繼續奮鬥，到本世紀中葉，把我國建設成為綜合國力和國際影響力領先的社會主義現代化強國。

未來五年是全面建設社會主義現代化國家開局起步的關鍵時期，主要目標任務是：經濟高質量發展取得新突破，科技自立自強能力顯著提升，構建新發展格局和建設現代化經濟體系取得重大進展；改革開放邁出新步伐，國家治理體系和治理能力現代化深入推進，社會主義市場經濟體制更加完善，更高水平開放型經濟新體制基本形成；全過程人民民主制度化、規範化、程序化水平進一步提高，中國特色社會主義法治體系更加完善；人民精神文化生活更加豐富，中華民族凝聚力和中華文化影響力不斷增強；居民收入增長和經濟增長基本同步，勞動報酬提高與勞動生產率提高基本同步，基本公共服務均等化水平明顯提升，多層次社會保障體系更加健全；城鄉人居環境明顯改善，美麗中國建設成效顯著；國家安全更為鞏固，建軍一百年奮鬥目標如期實現，平安中國建設扎實推進；中國國際地位和影響進一步提高，在全球治理中發揮更大作用。

全面建設社會主義現代化國家，是一項偉大而艱巨的事業，前途光明，任重道遠。當前，世界百年未有之大變局加速演進，新一輪科技革命和產業變革深入發展，國際力量對比深刻調整，我國發展面臨新的戰略機遇。同時，世紀疫情影響深遠，逆全球化思潮抬頭，單邊主義、保護主義明顯上升，世界經濟復甦乏力，局部衝突和動盪頻發，全球性問題加劇，世界進入新的動盪變革期。我國改革發展穩定面臨不少深層次矛盾躲不開、繞不過，黨的建設特別是黨風廉政建設和反腐敗鬥爭面臨不少頑固性、多發性問題，來自外部的打壓遏制隨時可能升級。我國發展進入戰略機遇和風險挑戰並存、不確定難預料因素增多的時期，各種"黑天鵝"、"灰犀牛"事件隨時可能發生。

我們必須增強憂患意識，堅持底線思維，做到居安思危、未雨綢繆，準備經受風高浪急甚至驚濤駭浪的重大考驗。前進道路上，必須牢牢把握以下重大原則。

——堅持和加強黨的全面領導。堅決維護黨中央權威和集中統一領導，把黨的領導落實到黨和國家事業各領域各方面各環節，使黨始終成為風雨來襲時全體人民最可靠的主心骨，確保我國社會主義現代化建設正確方向，確保擁有團結奮鬥的強大政治凝聚力、發展自信心，集聚起萬眾一心、共克時艱的磅礴力量。

——堅持中國特色社會主義道路。堅持以經濟建設為中心，堅持四項基本原則，堅持改革開放，堅持獨立自主、自力更生，堅持道不變、志不改，既不走封閉僵化的老路，也不走改旗易幟的邪路，堅持把國家和民族發展放在自己力量的基點上，堅持把中國發展進步的命運牢牢掌握在自己手中。

——堅持以人民為中心的發展思想。維護人民根本利益，增進民生福祉，不斷實現發展為了人民、發展依靠人民、發展成果由人民共享，讓現代化建設成果更多更公平惠及全體人民。

——堅持深化改革開放。深入推進改革創新，堅定不移擴大開放，着力破解深層次體制機制障礙，不斷彰顯中國特色社會主義制度優勢，不斷增強社會主義現代化建設的動力和活力，把我國制度優勢更好轉化為國家治理效能。

——堅持發揚鬥爭精神。增強全黨全國各族人民的志氣、骨氣、底氣，不信邪、不怕鬼、不怕壓，知難而進、迎難而上，統籌發展和安全，全力戰勝前進道路上各種困難和挑戰，依靠頑強鬥爭打開事業發展新天地。

同志們！今天，我們比歷史上任何時期都更接近、更有信心和能力實現中華民族偉大復興的目標，同時必須準備付出更為艱巨、更為艱苦的努力。全黨必須堅定信心、銳意進取，主動識變應變求變，主動防範化解風險，不斷奪取全面建設社會主義現代化國家新勝利！

四、加快構建新發展格局，着力推動高質量發展

高質量發展是全面建設社會主義現代化國家的首要任務。發展是黨執政興國的第一要務。沒有堅實的物質技術基礎，就不可能全面建成社會主義現代化強國。必須完整、準確、全面貫徹新發展理念，堅持社會主義市場經濟改革方向，堅持高水平對外開放，加快構建以國內大循環為主體、國內國際雙循環相互促進的新發展格局。

我們要堅持以推動高質量發展為主題，把實施擴大內需戰略同深化供給側結構性改革有機結合起來，增強國內大循環內生動力和可靠性，提升國際循環質量和水平，加快建設現代化經濟體系，着力提高全要素生產率，着力提升產業鏈供應鏈韌性和安全水平，着力推進城鄉融合和區域協調發展，推動經濟實現質的有效提升和量的合理增長。

（一）**構建高水平社會主義市場經濟體制**。堅持和完善社會主義基本經濟制度，毫不動搖鞏固和發展公有制經濟，毫不動搖鼓勵、支持、引導非公有制經濟發展，充分發揮市場在資源配置中的決定性作用，更好發揮政府作用。深化國資國企改革，加快國有經濟佈局優化和結構調整，推動國有資本和國有企業做強做優做大，提升企業核心競爭力。優化民營企業發展環境，依法保護民營企業產權和企業家權益，促進民營經濟發展壯大。完善中國特色現代企業制度，弘揚企業家精神，加快建設世界一流企業。支持中小微企業發展。深化簡政放權、放管結合、優化服務改革。構建全國統一大市場，深化要素市場化改革，建設高標準市場體系。完善產權保護、市場准入、公平競

爭、社會信用等市場經濟基礎制度，優化營商環境。健全宏觀經濟治理體系，發揮國家發展規劃的戰略導向作用，加強財政政策和貨幣政策協調配合，着力擴大內需，增強消費對經濟發展的基礎性作用和投資對優化供給結構的關鍵作用。健全現代預算制度，優化稅制結構，完善財政轉移支付體系。深化金融體制改革，建設現代中央銀行制度，加強和完善現代金融監管，強化金融穩定保障體系，依法將各類金融活動全部納入監管，守住不發生系統性風險底線。健全資本市場功能，提高直接融資比重。加強反壟斷和反不正當競爭，破除地方保護和行政性壟斷，依法規範和引導資本健康發展。

（二）建設現代化產業體系。堅持把發展經濟的着力點放在實體經濟上，推進新型工業化，加快建設製造強國、質量強國、航天強國、交通強國、網絡強國、數字中國。實施產業基礎再造工程和重大技術裝備攻關工程，支持專精特新企業發展，推動製造業高端化、智能化、綠色化發展。鞏固優勢產業領先地位，在關係安全發展的領域加快補齊短板，提升戰略性資源供應保障能力。推動戰略性新興產業融合集群發展，構建新一代信息技術、人工智能、生物技術、新能源、新材料、高端裝備、綠色環保等一批新的增長引擎。構建優質高效的服務業新體系，推動現代服務業同先進製造業、現代農業深度融合。加快發展物聯網，建設高效順暢的流通體系，降低物流成本。加快發展數字經濟，促進數字經濟和實體經濟深度融合，打造具有國際競爭力的數字產業集群。優化基礎設施佈局、結構、功能和系統集成，構建現代化基礎設施體系。

（三）全面推進鄉村振興。全面建設社會主義現代化國家，最艱巨最繁重的任務仍然在農村。堅持農業農村優先發展，堅持城鄉融合發展，暢通城鄉要素流動。加快建設農業強國，扎實推動鄉村產業、人才、文化、生態、組織振興。全方位夯實糧食安全根基，全面落實糧食安全黨政同責，牢牢守住十八億畝耕地紅線，逐步把永久基本農田全部建成高標準農田，深入實施種業振興行動，強化農業科技和裝備支撐，健全種糧農民收益保障機制和主產區利益補償機制，確保中國人的飯碗牢牢端在自己手中。樹立大食物觀，發展設施農業，構建多元化食物供給體系。發展鄉村特色產業，拓寬農民增收致富渠道。鞏固拓展脫貧攻堅成果，增強脫貧地區和脫貧群眾內生發展動力。統籌鄉村基礎設施和公共服務佈局，建設宜居宜業和美鄉村。鞏固和完善農村基本經營制度，發展新型農村集體經濟，發展新型農業經營主體和社會化服務，發展農業適度規模經營。深化農村土地制度改革，賦予農民更加充分的財產權益。保障進城落戶農民合法土地權益，鼓勵依法自願有償轉讓。完善農業支持保護制度，健全農村金融服務體系。

（四）促進區域協調發展。深入實施區域協調發展戰略、區域重大戰略、主體功能區戰略、新型城鎮化戰略，優化重大生產力佈局，構建優勢互補、高質量發展的區域經濟佈局和國土空間體系。推動西部大開發形成新格局，推動東北全面振興取得新突破，促進中部地區加快崛起，鼓勵東部地區加快推進現代化。支持革命老區、民族地區加快發展，加強邊疆地區建設，推進興邊富民、穩邊固邊。推進京津冀協同發展、長江經濟帶發展、長三角一體化發展，推動黃河流域生態保護和高質量發展。高標準、高質量建設雄安新區，推動成渝地區雙城經濟圈建設。健全主體功能區制度，優化國土空間發展格局。推進以人為核心的新型城鎮化，加快農業轉移人口市民化。以城市群、都市圈為依託構建大中小城市協調發展格局，推進以縣城為重要載體的城鎮化建設。堅持人民城市人民建、人民城市為人民，提高城市規劃、建設、治理水平，加快轉變超大特大城市發展方式，實施城市更新行動，加強城市基礎設施建設，打造宜居、韌性、智慧城市。發展海洋經濟，保護海洋生態環境，加快建設海洋強國。

（五）**推進高水平對外開放**。依託我國超大規模市場優勢，以國內大循環吸引全球資源要素，增強國內國際兩個市場兩種資源聯動效應，提升貿易投資合作質量和水平。穩步擴大規則、規制、管理、標準等制度型開放。推動貨物貿易優化升級，創新服務貿易發展機制，發展數字貿易，加快建設貿易強國。合理縮減外資准入負面清單，依法保護外商投資權益，營造市場化、法治化、國際化一流營商環境。推動共建"一帶一路"高質量發展。優化區域開放佈局，鞏固東部沿海地區開放先導地位，提高中西部和東北地區開放水平。加快建設西部陸海新通道。加快建設海南自由貿易港，實施自由貿易試驗區提升戰略，擴大面向全球的高標準自由貿易區網絡。有序推進人民幣國際化。深度參與全球產業分工和合作，維護多元穩定的國際經濟格局和經貿關係。

五、實施科教興國戰略，強化現代化建設人才支撐

教育、科技、人才是全面建設社會主義現代化國家的基礎性、戰略性支撐。必須堅持科技是第一生產力、人才是第一資源、創新是第一動力，深入實施科教興國戰略、人才強國戰略、創新驅動發展戰略，開闢發展新領域新賽道，不斷塑造發展新動能新優勢。

我們要堅持教育優先發展、科技自立自強、人才引領驅動，加快建設教育強國、科技強國、人才強國，堅持為黨育人、為國育才，全面提高人才自主培養質量，着力造就拔尖創新人才，聚天下英才而用之。

（一）**辦好人民滿意的教育**。教育是國之大計、黨之大計。培養什麼人、怎樣培養人、為誰培養人是教育的根本問題。育人的根本在

於立德。全面貫徹黨的教育方針，落實立德樹人根本任務，培養德智體美勞全面發展的社會主義建設者和接班人。堅持以人民為中心發展教育，加快建設高質量教育體系，發展素質教育，促進教育公平。加快義務教育優質均衡發展和城鄉一體化，優化區域教育資源配置，強化學前教育、特殊教育普惠發展，堅持高中階段學校多樣化發展，完善覆蓋全學段學生資助體系。統籌職業教育、高等教育、繼續教育協同創新，推進職普融通、產教融合、科教融匯，優化職業教育類型定位。加強基礎學科、新興學科、交叉學科建設，加快建設中國特色、世界一流的大學和優勢學科。引導規範民辦教育發展。加大國家通用語言文字推廣力度。深化教育領域綜合改革，加強教材建設和管理，完善學校管理和教育評價體系，健全學校家庭社會育人機制。加強師德師風建設，培養高素質教師隊伍，弘揚尊師重教社會風尚。推進教育數字化，建設全民終身學習的學習型社會、學習型大國。

（二）**完善科技創新體系。**堅持創新在我國現代化建設全局中的核心地位。完善黨中央對科技工作統一領導的體制，健全新型舉國體制，強化國家戰略科技力量，優化配置創新資源，優化國家科研機構、高水平研究型大學、科技領軍企業定位和佈局，形成國家實驗室體系，統籌推進國際科技創新中心、區域科技創新中心建設，加強科技基礎能力建設，強化科技戰略諮詢，提升國家創新體系整體效能。深化科技體制改革，深化科技評價改革，加大多元化科技投入，加強知識產權法治保障，形成支持全面創新的基礎制度。培育創新文化，弘揚科學家精神，涵養優良學風，營造創新氛圍。擴大國際科技交流合作，加強國際化科研環境建設，形成具有全球競爭力的開放創新生態。

（三）**加快實施創新驅動發展戰略。**堅持面向世界科技前沿、面向經濟主戰場、面向國家重大需求、面向人民生命健康，加快實現高水平科技自立自強。以國家戰略需求為導向，集聚力量進行原創性引領性科技攻關，堅決打贏關鍵核心技術攻堅戰。加快實施一批具有戰略性全局性前瞻性的國家重大科技項目，增強自主創新能力。加強基礎研究，突出原創，鼓勵自由探索。提升科技投入效能，深化財政科技經費分配使用機制改革，激發創新活力。加強企業主導的產學研深度融合，強化目標導向，提高科技成果轉化和產業化水平。強化企業科技創新主體地位，發揮科技型骨幹企業引領支撐作用，營造有利於科技型中小微企業成長的良好環境，推動創新鏈產業鏈資金鏈人才鏈深度融合。

（四）**深入實施人才強國戰略**。培養造就大批德才兼備的高素質人才，是國家和民族長遠發展大計。功以才成，業由才廣。堅持黨管人才原則，堅持尊重勞動、尊重知識、尊重人才、尊重創造，實施更加積極、更加開放、更加有效的人才政策，引導廣大人才愛黨報國、敬業奉獻、服務人民。完善人才戰略佈局，堅持各方面人才一起抓，建設規模宏大、結構合理、素質優良的人才隊伍。加快建設世界重要人才中心和創新高地，促進人才區域合理佈局和協調發展，着力形成人才國際競爭的比較優勢。加快建設國家戰略人才力量，努力培養造就更多大師、戰略科學家、一流科技領軍人才和創新團隊、青年科技人才、卓越工程師、大國工匠、高技能人才。加強人才國際交流，用好用活各類人才。深化人才發展體制機制改革，真心愛才、悉心育才、傾心引才、精心用才，求賢若渴，不拘一格，把各方面優秀人才集聚到黨和人民事業中來。

六、發展全過程人民民主，保障人民當家作主

我國是工人階級領導的、以工農聯盟為基礎的人民民主專政的

社會主義國家，國家一切權力屬人民。人民民主是社會主義的生命，是全面建設社會主義現代化國家的應有之義。全過程人民民主是社會主義民主政治的本質屬性，是最廣泛、最真實、最管用的民主。必須堅定不移走中國特色社會主義政治發展道路，堅持黨的領導、人民當家作主、依法治國有機統一，堅持人民主體地位，充分體現人民意志、保障人民權益、激發人民創造活力。

我們要健全人民當家作主制度體系，擴大人民有序政治參與，保證人民依法實行民主選舉、民主協商、民主決策、民主管理、民主監督，發揮人民群眾積極性、主動性、創造性，鞏固和發展生動活潑、安定團結的政治局面。

（一）**加強人民當家作主制度保障**。堅持和完善我國根本政治制度、基本政治制度、重要政治制度，拓展民主渠道，豐富民主形式，確保人民依法通過各種途徑和形式管理國家事務，管理經濟和文化事業，管理社會事務。支持和保證人民通過人民代表大會行使國家權力，保證各級人大都由民主選舉產生、對人民負責、受人民監督。支持和保證人大及其常委會依法行使立法權、監督權、決定權、任免權，健全人大對行政機關、監察機關、審判機關、檢察機關監督制度，維護國家法治統一、尊嚴、權威。加強人大代表工作能力建設，密切人大代表同人民群眾的聯繫。健全吸納民意、匯集民智工作機制，建設好基層立法聯繫點。深化工會、共青團、婦聯等群團組織改革和建設，有效發揮橋樑紐帶作用。堅持走中國人權發展道路，積極參與全球人權治理，推動人權事業全面發展。

（二）**全面發展協商民主**。協商民主是實踐全過程人民民主的重要形式。完善協商民主體系，統籌推進政黨協商、人大協商、政府協商、政協協商、人民團體協商、基層協商以及社會組織協商，健全各種制度化協商平台，推進協商民主廣泛多層制度化發展。堅持和完善中國共產黨領導的多黨合作和政治協商制度，堅持黨的領導、統一戰線、協商民主有機結合，堅持發揚民主和增進團結相互貫通、建言資政和凝聚共識雙向發力，發揮人民政協作為專門協商機構作用，加強制度化、規範化、程序化等功能建設，提高深度協商互動、意見充分表達、廣泛凝聚共識水平，完善人民政協民主監督和委員聯繫界別群眾制度機制。

（三）**積極發展基層民主。** 基層民主是全過程人民民主的重要體現。健全基層黨組織領導的基層群眾自治機制，加強基層組織建設，完善基層直接民主制度體系和工作體系，增強城鄉社區群眾自我管理、自我服務、自我教育、自我監督的實效。完善辦事公開制度，拓寬基層各類群體有序參與基層治理渠道，保障人民依法管理基層公共事務和公益事業。全心全意依靠工人階級，健全以職工代表大會為基本形式的企事業單位民主管理制度，維護職工合法權益。

（四）**鞏固和發展最廣泛的愛國統一戰線。** 人心是最大的政治，統一戰線是凝聚人心、匯聚力量的強大法寶。完善大統戰工作格局，堅持大團結大聯合，動員全體中華兒女圍繞實現中華民族偉大復興中國夢一起來想、一起來幹。發揮我國社會主義新型政黨制度優勢，堅持長期共存、互相監督、肝膽相照、榮辱與共，加強同民主黨派和無黨派人士的團結合作，支持民主黨派加強自身建設、更好履行職能。以鑄牢中華民族共同體意識為主線，堅定不移走中國特色解決民族問題的正確道路，堅持和完善民族區域自治制度，加強和改進黨的民族工作，全面推進民族團結進步事業。堅持我國宗教中國化方向，積極引導宗教與社會主義社會相適應。加強黨外知識分子思想政治工作，做好新的社會階層人士工作，強化共同奮鬥的政治引領。全面構建親清政商關係，促進非公有制經濟健康發展和非公有制經濟人士健康成長。加強和改進僑務工作，形成共同致力民族復興的強大力量。

七、堅持全面依法治國，推進法治中國建設

全面依法治國是國家治理的一場深刻革命，關係黨執政興國，關係人民幸福安康，關係黨和國家長治久安。必須更好發揮法治固根本、穩預期、利長遠的保障作用，在法治軌道上全面建設社會主義現代化國家。

我們要堅持走中國特色社會主義法治道路，建設中國特色社會主義法治體系、建設社會主義法治國家，圍繞保障和促進社會公平正義，堅持依法治國、依法執政、依法行政共同推進，堅持法治國家、法治政府、法治社會一體建設，全面推進科學立法、嚴格執法、公正司法、全民守法，全面推進國家各方面工作法治化。

（一）**完善以憲法為核心的中國特色社會主義法律體系。**堅持依法治國首先要堅持依憲治國，堅持依法執政首先要堅持依憲執政，堅持憲法確定的中國共產黨領導地位不動搖，堅持憲法確定的人民民主專政的國體和人民代表大會制度的政體不動搖。加強憲法實施和監督，健全保證憲法全面實施的制度體系，更好發揮憲法在治國理政中的重要作用，維護憲法權威。加強重點領域、新興領域、涉外領域立法，統籌推進國內法治和涉外法治，以良法促進發展、保障善治。推進科學立法、民主立法、依法立法，統籌立改廢釋纂，增強立法系統性、整體性、協同性、時效性。完善和加強備案審查制度。堅持科學決策、民主決策、依法決策，全面落實重大決策程序制度。

（二）**扎實推進依法行政。**法治政府建設是全面依法治國的重點任務和主體工程。轉變政府職能，優化政府職責體系和組織結構，推進機構、職能、權限、程序、責任法定化，提高行政效率和公信力。

深化事業單位改革。深化行政執法體制改革，全面推進嚴格規範公正文明執法，加大關係群眾切身利益的重點領域執法力度，完善行政執法程序，健全行政裁量基準。強化行政執法監督機制和能力建設，嚴格落實行政執法責任制和責任追究制度。完善基層綜合執法體制機制。

（三）**嚴格公正司法**。公正司法是維護社會公平正義的最後一道防線。深化司法體制綜合配套改革，全面準確落實司法責任制，加快建設公正高效權威的社會主義司法制度，努力讓人民群眾在每一個司法案件中感受到公平正義。規範司法權力運行，健全公安機關、檢察機關、審判機關、司法行政機關各司其職、相互配合、相互制約的體制機制。強化對司法活動的制約監督，促進司法公正。加強檢察機關法律監督工作。完善公益訴訟制度。

（四）**加快建設法治社會**。法治社會是構築法治國家的基礎。弘揚社會主義法治精神，傳承中華優秀傳統法律文化，引導全體人民做社會主義法治的忠實崇尚者、自覺遵守者、堅定捍衛者。建設覆蓋城鄉的現代公共法律服務體系，深入開展法治宣傳教育，增強全民法治觀念。推進多層次多領域依法治理，提升社會治理法治化水平。發揮領導幹部示範帶頭作用，努力使尊法學法守法用法在全社會蔚然成風。

八、推進文化自信自強，鑄就社會主義文化新輝煌

全面建設社會主義現代化國家，必須堅持中國特色社會主義文化發展道路，增強文化自信，圍繞舉旗幟、聚民心、育新人、興文化、展形象建設社會主義文化強國，發展面向現代化、面向世界、面向未來的，民族的科學的大眾的社會主義文化，激發全民族文化創新

創造活力，增強實現中華民族偉大復興的精神力量。

我們要堅持馬克思主義在意識形態領域指導地位的根本制度，堅持為人民服務、為社會主義服務，堅持百花齊放、百家爭鳴，堅持創造性轉化、創新性發展，以社會主義核心價值觀為引領，發展社會主義先進文化，弘揚革命文化，傳承中華優秀傳統文化，滿足人民日益增長的精神文化需求，鞏固全黨全國各族人民團結奮鬥的共同思想基礎，不斷提升國家文化軟實力和中華文化影響力。

（一）建設具有強大凝聚力和引領力的社會主義意識形態。意識形態工作是為國家立心、為民族立魂的工作。牢牢掌握黨對意識形態工作領導權，全面落實意識形態工作責任制，鞏固壯大奮進新時代的主流思想輿論。健全用黨的創新理論武裝全黨、教育人民、指導實踐工作體系。深入實施馬克思主義理論研究和建設工程，加快構建中國特色哲學社會科學學科體系、學術體系、話語體系，培育壯大哲學社會科學人才隊伍。加強全媒體傳播體系建設，塑造主流輿論新格局。健全網絡綜合治理體系，推動形成良好網絡生態。

（二）廣泛踐行社會主義核心價值觀。社會主義核心價值觀是凝聚人心、匯聚民力的強大力量。弘揚以偉大建黨精神為源頭的中國共產黨人精神譜系，用好紅色資源，深入開展社會主義核心價值觀宣傳教育，深化愛國主義、集體主義、社會主義教育，着力培養擔當民族復興大任的時代新人。推動理想信念教育常態化制度化，持續抓好黨史、新中國史、改革開放史、社會主義發展史宣傳教育，引導人民知史愛黨、知史愛國，不斷堅定中國特色社會主義共同理想。用社會主義核心價值觀鑄魂育人，完善思想政治工作體系，推進大中小學思想政治教育一體化建設。堅持依法治國和以德治國相結合，把社會主義核心價值觀融入法治建設、融入社會發展、融入日常生活。

（三）**提高全社會文明程度。**實施公民道德建設工程，弘揚中華傳統美德，加強家庭家教家風建設，加強和改進未成年人思想道德建設，推動明大德、守公德、嚴私德，提高人民道德水準和文明素養。統籌推動文明培育、文明實踐、文明創建，推進城鄉精神文明建設融合發展，在全社會弘揚勞動精神、奮鬥精神、奉獻精神、創造精神、勤儉節約精神，培育時代新風新貌。加強國家科普能力建設，深化全民閱讀活動。完善志願服務制度和工作體系。弘揚誠信文化，健全誠信建設長效機制。發揮黨和國家功勳榮譽表彰的精神引領、典型示範作用，推動全社會見賢思齊、崇尚英雄、爭做先鋒。

（四）**繁榮發展文化事業和文化產業。**堅持以人民為中心的創作導向，推出更多增強人民精神力量的優秀作品，培育造就大批德藝雙馨的文學藝術家和規模宏大的文化文藝人才隊伍。堅持把社會效益放在首位、社會效益和經濟效益相統一，深化文化體制改革，完善文化經濟政策。實施國家文化數字化戰略，健全現代公共文化服務體系，創新實施文化惠民工程。健全現代文化產業體系和市場體系，實施重大文化產業項目帶動戰略。加大文物和文化遺產保護力度，加強城鄉建設中歷史文化保護傳承，建好用好國家文化公園。堅持以文塑旅、以旅彰文，推進文化和旅遊深度融合發展。廣泛開展全民健身活動，加強青少年體育工作，促進群眾體育和競技體育全面發展，加快建設體育強國。

（五）**增強中華文明傳播力影響力。**堅守中華文化立場，提煉展示中華文明的精神標識和文化精髓，加快構建中國話語和中國敘事體系，講好中國故事、傳播好中國聲音，展現可信、可愛、可敬的中國形象。加強國際傳播能力建設，全面提升國際傳播效能，形成同我國綜合國力和國際地位相匹配的國際話語權。深化文明交流互鑒，推動中華文化更好走向世界。

九、增進民生福祉，提高人民生活品質

江山就是人民，人民就是江山。中國共產黨領導人民打江山、守江山，守的是人民的心。治國有常，利民為本。為民造福是立黨為公、執政為民的本質要求。必須堅持在發展中保障和改善民生，鼓勵共同奮鬥創造美好生活，不斷實現人民對美好生活的嚮往。

我們要實現好、維護好、發展好最廣大人民根本利益，緊緊抓住人民最關心最直接最現實的利益問題，堅持盡力而為、量力而行，深入群眾、深入基層，採取更多惠民生、暖民心舉措，着力解決好人民群眾急難愁盼問題，健全基本公共服務體系，提高公共服務水平，增強均衡性和可及性，扎實推進共同富裕。

（一）**完善分配制度**。分配制度是促進共同富裕的基礎性制度。堅持按勞分配為主體、多種分配方式並存，構建初次分配、再分配、第三次分配協調配套的制度體系。努力提高居民收入在國民收入分配中的比重，提高勞動報酬在初次分配中的比重。堅持多勞多得，鼓勵勤勞致富，促進機會公平，增加低收入者收入，擴大中等收入群體。完善按要素分配政策制度，探索多種渠道增加中低收入群眾要素收入，多渠道增加城鄉居民財產性收入。加大稅收、社會保障、轉移支付等的調節力度。完善個人所得稅制度，規範收入分配秩序，規範財富積累機制，保護合法收入，調節過高收入，取締非法收入。引導、支持有意願有能力的企業、社會組織和個人積極參與公益慈善事業。

（二）**實施就業優先戰略**。就業是最基本的民生。強化就業優先政策，健全就業促進機制，促進高質量充分就業。健全就業公共服務體系，完善重點群體就業支持體系，加強困難群體就業兜底幫扶。統籌城鄉就業政策體系，破除妨礙勞動力、人才流動的體制和政策弊端，消除影響平等就業的不合理限制和就業歧視，使人人都有通過勤奮勞動實現自身發展的機會。健全終身職業技能培訓制度，推動解決結構性就業矛盾。完善促進創業帶動就業的保障制度，支持和規範發展新就業形態。健全勞動法律法規，完善勞動關係協商協調機制，完善勞動者權益保障制度，加強靈活就業和新就業形態勞動者權益保障。

（三）**健全社會保障體系**。社會保障體系是人民生活的安全網和社會運行的穩定器。健全覆蓋全民、統籌城鄉、公平統一、安全規範、可持續的多層次社會保障體系。完善基本養老保險全國統籌制度，發展多層次、多支柱養老保險體系。實施漸進式延遲法定退休年齡。擴大社會保險覆蓋面，健全基本養老、基本醫療保險籌資和待遇調整機制，推動基本醫療保險、失業保險、工傷保險省級統籌。促進多層次醫療保障有序銜接，完善大病保險和醫療救助制度，落實異地就醫結算，建立長期護理保險制度，積極發展商業醫療保險。加快完善全國統一的社會保險公共服務平台。健全社保基金保值增值和安全監管體系。健全分層分類的社會救助體系。堅持男女平等基本國策，保障婦女兒童合法權益。完善殘疾人社會保障制度和關愛服務體系，促進殘疾人事業全面發展。堅持房子是用來住的、不是用來炒的定位，加快建立多主體供給、多渠道保障、租購並舉的住房制度。

（四）**推進健康中國建設**。人民健康是民族昌盛和國家強盛的重要標誌。把保障人民健康放在優先發展的戰略位置，完善人民健康促進政策。優化人口發展戰略，建立生育支持政策體系，降低生育、養育、教育成本。實施積極應對人口老齡化國家戰略，發展養老事業和養老產業，優化孤寡老人服務，推動實現全體老年人享有基本養老服務。深化醫藥衛生體制改革，促進醫保、醫療、醫藥協同發展和治理。促進優質醫療資源擴容和區域均衡佈局，堅持預防為主，加強重大慢性病健康管理，提高基層防病治病和健康管理能力。深化以公益性為導向的公立醫院改革，規範民營醫院發展。發展壯大醫療衛生隊伍，把工作重點放在農村和社區。重視心理健康和精神衛生。促進中醫藥傳承創新發展。創新醫防協同、醫防融合機制，健全公共衛生體系，提高重大疫情早發現能力，加強重大疫情防控救治體系和應急能力建設，有效遏制重大傳染性疾病傳播。深入開展健康中國行動和愛國衛生運動，倡導文明健康生活方式。

十、推動綠色發展，促進人與自然和諧共生

大自然是人類賴以生存發展的基本條件。尊重自然、順應自然、保護自然，是全面建設社會主義現代化國家的內在要求。必須牢固樹立和踐行綠水青山就是金山銀山的理念，站在人與自然和諧共生的高度謀劃發展。

我們要推進美麗中國建設，堅持山水林田湖草沙一體化保護和系統治理，統籌產業結構調整、污染治理、生態保護、應對氣候變化，協同推進降碳、減污、擴綠、增長，推進生態優先、節約集約、綠色低碳發展。

（一）**加快發展方式綠色轉型。**推動經濟社會發展綠色化、低碳化是實現高質量發展的關鍵環節。加快推動產業結構、能源結構、交通運輸結構等調整優化。實施全面節約戰略，推進各類資源節約集約利用，加快構建廢棄物循環利用體系。完善支持綠色發展的財稅、金融、投資、價格政策和標準體系，發展綠色低碳產業，健全資源環境要素市場化配置體系，加快節能降碳先進技術研發和推廣應用，倡導綠色消費，推動形成綠色低碳的生產方式和生活方式。

（二）**深入推進環境污染防治**。堅持精準治污、科學治污、依法治污，持續深入打好藍天、碧水、淨土保衛戰。加強污染物協同控制，基本消除重污染天氣。統籌水資源、水環境、水生態治理，推動重要江河湖庫生態保護治理，基本消除城市黑臭水體。加強土壤污染源頭防控，開展新污染物治理。提升環境基礎設施建設水平，推進城鄉人居環境整治。全面實行排污許可制，健全現代環境治理體系。嚴密防控環境風險。深入推進中央生態環境保護督察。

（三）**提升生態系統多樣性、穩定性、持續性**。以國家重點生態功能區、生態保護紅線、自然保護地等為重點，加快實施重要生態系統保護和修復重大工程。推進以國家公園為主體的自然保護地體系建設。實施生物多樣性保護重大工程。科學開展大規模國土綠化行動。深化集體林權制度改革。推行草原森林河流湖泊濕地休養生息，實施好長江十年禁漁，健全耕地休耕輪作制度。建立生態產品價值實現機制，完善生態保護補償制度。加強生物安全管理，防治外來物種侵害。

（四）**積極穩妥推進碳達峰碳中和**。實現碳達峰碳中和是一場廣泛而深刻的經濟社會系統性變革。立足我國能源資源稟賦，堅持先立後破，有計劃分步驟實施碳達峰行動。完善能源消耗總量和強度調控，重點控制化石能源消費，逐步轉向碳排放總量和強度"雙控"制度。推動能源清潔低碳高效利用，推進工業、建築、交通等領域清潔低碳轉型。深入推進能源革命，加強煤炭清潔高效利用，加大油氣資源勘探開發和增儲上產力度，加快規劃建設新型能源體系，統籌水電開發和生態保護，積極安全有序發展核電，加強能源產供儲銷體系建設，確保能源安全。完善碳排放統計核算制度，健全碳排放權市場交易制度。提升生態系統碳匯能力。積極參與應對氣候變化全球治理。

十一、推進國家安全體系和能力現代化，堅決維護國家安全和社會穩定

國家安全是民族復興的根基，社會穩定是國家強盛的前提。必須堅定不移貫徹總體國家安全觀，把維護國家安全貫穿黨和國家工作各方面全過程，確保國家安全和社會穩定。

我們要堅持以人民安全為宗旨、以政治安全為根本、以經濟安全為基礎、以軍事科技文化社會安全為保障、以促進國際安全為依託，統籌外部安全和內部安全、國土安全和國民安全、傳統安全和非傳統安全、自身安全和共同安全，統籌維護和塑造國家安全，夯實國家安全和社會穩定基層基礎，完善參與全球安全治理機制，建設更高水平的平安中國，以新安全格局保障新發展格局。

（一）**健全國家安全體系。**堅持黨中央對國家安全工作的集中統一領導，完善高效權威的國家安全領導體制。強化國家安全工作協調機制，完善國家安全法治體系、戰略體系、政策體系、風險監測預警體系、國家應急管理體系，完善重點領域安全保障體系和重要專項協調指揮體系，強化經濟、重大基礎設施、金融、網絡、數據、生物、資源、核、太空、海洋等安全保障體系建設。健全反制裁、反干涉、反"長臂管轄"機制。完善國家安全力量佈局，構建全域聯動、立體高效的國家安全防護體系。

（二）**增強維護國家安全能力。**堅定維護國家政權安全、制度安全、意識形態安全，加強重點領域安全能力建設，確保糧食、能源資源、重要產業鏈供應鏈安全，加強海外安全保障能力建設，維護我國公民、法人在海外合法權益，維護海洋權益，堅定捍衛國家主權、安全、發展利益。提高防範化解重大風險能力，嚴密防範系統性安全風險，嚴厲打擊敵對勢力滲透、破壞、顛覆、分裂活動。全面加強國家

安全教育，提高各級領導幹部統籌發展和安全能力，增強全民國家安全意識和素養，築牢國家安全人民防線。

（三）**提高公共安全治理水平。**堅持安全第一、預防為主，建立大安全大應急框架，完善公共安全體系，推動公共安全治理模式向事前預防轉型。推進安全生產風險專項整治，加強重點行業、重點領域安全監管。提高防災減災救災和重大突發公共事件處置保障能力，加強國家區域應急力量建設。強化食品藥品安全監管，健全生物安全監管預警防控體系。加強個人信息保護。

（四）**完善社會治理體系。**健全共建共治共享的社會治理制度，提升社會治理效能。在社會基層堅持和發展新時代“楓橋經驗”，完善正確處理新形勢下人民內部矛盾機制，加強和改進人民信訪工作，暢通和規範群眾訴求表達、利益協調、權益保障通道，完善網格化管理、精細化服務、信息化支撐的基層治理平台，健全城鄉社區治理體系，及時把矛盾糾紛化解在基層、化解在萌芽狀態。加快推進市域社會治理現代化，提高市域社會治理能力。強化社會治安整體防控，推進掃黑除惡常態化，依法嚴懲群眾反映強烈的各類違法犯罪活動。發展壯大群防群治力量，營造見義勇為社會氛圍，建設人人有責、人人盡責、人人享有的社會治理共同體。

十二、實現建軍一百年奮鬥目標，開創國防和軍隊現代化新局面

如期實現建軍一百年奮鬥目標，加快把人民軍隊建成世界一流軍隊，是全面建設社會主義現代化國家的戰略要求。必須貫徹新時代黨的強軍思想，貫徹新時代軍事戰略方針，堅持黨對人民軍隊的絕對領導，堅持政治建軍、改革強軍、科技強軍、人才強軍、依法治軍，堅持邊鬥爭、邊備戰、邊建設，堅持機械化信息化智能化融合發展，

加快軍事理論現代化、軍隊組織形態現代化、軍事人員現代化、武器裝備現代化，提高捍衛國家主權、安全、發展利益戰略能力，有效履行新時代人民軍隊使命任務。

全面加強人民軍隊黨的建設，確保槍桿子永遠聽黨指揮。健全貫徹軍委主席負責制體制機制。深化黨的創新理論武裝，開展"學習強軍思想、建功強軍事業"教育實踐活動。加強軍史學習教育，繁榮發展強軍文化，強化戰鬥精神培育。建強人民軍隊黨的組織體系，推進政治整訓常態化制度化，持之以恆正風肅紀反腐。

全面加強練兵備戰，提高人民軍隊打贏能力。研究掌握信息化智能化戰爭特點規律，創新軍事戰略指導，發展人民戰爭戰略戰術。打造強大戰略威懾力量體系，增加新域新質作戰力量比重，加快無人智能作戰力量發展，統籌網絡信息體系建設運用。優化聯合作戰指揮體系，推進偵察預警、聯合打擊、戰場支撐、綜合保障體系和能力建設。深入推進實戰化軍事訓練，深化聯合訓練、對抗訓練、科技練兵。加強軍事力量常態化多樣化運用，堅定靈活開展軍事鬥爭，塑造安全態勢，遏控危機衝突，打贏局部戰爭。

全面加強軍事治理，鞏固拓展國防和軍隊改革成果，完善軍事力量結構編成，體系優化軍事政策制度。加強國防和軍隊建設重大任務戰建備統籌，加快建設現代化後勤，實施國防科技和武器裝備重大工程，加速科技向戰鬥力轉化。深化軍隊院校改革，建強新型軍事人才培養體系，創新軍事人力資源管理。加強依法治軍機制建設和戰略規劃，完善中國特色軍事法治體系。改進戰略管理，提高軍事系統運行效能和國防資源使用效益。

鞏固提高一體化國家戰略體系和能力。加強軍地戰略規劃統籌、政策制度銜接、資源要素共享。優化國防科技工業體系和佈局，加強國防科技工業能力建設。深化全民國防教育。加強國防動員和後備力量建設，推進現代邊海空防建設。加強軍人軍屬榮譽激勵和權益保障，做好退役軍人服務保障工作。鞏固發展軍政軍民團結。

人民軍隊始終是黨和人民完全可以信賴的英雄軍隊，有信心、有能力維護國家主權、統一和領土完整，有信心、有能力為實現中華民族偉大復興提供戰略支撐，有信心、有能力為世界和平與發展作出更大貢獻！

十三、堅持和完善"一國兩制"，推進祖國統一

"一國兩制"是中國特色社會主義的偉大創舉，是香港、澳門回歸後保持長期繁榮穩定的最佳制度安排，必須長期堅持。

全面準確、堅定不移貫徹"一國兩制"、"港人治港"、"澳人治澳"、高度自治的方針，堅持依法治港治澳，維護憲法和基本法確定的特別行政區憲制秩序。堅持和完善"一國兩制"制度體系，落實中央全面管治權，落實"愛國者治港"、"愛國者治澳"原則，落實特別行政區維護國家安全的法律制度和執行機制。堅持中央全面管治權和保障特別行政區高度自治權相統一，堅持行政主導，支持行政長官和特別行政區政府依法施政，提升全面治理能力和管治水平，完善特別行政區司法制度和法律體系，保持香港、澳門資本主義制度和生活方式長期不變，促進香港、澳門長期繁榮穩定。

支持香港、澳門發展經濟、改善民生、破解經濟社會發展中的深層次矛盾和問題。發揮香港、澳門優勢和特點，鞏固提升香港、澳門在國際金融、貿易、航運航空、創新科技、文化旅遊等領域的地位，深化香港、澳門同各國各地區更加開放、更加密切的交往合作。推進粵港澳大灣區建設，支持香港、澳門更好融入國家發展大局，為實現中華民族偉大復興更好發揮作用。

發展壯大愛國愛港愛澳力量，增強港澳同胞的愛國精神，形成更廣泛的國內外支持"一國兩制"的統一戰線。堅決打擊反中亂港亂澳勢力，堅決防範和遏制外部勢力干預港澳事務。

解決台灣問題、實現祖國完全統一，是黨矢志不渝的歷史任務，是全體中華兒女的共同願望，是實現中華民族偉大復興的必然要求。堅持貫徹新時代黨解決台灣問題的總體方略，牢牢把握兩岸關係主導權和主動權，堅定不移推進祖國統一大業。

"和平統一、一國兩制"方針是實現兩岸統一的最佳方式，對兩岸同胞和中華民族最有利。我們堅持一個中國原則和"九二共識"，在此基礎上，推進同台灣各黨派、各界別、各階層人士就兩岸關係和國家統一開展廣泛深入協商，共同推動兩岸關係和平發展、推進祖國和平統一進程。我們堅持團結廣大台灣同胞，堅定支持島內愛國統一力量，共同把握歷史大勢，堅守民族大義，堅定反"獨"促統。偉大祖國永遠是所有愛國統一力量的堅強後盾！

兩岸同胞血脈相連，是血濃於水的一家人。我們始終尊重、關愛、造福台灣同胞，繼續致力於促進兩岸經濟文化交流合作，深化兩岸各領域融合發展，完善增進台灣同胞福祉的制度和政策，推動兩岸共同弘揚中華文化，促進兩岸同胞心靈契合。

台灣是中國的台灣。解決台灣問題是中國人自己的事，要由中國人來決定。我們堅持以最大誠意、盡最大努力爭取和平統一的前景，但決不承諾放棄使用武力，保留採取一切必要措施的選項，這針對的是外部勢力干涉和極少數"台獨"分裂分子及其分裂活動，絕非針對廣大台灣同胞。國家統一、民族復興的歷史車輪滾滾向前，祖國完全統一一定要實現，也一定能夠實現！

十四、促進世界和平與發展，推動構建人類命運共同體

當前，世界之變、時代之變、歷史之變正以前所未有的方式展開。一方面，和平、發展、合作、共贏的歷史潮流不可阻擋，人心所向、大勢所趨決定了人類前途終歸光明。另一方面，恃強凌弱、巧取豪奪、零和博弈等霸權霸道霸凌行徑危害深重，和平赤字、發展赤字、安全赤字、治理赤字加重，人類社會面臨前所未有的挑戰。世界又一次站在歷史的十字路口，何去何從取決於各國人民的抉擇。

中國始終堅持維護世界和平、促進共同發展的外交政策宗旨，致力於推動構建人類命運共同體。

中國堅定奉行獨立自主的和平外交政策，始終根據事情本身的是非曲直決定自己的立場和政策，維護國際關係基本準則，維護國際公平正義。中國尊重各國主權和領土完整，堅持國家不分大小、強弱、貧富一律平等，尊重各國人民自主選擇的發展道路和社會制度，堅決反對一切形式的霸權主義和強權政治，反對冷戰思維，反對干涉別國內政，反對搞雙重標準。中國奉行防禦性的國防政策，中國的發展是世界和平力量的增長，無論發展到什麼程度，中國永遠不稱霸、永遠不搞擴張。

中國堅持在和平共處五項原則基礎上同各國發展友好合作，推動構建新型國際關係，深化拓展平等、開放、合作的全球夥伴關係，致力於擴大同各國利益的匯合點。促進大國協調和良性互動，推動構建和平共處、總體穩定、均衡發展的大國關係格局。堅持親誠惠容和與鄰為善、以鄰為伴周邊外交方針，深化同周邊國家友好互信和利益融合。秉持真實親誠理念和正確義利觀加強同發展中國家團結合作，維護發展中國家共同利益。中國共產黨願在獨立自主、完全平等、互相尊重、互不干涉內部事務原則基礎上加強同各國政黨和政治組織交流

合作，積極推進人大、政協、軍隊、地方、民間等各方面對外交往。

中國堅持對外開放的基本國策，堅定奉行互利共贏的開放戰略，不斷以中國新發展為世界提供新機遇，推動建設開放型世界經濟，更好惠及各國人民。中國堅持經濟全球化正確方向，推動貿易和投資自由化便利化，推進雙邊、區域和多邊合作，促進國際宏觀經濟政策協調，共同營造有利於發展的國際環境，共同培育全球發展新動能，反對保護主義，反對"築牆設壘"、"脫鈎斷鏈"，反對單邊制裁、極限施壓。中國願加大對全球發展合作的資源投入，致力於縮小南北差距，堅定支持和幫助廣大發展中國家加快發展。

中國積極參與全球治理體系改革和建設，踐行共商共建共享的全球治理觀，堅持真正的多邊主義，推進國際關係民主化，推動全球治理朝着更加公正合理的方向發展。堅定維護以聯合國為核心的國際體系、以國際法為基礎的國際秩序、以聯合國憲章宗旨和原則為基礎的國際關係基本準則，反對一切形式的單邊主義，反對搞針對特定國家的陣營化和排他性小圈子。推動世界貿易組織、亞太經合組織等多邊機制更好發揮作用，擴大金磚國家、上海合作組織等合作機制影響力，增強新興市場國家和發展中國家在全球事務中的代表性和發言權。中國堅持積極參與全球安全規則制定，加強國際安全合作，積極參與聯合國維和行動，為維護世界和平和地區穩定發揮建設性作用。

構建人類命運共同體是世界各國人民前途所在。萬物並育而不相害，道並行而不相悖。只有各國行天下之大道，和睦相處、合作共贏，繁榮才能持久，安全才有保障。中國提出了全球發展倡議、全球安全倡議，願同國際社會一道努力落實。中國堅持對話協商，推動建設一個持久和平的世界；堅持共建共享，推動建設一個普遍安全的世界；堅持合作共贏，推動建設一個共同繁榮的世界；堅持交流互鑒，推動建設一個開放包容的世界；堅持綠色低碳，推動建設一個清潔美麗的世界。

我們真誠呼籲，世界各國弘揚和平、發展、公平、正義、民主、自由的全人類共同價值，促進各國人民相知相親，尊重世界文明多樣性，以文明交流超越文明隔閡、文明互鑒超越文明衝突、文明共存超越文明優越，共同應對各種全球性挑戰。

我們所處的是一個充滿挑戰的時代，也是一個充滿希望的時代。中國人民願同世界人民攜手開創人類更加美好的未來！

十五、堅定不移全面從嚴治黨，深入推進新時代黨的建設新的偉大工程

全面建設社會主義現代化國家、全面推進中華民族偉大復興，關鍵在黨。我們黨作為世界上最大的馬克思主義執政黨，要始終贏得人民擁護、鞏固長期執政地位，必須時刻保持解決大黨獨有難題的清醒和堅定。經過十八大以來全面從嚴治黨，我們解決了黨內許多突出問題，但黨面臨的執政考驗、改革開放考驗、市場經濟考驗、外部環境考驗將長期存在，精神懈怠危險、能力不足危險、脫離群眾危險、消極腐敗危險將長期存在。全黨必須牢記，全面從嚴治黨永遠在路上，黨的自我革命永遠在路上，決不能有鬆勁歇腳、疲勞厭戰的情緒，必須持之以恆推進全面從嚴治黨，深入推進新時代黨的建設新的偉大工程，以黨的自我革命引領社會革命。

我們要落實新時代黨的建設總要求，健全全面從嚴治黨體系，全面推進黨的自我淨化、自我完善、自我革新、自我提高，使我們黨堅守初心使命，始終成為中國特色社會主義事業的堅強領導核心。

（一）堅持和加強黨中央集中統一領導。黨的領導是全面的、系統的、整體的，必須全面、系統、整體加以落實。健全總攬全局、協

調各方的黨的領導制度體系，完善黨中央重大決策部署落實機制，確保全黨在政治立場、政治方向、政治原則、政治道路上同黨中央保持高度一致，確保黨的團結統一。完善黨中央決策議事協調機構，加強黨中央對重大工作的集中統一領導。加強黨的政治建設，嚴明政治紀律和政治規矩，落實各級黨委（黨組）主體責任，提高各級黨組織和黨員幹部政治判斷力、政治領悟力、政治執行力。堅持科學執政、民主執政、依法執政，貫徹民主集中制，創新和改進領導方式，提高黨把方向、謀大局、定政策、促改革能力，調動各方面積極性。增強黨內政治生活政治性、時代性、原則性、戰鬥性，用好批評和自我批評武器，持續淨化黨內政治生態。

（二）**堅持不懈用新時代中國特色社會主義思想凝心鑄魂**。用黨的創新理論武裝全黨是黨的思想建設的根本任務。全面加強黨的思想建設，堅持用新時代中國特色社會主義思想統一思想、統一意志、統一行動，組織實施黨的創新理論學習教育計劃，建設馬克思主義學習型政黨。加強理想信念教育，引導全黨牢記黨的宗旨，解決好世界觀、人生觀、價值觀這個總開關問題，自覺做共產主義遠大理想和中國特色社會主義共同理想的堅定信仰者和忠實實踐者。堅持學思用貫通、知信行統一，把新時代中國特色社會主義思想轉化為堅定理想、錘煉黨性和指導實踐、推動工作的強大力量。堅持理論武裝同常態化長效化開展黨史學習教育相結合，引導黨員、幹部不斷學史明理、學史增信、學史崇德、學史力行，傳承紅色基因，賡續紅色血脈。以縣處級以上領導幹部為重點在全黨深入開展主題教育。

（三）**完善黨的自我革命制度規範體系**。堅持制度治黨、依規治黨，以黨章為根本，以民主集中制為核心，完善黨內法規制度體系，增強黨內法規權威性和執行力，形成堅持真理、修正錯誤，發現問題、糾正偏差的機制。健全黨統一領導、全面覆蓋、權威高效的監督體系，完善權力監督制約機制，以黨內監督為主導，促進各類監督貫通協調，讓權力在陽光下運行。推進政治監督具體化、精準化、常態化，增強對"一把手"和領導班子監督實效。發揮政治巡視利劍作用，加強巡視整改和成果運用。落實全面從嚴治黨政治責任，用好問責利器。

（四）**建設堪當民族復興重任的高素質幹部隊伍。**全面建設社會主義現代化國家，必須有一支政治過硬、適應新時代要求、具備領導現代化建設能力的幹部隊伍。堅持黨管幹部原則，堅持德才兼備、以德為先、五湖四海、任人唯賢，把新時代好幹部標準落到實處。樹立選人用人正確導向，選拔忠誠乾淨擔當的高素質專業化幹部，選優配強各級領導班子。堅持把政治標準放在首位，做深做實幹部政治素質考察，突出把好政治關、廉潔關。加強實踐鍛煉、專業訓練，注重在重大鬥爭中磨礪幹部，增強幹部推動高質量發展本領、服務群眾本領、防範化解風險本領。加強幹部鬥爭精神和鬥爭本領養成，着力增強防風險、迎挑戰、抗打壓能力，帶頭擔當作為，做到平常時候看得出來、關鍵時刻站得出來、危難關頭豁得出來。完善幹部考核評價體系，引導幹部樹立和踐行正確政績觀，推動幹部能上能下、能進能出，形成能者上、優者獎、庸者下、劣者汰的良好局面。抓好後繼有人這個根本大計，健全培養選拔優秀年輕幹部常態化工作機制，把到基層和艱苦地區鍛煉成長作為年輕幹部培養的重要途徑。重視女幹部培養選拔工作，發揮女幹部重要作用。重視培養和用好少數民族幹部，統籌做好黨外幹部工作。做好離退休幹部工作。加強和改進公務員工作，優化機構編制資源配置。堅持嚴管和厚愛相結合，加強對幹部全方位管理和經常性監督，落實"三個區分開來"，激勵幹部敢於擔當、積極作為。關心關愛基層幹部特別是條件艱苦地區幹部。

（五）**增強黨組織政治功能和組織功能。**嚴密的組織體系是黨的優勢所在、力量所在。各級黨組織要履行黨章賦予的各項職責,把黨的路線方針政策和黨中央決策部署貫徹落實好,把各領域廣大群眾組織凝聚好。堅持大抓基層的鮮明導向,抓黨建促鄉村振興,加強城市社區黨建工作,推進以黨建引領基層治理,持續整頓軟弱渙散基層黨組織,把基層黨組織建設成為有效實現黨的領導的堅強戰鬥堡壘。全面提高機關黨建質量,推進事業單位黨建工作。推進國有企業、金融企業在完善公司治理中加強黨的領導,加強混合所有制企業、非公有制企業黨建工作,理順行業協會、學會、商會黨建工作管理體制。加強新經濟組織、新社會組織、新就業群體黨的建設。注重從青年和產業工人、農民、知識分子中發展黨員,加強和改進黨員特別是流動黨員教育管理。落實黨內民主制度,保障黨員權利,激勵黨員發揮先鋒模範作用。嚴肅穩妥處置不合格黨員,保持黨員隊伍先進性和純潔性。

（六）**堅持以嚴的基調強化正風肅紀**。黨風問題關係執政黨的生死存亡。弘揚黨的光榮傳統和優良作風,促進黨員幹部特別是領導幹部帶頭深入調查研究,撲下身子幹實事、謀實招、求實效。鍥而不捨落實中央八項規定精神,抓住"關鍵少數"以上率下,持續深化糾治"四風",重點糾治形式主義、官僚主義,堅決破除特權思想和特權行為。把握作風建設地區性、行業性、階段性特點,抓住普遍發生、反覆出現的問題深化整治,推進作風建設常態化長效化。全面加強黨的紀律建設,督促領導幹部特別是高級幹部嚴於律己、嚴負其責、嚴管所轄,對違反黨紀的問題,發現一起堅決查處一起。堅持黨性黨風黨紀一起抓,從思想上固本培元,提高黨性覺悟,增強拒腐防變能力,涵養富貴不能淫、貧賤不能移、威武不能屈的浩然正氣。

（七）**堅決打贏反腐敗鬥爭攻堅戰持久戰**。腐敗是危害黨的生命力和戰鬥力的最大毒瘤,反腐敗是最徹底的自我革命。只要存在腐敗問題產生的土壤和條件，反腐敗鬥爭就一刻不能停，必須永遠吹衝鋒號。堅持不敢腐、不能腐、不想腐一體推進，同時發力、同向發力、綜合發力。以零容忍態度反腐懲惡，更加有力遏制增量，更加有效清除存量，堅決查處政治問題和經濟問題交織的腐敗，堅決防止領導幹部成為利益集團和權勢團體的代言人、代理人，堅決治理政商勾連破壞政治生態和經濟發展環境問題，決不姑息。深化整治權力集中、資金密集、資源富集領域的腐敗，堅決懲治群眾身邊的“蠅貪”，嚴肅查處領導幹部配偶、子女及其配偶等親屬和身邊工作人員利用影響力謀私貪腐問題，堅持受賄行賄一起查，懲治新型腐敗和隱性腐敗。深化反腐敗國際合作，一體構建追逃防逃追贓機制。深化標本兼治，推進反腐敗國家立法，加強新時代廉潔文化建設，教育引導廣大黨員、幹部增強不想腐的自覺，清清白白做人、乾乾淨淨做事，使嚴厲懲治、規範權力、教育引導緊密結合、協調聯動，不斷取得更多制度性成果和更大治理效能。

同志們！時代呼喚着我們，人民期待着我們，唯有矢志不渝、篤行不怠，方能不負時代、不負人民。全黨必須牢記，堅持黨的全面領導是堅持和發展中國特色社會主義的必由之路，中國特色社會主義是實現中華民族偉大復興的必由之路，團結奮鬥是中國人民創造歷史偉業的必由之路，貫徹新發展理念是新時代我國發展壯大的必由之路，全面從嚴治黨是黨永葆生機活力、走好新的趕考之路的必由之路。這是我們在長期實踐中得出的至關緊要的規律性認識，必須倍加珍惜、始終堅持，咬定青山不放鬆，引領和保障中國特色社會主義巍巍巨輪乘風破浪、行穩致遠。

團結就是力量，團結才能勝利。全面建設社會主義現代化國家，必須充分發揮億萬人民的創造偉力。全黨要堅持全心全意為人民服務的根本宗旨，樹牢群眾觀點，貫徹群眾路線，尊重人民首創精神，堅持一切為了人民、一切依靠人民，從群眾中來、到群眾中去，始終保持同人民群眾的血肉聯繫，始終接受人民批評和監督，始終同人民同呼吸、共命運、心連心，不斷鞏固全國各族人民大團結，加強海內外中華兒女大團結，形成同心共圓中國夢的強大合力。

青年強，則國家強。當代中國青年生逢其時，施展才幹的舞台無比廣闊，實現夢想的前景無比光明。全黨要把青年工作作為戰略性工作來抓，用黨的科學理論武裝青年，用黨的初心使命感召青年，做青年朋友的知心人、青年工作的熱心人、青年群眾的引路人。廣大青年要堅定不移聽黨話、跟黨走，懷抱夢想又腳踏實地，敢想敢為又善作善成，立志做有理想、敢擔當、能吃苦、肯奮鬥的新時代好青年，讓青春在全面建設社會主義現代化國家的火熱實踐中綻放絢麗之花。

同志們！黨用偉大奮鬥創造了百年偉業，也一定能用新的偉大奮鬥創造新的偉業。全黨全軍全國各族人民要緊密團結在黨中央周圍，牢記空談誤國、實幹興邦，堅定信心、同心同德，埋頭苦幹、奮勇前進，為全面建設社會主義現代化國家、全面推進中華民族偉大復興而團結奮鬥！

中國共產黨第二十次全國代表大會關於十九屆中央委員會報告的決議

（2022 年 10 月 22 日中國共產黨
第二十次全國代表大會通過）

　　中國共產黨第二十次全國代表大會批准習近平同志代表十九屆中央委員會所作的報告。大會高舉中國特色社會主義偉大旗幟，堅持馬克思列寧主義、毛澤東思想、鄧小平理論、"三個代表"重要思想、科學發展觀，全面貫徹習近平新時代中國特色社會主義思想，分析了國際國內形勢，提出了黨的二十大主題，回顧總結了過去五年的工作和新時代十年的偉大變革，闡述了開闢馬克思主義中國化時代化新境界、中國式現代化的中國特色和本質要求等重大問題，對全面建設社會主義現代化國家、全面推進中華民族偉大復興進行了戰略謀劃，對統籌推進"五位一體"總體佈局、協調推進"四個全面"戰略佈局作出了全面部署，為新時代新征程黨和國家事業發展、實現第二個百年奮鬥目標指明了前進方向、確立了行動指南。大會通過的十九屆中央委員會的報告，是黨和人民智慧的結晶，是黨團結帶領全國各族人民奪取中國特色社會主義新勝利的政治宣言和行動綱領，是馬克思主義的綱領性文獻。

　　大會認為，報告闡明的大會主題是大會的靈魂，是黨和國家事業發展的總綱。全黨要高舉中國特色社會主義偉大旗幟，深刻領悟"兩個確立"的決定性意義，堅決維護習近平同志黨中央的核心、全黨的核心地位，全面貫徹習近平新時代中國特色社會主義思想，弘揚偉大建黨精神，自信自強、守正創新，踔厲奮發、勇毅前行，為全面建設社會主義現代化國家、全面推進中華民族偉大復興而團結奮鬥。

大會指出，我們黨立志於中華民族千秋偉業，致力於人類和平與發展崇高事業，責任無比重大，使命無上光榮。全黨同志務必不忘初心、牢記使命，務必謙虛謹慎、艱苦奮鬥，務必敢於鬥爭、善於鬥爭，堅定歷史自信，增強歷史主動，譜寫新時代中國特色社會主義更加絢麗的華章。

大會高度評價十九屆中央委員會的工作。黨的十九大以來的五年，是極不尋常、極不平凡的五年。五年來，以習近平同志為核心的黨中央高舉中國特色社會主義偉大旗幟，全面貫徹黨的十九大和十九屆歷次全會精神，堅持馬克思列寧主義、毛澤東思想、鄧小平理論、“三個代表”重要思想、科學發展觀，全面貫徹習近平新時代中國特色社會主義思想，團結帶領全黨全軍全國各族人民，統攬偉大鬥爭、偉大工程、偉大事業、偉大夢想，統籌推進“五位一體”總體佈局，協調推進“四個全面”戰略佈局，統籌新冠肺炎疫情防控和經濟社會發展，統籌發展和安全，堅持穩中求進工作總基調，全力推進全面建成小康社會進程，完整、準確、全面貫徹新發展理念，着力推動高質量發展，主動構建新發展格局，蹄疾步穩推進改革，扎實推進全過程人民民主，全面推進依法治國，積極發展社會主義先進文化，突出保障和改善民生，集中力量實施脫貧攻堅戰，大力推進生態文明建設，堅決維護國家安全，防範化解重大風險，保持社會大局穩定，大力度推進國防和軍隊現代化建設，香港局勢實現由亂到治的重大轉折，堅決開展反分裂、反干涉重大鬥爭，全方位開展中國特色大國外交，全面推進黨的建設新的偉大工程，如期打贏脫貧攻堅戰，完成全面建成小康社會的歷史任務，實現第一個百年奮鬥目標，邁上全面建設社會主義現代化國家新征程，向第二個百年奮鬥目標進軍。五年來，以習近平同志為核心的黨中央審時度勢、守正創新，敢於鬥爭、善於鬥爭，團結帶領全黨全軍全國各族人民有效應對嚴峻複雜的國際形勢和接踵而至的巨大風險挑戰，以奮發有為的精神把新時代中國特色社會主義不斷推向前進，攻克了許多長期沒有解決的難題，辦成了許多事關長遠的大事要事，推動黨和國家事業取得舉世矚目的重大成就。

　　大會強調，黨的十八大召開十年來，我們經歷了對黨和人民事業具有重大現實意義和深遠歷史意義的三件大事：一是迎來中國共產黨成立一百周年，二是中國特色社會主義進入新時代，三是完成脫貧攻堅、全面建成小康社會的歷史任務，實現第一個百年奮鬥目標。這是中國共產黨和中國人民團結奮鬥贏得的歷史性勝利，是彪炳中華民族發展史冊的歷史性勝利，也是對世界具有深遠影響的歷史性勝利。十年來，我們全面貫徹黨的基本理論、基本路線、基本方略，採取一系列戰略性舉措，推進一系列變革性實踐，實現一系列突破性進展，取得一系列標誌性成果，經受住了來自政治、經濟、意識形態、自然界等方面的風險挑戰考驗，黨和國家事業取得歷史性成就、發生歷史性變革，推動我國邁上全面建設社會主義現代化國家新征程。新時代十年的偉大變革，在黨史、新中國史、改革開放史、社會主義發展史、中華民族發展史上具有里程碑意義。中國共產黨在革命性鍛造中更加堅強有力，中國人民煥發出更為強烈的歷史自覺和主動精神，實現中華民族偉大復興進入了不可逆轉的歷史進程，科學社會主義在二十一世紀的中國煥發出新的蓬勃生機。

　　大會強調，新時代十年的偉大變革，是在以習近平同志為核心的黨中央堅強領導下、在習近平新時代中國特色社會主義思想指引下全黨全國各族人民團結奮鬥取得的。黨確立習近平同志黨中央的核心、全黨的核心地位，確立習近平新時代中國特色社會主義思想的指導地位，反映了全黨全軍全國各族人民共同心願，對新時代黨和國家事業發展、對推進中華民族偉大復興歷史進程具有決定性意義。新時代新征程上把中國特色社會主義事業推向前進，最緊要的是深刻領悟“兩個確立”的決定性意義，增強“四個意識”、堅定“四個自信”、做到“兩個維護”，自覺在思想上政治上行動上同以習近平同志為核心的黨中央保持高度一致。

大會強調，馬克思主義是我們立黨立國、興黨興國的根本指導思想。實踐告訴我們，中國共產黨為什麼能，中國特色社會主義為什麼好，歸根到底是馬克思主義行，是中國化時代化的馬克思主義行。黨的十八大以來，我們黨勇於進行理論探索和創新，以全新的視野深化對共產黨執政規律、社會主義建設規律、人類社會發展規律的認識，取得重大理論創新成果，集中體現為習近平新時代中國特色社會主義思想。黨的十九大、十九屆六中全會提出的“十個明確”、“十四個堅持”、“十三個方面成就”概括了這一思想的主要內容，必須長期堅持並不斷豐富發展。只有把馬克思主義基本原理同中國具體實際相結合、同中華優秀傳統文化相結合，堅持運用辯證唯物主義和歷史唯物主義，才能正確回答時代和實踐提出的重大問題，才能始終保持馬克思主義的蓬勃生機和旺盛活力。繼續推進實踐基礎上的理論創新，首先要把握好習近平新時代中國特色社會主義思想的世界觀和方法論，堅持好、運用好貫穿其中的立場觀點方法，堅持人民至上，堅持自信自立，堅持守正創新，堅持問題導向，堅持系統觀念，堅持胸懷天下，開闢馬克思主義中國化時代化新境界。

大會提出，從現在起，中國共產黨的中心任務就是團結帶領全國各族人民全面建成社會主義現代化強國、實現第二個百年奮鬥目標，以中國式現代化全面推進中華民族偉大復興。

大會指出，在新中國成立特別是改革開放以來長期探索和實踐基礎上，經過黨的十八大以來在理論和實踐上的創新突破，我們黨成功推進和拓展了中國式現代化。中國式現代化，是中國共產黨領導的社會主義現代化，既有各國現代化的共同特徵，更有基於自己國情的中國特色。中國式現代化是人口規模巨大的現代化、全體人民共同富裕的現代化、物質文明和精神文明相協調的現代化、人與自然和諧共生的現代化、走和平發展道路的現代化。中國式現代化的本質要求是：堅持中國共產黨領導，堅持中國特色社會主義，實現高質量發展，發展全過程人民民主，豐富人民精神世界，實現全體人民共同富裕，促進人與自然和諧共生，推動構建人類命運共同體，創造人類文明新形態。

大會指出，全面建成社會主義現代化強國，總的戰略安排是分兩步走：從二〇二〇年到二〇三五年基本實現社會主義現代化；從二〇三五年到本世紀中葉把我國建成富強民主文明和諧美麗的社會主義現代化強國。未來五年是全面建設社會主義現代化國家開局起步的關鍵時期，主要目標任務是：經濟高質量發展取得新突破，科技自立自強能力顯著提升，構建新發展格局和建設現代化經濟體系取得重大進展；改革開放邁出新步伐，國家治理體系和治理能力現代化深入推進，社會主義市場經濟體制更加完善，更高水平開放型經濟新體制基本形成；全過程人民民主制度化、規範化、程序化水平進一步提高，中國特色社會主義法治體系更加完善；人民精神文化生活更加豐富，中華民族凝聚力和中華文化影響力不斷增強；居民收入增長和經濟增長基本同步，勞動報酬提高與勞動生產率提高基本同步，基本公共服務均等化水平明顯提升，多層次社會保障體系更加健全；城鄉人居環境明顯改善，美麗中國建設成效顯著；國家安全更為鞏固，建軍一百年奮鬥目標如期實現，平安中國建設扎實推進；中國國際地位和影響進一步提高，在全球治理中發揮更大作用。

大會強調，全面建設社會主義現代化國家，是一項偉大而艱巨的事業，前途光明，任重道遠。前進道路上，必須牢牢把握以下重大原則：堅持和加強黨的全面領導，堅持中國特色社會主義道路，堅持以人民為中心的發展思想，堅持深化改革開放，堅持發揚鬥爭精神。全黨必須堅定信心、銳意進取，主動識變應變求變，主動防範化解風險，不斷奪取全面建設社會主義現代化國家新勝利。

大會同意報告對未來一個時期黨和國家事業發展作出的戰略部署，強調必須完整、準確、全面貫徹新發展理念，加快構建新發展格局、着力推動高質量發展，堅持社會主義市場經濟改革方向，堅持高水平對外開放，加快構建以國內大循環為主體、國內國際雙循環相互促進的新發展格局，構建高水平社會主義市場經濟體制，建設現代化產業體系，全面推進鄉村振興，促進區域協調發展，推進高水平對外開放。要實施科教興國戰略、強化現代化建設人才支撐，堅持教育優先發展、科技自立自強、人才引領驅動，辦好人民滿意的教育，完善科技創新體系，加快實施創新驅動發展戰略，深入實施人才強國戰略，加快建設教育強國、科技強國、人才強國。要發展全過程人民民主、保障人民當家作主，堅定不移走中國特色社會主義政治發展道路，堅持黨的領導、人民當家作主、依法治國有機統一，堅持人民主體地位，充分體現人民意志、保障人民權益、激發人民創造活力，加強人民當家作主制度保障，堅持和完善我國根本政治制度、基本政治制度、重要政治制度，全面發展協商民主，積極發展基層民主，鞏固和發展最廣泛的愛國統一戰線。要堅持全面依法治國、推進法治中國建設，圍繞保障和促進社會公平正義，堅持依法治國、依法執政、依法行政共同推進，堅持法治國家、法治政府、法治社會一體建設，完善以憲法為核心的中國特色社會主義法律體系，扎實推進依法行政，嚴格公正司法，加快建設法治社會。要推進文化自信自強、鑄就社會主義文化新輝煌，激發全民族文化創新創造活力，增強實現中華民族偉大復興的精神力量，鞏固全黨全國各族人民團結奮鬥的共同思想基礎，建設具有強大凝聚力和引領力的社會主義意識形態，廣泛踐行社會主義核心價值觀，提高全社會文明程度，繁榮發展文化事業和文化產業，增強中華文明傳播力影響力。要增進民生福祉、提高人民生活品質，堅持在發展中保障和改善民生，鼓勵共同奮鬥創造美好生活，扎實推進共同富裕，完善分配制度，實施就業優先戰略，健全社會保障體系，推進健康中國建設。要推動綠色發展、促進人與自然和諧共生，牢固樹立和踐行綠水青山就是金山銀山的理念，站在人與自然和諧共生的高度謀劃發展，堅持山水林田湖草沙一體化保護和系統治理，統籌產業結構調整、污染治理、生態保護、應對氣候變化，加快發展方式綠色轉型，深入推進環境污染防治，提升生態系統多樣性、穩定性、持續性，積極穩妥推進碳達峰碳中和。

大會強調，國家安全是民族復興的根基，社會穩定是國家強盛的前提。必須堅定不移貫徹總體國家安全觀，把維護國家安全貫穿黨和國家工作各方面全過程，健全國家安全體系，增強維護國家安全能力，提高公共安全治理水平，完善社會治理體系，確保國家安全和社會穩定。

大會強調，如期實現建軍一百年奮鬥目標，加快把人民軍隊建成世界一流軍隊，是全面建設社會主義現代化國家的戰略要求。必須貫徹習近平強軍思想，貫徹新時代軍事戰略方針，堅持黨對人民軍隊的絕對領導，堅持政治建軍、改革強軍、科技強軍、人才強軍、依法治軍，堅持邊鬥爭、邊備戰、邊建設，堅持機械化信息化智能化融合發展，加快軍事理論現代化、軍隊組織形態現代化、軍事人員現代化、武器裝備現代化，提高捍衛國家主權、安全、發展利益戰略能力，有效履行新時代人民軍隊使命任務。

大會強調，"一國兩制"是中國特色社會主義的偉大創舉，是香港、澳門回歸後保持長期繁榮穩定的最佳制度安排，必須長期堅持。要全面準確、堅定不移貫徹“一國兩制”、“港人治港”、“澳人治澳”、高度自治的方針，堅持依法治港治澳，維護憲法和基本法確定的特別行政區憲制秩序，落實“愛國者治港”、“愛國者治澳”原則。要堅持一個中國原則和“九二共識”，堅持貫徹新時代黨解決台灣問題的總體方略，堅定反“獨”促統，牢牢把握兩岸關係主導權和主動權，堅定不移推進祖國統一大業。

大會同意報告對國際形勢的分析和外交工作的部署，強調中國始終堅持維護世界和平、促進共同發展的外交政策宗旨，致力於推動構建人類命運共同體，堅定奉行獨立自主的和平外交政策，始終根據事情本身的是非曲直決定自己的立場和政策，堅持在和平共處五項原則基礎上同各國發展友好合作，堅持對外開放的基本國策，堅定奉行互利共贏的開放戰略，積極參與全球治理體系改革和建設，推動全球治理朝着更加公正合理的方向發展，願同世界各國一道弘揚和平、發展、公平、正義、民主、自由的全人類共同價值，共同應對各種全球性挑戰。

大會強調，全面建設社會主義現代化國家、全面推進中華民族偉大復興，關鍵在黨。我們黨作為世界上最大的馬克思主義執政黨，要始終贏得人民擁護、鞏固長期執政地位，必須時刻保持解決大黨獨有難題的清醒和堅定。必須持之以恆推進全面從嚴治黨，深入推進新時代黨的建設新的偉大工程，以黨的自我革命引領社會革命，落實新時代黨的建設總要求，健全全面從嚴治黨體系，全面推進黨的自我淨化、自我完善、自我革新、自我提高，堅持和加強黨中央集中統一領導，堅持不懈用習近平新時代中國特色社會主義思想凝心鑄魂，完善黨的自我革命制度規範體系，建設堪當民族復興重任的高素質幹部隊伍，增強黨組織政治功能和組織功能，堅持以嚴的基調強化正風肅紀，堅決打贏反腐敗鬥爭攻堅戰持久戰。

大會號召，全黨全軍全國各族人民緊密團結在以習近平同志為核心的黨中央周圍，牢記空談誤國、實幹興邦，堅定信心、同心同德，埋頭苦幹、奮勇前進，為全面建設社會主義現代化國家、全面推進中華民族偉大復興而團結奮鬥！

堅定不移全面從嚴治黨

趙樂際

習近平總書記所作的黨的二十大報告，高舉中國特色社會主義偉大旗幟，站在中國共產黨百年奮鬥和新時代 10 年偉大變革新的歷史起點上，宣示了新時代新征程中國共產黨的使命任務，開闢了馬克思主義中國化時代化新境界，是以中國式現代化全面推進中華民族偉大復興的政治宣言和行動綱領。報告深刻指出，全面建設社會主義現代化國家、全面推進中華民族偉大復興，關鍵在黨，必須弘揚偉大建黨精神，堅定不移全面從嚴治黨，以黨的自我革命引領社會革命。我們要認真學習領悟黨的二十大精神，一刻不停歇地推進全面從嚴治黨，努力把黨建設得更加堅強有力，引領和保障中國特色社會主義偉大事業繼往開來、行穩致遠。

一、全面從嚴治黨是黨永葆生機活力、走好新的趕考之路的必由之路

全面從嚴治黨，是以習近平同志為核心的黨中央把握新時代歷史方位，以強烈的歷史自覺、歷史主動，統籌國內國際兩個大局，統攬偉大鬥爭、偉大工程、偉大事業、偉大夢想作出的戰略部署，是馬克思主義建黨學說同中國共產黨建設實際相結合的重大理論和實踐成果，具有重要時代價值和深遠歷史意義。

堅守黨的初心使命的本質要求。黨章開宗明義，中國共產黨是中國工人階級的先鋒隊，同時是中國人民和中華民族的先鋒隊。黨的二十大報告強調，中國共產黨是為中國人民謀幸福、為中華民族謀復興的黨。黨代表中國最廣大人民根本利益，沒有任何自己特殊的利益，從來不代表任何利益集

團、任何權勢團體、任何特權階層的利益。這樣的初心使命、性質宗旨，決定了我們黨能夠以徹底自我革命精神檢視自身、直面矛盾問題，堅決同一切損害黨的先進性和純潔性的因素作鬥爭，始終保持同人民群眾的血肉聯繫，使廣大人民群眾信賴黨、支持黨，堅定跟黨一起團結奮鬥。走過百年歷程，黨依靠發展人民民主、接受人民監督，依靠全面從嚴治黨、推進自我革命，勇於堅持真理、修正錯誤，保證自身不斷發展壯大，保證事業不斷取得勝利。黨要永遠不變質、不變色、不變味，就必須初心不改、使命不移，自覺以全面從嚴治黨凝聚黨心民心。

鞏固黨的長期執政地位的必然選擇。黨的二十大報告告誡全黨，要始終贏得人民擁護、鞏固長期執政地位，必須時刻保持解決大黨獨有難題的清醒和堅定。進入新時代，面對一系列長期積累及新出現的突出矛盾和問題，特別是落實黨的領導弱化、虛化、淡化問題，較為嚴重的特權思想和特權現象，屢禁不止的"四風"問題和觸目驚心的貪腐問題，黨中央審時度勢、果敢抉擇，把全面從嚴治黨納入"四個全面"戰略佈局，以頑強意志和堅韌定力推進黨風廉政建設和反腐敗鬥爭，開闢了百年大黨自我革命的新境界。邁上全面建設社會主義現代化國家新征程，我們處在一個既充滿挑戰也充滿希望的時代，必將遇到許多可以預料和難以預料的風險考驗，必須增強憂患意識，做到居安思危，堅定不移把全面從嚴治黨向縱深推進，確保黨和國家長治久安。

實現中華民族偉大復興的根本保障。黨的二十大報告指出，中國特色社會主義最本質的特徵是中國共產黨領導，中國特色社會主義制度的最大優勢是中國共產黨領導。黨要團結帶領人民進行偉大鬥爭、推進偉大事業、實現偉大夢想，必須把黨建設好建設強。進入新時代，在"兩個一百年"奮鬥目標歷史交匯的重大時刻，黨中央旗幟鮮明堅持和加強黨的全面領導，堅定不移全面從嚴治黨，校正了黨和國家事業的前進航向，凝聚起團結奮鬥的磅礴偉力，為實現第一個百年奮鬥目標、贏得新時代中國特色社會主義歷史性勝利提供了根本保證。展望新征程新任務，中華民族復興偉業前途光明、任重道遠，必須堅持全面從嚴治黨不動搖，永葆黨的先進純潔和強大生命力。

二、全面從嚴治黨是新時代偉大變革的鮮明特徵

回望新時代 10 年偉大變革，全面從嚴治黨成為我們黨治國理政的一個鮮明特徵，取得了歷史性、開創性成就，產生了全方位、深層次影響。黨的二十大報告對新時代全面從嚴治黨偉大實踐作了深刻總結，突出強調堅持打鐵必須自身硬，以"得罪千百人、不負十四億"的使命擔當祛疴治亂，反腐敗鬥爭取得壓倒性勝利並全面鞏固，黨的自我淨化、自我完善、自我革新、自我提高能力顯著增強，管黨治黨寬鬆軟狀況得到根本扭轉，風清氣正的黨內政治生態不斷形成和發展，走過百年奮鬥歷程的中國共產黨在革命性鍛造中更加堅強有力。

（一）**堅持以黨的政治建設為統領，確保全黨集中統一。**黨的二十大報告指出，中國共產黨是最高政治領導力量，堅持黨中央集中統一領導是最高政治原則。進入新時代，我們黨把政治建設作為根本性建設，嚴明政治紀律，強化政治監督，推動全黨深刻領悟"兩個確立"的決定性意義，增強"四個意識"，堅定"四個自信"，做到"兩個維護"，把黨的領導落實到統籌推進"五位一體"總體佈局和協調推進"四個全面"戰略佈局之中，確保黨中央權威和集中統一領導，確保黨發揮總攬全局、協調各方的領導核心作用，我們這個擁有 9600 多萬名黨員的馬克思主義政黨更加團結統一。

（二）**堅持把思想建設作為黨的基礎性建設，用馬克思主義中國化時代化最新成果武裝全黨。**黨的二十大報告指出，擁有馬克思主義科學理論指導是我們黨堅定信仰信念、把握歷史主動的根本所在。我們黨堅定歷史自信、文化自信，堅持把馬克思主義基本原理同中國具體實際相結合、同中華優秀傳統文化相結合，創立了習近平新時代中國特色社會主義思想。堅持思想建黨、理論強黨，注重集中性教育和經常性教育結合，推動全黨增強政治自覺、思想自覺、行動自覺，堅持不懈用黨的創新理論武裝頭腦、指導實踐、推動工作。

（三）**堅持落實中央八項規定精神不動搖，以釘釘子精神糾治"四風"、樹立新風。**黨的二十大報告強調，黨風問題關係執政黨的生死存亡。新時代全面從嚴治黨從制定和落實中央八項規定開局破題，鍥而不捨、久久為功，

抓鐵有痕、踏石留印，剎住了一些長期沒有剎住的歪風，糾治了一些多年未除的頑瘴痼疾。堅持立破並舉、扶正祛邪，弘揚謙虛謹慎、艱苦奮鬥等光榮傳統，涵養"三嚴三實"、清正廉潔的新風正氣，以好作風好形象奮進新時代。

（四）堅持不敢腐、不能腐、不想腐一體推進，與腐敗作堅決鬥爭。黨的二十大報告指出，腐敗是危害黨的生命力和戰鬥力的最大毒瘤，反腐敗是最徹底的自我革命。新時代以來，黨中央秉持堅韌頑強的鬥爭精神，堅持無禁區、全覆蓋、零容忍，堅持重遏制、強高壓、長震懾，堅持受賄行賄一起查，堅持有案必查、有腐必懲，"打虎"、"拍蠅"、"獵狐"多管齊下，開展了史無前例的反腐敗鬥爭。綜合運用政治、紀律、法治方式，堅決查處政治問題和經濟問題交織的腐敗案件，堅決清除不收斂不收手的腐敗分子，消除了黨、國家、軍隊內部存在的嚴重隱患。深化以案為鑒、以案促改、以案促治，堵塞漏洞，完善制度，不斷提升治理腐敗效能。

（五）堅持依規治黨、紀法貫通，推動制度優勢更好轉化為國家治理效能。黨的二十大報告深刻總結了全面加強黨的紀律建設、健全黨內法規制度、加強對權力運行制約和監督的新鮮經驗。進入新時代，我們黨堅持以黨章為根本遵循，把紀律建設納入黨的建設總體佈局，重點強化政治紀律，帶動各項紀律全面從嚴，形成比較完善的黨內法規體系。堅持紀嚴於法、執紀執法貫通，深化運用監督執紀"四種形態"，促進依規治黨和依法治國有機統一。深化紀律檢查體制、國家監察體制改革，形成紀律監督、監察監督、派駐監督、巡視監督統籌銜接的監督格局，以黨內監督帶動其他監督，不斷健全黨和國家監督體系，使廣大黨員、幹部和公職人員習慣在受監督和約束的環境中工作生活。

（六）堅持深化政治巡視，充分發揮巡視發現問題、形成震懾、推動改革、促進發展的作用。黨的二十大報告強調，發揮政治巡視利劍作用，加強巡視整改和成果運用。進入新時代，黨中央把巡視作為全面從嚴治黨的戰略性制度安排，突出政治監督定位，確立巡視工作方針，堅持問題導向，創新方式方法，着力發現和糾正各級黨組織在履行黨的領導職能責任上的政治偏差，建立健全巡視巡察上下聯動格局，持續深化巡視整改，高質量完成巡視全覆蓋任務，有力推動各級黨組織和廣大黨員、幹部勘誤糾錯、忠誠履職。巡視已經成為促進改革發展穩定、推動事業進步的強大力量。

（七）**堅持整治一切損害群眾利益的腐敗和不正之風，讓人民群眾感到公平正義就在身邊**。黨的二十大報告指出，人民性是馬克思主義的本質屬性，為民造福是立黨為公、執政為民的本質要求。我們黨堅守以人民為中心的根本立場，堅持人民群眾反對什麼痛恨什麼就堅決防範和糾正什麼，着力整治群眾身邊腐敗和不正之風，專項整治扶貧領域、民生領域"微腐敗"，堅決懲治涉黑涉惡腐敗和"保護傘"，促進鄉村振興、惠民富民、共同富裕政策落實落地，確保黨和人民賦予的權力始終用來為人民謀幸福。

（八）**堅持抓住"關鍵少數"以上率下，壓緊壓實全面從嚴治黨政治責任**。黨的二十大報告突出領導幹部這個"關鍵少數"，抓住落實責任這個"牛鼻子"，體現了對管黨治黨規律的深刻把握。新時代以來，我們黨堅持從中央政治局做起、從領導幹部抓起，加強對"一把手"和領導班子的監督，精準規範用好問責利器，督促各級"關鍵少數"堅持高標準、嚴要求，既切實履行全面從嚴治黨責任、逐級傳導壓力，又當好示範表率、一級帶領着一級幹，推動主體責任和監督責任一貫到底，全黨動手一起抓的良好局面不斷鞏固發展。

新時代全面從嚴治黨持續深入推進，引領保障黨和國家事業取得歷史性成就、發生歷史性變革，根本在於習近平總書記作為黨中央的核心、全黨的核心領航掌舵，在於習近平新時代中國特色社會主義思想科學指引。"兩個確立"是新時代偉大實踐的最重大政治成果，反映了全黨全軍全國各族人民的共同心願，對新時代黨和國家事業發展、對推進中華民族偉大復興歷史進程具有決定性意義。在新時代新征程上，必須把堅持"兩個確立"作為加強黨的領導、全面從嚴治黨、推進黨的建設的根本點、着力點，確保全黨更加緊密地團結在以習近平同志為核心的黨中央周圍，更加自覺地學懂弄通做實習近平新時代中國特色社會主義思想，堅定信心、同心同德，埋頭苦幹、奮勇前進。

三、持之以恆推動全面從嚴治黨向縱深發展

我們黨作為馬克思主義執政黨，立志於中華民族千秋偉業，進行着偉大而艱巨的事業，面臨的執政考驗、改革開放考驗、市場經濟考驗、外部環境考驗將長期存在，精神懈怠危險、能力不足危險、脫離群眾危險、消極腐敗危險將長期存在，黨的建設特別是黨風廉政建設和反腐敗鬥爭面臨不少頑固性、多發性問題。黨的二十大報告要求全黨必須牢記，全面從嚴治黨永遠在路上，黨的自我革命永遠在路上，決不能有鬆勁歇腳、疲勞厭戰的情緒，必須持之以恆推進全面從嚴治黨，深入推進新時代黨的建設新的偉大工程。這體現了黨對嚴峻複雜考驗的清醒認識、對以黨的自我革命引領社會革命的高度自覺。

（一）堅持和加強黨中央集中統一領導。 全面從嚴治黨，根本是加強黨的領導。黨的二十大報告全篇貫穿加強黨的全面領導，指出堅持黨的全面領導是堅持和發展中國特色社會主義的必由之路，黨的領導是全面的、系統的、整體的，必須全面、系統、整體加以落實。要加強黨的政治建設，提高政治判斷力、政治領悟力、政治執行力，堅決維護習近平同志黨中央的核心、全黨的核心地位，堅決維護黨中央權威和集中統一領導，始終在思想上政治上行動上同黨中央保持高度一致。嚴明政治紀律和政治規矩，推進政治監督具體化、精準化、常態化，推動全黨堅決貫徹黨的二十大戰略部署，全面落實推進中國式現代化必須牢牢把握的重大原則，自信自強、守正創新，踔厲奮發、勇毅前行，為全面建設社會主義現代化國家、全面推進中華民族偉大復興而團結奮鬥。

（二）堅持不懈用習近平新時代中國特色社會主義思想凝心鑄魂。 全面從嚴治黨，必須補足精神之"鈣"，鑄牢思想之"魂"。黨的二十大報告指出，用黨的創新理論武裝全黨是黨的思想建設的根本任務。要堅持理論武裝同常態化長效化開展黨史學習教育相結合，加強理想信念教育，築牢忠誠乾淨擔當的思想根基。在學懂弄通做實上下功夫，在結合實際創造性貫徹落實上下功夫，深刻把握黨的創新理論的世界觀和方法論，自覺運用貫穿其中的立場觀點方法，特別是要深刻領悟人民至上、自信自立、守正創新、問題導向、

系統觀念、胸懷天下的豐富內涵和實踐要求，使科學理論真正轉化為堅定理想、錘煉黨性和指導實踐、推動工作的強大力量。

（三）**完善黨的自我革命制度規範體系**。全面從嚴治黨，必須把制度建設貫穿始終。黨的二十大報告把制度建設擺在更加突出位置，要求形成堅持真理、修正錯誤，發現問題、糾正偏差的機制。要完善黨內法規制度體系，不斷扎緊扎牢制度籠子，增強黨內法規權威性和執行力，不斷提升全黨的紀律意識、規矩意識、法治意識。鞏固深化政治巡視，落實巡視全覆蓋任務，加強巡視整改和成果運用。完善問責制度，落實責任追究機制。健全黨統一領導、全面覆蓋、權威高效的監督體系，促進各類監督貫通協調、形成合力。

（四）**增強黨組織政治功能和組織功能**。全面從嚴治黨，必須發揮組織作用、落實組織責任。黨的二十大報告強調，嚴密的組織體系是黨的優勢所在、力量所在。要督促各級黨組織認真履行黨章賦予的各項職責，嚴格執行民主集中制，切實擔起全面從嚴治黨政治責任，堅決貫徹落實黨的路線方針政策和黨中央決策部署。認真貫徹新時代黨的組織路線，堅持嚴管和厚愛相結合，加強對幹部全方位管理和經常性監督。督促黨員領導幹部嚴於律己、認真履職、勇於擔當，充分發揮執政骨幹示範帶頭作用，特別是加強對"一把手"和領導班子的有效監督。推動全面從嚴治黨向基層延伸，督促基層黨組織發揮戰鬥堡壘作用、黨員發揮先鋒模範作用，保持和弘揚共產黨人的精氣神。

（五）**堅持以嚴的基調強化正風肅紀**。全面從嚴治黨，必須嚴字當頭、一嚴到底，嚴明紀律要求、整治歪風邪氣、弘揚新風正氣。黨的二十大報告強調，堅持黨性黨風黨紀一起抓。要全面加強黨的紀律建設，嚴格執行黨的各項規章制度，對違反黨紀的問題，發現一起堅決查處一起。鍥而不捨落實中央八項規定精神，重點糾治形式主義、官僚主義，堅決破除特權思想和特權行為。把握作風建設地區性、行業性、階段性特點，抓住普遍發生、反覆出現的問題深化整治。堅持糾"四風"樹新風並舉，弘揚黨的光榮傳統和優良作風，使全黨同志務必不忘初心、牢記使命，務必謙虛謹慎、艱苦奮鬥，務必敢於鬥爭、善於鬥爭。

（六）**堅決打贏反腐敗鬥爭攻堅戰持久戰**。全面從嚴治黨，必須把反腐敗作為重大政治任務。黨的二十大報告深刻分析腐敗滋生的原因，闡明我們黨與腐敗水火不容的鮮明立場，強調反腐敗鬥爭一刻不能停，必須永遠吹衝鋒號。要保持反對和懲治腐敗的強大力量常在，堅決防止領導幹部成為利益集團和權勢團體的代言人、代理人。深化整治權力集中、資金密集、資源富集領域腐敗，堅決懲治群眾身邊"蠅貪"，嚴肅查處領導幹部配偶、子女及其配偶等親屬和身邊工作人員利用影響力謀私貪腐問題。準確把握腐敗階段性特徵和變化趨勢，有效懲治新型腐敗和隱性腐敗，一體構建追逃防逃追贓機制。堅持系統施治、標本兼治，不敢腐、不能腐、不想腐一體推進，懲治震懾、制度約束、提高覺悟一體發力，不斷取得更多制度性成果和更大治理效能，堅定不移走好中國特色反腐敗之路。

以中國式現代化全面推進
中華民族偉大復興

韓　正

習近平總書記所作的黨的二十大報告高舉中國特色社會主義偉大旗幟，科學描繪了在新的歷史條件下全面建設社會主義現代化國家、奪取中國特色社會主義新勝利的宏偉藍圖，是團結帶領全國各族人民沿着中國特色社會主義道路繼續前進、為全面建設社會主義現代化國家而團結奮鬥的政治宣言和行動綱領。報告深刻闡述中國式現代化的科學內涵、中國特色和本質要求，強調堅持以中國式現代化全面推進中華民族偉大復興。我們要把思想和行動統一到黨中央決策部署上來，堅定不移推進中華民族偉大復興歷史進程，奮力譜寫全面建設社會主義現代化國家嶄新篇章。

一、中國式現代化是實現中華民族偉大復興的光明大道

黨的十八大以來，中國特色社會主義進入新時代，以習近平同志為主要代表的中國共產黨人，堅持把馬克思主義基本原理同中國具體實際相結合、同中華優秀傳統文化相結合，堅持毛澤東思想、鄧小平理論、"三個代表"重要思想、科學發展觀，深刻總結並充分運用黨成立以來的歷史經驗，從新的實際出發，創立了習近平新時代中國特色社會主義思想，明確堅持和發展中國特色社會主義，總任務是實現社會主義現代化和中華民族偉大復興，在全面建成小康社會的基礎上，分兩步走在本世紀中葉建成富強民主文明和諧美麗的社會主義現代化強國，以中國式現代化推進中華民族偉大復興。中國式現代化是中國共產黨領導的社會主義現代化，是具有中國特色、符合中國實際的現代化，是實現中華民族偉大復興的光明大道。

（一）黨帶領人民成功走出中國式現代化道路，創造了人類文明新形態。

中國共產黨百年來團結帶領中國人民所進行的一切奮鬥，就是為了把我國建設成為現代化強國，實現中華民族偉大復興。在這個過程中，我們黨對建設社會主義現代化國家在認識上不斷深入、在戰略上不斷成熟、在實踐上不斷豐富，開創了中國式現代化道路。社會主義革命和建設時期，我們黨提出努力把我國逐步建設成為一個具有現代農業、現代工業、現代國防和現代科學技術的社會主義強國目標。改革開放和社會主義現代化建設新時期，我們黨提出"中國式的現代化"論斷，制定了到 21 世紀中葉分三步走、基本實現社會主義現代化的發展戰略。在新中國成立特別是改革開放以來的長期探索和實踐基礎上，經過黨的十八大以來在理論和實踐上的創新突破，我們黨成功推進和拓展了中國式現代化。習近平總書記提出，"我們建設的現代化必須是具有中國特色、符合中國實際的"，強調必須堅持"以中國式現代化推進中華民族偉大復興"。黨的十九大對全面建成社會主義現代化強國作出戰略部署，總的戰略安排是分兩步走：從 2020 年到 2035 年基本實現社會主義現代化；從 2035 年到本世紀中葉把我國建成富強民主文明和諧美麗的社會主義現代化強國。習近平總書記關於中國式現代化的一系列重要論述，是習近平新時代中國特色社會主義思想的重要組成部分，為全面建設社會主義現代化國家提供了根本遵循，也拓展了發展中國家走向現代化的途徑，為人類對更好社會制度的探索提供了中國方案。

（二）中國式現代化推動實現中華民族偉大復興進入了不可逆轉的歷史進程。新中國成立特別是改革開放以來，中國共產黨團結帶領中國人民通過走中國式現代化道路，僅用幾十年的時間就走完了西方發達國家幾百年走過的工業化歷程，創造了世所罕見的經濟快速發展和社會長期穩定兩大奇跡。黨的十八大以來，以習近平同志為核心的黨中央統籌推進"五位一體"總體佈局、協調推進"四個全面"戰略佈局，攻克了許多長期沒有解決的難題，辦成了許多事關長遠的大事要事，黨和國家事業取得歷史性成就、發生歷史性變革。我們全面建成小康社會、實現第一個百年奮鬥目標，國家經濟實力、科技實力、綜合國力、國際影響力持續增強。2021 年，我國經濟總量達到 114.4 萬億元，佔全球經濟總量比重超過 18%，人均國內生產總值超過 8 萬元。我們如期打贏脫貧攻堅戰，現行標準下 9899 萬農村貧困人口全部脫貧，完成了消除絕對貧困的艱巨任務。我們建成世界上規模最大的教育體系、社會保障體系、醫療衛生體系，人民生活全方位改善，獲得感、幸福感、安全感更加充實、更有保障、更可持續。生態環境保護發生歷史性、轉折性、全局性變化，綠色、循環、低碳發展邁出堅實步伐。面對突如其來的新冠肺炎疫情，堅持人民至上、生命至上，高效統籌疫情防控和經濟社會發展，最大限度保護了人民生命安全和身體健康。中國共產黨和中國人民正信心百倍推進中華民族從站起來、富起來到強起來的偉大飛躍，我們比歷史上任何時期都更接近、更有信心和能力實現中華民族偉大復興的目標。

（三）**奮進全面建設社會主義現代化國家新征程，必須堅定不移以中國式現代化全面推進中華民族偉大復興。**我國已邁上全面建設社會主義現代化國家新征程。當今世界百年未有之大變局加速演進，我國發展面臨新的戰略機遇、戰略任務、戰略階段、戰略要求、戰略環境，需要應對的風險和挑戰、需要解決的矛盾和問題比以往更加錯綜複雜。越是這樣我們越要堅定中國特色社會主義道路自信、理論自信、制度自信、文化自信，堅定不移沿着中國式現代化這條光明大道走下去。歷史和實踐已經證明，中國式現代化道路契合我國實際，這條道路不僅走得對、走得通，而且越走越寬廣。在新征程上，我們堅持以中國式現代化全面推進中華民族偉大復興，一定能夠不斷創造新的發展奇跡，為發展自身和造福世界作出新的更大貢獻。

二、深刻把握中國式現代化的中國特色

中國式現代化是人口規模巨大的現代化，是全體人民共同富裕的現代化，是物質文明和精神文明相協調的現代化，是人與自然和諧共生的現代化，是走和平發展道路的現代化。這是中國式現代化的 5 個中國特色。以中國式現代化全面推進中華民族偉大復興，必須切實把握好基於自己國情的中國特色。

（一）**堅持從中國國情出發。**我國 14 億多人口整體邁入現代化社會，規模將超過現有發達國家人口的總和，艱巨性和複雜性前所未有，發展途徑和推進方式也必然具有自己的特點。當今世界，雖然許多國家都在努力建設現代化，但真正全面建成現代化的國家並不多。一些發展中國家不顧自身發展的國情和歷史方位，全盤照搬西方模式，結果發展過程極為艱難。歸根結底，人類歷史上沒有一個民族、一個國家可以通過依賴外部力量、照搬外國模式、跟在他人後面亦步亦趨實現強大和振興。我國的現代化建設之所以能夠取得今天這樣的好局面，根本在於我們的現代化是中國共產黨領導的社會主義現代化，既有各國現代化的共同特徵，更有基於自己國情的中國特色，是符合中國實際的。我國仍處於並將長期處於社會主義初級階段，仍然是世界最大的發展中國家，把我國建設成為社會主義現代化強國需要付出長期艱苦的努力。要始終從國情出發，想問題、作決策、辦事情，既不好高騖遠，也不因循守舊，保持歷史耐心，堅持穩中求進，循序漸進，持續推進。堅持集中精力辦好自己的事，繼續抓住並用好重要戰略機遇期，在準確把握歷史規律、時代大勢、發展條件基礎上科學謀劃、積極作為、順勢而為，在一步一個腳印的扎實推進中破解難題、實現目標。

（二）**堅持全體人民共同富裕**。共同富裕是中國特色社會主義的本質要求，也是一個長期的歷史進程。實現共同富裕是我們黨的重要使命，這不僅是一個經濟問題，而且是關係黨的執政基礎的重大政治問題。中國式現代化堅持把實現人民對美好生活的嚮往作為現代化建設的出發點和落腳點，着力維護和促進社會公平正義，着力促進全體人民共同富裕，堅決防止兩極分化。要堅持以人民為中心的發展思想，在高質量發展中促進共同富裕，自覺積極主動地解決地區差距、城鄉差距、收入分配差距，提高發展的平衡性、協調性、包容性。在共同奮鬥中促進共同富裕，鼓勵勤勞創新致富，為人民提高受教育程度、增強發展能力創造更加普惠公平的條件，防止社會階層固化，暢通向上流動通道，給更多人創造致富機會。正確處理效率和公平的關係，構建初次分配、再分配、第三次分配協調配套的基礎性制度安排，建立科學的公共政策體系，讓發展成果更多更公平惠及全體人民。堅持盡力而為、量力而行，把保障和改善民生建立在經濟發展和財力可持續的基礎上，重點加強基礎性、普惠性、兜底性民生保障建設。全體人民共同富裕不是少數人的富裕，也不是整齊劃一的平均主義。要允許一部分人先富起來，同時要強調先富帶後富、幫後富。按照黨中央部署，到"十四五"末全體人民共同富裕邁出堅實步伐，到 2035 年全體人民共同富裕取得更為明顯的實質性進展，到本世紀中葉全體人民共同富裕基本實現。要堅持循序漸進，充分估計長期性、艱巨性、複雜性，實打實把一件件事辦好，扎實推進共同富裕。

（三）**堅持物質文明和精神文明相協調**。物質富足、精神富有是社會主義現代化的根本要求。物質貧困不是社會主義，精神貧乏也不是社會主義。中國特色社會主義是全面發展、全面進步的偉人事業，沒有社會主義文化繁榮發展，就沒有社會主義現代化。要不斷厚植現代化的物質基礎、不斷夯實人民幸福生活的物質條件，同時大力發展社會主義先進文化，加強理想信念教育，傳承中華文明，促進物的全面豐富和人的全面發展。要堅持馬克思主義在意識形態領域的指導地位，不斷推進馬克思主義中國化時代化。大力弘揚和踐行社會主義核心價值觀，通過教育引導、輿論宣傳、文化熏陶、實踐養成、制度保障等，使社會主義核心價值觀內化為人們的精神追求、外化為人們的自覺行動。推動理想信念教育常態化制度化，加強黨史、新中國史、改革開放史、社會主義發展史教育，加強愛國主義、集體主義、社會主義教育，促進全體人民在思想上精神上緊緊團結在一起。推動中華優秀傳統文化創造性轉化、創新性發展，繼承革命文化，發展社會主義先進文化，建設社會主義文化強國。堅持把社會效益放在首位、社會效益和經濟效益相統一，推進文化事業和文化產業全面發展，繁榮文藝創作，完善公共文化服務體系，為人民提供更多更好的精神食糧。

（四）**堅持人與自然和諧共生**。人與自然是生命共同體，無止境地向自然索取甚至破壞自然必然會遭到大自然的報復。中國式現代化既要創造更多物質財富和精神財富以滿足人民日益增長的美好生活需要，也要提供更多優質生態產品以滿足人民日益增長的優美生態環境需要。我們必須把握好發展與保護的關係，決不能走"先污染後治理"的路子。要堅持可持續發展，堅持節約優先、保護優先、自然恢復為主的方針，像保護眼睛一樣保護自然和生態環境，堅定不移地走生產發展、生活富裕、生態良好的文明發展道路，實現中華民族永續發展。踐行綠水青山就是金山銀山理念，堅持不懈推動綠色低碳發展，把實現減污降碳協同增效作為促進經濟社會發展全面綠色轉型的總抓手，加快推動產業結構、能源結構、交通運輸結構、用地結構調整，形成綠色發展方式。加快形成節約資源和保護環境的空間格局，把經濟活動、人的行為限制在自然資源和生態環境能夠承受的限度內，給自然生態留下休養生息的時間和空間。集中攻克老百姓身邊的突出生態環境問題，堅持精準治污、科學治污、依法治污，以更高標準打好藍天、碧水、淨土保衛戰。推進山水林田湖草沙一體化保護和修復，加快構建以國家公園為主體的自然保護地體系，加強生物多樣性保護，提升生態系統質量和穩定性。建立健全體制機制和政策體系，完善環境保護、節能減排約束性指標管理，提高生態環境治理體系和治理能力現代化水平。

（五）堅持走和平發展道路。 中國式現代化強調同世界各國互利共贏，推動構建人類命運共同體，努力為人類和平與發展作出貢獻。歷史上一些國家通過戰爭、殖民、掠奪等方式實現現代化，給廣大發展中國家人民帶來深重苦難。中華民族是熱愛和平的民族，600 多年前鄭和下西洋時率領的是當時世界最龐大的船隊，帶去的是絲綢、茶葉和瓷器，而不是戰爭。我們堅定站在歷史正確的一邊、站在人類文明進步的一邊，高舉和平、發展、合作、共贏旗幟，在堅定維護世界和平與發展中謀求自身發展，又以自身發展更好維護世界和平與發展。堅持胸懷天下，堅持獨立自主的和平外交政策，堅持相互尊重、平等協商，以對話彌合分歧，以談判化解爭端，反對一切形式的霸權主義、強權政治，推動各國共同走和平發展道路，推動建設新型國際關係。推進合作共贏開放體系建設，全面提高對外開放水平，推動貿易和投資自由化便利化，推動共建"一帶一路"高質量發展，支持開放、透明、包容、非歧視的多邊貿易體制。積極發展全球夥伴關係，同世界各國增進政治互信、深化務實合作。堅持不懈推動完善全球治理，堅定維護以聯合國為核心的國際體系、以國際法為基礎的國際秩序、以聯合國憲章宗旨和原則為基礎的國際關係基本準則，維護和踐行真正的多邊主義，積極推動經濟全球化朝着更加開放、包容、普惠、平衡、共贏的方向發展。

三、牢牢把握中國式現代化的本質要求

中國式現代化的本質要求是：堅持中國共產黨領導，堅持中國特色社會主義，實現高質量發展，發展全過程人民民主，豐富人民精神世界，實現全體人民共同富裕，促進人與自然和諧共生，推動構建人類命運共同體，創造人類文明新形態。我們要以習近平新時代中國特色社會主義思想為指導，牢牢把握中國式現代化的本質要求，把中國特色社會主義偉大事業不斷推向前進。

（一）**深入學習貫徹習近平新時代中國特色社會主義思想，為以中國式現代化全面推進中華民族偉大復興提供科學理論指引。**黨確立習近平同志黨中央的核心、全黨的核心地位，確立習近平新時代中國特色社會主義思想的指導地位，反映了全黨全軍全國各族人民共同心願，對新時代黨和國家事業發展、對推進中華民族偉大復興歷史進程具有決定性意義。我們要深刻領悟"兩個確立"的決定性意義，增強"四個意識"、堅定"四個自信"、做到"兩個維護"，不斷提高政治判斷力、政治領悟力、政治執行力，始終同以習近平同志為核心的黨中央保持高度一致，更加堅定自覺地用習近平新時代中國特色社會主義思想武裝頭腦、指導實踐、推動工作。

（二）**堅持和加強黨的全面領導，確保以中國式現代化全面推進中華民族偉大復興始終沿着正確方向前進。**中國特色社會主義最本質的特徵是中國共產黨領導，中國特色社會主義制度的最大優勢是中國共產黨領導。堅持黨對一切工作的領導，是黨和國家的根本所在、命脈所在，是全國各族人民的利益所在、幸福所在。以中國式現代化全面推進中華民族偉大復興，必須堅持和加強黨的全面領導，把堅持黨的領導貫徹和體現到改革發展穩定、內政外交國防、治黨治國治軍各個領域各個方面，確保充分發揮黨總攬全局、協調各方的領導核心作用。

（三）**把握新時代新征程黨的使命任務，不折不扣抓好黨中央重大戰略部署的貫徹落實。**黨的二十大對全面建成社會主義現代化強國兩步走戰略安排進行宏觀展望，重點部署未來 5 年的戰略任務和重大舉措。我們要立足新發展階段、貫徹新發展理念、構建新發展格局、推動高質量發展，自覺同黨的理論和路線方針政策對標對錶、及時校準偏差，確保黨中央各項重大部署落到實處、見到實效，為推進中國式現代化、實現中華民族偉大復興作出應有貢獻。

為全面推進中華民族偉大復興
而團結奮鬥

丁薛祥

　　實現中華民族偉大復興是近代以來中國人民最偉大的夢想，也是貫穿黨的百年奮鬥的鮮明主題。黨的二十大立足新時代新征程的歷史方位，深刻分析我國發展面臨的形勢和挑戰，全面部署未來 5 年乃至更長時期黨和國家事業發展的目標任務和大政方針，號召全黨全軍全國各族人民為全面推進中華民族偉大復興而團結奮鬥。我們要認真學習貫徹，深刻認識力量源於團結、事業成於奮鬥，以更加緊密的團結、更加頑強的奮鬥，把民族復興的歷史偉業不斷推向前進。

一、團結奮鬥是中國共產黨和中國人民的顯著精神標識

　　中國是人口眾多的國家，中華民族是有着偉大團結奮鬥精神的民族，團結奮鬥的價值理念深深融入並深刻影響着中國人的精神世界和日常行為。"人多力量大"、"人心齊，泰山移"、"眾人拾柴火焰高"、"天時不如地利，地利不如人和"等耳熟能詳的格言，啟迪人們精誠團結、勠力同心；自強不息、發憤圖強、勵精圖治、鍥而不捨等膾炙人口的成語，激勵人們頑強拼搏、不懈奮鬥。在幾千年歷史長河中，中國人民依靠團結奮鬥建立了統一的多民族國家，開發了遼闊壯美的大好河山，戰勝了數不清的自然災害。近代以後，面對國家蒙辱、人民蒙難、文明蒙塵的劫難，中國人民依靠團結奮鬥同內憂外患作堅決鬥爭，捍衛了民族獨立和尊嚴，書寫了革新圖強、共禦外侮的壯麗史詩。

　　中國共產黨繼承和發揚中華民族團結奮鬥的優良傳統，始終把團結奮鬥

鮮明寫在自己的歷史答卷上，不斷結合形勢任務發展變化提出團結奮鬥的新要求，開創團結奮鬥的新局面。土地革命戰爭時期，我們黨號召"喚起工農千百萬，同心幹"；抗日戰爭時期，我們黨號召團結全黨同志如同一個和睦的家庭一樣，如同一塊堅固的鋼鐵一樣，倡導建立抗日民族統一戰線，為打倒日本侵略者而浴血奮戰；新中國成立後，我們黨專門出台關於增強黨的團結的文件，強調正確處理人民內部矛盾，號召團結全國人民，爭取一切國際朋友的支援，為了建設一個偉大的社會主義國家而奮鬥，為了保衛國際和平和發展人類進步事業而奮鬥；黨的十一屆三中全會的歷史轉折點，我們黨強調解放思想，實事求是，團結一致向前看，號召為把我國建成現代化的社會主義強國而奮勇前進。黨的十八大以來，習近平總書記反覆強調："團結就是力量，奮鬥開創未來；能團結奮鬥的民族才有前途，能團結奮鬥的政黨才能立於不敗之地。""團結奮鬥是中國人民創造歷史偉業的必由之路。"黨領導人民鑄就的團結奮鬥精神，印刻在"紅軍不怕遠徵難，萬水千山只等閒"的紅軍戰士身上，展現在"幹驚天動地事，做隱姓埋名人"的"兩彈一星"研製者身上，書寫在"殺出一條血路來"的改革開拓者身上，定格在 1800 多名為打贏脫貧攻堅戰獻出寶貴生命的黨員、幹部身上，激揚在面對新冠肺炎疫情堅守崗位、一往無前的最美逆行者身上……黨的百年歷史，就是一部黨領導人民團結奮鬥、贏得偉大勝利的歷史。

綜觀古今中外，我們黨是最講團結、最能奮鬥的最先進政治力量，這是由馬克思主義政黨的性質和宗旨決定的。我們黨把實現共產主義作為最高理想，把為中國人民謀幸福、為中華民族謀復興作為初心使命，這種遠大志向和抱負賦予共產黨人團結一心、頑強拚搏的強大動力。我們黨以全心全意為人民服務為根本宗旨，代表中國最廣大人民的根本利益，沒有任何自己的特殊利益，從來不代表任何利益集團、任何權勢團體、任何特權階層的利益，這種無私精神和品格使我們黨一直得到人民群眾的衷心擁護和堅定支持。正是懷有遠大理想和為民情懷，使我們黨能夠始終保持同人民群眾的血肉聯繫，把前進目標轉化為廣大人民的奮鬥實踐，團結帶領人民跨過一道又一道難關，取得一次又一次勝利，創造一個又一個輝煌。

二、全面推進中華民族偉大復興必須持續團結奮鬥

經過長期努力，黨和人民已勝利實現第一個百年奮鬥目標，正意氣風發向着第二個百年奮鬥目標邁進，實現中華民族偉大復興進入了不可逆轉的歷史進程。宏偉目標不會輕鬆實現，前進道路必然風雨兼程，需要全黨全國各族人民團結奮鬥的號角更加響亮、行動更加堅決、步調更加一致、意志更加頑強。

目標的宏偉性要求我們持續團結奮鬥。實現中華民族偉大復興是我們黨矢志不渝的追求，是一場共產黨人的接力跑。在這場接力跑中，幾代共產黨人團結帶領人民砥礪奮進，向歷史交出了優異答卷。今天，黨團結帶領人民踏上新的趕考之路，民族復興的光明前景愈來愈清晰，激勵着我們滿懷信心向前進。但要清醒地看到，"行百里者半九十"，越是接近目標，就越是處於吃勁階段，越需要慎終如始，付出更多艱辛和努力。任何驕傲自滿的情緒、麻痺厭戰的想法、鬆勁懈怠的行為，都有可能影響我們的事業繼續前進，甚至導致功敗垂成、前功盡棄。只有咬定青山不放鬆，始終保持團結的狀態、奮進的姿態，才能跑出屬我們這一代人的好成績。

任務的艱巨性要求我們持續團結奮鬥。中華民族偉大復興走的是中國式現代化道路。中國式現代化是人口規模巨大的現代化，是全體人民共同富裕的現代化，是物質文明和精神文明相協調的現代化，是人與自然和諧共生的現代化，是走和平發展道路的現代化。這與西方國家以資本為中心的現代化、兩極分化的現代化、物質主義膨脹的現代化、對外擴張掠奪的現代化有着本質區別。中國式現代化作為人類歷史上最為宏大而獨特的實踐創新，已經積累了豐富經驗、形成了規律性認識，但仍有大量改革難題、發展課題、矛盾問題需要破解，任務極其艱巨，難度世所罕見。只有在黨的領導下把 14 億多中國人民的積極性、主動性、創造性充分激發出來、凝聚起來，民族復興的宏偉藍圖才能一步步變成美好現實。

形勢的複雜性要求我們持續團結奮鬥。我們今天所要創造的復興偉業，不是在風平浪靜下的馬到成功，不是在鮮花掌聲中的樂享其成，前進道路上必然會遇到各種可以預見和難以預見的風險挑戰甚至是驚濤駭浪。從國際

看，世界百年未有之大變局加速演進，世紀疫情影響深遠，全球經濟復甦乏力，各種傳統和非傳統安全問題相互交織，單邊主義、保護主義、霸權主義等威脅加劇，敵對勢力處心積慮阻滯中華民族偉大復興的歷史進程。從國內看，形勢環境變化之快、矛盾風險挑戰之多、治國理政考驗之大前所未有。只有凝聚全黨全國各族人民的智慧和力量，準確識變、科學應變、主動求變，用團結奮鬥築起防範化解各種風險挑戰的銅牆鐵壁，才能打贏各類遭遇戰、攻堅戰、持久戰。

三、團結奮鬥根本在於用習近平新時代中國特色社會主義思想統一意志和行動

思想是行動的先導，理論是實踐的指南。科學理論就像一面旗幟，旗幟立起來了，團結奮鬥才有目標和方向；否則，就如同一艘航船沒有導航儀，很容易迷失在茫茫大海中。全面推進中華民族偉大復興，必須用科學理論統一意志和行動。

用習近平新時代中國特色社會主義思想指引團結奮鬥的正確方向。習近平新時代中國特色社會主義思想回答了新時代舉什麼旗、走什麼路的根本性問題，提出了一系列富有時代性、創造性、戰略性的重大論斷，在堅持什麼、反對什麼上旗幟鮮明、正本清源，集中體現了我們黨的政治意志、政治立場、政治主張，充分彰顯了當代中國馬克思主義、二十一世紀馬克思主義的真理力量。有了習近平新時代中國特色社會主義思想這一旗幟，全黨全國各族人民思想上行動上就有了根本遵循，團結奮鬥就有了思想根基和正確方向。要深刻領會這一重要思想的核心要義、豐富內涵、實踐要求，用以武裝頭腦、教育人民，牢固樹立對馬克思主義的信仰、對共產主義和中國特色社會主義的信念、對中華民族偉大復興的信心，進而鞏固團結奮鬥的共同思想基礎。在涉及旗幟、道路、方向等重大原則問題上，眼睛要特別明亮，頭腦要特別清醒，立場要特別堅定，絕不能有絲毫含糊、猶疑、動搖。

用習近平新時代中國特色社會主義思想激發團結奮鬥的精神動力。習近平新時代中國特色社會主義思想是中華文化和中國精神的時代精華，閃耀着

真理和人格的光芒，集中反映了中國共產黨人的政治品格、價值追求、精神風範。要深刻感悟這一重要思想所蘊含的堅定理想信念、真摯為民情懷、高度歷史自信、無畏擔當精神，築牢信仰之基、補足精神之鈣，為團結奮鬥注入強大精神動力。精神上站住了、站穩了，中華民族就能始終在歷史洪流中屹立不倒、挺立潮頭，民族復興偉業就能一往無前、無往不勝。

用習近平新時代中國特色社會主義思想解決團結奮鬥的各種難題。習近平新時代中國特色社會主義思想堅持理論和實踐相結合、戰略和戰術相貫通、世界觀和方法論相統一，既講怎麼看又講怎麼幹，既部署"過河"的任務又指導解決"橋或船"的問題，為黨領導人民團結奮鬥提供了強大的思想武器，也提供了科學的工作指導。只要我們學深悟透這一重要思想，既知其言又知其義、既知其然又知其所以然，認識上的困惑就能及時消除，工作中的難題就能得到破解。要堅持把這一重要思想作為想問題、辦事情、抓工作的根本遵循，深刻把握貫穿其中的立場觀點方法，提高戰略思維、歷史思維、辯證思維、系統思維、創新思維、法治思維、底線思維能力，更好破解改革發展穩定的重大問題、人民群眾高度關注的利益問題、黨的建設的突出問題，真正把理論武裝成果轉化為實實在在的工作成效。

四、鞏固和加強各方面團結，形成全黨全社會心往一處想、 勁往一處使的生動局面

"積力之所舉，則無不勝也；眾智之所為，則無不成也。"黨的百年奮鬥深刻揭示，團結的面越寬、團結的人越多，我們的力量就越強、勝利的把握就越大。圍繞明確奮鬥目標形成的團結是最牢固的團結，依靠緊密團結進行的奮鬥是最有力的奮鬥。

鞏固和加強黨的團結統一。我們黨是高度集中統一的馬克思主義政黨，思想上的統一、政治上的團結、行動上的一致，是黨的事業不斷發展壯大的根本所在。歷史經驗反覆證明，只要全黨步調一致、團結統一，我們就能無堅不摧，戰勝一切艱難險阻和強大敵人；反之，黨和國家事業就會遭受挫折。黨的團結統一首先是政治上的團結統一。要深刻領悟"兩個確立"的決

定性意義，更加堅定自覺地做到"兩個維護"，始終在政治立場、政治方向、政治原則、政治道路上同以習近平同志為核心的黨中央保持高度一致。做到"兩個維護"，既要有正確的認識，也要有正確的行動，不能空喊口號，不能搞任何形式的"低級紅"、"高級黑"。要認真貫徹執行民主集中制，嚴格遵守黨的政治紀律和政治規矩，防止和反對個人主義、分散主義、自由主義、本位主義、好人主義，堅決同損害黨的團結統一的行為作鬥爭，像愛護眼睛一樣愛護黨的團結統一。

鞏固和加強黨同人民的團結。黨的根基在人民、血脈在人民、力量在人民。遼沈戰役勝利是東北人民全力支援拚出來的，淮海戰役勝利是老百姓用小車推出來的，渡江戰役勝利是老百姓用小船劃出來的，就是最深刻、最樸實的結論。實現中華民族偉大復興，是造福億萬人民群眾的宏偉事業，也是需要億萬人民群眾為之付出辛勞和智慧的光榮事業。新征程上，全黨必須牢固樹立馬克思主義群眾觀點，無限熱愛人民，時刻心繫人民，一切為了人民，緊緊依靠人民，不斷結合新的實際組織群眾、宣傳群眾、服務群眾，把人民群眾最廣泛地團結在黨的周圍，形成黨群一心、同責共擔、同舟共濟、同甘共苦的生動局面。要踐行以人民為中心的發展思想，推動改革發展成果更多更公平惠及全體人民，推動共同富裕取得更為明顯的實質性進展，讓人民群眾獲得感、幸福感、安全感更加充實、更有保障、更可持續。要積極發展全過程人民民主，使黨的決策體現人民整體意志、符合人民根本利益，堅持由群眾評判工作得失、檢驗工作成效。要堅持對上負責與對下負責相統一，持續改進作風，始終與群眾想在一起、幹在一起，把腳印留在基層，把口碑立在民心。只要始終保持黨同人民群眾的血肉聯繫，內部是魚水情深，對外是鋼鐵長城，黨的事業就興旺發達，紅色江山就堅如磐石。

鞏固和加強海內外中華兒女大團結。建立最廣泛的統一戰線，是我們黨克敵制勝的重要法寶，也是黨執政興國的重要法寶。實現中華民族偉大復興，既要充分發揮黨的先鋒隊作用，也要充分發揮中國共產黨領導的政治優勢和中國特色社會主義的制度優勢，團結一切可以團結的力量，調動一切可以調動的積極因素。當前，我國發展內外環境發生深刻變化，所有制形式更加多樣，社會階層更加多樣，社會思想觀念更加多樣。越是利益多元、思想多樣，越要凝聚思想共識、匯聚強大力量。新的征程上，必須堅持大團結大聯合，堅持一致性和多樣性統一，加強思想政治引領，廣泛凝聚共識，廣聚天下英才，鑄牢中華民族共同體意識，促進政黨關係、民族關係、宗教關係、階層關係、海內外同胞關係和諧，努力尋求最大公約數、畫出最大同心圓，形成攜手並肩、和衷共濟的生動局面。

五、在敢於鬥爭、善於鬥爭中激發團結奮鬥的磅礴力量

鬥爭是矛盾運動規律的集中體現，鬥爭內嵌於團結奮鬥之中。中國共產黨追求的團結，是有原則的團結，不是一團和氣，更不是團團夥夥，必須堅持真理、修正錯誤，勇於同各種錯誤言行作鬥爭，在鬥爭中鞏固和增強團結。黨的奮鬥之路充滿艱辛，必須依靠鬥爭激發志氣、膽氣、豪氣，不斷戰勝各種困難挑戰直至取得最後勝利，沒有鬥爭的奮鬥是空洞的、無力的。我們要發揚鬥爭精神，從思想上行動上把敢於鬥爭、善於鬥爭融入團結奮鬥全過程。

大力彰顯敢於鬥爭的鮮明品格。我們黨在內憂外患中誕生、在歷經磨難中成長、在攻堅克難中壯大，鬥爭精神貫穿於各個歷史時期和全部奮鬥實踐。習近平總書記強調：「我們面臨的各種鬥爭不是短期的而是長期的，將伴隨實現第二個百年奮鬥目標全過程。」新征程上，為了肩負的歷史重任，為了黨和人民的事業，無論敵人如何強大、道路如何艱險、挑戰如何嚴峻，我們都必須毫不畏懼、絕不退縮，敢於鬥爭、敢於勝利。風險挑戰面前，視而不見不行，躲避退讓也不行，逡巡躊足同樣不行，唯有敢於鬥爭，才能闖關奪隘。對經濟社會發展中的各種困難矛盾要敢於啃硬骨頭，對事關政治原則的錯誤言行要敢於發聲亮劍，對黨內各種不正之風和消極腐敗現象要敢於刮骨療毒，對敵對勢力抹黑黨和國家形象、損害國家和人民利益的各種行徑要毫不手軟、敢戰能勝。新時代的共產黨人，應當摒棄一切畏首畏尾、一切消極懈怠、一切瞻前顧後，始終保持狹路相逢勇者勝、越是艱險越向前的大無畏氣概。遇到矛盾問題繞着走，遇到困難挑戰打退堂鼓，遇到失敗挫折一蹶不振，不符合共產黨人的要求，也是擔當不起歷史重任的。

科學把握善於鬥爭的方式方法。鬥爭是一門藝術，講究策略和方法，既要有逢山開道、遇水架橋的硬功夫，又要有借力發力、四兩撥千斤的巧功夫。要善於抓住主要矛盾和矛盾的主要方面，把握大局大勢，分清輕重緩急，合理選擇鬥爭方式，拿捏好鬥爭的時、度、效。要堅持有理有利有節，在原則問題上寸步不讓，在策略問題上靈活機動，在鬥爭中促團結、謀合作、求共贏。要區分兩類不同性質的矛盾，採用不同的鬥爭方式。對人民內部的矛盾、思想上的問題，要堅持從團結的願望出發，運用"團結—批評—團結"的公式，採取討論、批評、說理的方法解決，在新的基礎上達到新的團結。鬥爭本領不是與生俱來的，黨員、幹部要經受嚴格的思想淬煉、政治歷練、實踐鍛煉、專業訓練，多經"風吹浪打"，多捧"燙手山芋"，多當幾回"熱鍋上的螞蟻"，在鬥爭中練膽魄、磨意志、長才幹、促團結，真正成為擔得起民族復興重任的骨幹棟樑，以過硬的鬥爭本領不斷創造團結奮鬥新業績。

全過程人民民主是社會主義
民主政治的本質屬性

王　　晨

　　黨的二十大報告把發展全過程人民民主確定為中國式現代化本質要求的一項重要內容，強調全過程人民民主是社會主義民主政治的本質屬性，對"發展全過程人民民主，保障人民當家作主"作出全面部署、提出明確要求。這對於新時代新征程更好發揮我國社會主義政治制度優勢、全面建設社會主義現代化國家、全面推進中華民族偉大復興具有十分重要的意義。

一、全過程人民民主是新時代我們黨領導人民推進社會主義　　政治建設取得的重大理論和實踐創新成果

　　人民民主是我們黨始終高舉的旗幟。在革命、建設、改革各個歷史時期，我們黨團結帶領各族人民為實現人民當家作主進行艱辛探索、不懈奮鬥，逐步建立健全一套完整的制度體系和程序機制，成功開闢和堅持了中國特色社會主義政治發展道路，人民民主成為社會主義國家的政治基石和社會主義制度的顯著優勢。黨的十八大以來，以習近平同志為核心的黨中央立足新的歷史方位，深刻把握我國社會主要矛盾發生的新變化，積極回應人民對民主法治、公平正義的新要求新期待，堅持黨的領導、人民當家作主、依法治國有機統一，深化對民主政治發展規律的認識，提出全過程人民民主重大理念，健全人民當家作主制度體系，發揮社會主義協商民主重要作用，豐富民主形式，暢通民主渠道，從各層次各領域擴大人民有序政治參與，推動全過程人民民主取得歷史性成就，成為新時代我國民主政治領域具有重大創新意義的標誌性成果。

2019 年 11 月，習近平總書記在上海虹橋街道考察全國人大常委會法工委基層立法聯繫點時深刻指出：“我們走的是一條中國特色社會主義政治發展道路，人民民主是一種全過程的民主。”2021 年 7 月 1 日，習近平總書記在慶祝中國共產黨成立 100 周年大會上強調要 “踐行以人民為中心的發展思想，發展全過程人民民主”。2021 年 10 月，習近平總書記在中央人大工作會議上對全過程人民民主重大理念和實踐要求作出糸統精闢的闡述。黨的十九屆六中全會通過的《中共中央關於黨的百年奮鬥重大成就和歷史經驗的決議》，把 “發展全過程人民民主” 作為習近平新時代中國特色社會主義思想的重要內容納入 “十個明確” 之中。

　　習近平總書記關於全過程人民民主的重要論述思想深邃、視野宏闊、內涵豐富，是一個系統完備的科學理論體系。通過學習領會，感到有以下重要特徵和核心要義。**一是人民立場。**人民民主是社會主義的生命，沒有民主就沒有社會主義，就沒有社會主義的現代化，就沒有中華民族偉大復興；全過程人民民主是社會主義民主政治的本質屬性，發展社會主義民主政治就是要體現人民意志、保障人民權益、激發人民創造活力，用制度體系保障人民當家作主。**二是歷史必然。**我們黨始終高舉人民民主的旗幟，堅持人民主體地位；中國特色社會主義政治發展道路是符合中國國情、保證人民當家作主的正確道路，是近代以來中國人民長期奮鬥歷史邏輯、理論邏輯、實踐邏輯的必然結果，是堅持黨的本質屬性、踐行黨的根本宗旨的必然要求。**三是制度保障。**我國實行工人階級領導的、以工農聯盟為基礎的人民民主專政的國體，實行人民代表大會制度的政體，實行中國共產黨領導的多黨合作和政治協商制度、民族區域自治制度、基層群眾自治制度等基本政治制度，鞏固和發展最廣泛的愛國統一戰線，形成了全面、廣泛、有機銜接的人民當家作主制度體系，構建了多樣、暢通、有序的民主渠道。**四是全程貫通。**我國全過程人民民主不僅有完整的制度程序，而且有完整的參與實踐。全體人民依法實行民主選舉、民主協商、民主決策、民主管理、民主監督，依法通過各種途徑和形式管理國家事務，管理經濟和文化事業，管理社會事務。**五是真實管用。**我國全過程人民民主實現了過程民主和成果民主、程序民主和實質民主、直接民主和間接民主、人民民主和國家意志相統一，是全鏈條、全方位、全覆蓋的民主，是最廣泛、最真實、最管用的社會主義民主。**六是動態推進。**堅持黨的領導、人民當家作主、依法治國有機統一，發展全過程人民民主，把人民當家作主具體地、現實地體現到黨治國理政的政策措施上來，具體地、現實地體現到黨和國家機關各個方面各個層級工作上來，具體地、現實地體現到實現人民對美好生活嚮往的工作上來。**七是系統評價。**關於中國共產黨始終高舉人民民主旗幟的"五個基本觀點"的精闢概括，關於評價一個國家政治制度是不是民主的、有效的主要看"八個能否"的衡量標準，關於一個國家民主不民主關鍵在於是不是真正做到了人民當家作主的"四個要看、四個更要看"的審視尺度，關於發展社會主義民主政治關鍵是要增加和擴大我們的優勢和特點而不是要削弱和縮小我們的優勢和特點、做到"六個切實防止"的深刻闡述等，都是系統觀察、系統思考、系統總結評價的重要成果。

習近平總書記關於全過程人民民主的重要論述，使我們黨對於民主理論和實踐的認識達到歷史新高度，是新時代踐行黨的初心使命和全心全意為人民服務根本宗旨在民主政治方面的集中體現，極大地增強了全黨全國各族人民對中國特色社會主義民主政治的自信和底氣。我們要深入學習貫徹習近平總書記關於全過程人民民主的重要論述精神，強化使命擔當，加強全過程人民民主制度建設，深入推進參與實踐，鞏固和發展生動活潑、安定團結的政治局面。

二、我國全過程人民民主是全鏈條、全方位、全覆蓋的民主

發展社會主義民主政治，建設社會主義政治文明，是全面建設社會主義現代化國家的內在要求和重要目標。鄧小平說過："我們進行社會主義現代化建設，是要在經濟上趕上發達的資本主義國家，在政治上創造比資本主義國家的民主更高更切實的民主"。我國全過程人民民主深深扎根於中國社會土壤中，是中國共產黨領導人民百年奮鬥的重大成果，是我國人民民主的最新發展，具有全鏈條、全方位、全覆蓋的顯著特徵。實踐充分證明，我國全過程人民民主是能夠保證億萬人民當家作主、把國家和民族的前途命運牢牢掌握在自己手中的新型民主。

從政治過程看，我國全過程人民民主是民主選舉、民主協商、民主決策、民主管理、民主監督各個環節緊密聯繫、相互貫通的全鏈條民主。**一是**在選舉環節，人民通過選舉、投票行使權利，選出代表自己意願的人來掌握並行使權力，包括國家機構選舉、村（居）委會選舉、企事業單位職工代表大會選舉等。**二是**在協商環節，人民在重大決策之前和決策實施之中進行充分協商，儘可能就共同性問題取得一致意見。**三是**在決策環節，人民通過坐談聽證、評估諮詢、民意調查等多種方式，廣泛參與到決策過程中，使越來越多來自基層的聲音直達各級決策層，越來越多的群眾意見轉化為黨和政府的重大決策。**四是**在管理環節，人民行使憲法賦予的各項權利、承擔憲法賦予公民的責任義務，積極主動參加選舉、協商、決策、監督等，在各個層級、各個領域參與國家政治生活和社會生活的管理。**五是**在監督環節，建立健全各種監督制度，形成了一套有機貫通、相互協調的監督體系，人民可以對各級國家工作人員履職情況進行監督，使國家和社會各種公共事務始終在人民全過程監督下運行，保證人民賦予的權力始終用來為人民謀利益。

　　從政治體系看，我國全過程人民民主是貫通國家政治生活和社會生活各層面各維度的全方位民主。在我國，國家一切權力屬人民，人民通過人民代表大會行使國家權力。我國有全國、省級、設區的市級、縣級、鄉鎮級五級人民代表大會，各級人大代表都由民主選舉產生、對人民負責、受人民監督，各級人大選舉產生本級人大常委會、人民政府、監察機關、審判機關、檢察機關領導人員和組成人員。各級國家機關都按照民主集中制原則來組織並貫徹實施國家憲法法律和方針政策，保證國家治理成為充分體現人民意志、保障人民權益、激發人民創造活力的政治實踐，保證實現全體人民共享現代化建設和發展成果。協商民主是實踐全過程人民民主的重要形式。我國已建立起行之有效的制度化協商渠道，包括政黨協商、人大協商、政府協商、政協協商、人民團體協商、基層協商以及社會組織協商。在中國社會主義制度下，有事好商量，眾人的事情由眾人商量，找到全社會意願和要求的最大公約數，是人民民主的真諦。廣泛商量的過程就是發揚民主、集思廣益的過程，就是統一思想、凝聚共識的過程，就是科學決策、民主決策的過程，就是實現人民當家作主的過程。

從政治領域看，我國全過程人民民主是涵蓋國家各項事業各項工作的全覆蓋民主。毛澤東說過："民主必須是各方面的，是政治上的、軍事上的、經濟上的、文化上的、黨務上的以及國際關係上的，一切這些，都需要民主。" 我國全過程人民民主堅持以人民為中心，堅持人民主體地位，人民當家作主充分體現在中國特色社會主義經濟建設、政治建設、文化建設、社會建設、生態文明建設 "五位一體" 總體佈局和全面建設社會主義現代化國家、全面深化改革、全面依法治國、全面從嚴治黨 "四個全面" 戰略佈局的方方面面，實現了全領域、全過程整體性覆蓋和貫通。同時，通過全過程人民民主最廣泛地動員和組織全體人民以主人翁地位投身社會主義現代化建設，有力推動了國家各項事業的發展和各方面工作的開展，有力推動了實現人民對美好生活的嚮往、全體人民共同富裕和人的全面發展的歷史進程，向着建成富強民主文明和諧美麗的社會主義現代化強國、實現中華民族偉大復興的宏偉目標不斷邁進。

三、發展全過程人民民主必須遵循的重要原則

黨的二十大報告第六部分專門論述 "發展全過程人民民主，保障人民當家作主"，對新時代新征程發展全過程人民民主作出總體部署，提出加強人民當家作主制度保障、全面發展協商民主、積極發展基層民主、鞏固和發展最廣泛的愛國統一戰線等任務要求和工作重點。全面貫徹黨的二十大精神，發展全過程人民民主，必須遵循以下重要原則。

—— **堅持中國共產黨領導**。中國特色社會主義最本質的特徵是中國共產黨領導，中國特色社會主義制度的最大優勢是中國共產黨領導，中國共產黨是最高政治領導力量。我們要提高政治站位，深刻領悟 "兩個確立" 的決定性意義，增強 "四個意識"、堅定 "四個自信"、做到 "兩個維護"。堅持黨總攬全局、協調各方的領導核心作用，堅決維護以習近平同志為核心的黨中央權威和集中統一領導。健全黨在政治生活中居於領導地位的制度機制，保證把黨關於全過程人民民主的價值理念、原則精神、目標任務以及運行程序、規範要求等，落實到人民當家作主各環節，落實到人民群眾參與國家和社會治理的具體實踐中，堅持正確政治方向，保證黨領導人民有效治理國家。

——堅持人民主體地位。我國憲法規定，中華人民共和國的一切權力屬人民。中國共產黨始終代表最廣大人民根本利益。發展全過程人民民主，必須堅持以人民為中心，維護人民根本利益，不斷實現發展為了人民、發展依靠人民、發展成果由人民共享。黨領導人民發展全過程人民民主，就是支持和保證人民當家作主，把體現人民利益、反映人民願望、維護人民權益、增進人民福祉貫徹落實到黨治國理政的各領域全過程。安健全民主制度，創新民主實踐，保證人民在黨的領導下通過各種途徑和形式管理國家事務、管理經濟文化事業、管理社會事務，保證人民平等參與、平等發展權利，發展更加廣泛、更加充分、更加健全的全過程人民民主。

　　——堅持全面依法治國。正反兩方面經驗證明，民主與法治是緊密聯繫、相輔相成的，全過程人民民主是全面依法治國的政治基礎，全面依法治國是全過程人民民主的制度保障。我們要加快建設中國特色社會主義法治體系，依法保障全體人民和社會成員參與民主選舉、民主協商、民主決策、民主管理、民主監督等基本政治權利，充分激發人民積極性、主動性、創造性，充分調動一切積極因素，在法治軌道上推進國家治理體系和治理能力現代化。深化法治領域改革，使全過程人民民主重大理念在立法、執法、司法、守法上實現全覆蓋和全貫通。增強全過程人民民主的系統性、規範性、有效性，發展機制更健全、保障更有力、運行更順暢的全過程人民民主。

　　——堅持中國道路。習近平總書記指出："走自己的路，是黨的全部理論和實踐立足點，更是黨百年奮鬥得出的歷史結論。" 全過程人民民主是新時代中國特色社會主義的偉大創造，也是當代中國民主區別於西方民主的顯著特徵。世界上不存在完全相同的政治制度，也不存在適用於一切國家的政治制度模式；實現民主有多種方式，不可能千篇一律。我們要堅定中國特色社會主義制度自信，堅定不移走中國特色社會主義政治發展道路，把我國社會主義民主政治的特點和優勢充分發揮出來，注重吸收借鑒人類政治文明一切有益成果，但決不照抄照搬別國政治制度模式，決不走西方所謂"憲政"、"三權鼎立"、多黨輪流執政的路子。

四、充分發揮人民代表大會制度在發展全過程人民民主中的重要制度載體作用

　　黨的十八大以來，以習近平同志為核心的黨中央高度重視堅持和完善人民代表大會制度，全面加強黨對人大工作的領導，推動人大工作取得歷史性成就。2021 年 10 月，黨中央召開中央人大工作會議，習近平總書記發表重要講話，強調指出："人民代表大會制度是實現我國全過程人民民主的重要制度載體。" 習近平總書記的這一重要論述，進一步拓展了人民代表大會制度的時代內涵和實踐要求，明確了新時代新征程堅持和完善人民代表大會制度的使命任務。新時代新征程發展全過程人民民主，保障人民當家作主，必須深入學習貫徹習近平總書記關於堅持和完善人民代表大會制度的重要思想，切實增強責任感、使命感，認真履職盡責、擔當作為，充分發揮人民代表大會制度在發展全過程人民民主中的重要制度載體作用。

　　在黨中央集中統一領導下，全國人大及其常委會以習近平新時代中國特色社會主義思想為指導，忠實履行憲法法律賦予的職責，推進全過程人民民主不斷取得新成就、實現新發展。近年來，全國人大先後修改全國人民代表大會組織法、地方各級人民代表大會和地方各級人民政府組織法等法律，對堅持和發展全過程人民民主作出明確規定，把全過程人民民主重大理念轉化為法律制度規範，為全國人大及其常委會和地方各級政權機關行使職權、履行職責、開展工作提供了法律依據、活動遵循和制度保障。從 2021 年上半年開始，新一輪縣鄉兩級人大換屆選舉依法陸續展開，全國 10 億多選民直接選舉產生 260 多萬名縣鄉兩級人大代表，組成地方基層國家權力機關。各級人大代表來自人民、扎根人民、代表人民的優勢和作用得到進一步發揮，在立法、監督、決定等工作中，廣泛聽取人民群眾和各方面意見的渠道和形式不斷豐富拓展。全國人大常委會法工委建立 32 個基層立法聯繫點，覆蓋全國 31 個省、自治區、直轄市，輻射帶動全國各地設立 509 個省級基層立法聯繫點和近 5000 個設區的市級基層立法聯繫點，豐富了全過程人民民主的生動實踐，有利於立法工作和人大工作更好接地氣、察民情、聚民智、惠民生。

　　發展全過程人民民主，充分發揮人民代表大會制度的重要載體作用，

需要重點做好以下幾方面工作。**一是**堅持黨的領導、人民當家作主、依法治國有機統一，把黨中央關於發展全過程人民民主的工作部署和各項舉措落實到人大立法、監督、代表等工作中，不斷擴大人民有序政治參與，保證人民依法享有廣泛權利和自由，確保黨和國家在決策、執行、監督落實各個環節上都能聽到來自人民的聲音。**二是**落實憲法法律關於民主的相關制度機制，用科學有效、系統完備的人民當家作主制度體系保證憲法法律確立的制度、原則、規則得到全面實施，把憲法法律賦予的職權用起來，維護國家法治統一、尊嚴、權威。**三是**完善中國特色社會主義法律體系，發揮人大及其常委會在立法工作中的主導作用，堅持法治為了人民、依靠人民、造福人民、保護人民，深入推進科學立法、民主立法、依法立法，建設好基層立法聯繫點，不斷提高立法質量，以良法促進發展、保障善治。**四是**切實加強人大監督，實行正確監督、有效監督、依法監督，確保法律法規得到有效實施，確保行政權、監察權、審判權、檢察權依法正確行使，積極回應人民關切。**五是**充分發揮人大代表作用，做到民有所呼、我有所應，保持同人民的密切聯繫，傾聽人民意見和建議，接受人民監督，加強代表工作能力建設，努力為人民服務。**六是**完善人大的民主民意表達平台，健全吸納民意、匯集民智的工作機制，豐富民主實踐，把各方面社情民意統一於最廣大人民根本利益之中，廣泛凝聚推動中國特色社會主義事業發展的正能量。**七是**強化政治機關意識，把各級人大及其常委會建設成為堅持中國共產黨領導的政治機關、保證人民當家作主的國家權力機關、全面擔負憲法法律賦予的各項職責的工作機關、始終同人民群眾保持密切聯繫的代表機關，努力打造政治堅定、服務人民、尊崇法治、發揚民主、勤勉盡責的人大工作隊伍，為發展全過程人民民主、保障人民當家作主作出新貢獻。

把實施擴大內需戰略同深化供給側結構性改革有機結合起來

劉　鶴

　　黨的二十大報告提出，"把實施擴大內需戰略同深化供給側結構性改革有機結合起來"。這是黨中央基於國內外發展環境變化和新時代新征程中國共產黨的使命任務提出的重大戰略舉措，對於今後一個時期有效發揮大國經濟優勢、加快構建新發展格局、推動高質量發展、全面建設社會主義現代化國家，具有重要意義。要深刻理解這一決策部署的歷史邏輯、時代背景和實踐要求，推動中國經濟行穩致遠、邁上新的台階。

一、把實施擴大內需戰略同深化供給側結構性改革有機結合起來的歷史邏輯和時代背景

　　供給和需求是經濟發展的一體兩面，兩者之間平衡是相對的，不平衡是絕對的。解決供求失衡問題要找準主要矛盾和矛盾的主要方面，科學把握兩者關係，提出適應時代要求的發展思路，以新的理論指導新的實踐。

　　（一）實施擴大內需戰略是應對外部衝擊、穩定經濟運行的有效途徑。社會總需求由消費需求、投資需求和出口需求構成，其中消費和投資為內需，出口為外需。1998 年，亞洲金融危機對我國經濟發展造成較大衝擊，外需急劇收縮，黨中央提出 "立足擴大國內需求，加強基礎設施建設"，實施積極的財政政策，發行長期建設國債、連續下調基準利率等，穩定了經濟增長。2008 年，針對國際金融危機的衝擊，黨中央提出 "把擴大內需作為保增長的根本途徑"，出台以大規模增加政府投資為主要內容的一攬子計劃，穩定了市場預期，使經濟迅速觸底反彈。2020 年以來，面對新冠肺炎疫情的嚴重

衝擊，習近平總書記指出"要圍繞擴大內需深化改革，加快培育完整內需體系"。我國加快實施重大項目工程，積極穩定居民消費和企業投資，保持了經濟穩定發展。從長期視角看，全球經濟再平衡是 2008 年國際金融危機以來世界經濟演變的邏輯主線。中國堅持實施擴大內需戰略，不僅實現了自身經濟穩定和轉型發展，而且為世界經濟再平衡和穩定增長作出了巨大貢獻。

（二）**推動供給側結構性改革是實現高質量發展的治本之策**。黨的十八大以來，我國經濟發展進入新常態，面臨"三期疊加"的複雜局面，前期大規模經濟刺激政策不可避免產生產能過剩、債務累積、成本上升等問題，人口、勞動力、技術、全要素生產率等影響長期發展的供給側要素發生深刻變化，經濟運行主要矛盾從總需求不足轉變為供給結構不適應需求結構的變化，矛盾的主要方面轉到供給側。2015 年，黨中央提出實施供給側結構性改革，明確去產能、去庫存、去槓桿、降成本、補短板五大重點任務，通過大力推動"破、立、降"，使供需結構失衡得到矯正，通貨緊縮趨向得到遏制，不僅提振了我國經濟增長，也促進了全球經濟復甦。2018 年，黨中央進一步提出深化供給側結構性改革的"鞏固、增強、提升、暢通"八字方針，要求更多採取改革辦法，運用市場化、法治化手段，着力增強微觀主體活力，提升產業鏈水平，推動金融和實體經濟、房地產和實體經濟等深層次關係調整優化。通過持續深化供給側結構性改革，我國供給體系質量和效率明顯提升，發展新動能加快成長，經濟發展質量不斷提高。

（三）**把實施擴大內需戰略同深化供給側結構性改革有機結合起來，是積極應對國內外環境變化、增強發展主動性的長久之策**。當前，世界百年未有之大變局加速演進，世紀疫情影響深遠，世界經濟復甦乏力，通脹水平居高不下，主要發達經濟體大幅調整宏觀政策，國際需求可能進一步波動收縮。全球產業分工體系和區域佈局正在發生廣泛深刻調整，能源資源等供應穩定性下降，全球經濟原有供需循環受到干擾甚至被阻斷。特別是某些國家不顧國際關係準則和經貿規則，試圖通過脫鈎斷鏈、打壓企業等方式極限施壓，阻礙我國經濟發展和結構升級，對全球總供需平衡產生重大衝擊。從國內看，近來我國經濟面臨需求收縮、供給衝擊、預期轉弱三重壓力，一些領域風險因素上升，人口老齡化加速，勞動力、土地等傳統優勢弱化，資源環境約束趨緊，科技創新能力還不強，全要素生產率提高受到制約，亟待從供需兩端發力，既擴大有效需求，又推動生產函數變革調整，塑造新的競爭優勢。針對這種新形勢，2020 年以來黨中央提出要加快構建以國內大循環為主體、國內國際雙循環相互促進的新發展格局，把發展的基點牢牢放在自己力量的基礎上。這就要求我們統籌謀劃擴大內需和優化供給，充分發揮超大規模市場優勢，提升供給體系對國內需求適配性，打通經濟循環卡點堵點，推動供需良性互動，在實現自身高質量發展的同時為世界經濟注入新動力。

（四）**把實施擴大內需戰略同深化供給側結構性改革有機結合起來，是全面建設社會主義現代化國家的實踐要求。**黨的二十大報告鮮明提出，從現在起，中國共產黨的中心任務就是團結帶領全國各族人民全面建成社會主義現代化強國、實現第二個百年奮鬥目標，以中國式現代化全面推進中華民族偉大復興。這賦予了把兩者有機結合起來新的歷史特點和實踐要求。我國已全面建成小康社會，大部分領域"有沒有"的問題基本解決，"好不好"的問題更加突出，需要通過高質量發展解決我國社會主要矛盾。中國式現代化既有各國現代化的共同特徵，更有基於自己國情的中國特色，要遵循中國式現代化的本質要求，以中國式現代化全面推進中華民族偉大復興。要牢牢把握發展這個黨執政興國的第一要務，完整、準確、全面貫徹新發展理念，有效發揮超大規模市場優勢，實施好擴大內需戰略，深化供給側結構性改革，推動經濟實現質的有效提升和量的合理增長，更好實現人民日益增長的美好生活需要，不斷推進和拓展中國式現代化。

二、把實施擴大內需戰略同深化供給側結構性改革有機結合起來需要把握的重大原則要求

擴大內需和深化供給側結構性改革都是戰略舉措，在推動兩者有機結合過程中必須把握好以下重大問題。

（一）**推動兩者有機結合必須堅持以推動高質量發展為主題。**由高速增長階段轉向高質量發展階段是新時代我國經濟發展的基本特徵。高質量發展是解決發展不平衡不充分問題、體現新發展理念的發展。按照高質量發展的

要求，擴大的內需必須是有效需求，是滿足人民群眾個性化、多樣化、不斷升級的需求，是有合理回報的投資、有收入依託的消費、有本金和債務約束的需求，是可持續的需求。財政和貨幣政策要在有效需求不足、市場預期不穩時出手，做到適時適度、精準施策，不能搞大水漫灌。深化供給側結構性改革必須在提高供給體系質量和效率上做文章，提升供給結構對有效需求的適配性，不能形成不符合發展方向和市場需求的落後產能和產品，造成社會資源和財富浪費。把實施擴大內需戰略同深化供給側結構性改革有機結合起來，就是要把兩者統一到高質量發展的要求上來，在推動創新、協調、綠色、開放、共享發展，統籌發展和安全中，釋放兩者有機結合新的巨大潛力；在加快構建以國內大循環為主體、國內國際雙循環相互促進的新發展格局中，形成兩者有機結合新的戰略方向，推動有效需求和有效供給、消費和投資、內需和外需、自立自強和開放合作良性互動和高水平動態平衡。

（二）**推動兩者有機結合必須堅持以深化供給側結構性改革為主線**。經濟發展最終靠供給推動，從長期看是供給創造需求。發展永無止境，供給端質量提升和結構升級也永無止境。當前和今後一個時期，制約我國經濟發展的因素，供給和需求兩側都有，但矛盾的主要方面在供給側，表現在供給存在卡點、堵點、脆弱點，供給結構不能適應需求結構變化。堅持深化供給側結構性改革這條主線，就是要發揮創新第一動力作用，持續推動科技創新、制度創新，着力突破供給約束堵點，以自主可控、優質有效的供給滿足和創造需求。一是在對外依賴度高、短期難以有外部替代來源，可能會出現斷供斷鏈的領域，要加快補短板。二是在有需求但未得到有效滿足的領域，如優質品牌商品，育幼養老、健康文化等高品質、多樣化生活性服務業，研發設計、會計審計等高端生產性服務業，綠色生態產品等，要深化改革擴大開放，盡快優化供給結構。三是適應新一輪科技革命和產業變革大趨勢，推動新產業、新技術、新產品、新業態發展，以新供給創造新需求，形成經濟發展不竭動力。

（三）**推動兩者有機結合必須堅持充分發揮超大規模市場優勢**。我國有 14 億多人口，4 億多人的中等收入群體，正在邁向高收入國家行列，居民收入水平和消費水平不斷提高，新型工業化和城鎮化持續推進，是世界上最有潛力的超大規模市場。我國擁有世界上規模最大、門類最齊全的製造業體系，220多種工業產品產量位居世界首位，在全球產業分工體系和供應鏈體系中佔據舉足輕重的地位，擁有支撐國內國際雙循環的強大供給能力。市場範圍決定分工廣度和深度。市場是全球最稀缺的資源。超大規模的國內市場給我國經濟發展帶來顯著的規模經濟優勢、創新發展優勢和抗衝擊能力優勢。堅持牢牢把握擴大內需這個戰略基點，就是要充分用好超大規模市場這個寶貴的戰略資源，為市場主體營造長期穩定的良好發展預期，在高質量發展中推動共同富裕，擴大中等收入群體，提升市場自主支出意願和能力，以規模擴大、結構升級的內需牽引和催生優質供給。

（四）推動兩者有機結合必須堅持穩中求進工作總基調。穩中求進是治國理政的重要原則，也是做好經濟工作的方法論。"穩"是主基調、是基本盤，要穩住宏觀經濟大局，穩住產業鏈供應鏈完整性，穩住能源等初級產品供給，為積極進取奠定基礎，為應對複雜局面和各種挑戰增強底氣；"進"是積極進取、有所作為，要在深化改革、優化要素配置、推進結構調整上邁出更大步伐。要堅持社會主義市場經濟改革方向，從供需兩端着手深化改革。一方面，供給結構調整本質上是改革問題，要在優化發展環境、打破壟斷、推進要素市場化配置、構建全國統一大市場等方面發力，破除制約供給端自我調整的體制機制障礙，保護和激發微觀主體活力，推進供給結構調整。另一方面，要加強需求側管理，促進高質量充分就業，完善分配制度，健全社會保障體系，深化投融資體制改革，充分釋放消費和投資需求，使建設超大規模市場成為一個可持續的歷史過程。習近平總書記強調，"戰略上要堅持穩中求進，搞好頂層設計，把握好節奏和力度，久久為功。戰術上要抓落實幹實事，注重實效，步步為營，一仗接着一仗打。"推動兩者有機結合，要求我們長短結合、穩扎穩打，既做好長遠戰略謀劃，又落實落細各項具體部署。

（五）推動兩者有機結合必須堅持系統觀念和底線思維。系統觀念和底線思維是習近平新時代中國特色社會主義思想所包含的科學思想方法和工作方法。在現代市場經濟條件下，國民經濟從時間和空間上是一個完整、連續的整體，是一個相互聯繫、運動不息的複雜系統。分析和解決經濟問題，必須堅持系統觀念，全面、聯繫、動態地看問題，避免片面、割裂、靜止的形而上學觀點。需求和供給都是對經濟運行過程的理論抽象，是分析和解決經濟問題的重要概念。但現實的經濟運行是生產、分配、流通、消費各環節的連續循環過程，經濟政策要着眼全局和整體進行設計，實現擴大內需和深化供給側結構性改革有機結合，暢通國民經濟循環，提高發展質量、動力、活力。面對複雜嚴峻的發展環境，必須統籌發展和安全，強化底線思維、極限思維，下好先手棋、打好主動仗，有效防範各類風險挑戰。

三、把實施擴大內需戰略同深化供給側結構性改革有機結合起來的主要任務

未來 5 年是全面建設社會主義現代化國家開局起步的關鍵時期，要以習近平新時代中國特色社會主義思想為指導，堅持以經濟建設為中心，堅持深化改革開放，找準實施擴大內需戰略同深化供給側結構性改革的有機結合點，系統有力精準施策，加快構建新發展格局，增強國內大循環內生動力和可靠性，提升國際循環質量和水平。

（一）着力推動國內國際雙循環相互促進。我國超大規模市場優勢，既可穩固和擴大國內循環基本盤，又能撬動和帶動國際循環。要有效挖掘內需潛力，構建全國統一大市場，破除妨礙國內大循環的各種障礙，尤其要重視在極端情況下，實現中等水平可循環。要堅持高水平對外開放，發揮好開放對拓展循環空間的作用，深度參與全球產業分工和合作，維護多元穩定的國際經濟格局和經貿關係，與外部世界良性互動。繼續擴大商品和要素流動型開放，吸引全球資金、技術、人才等優質要素和產品，打破外部對我國的圍堵打壓。要發揮我國產業配套能力強、部分產業國際領先的優勢，積極參與推動全球和區域產業鏈供應鏈優化佈局，建立更為緊密的經濟聯繫。要穩步擴大規則、規制、管理、標準等制度型開放，在統籌好開放與安全的前提下，進一步對接國際高標準經貿規則，營造市場化、法治化、國際化一流營商環境，實施自由貿易試驗區提升戰略，鞏固拓展多雙邊經貿關係，提升貿易投資合作質量和水平。

（二）着力保持宏觀經濟穩定。經濟運行會有周期波動，但要避免大起

大落。在一個較長的歷史時期內，保持宏觀經濟穩定和持續增長，對於全面建設社會主義現代化國家具有重要基礎性作用。要加強和改善宏觀調控，做好宏觀政策跨周期設計和逆周期調節。要加強預期管理，提高宏觀政策透明度、公信力和專業化水平，努力走在市場曲線前面。要發揮國家發展規劃的戰略導向作用，加強財政政策和貨幣政策協調配合，着力擴大內需，增強消費對經濟發展的基礎性作用和投資對優化供給結構的關鍵作用，持續釋放現代化建設蘊藏的巨大消費和投資潛力。

（三）**着力增強微觀主體活力**。中國經濟正在經歷的結構性變革是一個複雜的市場化探索和試錯過程，其韌性得以增強、效能得以提高，必須弘揚企業家精神，激發企業活力、創造力。要堅持和完善社會主義基本經濟制度，深化國資國企改革，加快國有經濟佈局優化和結構調整，提升企業核心競爭力。優化民營企業發展環境，促進民營經濟發展壯大。要建設高標準市場體系，完善產權保護、市場准入、公平競爭、社會信用等市場經濟基礎制度。要完善中國特色現代企業制度，加快建設世界一流企業。要為資本設置好"紅綠燈"，依法規範和引導資本健康發展。

（四）**着力提高全要素生產率**。全要素生產率是要素投入轉化為產出的總體效率，決定着經濟內涵型發展程度和潛在增長率高低，本質是技術、人才等要素質量和資源配置效率。要堅持教育優先發展、科技自立自強、人才引領驅動，強化國家戰略科技力量，加強科技基礎能力建設，堅決打贏關鍵核心技術攻堅戰。要提高教育質量，加快建設中國特色、世界一流的大學和優勢學科。要完善人才戰略佈局，着力造就拔尖創新人才，形成人才國際競爭的比較優勢。要強化企業科技創新主體地位，支持專精特新企業發展。針對人口變化中長期新趨勢，優化人口發展戰略，建立生育支持政策體系。針對金融結構性重組迫切要求，深化金融體制改革，健全資本市場功能，提高直接融資比重。

（五）**着力提升產業鏈供應鏈韌性和安全水平**。面對某些國家對我國脫鈎斷鏈企圖，要在關係安全發展的領域加快補齊短板，特別是要補齊基礎軟件、核心硬件、基礎原材料等突出短板，提升自主知識產權和替代接續能力，確保產業鏈供應鏈穩定暢通。要堅持把發展經濟的着力點放在實體經濟上，鞏固優勢產業領先地位，推動製造業高端化、智能化、綠色化發展，構建優質高效的服務業新體系，加快發展數字經濟，構建一批新的增長引擎。全球產業鏈供應鏈是重要的國際公共產品，我們願與各國一道維護全球產業鏈供應鏈的安全穩定。

（六）着力推進城鄉融合和區域協調發展。現代化建設進程必然伴隨着城鄉區域結構的深刻調整和國土空間格局的巨大變化，這是釋放巨大需求、創造巨大供給的過程。要深入實施區域協調發展戰略、區域重大戰略、主體功能區戰略、新型城鎮化戰略，優化重大生產力佈局，構建優勢互補、高質量發展的區域經濟佈局和國土空間體系。要以城市群、都市圈為依託構建大中小城市協調發展格局，順應經濟發展客觀規律，促進各類要素向優勢地區集聚。要統籌鄉村基礎設施和公共服務佈局，建設宜居宜業和美鄉村。要加快建立多主體供給、多渠道保障、租購並舉的住房制度。

（七）着力防範化解系統性風險。經濟金融領域重大風險根源在於供給和需求之間的嚴重失衡錯位、循環不暢，防範化解風險是擴大內需戰略和供給側結構性改革的有機結合點。防範化解風險需要標本兼治。要加強宏觀調控特別是需求側管理，抓住主要風險點加大流動性注入和預期管理，處理好防範系統性風險和道德風險的關係。與此同時，要推進供給側結構性改革，加快轉變發展方式，提升治理能力，優化金融體系功能，改善資本和資源配置效率，促進科技、產業、金融良性循環，達到更高水平的供求平衡，使防範化解系統性風險建立在強勁健康的經濟基本面之上。

如期實現建軍一百年奮鬥目標

許其亮

　　黨的二十大報告提出，如期實現建軍一百年奮鬥目標，加快把人民軍隊建成世界一流軍隊，並作出一系列戰略部署，充分彰顯了以習近平同志為核心的黨中央建設鞏固國防和強大人民軍隊的決心意志，反映了全面建設社會主義現代化國家的戰略要求。我們要深入學習貫徹黨中央的重大決策部署，扣牢建軍一百年奮鬥目標，全面加強人民軍隊黨的建設，全面加強練兵備戰，全面加強軍事治理，不斷開創國防和軍隊現代化新局面。

一、實現建軍一百年奮鬥目標，更好履行黨賦予人民軍隊的　　使命任務

　　回望走過的 95 年光輝歷程，人民軍隊在黨的領導下創建和發展、行動和戰鬥，始終高舉黨的旗幟，牢記初心使命，永葆性質宗旨，一路披荊斬棘，取得一個又一個輝煌勝利，為黨和人民建立了不朽功勳，成為保衛紅色江山、維護民族尊嚴的堅強柱石，成為維護地區和世界和平的強大力量。黨的十八大以來，黨中央、中央軍委和習主席着眼於實現中華民族偉大復興的中國夢，確立黨在新時代的強軍目標，確立新時代軍事戰略方針，明確新時代人民軍隊使命任務，深入推進政治建軍、改革強軍、科技強軍、人才強軍、依法治軍，大力度推進國防和軍隊現代化建設，引領強軍事業取得歷史性成就、發生歷史性變革。堅持黨對人民軍隊的絕對領導，全面深入貫徹軍委主席負責制，召開古田全軍政治工作會議，以整風精神推進政治整訓，堅定不移正風肅紀反腐，人民軍隊提振精氣神、立牢主心骨，重回老紅軍本色。堅決把全軍工作重心歸正到備戰打仗上來，與時俱進創新軍事戰略指導，壯大

戰略力量和新域新質作戰力量，推動實戰化訓練步步走深，有效應對外部軍事挑釁，震懾“台獨”分裂勢力，加強邊境管控和反蠶食鬥爭，遂行海上維權、反恐維穩等重大任務，塑造了軍事鬥爭有利態勢。大刀闊斧深化國防和軍隊改革，重構人民軍隊領導指揮體制、現代軍事力量體系、軍事政策制度，人民軍隊體制一新、結構一新、格局一新、面貌一新。加快國防和軍隊現代化建設，全面推進國防科技創新，建設強大的現代化後勤，加快武器裝備建設大發展，國產航母、新型核潛艇、殲－20、運－20、東風系列導彈等大國重器列裝，我軍現代化水平和實戰能力顯著提升，中國特色強軍之路越走越寬廣。這些歷史性偉大成就的取得，根本在於習主席的堅強領導，在於習近平強軍思想的科學指引。

再過 5 年，我們將迎來建軍一百周年，英雄的人民軍隊將在中國特色強軍之路上大踏步邁向世界一流水平，以對黨和人民的絕對忠誠，以強大可靠的戰略能力，展現威武之師、文明之師、勝利之師嶄新的面貌，為實現中華民族偉大復興提供戰略支撐，為維護世界和平發展和人類文明進步作出更大貢獻。建軍一百年奮鬥目標，體現了黨的歷史使命、國家戰略需求和我軍使命任務的有機統一，豐富拓展了黨在新時代強軍目標的時代內涵，標定了未來 5 年我軍建設的中心任務，意義重大而深遠。

（一）這是把握強國強軍時代要求的重大決策。經過不懈努力，我們迎來了從站起來、富起來到強起來的偉大飛躍，實現中華民族偉大復興進入不可逆轉的歷史進程，同時這一進程不會輕輕鬆鬆、順順當當，必須準備付出更為艱巨、更為艱苦的努力。強國必須強軍，軍強才能國安。新時代新征程，世界之變、時代之變、歷史之變的特徵更加明顯，我國發展面臨新的戰略機遇、新的戰略任務、新的戰略階段、新的戰略要求、新的戰略環境。扣牢建軍一百年奮鬥目標，確保國防和軍隊現代化進程同國家現代化進程相適應、軍事能力同國家戰略需求相適應，就能更好地以強軍支撐強國。

（二）這是關係國家安全和發展全局的重大任務。發展是安全的基礎，安全是發展的條件。堅持總體國家安全觀，為建設社會主義現代化國家提供堅強保障，軍事力量始終是保底手段。隨着世界進入新的動盪變革期，我國國家安全形勢不穩定性不確定性增大，各方向各領域都面臨不少安全挑戰，把軍事能力搞過硬，做到平時穩控局勢、戰時決戰決勝，才能兜住國家安全的底，才能在國際風雲變幻中保持戰略主動。扣牢建軍一百年奮鬥目標，順應了新時代國家安全內涵外延、時空領域、內外因素的深刻變化，契合了我國發展由大向強對軍事能力的迫切要求，必將推動我軍戰略能力加速生成。

（三）這是國防和軍隊現代化新"三步走"十分緊要的一步。在全面建設社會主義現代化國家、實現第二個百年奮鬥目標的歷史進程中，我們黨綜合考慮國家安全和發展全局需要、我軍現代化進程有序銜接等方面因素，提出到 2027 年實現建軍一百年奮鬥目標、到 2035 年基本實現國防和軍隊現代化、到本世紀中葉全面建成世界一流軍隊的國防和軍隊現代化新"三步走"戰略，鋪展了新時代強軍事業近、中、遠目標梯次銜接的發展藍圖。起跑決定後程，走好新"三步走"的第一步，跑出競爭發展的加速度至為關鍵、至為重要。扣牢建軍一百年奮鬥目標，必將引領國防和軍隊現代化以更優策略、更高效益、更快速度向前推進，實現跨越式發展。

如期實現建軍一百年奮鬥目標，是黨的意志、人民的期盼，是人民軍隊必須扛起的時代重任、必須交出的歷史答卷。經過不懈努力，特別是過去 5 年工作和新時代 10 年的偉大變革，實現這一目標進而全面建成世界一流軍隊有了更為扎實的前進基礎。新時代新征程上，習主席領航強軍，習近平強軍思想科學指引，始終是強軍事業的力量所在、方向所在、未來所在，是最根本的政治保證。全軍要堅定決心意志，增強緊迫意識，埋頭苦幹實幹，朝著黨指引的方向奮勇前進，不斷開闢強軍事業發展新天地。

二、實現建軍一百年奮鬥目標，根本指向是全面提高捍衛國家主權、安全、發展利益的戰略能力

黨的二十大作出如期實現建軍一百年奮鬥目標的戰略部署，蘊含着鮮明的政治指向、戰略指向、實戰指向，最終要落到全面提高打贏能力上來。必須全面加強練兵備戰，以更強大的能力、更可靠的手段捍衛國家主權、安全、發展利益。

（一）**創新軍事戰略和作戰指導。**軍事戰略指導的生命力在於應時而變、

應勢而動。適應國家發展戰略和安全戰略新要求，與時俱進創新軍事戰略指導，調整優化軍事戰略佈局，完善新時代軍事戰略體系，不斷賦予積極防禦戰略思想新的內涵。現代戰爭制勝觀念、制勝要素、制勝方式發生重大變化，必須深入研究信息化智能化戰爭特點規律，把未來打什麼仗、怎麼打仗搞清楚，提高籌劃和指導戰爭水平。大興作戰問題研究之風，認真研究總結世界近幾場局部戰爭和我軍軍事鬥爭實踐經驗，加強核心作戰概念和作戰理論研究，創新作戰方式和軍事力量運用方式，豐富鬥爭策略和方法，奪取未來戰場主動權。整體運籌備戰與止戰、威懾與實戰、戰爭行動與和平時期軍事力量運用，統籌競爭、鬥爭、戰爭，統籌各方向各領域，塑造安全態勢、遏控危機衝突、打贏局部戰爭。

（二）**打造高水平戰略威懾和聯合作戰體系**。戰略威懾體系是大國博弈的"壓艙石"，要堅持非對稱制衡，堅持有所為有所不為，堅持敵人怕什麼就重點發展什麼，壯大戰略力量，加重戰略砝碼，提高有效懾敵制敵的軍事實力。聯合作戰體系是打贏現代戰爭的重要保障，要構建順暢高效的聯合作戰指揮體系，打造以精銳作戰力量為主體的聯合作戰力量體系，建強網絡信息體系這個基礎支撐，推進偵察預警、聯合打擊、戰場支撐、綜合保障體系和能力建設，加速提升聯合作戰能力、全域作戰能力。指揮對抗在現代戰爭中地位作用空前上升，必須建強軍委和戰區兩級聯合作戰指揮機構，完善指揮運行機制，發展先進指揮手段，提高指揮效能。現代戰爭運用精銳作戰力量實施精確作戰的特徵更加突出，必須加快軍兵種和武警部隊轉型建設，優化內部力量結構，融入體系、支撐體系，推動我軍力量體系和作戰能力整體提升。

（三）**加強新興領域軍事佈局**。堅持機械化信息化智能化融合發展，增加新域新質作戰力量比重，是搶佔軍事競爭和未來戰爭主動的重要一手。當前，新一輪科技革命和軍事革命迅猛發展，戰略高新技術群體迸發。從世界近幾場局部戰爭和軍事行動看，智能化無人作戰系統大量投入實戰，新域新質戰鬥力已經成為改變戰爭規則的關鍵變量。必須搞好系統謀劃，加快戰略性、前沿性、顛覆性技術發展，加強軍事智能核心技術、關鍵軟硬件和基礎理論攻關，構建具有我軍特色的智能化軍事體系。優化軍事力量結構編成，加快無人智能作戰力量發展，加快推進新型作戰力量以"主力"、"主角"融入作戰體系。緊盯新型領域安全，搞好戰略預置，加強新技術、新裝備、新戰法試驗和作戰運用探索，加快先進戰鬥力有效供給。

（四）**推動軍事訓練轉型升級。**實戰化軍事訓練是推動戰略能力生成的基本途徑，是推進國防和軍隊現代化建設的重要抓手。隨着我軍軍事訓練進入全方位變革、整體性提升的新階段，要求加快實現軍事訓練轉型升級。必須堅持實戰實訓、聯戰聯訓、科技強訓、依法治訓，弘揚一不怕苦、二不怕死戰鬥精神，全面提高訓練水平和打贏能力。現代戰爭對聯合訓練提出強制性要求。堅持以聯為綱，以聯合訓練引領軍兵種訓練，以軍兵種訓練支撐聯合訓練，貫徹到訓練計劃制定、訓練組織、訓練保障中去，突出抓好全系統、全要素、全流程訓練，緊貼作戰任務、作戰對手、作戰環境加強檢驗性、對抗性訓練，發展我軍特色聯合訓練體系，加速提升一體化聯合作戰能力。創新軍事訓練，關鍵靠科技賦能。強化科技練兵，加強新裝備、新力量、新領域訓練，加強模擬化、網絡化、對抗性手段建設，探索“科技＋”、“網絡＋”等訓練方法，提高訓練效費比，推動練兵模式轉變。

（五）**形成戰、建、備一體推進的良好局面。**堅持邊鬥爭、邊備戰、邊建設，是今後 5 年乃至更長一個時期我軍的突出特點和指導原則，必須統籌提高戰的能力、建的質量、備的水平。堅定靈活開展軍事鬥爭，始終從政治高度和國家利益全局籌劃指導軍事行動，在涉及國家主權和領土完整問題上寸土必爭、寸步不讓，敢於鬥爭、善於鬥爭，特別是堅決粉碎“台獨”分裂和外來干涉圖謀，確保國家核心利益不受損，確保政治和戰略主動。堅持以戰領建、以備促建，各項工作和建設、各方面力量和資源，始終聚焦軍事鬥爭準備、服務軍事鬥爭準備，着力補齊我軍作戰體系的短板弱項，把戰鬥力這個唯一的根本的標準貫穿部隊建設全過程和各方面。搞好戰備物資儲備和應急建設能力預置，健全平戰快速轉換機制，把各種可能的情況考慮周全，始終保持箭在弦上、引而待發的高度戒備態勢，確保部隊全時待戰、隨時能戰。

三、實現建軍一百年奮鬥目標，必須積極推動我軍建設高質量發展

推進實現建軍一百年奮鬥目標，是關係我軍建設全局的一場深刻變革。

當前我軍建設正處在提質增效的關鍵階段，必須加強創新突破，轉變發展理念、創新發展模式、增強發展動能，抓住窗口期，跑出加速度，推動國防和軍隊現代化由“量”的增值轉向“質”的提升。

（一）**強固黨對人民軍隊絕對領導的根本優勢**。中國共產黨領導是中國特色社會主義最本質的特徵，是中國特色社會主義制度的最大優勢。我軍進行現代化建設，必須毫不動搖堅持黨對人民軍隊的絕對領導，確保沿着正確政治方向前進。新時代新征程，人民軍隊必須把黨指揮槍這個命根子緊抓不放，深刻領悟“兩個確立”的決定性意義，增強“四個意識”、堅定“四個自信”、做到“兩個維護”，貫徹軍委主席負責制，不斷提高政治判斷力、政治領悟力、政治執行力，在思想上政治上行動上始終與黨中央、中央軍委和習主席保持高度一致，做到在任何時候任何情況下都堅決聽從黨中央、中央軍委和習主席指揮。要深化新時代黨的創新理論武裝，突出學好習近平強軍思想，構建新時代思想政治教育體系，開展“學習強軍思想、建功強軍事業”教育實踐活動，結合建軍一百周年加強軍史學習教育，繁榮發展強軍文化，在黨的旗幟下鑄牢軍魂。健全人民軍隊黨的組織體系，突出抓好黨的政治建設，增強各級黨組織的領導力、組織力、執行力，鍛造聽黨話跟黨走、能打仗打勝仗、法紀嚴風氣正的過硬基層。狠抓全面從嚴治黨、全面從嚴治軍，推進政治整訓常態化制度化，深化重點行業領域整肅治理，大力糾治基層“微腐敗”，持之以恆正風肅紀反腐，永葆人民軍隊性質、宗旨、本色。

（二）**改進戰略管理提高建設質效**。推動我軍高質量發展，必須改進戰略管理，強化戰建備統籌。要堅持質量第一、效益優先，更新管理理念，優化管理流程，完善管理機制，進一步暢通戰略管理鏈路，實質性推進軍事管理革命，提高軍事系統運行效能和國防資源使用效益。我軍建設“十四五”規劃對實現建軍一百年奮鬥目標作了戰略部署，明確了主攻方向、重大工程。必須加強國防和軍隊建設重大任務戰建備統籌，強化作戰需求根本牽引，堅持體系抓、抓體系的組織管理模式，搞好規劃計劃銜接轉化，合理確定投向投量，確保每一分錢都花在刀刃上。強化規劃權威性和執行力，保持攻關勢頭，聚力打通堵點卡點，如期完成既定目標任務。聚焦保障打贏，加快建設現代軍事物流體系、軍隊現代資產管理體系。

（三）**充分發揮改革創新驅動作用**。改革創新是我軍發展的強大動力，推動高質量發展必須用改革創新的辦法研究解決問題。要把創新擺在我軍建設發展全局的核心位置，全面推進軍事理論、技術、組織、管理、文化各方面創新，帶動全軍把創新驅動發展的引擎全速發動起來，建設創新型人民軍隊。適應世界軍事發展趨勢和我軍戰略能力發展需求，堅持不懈把國防和軍隊改革向縱深推進，鞏固拓展改革成果，完善軍事力量結構編成，體系優化軍事政策制度。推進高水平科技自立自強，打好自主創新、自主可控攻堅戰，加快關鍵核心技術攻關，加快實施國防科技和武器裝備重大工程，加速科技向戰鬥力轉化。加強依法治軍機制建設和戰略規劃，完善中國特色軍事法治體系，提高國防和軍隊建設法治化水平。

（四）**深入實施新時代人才強軍戰略**。人才是推動我軍高質量發展、贏得軍事競爭和未來戰爭主動的關鍵因素。要把握軍事職業特點和軍事人才發展規律，推動軍事人員能力素質、結構佈局、開發管理全面轉型升級，鍛造德才兼備的高素質、專業化新型軍事人才。貫徹新時代軍事教育方針，落實院校優先發展戰略，深化我軍院校改革，健全三位一體新型軍事人才培養體系，提高備戰打仗人才供給能力和水平。加強人才工作戰略佈局，堅持走好人才自主培養之路，做好識才、聚才、育才、用才工作，創新軍事人力資源管理，最大程度集聚人才和智力資源。

（五）**鞏固提高一體化國家戰略體系和能力**。推進國防和軍隊現代化，是全黨全軍全國各族人民的共同事業。要進一步融入國家發展全局，強化戰略引領，強化重點突破，強化法治保障，加強軍地戰略規劃統籌、政策制度銜接、資源要素共享，促進國防實力和經濟實力同步提升。推動重點區域、重點領域、新型領域協調發展，優化國防科技工業體系和佈局，加強國防科技工業能力建設，加快推動國家科技實力、工業實力向國防實力轉化。要創造發展人民戰爭戰略戰術，深化全民國防教育，強化國防觀念，加強國防動員和後備力量建設，推進現代邊海空防建設，鞏固發展軍政軍民團結，匯聚奮進強國強軍的磅礴力量。

辦好人民滿意的教育

孫春蘭

　　教育是國之大計、黨之大計。習近平總書記所作的黨的二十大報告，通篇貫穿習近平新時代中國特色社會主義思想，描繪了全面建設社會主義現代化國家、實現第二個百年奮鬥目標的宏偉藍圖，是我們黨開啟新時代新征程的政治宣言和行動綱領。報告從"實施科教興國戰略，強化現代化建設人才支撐"的高度，對"辦好人民滿意的教育"作出專門部署，凸顯了教育的基礎性、先導性、全局性地位，彰顯了以人民為中心發展教育的價值追求，為推動教育改革發展指明了方向。

一、黨的十八大以來我國教育面貌發生格局性變化

　　我們黨始終堅持教育發展的人民立場，歷來強調發展教育為了人民。新中國成立以來，我國教育事業用 70 多年時間走過西方發達國家幾百年的歷程，基本實現了中華民族千百年來學有所教、有教無類的教育理想，開闢了中國特色社會主義教育發展道路。黨的十八大以來，以習近平同志為核心的黨中央把教育擺在優先發展的戰略位置，習近平總書記就教育發表一系列重要論述，在全國教育大會上明確了"九個堅持"的頂層設計、思路原則和任務要求，深刻回答了關係教育現代化的重大理論和實踐問題，豐富發展了黨對教育的規律性認識，引領教育改革更加深化、教育公平和質量不斷提升，教育事業取得歷史性成就、發生歷史性變革。

　　（一）**教育普及水平顯著提升**。我國現有各級各類學校 52.9 萬所，在校生 2.9 億人，各級教育普及水平達到或超過中高收入國家平均水平。學前教育毛入園率達 88.1%，義務教育鞏固率達 95.4%，歷史性解決了長期存在的失

學輟學問題，義務教育有保障全面實現。高中階段教育毛入學率達 91.4%，如期實現普及目標。高等教育毛入學率從 2012 年的 30% 提高至 2021 年的 57.8%，進入普及化階段。各級各類教育的加快普及，顯著增強了我國教育的包容性、公平性、適應性。當前，我國接受高等教育的人口達 2.4 億，新增勞動力平均受教育年限 13.8 年，為提升國民素質、推動社會主義現代化建設提供了有力支撐。

（二）**現代教育體系更加完善。**堅持職業教育與普通教育同等重要、協調發展，不斷優化教育結構、學科專業結構、人才培養結構，建設學分銀行，實現各類學習成果的認證、積累和轉換，加快構建服務全民終身學習的教育體系。深化職業教育改革，推進產教融合、校企合作，穩步推進本科層次職業教育，滿足不同學生成長需要。推進城鄉義務教育一體化發展，全面實現縣域基本均衡目標；高等教育堅持學術學位與專業學位分類發展，撤銷和停招本科專業點近 1 萬個、增設 1.7 萬個，更好適應經濟社會發展需求。我國與 58 個國家和地區簽署學歷學位互認協議，教育國際影響力穩步提升。

（三）**人民群眾教育獲得感不斷增強。**針對入園難、入園貴問題，開展 2 萬多所城鎮小區配套園治理，增加普惠性學位 416 萬個，2021 年普惠園覆蓋率 87.8%，公辦園在園幼兒佔 51.9%。針對群眾反映的義務教育校內作業和校外培訓負擔過重問題，堅定不移推進 "雙減"，線下學科類培訓機構壓減 95.6%，線上壓減 87.1%，學校課後服務全覆蓋，大部分家長反映教育焦慮有所緩解。壓實地方政府舉辦義務教育責任，2022 年秋季學期新增公辦學位 628.4 萬個、購買民辦學位 756.2 萬個，保持民辦義務教育合理結構。這些教育民生工程，進一步優化了教育生態，支撐了教育高質量發展。

（四）**教育服務發展能力全面提升。**10 年來，我國大中專院校向經濟社會主戰場輸送上億名畢業生，繼續教育每年為各行各業培訓上億人次。支持高校建設科技創新中心和平台，高校承擔了全國 60% 以上的基礎研究、80% 以上的國家自然科學基金項目。加大基礎研究支持力度，實施強基計劃，77 所高校建設 288 個基礎學科拔尖學生培養基地，着力培養拔尖人才。連續舉辦七屆中國國際 "互聯網＋" 大學生創新創業大賽，直接或間接創造就業崗位 591 萬個。3 年來高職累計擴招 413 萬人，現代製造業、戰略性新興產業和現代服務業新增從業人員 70% 以上來自職業院校。統籌教育資源主動服務東北振興和雄安新區、粵港澳大灣區、海南自貿區建設，為區域和國家發展作出重要貢獻。

（五）教育優先發展得到有力保障。國家財政性教育經費投入佔國內生產總值比例連續 10 年不低於 4%，是財政一般公共預算的第一大支出，鞏固了教育優先發展的戰略地位。"全面改薄"改善了 832 個脫貧縣辦學條件，99.8% 的義務教育學校辦學條件達到基本要求。學生資助政策體系覆蓋各個學段，營養改善計劃惠及 3700 萬農村學生。"特崗計劃"為中西部鄉村學校補充 103 萬名教師，"優師計劃"每年為中西部欠發達地區定向培養 1 萬名左右本科層次師範生。義務教育教師平均工資收入不低於當地公務員，教師的周轉住房、職稱評聘、職業發展等持續改善，全社會尊師重教的氛圍更加濃厚。

教育面貌的格局性變化，根本在於黨對教育工作領導的全面加強，領導體制和工作機制更加完善，有力保證了教育改革發展的正確方向。通過加強教育系統黨的建設，深化思政課改革創新，當代學生思想主流積極健康向上，熱愛黨、熱愛祖國、熱愛人民，發出了"請黨放心、強國有我"的青春誓言，充分表明他們是值得信賴、可以寄予厚望的一代。

二、辦好人民滿意教育的總體思路

當前，世界百年未有之大變局加速演進，中華民族偉大復興進入不可逆轉的歷史進程。黨的二十大報告明確了新時代新征程黨和國家所處的歷史方位，對以中國式現代化全面推進中華民族偉大復興作出一系列重大部署。推動經濟社會發展、提高綜合國力和國際競爭力，歸根結底要靠人才。教育是提高人民綜合素質、促進人的全面發展的重要途徑，是民族振興、社會進步的重要基石，是對中華民族偉大復興具有決定性意義的事業。強國必先強教，中國式現代化需要教育現代化的支撐。在新的起點上，教育工作要深入貫徹習近平總書記關於教育的重要論述，全面落實黨的教育方針，堅持為黨育人、為國育才，遵循教育規律和人才成長規律，順應社會主要矛盾的變化，以高質量發展為主線，以深化教育改革為動力，以凝聚人心、完善人格、開發人力、培育人才、造福人民為目標，健全學校、家庭、社會育人機制，培養德智體美勞全面發展的社會主義建設者和接班人，加快建設教育強國、辦好人民滿意的教育。

（一）**堅持立德樹人的根本任務**。習近平總書記強調，"我國是中國共產黨領導的社會主義國家，這就決定了我們的教育必須把培養社會主義建設者和接班人作為根本任務，培養一代又一代擁護中國共產黨領導和我國社會主義制度、立志為中國特色社會主義奮鬥終身的有用人才。"培養什麼人，是教育的首要問題。這是思考和謀劃教育工作的邏輯起點，也是絲毫不能偏離的政治方向。青少年是價值觀形成和塑造的關鍵時期，黨的教育方針始終強調德育為先。要從學生身心特點和思想實際出發，持續深化思想政治理論課改革創新，用習近平新時代中國特色社會主義思想鑄魂育人，推進思政課程和課程思政同向同行，把思想政治教育"小課堂"與社會"大課堂"貫通起來，提高思想政治教育的親和力和針對性。人才培養是育人和育才相統一的過程，教育傳授學生的不僅是知識，更重要的是價值觀塑造、能力鍛造、人格養成。教育無論發展到什麼程度，第一位的是立德樹人，引導學生樹立正確的世界觀、人生觀、價值觀，教會學生有能力、有責任、有愛心，全面發展、學有所長，培養出黨和國家需要、對社會有用的人。

（二）**堅持科學的教育理念**。習近平總書記強調，"素質教育是教育的核心，教育要注重以人為本、因材施教，注重學用相長、知行合一"，"促進學生德智體美勞全面發展"。教育理念是教育實踐的先導。教育是一門科學，興教辦學、人才成長有客觀的規律。中華民族歷來有崇文重教的優良傳統，積累了豐富的教育經驗和智慧，如有教無類、因材施教、循序漸進、溫故知新、教學相長等。要堅定教育自信，弘揚我國優秀教育傳統，吸收借鑒國際先進經驗，構建德智體美勞全面培養的教育體系，深化體教融合，發揮勞動教育的育人功能，提升學生綜合素質。適合的教育是最好的教育。每個學生的稟賦、潛質、特長不同，學校要堅持以學生為本，注重因材施教，探索多樣化辦學，對在某些方面確有專長的學生，通過個性化指導、興趣小組等靈活教學管理方式進行重點培養；對學習困難的學生，用心發現他們的長處、耐心施教，使教育的選擇更多樣、成長的道路更寬廣，努力讓每個學生都有人生出彩的機會。樹立科學的教育理念是一個長期的過程，需要學校、家庭、社會持續不懈的努力，守正篤實、久久為功，促進學生身心健康成長。

（三）**堅持教育事業的公益屬性**。習近平總書記強調，要"堅持教育公益性原則，把教育公平作為國家基本教育政策"。教育事關國民素質提升和國家未來發展，是重要的公共服務。我國教育法規定，"教育活動必須符合國家和社會公共利益"。在保證公益性的前提下，政府以外的民辦教育機構提供教育服務，對於擴大學位供給、滿足多樣教育需求來說是有益的。但良心的行業不能變成逐利的產業，更不能讓資本在教育領域無序擴張，加重群眾負擔，破壞教育生態。近年來推進"雙減"工作、規範民辦義務教育，同時大力發展普惠園、推進義務教育城鄉均衡、保障隨遷子女入學、開展控輟保學，都是堅持教育的公益性。教育公平是社會公平的重要基礎，既在於均等化的基本公共服務，更體現在教育機會、資源配置、制度政策的公平。促進教育公平不是削峰填谷，關鍵在補齊短板、提高質量，辦好每一所學校、教好每一個學生。數字化線上教育是學校教育和課堂教學的補充和延伸，我國城鄉學生共享全國名師、名家、名校、名課資源，擴大了優質教育資源覆蓋面，促進了教育均衡發展。教育是國計、也是民生。各級政府要承擔起責任，該投入的必須投入，保障義務教育的公益性，平衡好公辦教育和民辦教育、政府責任和社會責任，將教育改革發展與解決現實問題結合起來，讓教育發展成果更多更公平惠及全體人民。

（四）**堅持教育質量的生命線**。人民滿意的教育必定是高質量的教育。習近平總書記強調，"要深化教育教學改革，強化學校教育主陣地作用，全面提高學校教學質量"。我國人均國內生產總值已超過 1.2 萬美元，教育正加快從"有學上"向"上好學"轉變，進入全面提高質量的內涵發展階段。提高教育質量是一個系統工程，涉及教育觀念、教育體制、教學方式的全方位調整，需要做到老師"教好"、學生"學好"、學校"管好"三位一體。義務教育階段是國民教育的重要基礎，是重中之重，近年來重點抓教學改革、課程質量提升，倡導啟發式、體驗式、互動式教學，培養孩子的良好品行、動手能力、創新精神和人文素養。高等教育是國家發展水平和潛力的重要標誌，堅持以"雙一流"建設為牽引，強化本科教育，落實教授為本科生上課的規定，同時嚴格學校管理，讓不合格的學生畢不了業，形成鮮明的質量導向。職業教育優化類型定位，突出職業教育特點，促進提質培優，推動教師教材教法改革，實踐性教學課時佔總課時一半以上。牢固樹立教育質量觀，把促進人的全面發展、適應國家社會需要作為衡量教育質量的標準，以提高教育質量為導向完善管理制度和工作機制，統籌教育發展的規模、結構、效益，把資源配置和學校工作重心集中到教育教學上來，全面提高各級各類教育的質量。

三、新時代新征程辦好人民滿意教育的重點任務

　　黨的二十大報告對辦好人民滿意的教育作出新的重大部署，要採取更加有力的舉措，把黨的二十大報告提出的各項任務落到實處，努力發展具有中國特色、世界水平的現代教育。

　　（一）**加強黨對教育工作的領導**。黨的領導是辦好教育的根本保證。要以黨的政治建設為統領，全面加強教育系統黨的建設，堅持和完善黨委領導下的校長負責制，改革創新學校思想政治理論課，把教育系統建設成為堅持黨的領導的堅強陣地。深入推進依法治教、依法治校，完善教育治理體系、提高教育治理能力，賦予學校更多辦學自主權，激發學校發展活力。各級黨委和政府要為學校辦學安全托底，解決學校後顧之憂。

　　（二）**加快建設高質量教育體系**。各級各類教育要適應人民期盼和發展需求，鞏固提升普及水平，更加注重高質量發展。學前教育要多渠道增加普惠性資源，全面提升科學保教水平。義務教育要落實"五育並舉"要求，加快義務教育優質均衡發展和城鄉一體化，優化區域教育資源配置。要堅持高中階段學校多樣化發展，加強縣域普通高中建設。高等教育要促進內涵式發展，鼓勵高校在不同定位上辦出特色、爭創一流，加強基礎學科、新興學科、交叉學科建設，加快建設中國特色、世界一流的大學和優勢學科，全面提高人才自主培養質量。要優化職業教育類型定位，深入實施中職、高職辦學條件達標工程，推動高職提質培優，穩步發展本科職業教育，推進職普融通、產教融合、科教融匯，培養更多應用型、技能型人才。

　　（三）**深化教育領域綜合改革**。教育關乎公平與效率、規模與質量、國家

需要與個人期望，涉及思想觀念、利益調整，要發揮關鍵領域改革的作用，帶動育人方式、辦學模式、管理體制、保障機制等綜合改革。學校的職責歸根結底是教書育人，要推動辦學治校堅守育人的本源，堅決破除唯分數、唯升學、唯文憑、唯論文、唯帽子，完善學校管理和教育評價體系。深化考試招生制度改革，完善自主招生、特才特招等選拔機制，更好發揮"指揮棒"作用。要發揮學校育人主陣地作用，持續優化教育教學秩序和綜合育人環境，鞏固拓展"雙減"成果，防止反彈。穩步推進民辦義務教育治理，落實"公民同招"和免試就近入學，引導規範民辦教育發展。教育督導改革要重點完善常態化監測，強化結果運用和問責機制。同時，要堅持以開放促改革、促發展，加強國際教育交流合作，拓展全方位、多層次、寬領域的教育對外開放格局，不斷增強我國教育的國際影響力和競爭力。

（四）**加強教師隊伍建設。**沒有高水平的教師，就談不上高質量的教育。要深入實施新時代基礎教育強師計劃，加強師德師風建設，培養高素質教師隊伍，弘揚尊師重教社會風尚。推動政策、資源、投入進一步向教師傾斜，引導師範院校堅持"師範為本"、以培養教師為主業，支持高水平綜合大學開展教師教育，保證教師隊伍有充足的師資來源，加快補充思想政治、音體美等學科教師。深入推進義務教育學校教師"縣管校聘"管理改革，加大對鄉村教師的傾斜支持，完善城鎮優秀教師、校長向鄉村學校、薄弱學校交流輪崗的激勵機制，擴大中小學中高級崗位比例，提高教齡津貼標準，吸引和激勵更多優秀人才長期從教、終身從教。

（五）**着力完善保障條件。**教育優先發展是黨和國家的重大戰略，體現在經濟社會規劃優先安排教育發展、財政資金優先保障教育投入、公共資源優先滿足教育和人力資源開發需要等方面。要健全財政教育投入機制，全面落實各級政府支出責任，確保國家財政性教育經費投入佔國內生產總值比例不低於4%。不斷優化經費支出結構，健全各級教育生均標準，完善覆蓋全學段學生資助體系，把新增教育經費更多用在教師隊伍建設和教學設施改善上，提高教育經費使用效益。加強教材建設和管理，加大國家通用語言文字推廣力度，推進教育數字化，全方位奠定教育發展基礎，不斷提高人民群眾對教育的滿意度。

推動構建人類命運共同體

楊潔篪

中國特色社會主義進入新時代以來，習近平總書記深刻把握人類社會歷史經驗和發展規律，汲取中華優秀傳統文化的思想智慧，從統籌中華民族偉大復興戰略全局和世界百年未有之大變局的戰略高度，創造性地提出並不斷豐富發展構建人類命運共同體的重要思想，為人類社會實現共同發展、長治久安、持續繁榮指明了方向、繪製了藍圖。黨的二十大報告指出："中國始終堅持維護世界和平、促進共同發展的外交政策宗旨，致力於推動構建人類命運共同體。"在全面建設社會主義現代化國家、實現中華民族偉大復興的歷史進程中，中國將始終高舉構建人類命運共同體旗幟，不斷為人類文明進步作出新的貢獻。

一、構建人類命運共同體是引領世界大變局發展方向的人間正道

"建設一個什麼樣的世界、如何建設這個世界"是人類社會永恆的命題。2015 年 9 月，習近平主席在第七十屆聯合國大會的講話中，強調各國攜手構建合作共贏新夥伴，同心打造人類命運共同體。2017 年 1 月，習近平主席在聯合國日內瓦總部發表演講，倡導各國共同構建人類命運共同體，堅持對話協商、共建共享、合作共贏、交流互鑒、綠色低碳，建設持久和平、普遍安全、共同繁榮、開放包容、清潔美麗的世界。在世界百年未有之大變局背景下，構建人類命運共同體重大倡議，深刻回答了世界向何處去、人類應怎麼辦的重大命題，在歷史轉折關頭彰顯出璀璨的真理光芒，指引着中國和世界前進的正確方向。構建人類命運共同體，是習近平新時代中國特色社會主義思想特別是習近平外交思想的重要組成部分，不僅寫入黨章和憲法，而且多

次寫入聯合國等國際組織文件，反映了中國人民和各國人民的共同心聲，凝聚着國際社會的廣泛共識，其深遠影響隨着中國和世界的發展進一步彰顯。

近年來，世界大變局加速演進，世界之變、時代之變、歷史之變正以前所未有的方式展開。新冠肺炎疫情影響深遠，逆全球化思潮抬頭，單邊主義、保護主義明顯上升，世界經濟復甦乏力，局部衝突和動盪頻發，全球性問題加劇，世界進入新的動盪變革期。和平赤字、發展赤字、安全赤字、治理赤字加重，恃強凌弱、巧取豪奪、零和博弈等霸權霸道霸凌行徑危害深重，人類社會面臨前所未有的挑戰，世界人民對和平、發展、合作、共贏的期待更加強烈，構建人類命運共同體的歷史遠見和時代意義更加凸顯。

面對國際形勢新動向新特徵，習近平總書記提出一系列重要新理念新倡議，深刻闡述積極應對全球性挑戰的中國主張和中國方案，不斷豐富完善構建人類命運共同體的思想體系，深刻體現了中國同各國一道建設更加美好世界的堅定決心和使命擔當。

——弘揚和平、發展、公平、正義、民主、自由的全人類共同價值，強調文明多樣性是世界發展的活力和動力之源，倡導尊重各國人民自主選擇發展道路和制度模式的權利，摒棄傲慢和偏見，反對冷戰思維、以意識形態劃線、搞零和博弈，促進不同文明和社會制度相互包容、交流對話、和諧共生。我們倡議並推動同多個國家和地區構建雙邊及區域性命運共同體，倡議構建一系列領域性命運共同體，積極搭建文明對話、政黨交流、民間外交等互學互鑒平台，以實際行動打造踐行全人類共同價值的樣板。

——提出全球安全倡議，強調安全是發展的前提，人類是不可分割的安全共同體，倡導堅持共同、綜合、合作、可持續的安全觀，堅持尊重各國主權、領土完整，遵守聯合國憲章宗旨和原則，重視各國合理安全關切，通過對話協商以和平方式解決國家間分歧和爭端，統籌維護傳統領域和非傳統領域安全。我們在烏克蘭危機以及一系列國際和地區熱點問題上獨立自主地發揮建設性作用，積極參加聯合國維和行動，致力於同直接當事國通過協商談判解決領土主權和海洋權益爭議，共同營造和維護安全的發展環境。

——提出全球發展倡議，強調堅持以人民為中心的發展思想，把促進發展、保障民生置於全球宏觀政策的突出位置，落實聯合國 2030 年可持續發展議程，加強宏觀政策協調，推動建設開放型世界經濟，促進全球平衡、協調、包容發展，共同構建全球發展命運共同體。我們秉持新發展理念，加快構建新發展格局，推動高質量發展，穩步推進共建"一帶一路"，積極開展減貧、緩債、防災減災等國際發展合作，為各國分享中國機遇創造有利條件，為促進世界經濟企穩復甦和實現共同發展注入中國力量。

——踐行真正的多邊主義，致力於穩定國際秩序，維護以聯合國為核心的國際體系、以國際法為基礎的國際秩序、以聯合國憲章宗旨和原則為基礎的國際關係基本準則，反對單邊主義、保護主義、霸權主義、強權政治，推動國際關係民主化和法治化，推動全球治理體系朝着共商共建共享的方向發展。我們在國際事務中仗義執言，推動提升廣大發展中國家代表性和發言權，堅決反對干涉別國內政和搞單邊制裁施壓，深化拓展新興市場國家和發展中國家團結合作的機制平台，引領國際秩序發展的正確方向。

——推動建設人類衛生健康共同體，強調人民生命安全和身體健康是人類發展進步的前提，堅定信心、同舟共濟是戰勝新冠肺炎疫情的唯一正確道路，倡導各國相互支持，加強防疫措施協調，完善全球公共衛生治理，形成應對疫情強大國際合力，彌補國際"免疫鴻溝"，共同守護人類生命健康。我們積極開展抗疫國際合作，發起新中國成立以來最大規模的全球緊急人道主義行動，向眾多國家提供物資援助、醫療支持、疫苗援助和合作，為實現疫苗在發展中國家的可及性和可負擔性作出重要貢獻。

——推動構建人與自然生命共同體，倡導加快綠色低碳轉型，實現綠色復甦發展，完善全球環境治理，積極應對氣候變化，促進高水平的全球經濟社會可持續發展，共同尋求人與自然共生共存的綠色之路，建設生態文明和美麗星球。我們宣佈力爭於 2030 年前實現碳達峰、2060 年前實現碳中和目標，大力推動建設綠色絲綢之路，加大援助實施綠色環保和應對氣候變化項目，為全球應對氣候變化作出更大貢獻；中國率先出資 15 億元人民幣，成立昆明生物多樣性基金，共同促進全球生態文明建設。

在構建人類命運共同體理念的指引下，新時代中國特色大國外交積極開拓進取，勇於擔當作為，堅定捍衛國家主權、安全、發展利益，維護國際公平正義，推動構建新型國際關係，積極建設覆蓋全球的夥伴關係網絡，積極參與全球治理體系改革和建設，為國家發展和民族復興營造良好外部環境，為維護世界和平穩定和發展繁榮作出新的重要貢獻，我國國際影響力、感召力、塑造力顯著提升。

二、構建人類命運共同體是實現中華民族偉大復興的必然要求

黨的二十大報告指出："我們黨立志於中華民族千秋偉業，致力於人類和平與發展崇高事業，責任無比重大，使命無上光榮。"這突出反映了中國發展與世界發展的高度統一，體現了我們黨一以貫之的初心使命。伴隨着實現中華民族偉大復興的歷史步伐，中國為推動構建人類命運共同體不斷發揮更大作用。

推動構建人類命運共同體，是凝聚我們黨百年奮鬥經驗的時代強音。中國共產黨是為中國人民謀幸福、為中華民族謀復興的黨，也是為人類謀進步、為世界謀大同的黨。黨的百年奮鬥深刻影響了世界歷史進程，深刻改變了世界發展的格局和趨勢。堅持胸懷天下，是黨百年奮鬥史的歷史經驗之一，也是新時代推進中國特色社會主義理論創新的基本要求之一。中華民族偉大復興進入不可逆轉的歷史進程，我們始終以世界眼光關注人類前途命運，從人類發展大潮流、世界變化大格局、中國發展大歷史正確認識和處理同外部世界的關係，站在歷史正確的一邊，站在人類文明進步的一邊，與世界上一切進步力量攜手，推動歷史車輪向着光明的前途前進。在譜寫馬克思主義中國化時代化新境界的歷史進程中，我們堅持拓展世界眼光，深刻洞察人類發展進步潮流，積極回應各國人民普遍關切，為解決人類面臨的共同問題作出貢獻，以海納百川的寬闊胸襟借鑒吸收人類一切優秀文明成果，推動建設更加美好的世界。

推動構建人類命運共同體，是中國式現代化的本質要求。中國特色社會主義道路是創造人民美好生活、實現中華民族偉大復興的康莊大道。科學社會主義在 21 世紀的中國煥發出新的蓬勃生機，中國式現代化道路創造了人類文明新形態，彰顯了人類文明發展的多樣性。中國特色社會主義道路、理論、制度、文化不斷發展，全過程人民民主的理論與實踐不斷深化，給世

界上那些既希望加快發展又希望保持自身獨立性的國家和民族提供了全新選擇，世界上越來越多的國家希望學習借鑒中國的發展道路。中國式現代化是走和平發展道路的現代化，而不是一些國家通過戰爭、殖民、掠奪等方式實現現代化的老路，我們高舉和平、發展、合作、共贏旗幟，在堅定維護世界和平與發展中謀求自身發展，又以自身發展更好維護世界和平與發展。在實現中華民族偉大復興的征程上，中國式現代化的理念和實踐為構建人類命運共同體不斷注入新內涵新動力，為人類文明進步指引未來，為人類共同發展開闢更加廣闊的前景。

推動構建人類命運共同體，是新時代中國特色大國外交的總目標。實現中華民族偉大復興的中國夢，同各國人民的美好夢想息息相通。中國發展得越好，就越有能力同各國分享發展機遇，為國際社會作出更大貢獻，同時外部環境的深刻變化也對我國發展與安全產生重要影響。中國特色大國外交要準確把握錯綜複雜的國際環境帶來的新矛盾新挑戰，緊緊圍繞黨和國家中心工作，為國內改革發展穩定營造和平安定的國際環境、睦鄰友好的周邊環境、開放包容的合作環境、穩定有序的安全環境、客觀友善的輿論環境。我們把中國人民的利益和世界人民的利益統一起來，始終做世界和平的建設者，致力於促進世界多極化和國際關係民主化，成為維護世界和平的中堅力量；始終做全球發展的貢獻者，堅持走共同發展道路，實施高水平對外開放，成為世界經濟和全球發展的重要支撐；始終做國際秩序的維護者，深入參與全球治理體系改革和建設，推動共同應對各類全球性挑戰，成為捍衛國際公平正義的有力保障。

推動構建人類命運共同體，必須堅決維護國家主權、安全、發展利益。獨立自主是中華民族的精神之魂，是我們立黨立國的重要原則。我們堅持把國家和民族發展放在自己力量的基點上，把中國發展進步的命運牢牢掌握在自己手中，這是促進人類發展進步、推動構建人類命運共同體的重要前提和根本保證。面對國際形勢急劇變化，我們要保持戰略定力，發揚鬥爭精神，展示不畏強權的堅定意志，在原則問題上寸步不讓，在鬥爭中維護國家尊嚴和核心利益，牢牢掌握我國發展和安全的主動權。堅決反對"台獨"分裂行徑和外部勢力干涉，堅定不移推進祖國統一。貫徹總體國家安全觀，堅定維護國家政權安全、制度安全、意識形態安全，確保糧食、能源資源、重要產業鏈供應鏈安全，維護我國公民、法人在海外合法權益，維護海洋權益，堅定捍衛國家主權、安全、發展利益。着力提高防範化解重大風險的能力，全力戰勝前進道路上各種困難和挑戰，依靠頑強鬥爭打開事業發展新天地，為中華民族偉大復興保駕護航，為世界和平與發展注入更多穩定性。

三、高舉構建人類命運共同體旗幟全面推進中國特色大國外交

構建人類命運共同體，是中國特色大國外交砥礪前行的光輝旗幟和崇高目標，也是世界各國攜手努力的共同願景和前進方向。黨的二十大報告指出："中國人民願同世界人民攜手開創人類更加美好的未來！"新時代對外工作要堅持以習近平新時代中國特色社會主義思想為指導，深入貫徹習近平外交思想，堅定信心、銳意進取，致力於服務中華民族偉大復興、推動構建人類命運共同體，為促進世界和平與發展不斷作出新的更大貢獻。

（一）**堅定奉行獨立自主的和平外交政策，推動構建新型國際關係。**中國堅定不移走和平發展道路，在國際事務中始終根據事情本身的是非曲直決定自己的立場和政策，堅定維護國際關係基本準則，維護國際公平正義。同各國人民一道探索全人類共同價值的實現形式，推動各國堅持相互尊重、公平正義、合作共贏原則，共同走和平發展道路，走對話而不對抗、結伴而不結盟的國與國交往新路。堅持國家不分大小、強弱、貧富一律平等，尊重各國主權和領土完整，尊重各國人民自主選擇的發展道路和社會制度。推動以對話彌合分歧、以談判化解爭端，堅決反對一切形式的霸權主義和強權政治，反對冷戰思維，反對干涉別國內政，反對搞雙重標準。

（二）**堅持真正的多邊主義，推動全球治理朝着更加公正合理的方向發展。**堅定維護以聯合國為核心的國際體系、以國際法為基礎的國際秩序、以聯合國憲章宗旨和原則為基礎的國際關係基本準則，反對一切形式的單邊主義，反對搞針對特定國家的陣營化和排他性小圈子。推進國際關係民主化，增強新興市場國家和發展中國家在全球事務中的代表性和發言權。積極參與全球治理體系改革和建設，踐行共商共建共享的全球治理觀，促進各國權利

平等、機會平等、規則平等。推動世界貿易組織、亞太經合組織等多邊機制更好發揮作用，擴大金磚國家、上海合作組織等合作機制影響力。推動落實全球發展倡議、全球安全倡議，積極參與應對氣候變化全球治理，參與全球安全規則制定，加強國際安全合作。

（三）**在和平共處五項原則基礎上同各國發展友好合作，深化拓展平等、開放、合作的全球夥伴關係。**不斷完善全方位、多層次、立體化外交佈局，致力於擴大同各國利益的匯合點，推動建立基於共同利益和共同追求的夥伴關係，建立共同而非排他的朋友圈。促進大國協調和良性互動，推動構建和平共處、總體穩定、均衡發展的大國關係格局。堅持親誠惠容和與鄰為善、以鄰為伴的周邊外交方針，深化同周邊國家友好互信和利益融合。秉持真實親誠理念和正確義利觀加強同發展中國家團結合作，維護發展中國家共同利益。在獨立自主、完全平等、互相尊重、互不干涉內部事務原則基礎上，加強中國共產黨同各國政黨和政治組織的交流合作，積極推進人大、政協、軍隊、地方、民間等各方面對外交往。

（四）**堅定奉行互利共贏的開放戰略，促進世界共同發展。**堅持對外開放的基本國策，以高水平對外開放助力構建新發展格局、實現高質量發展，以中國新發展為世界提供新機遇。增強國內國際兩個市場兩種資源聯動效應，提升貿易投資合作質量和水平，推動共建"一帶一路"高質量發展，深度參與全球產業分工和合作，維護多元穩定的國際經濟格局和經貿關係。堅持經濟全球化正確方向，推動建設開放型世界經濟，推動貿易和投資自由化便利化，擴大面向全球的高標準自由貿易區網絡。促進國際宏觀經濟政策協調，共同營造有利於發展的國際環境，共同培育全球發展新動能，反對保護主義，反對"築牆設壘"、"脫鉤斷鏈"，反對單邊制裁、極限施壓。積極開展國際發展合作，致力於縮小南北差異，堅定支持和幫助廣大發展中國家加快發展。

（五）**深化文明交流互鑒，增進各國相互理解與信任。**堅持世界是豐富多彩的、文明是多樣多元的，弘揚全人類共同價值，倡導平等、互鑒、對話、包容的文明觀，促進各國人民相知相親，推動建設開放包容、美美與共的世界。堅持和而不同、兼收並蓄，反對以意識形態劃線，推動以文明交流超越文明隔閡、文明互鑒超越文明衝突、文明共存超越文明優越，使文明交流互鑒成為增進人民友誼的橋樑、推動人類進步的動力、維護世界和平的紐帶。推動中華文化更好走向世界，增強中華文明傳播力影響力。加快構建中國話語權和中國敘事體系，講好中國故事，傳播好中國聲音，展現可信可愛可敬的中國形象。加強國際傳播能力建設，全面提升國際傳播效能，形成同我國綜合國力和國際地位相匹配的國際話語權。

（六）堅持政治統領，持續鞏固和加強黨對對外工作的集中統一領導。始終堅持外交大權在黨中央，深刻領悟“兩個確立”的決定性意義，增強“四個意識”、堅定“四個自信”、做到“兩個維護”，不斷提高政治判斷力、政治領悟力、政治執行力。按照完善黨中央決策議事協調機制、完善黨中央重大決策部署落實機制等要求，全力做好各領域各方面對外工作，強化黨總攬全局、協調各方的對外工作大協同局面，確保黨中央對外大政方針和戰略部署得到有力貫徹執行。建設一支政治和業務能力過硬、忠誠乾淨擔當、適應新時代要求的高素質外交外事幹部隊伍，為實現中華民族偉大復興、推動構建人類命運共同體提供有力支撐。

完善黨的自我革命制度規範體系

楊曉渡

　　習近平總書記在黨的二十大報告中強調，完善黨的自我革命制度規範體系，形成堅持真理、修正錯誤，發現問題、糾正偏差的機制，健全黨統一領導、全面覆蓋、權威高效的監督體系。這是着眼堅定不移全面從嚴治黨、深入推進新時代黨的建設新的偉大工程作出的戰略部署，為黨在長期執政條件下踐行初心使命、始終贏得人民擁護，帶領人民為實現第二個百年奮鬥目標而團結奮鬥提供了重要遵循。我們要深刻學習領會、堅決貫徹落實黨的二十大戰略部署，不斷完善黨的自我革命制度規範體系，不斷開闢黨的自我革命新境界。

一、黨的自我革命制度規範體系在新時代全面從嚴治黨偉大實踐中形成發展

　　黨的十八大以來，以習近平同志為核心的黨中央以前所未有的政治勇氣和十年磨一劍的戰略定力推進全面從嚴治黨，找到了自我革命這一跳出治亂興衰歷史周期率的第二個答案，形成了一整套黨自我淨化、自我完善、自我革新、自我提高的制度規範體系，為黨和國家事業取得歷史性成就、發生歷史性變革提供了重要制度保障。

　　（一）旗幟鮮明堅持和加強黨的全面領導，堅定維護黨中央集中統一領導的制度體系牢固確立。黨的二十大報告指出，中國特色社會主義最本質的特徵是中國共產黨領導，中國特色社會主義制度的最大優勢是中國共產黨領導，中國共產黨是最高政治領導力量，堅持黨中央集中統一領導是最高政治原則。黨的十八大以來的 10 年歷程波瀾壯闊、成就舉世矚目、變革彪炳史

冊，根本在於有習近平總書記領航掌舵，有習近平新時代中國特色社會主義思想的科學指引。在偉大鬥爭實踐檢驗和黨心民心選擇中，黨確立習近平同志黨中央的核心、全黨的核心地位，確立習近平新時代中國特色社會主義思想的指導地位，形成這"兩個確立"是新時代最重大的政治成就，也是最重大的制度成果。黨中央把保證全黨服從中央、維護黨中央權威和集中統一領導作為黨的政治建設的首要任務，明確黨的領導制度是我國的根本領導制度，不斷改革完善黨和國家機構職能體系和黨領導各類組織、各項事業的具體制度，健全黨中央對重大工作的領導體制，從制度上保證黨的領導全面覆蓋，保證黨中央集中統一領導更加堅強有力。全黨深刻領悟"兩個確立"的決定性意義，增強"四個意識"、堅定"四個自信"、做到"兩個維護"，凝心聚力向着奪取中國特色社會主義新勝利砥礪奮進。

（二）**創立和完善全面從嚴治黨責任制度，風清氣正的黨內政治生態不斷形成和發展。** 黨的十八大以來，全面從嚴治黨從黨中央做起、從高級幹部嚴起，堅持抓住主體責任"牛鼻子"，以上率下、逐級壓實責任，努力把負責、守責、盡責體現到每個黨組織、每個領導崗位上。黨的十八屆三中全會提出落實黨風廉政建設責任制，黨委負主體責任，紀委負監督責任；黨的十九屆四中全會提出完善和落實全面從嚴治黨責任制度；黨中央制定修訂《中國共產黨問責條例》、《黨委（黨組）落實全面從嚴治黨主體責任規定》，在一系列重要黨內法規中明確和細化責任規定。全面從嚴治黨責任制度體系不斷健全，有力推動黨組織和黨員幹部知責於心、擔責於身、履責於行，確保全面從嚴治黨政治責任落到實處。

（三）**構建不敢腐、不能腐、不想腐一體推進的體制機制，反腐敗鬥爭取得壓倒性勝利並全面鞏固。** 黨的十八大以來，以習近平同志為核心的黨中央砥柱中流、力挽狂瀾，以我將無我、不負人民的使命擔當祛痾治亂，以非凡的魄力和定力開展史無前例的反腐敗鬥爭，消除了黨、國家、軍隊內部存在的嚴重隱患，黨在革命性鍛造中更加堅強有力。黨中央堅持有腐必反、有貪必肅，建立黨中央集中統一領導、各級黨委統籌指揮、紀委監委組織協調、職能部門高效協同、人民群眾參與支持的反腐敗工作體制機制，形成發現一起、查處一起，動態清除、常態懲治的運行機制，創新查辦重大案件制度機制，創造性運用"四種形態"政策策略；在查辦案件全過程謀劃推進以案促改、以案促治，推動深化改革、完善制度，強化正向引導和警示教育，不斷鏟除腐敗滋生土壤，成功走出一條依靠制度優勢、法治優勢反腐敗之路。

（四）形成落實中央八項規定精神常態化機制，黨同人民群眾血肉聯繫更加緊密。黨的十八大以來，黨中央從制定和落實中央八項規定開局破題，習近平總書記身體力行、率先垂範，中央政治局作出表率，帶領全黨以釘釘子精神糾治"四風"，反對特權思想和特權現象，堅決整治群眾身邊的不正之風和腐敗問題，剎住了一些長期沒有剎住的歪風，糾治了一些多年未除的頑瘴痼疾。聚焦人民群眾反映強烈的問題建章立制，推動出台整治形式主義、官僚主義工作指導意見，完善津貼補貼發放、開會發文、公務用車、公務接待、國企商務接待、制止餐飲浪費等制度規定，健全扶貧、民生、掃黑除惡等領域專項治理工作機制，完善每月公佈查處結果、重要節點通報曝光制度，扶正祛邪、久久為功。黨風政風帶動社風民風不斷向上向善，黨員幹部與人民群眾更加同心同德，黨的群眾基礎和執政根基更加穩固。

（五）堅持依規治黨、嚴格制度執行，黨的建設科學化、制度化、規範化水平顯著提高。黨的十八大以來的 10 年，是黨的歷史上制度成果最豐碩、制度籠子最嚴密、制度執行最嚴格的時期。黨中央把制度建設貫穿新時代黨的建設各方面，完善黨內法規制定體制，全方位、立體式推進黨內法規制度建設，形成以黨章為根本，以民主集中制為核心，以黨的組織法規、黨的領導法規、黨的自身建設法規、黨的監督保障法規為框架的黨內法規體系，全面實現落實黨的領導有制可循、從嚴管黨治黨有規可依。把紀律建設納入新時代黨的建設總體佈局，把紀律挺在法律前面，制定修訂關於新形勢下黨內政治生活的若干準則、廉潔自律準則、黨內監督條例、組織處理規定，修訂紀律處分條例、處分違紀黨員批准權限和程序規定、巡視工作條例，強化執紀問責，全面提升紀律建設的政治性、時代性、針對性。堅持依規治黨、加強自我革命制度建設成為"中國共產黨之治"的獨特密碼。

（六）健全黨和國家監督體系，黨自我淨化、自我完善、自我革新、自我提高能力不斷增強。黨的十八大以來，黨中央把監督制度融入黨和國家治理體系，設立國家和地方監察委員會，與同級紀律檢查委員會合署辦公，實現對公職人員監督全覆蓋，以"一把手"和領導班子監督為重點，以黨內監督為主導，推動人大監督、民主監督、行政監督、司法監督、審計監督、財會監督、統計監督、群眾監督、輿論監督貫通協調。立足增強監督全覆蓋有效性，制定派駐機構工作規則，出台關於巡視巡察上下聯動、整改和成果運用等規定，推動紀律監督、監察監督、派駐監督、巡視監督統籌銜接，形成常態長效的監督合力。發揮黨員民主監督作用，修訂黨員權利保障條例，制定處理檢舉控告工作規則，不斷拓寬監督渠道。黨和國家監督制度"四樑八柱"初步建立，黨的自我革命監督網逐步形成，中國特色社會主義監督制度優勢不斷轉化為治理效能。

二、黨的自我革命制度規範體系發自黨的初心使命，凝結新時代重大理論創新、實踐創新、制度創新

全面從嚴治黨是新時代黨的自我革命的偉大實踐。黨的自我革命制度規範體系，充分體現了新時代全面從嚴治黨的鮮明特徵和寶貴經驗，實現了黨的自我革命理論創新、實踐創新、制度創新成果的高度統一。

（一）**彰顯黨的初心使命根本要求。**中國共產黨是堅持辯證唯物主義和歷史唯物主義的馬克思主義政黨，代表最廣大人民根本利益，從成立之日起就為了人民不斷自我革命。百年黨史充分表明，黨的初心使命和人民立場使我們黨最有底氣和勇氣進行自我革命，黨的崇高追求、黨和人民事業發展需要我們黨堅持不懈將自我革命進行到底。黨的性質和黨的長期執政地位決定了，我們黨在自覺接受人民監督的同時，能夠主要依靠自身力量進行自我革命。跳出歷史周期率的兩個答案有機統一，人民監督是外在約束，要求我們黨必須時刻保持人民性；自我革命是內在自覺，我們黨的性質要求必須主動踐行初心使命、不斷適應人民需要。可以說，黨的初心使命是堅持自我革命的精神原點和動力源泉，黨的自我革命制度規範體系是黨堅守初心使命的重要保障。只有始終堅持自我革命、接受人民監督，不斷完善自我革命制度規範體系，才能確保黨永遠不變質、不變色、不變味，團結帶領人民譜寫新時代中國特色社會主義更加絢麗的華章。

（二）**貫穿黨的自我革命戰略思想。**習近平總書記深刻總結黨的百年奮鬥歷程特別是新時代偉大實踐，創造性提出黨的自我革命重大命題，精闢闡述偉大自我革命的戰略意義、基本內涵、實踐要求等一系列根本性長遠性問題，深刻闡釋內靠自我革命、外靠人民監督的辯證統一關係，極大深化了對建設什麼樣的長期執政的馬克思主義政黨、怎樣建設長期執政的馬克思主義政黨的規律性認識。黨的自我革命，是我們黨不斷進行全面自我改造，堅持自我淨化、自我完善、自我革新、自我提高，持續增強黨的先進性和純潔性的長期過程。完善黨的自我革命制度規範體系，必須堅持思想建黨和制度治黨同向發力，把習近平總書記關於黨的自我革命戰略思想貫徹到每一部黨內法規的指導方針、工作原則、重大制度和具體舉措中，使科學理論轉化為制度規範、確立為行動遵循，通過發揮制度固根本、揚優勢、補短板、利長遠作用保障黨的創新理論有效落實，不斷使主觀努力順應客觀規律、主觀條件符合客觀實際、主觀作為滿足客觀需要、主觀治理促進客觀治理，形成依靠黨自身力量發現問題、糾正偏差、推動創新、實現執政能力整體性提升的良性循環。

（三）**匯聚全面從嚴治黨實踐成果。**黨的自我革命制度規範體系是在波瀾壯闊的偉大鬥爭實踐中形成和完善的，需要不斷以解決管黨治黨突出問題為着力點，把成功做法和新鮮經驗提煉集成、固化深化。黨的十八大以來，我們黨針對以前一度出現的管黨不力、治黨不嚴問題，系統完善黨的領導制度體系，聚焦"七個有之"嚴明政治紀律，帶動各項紀律全面從嚴，推動全面從嚴治黨責任落實，維護黨的團結統一，保障黨的理論和路線方針政策、黨中央重大決策部署落地見效。聚焦群眾反映強烈的作風問題，明確中央八項規定就是政治紀律，把糾正"四風"要求融入黨內法規，一個問題一個問題突破，一個節點一個節點堅守，為黨和國家事業開創新局提供有力作風保證。着眼遏制腐敗蔓延勢頭，堅持不敢腐、不能腐、不想腐一體推進，制定推進受賄行賄一起查的意見、加強新時代廉潔文化建設的意見等規範性文件，鞏固拓展反腐敗鬥爭壓倒性勝利。緊盯"關鍵少數"，制定加強對"一把手"和領導班子監督的意見，破解對"一把手"監督和同級監督難題。完善黨和國家監督體系，推動修改憲法，設立國家和地方各級監察委員會，頒佈實施監察法及其實施條例、公職人員政務處分法、監察官法，修改刑事訴訟法，促進執紀執法貫通、有效銜接司法。這些工作，都有力推動了黨的自我革命制度規範體系的形成和完善。

（四）**體現堅持制度治黨重大創新**。黨中央把依規治黨擺在事關黨長期執政和國家長治久安的戰略位置，突出制度建設鮮明政治導向，緊緊圍繞堅持黨的全面領導、維護黨中央權威和集中統一領導、加強黨的政治建設、堅守理想信念、正風肅紀反腐、敢於善於鬥爭、強化責任擔當等加強黨內法規制度建設，做到規紀必依、執行必嚴、違反必究。堅持依規治黨和依法治國有機統一，把形成完善的黨內法規體系納入全面推進依法治國總目標，推進國家法律法規和黨內法規制度相輔相成、相互促進、相互保障。堅持制度制定和制度執行並重，出台黨內法規執行責任制等規定，督促領導幹部帶頭尊規學規守規用規，堅決糾正有令不行、有禁不止行為，讓法規制度真正“帶電”，營造尊崇制度、遵守制度、維護制度的良好氛圍。

三、堅決貫徹落實黨的二十大戰略部署，繼續完善黨的自我革命制度規範體系

黨的二十大報告強調，全面從嚴治黨永遠在路上，黨的自我革命永遠在路上。在新時代新征程上完善黨的自我革命制度規範體系，必須以習近平新時代中國特色社會主義思想為指導，全面貫徹落實黨的二十大決策部署，重點抓好以下幾項工作。

（一）**強化黨的自我革命制度保障**。黨的自我革命是自我淨化、自我完善、自我革新、自我提高完整體系，是具有嚴密內在邏輯關係的系統工程。要不斷健全總攬全局、協調各方的黨的領導制度體系，完善黨中央重大決策部署落實機制，強化黨中央決策議事協調機構職能作用，加強黨中央對重大工作的集中統一領導。堅持不懈用習近平新時代中國特色社會主義思想武裝頭腦，常態化長效化開展黨史學習教育，健全不忘初心、牢記使命的制度，築牢推進自我革命的思想根基。堅持以黨章為根本，以民主集中制為核心，以準則、條例等中央黨內法規為主幹，以部委黨內法規、地方黨內法規為重

要組成部分，不斷完善內容科學、程序嚴密、配套完備、運行有效的黨內法規制度體系，增強黨內法規權威性和執行力，更好發揮制度的引領保障作用。

（二）健全黨統一領導、全面覆蓋、權威高效的監督體系。伴隨全面深化改革向縱深推進，監督體系建設已經進入系統集成、協同高效的新階段。要在黨中央集中統一領導下，做實做強黨委（黨組）全面監督，加強對各類監督主體的領導和統籌，使監督工作在決策部署指揮、資源力量整合、措施手段運用上更加協同，推動黨的領導和監督一貫到底。堅持在黨內監督定向引領下，促進各類監督既依照自身職責發揮效能，又強化關聯互動、系統集成，形成同題共答、常態長效的監督合力。完善黨的自我監督和人民群眾監督有機結合的制度，暢通人民群眾建言獻策和批評監督渠道，讓人民監督權力，讓權力在陽光下運行。

（三）推進政治監督具體化、精準化、常態化。擁護"兩個確立"、做到"兩個維護"要求各地區各部門把自己擺進去，推動黨的理論和路線方針政策、黨中央決策部署不折不扣落地見效。要聚焦新時代新征程黨的使命任務強化政治監督，以黨中央決策初衷為出發點，以"國之大者"為着眼點，以督促監督對象履行職責使命為着力點，推動黨組織和黨員幹部不斷提高政治判斷力、政治領悟力、政治執行力，把黨中央戰略決策、各地區各部門實施推進、基層具體實踐銜接起來、一致起來。堅持黨中央決策部署到哪裏，結合實際的監督檢查就跟進到哪裏，建立健全台賬管理、動態跟蹤、限期辦結、督查問責、"回頭看"等措施制度，真抓實幹、鍥而不捨，確保黨中央決策部署和工作要求落實見效。

（四）增強對"一把手"和領導班子監督實效。加強對"一把手"和領導班子監督，是落實黨中央決策部署和全面從嚴治黨戰略方針的關鍵環節。黨中央關於加強對"一把手"和領導班子監督的意見科學具體、務實管用，各級黨組織及其"一把手"要以堅強黨性和決心扛起監督主責，逐條對照落實意見提出的任務要求，自覺接受監督，認真抓好監督，用好監督措施，做到嚴於律己、嚴負其責、嚴管所轄，把工作成效最終體現到嚴促執行上。對"一把手"和領導班子監督是由上級監督、同級監督、下級對上級監督組成的體系，其中上級監督最有效。要加強上級黨組織及其"一把手"和紀檢監察機關對下級黨組織及其“一把手”的監督，支持下級紀檢監察機關開展同級監督，形成層層既抓本級、又抓下級的工作格局。

（五）發揮政治巡視利劍作用。巡視是推進黨的自我革命、深化全面從嚴治黨的戰略性制度安排。要堅持政治巡視定位，聚焦黨中央大政方針，重點發現影響黨的領導、黨的建設、全面從嚴治黨的根本性全局性問題，着力糾正政治偏差，發揮政治監督和政治導向作用。要全面貫徹中央巡視工作方針，下更大氣力深化巡視整改，壓實被巡視黨組織整改主體責任和紀檢機關、組織部門日常監督責任，堅持各級黨組織主抓，堅持從本級本人改起，推動整改融入日常工作、融入深化改革、融入全面從嚴治黨、融入班子隊伍建設。要完善整改情況報告制度，健全整改公開機制，督促精準處置巡視移交線索，加大監督檢查力度，促進真改、實改、深改、持久改。

（六）落實全面從嚴治黨政治責任。全面建設社會主義現代化國家目標任務已經明確，關鍵要靠各級黨組織和領導幹部切實扛起責任，把黨的路線方針政策和黨中央決策部署貫徹落實好，把各領域廣大群眾組織凝聚好。要把履行全面從嚴治黨政治責任作為抓黨建、管權力、促業務、保落實的關鍵，推進“兩個責任”堅守定位、高效聯動，構建明責履責、擔責追責的嚴密機制，完善管思想、管工作、管作風、管紀律的從嚴管理制度，加強對新提拔幹部、年輕幹部的教育管理監督。健全黨領導反腐敗鬥爭的責任體系，推動不敢腐、不能腐、不想腐同時發力、同向發力、綜合發力，以系統施治、標本兼治的理念管黨治黨，不斷取得更多制度性成果和更大治理效能。

建設堪當民族復興重任的
高素質幹部隊伍

陳　希

習近平總書記所作的黨的二十大報告，站在關鍵在黨、關鍵在人的高度，對深入推進新時代黨的建設新的偉大工程作出全面部署，提出“建設堪當民族復興重任的高素質幹部隊伍”的重大任務，具有深遠的戰略考量和重大的現實意義。我們要以組織路線服務保證政治路線的高度自覺，加強和改進新時代幹部工作，為全面建設社會主義現代化國家、全面推進中華民族偉大復興提供有力的幹部支撐。

一、建設堪當民族復興重任的高素質幹部隊伍，事關黨和國家事業興旺發達、長治久安

重視和加強幹部隊伍建設，是我們黨的優良傳統和基本經驗。我們黨一路走來，始終把選賢任能作為關係黨和人民事業的關鍵性、根本性問題來抓，總是根據不同歷史時期黨的中心任務，與時俱進加強幹部隊伍建設。革命戰爭年代，着眼革命鬥爭需要，黨大力培養選拔對黨忠誠、英勇善戰、不怕犧牲的幹部。毛澤東指出：“指導偉大的革命，要有偉大的黨，要有許多最好的幹部。”“政治路線確定之後，幹部就是決定的因素。”新中國成立後，着眼開展大規模經濟建設，黨大力培養選拔懂政治、懂業務、又紅又專的幹部。毛澤東在 1957 年召開的黨的八屆三中全會上提出：“我們各行各業的幹部都要努力精通技術和業務，使自己成為內行，又紅又專。”黨的十一屆三中全會後，着眼推進改革開放和社會主義現代化建設，黨大力培養選拔有知識、懂專業、銳意改革的幹部。鄧小平指出，實現幹部隊伍的革

命化、年輕化、知識化、專業化，這是堅持社會主義道路，集中力量進行現代化建設的最重要的保證。正是因為源源不斷培養造就一批又一批優秀幹部，我們黨才始終充滿生機活力，團結帶領人民取得了一個又一個偉大勝利。

全面從嚴治黨鍛造出過硬幹部隊伍，是新時代黨和國家事業取得歷史性成就、發生歷史性變革的關鍵所在。黨的十八大以來，以習近平同志為核心的黨中央從進行具有許多新的歷史特點的偉大鬥爭出發，把幹部隊伍建設放在管黨治黨、治國理政的突出位置來抓。習近平總書記指出："一個政黨、一個國家能不能不斷培養出優秀領導人才，在很大程度上決定着這個政黨、這個國家的興衰存亡。"圍繞建強黨的執政骨幹隊伍，習近平總書記開創性提出新時代黨的組織路線，強調堅持德才兼備、以德為先、任人唯賢，着力培養忠誠乾淨擔當的高素質幹部，實現了新時代選人用人方針原則的守正創新；提出信念堅定、為民服務、勤政務實、敢於擔當、清正廉潔的新時代好幹部標準，立起了選人用人的時代標尺；提出強化黨組織領導和把關作用，堅持不唯票、不唯分、不唯生產總值、不唯年齡，不搞"海推"、"海選"，糾正了一度存在的選人用人偏向；提出一體推進素質培養、知事識人、選拔任用、從嚴管理、正向激勵"五大體系"建設，指明了幹部工作的科學路徑；提出抓好後繼有人這個根本大計，培養造就中國特色社會主義事業可靠接班人，推動幹部隊伍形成青藍相繼的生動局面；提出堅持嚴管和厚愛結合、激勵和約束並重，完善從嚴管理監督幹部制度體系，健全幹部擔當作為的激勵和保護機制，提振了幹部隊伍幹事創業的精氣神；提出用最堅決的態度、最果斷的措施刷新吏治，堅決糾治選人用人上的不正之風和腐敗現象，促進了黨內政治生態的明顯好轉。在習近平總書記關於幹部隊伍建設一系列新理念新思想新戰略的指引下，新時代幹部工作取得突破性進展，幹部隊伍在革命性鍛造中煥發出新的氣象，理想信念更加堅定，素質能力更加過硬，紀律作風更加嚴明，精神鬥志更加飽滿，為全面建成小康社會、勝利實現第一個百年奮鬥目標作出了重要貢獻。

着力把執政骨幹隊伍建設好，是實現新時代新征程各項目標任務的必然要求。實現中華民族偉大復興，是中國共產黨團結帶領人民進行一切奮鬥、一切犧牲、一切創造的主題。經過接續奮鬥，我們已經邁上了全面建設社會主義現代化國家、向第二個百年奮鬥目標進軍的新征程，比歷史上任何時期都更接近、更有信心和能力實現中華民族偉大復興的目標，同時必須準備付出更為艱巨、更為艱苦的努力。當前，世界百年未有之大變局加速演進，世界之變、時代之變、歷史之變正以前所未有的方式展開，我國發展面臨新的戰略機遇、新的戰略任務、新的戰略階段、新的戰略要求、新的戰略環境，需要應對的風險和挑戰、需要解決的矛盾和問題比以往更加錯綜複雜。越是目標遠大、任務艱巨，越是形勢複雜、挑戰嚴峻，越需要培養造就一支德才兼備、忠誠乾淨擔當的高素質專業化幹部隊伍。從幹部隊伍現狀看，總體素質是好的，戰鬥力是強的，但也存在一些與新時代新征程新任務不適應的現象。比如，有的政治敏銳性不強，有的為民宗旨樹得不牢，有的缺乏擔當精神和鬥爭本領，有的實幹精神不足、搞形式主義官僚主義，等等。這些問題說明，推進高素質幹部隊伍建設依然任重道遠。我們要深入貫徹全面從嚴治黨戰略方針，以更高標準、更實舉措、更大力度做好新時代幹部工作，不斷建強執政骨幹隊伍，更好地以黨的自我革命引領社會革命。

二、建設堪當民族復興重任的高素質幹部隊伍，必須鮮明樹立新時代選人用人導向

黨的二十大報告強調："全面建設社會主義現代化國家，必須有一支政治過硬、適應新時代要求、具備領導現代化建設能力的幹部隊伍。"這一論述，科學把握德才辯證關係，是黨着眼新形勢新任務對幹部隊伍建設提出的基本要求。我們要以此為遵循，把新時代選人用人導向鮮明樹立起來。

要注重培養選拔政治過硬、對黨忠誠的幹部。習近平總書記強調，把黨和人民事業長長久久推進下去，必須增強政治意識，善於從政治上看問題，善於把握政治大局，不斷提高政治判斷力、政治領悟力、政治執行力。現在，國內外環境正在發生深刻複雜變化，對幹部政治上的考驗是很現實、很嚴峻的，如果政治素質不過硬，就經不起風吹浪打，關鍵時刻就

會私心雜念叢生，甚至臨陣脫逃。因此，培養選拔幹部必須堅持把政治標準放在首位，把嚴把緊政治關這個首要之關。要大力選拔堅定擁護"兩個確立"、堅決做到"兩個維護"、在思想上政治上行動上始終同以習近平同志為核心的黨中央保持高度一致的幹部，堅決把那些政治上的"牆頭草"、"騎牆派"、"兩面人"，那些違反黨的政治紀律和政治規矩、存在"七個有之"等問題的人擋在門外，確保選出來的幹部政治上信得過、靠得住、能放心。

要注重培養選拔業務精通、本領高強的幹部。進入新階段新征程，我們面臨的外部環境不穩定性不確定性明顯上升，國內改革發展需要解決的問題越來越多樣、越來越複雜，既有不少長期積累的深層次矛盾和問題，又有前進道路上不斷出現的新矛盾新問題。面對嚴峻複雜的形勢任務，幹部隊伍不同程度存在"本領恐慌"、能力不足的問題，不適應的一面在上升。這就要求我們在堅持政治標準的前提下，更加重視幹部的素質能力，大力培養選拔有真才實學、能力過硬的幹部。黨的二十大報告着重強調要增強幹部推動高質量發展本領、服務群眾本領、防範化解風險本領，這是從現代化建設全局出發提出的重要要求，有很強的現實針對性。高質量發展是全面建設社會主義現代化國家的首要任務，迫切要求各級幹部完整、準確、全面貫徹新發展理念，以創新的思路和辦法加快構建新發展格局，突破高質量發展的卡點瓶頸，着力解決發展不平衡不充分問題。全心全意為人民服務是我們黨的根本宗旨，面對人民群眾對美好生活的更高期待和社會利益格局的深刻調整，尤其需要各級幹部自覺踐行以人民為中心的發展思想，走好新時代黨的群眾路線，下大力氣解決群眾急難愁盼問題，推動人的全面發展、全體人民共同富裕取得更為明顯的實質性進展。國家安全是民族復興的根基，社會穩定是國家強盛的前提，在各類矛盾和風險易發多發的情況下，更加需要各級幹部增強憂患意識，樹牢底線思維，善於統籌發展和安全，提高對重大風險的預見、應對、處置能力。要在幹部培養選拔中突出這些方面的要求，充分發揮選人用人的風向標、指揮棒作用，激勵引導廣大幹部不斷學習、實踐、提高，使自己的認識和行動跟上黨中央要求、跟上時代發展步伐、跟上事業發展需要。

要注重培養選拔敢於擔當、勇於負責的幹部。敢於擔當、勇於負責是幹部必須具備的基本素質，有多大擔當才能幹多大事業，盡多大責任才會有多大成就。現在，改革發展穩定任務更加艱巨繁重，面臨的不少深層次矛盾躲不開、繞不過，如果幹部不擔當不作為、沒有執行力戰鬥力，不僅成不了事，反而會誤事、壞事。這就要求我們突出講擔當、重擔當的用人導向，大力選拔想幹事、能幹事、幹成事的幹部，堅決不用不願做事、不敢扛事、裝樣子、混日子的幹部，真正讓有為者有位、能幹者能上、優秀者優先，以正確用人導向引領幹事創業導向。

要注重培養選拔敢於鬥爭、善於鬥爭的幹部。新征程上，我們必然會遇到各種可以預見和難以預見的風險挑戰，甚至是狂風暴雨、驚濤駭浪。只有各級幹部保持敢於鬥爭的志氣、骨氣、底氣，不信邪、不怕鬼、不怕壓，才能有效維護國家主權、安全、發展利益，打開事業發展新天地。要把敢於善於鬥爭作為幹部培養選拔的重要標準，注重使用那些具有頑強鬥爭精神、過硬鬥爭本領、經過重大鬥爭考驗的幹部，堅決不用那些在重大鬥爭面前明哲保身、愛惜羽毛、畏首畏尾、怯陣退縮的人。

要注重培養選拔作風優良、清正廉潔的幹部。黨的事業成在幹部作風、敗也在幹部作風，興在幹部作風、衰也在幹部作風。培養選拔幹部必須突出作風導向，切實把那些自覺弘揚黨的光榮傳統和優良作風，堅持"三嚴三實"，堅持求真務實、真抓實幹，能真正解決實際問題的幹部選上來。現實中，有的幹部抓工作停留在口頭上、表態上、概念上，擺花架子、做表面文章，對問題是不是真正解決、情況是不是明顯改觀、工作有沒有落地見效卻不管不問；有的滿足於照抄照轉、上傳下達、不動腦筋，消極懈怠、得過且過，上面推一推才動一動、不推就無所作為；有的工作方式方法簡單粗暴，違背群眾意願盲目蠻幹，熱衷於搞華而不實的"形象工程"、勞民傷財的"政績工程"。對這樣的幹部，不僅不能用，還要嚴肅批評教育，該處理的要及時處理。為政清廉是幹部做人做事的基本底線，廉潔自律不過關，做人就沒骨氣，做事就不硬氣。要大力培養選拔嚴於律己、清正廉潔，堅決反對腐敗、反對"四風"和特權思想特權行為，口碑好、形象好的幹部，對廉潔上有硬傷的人必須一票否決。

三、建設堪當民族復興重任的高素質幹部隊伍，需要統籌抓好幹部育選管用工作

推進高素質幹部隊伍建設是一項系統工程，需要科學謀劃、綜合施策，優化培養、選拔、管理、使用等各環節工作。

要堅持不懈用習近平新時代中國特色社會主義思想凝心鑄魂，推動廣大幹部做堅定信仰者和忠實實踐者。理論素養是幹部綜合素質的核心，只有掌握馬克思主義看家本領，才能保證信仰不迷茫、思想不迷航、行動不迷向。習近平新時代中國特色社會主義思想是當代中國馬克思主義、二十一世紀馬克思主義，是中華文化和中國精神的時代精華，是實現中華民族偉大復興的行動指南。要堅持把學習貫徹這一重要思想作為首要任務，組織實施黨的創新理論學習教育計劃，以縣處級以上領導幹部為重點在全黨深入開展主題教育，推動廣大幹部全面系統學、持續深入學、聯繫實際學，把握好這一重要思想的世界觀和方法論，堅持好、運用好貫穿其中的立場觀點方法，把學習成效轉化為堅定理想、錘煉黨性和指導實踐、推動工作的強大力量。要堅持理論武裝同常態化長效化開展黨史學習教育相結合，引導黨員、幹部不斷學史明理、學史增信、學史崇德、學史力行，傳承紅色基因，賡續紅色血脈。

要堅持德配其位、才配其位，精準科學選用幹部。選人用人，德始終是第一位的，最重要的是政治品德要過硬。要做深做實幹部政治素質考察，堅持近距離考察、多角度分析、具體化評價，着重考察幹部的政治立場、政治態度、政治覺悟和政治判斷力、政治領悟力、政治執行力，抓住幹部重要行為特徵深入分析甄別、從嚴核實把關，堅決防止政治上有問題的人蒙混過關、投機得逞。除了政治品德，德還包括社會公德、職業道德、家庭美德等。要全方位考察了解幹部品行、作風、廉潔等方面的實際表現，對那些過不了權力關、金錢關、美色關，公德私德失範失守，幹部群眾反映強烈的人，也不能用。我們黨強調培養選拔幹部以德為先，並不是說只看德就夠了，還要看幹部的才。要突出把好能力關，堅持事業為上、以事擇人、人事相宜，着眼把握新發展階段、貫徹新發展理念、構建新發展格局、推動高質量發展需要，切實把那些專業素養好、領導現代化建設能力強，善於抓改

革、促發展、保穩定的幹部選出來、用起來。領導班子是幹部隊伍的龍頭，班子建強了，就能把整個幹部隊伍帶起來。要堅持個體強、整體優，不斷優化領導班子結構，增強整體功能和活力。

要加強實踐鍛煉、專業訓練，提高幹部素質能力。全面建設社會主義現代化國家，需要幹部具備過硬的素質能力。提高素質能力，既靠幹部個人自覺努力，也靠組織上加強培養。實踐出真知、長真才，是培養幹部最好的課堂。要有組織、有計劃地把幹部放到改革發展穩定第一線鍛煉，放到艱苦複雜地區磨練，放到關鍵吃勁崗位歷練，讓幹部在實踐中砥礪意志、積累經驗、增長才幹。特別是要注重在重大鬥爭中磨礪幹部，促使幹部加強鬥爭精神和鬥爭本領養成，增強防風險、迎挑戰、抗打壓能力。隨着黨和國家事業的蓬勃發展，各項工作專業化、專門化、精細化程度越來越高，對幹部專業素養、業務能力提出了更高要求。要大力加強幹部專業訓練，圍繞落實黨的二十大作出的重大部署，組織開展建設現代化產業體系、全面推進鄉村振興、促進區域協調發展、推進科技自立自強、推動綠色低碳發展、深化公共安全治理和社會治理等專題培訓，注重運用案例加強實戰化培訓，善於運用信息化手段抓好基層幹部培訓，幫助幹部拓寬思路視野、更新思想觀念、提升履職能力。

要推動幹部能上能下、能進能出，激勵幹部擔當作為。推動幹部能上能下、能進能出，是激發幹部隊伍活力、保持組織機能健康的內在要求。2022年9月，黨中央修訂印發了《推進領導幹部能上能下規定》，為做好這項工作提供了制度遵循。要把工作重心放在調整不適宜擔任現職幹部、推動"庸者下"上，切實解決幹部不擔當、不作為、亂作為等問題。要細化"下"的情形，規範"下"的程序，營造"下"的氛圍，壓實"下"的責任，既積極又穩妥地加以推進。要綜合用好幹部考核考察、日常了解和巡視巡察、審計、統計、信訪等方面成果，讓幹部"下"之有據。要加強對調整下來幹部的教育管理，跟蹤了解其現實表現，對幹得好的可以重新使用，形成能上能下的良性循環。關心關愛幹部是黨的優良傳統，要採取必要的激勵措施，落實幹部各項待遇保障政策，加大對基層幹部特別是條件艱苦地區幹部關心關愛力度，充分調動幹部積極性主動性創造性。

要堅持嚴的基調不動搖，加強對幹部全方位管理和經常性監督。好幹部是選出來的，更是管出來的。要加強政治監督、政治督查，着力發現和糾正對貫徹落實黨中央決策部署不上心、不務實、不盡力甚至陽奉陰違、弄虛作假等問題。要堅持抓早抓小、防微杜漸，發現幹部身上出現苗頭性傾向性問題及時咬耳扯袖、提醒幫助，防止小問題變成大問題、小管湧淪為大塌方。要管好“關鍵少數”，嚴格執行領導幹部個人有關事項報告制度，健全規範領導幹部配偶、子女及其配偶經商辦企業行為常態化管理機制，探索加強對領導幹部社會交往的監督，讓幹部習慣在受監督和約束的環境中工作生活。

要抓好後繼有人這個根本大計，健全培養選拔優秀年輕幹部常態化工作機制。我們黨立志於中華民族千秋偉業，確保黨的事業繼往開來、薪火相傳，必須樹立戰略眼光，大力培養選拔優秀年輕幹部。要完善日常發現機制，堅持標準條件，擴大選人視野，放眼各條戰線、各個領域、各個行業，在更大範圍內發現和選拔優秀人才，把好苗子選出來、把壞坯子擋住。要完善跟蹤培養機制，注意把政治素質好、有能力、有責任感的年輕幹部放到最能歷練的地方去歷練，尤其是要重視基層和艱苦地區鍛煉，多墩墩苗，通過遞進式培養、一層層考驗，使他們閱歷更豐富、能力更扎實。要完善適時使用機制，堅持用當其時、用其所長，對德才表現和工作實績突出、實踐證明確實優秀的，要敢壓擔子、大膽使用，不搞論資排輩、平衡照顧。要完善從嚴管理機制，越是重點選拔的幹部越要重點管理，越是有培養潛力的幹部越要嚴格要求，防止重選拔任用、輕教育管理，防止經濟本領和業務工作抓得緊、思想政治建設重視不夠。在大力培養選拔優秀年輕幹部的同時，要加強女幹部、少數民族幹部、黨外幹部的戰略性培養，多物色一些人選，多崗位培養鍛煉，為今後使用提供充足儲備；統籌用好各年齡段幹部，讓整個幹部隊伍都有幹勁、有奔頭、有希望。

建設宜居宜業和美鄉村

胡春華

習近平總書記在黨的二十大報告中提出"全面推進鄉村振興",強調"建設宜居宜業和美鄉村"。這是以習近平同志為核心的黨中央統籌國內國際兩個大局、堅持以中國式現代化全面推進中華民族偉大復興,對正確處理好工農城鄉關係作出的重大戰略部署,必將為新時代新征程全面推進鄉村振興、加快農業農村現代化指明前進方向。

一、深刻認識建設宜居宜業和美鄉村的重大意義

我們黨高度重視鄉村建設,黨的十六屆五中全會提出"生產發展、生活寬裕、鄉風文明、村容整潔、管理民主"的社會主義新農村建設目標和要求,黨的十九大提出"產業興旺、生態宜居、鄉風文明、治理有效、生活富裕"的實施鄉村振興戰略總要求。黨的十九屆五中全會提出實施鄉村建設行動,強調把鄉村建設擺在社會主義現代化建設的重要位置。黨的二十大進一步提出"建設宜居宜業和美鄉村"。這一以貫之地體現了我們黨對鄉村建設規律的深刻把握,充分反映了億萬農民對建設美麗家園、過上美好生活的願景和期盼。新時代新征程,全面推進鄉村振興,建設宜居宜業和美鄉村,具有深遠的歷史意義和重大的現實意義。

（一）建設宜居宜業和美鄉村是全面建設社會主義現代化國家的重要內容。習近平總書記強調,全面建設社會主義現代化國家,實現中華民族偉大復興,最艱巨最繁重的任務依然在農村,最廣泛最深厚的基礎依然在農村。當前,與快速推進的工業化、城鎮化相比,農業農村發展步伐還跟不上,城鄉發展不平衡、鄉村發展不充分仍是社會主要矛盾的集中體現。實施鄉村振

興戰略，是關係全面建設社會主義現代化國家的全局性、歷史性任務。新時代新征程，要以全面建成小康社會為新起點，做好全面推進鄉村振興這篇大文章，補上"三農"短板，夯實"三農"基礎，促進農業全面升級、農村全面進步、農民全面發展，建設宜居宜業和美鄉村。這是農業農村發展新的歷史方位，也是"三農"工作新的歷史使命。

（二）**建設宜居宜業和美鄉村是讓農民就地過上現代生活的迫切需要。**習近平總書記強調，要牢記億萬農民對革命、建設、改革作出的巨大貢獻，把鄉村建設好，讓億萬農民有更多獲得感。這些年，農村生產生活條件已有很大改善，鄉村面貌發生煥然一新的變化。農村不是凋敝落後的代名詞，完全可以與城鎮一樣，建設成為現代生活的重要承載地。2021 年，我國農村戶籍人口 7.6 億人、常住人口 4.98 億人，未來即便是城鎮化率達到 70% 以上，還將有數億人生活在農村，他們與城鎮居民一樣，也嚮往在居住地就能過上現代生活。要順應農民群眾對美好生活的嚮往，通過堅持不懈地推進宜居宜業和美鄉村建設，持續提高農村生活質量、縮小城鄉發展差距，努力將農村打造成農民就地過上現代生活的幸福家園。

（三）**建設宜居宜業和美鄉村是煥發鄉村文明新氣象的內在要求。**習近平總書記強調，農村是我國傳統文明的發源地，鄉土文化的根不能斷，農村不能成為荒蕪的農村、留守的農村、記憶中的故園。農村優秀傳統文化是我國農耕文明曾長期領先於世界的重要基因密碼，也是新時代提振農村精氣神的寶貴精神財富。在城鎮化和市場經濟的衝擊下，一些優秀傳統鄉土文化逐漸衰落凋零，一些各具特色的傳統村落正在加速消失，農村高價彩禮、人情攀比、封建迷信、厚葬薄養、鋪張浪費等陳規陋習亟待糾正治理。推進宜居宜業和美鄉村建設，必須堅持物質文明和精神文明一起抓，把我國農耕文明優秀遺產和現代文明要素結合起來，賦予新的時代內涵，讓我國歷史悠久的農耕文明在新時代展現其魅力和風采，進一步改善農民精神風貌，提高鄉村社會文明程度。

二、準確把握建設宜居宜業和美鄉村的基本內涵

建設宜居宜業和美鄉村，其目標任務是全方位、多層次的，涉及農村生產生活生態各個方面，涵蓋物質文明和精神文明各個領域，既包括"物"的現代化，也包括"人"的現代化，還包括鄉村治理體系和治理能力的現代化，內涵十分豐富，總體上要把握好以下要求。

（一）**農村要逐步基本具備現代生活條件**。現在農村生活條件已有很大改善，但離基本具備現代生活條件的要求還有不小的差距，農村道路、供水、能源、通訊等公共基礎設施還不健全，廁所、垃圾污水處理、村容村貌等人居環境條件還需持續改善，教育、醫療衛生、養老託幼等基本公共服務水平有待提高。需要緊緊圍繞逐步使農村基本具備現代生活條件這一目標，努力實現：**農村基本生活設施不斷完善**。鄉村水電路氣信和物流等生活基礎設施基本配套完備，農村住房建設質量穩步提高，生產生活便利化程度進一步提升。**農村基本公共服務公平可及**。全民覆蓋、普惠共享、城鄉一體的基本公共服務體系逐步健全，城鄉基本公共服務均等化扎實推進，教育、醫療、養老等公共服務資源縣鄉村統籌配置、合理佈局，農村基本公共服務水平不斷提升。**農村環境生態宜居**。農村人居環境持續改善，衛生廁所進一步普及，生活垃圾和污水得到有效處理，農村生態環境逐步好轉，綠色生產生活方式深入人心。**鄉村風貌各具特色**。村莊風貌突出鄉土特徵、文化特質、地域特點，既個性鮮明、富有特色又功能完備、設施完善，保留鄉風鄉韻、鄉景鄉味，留得住青山綠水、記得住鄉愁。

（二）**農村要創造更多農民就地就近就業機會**。現在越來越多農民選擇離土不離鄉，在縣域內就近就地就業。2021 年農民工監測調查報告顯示，有 1.62 億農民工在縣域內就業，佔全國 2.93 億農民工總數的 55%。需要全面拓寬鄉村發展空間，增加縣域就業容量，帶動更多農民實現就地就近就業增收，努力實現：**鄉村就業更加充分**。農業多種功能、鄉村多元價值得到有效開發，鄉村產業發展提供更多就近、穩定的就業崗位，農村勞動力穩定外出務工就業，農民生產經營能力、就業技能和質量顯著提高。**農民增收渠道更加多元**。農民增收長效機制進一步健全，農民生活水平不斷提高，城鄉居民

收入差距逐步縮小。**鄉村發展空間更加廣闊。**農村營商環境顯著改善，政策支持和服務保障不斷強化，各類人才留鄉返鄉入鄉就業創業，成為帶動鄉村發展的主力軍。

（三）**農村要保持積極向上的文明風尚和安定祥和的社會環境。**鄉村不僅要塑形，更要鑄魂；不僅要"富口袋"，更要"富腦袋"。鄉村振興不能僅盯着經濟發展和物質生活改善，忽視鄉村治理和農村精神文明建設。需要在加強"硬件"建設的同時，更加注重在滋潤人心、德化人心、凝聚人心的"軟件"上下功夫，努力實現：**鄉村治理效能顯著加強。**農村基層黨組織進一步抓實建強，黨組織領導下自治、法治、德治相結合的鄉村治理體系不斷健全，鄉村善治水平顯著提高。**鄉風文明程度明顯提升。**社會主義核心價值觀深入人心，優秀傳統文化繁榮發展，農村移風易俗取得扎實進展，農民精神風貌全面提振，良好社會風尚蔚然成風。**農村社會保持穩定安寧。**農村各類矛盾糾紛有效化解，平安鄉村建設扎實推進，農村社會環境始終保持穩定。

（四）**城市和鄉村要各美其美、協調發展。**現代化進程中城的比重上升、鄉的比重下降是客觀規律，但城鄉將長期共生並存也是客觀規律。需要強化以工補農、以城帶鄉，加快形成工農互促、城鄉互補、協調發展、共同繁榮的新型工農城鄉關係，努力實現：**農民在城鄉之間可進可退、自由流動。**農業轉移人口市民化扎實推進，城市基本公共服務逐步向常住人口全覆蓋，進城落戶農民的土地承包經營權、宅基地使用權和集體收益分配權得到有效保護。**城鄉融合發展體制機制更加完善。**城鄉要素自由流動制度性通道基本打通，城鄉發展差距和居民生活水平差距不斷縮小，以縣城為重要載體的城鎮化扎實推進，縣域城鄉融合發展取得顯著進展。

三、建設宜居宜業和美鄉村的重點任務

黨的二十大報告對建設宜居宜業和美鄉村進行了全面部署，提出了明確要求。要從政治高度和全局高度，抓緊抓好重點任務落實落地，推動宜居宜業和美鄉村不斷取得新進展新成效。

（一）**構建現代鄉村產業體系。**產業是發展的根基。鄉村"五大振興"，

產業振興是第一位的。只有產業興旺了，才能讓農業經營有效益、成為有奔頭的產業，才能讓農民增收致富、成為有吸引力的職業，才能讓農村留得住人、成為安居樂業的美麗家園。要做大做強種養業。始終繃緊糧食安全這根弦，大力推進農業強國建設，全面落實好藏糧於地、藏糧於技戰略，不斷提高糧食和重要農產品供給保障水平。要促進農村一二三產業融合發展。依託農業農村資源，發展鄉村二三產業，延長產業鏈、提升價值鏈，推動鄉村產業發展向深度和廣度進軍，提高質量效益和市場競爭力。要樹立帶動農民就業、促進農民增收的發展導向。立足整個縣域統籌規劃產業發展，充分發揮各類產業園區帶動作用，科學佈局生產、加工、銷售、消費等環節，把產業增值環節更多留在農村、增值收益更多留給農民。要完善聯農帶農機制。正確把握工商資本在發展鄉村產業中的作用定位，設置好“紅綠燈”，加強全過程監管，引導工商資本發揮自身優勢，形成與農戶產業鏈上優勢互補、分工合作的格局，帶動農民致富增收。

（二）**鞏固拓展脫貧攻堅成果。**鞏固脫貧成果是鄉村振興的前提，不僅要鞏固下來，還要有進一步的發展，讓脫貧群眾生活更上一層樓。要牢牢守住不發生規模性返貧的底線。強化防止返貧監測幫扶機制落實，及時發現、及時預警、及時干預，把風險消除在萌芽狀態，防止出現整鄉鎮返貧，切實維護和鞏固脫貧攻堅戰的偉大成就。要更多依靠發展來鞏固拓展脫貧攻堅成果。把增加脫貧群眾收入作為根本措施，把促進脫貧縣加快發展作為主攻方向，統籌整合各類資源補短板、促發展，確保兜底保障水平穩步提高，確保“三保障”和飲水安全水平持續鞏固提升，不斷縮小收入差距、發展差距。要健全農村低收入人口和欠發達地區常態化長效化幫扶機制。健全完善農村社會保障制度，強化救助資源整合，實施分層分類幫扶救助，築牢兜底保障網，提高農村低收入人口抗風險能力。加大對鄉村振興重點幫扶縣等欠發達地區支持力度，健全支持政策體系，形成相互促進、優勢互補、共同發展的區域發展新格局。

（三）**扎實穩妥實施鄉村建設行動。**以滿足農民群眾美好生活需要為引領，重點加強普惠性、基礎性、兜底性民生建設。要推進農村基礎設施現代化建設。繼續把公共基礎設施建設的重點放在農村，統籌推進城鄉基礎設施規劃建設，扎實推進農村道路、供水保障、清潔能源、農房質量安全提升、農產品倉儲保鮮和冷鏈物流、防汛抗旱、數字鄉村等設施建設，優先安排既方便生活又促進生產的建設項目。要堅持不懈改善農村人居環境。因地制宜推進農村改廁、生活垃圾處理和生活污水治理，深入推進村莊綠化美化亮化。立足鄉土特徵、地域特點和民族特色提升村莊風貌，注重保護傳統村落和特色民居，傳承好歷史記憶，把挖掘原生態村居風貌和引入現代元素結合起來，打造各具特色的現代版“富春山居圖”，防止機械照搬城鎮建設那一套，搞得城不像城、村不像村。要促進農村基本公共服務提質增效。加快填平補齊農村教育、醫療衛生、社會保障、養老託育等基本公共服務短板，不斷提高服務能力和服務水平。適應農村人口結構和社會形態變化，加大縣鄉村公共服務資源投入和統籌配置力度，推動形成縣鄉村功能銜接互補、分級解決不同問題的一體化發展格局，促進縣域內基本公共服務體系持續健康發展。需要強調的是，鄉村建設主要是解決“有新房沒新村、有新村沒新貌”問題，不是要另起爐灶搞新村建設，更不能違背農民意願搞大規模村莊撤併、趕農民上樓。

（四）加強和改進鄉村治理。鄉村治理事關黨在農村的執政根基和農村社會穩定安寧。必須以保障和改善農村民生為優先方向，樹立系統治理、依法治理、綜合治理、源頭治理的理念，不斷提高鄉村治理體系和治理能力現代化水平。要發揮農村基層黨組織在鄉村治理中的領導作用。堅定不移地加強農村基層黨組織建設，全面提升農村基層黨組織的組織力、凝聚力、戰鬥力。旗幟鮮明地堅持和加強基層黨組織對各類鄉村組織的領導，健全黨組織領導的鄉村治理體系，派強用好駐村第一書記和工作隊，把群眾緊密團結在黨的周圍。要健全縣鄉村三級治理體系功能。牢固樹立大抓基層的工作導向，推動治理重心下移、資源下沉。發揮縣級在鄉村治理中領導指揮和統籌協調作用，強化縣級黨委抓鄉促村職責。整合鄉鎮審批、服務、執法等各方面力量，提高為農服務能力。更好發揮村級組織基礎作用，增強村級組織聯繫群眾、服務群眾能力。要創新鄉村治理方式方法。綜合運用傳統治理資源和現代治理手段，推廣應用積分制、清單制、數字化等治理方式，推行鄉村網格化管理、數字化賦能、精細化服務。

（五）加強農村精神文明建設。農村精神文明建設相對城市滯後，主要在於適應農民群眾特點的載體平台少。要創新農村精神文明建設的工作方法。積極探索統籌推進城鄉精神文明融合發展的具體方式，大力弘揚和踐行社會主義核心價值觀，加強農民思想教育和引導，有效發揮村規民約、家教家風作用，培育文明鄉風、良好家風、淳樸民風。要加強農村公共文化陣地建設。結合農村受眾和對象，增加更多具有農耕農趣農味、充滿正能量、形式多樣接地氣、深受農民歡迎的文化產品供給。要深入推動農村移風易俗。明確頂層設計和系統謀劃，找準實際推動的具體抓手和載體，劃清傳統禮俗和陳規陋習的界限，旗幟鮮明地反對天價彩禮、反對鋪張浪費、反對婚喪大操大辦、抵制封建迷信，引導農民群眾改變陳規陋習、樹立文明新風。

（六）加快縣域城鄉融合發展。與大中城市相比，在縣域範圍內打破城鄉分割格局，率先實現城鄉融合發展，成本更低、更具現實可行性。要推動形成縣鄉村統籌發展的格局。賦予縣級更多資源整合使用的自主權，加大縣鄉村統籌發展力度，強化產業、基礎設施、公共服務等縣域內統籌佈局，持續推進縣域內城鄉要素配置合理化、城鄉公共服務均等化、城鄉產業發展融合化。要加快建立健全城鄉融合發展體制機制和政策體系。加強統籌謀劃和頂層設計，推動在縣域內基本實現城鄉一體的就業、教育、醫療、養老、住房等政策體系，逐步在縣域內打破城鄉的界限，淡化市民農民概念，推動形成農民在工農之間自主選擇、自由轉換，在城鄉之間雙向流動、進退有據的生產生活形態，把縣域打造成連接工農、融合城鄉的重要紐帶。

（七）健全宜居宜業和美鄉村建設推進機制。建設宜居宜業和美鄉村是一項長期任務、系統工程，必須穩扎穩打、久久為功，一年接着一年幹、一件接着一件抓，不可一蹴而就、急於求成。要堅持鄉村建設為農民而建。堅持數量服從質量、進度服從實效，求好不求快，真正把好事辦好、實事辦實，讓農民群眾在全面推進鄉村振興中有更多獲得感、幸福感、安全感。要建立健全自下而上、村民自治、農民參與的實施機制。充分發揮農民主體作用、更好發揮政府作用，政府要切實提供好基本公共服務，做好規劃引導、政策支持、公共設施建設等，農民應該幹的事、能幹的事就交給農民去幹，健全農民參與規劃建設和運行管護的機制。要切實加強和改進工作作風。我國農村地域遼闊，各地情況千差萬別、社會風俗習慣不同，再加上農村工作直接為農民服務，隨時接受農民檢驗，來不得半點虛假。必須從實際出發，求真務實、尊重規律，緊密結合實際謀劃和推進，堅決防止和反對各種形式主義、官僚主義，堅定維護農民物質利益和民主權利，以優良作風全面推進鄉村振興。

建設宜居宜業和美鄉村意義重大、任務艱巨。要更加緊密地團結在以習近平同志為核心的黨中央周圍，進一步學懂弄通做實習近平新時代中國特色社會主義思想，深刻領悟“兩個確立”的決定性意義，堅定不移維護習近平同志黨中央的核心、全黨的核心地位，不斷增強政治判斷力、政治領悟力、政治執行力，進一步強化做好新時代新征程“三農”工作的使命感責任感緊迫感，真抓實幹、埋頭苦幹，奮力開創全面推進鄉村振興新局面，為全面建設社會主義現代化國家、實現中華民族偉大復興作出新的歷史貢獻。

推進國家安全體系和能力現代化

郭聲琨

　　習近平總書記所作的黨的二十大報告從黨和國家事業發展戰略全局出發，對推進國家安全體系和能力現代化作出了戰略部署，為我們做好維護國家安全和社會穩定工作指明了前進方向、提供了根本遵循。我們要把學習貫徹黨的二十大精神作為首要政治任務，以習近平新時代中國特色社會主義思想為指導，深刻領悟"兩個確立"的決定性意義，增強"四個意識"、堅定"四個自信"、做到"兩個維護"，堅定不移貫徹總體國家安全觀，着力推進國家安全體系和能力現代化，把維護國家安全貫穿黨和國家工作各方面全過程，確保國家安全和社會穩定，為全面建設社會主義現代化國家、全面推進中華民族偉大復興作出新的更大貢獻。

一、充分認識推進國家安全體系和能力現代化的重大意義

　　黨的十八大以來，習近平總書記以馬克思主義政治家、思想家、戰略家的深刻洞察力和理論創造力，統籌中華民族偉大復興戰略全局和世界百年未有之大變局，從新時代堅持和發展中國特色社會主義的戰略高度，把馬克思主義國家安全理論和當代中國安全實踐、中華優秀傳統戰略文化結合起來，創造性提出了總體國家安全觀，深刻回答了如何既解決好大國發展進程中面臨的共性安全問題、又處理好中華民族偉大復興關鍵階段面臨的特殊安全問題這個重大時代課題，推動中國特色國家安全理論和實踐實現歷史性飛躍，為發展馬克思主義國家安全理論作出重大原創性貢獻，為推進國家安全體系和能力現代化提供了根本遵循和行動指南。

　　當前，世界百年未有之大變局加速演進，世界之變、時代之變、歷史之

變的特徵更加明顯，我國發展面臨新的戰略機遇、新的戰略任務、新的戰略階段、新的戰略要求、新的戰略環境，需要應對的風險和挑戰、需要解決的矛盾和問題比以往更加錯綜複雜，推進國家安全體系和能力現代化具有更加重大而深遠的意義。

（一）**推進國家安全體系和能力現代化，是防範化解風險挑戰、為全面建設社會主義現代化國家提供有力保障的必然要求。** 國家安全是民族復興的根基，社會穩定是國家強盛的前提。近代以來中國逐步成為半殖民地半封建社會，國家蒙辱、人民蒙難、文明蒙塵的慘痛教訓告訴我們，失去國家安全保障，中華民族就無法掌握自己的命運。黨的二十大報告指出，"今天，我們比歷史上任何時期都更接近、更有信心和能力實現中華民族偉大復興的目標，同時必須準備付出更為艱巨、更為艱苦的努力"，要求我們"依靠頑強鬥爭打開事業發展新天地"。我國發展進入戰略機遇和風險挑戰並存、不確定難預料因素增多的時期，各種"黑天鵝"、"灰犀牛"事件隨時可能發生，我們面臨的風險考驗越來越複雜，必須增強憂患意識，準備經受風高浪急甚至驚濤駭浪的重大考驗。只有堅持底線思維、居安思危、未雨綢繆，發揚鬥爭精神，增強鬥爭本領，準確把握國家安全形勢新變化新趨勢，着力推進國家安全體系和能力現代化，才能有效防範化解重大安全風險，為全面建設社會主義現代化國家、全面推進中華民族偉大復興提供堅強安全保障。

（二）**推進國家安全體系和能力現代化，是推進國家治理體系和治理能力現代化、譜寫"中國之治"新篇章的必然要求。** 推進國家治理體系和治理能力現代化，國家安全體系和能力現代化是重要內容。黨的十八大以來，在百年變局與世紀疫情交織中"東升西降"形成鮮明對比，至關重要的一條就是我們在以習近平同志為核心的黨中央堅強領導下，從國情出發、從實際出發，堅持統籌發展和安全，辦好發展和安全兩件大事，書寫了經濟快速發展、社會長期穩定兩大奇跡新篇章，為推動"中國之治"奠定了重要基石。當前，我國發展處於新的歷史方位，國家治理面臨許多新任務，對國家安全體系和能力提出新的更高要求。只有以改革創新為動力，着力完善系統完備、科學規範、運行有效的國家安全制度體系，才能確保國家安全體系和能力同國家治理體系和治理能力現代化進程相適應。

（三）推進國家安全體系和能力現代化，是建設更高水平的平安中國、滿足人民群眾日益增長的安全需要的必然要求。國泰民安是人民群眾最基本、最普遍的願望，維護國家安全是全國各族人民根本利益所在。中國特色社會主義新時代，安全在人民對美好生活的追求中分量越來越重、越來越多樣化多層次，從生命財產安全上升到安業、安居、安康、安心等各方面，內涵外延不斷拓展，標準要求更新更高。只有不斷推進國家安全體系和能力現代化，努力建設更高水平的平安中國，着力解決人民群眾最關心最直接最現實的安全問題，才能讓人民群眾獲得感、幸福感、安全感更加充實、更有保障、更可持續，更好滿足人民群眾對美好生活的嚮往。

二、準確把握推進國家安全體系和能力現代化的總體要求

黨的二十大報告明確了推進國家安全體系和能力現代化的總體要求，我們必須牢牢把握、始終堅持，堅決貫徹落實到實踐中去。

（一）堅持黨的絕對領導。這是推進國家安全體系和能力現代化的最高原則和根本保證。黨的十八大以來，習近平總書記高度重視國家安全工作，突出強調保證國家安全是頭等大事，親自擔任中央國家安全委員會主席，對國家安全作出戰略擘畫、全面部署，以超凡的政治智慧、非凡的鬥爭藝術、堅定的意志品質維護國家主權、安全、發展利益，推動國家安全領導體制和法治體系、戰略體系、政策體系不斷完善，國家安全得到全面加強，經受住了來自政治、經濟、意識形態、自然界等方面的風險挑戰考驗，為黨和國家興旺發達、長治久安提供了有力保證。實踐充分證明，正是因為有了習近平總書記作為黨中央的核心、全黨的核心領航掌舵，維護國家安全才有了最可靠的主心骨。推進國家安全體系和能力現代化，要緊緊圍繞堅持黨對國家安全工作的絕對領導、堅持黨中央對國家安全工作的集中統一領導，堅定不移走中國特色國家安全道路，完善體制機制和制度體系，切實把黨的領導貫穿到國家安全工作各方面全過程。

（二）以人民安全為宗旨。習近平總書記強調："江山就是人民，人民就是江山。中國共產黨領導人民打江山、守江山，守的是人民的心。"以人民安全為宗旨是我們黨性質宗旨和初心使命的具體體現，也是推進國家安全體系和

能力現代化的根本立場。新冠肺炎疫情防控鬥爭充分體現了這一點。面對突如其來的疫情，習近平總書記果斷決策、親自部署、親自指揮，鮮明提出人民至上、生命至上，帶領我們堅持外防輸入、內防反彈，堅持動態清零不動搖，開展抗擊疫情人民戰爭、總體戰、阻擊戰，以最小代價最大限度保護了人民生命安全和身體健康。在以習近平同志為核心的黨中央堅強領導下，14 億多中國人民風雨同舟、眾志成城，構築起疫情防控的堅固防線。這場歷史大考充分彰顯了國家安全工作歸根結底是保障人民利益，人民是維護國家安全的基礎性力量。推進國家安全體系和能力現代化，要堅持國家安全一切為了人民、一切依靠人民，始終把保護人民安全放在最重要的位置，充分發揮廣大人民群眾積極性、主動性、創造性，匯聚起維護國家安全的強大力量。

（三）以政治安全為根本。這是推進國家安全體系和能力現代化的首要任務。政治安全是最高的國家安全，是維護國家主權、安全、發展利益的生命線，在國家安全中居於統領地位。維護政治安全，最根本的就是維護中國共產黨的領導和執政地位、維護中國特色社會主義制度。回顧歷史，中國人民和中華民族能夠迎來並推進從站起來、富起來到強起來的偉大飛躍，歸根到底是靠着中國共產黨領導人民不懈奮鬥，確立了社會主義基本制度，開創、堅持和發展了中國特色社會主義道路。推進國家安全體系和能力現代化，要堅持把政治安全放在首要位置，完善政治安全工作體系，提高防範化解政治安全風險的能力和水平，實現政治安全、人民安全、國家利益至上有機統一。

（四）以經濟安全為基礎。發展是我們黨執政興國的第一要務，是解決我國一切問題的基礎和關鍵。只有推動經濟持續健康發展，才能築牢人民安居樂業、社會安定有序、國家長治久安的物質基礎。在打贏防疫情、戰洪水、抗地震和應對外部訛詐、遏制、封鎖、極限施壓等一場場硬仗過程中，新中國成立以來特別是改革開放以來長期積累的綜合國力，是我們從容應對驚濤駭浪的深厚底氣。推進國家安全體系和能力現代化，要加強經濟安全風險預警、防控機制和能力建設，實現重要產業、基礎設施、戰略資源、重大科技等關鍵領域安全可控，不斷增強經濟實力、科技實力、綜合國力，運用發展成果夯實國家安全的實力基礎。

（五）以軍事、科技、文化、社會安全為保障。軍事手段是維護國家安全的保底手段，科技是國家強盛之基，文化是一個民族、一個國家的靈魂，社會安全關乎經濟發展和人民福祉。推進國家安全體系和能力現代化，要積極適應軍事、科技、文化、社會領域面臨的新情況新問題，遵循不同領域的特點規律，建立完善強基固本、化險為夷的各項對策措施，為維護國家安全提供硬實力和軟實力保障。

（六）**以促進國際安全為依託。**經濟全球化時代，各國安全相互關聯、彼此影響，沒有一個國家能實現脫離國際安全的自身安全。推進國家安全體系和能力現代化，要推動樹立共同、綜合、合作、可持續的全球安全觀，加強國際安全合作，共同構建普遍安全的人類命運共同體，積極營造我國現代化建設的良好外部安全環境。

（七）**統籌外部安全和內部安全、國土安全和國民安全、傳統安全和非傳統安全、自身安全和共同安全。**國家安全是一個系統工程，各類因素十分複雜。推進國家安全體系和能力現代化，要堅持科學統籌，強化系統思維、辯證思維，全面把握、整體謀劃、協調推進，着力解決國家安全工作的不平衡不充分問題，實現各方面安全統籌治理、良性互動、共同鞏固。

（八）**統籌維護和塑造國家安全。**維護國家安全和塑造國家安全是統一的，塑造是更高層次、更具前瞻性的維護。推進國家安全體系和能力現代化，要準確把握當今世界發展大勢和時代發展潮流，在變局中把握規律、在亂局中趨利避害、在鬥爭中爭取主動，不斷塑造總體有利的國家安全戰略態勢，把維護國家安全的戰略主動權牢牢掌握在自己手中。

（九）**夯實國家安全和社會穩定基層基礎。**維護國家安全和社會穩定，重心在基層，力量也在基層。推進國家安全體系和能力現代化，要堅持問題導向，緊盯基層基礎工作中的短板弱項，加強基層組織建設，做好基層工作保障，夯實基礎工作，提升業務本領，增強基層幹部群眾維護國家安全和社會穩定的意識和能力。

（十）**完善參與全球安全治理機制。**當今世界並不太平，全球性安全問題愈加突出，安全領域威脅層出不窮，加強全球安全治理刻不容緩。推進國家安全體系和能力現代化，要着眼推動全球安全治理體系朝着更加公正合理的方向發展，高舉合作、創新、法治、共贏的旗幟，不斷完善參與國際和區域安全合作的機制，推動建設有關領域安全治理新機制新規則，為全球安全治理貢獻智慧和力量。

（十一）**建設更高水平的平安中國。**黨的十八大以來，以習近平同志為核心的黨中央着眼於國家長治久安、人民安居樂業，推動平安中國建設邁向更高水平。2021 年，人民群眾對平安建設的滿意度達 98.62%。國際社會普遍認為，中國是世界上最安全的國家之一。黨的二十大報告明確了未來 5 年的主要目標任務，要求平安中國建設扎實推進。推進國家安全體系和能力現代化，要準確把握平安中國建設面臨的新形勢新任務，全面提升平安中國建設科學化、社會化、法治化、智能化水平，努力建設統籌層次更高、治理效能更強、安全穩定局面更鞏固、人民更滿意的平安中國。

（十二）**以新安全格局保障新發展格局。**加快構建以國內大循環為主體、國內國際雙循環相互促進的新發展格局，是以習近平同志為核心的黨中央審時度勢作出的重大決策，是一項關係我國發展全局的重大戰略任務。牢牢守住安全發展這條底線，是構建新發展格局的重要前提和保障。推進國家安全體系和能力現代化，要統籌維護國家安全各類要素、各個領域、各方資源、各種手段，加快構建與新發展格局相適應的新安全格局，打好維護國家安全總體戰，以高水平安全保障高質量發展。

三、認真落實推進國家安全體系和能力現代化的重點任務

黨的二十大報告明確要求，到 2035 年，社會保持長期穩定，國家安全體系和能力全面加強。我們要自覺對標對錶黨的二十大報告作出的戰略部署，聚焦推進國家安全體系和能力現代化的重點任務，深入研究謀劃，細化工作措施，以強烈的責任擔當抓好推進落實，確保各項部署要求落地見效。

（一）**健全國家安全體系。**堅持系統觀念，加強前瞻性思考、全局性謀劃、整體性推進，形成體系性合力和戰鬥力。**要完善領導體制。**堅持黨中央對國家安全工作的集中統一領導，堅定不移貫徹中央國家安全委員會主席負責制，完善高效權威的國家安全領導體制。全面落實國家安全責任制，不折不扣把黨中央關於國家安全工作的決策部署落到實處。**要完善工作機制。**強化國家

安全工作協調機制，完善重要專項協調指揮體系，健全國家安全審查和監管制度、危機管控機制等制度機制。**要完善法治、戰略、政策、風險監測預警和國家應急管理體系。**加強國家安全法治保障，積極推進重要領域立法，完善中國特色國家安全法律體系。加快涉外法治工作戰略佈局，健全反制裁、反干涉、反"長臂管轄"機制。深入實施《國家安全戰略綱要》，強化經濟、重大基礎設施、金融、網絡、數據、生物、資源、核、太空、海洋等安全保障體系建設。完善國家安全力量佈局，構建全域聯動、立體高效的國家安全防護體系。

（二）**增強維護國家安全能力。**更加注重協同高效、法治思維、科技賦能、基層基礎，統籌推進各領域國家安全工作。**要堅決維護政治安全。**嚴密防範嚴厲打擊敵對勢力滲透、破壞、顛覆、分裂活動，深入開展反恐怖鬥爭，堅決打贏網絡意識形態鬥爭，堅定維護國家政權安全、制度安全、意識形態安全。**要加強重點領域安全能力建設。**確保糧食、能源資源、重要產業鏈供應鏈安全，加強海外安全保障能力建設，維護我國公民、法人在海外合法權益，維護海洋權益，堅定捍衛國家主權、安全、發展利益。提高防範化解重大風險能力，嚴密防範系統性安全風險。**要提高幹部群眾國家安全意識和能力。**以落實國家安全領導責任和工作責任為抓手，全面加強國家安全教育，推動各級領導幹部更加自覺地統籌發展和安全兩件大事，做到守土有責、守土負責、守土盡責。加強國家安全戰線黨的建設，堅持以黨的政治建設為統領，鍛造忠誠純潔可靠的國家安全幹部隊伍。增強全民國家安全意識和素養，築牢國家安全人民防線。

（三）**提高公共安全治理水平。**公共安全一頭連着經濟社會發展，一頭連着千家萬戶，必須既立足當前、着力解決突出問題，又立足長遠、不斷完善制度機制，提高公共安全保障能力，切實維護人民群眾生命財產安全。**要強化事前預防。**堅持安全第一、預防為主，建立大安全大應急框架，完善公共安全體系，加強信息化源頭管控、精準化監測預警、動態化風險評估等制度機制建設，推動公共安全治理模式向事前預防轉型。推動城鄉公共安全監管執法和綜合治理一體化，把好基層公共安全第一道關口。**要推進專項整治。**完善和落實安全生產責任制，加強重點行業、重點領域安全監管，深入開展安全隱患排查整治，有效遏制重特大安全事故。堅持最嚴謹的標準、最嚴格的監管、最嚴厲的處罰、最嚴肅的問責，強化食品藥品安全監管，確保人民群眾"舌尖上的安全"。健全生物安全監管預警防控體系，全面提高國家生物安全治理能力。加強個人信息保護，確保數據安全。**要提高防災減災救災能力**。堅持以防為主、防抗救相結合，堅持常態減災和非常態救災相統一，建立高效科學的自然災害防治體系。加強國家區域應急力量建設，提高防災減災救災和重大突發公共事件處置保障能力。

（四）**完善社會治理體系**。健全共建共治共享的社會治理制度，提升社會治理效能。**要加強矛盾風險源頭防範化解**。堅持和發展新時代"楓橋經驗"，完善正確處理新形勢下人民內部矛盾機制，加強和改進人民信訪工作，暢通和規範群眾訴求表達、利益協調、權益保障通道，完善網格化管理、精細化服務、信息化支撐的基層治理平台，健全城鄉社區治理體系，及時把矛盾糾紛化解在基層、化解在萌芽狀態。**要加快推進市域社會治理現代化**。充分發揮黨的領導政治優勢，統籌政府、社會、市場各方力量，完善市域社會治理的組織架構和組織方式，提高市域社會治理能力，努力把重大風險防範化解在市域。**要強化社會治安整體防控**。深入實施反有組織犯罪法，推進掃黑除惡常態化。依法嚴懲群眾反映強烈的黃賭毒、食藥環、盜搶騙和電信網絡詐騙等各類違法犯罪活動，推動全面落實打防管控措施和行業監管責任。積極推進立體化信息化社會治安防控體系建設，大力推廣社會面"1、3、5分鐘"快速響應等機制，有效提升社會面掌控力。**要發展壯大群防群治力量**。進一步加強見義勇為工作，揚正氣、鼓士氣，營造見義勇為社會氛圍。完善群眾參與平安建設的組織形式和制度化渠道，創新互聯網時代群眾工作機制，更好地廣納民智、廣聚民力，建設人人有責、人人盡責、人人享有的社會治理共同體。

把握好習近平新時代中國特色社會主義思想的世界觀和方法論

黃坤明

習近平總書記在黨的二十大報告中指出：“繼續推進實踐基礎上的理論創新，首先要把握好新時代中國特色社會主義思想的世界觀和方法論，堅持好、運用好貫穿其中的立場觀點方法。”報告從 6 個方面作出概括和闡述，強調必須堅持人民至上、堅持自信自立、堅持守正創新、堅持問題導向、堅持系統觀念、堅持胸懷天下。這深刻揭示了習近平新時代中國特色社會主義思想的理論品格和鮮明特質，既是深刻理解這一科學思想必須牢牢把握的基本點，也是繼續推進理論創新必須始終堅持的基本點。我們要以高度政治自覺、思想自覺、行動自覺深入學習貫徹習近平新時代中國特色社會主義思想，在新時代偉大實踐中不斷開闢馬克思主義中國化時代化新境界。

一、必須堅持人民至上

人民是歷史的創造者，是真正的英雄。馬克思主義是人民的理論，第一次創立了人民實現自身解放的思想體系，人民性是馬克思主義的本質屬性。相信誰、為了誰、依靠誰，是否始終站在最廣大人民的立場上，是衡量一種思想理論先進性的根本尺度。一切脫離人民的理論都是蒼白無力的，一切不為人民造福的理論都是沒有生命力的。我們黨的理論之所以得到億萬人民擁護，就在於始終秉持人民立場、堅持人民至上，是來自人民、為了人民、造福人民的理論，是人民利益、人民心聲的集中表達。

堅持人民至上，是貫穿習近平新時代中國特色社會主義思想的一條紅線。習近平總書記是從人民中成長起來、深受人民愛戴的人民領袖，對人民懷有深沉真摯的情感、厚重強烈的責任感。習近平總書記強調，"我們黨來自於人民，為人民而生，因人民而興"，"以百姓心為心，與人民同呼吸、共命運、心連心，是黨的初心，也是黨的恆心"；強調"民心是最大的政治"，"讓人民生活幸福是'國之大者'"，"人民對美好生活的嚮往就是我們的奮鬥目標"；強調"我的執政理念，概括起來說就是：為人民服務，擔當起該擔當的責任"。黨的十八大以來，無論是打贏脫貧攻堅戰，還是解決人民最關心最直接最現實的利益問題，無論是推進健康中國、平安中國、美麗中國建設，還是堅持"人民至上、生命至上"打贏疫情防控阻擊戰，都充分展現了習近平總書記"我將無我，不負人民"的深厚情懷和使命擔當，展現了習近平新時代中國特色社會主義思想的鮮明本色和根本立場。

繼續推進實踐基礎上的理論創新，必須深刻體會"人民"二字在習近平新時代中國特色社會主義思想中的根本性意義，始終堅持人民至上這一根本價值取向。要牢記江山就是人民、人民就是江山，站穩人民立場、把握人民願望，把人民放在心中最高位置，把增進人民福祉、促進人的全面發展和全體人民共同富裕作為出發點和落腳點，確保我們黨的理論和路線方針政策符合最廣大人民根本利益。人民的創造性實踐是理論創新的不竭源泉，要深深植根億萬人民的生動實踐，向人民學習、拜人民為師，尊重人民創造、集中人民智慧，及時概括提煉人民群眾的新鮮經驗，形成為人民所喜愛、所認同、所擁有的理論，使之成為指導人民認識世界和改造世界的強大思想武器。

二、必須堅持自信自立

自信是中國共產黨素有的精神氣度，自立是我們立黨立國的重要原則。中國人民和中華民族從近代以後的深重苦難走向偉大復興的光明前景，從來就沒有教科書，更沒有現成答案。黨的百年奮鬥成功道路是黨領導人民獨立自主探索開闢出來的，馬克思主義的中國篇章是中國共產黨人依靠自身力量實踐出來的，貫穿其中的一個基本點就是中國的問題必須從中國基本國情出發，由中國人自己來解答。這是我們黨全部理論和實踐的立足點，也是黨和人民事業不斷從勝利走向勝利的根本所在。

習近平新時代中國特色社會主義思想生動體現着獨立自主的探索和實踐精神，貫穿着堅持走自己的路的堅定決心和信心。習近平總書記深刻總結古今中外治亂興衰的歷史規律，指出："人類歷史上，沒有一個民族、沒有一個國家可以通過依賴外部力量、跟在他人後面亦步亦趨實現強大和振興。那樣做的結果，不是必然遭遇失敗，就是必然成為他人的附庸。"習近平總書記反覆強調要堅持共產主義理想和社會主義信念，堅定中國特色社會主義道路自信、理論自信、制度自信、文化自信，堅定歷史自信、增強歷史主動。這種自信自立，根源於中華民族光輝燦爛的 5000 多年文明發展史，來自於中國共產黨 100 多年奮鬥歷程和 70 多年執政興國經驗，彰顯於新時代中國特色社會主義偉大實踐，已經成為中國人民和中華民族的內在氣質和精神風貌。

不論過去、現在還是將來，自信自立始終都是我們這樣一個大黨大國必須堅持的重要原則。要堅持對馬克思主義的堅定信仰、對中國特色社會主義的堅定信念，增強民族自尊心和自信心，在重大政治問題上有定力、有主見，不信邪、不怕鬼、不怕壓，任何時候任何情況下都堅定"四個自信"，真正做到"千磨萬擊還堅勁，任爾東西南北風"，把中國發展進步的命運牢牢掌握在自己手中。要以更加積極的歷史擔當和創造精神為發展馬克思主義作出新的貢獻，反對各種形式的本本主義、教條主義，既不能無視快速變化的實際，刻舟求劍、封閉僵化，也不能一切以外國的東西為圭臬，照抄照搬、食洋不化。

三、必須堅持守正創新

我們信仰的是科學真理，走的是人間正道，從事的是前無古人的偉大事業。守正才能不迷失方向、不犯顛覆性錯誤，創新才能把握時代、引領時代。守正與創新相輔相成，體現了"變"與"不變"、繼承與發展、原則性與創造性的辯證統一。守正創新，既與中華民族幾千年來恪守正道、革故鼎新的文化傳統相承襲，又與我們黨一貫堅持的解放思想、實事求是、與時俱進、求真務實的品格相貫通，是貫徹黨的思想路線的內在要求。

守正創新是中國特色社會主義新時代的鮮明氣象，也是習近平新時代中國特色社會主義思想的顯著標識。黨的十八大以來，以習近平同志為核心的黨中央在立場、方向、原則、道路等根本性問題上旗幟鮮明、毫不含糊，着力正本清源、固本培元，高揚了理想信念的旗幟、馬克思主義的旗幟、中國特色社會主義的旗幟，確保了黨不變質、不變色、不變味。同時，面對快速變化的世界和中國，我們黨堅持立破並舉，以巨大勇氣和魄力推進各方面改革創新，推動黨和國家事業取得歷史性成就、發生歷史性變革，中國共產黨的面貌、中國人民的面貌、社會主義中國的面貌、中華民族的面貌煥然一新。在這一偉大實踐中創立的習近平新時代中國特色社會主義思想，既堅持了老祖宗、又講了許多新話，以全新的視野深化了對共產黨執政規律、社會主義建設規律、人類社會發展規律的認識，為發展馬克思主義作出了原創性貢獻，實現了馬克思主義中國化時代化新的飛躍。

實踐沒有止境，理論創新也沒有止境。面向未來，推進馬克思主義中國化時代化的任務不是輕了，而是更重了。必須更好地把堅持馬克思主義與發展馬克思主義統一起來，堅持用馬克思主義之"矢"去射新時代中國之"的"，續寫馬克思主義中國化時代化新篇章。要以科學的態度對待科學、以真理的精神追求真理，堅持馬克思主義基本原理不動搖，堅持黨的全面領導不動搖，堅持中國特色社會主義不動搖，始終做到道不變、志不改。要緊跟時代步伐，順應實踐發展，以滿腔熱忱對待一切新生事物，不斷拓展認識的廣度和深度，回答好中國之問、世界之問、人民之問、時代之問，敢於說前人沒有說過的新話，敢於幹前人沒有幹過的事情，以新的理論指導新的實踐。

四、必須堅持問題導向

問題是時代的聲音，回答並指導解決問題是理論的根本任務。人類認識世界、改造世界的過程，就是一個發現問題、解決問題的過程。堅持問題導向，是馬克思主義的鮮明特點。毛澤東指出："問題就是事物的矛盾。哪裏有沒有解決的矛盾，哪裏就有問題。"抓住問題就找到了實踐前進的突破點，也就找到了理論創新的生長點。中國共產黨人幹革命、搞建設、抓改革，從來都是為了解決中國的現實問題，黨的理論也是在不斷回答時代課題中創新發展的。

習近平總書記指出：“每個時代總有屬它自己的問題，只要科學地認識、準確地把握、正確地解決這些問題，就能夠把我們的社會不斷推向前進。”堅持問題導向，是黨的十八大以來黨治國理政的突出特點，也是習近平新時代中國特色社會主義思想的鮮明風格。這些年來，我們黨啃硬骨頭、涉險灘推動全面深化改革，持之以恆糾治“四風”、以零容忍態度懲治腐敗，打贏藍天碧水淨土保衛戰，着力防範和化解重大風險，等等，都是聚焦重大理論和實踐問題，把問題作為研究制定政策的出發點，把化解矛盾、破解難題作為打開局面的突破口。這些都充分彰顯了鮮明的問題意識、問題導向，彰顯了強烈的擔當精神、鬥爭精神。新時代黨和國家事業發展的一系列重大問題，集中概括起來就是新時代堅持和發展什麼樣的中國特色社會主義、怎樣堅持和發展中國特色社會主義，建設什麼樣的社會主義現代化強國、怎樣建設社會主義現代化強國，建設什麼樣的長期執政的馬克思主義政黨、怎樣建設長期執政的馬克思主義政黨。正是基於對這些重大時代課題的準確把握和科學回答，習近平新時代中國特色社會主義思想得以創立並不斷豐富發展。

“時代是出卷人，我們是答卷人，人民是閱卷人。”今天，我們已經踏上全面建設社會主義現代化國家新征程，所面臨問題的複雜程度、解決問題的艱巨程度明顯加大，給理論創新提出了全新要求。只有聆聽時代聲音，回應時代呼喚，認真研究解決重大而緊迫的問題，才能真正把握住歷史脈絡、找到發展規律，推動理論創新。要增強問題意識，時刻保持清醒頭腦和敏銳眼光，敢於正視問題、善於發現問題，不迴避、不躲閃，瞄着問題去、迎着問題上。要聚焦實踐遇到的新問題、改革發展穩定存在的深層次問題、人民群眾急難愁盼問題、國際變局中的重大問題、黨的建設面臨的突出問題，不斷提出真正解決問題的新理念新思路新辦法，不斷開創事業發展的新局面。

五、必須堅持系統觀念

系統觀念是辯證唯物主義的重要認識論和方法論，是具有基礎性的思想和工作方法。萬事萬物是相互聯繫、相互依存的。只有堅持系統觀念，用普遍聯繫的、全面系統的、發展變化的觀點觀察事物，才能把握事物發展規律。我國是一個發展中大國，仍處於社會主義初級階段，正在經歷廣泛而深刻的社會變革，推進改革發展、調整利益關係往往牽一髮而動全身，尤其需要堅持和運用系統觀念處理好各方面關係、統籌好各方面利益、調動好各方面積極性。

黨的十八大以來，面對錯綜複雜的國際形勢、艱巨繁重的改革發展穩定任務，習近平總書記登高望遠、領航掌舵，提出統攬偉大鬥爭、偉大工程、偉大事業、偉大夢想，統籌推進"五位一體"總體佈局、協調推進"四個全面"戰略佈局，對黨和國家事業發展作出科學完整的戰略部署。在領導推進各領域事業的過程中，習近平總書記始終堅持系統思維、全局謀劃，強調經濟社會發展是一個系統工程，必須綜合考慮政治和經濟、當前和長遠、物質和文化、發展和民生、資源和生態、國內和國際等多方面因素；強調全面深化改革需要加強頂層設計和整體謀劃，做到全局和局部相配套、治標和治本相結合、漸進和突破相銜接，實現整體推進和重點突破相統一；強調全面推進依法治國必須統籌兼顧、把握重點、整體謀劃，在共同推進上着力，在一體建設上用勁；強調統籌疫情防控和經濟社會發展，做到疫情要防住、經濟要穩住、發展要安全；等等。所有這些，都體現了洞悉時勢、總攬全局的系統謀劃和戰略擘畫，為我們應對複雜局面、推動事業發展提供了科學遵循。

在全面建設社會主義現代化國家新征程上，我們將面對更加深刻複雜變化的發展環境，面對更多兩難、多難問題，必須更加自覺地堅持和運用系統觀念觀察形勢、分析問題、推動工作。要善於通過歷史看現實、透過現象看本質，把握好全局和局部、當前和長遠、宏觀和微觀、主要矛盾和次要矛盾、特殊和一般的關係，前瞻性思考、全局性謀劃、整體性推進黨和國家各項事業。要掌握科學的思想方法和工作方法，不斷提高戰略思維、歷史思維、辯證思維、系統思維、創新思維、法治思維、底線思維能力，更好地駕馭複雜局面、應對風險挑戰，增強工作的原則性、系統性、預見性、創造性。

六、必須堅持胸懷天下

大道之行，天下為公。中國共產黨是為中國人民謀幸福、為中華民族謀復興的黨，也是為人類謀進步、為世界謀大同的黨。在百年奮鬥歷程中，我們黨始終以世界眼光關注人類前途命運，從人類發展大潮流、世界變化大格局、中國發展大歷史正確認識和處理同外部世界的關係，始終站在歷史正確的一邊，站在人類文明進步的一邊，為世界發展和人類進步事業作出了重要貢獻。

進入新時代，中華民族偉大復興戰略全局與世界百年未有之大變局歷史性交匯。習近平總書記從人類前途命運出發，鮮明提出並深刻闡述了構建人類命運共同體的重大倡議，提出全球發展倡議、全球安全倡議，闡明了中國的安全觀、發展觀、義利觀、全球化觀、全球治理觀，提出弘揚全人類共同價值、建設新型國際關係、推動共建"一帶一路"高質量發展，描繪了建設持久和平、普遍安全、共同繁榮、開放包容、清潔美麗的世界的美好願景，為維護世界和平與促進共同發展提供了中國智慧、中國方案。這些重要倡議和主張，充分體現了對國際形勢變化的深刻把握，對人類發展重大問題的獨特創見，佔據了思想和道義制高點，凸顯了中國特有的大國風範、大國擔當。

當前，世界之變、時代之變、歷史之變正以前所未有的方式展開，和平赤字、發展赤字、安全赤字、治理赤字加重，世界進入新的動盪變革期。我們要拓展世界眼光，縱覽天下大勢，深刻洞察人類發展進步潮流，善於發現其中的機遇和挑戰，找到在危機中育新機、於變局中開新局的制勝之道。要積極回應各國人民普遍關切，順應世界人民要發展、要合作、要和平生活的普遍願望，為解決人類面臨的共同問題作出貢獻。要以海納百川的寬闊胸襟借鑑吸收人類一切優秀文明成果，推動不同文明交流互鑒，促進各國人民相知相親，在美人之美、美美與共中建設更加美好的世界。

黨的十八大以來的實踐充分證明，習近平新時代中國特色社會主義思想是當代中國馬克思主義、二十一世紀馬克思主義，是中華文化和中國精神的時代精華，是黨和人民實踐經驗和集體智慧的結晶，是新時代堅持和發展中國特色社會主義的行動指南。這一思想之所以具有強大的真理力量和實踐偉力，就在於堅持馬克思主義世界觀和方法論，運用了科學的立場觀點方法。人民至上、自信自立、守正創新、問題導向、系統觀念、胸懷天下，是新時代中國共產黨人理論創造、實踐探索、政治品格的集中體現，是我們理解把握習近平新時代中國特色社會主義思想的"金鑰匙"。我們要自覺用這一思想武裝頭腦、指導實踐、推動工作，全面準確領會其豐富內涵、思想體系和實踐要求，深刻領悟"兩個確立"的決定性意義，增強"四個意識"、堅定"四個自信"、做到"兩個維護"，以飽滿的精神狀態、昂揚的奮鬥姿態投身全面建設社會主義現代化國家新征程。

全面推進中國特色大國外交

王　毅

習近平總書記所作的黨的二十大報告開宗明義宣示："我們黨立志於中華民族千秋偉業，致力於人類和平與發展崇高事業，責任無比重大，使命無上光榮"，強調 "中國共產黨是為中國人民謀幸福、為中華民族謀復興的黨，也是為人類謀進步、為世界謀大同的黨"。這些重要論述旗幟鮮明地闡釋了中國共產黨的本質屬性和使命宗旨，毫不含糊地明確了中國特色大國外交的政治立場和歷史自覺。黨的十八大以來，在習近平總書記擘畫引領和親力親為下，中國特色大國外交奮進新時代新征程，展現新擔當新風範，為服務民族復興、促進人類進步作出了新的重要貢獻。黨的二十大報告對中國特色大國外交進行了系統總結和精練概括，又提出了一系列重要論斷，作出了一系列戰略部署。我們要認真領悟報告精神，在習近平新時代中國特色社會主義思想旗幟下，進一步學習踐行習近平外交思想，在全面建設社會主義現代化國家新征程上，不斷開創中國特色大國外交新局面。

一、推進中國特色大國外交是新時代黨和國家事業發展的必然要求

（一）踐行黨的初心使命，需要推進中國特色大國外交。100 多年來，中國共產黨始終把為人類作出新的更大貢獻清晰地書寫在自己的旗幟上，堅定地落實到自己的行動中，賦予中國外交與西方傳統大國外交截然不同的底色和特徵。黨的本質屬性決定了中國外交必須始終堅持以中國特色社會主義為根本增強戰略自信，堅定捍衛黨領導人民選擇的社會主義道路；黨的使命宗旨決定了中國外交必須始終堅持維護世界和平、促進共同發展，推動構建人類命運共同體；黨的價值追求決定了中國外交必須始終堅持獨立自主，弘揚

公平正義，堅守人間正道。

（二）**實現民族偉大復興，需要推進中國特色大國外交。**黨的十八大以來，我國綜合國力和國際地位顯著提升，日益走近世界舞台中央，中華民族邁向偉大復興的步伐不可阻擋。行百里者半九十。越是接近實現目標，越將面臨風高浪急甚至是驚濤駭浪的風險考驗。國際體系變革期的不確定不穩定因素日益突出，我國發展進入戰略機遇和風險挑戰並存、不確定難預料因素增多的時期，偉大復興必然伴隨具有許多新的歷史特點的偉大鬥爭。我們必須統籌國內國際兩個大局，開展更具全球視野、更富進取精神、更有中國特色的大國外交，為實現民族復興營造和平穩定的國際和地區環境。

（三）**應對世界百年變局，需要推進中國特色大國外交。**當今世界，國際力量對比和全球格局正在經歷深刻演變，世界多極化、經濟全球化、國際關係民主化潮流勢不可當。同時，單邊主義、保護主義、霸權主義依然橫行，世界進入新的動盪變革期。習近平總書記強調："世界那麼大，問題那麼多，國際社會期待聽到中國聲音、看到中國方案，中國不能缺席。"作為有着5000多年文明積澱的大國，作為聯合國安理會常任理事國，我們有必要通過開展具有自身特色的大國外交，履行承擔的國際責任與義務，同各國一道走出一條和平發展、合作共贏的新路，弘揚全人類共同價值，攜手構建人類命運共同體。

邁入新時代，立足新方位，以習近平同志為核心的黨中央高瞻遠矚，胸懷天下，統籌中華民族偉大復興戰略全局和世界百年未有之大變局，指出我國對外工作要"展現新氣象，實現新作為，奮力開創新時代中國特色大國外交新局面"，對中國特色大國外交進行了頂層設計和全局謀劃。

2014年，習近平總書記在中央外事工作會議上首次提出，中國必須有自己特色的大國外交，使我國對外工作有鮮明的中國特色、中國風格、中國氣派。2017年，習近平總書記在黨的十九大報告中明確提出"全面推進中國特色大國外交"，並將其納入新時代堅持和發展中國特色社會主義的指導思想和戰略部署。2018年，習近平總書記在中央外事工作會議上強調，我國對外工作要牢牢把握服務民族復興、促進人類進步這條主線，推動構建人類命運共同體，努力開創中國特色大國外交新局面。習近平總書記這一系列重要論述，明確了新時代中國外交的指導思想、使命任務、戰略佈局、獨特風範，為我們全方位開展中國特色大國外交指明了正確方向、確立了基本方略。

二、全面推進中國特色大國外交取得開創性、歷史性成就

黨的二十大報告指出，"我們全面推進中國特色大國外交，推動構建人類命運共同體，堅定維護國際公平正義"，"我國國際影響力、感召力、塑造力顯著提升"。在新時代 10 年的偉大變革中，習近平總書記親自謀劃指揮、引領推進了波瀾壯闊的新時代外交實踐。中國特色大國外交得以全面推進，在全球變局中開創新局，在世界亂局中化危為機，戰勝了各種艱難險阻，辦成了不少大事要事，取得了全方位、開創性歷史成就。

（一）**黨的領導全面加強**。黨中央成立中央外事工作委員會，召開兩次中央外事工作會議和周邊外交工作座談會，強化對各領域各部門各地方外事工作的統籌協調。黨對對外工作的集中統一領導更加堅強有力，對外工作體制機制更加完善，對外工作大協同更加順暢。以習近平同志為核心的黨中央在世界形勢深刻變化的歷史進程中始終走在時代前列，在應對外部風險挑戰的歷史進程中始終正確舉旗定向，為中國特色大國外交不斷走向勝利提供了根本保證。

（二）**國際影響全面提升**。習近平總書記提出一系列新理念新倡議，回答"世界怎麼了、我們怎麼辦"的時代之問，推動全球治理變革完善，展現負責任大國擔當。提出構建人類命運共同體重大理念，為人類向何處去貢獻了中國方案。提出共建"一帶一路"重大倡議，同 149 個國家和 32 個國際組織相繼簽署合作文件，打造起廣受歡迎的全球公共產品和開放合作的國際合作平台。提出全球發展倡議、全球安全倡議，推動全球發展共同體、安全共同體建設，為和平與發展事業注入新的動力。從聯合國講壇到達沃斯論壇，從亞太經合組織北京會議到二十國集團杭州峰會，從應對埃博拉到抗擊新冠肺炎疫情，中國在國際事務中發揮了砥柱中流作用。

（三）**外交佈局全面拓展**。習近平主席 42 次出訪成果豐碩，足跡遍及五大洲 69 個國家，在國內接待 100 多位國家元首和政府首腦，以精彩紛呈的元

首外交為外交全局提供戰略引領。推動新型國際關係建設，夥伴關係網絡覆蓋全球，同 110 多個國家和地區組織建立了不同形式的夥伴關係，鐵桿朋友和戰略支點更加鞏固。構建總體穩定的大國關係框架，中俄新時代全面戰略協作夥伴關係更加成熟堅韌，中歐和平、增長、改革、文明四大夥伴關係建設穩步推進，為中美關係指出相互尊重、和平共處、合作共贏的正確方向。周邊命運共同體建設深入推進，中國—東盟建立全面戰略夥伴關係，瀾湄等次區域合作加速發展，《區域全面經濟夥伴關係協定》簽署生效，中亞成為我國周邊首個戰略夥伴集群。同發展中國家團結合作持續深化，中非高質量落實"八大行動"、推進"九項工程"，中非命運共同體更加緊密，中阿建立全面合作、共同發展、面向未來的戰略夥伴關係，中拉關係進入平等、互利、創新、開放、惠民的新時代。

（四）公平正義全面促進。堅持世界命運應該由各國共同掌握，國際規則應該由各國共同書寫，全球事務應該由各國共同治理，發展成果應該由各國共同分享。倡導真正的多邊主義，反對一切單邊主義、保護主義、霸權主義和強權政治。堅持按照事情本身的是非曲直決定立場，提出並踐行中國特色熱點問題解決之道，推動伊朗核、朝鮮半島核、阿富汗、中東等熱點問題的政治解決。積極開展南南合作，堅定維護發展中國家的正當權益和發展空間。

（五）國家利益全面維護。面對無理訛詐和極限施壓，保持戰略定力，發揚鬥爭精神，展示不畏強權的意志決心，堅定維護國家核心利益和民族尊嚴，牢牢掌握了發展和安全主動權。堅決反制任何侵犯我國主權、干涉我國內政的錯誤行徑，在原則問題上寸步不讓，堅定捍衛國家主權、安全、發展利益。連續與台灣地區 9 個所謂"邦交國"建復交，有力打擊"台獨"分裂勢力氣焰，鞏固國際社會堅持一個中國原則的格局。連續挫敗利用台灣、涉疆、涉港、涉藏、涉疫、人權等問題對我國發動的各種攻擊抹黑。組織實施 19 次海外公民撤離行動，竭力守護海外同胞生命安全。開展海外公民接種疫苗"春苗行動"，及時救治染疫的中國同胞。開通 12308 全球 24 小時領事保護與服務應急熱線，保障海外機構、人員正當合法權益。加快構建海外民生工程，積極踐行外交為民理念。

（六）服務發展全面深化。緊緊圍繞黨和國家中心工作，為全面深化改革和對外開放提供全方位、高質量服務。着眼構建新發展格局，深化經貿、投資、產能、科技、互聯互通等領域對外合作，以共建"一帶一路"推動建設合作共贏的開放體系。構建面向全球的高標準自由貿易區網絡，我國已成為140多個國家和地區的主要貿易夥伴。新冠肺炎疫情防控中，嚴守"外防輸入"國門關，開設人員往來"快捷通道"，打造貨物運輸"綠色通道"，保障產業鏈供應鏈穩定暢通。通過主場外交、國際展會、全球推介等平台支持地方開放發展。

（七）**戰略運籌全面增強**。增強歷史主動精神，面對大是大非旗幟鮮明，面對風險挑戰積極化解，團結一切可以團結的力量、調動一切可以調動的積極因素。戰略上主動運籌、戰術上靈活機動，外交"工具箱"不斷充實，開展大國外交的能力不斷提升，服務"國之大者"的作用更加彰顯。

風雲變幻，不改人間正道；滄海橫流，更當破浪前行。新時代中國外交在世界變局中砥礪前行，在大國博弈中從容自信，取得一系列來之不易的成果，關鍵在於習近平總書記作為黨中央的核心、全黨的核心領航掌舵，在每個重要節點作出正確戰略判斷和決策部署；關鍵在於習近平外交思想科學指引，始終從人類發展大潮流和世界變化大格局中準確把握同外部世界關係。

三、學思踐悟習近平外交思想是成功推進中國特色大國外交的根本保證

先進思想輝映非凡事業，科學理論引領偉大實踐。習近平總書記站在時代最前沿，直面人類新挑戰，提出一系列原創性外交戰略思想和重大理念倡議，創立了習近平外交思想。習近平外交思想是當代中國馬克思主義、二十一世紀馬克思主義在對外工作領域的最新理論成果，是中華文化和中國精神的時代精華在對外交往中的集中體現，精闢回答了新形勢下應推動建設什麼樣的世界、構建什麼樣的國際關係，中國需要什麼樣的外交、發揮什麼樣的國際作用等一系列重大理論和實踐問題，為中國特色大國外交提供了根本遵循和行動指南。

（一）**堅持黨的全面領導和中國特色社會主義道路，體現中國特色大國外**

交的根本屬性。黨的二十大報告指出，"堅持黨的全面領導是堅持和發展中國特色社會主義的必由之路，中國特色社會主義是實現中華民族偉大復興的必由之路"。黨的集中統一領導是中國外交的最大政治優勢，中國特色社會主義是中國外交的源泉和根基。只有毫不動搖堅持黨對外交工作的領導，堅定不移走中國特色社會主義道路，才能始終保持中國外交的政治本色，使中國外交聚焦黨和國家中心工作，在錯綜複雜的國際形勢變化中保持定力，把握主動。

（二）**堅持走和平發展道路，把握中國特色大國外交的正確途徑**。黨的二十大報告強調："中國式現代化是走和平發展道路的現代化。我國不走一些國家通過戰爭、殖民、掠奪等方式實現現代化的老路，那種損人利己、充滿血腥罪惡的老路給廣大發展中國家人民帶來深重苦難。"中國式現代化道路為人類實現現代化提供了新的選擇，創造了人類文明新形態。這條道路不是傳統大國崛起的翻版，不是國強必霸的再版，而是造福中國、有利於世界的正道。中國外交堅定站在歷史正確的一邊，站在人類文明進步的一邊，高舉和平、發展、合作、共贏旗幟，在堅定維護世界和平與發展中謀求自身發展，又以自身發展更好維護世界和平與發展。

（三）**推動構建人類命運共同體，彰顯中國特色大國外交的世界情懷**。黨的二十大報告指出，"中國始終堅持維護世界和平、促進共同發展的外交政策宗旨，致力於推動構建人類命運共同體"，並將推動構建人類命運共同體明確為"中國式現代化的本質要求"，進一步闡明了新形勢下構建人類命運共同體的時代意義、精神實質和實現路徑。萬物並育而不相害，道並行而不相悖。人類命運共同體理念明確了中國外交的世界願景，回應了各國人民求和平、謀發展、促合作的普遍訴求，指明了解決全球性問題的根本路徑，成為引領時代潮流和人類前進方向的鮮明旗幟。

（四）**推動建設相互尊重、公平正義、合作共贏的新型國際關係，開拓中國特色大國外交的全新實踐**。習近平總書記曾指出："我們要堅持對話而不對抗、包容而不排他，構建相互尊重、公平正義、合作共贏的新型國際關係，擴大利益匯合點，畫出最大同心圓。"各國不能身體進入 21 世紀，腦袋還停留在殖民擴張的舊時代裏，停留在冷戰思維、零和博弈的老框框內。要以相互尊重超越恃強凌弱，以公平正義超越霸凌霸道，以合作共贏超越以鄰為壑，對近代以來的權力政治觀念予以揚棄，走出一條國與國交往的新路。

（五）倡導全人類共同價值，構建中國特色大國外交的價值體系。黨的二十大報告呼籲，"世界各國弘揚和平、發展、公平、正義、民主、自由的全人類共同價值，促進各國人民相知相親"。和平與發展是我們的共同事業，公平正義是我們的共同理想，民主自由是我們的共同追求。各國歷史、文化、國情不同，但人民心靈相通，都有追求和探索實現全人類共同價值的平等權利。不存在高人一等的"自由民主"，不存在唯我獨尊的"普世價值"，把本國價值觀強加於人只能增加動盪之源，按意識形態劃線極易造成衝突之禍。

（六）展現鮮明的中國特色、中國風格、中國氣派，塑造中國特色大國外交的獨特風範。習近平總書記曾強調，"堅持以對外工作優良傳統和時代特徵相結合為方向塑造中國外交獨特風範"。新時代中國外交將馬克思主義中國化時代化最新成果與當今中國外交實際結合，與中華優秀傳統文化結合，與新中國外交優良傳統結合，堅持自信自立、守正創新，塑造了中國外交獨特風範，實現了歷史使命與時代潮流的高度統一、民族精神與國際主義的高度統一、中國氣派與世界情懷的高度統一。

新時代的中國外交堅持和運用習近平新時代中國特色社會主義思想的世界觀和方法論，在習近平外交思想科學指引下，以更寬廣視野、更開放胸襟、更積極姿態，擔當世界和平的建設者、全球發展的貢獻者、國際秩序的維護者，開闢了國際關係理論與實踐的新境界，書寫了人類政治文明進步的新篇章。

四、不斷開創中國特色大國外交新局面，推動構建人類命運共同體

習近平總書記在黨的二十大報告中強調中國共產黨"必須堅持胸懷天下"，指出"我們要拓展世界眼光，深刻洞察人類發展進步潮流，積極回應各國人民普遍關切，為解決人類面臨的共同問題作出貢獻，以海納百川的寬闊胸襟借鑒吸收人類一切優秀文明成果，推動建設更加美好的世界"。

當前和今後一個時期，在以習近平同志為核心的黨中央堅強領導下，中

國特色大國外交將以習近平外交思想為指導，自信自立、胸懷天下，敢於鬥爭、善於鬥爭，知難而進、迎難而上，堅持維護世界和平、促進共同發展的外交政策宗旨，致力於推動構建人類命運共同體，全力推進實現民族復興和促進人類進步的歷史征程。

（一）**堅持獨立自主，捍衛國際公平正義**。黨的二十大報告指出："中國堅定奉行獨立自主的和平外交政策，始終根據事情本身的是非曲直決定自己的立場和政策，維護國際關係基本準則，維護國際公平正義。"我們將繼續尊重各國主權和領土完整，堅持國家不分大小、強弱、貧富一律平等，尊重各國人民自主選擇的發展道路和社會制度，堅決反對一切形式的霸權主義和強權政治，反對冷戰思維，反對干涉別國內政，反對搞雙重標準。我們將堅決維護國家統一和領土完整，外部勢力膽敢玩火挑釁，必將予以迎頭痛擊。中國的發展是世界和平力量的增長，無論發展到什麼程度，永遠不稱霸、永遠不搞擴張。

（二）**堅持拓展全球夥伴關係，深化全方位外交佈局**。黨的二十大報告指出："中國堅持在和平共處五項原則基礎上同各國發展友好合作，推動構建新型國際關係，深化拓展平等、開放、合作的全球夥伴關係，致力於擴大同各國利益的匯合點。"我們將堅持促進大國協調和良性互動，推動構建和平共處、總體穩定、均衡發展的大國關係格局。將堅持親誠惠容理念和與鄰為善、以鄰為伴周邊外交方針，深化同周邊國家友好互信和利益融合。秉持正確義利觀，加強同發展中國家團結合作，維護發展中國家共同利益。講好中國的故事、中國人民的故事、中國共產黨的故事，不斷增進國際社會對中國的理解和認同，形成同我國綜合國力和國際地位相匹配的國際話語權。

（三）**堅持對外開放，推動共同發展**。黨的二十大報告指出："中國堅持對外開放的基本國策，堅定奉行互利共贏的開放戰略，不斷以中國新發展為世界提供新機遇，推動建設開放型世界經濟，更好惠及各國人民。"我們將堅持以高標準、可持續、惠民生為目標，鞏固互聯互通合作基礎，拓展國際合作新空間，推動共建"一帶一路"高質量發展。堅持經濟全球化正確方向，推動貿易和投資自由化便利化，推進雙邊、區域和多邊合作，促進國際宏觀經濟政策協調，共同營造有利於發展的國際環境，共同培育全球發展新動能，反對保護主義，反對"築牆設壘"、"脫鈎斷鏈"，反對單邊制裁、極限施壓。將加大對全球發展合作的資源投入，致力於縮小南北差距，堅定支持和幫助廣大發展中國家加快發展。

（四）**堅持共商共建共享，完善全球治理體系**。黨的二十大報告指出："中國積極參與全球治理體系改革和建設，踐行共商共建共享的全球治理觀，堅持真正的多邊主義，推進國際關係民主化，推動全球治理朝着更加公正合理的方向發展。"我們將堅定維護以聯合國為核心的國際體系、以國際法為基礎的國際秩序、以聯合國憲章宗旨和原則為基礎的國際關係基本準則，反對一切形式的單邊主義，反對搞針對特定國家的陣營化和排他性小圈子。推動世界貿易組織、亞太經合組織等多邊機制更好發揮作用，擴大金磚國家、上海合作組織等合作機制影響力，增強新興市場國家和發展中國家在全球事務中的代表性和發言權。積極參與全球安全規則制定，加強國際安全合作，積極參與聯合國維和行動，為維護世界和平和地區穩定發揮積極作用。積極參與應對氣候變化全球治理，促進人與自然和諧共生。

（五）**堅持胸懷天下，推動構建人類命運共同體**。黨的二十大報告指出："構建人類命運共同體是世界各國人民前途所在。"人類命運共同體理念以和平發展超越衝突對抗，以共同安全取代絕對安全，以互利共贏摒棄零和博弈，以交流互鑒防止文明衝突，以綠色發展呵護地球家園，順應了世界大勢和人心所向。面對層出不窮的全球性挑戰，只有各國行天下之大道，和睦相處、合作共贏，繁榮才能持久，安全才有保障。我們願同世界各國一道，以推動構建新型國際關係為根本路徑，以落實全球發展倡議、全球安全倡議為重要依託，以和平、發展、公平、正義、民主、自由的全人類共同價值為價值追求，攜手建設持久和平、普遍安全、共同繁榮、開放包容、清潔美麗的世界。

旗幟指引方向，奮鬥鑄就輝煌。新征程上，我們要更加緊密地團結在以習近平同志為核心的黨中央周圍，深刻領悟"兩個確立"的決定性意義，增強"四個意識"、堅定"四個自信"、做到"兩個維護"，深學篤行習近平外交思想，深入貫徹黨的二十大精神，全面推進中國特色大國外交，為奪取全面建設社會主義現代化國家新勝利、譜寫構建人類命運共同體新篇章而不懈奮鬥！

扎實推進依法行政

肖　捷

　　習近平總書記在黨的二十大報告中強調"扎實推進依法行政"，對轉變政府職能、深化行政執法體制改革、強化行政執法監督機制和能力建設等作出重點部署、提出明確要求，為新時代法治政府建設提供了根本遵循。要深入學習、認真領會、準確把握，切實抓好貫徹落實，推動依法行政和法治政府建設不斷取得新進展，為我們黨團結帶領全國各族人民全面建成社會主義現代化強國、實現第二個百年奮鬥目標，以中國式現代化全面推進中華民族偉大復興不斷作出新貢獻。

一、深刻理解法治政府建設是全面依法治國的重點任務和主體工程

　　黨的十八大以來，習近平總書記高度重視全面依法治國，並作出戰略部署和總體安排，創造性提出了關於全面依法治國的一系列新理念新戰略，形成了習近平法治思想，為建設法治中國指明了前進方向。"堅持依法治國、依法執政、依法行政共同推進，法治國家、法治政府、法治社會一體建設"是習近平法治思想的重要內容。習近平總書記強調，推進全面依法治國，法治政府建設是重點任務和主體工程，要率先突破。這深刻闡明了法治政府建設在全面依法治國工作佈局中的重要地位和作用，彰顯了我們黨扎實推進依法行政、加快建設法治政府的決心，我們要深刻理解和把握。

　　推進法治政府建設，在全面依法治國工作佈局中具有示範帶動作用。習近平總書記強調，依法治國、依法執政、依法行政是一個有機整體，關鍵在於黨要堅持依法執政、各級政府要堅持依法行政。法治國家、法治政府、法治社會相輔相成，法治國家是法治建設的目標，法治政府是建設法治國家

的重點，法治社會是構築法治國家的基礎。法治政府建設對法治國家、法治社會建設具有示範帶動作用。經過多年努力，我國法治政府建設取得重大進展，但與新時代新任務相比仍有差距。這就要求必須扎實推進依法行政，加快落實《法治政府建設實施綱要（2021—2025年）》，努力實現法治政府建設全面突破，為建設法治國家、法治社會作出示範、發揮帶動引領作用。

推進法治政府建設，為實現國家治理體系和治理能力現代化提供基礎支撐。習近平總書記強調，法治是國家治理體系和治理能力的重要依託。各級政府承擔着推動經濟社會發展、管理社會事務、服務人民群眾的重要職責，政府依法行政和治理的能力水平，是影響國家治理體系和治理能力現代化的關鍵因素。這就要求必須扎實推進依法行政，加快構建職責明確、依法行政的政府治理體系，把政府工作全面納入法治軌道，切實提高政府治理效能，更好地適應建設法治國家、推進國家治理體系和治理能力現代化的要求。

推進法治政府建設，是深化行政體制改革、轉變政府職能的重要着力點。習近平總書記強調，要發揮法治對轉變政府職能的引導和規範作用；政府職能轉變到哪一步，法治建設就要跟進到哪一步。建設法治政府，要使政府職權法定、依法履職，各項行政行為於法有據。這就要求必須扎實推進依法行政，用法治給行政權力定規矩、劃界限，法定職責必須為、法無授權不可為，堅決克服政府職能錯位、越位、缺位現象，讓政府和市場各歸其位、各展其長，充分發揮市場在資源配置中的決定性作用，更好發揮政府作用。

推進法治政府建設，根本目的是依法保障人民權益。習近平總書記強調，全面依法治國最廣泛、最深厚的基礎是人民；要把體現人民利益、反映人民願望、維護人民權益、增進人民福祉落實到全面依法治國各領域全過程。我們的政府是人民政府，各項工作都與人民群眾利益緊密相關，只有堅持依法行政、建設法治政府，才能更好地服務於人民。當前，我國法治政府建設還面臨不少問題和挑戰，依法行政觀念不牢固、行政決策合法性審查走形式等問題還沒有根本解決，一些地方運動式、"一刀切"執法問題仍時有發生。這就要求必須扎實推進依法行政，聚焦法治政府建設的薄弱環節，固根基、揚優勢、補短板、強弱項，積極回應人民群眾新要求新期盼，依法保障人民權益，不斷提高人民群眾獲得感、幸福感、安全感。

二、轉變政府職能，加快建設法治政府

圍繞全面建設職能科學、權責法定、執法嚴明、公開公正、智能高效、廉潔誠信、人民滿意的法治政府，持續推動政府轉職能提效能，健全政府機構職能體系，依法全面履行政府職能。

繼續推動政府職能轉變。近些年來，轉變政府職能取得重大進展和明顯成效。要在前期改革基礎上，進一步釐清政府和市場、政府和社會關係，推動有效市場和有為政府更好結合。完善經濟調節、市場監管、社會管理、公共服務、生態環境保護等職能。健全宏觀經濟治理體系，創新和完善宏觀調控。完善共建共治共享的社會治理制度，夯實基層社會治理基礎。健全基本公共服務體系，提高基本公共服務均等化水平。構建生態文明體系，推動經濟社會發展全面綠色轉型。深入落實《優化營商環境條例》。全面實行政府權責清單制度，落實和完善行政許可事項清單，堅決防止清單之外違法實施行政許可。全面落實監管責任，加快建立全方位、多層次、立體化監管體系，提升監管的精準性和有效性。全面提升政務服務水平，堅持傳統服務與智能創新服務相結合，為人民群眾和市場主體辦事提供更多便利。

優化政府職責體系和組織結構，推進機構、職能、權限、程序、責任法定化。職能科學是建設法治政府的基礎和前提。目前，我國政府職責體系和組織結構同國家治理體系和治理能力現代化的要求相比，還需要繼續優化完善。要按照深化黨和國家機構改革的精神，堅持優化政府組織結構與促進政府職能轉變、理順部門職責關係統籌結合，使機構設置更加科學、職能更加優化、權責更加協同。合理劃分中央和地方事權，更好發揮中央和地方兩個積極性。機構職能法定化是推進依法行政、建設法治政府的重要保障。要完善相關法律法規，依法依規設置機構、配置職能、明確權限和責任、規範程序，推動改革成果制度化法定化。

提高行政效率和公信力。轉變政府職能、建設法治政府的成效，直接體現在行政效率和公信力的提升上。要在推進政府機構職能優化協同高效的同時，健全依法行政制度體系和行政決策制度體系，強化制度和政策執行，全面提升行政效率。要完善政府立法工作機制，加強重要領域立法，統籌推

進相關法律法規規章立改廢釋纂工作，全面落實行政規範性文件合法性審核機制和備案審查制度，以良法促進發展、保障善治。堅持科學決策、民主決策、依法決策，嚴格落實重大行政決策程序，涉及社會公眾切身利益的重要規劃、重大公共政策和措施、重大公共建設項目等，應認真聽取和反映利益相關群體的意見建議，不斷提高行政決策質量和效率。健全突發事件應對體系，增強應急處置的針對性實效性。建立健全擔當作為的激勵和保護機制，切實調動各級特別是基層政府工作人員的積極性。加強數字政府建設，將數字技術廣泛應用於政府管理和服務，加快推進政務數據有序共享，優化創新政府治理流程和方式，促進政府高效履職。進一步加強政務誠信建設，健全政府守信踐諾機制，加大失信懲戒力度，不斷提升誠信行政水平，以政務誠信引領社會誠信。

深化事業單位改革。事業單位改革是行政體制改革的重要組成部分，也是推進依法行政的內在要求。目前我國已基本完成承擔行政職能事業單位和從事生產經營活動事業單位的改革，不再設立承擔行政職能的事業單位，保留的事業單位強化公益屬性。深化事業單位改革，要持續推進政事分開、事企分開、管辦分離，鞏固深化行政類、經營類事業單位改革成果，區分情況實施公益類事業單位改革。面向社會提供公益服務的事業單位要優化政事關係，着力破除逐利機制。為機關提供支持保障的事業單位，要優化機構職能和人員結構，同機關統籌管理。改革創新事業單位管理體制和運行機制，探索在組織結構、用人制度、財政支持、社會保障等方面拿出更多有效舉措，不斷增強事業單位活力。

三、深化行政執法體制改革，全面推進嚴格規範公正文明執法

行政執法工作面廣量大，一頭連着各級政府，一頭連着人民群眾，直接關係人民群眾對黨和政府的信任、對法治的信心。要完善行政執法體制機制，強化重點領域執法，規範執法程序和行為，實現執法水平普遍提升，努力讓人民群眾在每一個執法行為中都能看到風清氣正、從每一項執法決定中都能感受到公平正義。

推進行政執法體制機制改革創新。 2018 年深化黨和國家機構改革有力推動了行政執法體制改革完善，整合組建了綜合執法隊伍，有效解決了多頭、多層和重複執法問題。要繼續深化綜合行政執法體制改革，加強綜合執法、聯合執法、協作執法的組織指揮和統籌協調。大力推進跨領域跨部門聯合執法，加快實現違法線索互聯、執法標準互通、處理結果互認。在行政許可權、行政處罰權改革中，健全審批、監管、處罰銜接機制，防止相互脫節。完善行政執法與刑事司法銜接機制，推進信息共享機制化、案件移送標準和程序規範化。要通過構建完善權責清晰、運轉順暢、保障有力、廉潔高效的行政執法體制機制，持續提高執法質量和水平。

完善基層綜合執法體制機制。 基層是社會治理的基礎和重心，承擔了大量行政管理職責，提升基層綜合執法能力和水平對於推進依法行政至關重要。要進一步整合基層執法隊伍，逐步實現"一支隊伍管執法"，更快更精準回應人民群眾訴求，提升基層治理效能。持續推動執法重心下移，穩步將基層管理迫切需要且能有效承接的行政執法事項下放給基層。堅持權隨事轉、編隨事轉、錢隨事轉，充實基層執法力量，保障基層有足夠的資源履行執法職責。

加大關係群眾切身利益的重點領域執法力度。 食品藥品、公共衛生、自然資源、生態環境、安全生產、勞動保障、城市管理、交通運輸、金融服務、教育培訓等重點領域，與人民群眾生產生活息息相關，如果執法不嚴、監管不到位，就會嚴重損害人民群眾切身利益，甚至危害生命安全。要切實強化重點領域執法，分領域梳理存在的突出問題，開展集中專項整治。對潛在風險大、可能造成嚴重不良後果的，要加強日常監管和執法巡查，從源頭上預防和化解違法風險。加大對製售假冒偽劣、侵犯知識產權等違法犯罪行為的查處力度，建立完善嚴重違法懲罰性賠償和巨額罰款制度、終身禁入機制，着力解決違法成本低、維權成本高等問題，讓嚴重違法者付出應有代價。

堅持嚴格規範公正文明執法。 嚴格規範公正文明是行政執法工作的生命線，也是有機統一的整體。其中，嚴格是執法基本要求，規範是執法行為準則，公正是執法價值取向，文明是執法職業素養，要準確把握、全面貫徹，不能顧此失彼。要堅持嚴格依法辦事，保證有法必依、執法必嚴、違法必究，切實維護國家法律的權威和尊嚴。同時，要轉變執法理念、改進執法方式、增強執法素養，廣泛運用說服教育、勸導示範、警示告誡、指導約談等方式，推行柔性執法和輕微違法免罰，讓執法既有力度又有溫度，推動執法要求與執法形式相統一、執法效果與社會效果相統一。

完善行政執法程序。程序是實體的保障，程序越規範科學，執法行為就越有章可循。要按照行政執法類型，持續優化行政執法流程，規範行政執法行為，贏得人民群眾和市場主體對執法工作的更多理解支持。嚴格落實行政執法公示、執法全過程記錄、重大執法決定法制審核制度，實現行政執法信息及時準確公示、行政執法全過程留痕和可回溯管理、重大行政執法決定法制審核全覆蓋。落實告知制度，依法保障行政相對人陳述、申辯、提出聽證申請等權利。執法事項要嚴格按照法定權限和程序設定，凡沒有法律法規規章依據的一律取消。規範涉企行政檢查，着力解決涉企現場檢查事項多、頻次高、隨意檢查等問題。除有法定依據外，嚴禁地方政府採取要求特定區域或者行業、領域的市場主體普遍停產停業的措施。嚴禁下達或者變相下達罰沒指標，嚴禁將罰沒收入同作出行政處罰的行政機關及其工作人員的考核、考評直接或者變相掛鈎。

健全行政裁量權基準。濫用自由裁量權、處罰畸重畸輕，是長期以來社會反映強烈的一個突出執法問題。要堅持法制統一、程序公正、公平合理、高效便民的原則，進一步規範行政裁量權基準制定和管理，維護公平競爭市場秩序，穩定社會預期。有關部門和地方要在法律法規規定的幅度內，根據違法行為的事實、性質、情節以及社會危害程度細化量化行政裁量權基準，規範裁量範圍、種類、幅度，建立行政裁量權基準動態調整機制，做到過罰相當、寬嚴相濟。將行政裁量權基準內容嵌入行政執法信息系統，為執法人員提供精準指引，加強案例指導和日常監督檢查，有效規範行政裁量權行使，避免出現同案不同罰、顯失公平現象。

四、加強黨的領導，全面提升依法行政能力水平

行政權力是國家權力的重要組成部分，要堅持在黨的領導下履行行政職

能，強化對行政權力的制約和監督，確保其依法正確行使，使黨和人民賦予的權力始終用來為人民謀幸福。

堅持和加強黨對依法行政工作的領導。黨的領導是中國特色社會主義法治之魂，是推進依法行政、建設法治政府的根本保證。要深入學習貫徹習近平法治思想，深刻領悟"兩個確立"的決定性意義，增強"四個意識"、堅定"四個自信"、做到"兩個維護"，把堅持黨的領導貫徹落實到法治政府建設全過程各方面。堅持黨總攬全局、協調各方，健全相關制度和機制，確保法治政府建設始終在黨的領導下沿着正確方向推進。及時研究解決影響法治政府建設的重大問題，將法治建設與經濟社會發展同部署、同推進、同督促、同考核、同獎懲。各級政府要在黨委統一領導下，履行法治政府建設主體責任，謀劃落實好推進依法行政、建設法治政府各項任務。要加強法治政府建設的協調督促推動，將依法行政情況作為對地方政府、政府部門及其領導幹部綜合績效考核的重要內容，推動依法行政責任不折不扣落實。

完善行政權力監督體系。強化監督和問責是依法行政的重要保障。要將行政權力制約和監督體系納入黨和國家監督體系全局統籌謀劃，突出黨內監督主導地位。推動黨內監督與人大監督、民主監督、行政監督、司法監督、群眾監督、輿論監督等各類監督有機貫通、相互協調。積極發揮審計監督、財會監督、統計監督、執法監督、行政復議等監督作用。自覺接受紀檢監察機關監督。加強和規範政府督查工作。深化政務公開，堅持以公開為常態、不公開為例外，全過程推進決策、執行、管理、服務和結果公開，不斷拓展公開內容，優化公開渠道，讓人民監督權力，讓權力在陽光下運行。

強化行政執法監督機制和能力建設。行政執法監督對於規範執法行為、提高執法效能，具有十分重要的作用。要充分發揮行政執法監督統籌協調、規範保障、督促指導作用，加快建設省市縣鄉四級全覆蓋的行政執法協調監督工作體系，圍繞中心工作部署開展行政執法監督專項行動，強化全方位、全流程監督。積極運用互聯網、大數據、人工智能等技術手段，探索推行以遠程監管、移動監管、預警防控為特徵的非現場監管，助力解決人少事多的難題，提高執法效能和執法監督能力。

嚴格落實行政執法責任制和責任追究制度。有權必有責、有責要擔當、失責必追究。要分解落實不同部門及機構、崗位執法人員的執法職權和責任。加強和完善行政執法案卷管理和評查、行政執法機關處理投訴舉報、行政執法考核評議等制度建設。持續加大行政執法領域突出問題整治力度，防止"一刀切"執法、粗暴執法、釣魚執法，嚴查嚴處執法腐敗和作風問題。健全常態化責任追究機制，對監管不力、執法缺位的嚴肅問責，對失職瀆職、徇私枉法的堅決查辦，切實保障人民群眾和市場主體的合法權益。

持續提升依法行政能力。各級政府及其工作人員特別是領導幹部，要帶頭尊崇法治、敬畏法律，了解法律、掌握法律，遵紀守法、捍衛法治，厲行法治、依法辦事，不斷提高運用法治思維和法治方式深化改革、推動發展、化解矛盾、維護穩定、應對風險的能力。健全領導幹部學法用法機制，加強對領導幹部尊法學法守法用法和依法決策情況的考核監督。把法治教育納入各級政府工作人員初任培訓、任職培訓的必訓內容，進一步加強行政執法人員教育培訓，增強依法行政意識和專業化執法能力，努力建設一支德才兼備的高素質行政執法隊伍，更好擔當職責使命。

全面發展協商民主

張慶黎

習近平總書記在黨的二十大報告中強調，協商民主是實踐全過程人民民主的重要形式，並對全面發展協商民主作出戰略部署。堅定不移走中國特色社會主義政治發展道路，全面發展協商民主，對於發展全過程人民民主，健全人民當家作主制度體系，發揮中國共產黨領導的政治優勢和中國特色社會主義的制度優勢，把全黨全國各族人民的智慧和力量凝聚到新時代新征程黨的中心任務上來，全面建設社會主義現代化國家，以中國式現代化全面推進中華民族偉大復興，具有重大而深遠的意義。

一、深刻領會習近平總書記關於發展社會主義協商民主的重要論述

黨的十八大以來，中國特色社會主義進入新時代。以習近平同志為核心的黨中央從發展社會主義民主政治、建設社會主義現代化國家的戰略高度，對發展社會主義協商民主作出一系列重要部署。黨的十八大提出，健全社會主義協商民主制度。黨的十八屆三中全會強調，在黨的領導下，以經濟社會發展重大問題和涉及群眾切身利益的實際問題為內容，在全社會開展廣泛協商，堅持協商於決策之前和決策實施之中。黨的十九大強調，發揮社會主義協商民主重要作用，明確了新時代社會主義協商民主建設的戰略任務和基本路徑。黨中央召開中央人大工作會議、中央統戰工作會議、中央政協工作會議等重要會議，先後制定社會主義協商民主建設、人民政協協商民主建設、政黨協商、城鄉社區協商、中國共產黨政治協商工作條例等一系列制度文件，推動協商民主廣泛開展。習近平總書記對發展社會主義協商民主作出一系列重要論述，提出的一系列新理念新思想新舉措，具有鮮明的中國特色、

中國風格、中國氣派，為發展協商民主提供了根本遵循。

（一）關於協商民主的重大論斷。習近平總書記指出，社會主義協商民主是實現黨的領導的重要方式，是黨領導人民有效治理國家、保證人民當家作主的重要制度設計，是我國社會主義民主政治的特有形式和獨特優勢。在中國社會主義制度下，有事好商量，眾人的事情由眾人商量，找到全社會意願和要求的最大公約數，是人民民主的真諦。人民通過選舉、投票行使權利和人民內部各方面在重大決策之前進行充分協商，儘可能就共同性問題取得一致意見，是中國社會主義民主的兩種重要形式。這兩種民主形式相互補充、相得益彰，共同構成了中國社會主義民主政治的制度特點和優勢。協商民主深深嵌入了中國社會主義民主政治全過程，既堅持了中國共產黨的領導，又發揮了各方面的積極作用；既堅持了人民主體地位，又貫徹了民主集中制的領導制度和組織原則；既堅持了人民民主的原則，又貫徹了團結和諧的要求，豐富了民主的形式，拓展了民主的渠道，加深了民主的內涵。

（二）關於協商民主的基本定性。習近平總書記指出，要深刻把握社會主義協商民主是中國共產黨的群眾路線在政治領域的重要體現這一基本定性。人民群眾是社會主義協商民主的重點。在人民內部各方面廣泛商量的過程，就是發揚民主、集思廣益的過程，就是統一思想、凝聚共識的過程，就是科學決策、民主決策的過程，就是實現人民當家作主的過程。要按照協商於民、協商為民的要求，大力發展基層協商民主，凡是涉及群眾切身利益的決策都要充分聽取群眾意見，通過各種方式、在各個層級、各個方面同群眾進行協商。

（三）關於協商民主的戰略任務。習近平總書記強調，要切實落實推進協商民主廣泛多層制度化發展這一戰略任務，完善協商民主體系，統籌推進政黨協商、人大協商、政府協商、政協協商、人民團體協商、基層協商以及社會組織協商，健全各種制度化協商平台，確保協商民主有制可依、有規可守、有章可循、有序可遵。

（四）關於發揮我國新型政黨制度和人民政協制度的重要作用。習近平總書記指出，中國共產黨領導的多黨合作和政治協商制度，反映了人民當家作主的社會主義民主政治的本質。要着力推動政黨協商深入開展。中國共產黨和民主黨派要共同努力，把政黨協商這一社會主義民主形式堅持好、發展好、運用好。人民政協是社會主義協商民主的重要渠道和專門協商機構，要把協商民主貫穿履行職能全過程，提高政治協商、民主監督、參政議政水平，更好凝聚共識。

（五）**關於民主的評判標準。** 習近平總書記指出，保證和支持人民當家作主，必須落實到國家政治生活和社會生活之中，保證人民依法有效行使管理國家事務、管理經濟和文化事業、管理社會事務的權力。人民是否享有民主權利，要看人民是否在選舉時有投票的權利，也要看人民在日常政治生活中是否有持續參與的權利；要看人民有沒有進行民主選舉的權利，也要看人民有沒有進行民主決策、民主管理、民主監督的權利。人民只有投票的權利而沒有廣泛參與的權利，人民只有在投票時被喚醒、投票後就進入休眠期，這樣的民主是形式主義的。

（六）**關於協商民主的制度機制。** 習近平總書記指出，加強協商民主制度建設，在發展我國社會主義民主政治的進程中，要完善協商民主制度和工作機制，形成完整的制度程序和參與實踐，保證人民在日常政治生活中有廣泛持續深入參與的權利。協商就要真協商，真協商就要協商於決策之前和決策之中，從制度上保障協商成果落地。

習近平總書記關於協商民主的重要論述，精闢闡明了協商民主的基本觀點和方針政策，進一步明確了協商民主在我國政治領域的基本定性、地位作用、目標任務、實現路徑、着力重點，鮮明立起了在民主問題上的價值尺度和衡量標準，內容豐富，思想深邃，標誌着我們黨對民主政治發展規律的認識達到新的高度。必須深入學習習近平總書記的重要論述，領會精神實質，把握核心要義，抓好貫徹落實。

二、深刻認識我國社會主義協商民主的優勢特點

習近平總書記指出："發展社會主義民主政治，關鍵是要增加和擴大我們的優勢和特點，而不是要削弱和縮小我們的優勢和特點。"強調，協商民主在我國有根、有源、有生命力，具有深厚的文化基礎、理論基礎、實踐基

礎、制度基礎，是中國社會主義民主政治中獨特的、獨有的、獨到的民主形式。全面發展協商民主，必須把這一具有中國特色民主形式的優勢特點把握好、堅持好、發展好、運用好。

（一）**密切黨同人民群眾的血肉聯繫。**全心全意為人民服務，始終代表最廣大人民根本利益，是我們能夠實行和發展協商民主的重要前提和基礎。協商的過程，是黨保持同人民密切聯繫的過程，是廣泛聽取各種不同聲音、充分吸收有益意見建議的過程，是讓廣大人民了解和接受黨的政治主張和路線方針政策的過程，從而使黨的一切理論和路線方針政策，一切工作部署和工作安排，都來自人民，都為人民利益而制定和實施，都為人民所擁護和支持。

（二）**促進科學決策民主決策。**圍繞改革發展穩定重大問題特別是事關人民群眾切身利益的問題，通過各種途徑、各種渠道、各種方式進行廣泛協商，能夠暢通各種利益要求和訴求進入決策程序的渠道，廣開言路、廣集眾智、廣求良策，使黨和政府的決策和工作更好順乎民意、合乎實際，黨的理論和路線方針政策貫徹得更加徹底、執行得更加有力。

（三）**廣泛凝聚全社會共識。**協商民主堅持求同存異、聚同化異、體諒包容，蘊含合作、參與、協商的精神，既反映多數人的普遍願望，又吸納少數人的合理主張，在協商中深化認識、化解矛盾、統一思想、增進共識，找到全社會意願和要求的最大公約數，有效促進政黨關係、民族關係、宗教關係、階層關係、海內外同胞關係和諧發展，是團結和凝聚全國各族人民共同致力於中國特色社會主義事業的有效民主形式。

（四）**保障人民有序政治參與。**協商民主貫穿民主選舉、民主協商、民主決策、民主管理、民主監督全過程人民民主各個環節，協商主體涵蓋各黨派、各團體、各民族、各階層、各界人士，涉及全國各族人民利益的事情，在全體人民和全社會中廣泛協商；涉及一個地方人民群眾利益的事情，在這個地方的人民群眾中廣泛協商；涉及一部分群眾利益、特定群眾利益的事情，在這部分群眾中廣泛協商；涉及基層群眾利益的事情，在基層群眾中廣泛協商。這就使人民當家作主具體地、現實地落實到了國家政治生活和社會生活之中，保證人民依法享有廣泛的民主權利。

（五）**強化對權力的制約和監督。**通過協商民主，黨和政府在重大決策前和決策過程中，廣泛聽取各種意見建議甚至批評，及時發現存在的矛盾問題，推進權力運行公開化、規範化，讓人民監督權力，讓權力在陽光下運行，形成發現和改正失誤和錯誤的機制，使人民的民主監督權利得到全鏈條、全方位、全覆蓋落實。

習近平總書記指出："實現民主的形式是豐富多樣的，不能拘泥於刻板的模式，更不能說只有一種放之四海而皆準的評判標準。""只有扎根本國土壤、汲取充沛養分的制度，才最可靠、也最管用。"新中國成立70多年來，我們黨團結帶領人民在進行社會主義革命、建設、改革的歷史進程中，始終保持政治上的清醒，不妄自菲薄，不照搬照抄，不急於求成，不固步自封，自覺把馬克思主義基本原理同中國具體實際相結合、同中華優秀傳統文化相結合，不斷實踐、探索創新，創造和發展了具有鮮明特色和獨特優勢的社會主義協商民主。這一民主形式"可以廣泛達成決策和工作的最大共識，有效克服黨派和利益集團為自己的利益相互競爭甚至相互傾軋的弊端；可以廣泛暢通各種利益要求和訴求進入決策程序的渠道，有效克服不同政治力量為了維護和爭取自己的利益固執己見、排斥異己的弊端；可以廣泛形成發現和改正失誤和錯誤的機制，有效克服決策中情況不明、自以為是的弊端；可以廣泛形成人民群眾參與各層次管理和治理的機制，有效克服人民群眾在國家政治生活和社會治理中無法表達、難以參與的弊端；可以廣泛凝聚全社會推進改革發展的智慧和力量，有效克服各項政策和工作共識不高、無以落實的弊端"。這與西方選舉民主只強調競爭性、對抗性、排他性從而導致"西方之亂"，一些國家盲目照搬西方民主從而導致水土不服、社會動盪、民族分裂、經濟衰退，形成了鮮明對照。事實證明，協商民主符合中國國情，具有獨特優勢，豐富了人類民主的實現形式，為人類政治文明發展提供了中國方案、貢獻了中國智慧。

三、深刻把握全面發展協商民主的重點工作

全面發展協商民主，關鍵在於貫徹發展全過程人民民主的理念和要求，切實推進協商民主廣泛多層制度化發展。

（一）**完善協商民主體系**。社會主義協商民主是一個有機整體，應統籌推進政黨協商、人大協商、政府協商、政協協商、人民團體協商、基層協商以及社會組織協商，突出工作重點，形成整體效能。進一步加強政黨協商，堅持和完善中國共產黨領導的多黨合作和政治協商制度，健全相互監督特別是中國共產黨自覺接受監督、對重大決策部署貫徹落實情況實施專項監督等機制，完善民主黨派中央直接向中共中央提出建議制度，加強政黨協商保障機制建設。積極開展人大協商，深入開展立法工作中的協商和人大代表在履職過程中的協商，鼓勵基層人大在履職過程中依法開展協商。扎實推進政府協商，探索制定並公佈協商事項目錄，增強政府協商的廣泛性，完善政府協商機制。進一步完善政協協商，把協商民主貫穿履行職能全過程，把加強思想政治引領、廣泛凝聚共識作為履職工作中心環節，不斷提升政協協商水平。認真做好人民團體協商，完善人民團體參與各渠道協商的工作機制，健全人民團體直接聯繫群眾工作機制，更好組織和代表所聯繫群眾參與公共事務。大力推進基層協商，建立健全基層協商民主建設協調聯動機制，更好解決人民群眾急難愁盼的問題。探索開展社會組織協商，堅持黨的領導和政府依法管理，健全與相關社會組織聯繫的工作機制和溝通渠道，引導社會組織有序開展協商，更好為社會和群眾服務。

（二）**推進協商民主制度機制建設**。完善協商民主工作制度機制，根據不同協商渠道優勢特點，分類形成制度規範、實施步驟和工作規則，明確協商什麼、與誰協商、怎樣協商、協商成果如何運用等。按照科學合理、規範有序、簡便易行、民主集中要求，規範制定協商計劃、明確協商議題和內容、確定協商人員、開展協商活動、協商成果運用和反饋等機制。健全協商規則，設置互動環節，讓不同觀點充分表達和交流。

（三）**健全各種協商平台**。進一步建立健全提案、會議、座談、論證、聽證、公示、評估、諮詢、網絡等多種協商方式，結合實際搭建對話交流、懇談溝通的平台。建立健全決策諮詢制度，完善重大決策前的民主聽證會、民主懇談會、民主評議等，拓寬社情民意反映渠道，完善基於互聯網平台構建公眾參與政策評估的方式，吸納社會公眾特別是利益相關方參與決策，吸收專家學者、智庫機構進行決策諮詢。完善基層組織聯繫群眾制度，加強議事協商，做好上情下達、下情上傳工作，保證人民依法管理自己的事務。

（四）**發揮人民政協專門協商機構作用。** 完善落實黨對人民政協工作全面領導的制度，堅持黨的領導、統一戰線、協商民主有機結合，堅持發揚民主和增進團結相互貫通、建言資政和凝聚共識雙向發力，加強專門協商機構制度化、規範化、程序化等功能建設，健全發揮民主黨派和無黨派人士在政協有效履職的機制，拓展不同意見觀點交流交融的平台和渠道，提高深度協商互動、意見充分表達、廣泛凝聚共識水平。完善人民政協民主監督機制，發揮協商式監督作用，推動黨中央決策部署落地見效。建立委員聯繫界別群眾的制度機制，及時反映群眾意見和建議，深入宣傳黨和國家方針政策，協助黨和政府協調關係、理順情緒、化解矛盾。

四、加強黨對協商民主的領導

全面發展協商民主，必須深刻領悟"兩個確立"的決定性意義，不斷增強"四個意識"、堅定"四個自信"、做到"兩個維護"，充分發揮黨總攬全局、協調各方的領導核心作用，始終堅持黨的領導、人民當家作主、依法治國有機統一，認真貫徹民主集中制，不斷提高協商民主的質量和水平。

（一）**高度重視協商民主建設。** 各級黨委要深刻認識全過程人民民主是社會主義民主政治的本質要求，協商民主是實踐全過程人民民主的重要形式，堅定不移走中國特色社會主義政治發展道路，警惕和防範西方所謂"憲政"、多黨輪流執政、"三權鼎立"等政治思潮的侵蝕影響。尊重群眾首創精神，緊緊依靠人民推進協商民主。堅持民主基礎上的集中和集中指導下的民主相統一，確保協商依法開展、有序進行，防止議而不決、決而不行、行而不果。把協商民主建設納入黨委總體工作部署和重要議事日程，進一步完善協商議題提出、協商活動組織、協商成果採納落實和反饋機制，確保協商民主實效。各級領導幹部要帶頭實踐協商民主，熟悉協商民主工作方法，把握協商民主工作規律，真正通過協商出辦法、出共識、出感情、出團結。

（二）**堅持協商於決策之前和決策實施之中。** 各級黨委要根據年度工作重點，在做好調查研究、廣泛徵求意見的基礎上制定年度協商計劃，統籌安排協商活動，對明確規定需要協商的事項必須經協商後提交決策實施，把協商民主建設貫穿於各領域，把協商作為科學決策、民主決策的必經程序。要在黨的領導下，以經濟社會發展重大問題和涉及群眾切身利益的實際問題為主要內容開展廣泛協商，根據各方面的意見和建議來決定和調整決策和工作，使決策和工作更好順乎民意、合乎實際。

（三）**培育協商民主文化**。傳承中華民族兼容並蓄、求同存異等優秀政治文化，弘揚我們黨"團結—批評—團結"的優良傳統，培育與新時代新征程黨的中心任務相適應的協商民主文化。鼓勵和支持講真話、建諍言，促進不同思想觀點的充分表達和深入交流，做到相互尊重、平等協商而不強加於人，遵循規則、有序協商而不各說各話，體諒包容、真誠協商而不偏激偏執，形成既暢所欲言、各抒己見，又理性有度、合法依章的良好協商氛圍。

（四）**創造協商民主建設良好條件**。建立健全黨委統一領導、各方分工負責、公眾積極參與的協商民主工作格局。健全黨內民主制度，以黨內民主帶動和促進協商民主發展。推動協商民主理論進黨校、進幹部培訓學院，開展協商民主專題培訓，增強黨員幹部特別是領導幹部的協商意識和協商能力。加強協商民主理論研究，不斷豐富和發展社會主義協商民主理論體系。加強正確輿論引導，普及協商民主知識，宣傳協商民主理論和實踐，樹立協商民主建設典型，發揮好示範引領作用。

"一國兩制"這一好制度
必須長期堅持

夏寶龍

習近平總書記所作的黨的二十大報告，貫通歷史、現實和未來，揭示規律、方向和大勢，從全局和戰略高度，深刻總結"一國兩制"實踐取得的歷史性成就，系統闡述新時代堅持和完善"一國兩制"的新理念新思想新戰略，科學擘畫"一國兩制"事業發展的宏偉藍圖。這些重要論述標誌着我們黨對"一國兩制"實踐規律的認識和把握達到新高度，豐富了我們黨治國理政的新經驗，是習近平新時代中國特色社會主義思想的新成果，為做好新時代港澳工作提供了根本遵循和行動指南。我們一定要認真學習貫徹黨的二十大精神，把"一國兩制"這一好制度長期堅持下去，不斷開創港澳工作新局面，為實現第二個百年奮鬥目標和中華民族偉大復興作出新的更大貢獻。

一、"一國兩制"是經得起實踐反覆檢驗的好制度，具有強大生命力和巨大優越性

習近平總書記在黨的二十大報告中指出："'一國兩制'是中國特色社會主義的偉大創舉，是香港、澳門回歸後保持長期繁榮穩定的最佳制度安排，必須長期堅持。""一國兩制"作為一項前無古人的偉大事業，從科學構想變成生動現實，從全面付諸實施到不斷豐富完善，歷經風雨砥礪前行，戰勝各種艱難險阻，取得舉世公認的成功。進入新時代特別是黨的十九大以來，在習近平總書記領航掌舵和黨中央堅強領導下，香港局勢實現由亂到治的重大轉折，港澳工作取得一系列突破性進展、標誌性成果，香港、澳門保持繁榮穩定良好態勢，"一國兩制"事業越走越穩、越走越好。

（一）港澳回歸以來的實踐證明，"一國兩制"是維護國家主權、安全、發展利益的好制度。港澳回歸祖國，重新納入國家治理體系，走上同祖國內地優勢互補、共同發展的寬廣道路。港澳發揮連接祖國內地同世界各地的重要橋樑和窗口作用，為祖國創造經濟長期快速發展的奇跡作出了不可替代的貢獻，在我國構建對外開放新格局中發揮着重要功能。同時，一個時期，受各種內外複雜因素影響，反中亂港活動猖獗，"修例風波"導致香港局勢一度出現極為嚴峻局面。黨中央審時度勢、果斷決策，全面準確、堅定不移貫徹"一國兩制"方針，支持香港特別行政區依法止暴制亂、恢復秩序，制定實施香港國安法，修改完善香港選舉制度，強化澳門特別行政區維護國家安全制度機制，落實"愛國者治港"、"愛國者治澳"原則等。這一系列標本兼治的重大舉措，有力打擊了反中亂港亂澳勢力，一舉終結了香港維護國家安全"不設防"的歷史，徹底粉碎了港版"顏色革命"，確保特別行政區管治權牢牢掌握在愛國者手中，中央全面管治權得到有效落實，國家安全得到有力捍衛。

（二）港澳回歸以來的實踐證明，"一國兩制"是保持港澳長期繁榮穩定的好制度。有祖國作堅強後盾，港澳無論是經受亞洲金融危機、國際金融危機的衝擊，還是面對非典疫情、新冠肺炎疫情的侵襲，還是遭遇嚴重自然災害、劇烈社會動盪的影響，都一次次戰勝風險、浴火重生，獨特地位和優勢不斷鞏固，始終保持蓬勃發展的生機活力。習近平總書記親自謀劃、親自部署、親自推動的粵港澳大灣區建設，為港澳發展提供了難得機遇、廣闊空間和強勁動能，港澳以前所未有的廣度、深度積極融入國家發展大局。香港經濟蓬勃發展，國際金融、航運、貿易中心地位穩固，創新科技產業迅速興起；澳門經濟實現跨越發展，世界旅遊休閒中心、中國與葡語國家商貿合作服務平台建設成效顯著，經濟適度多元發展穩步推進。回歸以來，香港本地生產總值年均實際增長 2.7%，比同期全球發達經濟體平均增速高 0.8 個百分點，即使受疫情持續影響，2021 年香港人均本地生產總值仍達 4.9 萬美元，超過英國和歐元區、歐盟、歐洲平均值；澳門本地生產總值年均實際增長 3.5%，人均本地生產總值大幅增長，由 1.5 萬美元增至 4.4 萬美元。

（三）港澳回歸以來的實踐證明，"一國兩制"是保障港澳居民根本利益和福祉的好制度。港澳同胞當家作主，實行"港人治港"、"澳人治澳"、高度自治，香港、澳門真正的民主由此開啟，港澳居民享有比歷史上任何時期都廣泛的權利和自由。特別是香港新選舉制度的實施，充分體現廣泛代表性、政治包容性、均衡參與性、公平競爭性，符合"一國兩制"方針、符合香港實際的民主道路越走越寬廣。港澳居民習慣的資本主義制度和生活方式保持不變，"馬照跑、股照炒、舞照跳"，國際大都會魅力更勝往昔。港澳各項社會事業取得顯著進步，教育事業快速發展，社會保障和福利服務體系不斷健全，躋身全球最宜居的發達城市之列。香港擁有 46 名國家兩院院士、5 所世界百強大學，澳門實行 15 年免費教育；香港男女居民的預期壽命分別達到 83 歲、87.7 歲，澳門分別達到 81.3 歲、87.1 歲，均名列世界前茅。

（四）港澳回歸以來的實踐證明，"一國兩制"是解決歷史遺留類似問題、促進世界和平與發展的好制度。按照"一國兩制"方針，通過外交談判和平解決歷史遺留的領土問題，這在人類政治實踐中是一個創舉，改變了歷史上但凡收復失地都要兵戎相見、大動干戈的所謂"定式"。香港、澳門保持長期繁榮穩定的事實雄辯證明，我們黨既能把實行社會主義制度的內地建設好，也能把實行資本主義制度的香港、澳門建設好。"一國兩制"體現了海納百川、有容乃大的中國智慧，體現了求同存異、共謀發展的中國氣派，是中國共產黨和中國政府為國際社會解決類似問題提供的中國思路、中國方案，是對人類政治文明作出的一大貢獻。

二、長期堅持"一國兩制"這一好制度，必須深刻理解和準確把握新時代貫徹"一國兩制"方針的精髓要義

黨的二十大報告關於"一國兩制"和港澳工作的重要論述，是對港澳回歸祖國特別是黨的十八大以來"一國兩制"實踐經驗的深刻總結和高度凝練，是新時代貫徹"一國兩制"方針必須始終遵循的重要原則，必須深刻領會、準確把握。

（一）必須全面準確、堅定不移貫徹"一國兩制"方針。這是"一國兩制"實踐的總要求，是管根本的。全面準確，就是要確保不走樣、不變形；堅定不移，就是要確保不會變、不動搖。"一國兩制"的根本宗旨是維護國家主權、

安全、發展利益，保持香港、澳門長期繁榮穩定。近年來，中央採取一系列重大舉措，目的就是維護"一國兩制"的根本宗旨，確保"一國兩制"得到全面準確貫徹落實。全面準確貫徹"一國兩制"方針，關鍵是把握好"一國"與"兩制"的關係。"一國"是"兩制"的前提和基礎，"兩制"從屬和派生於"一國"。沒有"一國"這個前提，"兩制"就無從談起。維護國家主權、安全、發展利益是"一國兩制"方針的最高原則。"一國"就是中華人民共和國，社會主義制度是中華人民共和國的根本制度，中國共產黨領導是中國特色社會主義最本質的特徵，特別行政區所有居民應該自覺尊重和維護國家的根本制度。在牢牢守護"一國"原則的前提下，香港、澳門保持原有的資本主義制度和生活方式長期不變，享有高度自治權。"一國"原則愈堅固，"兩制"優勢愈彰顯。只有維護好國家主權、安全、發展利益，港澳的繁榮穩定才能得到更好保障，港澳的優勢特色才能得到更好發揮，港澳居民的切身權益才能得到更好維護。

（二）必須堅持落實中央全面管治權和保障特別行政區高度自治權相統一。這是近年來"一國兩制"成功實踐得出的一條極為寶貴的經驗。中央對特別行政區的全面管治權是特別行政區高度自治權的源頭，兩者是"源"與"流"的關係。只有維護和落實好中央全面管治權，特別行政區的高度自治權才能正確和有效行使。在"一國兩制"下，要確保憲法和基本法規定的特別行政區制度有效運行，把特別行政區治理好，必須做到中央全面管治權與特別行政區高度自治權的統一銜接。香港之所以實現由亂到治、重回正軌，很重要的一條就是用好中央全面管治權。抓住事關港澳長治久安的重大問題，把該管的堅決管起來，把該糾正的堅決糾正過來，把該立的規矩堅決立起來，確保"一國兩制"實踐始終沿着正確方向前行。中央全面管治權在很大程度上是通過特別行政區依法行使高度自治權來實現的。中央充分尊重和堅定維護特別行政區依法享有的高度自治權，明確行政長官和特別行政區政府是香港、澳門當家人，也是治理香港、澳門第一責任人，全力支持其履行好職責，把特別行政區治理好。

（三）必須堅定落實"愛國者治港"、"愛國者治澳"原則。政權必須掌握在愛國者手中，這是世界通行的政治法則，古今中外概莫能外。把香港、澳門特別行政區管治權牢牢掌握在愛國者手中，這是確保"一國兩制"行穩致遠，保證港澳長治久安、繁榮穩定的必然要求，任何時候都不能動搖。這是從"一國兩制"在港澳 20 多年的實踐，特別是香港近年來實現歷史性轉折得出的深刻啟示。落實"愛國者治港"、"愛國者治澳"原則，每位港澳居民都是參與者、實踐者、受益者，而不是旁觀者。越來越多愛國愛港愛澳立場堅定、管治能力突出的人士進入特別行政區管治架構中，展現出"愛國者治港"、"愛國者治澳"新氣象。越來越多的港澳居民更加認識到，守護好管治權，就是守護和諧穩定，就是守護切身福祉。

（四）**必須堅持依法治港治澳。**依法治理是最可靠、最穩定的治理，要善於運用法治思維和法治方式進行治理。依法治港治澳，是全面依法治國的應有之義，是推進國家治理體系和治理能力現代化的必然要求，是全面準確貫徹"一國兩制"方針的必由之路。港澳回歸以來，中央始終堅決維護特別行政區法治，強化憲法和基本法權威，嚴格依照憲法和基本法辦事，堅決維護憲法和基本法確定的特別行政區憲制秩序，不斷完善同憲法和基本法實施相關的制度和機制。制定實施香港國安法、修改完善香港選舉制度，就是中央堅持依法治港、保障香港居民基本權利的重要舉措。中央大力支持特別行政區健全各項法律制度，加強全社會的法治教育，維護良好的法治環境和法治聲譽。只有堅持依法治港治澳，"一國兩制"之路才能走對走穩。

（五）**必須發揮香港、澳門的優勢和特點。**這是實行"一國兩制"方針的重要戰略考量，是港澳融入國家發展大局、提升國際競爭力的重要條件。背靠祖國、聯通世界是港澳得天獨厚的顯著優勢。自由開放雄冠全球、營商環境世界一流、法治水準廣受讚譽、國際資本人才匯聚、中西文化薈萃交融，以及香港繼續保持普通法制度、澳門繼續保持原有法律制度等，是港澳取得成功的重要因素。發揮好港澳的優勢和特點，對於保持港澳長期繁榮穩定，對於實現第二個百年奮鬥目標，對於共建"一帶一路"、促進合作共贏，都具有十分重要意義。只要有利於港澳長期保持獨特地位和優勢，有利於港澳同世界各地開展更加開放、更加密切的交往合作，有利於港澳更好融入國家發展大局，中央都不遺餘力予以支持。在全面建成社會主義現代化強國、實現中華民族偉大復興的歷史進程中，香港、澳門必將大有可為、大有作為，會綻放出更加絢麗奪目的光彩。

（六）**必須支持港澳發展經濟、改善民生、破解經濟社會發展中的深層**

次矛盾和問題。發展是港澳的立身之本，是為居民創造更加美好生活的根本所在，是港澳保持穩定和諧的重要前提。發展是一個不斷變化的過程，發展環境不會一成不變，發展條件不會一成不變，發展理念也不會一成不變。當前，港澳長期積累的經濟結構失衡、發展動能不足、住房困難、貧富懸殊等經濟民生深層次矛盾和問題凸顯，這些都需要靠發展來解決。特別是面對世界百年未有之大變局，港澳面臨的挑戰日益增多，發展的任務更加艱巨緊迫。站在由治及興的新起點上，港澳要實現什麼樣的發展、怎麼樣實現全面發展，這是必須回答的重大課題，必須探索新路徑、拓展新空間、增添新動能，提升國際高端競爭力，充分釋放社會蘊含的巨大活力，用更好的發展理念和辦法解決深層次矛盾和問題，讓發展成果更多、更公平惠及全體居民。

（七）**必須構建更廣泛的國內外支持"一國兩制"的統一戰線。**港澳統一戰線是黨的統一戰線事業的重要組成部分。凝聚人心和力量，實現大團結大聯合，對於做好港澳工作、推進"一國兩制"事業至關重要。近年來，港澳社會之所以戰勝各種風險挑戰、保持穩定發展，"一國兩制"實踐之所以能夠不斷取得成功，很重要的一條就是做到了把一切可以團結的力量團結起來，把一切可以調動的積極因素調動起來。面對複雜動盪的國際形勢和日趨激烈的國際鬥爭，更需要加強港澳統一戰線建設，讓每一個熱愛港澳這個家園、每一個支持"一國兩制"事業的人士，都成為建設港澳的積極力量，攜手共創更加美好的明天。

三、奮力開創"一國兩制"事業新局面，為實現第二個百年奮鬥目標和中華民族偉大復興作出更大貢獻

當前，"一國兩制"事業進入新階段。我們要全面貫徹習近平新時代中國特色社會主義思想，全面貫徹落實黨的二十大精神和戰略部署，踔厲奮發、勇毅前行，全力保持港澳繁榮發展，不斷奪取港澳鬥爭新勝利，奮力譜寫"一國兩制"事業新篇章。

（一）**大力推動港澳經濟高質量發展，着力夯實"一國兩制"行穩致遠的基礎。**黨的二十大報告對推動香港、澳門經濟發展作出重要部署，強調"鞏固

提升香港、澳門在國際金融、貿易、航運航空、創新科技、文化旅遊等領域的地位",明確"支持香港、澳門更好融入國家發展大局"。我們要放眼世界格局劇烈變化,立足國家現代化建設總體要求,以"港澳所長"對接"國家所需",加強對港澳經濟社會發展的戰略謀劃和頂層設計,推動港澳更好服務國家事業發展全局。要引導特別行政區政府準確識變、科學應變、主動求變,找準港澳發展的方向和重點,鞏固發展香港國際金融、航運、貿易中心,持續建設澳門世界旅遊休閒中心、中國與葡語國家商貿合作服務平台,大力培植新興產業,全面提升競爭力;要支持特別行政區政府持續優化營商環境,積極引進高端人才、先進技術等創新要素,不斷提升港澳作為國際大都市的吸引力和輻射力;要不斷創新體制機制,支持特別行政區更加深入對接國家"十四五"規劃、粵港澳大灣區建設和"一帶一路"高質量發展等,特別是積極建好大灣區、用好大灣區,在融入國家發展大局的過程中實現自身更好更大發展。

(二)不斷完善特別行政區治理體系,着力提升全面治理能力和管治水平。黨的二十大報告對推進特別行政區治理體系和治理能力建設提出明確要求,強調要"堅持行政主導,支持行政長官和特別行政區政府依法施政,提升全面治理能力和管治水平"。要切實增強行政長官和特別行政區政府當家人和第一責任人的意識,支持他們敢於擔當、主動作為、善作善成。要堅持和完善行政主導體制,確保行政機關和立法機關既互相制衡又互相配合,司法機關依法獨立行使審判權。要完善特別行政區司法制度和法律體系,不斷提升港澳依法治理水平,維護居民民主權利,進一步守護好法治這個"金字招牌"。要按照德才兼備的標準,廣泛吸納愛國愛港愛澳立場堅定、管治能力突出、熱心服務公眾的優秀人才進入政府。要把有為政府同高效市場更好地結合起來,引導特別行政區政府轉變治理理念、改進政府作風、強化基層基礎、提高治理能力,努力建設一個能夠全面準確貫徹"一國兩制"方針、能夠帶領港澳全面發展、能夠為廣大居民辦實事的有為政府,用扎扎實實的工作成效展現良政善治新氣象。

(三)下大力氣改善民生,着力提升港澳居民的幸福感、獲得感、安全感。黨的二十大報告對支持港澳改善民生提出了明確要求,強調要"破解經濟社會發展中的深層次矛盾和問題"。要支持特別行政區政府把居民對美好生活的期盼作為施政最大追求，急居民之所急、憂居民之所憂，拿出更果敢的魄力、更有效的舉措積極破解土地房屋、扶貧助弱安老等方面的深層次矛盾和問題，一件一件抓落實，努力讓廣大居民看到變化、得到實惠。要更加關心關愛青年，引導他們樹立正確的國家觀、人生觀、價值觀，創造更好的教育、就業、創業、生活環境，為他們成長成才提供更多機會。

（四）**進一步健全特別行政區維護國家安全的制度機制，着力鞏固國家安全屏障。**黨的二十大報告充分肯定建立健全特別行政區維護國家安全的法律制度和執行機制所取得的重大成就，並對今後維護國家安全工作提出明確要求，強調要“堅決打擊反中亂港亂澳勢力，堅決防範和遏制外部勢力干預港澳事務”。要進一步健全特別行政區維護國家安全的制度體系和執行機制，不斷提高港澳維護國家安全的能力和水平。要繼續深入實施香港國安法，指導澳門特別行政區完善國安法律體系。

（五）**鞏固發展愛國愛港愛澳統一戰線，着力匯聚“一國兩制”行穩致遠的磅礴力量。**黨的二十大報告對發展壯大愛國愛港愛澳力量、增強港澳同胞的愛國精神作出重要部署，強調要“形成更廣泛的國內外支持‘一國兩制’的統一戰線”。要加強愛國愛港愛澳力量建設，增強凝聚力，擴大團結面，提高包容性，在愛國愛港愛澳旗幟下畫出最大同心圓。要講好“一國兩制”成功實踐的港澳故事，更廣泛地形成國際社會對“一國兩制”的認同和支持。“一國兩制”在香港、澳門的實踐不斷取得新的更大成功，必將為實現祖國完全統一提供重要借鑒、發揮重要作用。

高質量發展是全面建設社會主義現代化國家的首要任務

何立峰

習近平總書記在黨的二十大報告中強調，"高質量發展是全面建設社會主義現代化國家的首要任務。發展是黨執政興國的第一要務。沒有堅實的物質技術基礎，就不可能全面建成社會主義現代化強國。" 我國經濟已轉向高質量發展階段，經濟社會發展必須以推動高質量發展為主題。推動高質量發展是遵循經濟發展規律、保持經濟持續健康發展的必然要求，是適應我國社會主要矛盾變化、解決發展不平衡不充分問題的必然要求，是有效防範化解各種重大風險挑戰、以中國式現代化全面推進中華民族偉大復興的必然要求。在全面建設社會主義現代化國家、向第二個百年奮鬥目標進軍新征程上，我們要認真學習領會高質量發展的深刻內涵和實踐要求，全面貫徹習近平新時代中國特色社會主義思想，堅定不移把思想和行動統一到以習近平同志為核心的黨中央決策部署上來，切實把推動高質量發展的要求貫徹到經濟社會發展的全過程各領域。

一、推動高質量發展取得歷史性偉大成就

黨的十八大以來，以習近平同志為核心的黨中央團結帶領全黨全國人民堅持貫徹新發展理念，着力推動經濟發展質量變革、效率變革、動力變革，主動積極應對世界百年未有之大變局疊加世紀疫情帶來的種種新風險新挑戰，解決了許多長期沒有解決的發展難題，辦成了許多事關長遠的大事要事，國家經濟實力、科技實力、綜合國力和國際影響力都躍上一個大台階。

（一）創新和完善宏觀經濟治理，經濟實力實現大幅躍升。面對複雜嚴峻

的國際環境和經濟運行新情況新特點，堅持穩中求進工作總基調，堅持高效統籌新冠肺炎疫情防控和經濟社會發展，加強經濟政策的跨周期設計和逆周期調節，既保持了經濟發展量的合理增長，也實現了質的有效提升。2013 年以來，我國經濟實現了年均 6.6% 的中高速增長，經濟增速位居世界主要經濟體前列，成為世界經濟增長的主要貢獻國；經濟總量從 2012 年的 53.9 萬億元提升到 2021 年的 114.4 萬億元，佔世界經濟的比重由同期的 11.3% 提升到 18.5%；人均國內生產總值折合美元從 6301 美元提升至 12556 美元，趕上並超過全球平均水平。物價水平總體穩定，城鎮新增就業累計超過 1.3 億人，國際收支保持基本平衡。我國作為世界第二大經濟體、第二大消費市場、製造業第一大國、貨物貿易第一大國、外匯儲備第一大國等的地位進一步鞏固提升。

（二）**堅持創新驅動發展，創新型國家建設成果豐碩**。深入實施創新驅動發展戰略，全社會研發投入與國內生產總值之比由 2012 年 1.91% 提高到 2021 年 2.44%，科技實力正在從量的積累邁向質的飛躍，從點的突破邁向系統能力提升，全球創新指數排名由第 34 位上升至 2022 年的第 11 位。在中微子振盪、鐵基超導、腦科學等前沿方向上取得一批重大原創成果，"天問一號"探測器成功着陸火星，中國人首次進入自己的空間站，"奮鬥者"號全海深載人潛水器成功完成萬米海試，北斗導航全球組網，超導量子計算原型機"祖沖之號"成功問世，自主第三代核電機組"華龍一號"投入商業運行，"深海一號"超深水大氣田成功投產。國家戰略性科技力量不斷強化，國際科技創新中心、綜合性國家科學中心創新能級持續提升，北京、上海、粵港澳大灣區躋身全球科技集群前 10 位。新一代信息技術、生物技術、高端裝備、綠色環保等戰略性新興產業發展壯大，雲計算、大數據、區塊鏈、人工智能等數字技術與傳統產業深度融合。

（三）**持續優化經濟結構，發展協調性明顯增強**。產業轉型升級步伐加快，全國糧食總產量連續 7 年保持在年 1.3 萬億斤以上，工業化和信息化、先進製造業和現代服務業融合發展進程加速，製造業增加值穩居世界首位，服務業增加值佔國內生產總值比重從 2012 年的 45.5% 提高到 2021 年的 53.3%。現代基礎設施網絡持續完善，建成世界上最現代化的鐵路網和最發達的高鐵網，建成 5G 基站佔全球總數超過 60%。區域發展成就輝煌，京津冀協同發展、長江經濟帶發展、粵港澳大灣區建設、長三角一體化發展、黃河流域生態保護和高質量發展等區域重大戰略穩步實施，東部與中、西部人均地區生產總值比分別從 2012 年的 1.69、1.87 下降到 2021 年的 1.53、1.68。鄉村振興戰略全面實施，城鄉居民人均可支配收入之比由 2.88：1 降低到 2.5：1，鄉村畜民產業保持良好發展勢頭。以人為核心的新型城鎮化深入推進，常住人口城鎮化率從 53.1% 提高到 64.7%。

（四）**全面深化改革開放，發展動力活力競相迸發、充分湧流。**各領域基礎性制度框架基本確立，許多領域實現了歷史性變革、系統性重塑、整體性重構。高標準市場體系建設穩步推進，產權保護和要素市場制度建設取得積極進展。持續深化簡政放權、放管結合、優化服務改革，市場化法治化國際化營商環境加快形成，全國統一大市場建設加快推進。共建"一帶一路"成果豐碩，全方位高水平開放型經濟加快形成。自由貿易試驗區和海南自由貿易港建設蓬勃展開，我國已成為 140 多個國家和地區的主要貿易夥伴。截至 2022 年 10 月中旬，中歐班列已累計開行 6.1 萬列，已通達歐洲 24 個國家、204 個城市。積極參與全球經濟治理，《區域全面經濟夥伴關係協定》（RCEP）生效實施，為世界和平與發展貢獻了中國智慧和中國力量。

（五）**努力建設美麗中國，生態環境保護發生歷史性、轉折性、全局性變化。**"綠水青山就是金山銀山"的理念深入人心，單位國內生產總值能耗強度累計下降 26.2%，藍天、碧水、淨土保衛戰取得重大戰略成果，重污染天氣明顯減少，水環境質量顯著改善，土壤環境風險得到有效管控。山水林田湖草沙一體化保護和系統治理統籌推進，河長制湖長制和濕地保護制度逐步落實，生態系統質量和穩定性不斷提升。作出"力爭 2030 年前實現碳達峰、2060 年前實現碳中和"的莊嚴承諾，碳達峰碳中和工作穩妥有序推進，能源清潔低碳轉型加快推進，經濟社會發展全面綠色轉型邁出新步伐。

（六）**持續增進民生福祉，人民獲得感、幸福感、安全感更加充實、更有保障、更可持續。**打贏人類歷史上規模最大、力度最強、成效最好的脫貧攻堅戰，困擾中華民族幾千年的絕對貧困問題得到歷史性解決。堅持人民至上、生命至上，抗擊新冠肺炎疫情取得重大戰略成果。居民人均可支配收入增速與經濟增長基本同步，中等收入群體規模超過 4 億人。基本公共服務均等化水平不斷提高，2021 年九年義務教育鞏固率達到 95.4%，比 2012 年提高了 3.6 個百分點，高等教育進入普及化階段。健康中國建設穩步推進，應對突發公共衛生事件能力大幅提高，多層次醫療服務體系更加健全。建成世界上最大的社會保障網，基本養老保險參保人數由 7.9 億增加到 10.4 億，基本醫療保險參保人數由 5.4 億增加到 13.6 億。累計建設各類保障性住房和棚改安置房 8000 多萬套，2 億多困難群眾住房條件得到改善。

（七）統籌發展和安全，安全保障能力得到持續提升。糧食安全得到有力保障。牢牢守住 18 億畝耕地紅線，加快種源核心技術攻關，糧食產購儲加銷體系不斷健全，實現穀物基本自給、口糧絕對安全。能源供給保障能力持續提升。煤電油氣產供儲銷體系建立健全，多個能源品種產能位居世界第一，風電、太陽能、水電、在建核電裝機規模保持世界第一，緊缺礦產資源自主保障能力進一步增強。產業鏈供應鏈自主可控能力不斷增強。着力暢通經濟循環，努力穩鏈強鏈、補鏈延鏈，重點產業和關鍵領域保持平穩運行，大宗商品、原材料保供穩價有力有序，技術創新動能不斷增強，產業鏈供應鏈韌性持續提升。

二、推動高質量發展的重要經驗

在新時代 10 年推動高質量發展的實踐中，形成和積累了很多彌足珍貴的歷史經驗，主要包括以下幾個方面。

（一）必須堅持黨對經濟工作的全面領導。中國共產黨領導是中國特色社會主義最本質的特徵，是中國特色社會主義制度的最大優勢。黨的十八大以來，我國之所以能克服一個又一個風險挑戰，推動經濟發展質量和效益全面提升，續寫經濟快速發展和社會長期穩定"兩大奇跡"，最根本的原因是有以習近平同志為核心的黨中央領航掌舵，有習近平新時代中國特色社會主義思想科學指引。中國經濟像一艘巨輪，體量越大、風浪越大，領航掌舵越重要；越是形勢複雜、任務艱巨，越要發揮黨的領導這一"定海神針"作用。新征程上，必須堅決捍衛"兩個確立"，堅決做到"兩個維護"，確保執行黨中央戰略決策不偏向、不變通、不走樣，不折不扣，堅定有力地完成好推動高質量發展各項目標任務。

（二）**必須堅持以人民為中心。**增進民生福祉是發展的根本目的，人民對美好生活的嚮往就是我們的奮鬥目標。隨着我國社會主要矛盾的轉化，人民對美好生活的嚮往更加強烈，推動高質量發展，就是從"有沒有"轉向"好不好"。黨的十八大以來，以習近平同志為核心的黨中央鮮明提出堅持以人民為中心的發展思想，把增進人民福祉、促進人的全面發展、朝着共同富裕方向穩步前進作為經濟發展的出發點和落腳點。新征程上，必須緊緊抓住人民最關心最直接最現實的利益問題，着力補齊民生短板、辦好民生實事，讓發展成果更多更公平惠及全體人民。

（三）**必須堅持完整、準確、全面貫徹新發展理念。**理念是行動的先導，發展理念從根本上決定着發展方式和成效，高質量發展是體現新發展理念的發展。黨的十八大以來，以習近平同志為核心的黨中央對發展理念和思路作出及時調整，提出創新、協調、綠色、開放、共享的新發展理念，明確了我國現代化建設的指導原則，有力指導了我國新的發展實踐。只有完整準確全面貫徹新發展理念，才能有效破解一系列結構性、周期性、體制性問題，才能有效應對外部衝擊，不斷提高發展質量和效益，保持經濟平穩健康可持續發展。新征程上，必須努力實現創新成為第一動力、協調成為內生特點、綠色成為普遍形態、開放成為必由之路、共享成為根本目的的發展。

（四）**必須堅持問題導向和目標導向。**黨的十八大以來，以習近平同志為核心的黨中央堅持把解決實際問題作為打開工作局面的突破口，奔着問題去，向着目標走，更加精準地貫徹新發展理念，深入推進新舊動能轉換、發展格局調整、社會結構變化，推動我國經濟邁向更高質量、更有效率、更加公平、更可持續、更為安全的發展。新征程上，必須堅持發展第一要務，緊緊抓住解決不平衡不充分的發展問題，着力在補短板、強弱項、固底板、揚優勢上下功夫，努力實現各項目標任務。

（五）**必須堅持向改革開放創新要動力。**改革開放是決定當代中國前途命運的關鍵一招，創新是引領發展的第一動力。黨的十八大以來，以習近平同志為核心的黨中央堅持統籌國內國際兩個大局，堅定不移推進全面深化改革，着力構建開放型經濟新體制，深入實施創新驅動發展戰略，阻滯經濟循環的堵點、卡點不斷破除，經濟發展的活力大幅提升、動力持續釋放。新征程上，必須堅持開拓創新，堅持社會主義市場經濟改革方向，堅持高水平開放，正確處理國內循環與國際循環、自立自強與開放合作等關係，不斷解放和發展社會生產力，實現經濟由大到強的新跨越。

（六）**必須堅持統籌好發展和安全**。安全是發展的前提，發展是安全的保障。統籌發展和安全，增強憂患意識，做到居安思危，是我們黨治國理政的一個重大原則。黨的十八大以來，以習近平同志為核心的黨中央堅持總體國家安全觀，從容應對國內外形勢的深刻複雜變化，着力破解各種矛盾和問題，發展的安全保障能力持續提升。新征程上，世界百年未有之大變局加速演進，我國發展面臨的環境更加複雜嚴峻，必須堅持底線思維，推進國家安全體系和能力現代化建設，有效防範化解各類風險挑戰，實現高質量發展和高水平安全的良性互動，確保全面建設社會主義現代化國家順利推進。

三、堅持以推動高質量發展為主題落實好各項經濟工作

未來 5 年是全面建設社會主義現代化國家開局起步的關鍵時期，黨的二十大對加快構建新發展格局、着力推動高質量發展作出了戰略部署，我們要認真貫徹好落實好。重點要做好以下幾方面工作。

（一）**着力構建新發展格局**。把實施擴大內需戰略同深化供給側結構性改革有機結合起來，增強國內大循環內生動力和可靠性。堅持擴大內需這個戰略基點，增強消費對經濟發展的基礎性作用和投資對優化供給結構的關鍵作用，加快形成強大國內市場。深化供給側結構性改革，在提高供給體系質量、暢通經濟循環上下更大功夫，形成需求牽引供給、供給創造需求的更高水平動態平衡。在積極擴大內需的同時努力穩定外需，提升國際循環質量和水平。

（二）**着力提高全要素生產率**。深入實施科教興國戰略、人才強國戰略、創新驅動發展戰略，推動教育優先發展、科技自立自強、人才引領驅動。進一步加強基礎研究、應用研究和科技成果轉化，堅決打贏關鍵核心技術攻堅

戰。強化科技創新制度保障，優化企業創新生態和激勵引導機制，適度超前佈局國家重大科技基礎設施，加快建設高水平創新平台，打造區域創新高地。持續優化勞動、資本、土地、資源等生產要素配置，不斷提高全要素生產率，形成優質高效的現代化產業體系、多層次的創新體系，開闢發展新領域新賽道，塑造發展新動能新優勢。

（三）**着力提升產業鏈供應鏈韌性和安全水平**。把增強產業鏈韌性和競爭力放在更加重要的位置，着力打造自主可控、安全可靠的產業鏈供應鏈。深入實施質量強國建設和產業基礎再造工程，加快發展先進製造業集群，壯大智能製造、生命健康、新材料等戰略性新興產業，做大做強做優數字經濟，深入推進傳統產業數字化轉型和數字產業創新發展。落實最嚴格的耕地保護制度，堅持農業科技自立自強，夯實糧食穩產增產基礎，保障國家糧食安全。不斷健全和發展石油、天然氣、煤炭、電力等能源新型的產供儲銷體系，保障能源和戰略性礦產資源安全。

（四）**着力推進城鄉融合發展和區域協調發展**。全面實施鄉村振興戰略，加快構建現代農業產業體系、生產體系、經營體系，加快推進農業農村現代化。推進以人為核心的新型城鎮化，加快農業轉移人口市民化，優化城鎮化空間佈局，進一步完善城鄉融合發展體制機制。深入實施區域協調發展戰略、區域重大戰略、主體功能區戰略，構建優勢互補、高質量發展的區域經濟佈局和國土空間體系。推進京津冀協同發展、長江經濟帶發展、粵港澳大灣區建設、長三角一體化發展，推動黃河流域生態保護和高質量發展。加大力度支持特殊類型地區發展，在發展中促進相對平衡。

（五）**着力構建高水平社會主義市場經濟體制**。堅持"兩個毫不動搖"，充分發揮市場在資源配置中的決定性作用，更好發揮政府作用，營造好的政策和制度環境，提高國有企業核心競爭力，促進民營經濟發展壯大，支持中小微企業發展，讓國企敢幹、民企敢闖、外企敢投。深化"放管服"改革，營造市場化、法治化、國際化一流營商環境。建設高標準市場體系，深化要素市場化改革，加快構建高效規範、公平競爭、充分開放的全國統一大市場。推進能源、鐵路、電信、公用事業等行業競爭性環節市場化改革。為資本設置"紅綠燈"，依法加強對資本的有效監管，依法規範和引導資本健康發展。

（六）着力推進高水平對外開放。持續深化商品、服務、資金、人才等要素流動型開放，穩步擴大規則、規制、管理、標準等制度型開放，依託我國超大規模市場優勢，吸引全球資源要素。推動貨物貿易優化升級，創新服務貿易發展機制，實施自貿試驗區提升戰略，加快建設海南自由貿易港，支持跨境電商、海外倉等發展，加大吸引外資力度，推動重大外資項目落地，持續完善外資安全審查機制，深化雙邊、多邊、區域合作，推動共建"一帶一路"高質量發展，構建互利共贏、多元平衡、安全高效的開放型經濟體系。

（七）着力推動綠色低碳發展。處理好發展與減碳關係，統籌有序推進碳達峰工作，落實好碳中和行動方案，完善能源消耗總量和強度調控，大力推進煤炭清潔高效利用，加快規劃建設新能源供給消納體系。健全綠色低碳循環發展經濟體系，促進經濟社會發展全面綠色轉型，推動產業結構、能源結構、交通運輸結構等調整優化，實施全面節約戰略，倡導綠色消費，推動形成綠色低碳的生產方式和生活方式。堅持山水林田湖草沙一體化保護和系統治理，加快重要生態系統保護和修復，實施生物多樣性保護重大工程。深入推進環境污染防治，健全現代環境治理體系。

（八）着力提高人民生活品質。堅持盡力而為、量力而行，加強普惠性、基礎性、兜底性民生建設。實施就業優先戰略，擴大就業容量，提升就業質量。在高質量發展中促進共同富裕，增加低收入者收入，擴大中等收入群體，促進機會公平。健全覆蓋全民、統籌城鄉、公平統一、安全規範、可持續的多層次社會保障體系。加快建設高質量教育體系和全方位全周期的健康體系，加快義務教育優質均衡發展和城鄉一體化，健全公共衛生體系。實施積極應對人口老齡化國家戰略，促進人口長期均衡發展。

黨的十九大以來黨和國家事業取得舉世矚目的重大成就

王建新

　　黨的十九大以來的 5 年，是極不尋常、極不平凡的 5 年。以習近平同志為核心的黨中央，高舉中國特色社會主義偉大旗幟，貫徹黨的基本理論、基本路線、基本方略，統籌推進"五位一體"總體佈局、協調推進"四個全面"戰略佈局，團結帶領全黨全軍全國各族人民有效應對嚴峻複雜的國際形勢和接踵而至的巨大風險挑戰，以奮發有為的精神把新時代中國特色社會主義不斷推向前進。習近平總書記在黨的二十大報告中深刻指出："五年來，我們黨團結帶領人民，攻克了許多長期沒有解決的難題，辦成了許多事關長遠的大事要事，推動黨和國家事業取得舉世矚目的重大成就。"

　　這 5 年來重大成就的取得，根本在於有習近平總書記作為黨中央的核心、全黨的核心領航掌舵，在於有習近平新時代中國特色社會主義思想科學指引。必須深刻領悟"兩個確立"的決定性意義，增強"四個意識"、堅定"四個自信"、做到"兩個維護"，奮力走好新的趕考之路，譜寫新時代中國特色社會主義更加絢麗的華章。

一、黨中央着眼未來、登高望遠，統籌中華民族偉大復興戰略全局和世界百年未有之大變局，對一系列關乎中國特色社會主義發展的根本性問題作出頂層設計，就黨和國家事業發展作出重大戰略部署

　　戰略問題是一個政黨、一個國家的根本性問題。黨的十九大以來，面對國內外環境的深刻複雜變化，黨中央對關係全局和長遠的重大理論和實踐問

題進行深邃思考和科學判斷，提出一系列重大戰略思想、作出一系列重大戰略部署、採取一系列重大戰略舉措，為新時代黨和國家事業發展進一步指明了前進方向。

憲法是國家的根本法，是治國安邦的總章程。黨的十九屆二中全會專門研究憲法修改問題，把黨的十九大確定的重大理論觀點和重大方針政策載入國家根本法，把黨和人民在實踐中取得的重大理論創新、實踐創新、制度創新成果上升為憲法規定。確立習近平新時代中國特色社會主義思想在國家政治和社會生活中的指導地位、充實堅持和加強中國共產黨全面領導的內容、增加有關監察委員會的各項規定等，一系列重大制度設計體現時代大勢所趨、事業發展所需、黨心民心所向，為實現"兩個一百年"奮鬥目標和中華民族偉大復興的中國夢提供了有力憲法保障。

黨和國家機構職能體系是中國特色社會主義制度的重要組成部分，是我們黨治國理政的重要保障。黨的十九屆三中全會決定，全面深化黨和國家機構改革。這次機構改革新組建和重新組建部級機構 25 個，調整優化領導管理體制和職責部級機構 31 個，重構性健全了黨的領導、政府治理、武裝力量、群團工作體系，適應新時代要求的黨和國家機構職能體系主體框架不斷完善，推進國家治理體系和治理能力現代化邁出重大步伐。

把中國特色社會主義制度堅持好、完善好、發展好，是關係黨和國家事業發展的根本性、全局性、長期性問題。黨的十九屆四中全會對堅持和完善中國特色社會主義制度、推進國家治理體系和治理能力現代化作出總體擘畫，重點部署堅持和完善支撐中國特色社會主義制度的根本制度、基本制度、重要制度，分別從堅持和完善黨的領導制度體系、人民當家作主制度體系等 13 個方面作出許多新的制度安排，推動我國制度優勢更好轉化為國家治理效能，推動"中國之治"邁向更高境界。

從第一個五年計劃到第十四個五年規劃，一以貫之的主題是把我國建設成為社會主義現代化國家。黨的十九屆五中全會重點研究"十四五"規劃並提出建議，對"十四五"時期和未來 15 年我國全面建設社會主義現代化國家的指導方針、主要目標、工作重點、落實機制等作出明確部署。這是"十四五"乃至更長時期我國經濟社會發展的行動指南，是全面建設社會主義現代化國家的行動綱領。

藍圖已繪就，奮鬥正當時。全黨全國各族人民錨定奮鬥目標，同心同德、頑強奮鬥，在全面建設社會主義現代化國家新征程上闊步前行，不斷創造新的歷史偉業。

二、全面建成小康社會，實現第一個百年奮鬥目標，乘勢而上開啟全面建設社會主義現代化國家新征程，向第二個百年奮鬥目標進軍，在新時代偉大歷史進程中書寫了濃墨重彩的壯麗篇章

從黨的十九大到黨的二十大，是"兩個一百年"奮鬥目標的歷史交匯期。黨中央深刻把握我國社會主要矛盾發展變化帶來的新特徵新要求，有效應對錯綜複雜的國際環境帶來的新矛盾新挑戰，團結帶領全黨全軍全國各族人民，攻堅克難、砥礪前行，奪取了全面建成小康社會的偉大勝利，實現了第一個百年奮鬥目標，邁上了全面建設社會主義現代化國家、向第二個百年奮鬥目標進軍的新征程。

堅持加強黨的全面領導和黨中央集中統一領導。將"中國共產黨的領導是中國特色社會主義最本質的特徵，是中國特色社會主義制度的最大優勢"寫入黨章總綱，明確黨的領導制度是我國的根本領導制度，堅持黨中央集中統一領導是最高政治原則，系統完善黨的領導制度體系，深入推進全面從嚴治黨，確保黨發揮總攬全局、協調各方的領導核心作用，全黨深刻領悟"兩個確立"的決定性意義，黨的團結統一更加鞏固。

全力推進全面建成小康社會進程。2018 年至 2020 年全國農村貧困人口累計減少 3046 萬人，年均減貧超過 1000 萬人。到 2020 年底，全國 832 個貧困縣全部摘帽，近 1 億農村貧困人口實現脫貧，打贏了人類歷史上規模最大的脫貧攻堅戰，歷史性地解決了絕對貧困問題，中國共產黨帶領中國人民把全面建成小康社會的歷史豐碑樹立在民族復興的康莊大道上。

統籌推進"五位一體"總體佈局。完整、準確、全面貫徹新發展理念，主動構建新發展格局，經濟邁上高質量發展之路，2021 年國內生產總值增長到 114 萬億元，穩居世界第二。扎實推進全過程人民民主，社會主義民主政治制

度化、規範化、程序化全面推進，中國特色社會主義法治體系加快建設，全面依法治國總體格局基本形成。積極發展社會主義先進文化，新時代黨的創新理論深入人心，社會主義核心價值觀廣泛傳播，全黨全國各族人民文化自信明顯增強。突出保障和改善民生，2021 年居民人均可支配收入增加到 35100 元，城鎮新增就業年均 1300 萬人以上，人民對美好生活的嚮往不斷變為現實。大力推進生態文明建設，全方位、全地域、全過程加強生態環境保護，人與自然和諧共生的美麗中國畫卷正在徐徐展開。同時，在維護國家安全、國防和軍隊建設、堅持"一國兩制"和推進祖國統一等各領域，也都取得了新的重大成就。

我國國際地位顯著提升。我國綜合國力持續提升，2021 年經濟總量佔世界經濟的比重達 18.5%，成為世界經濟格局中最為穩定、最具活力、最有韌性、最富成長性的動力源和壓艙石。開放的大門越開越大，共建"一帶一路"成為深受歡迎的國際公共產品和國際合作平台，我國成為 140 多個國家和地區的主要貿易夥伴。全方位推進中國特色大國外交，推動構建人類命運共同體，積極建設覆蓋全球的夥伴關係網絡，積極參與全球治理體系改革和建設，全面開展抗擊新冠肺炎疫情國際合作，我國國際影響力、感召力、塑造力顯著提升。

黨的十九大以來的 5 年是新時代 10 年的重要組成部分，黨和國家事業取得歷史性成就、發生歷史性變革，為實現中華民族偉大復興提供了更為完善的制度保證、更為堅實的物質基礎、更為主動的精神力量，實現中華民族偉大復興進入了不可逆轉的歷史進程。

三、保持越是艱險越向前的英雄氣概，擼起袖子加油幹、風雨無阻向前行，義無反顧進行具有許多新的歷史特點的偉大鬥爭，戰勝一系列重大風險挑戰，在偉大鬥爭中將偉大事業不斷推向前進

當今世界正經歷百年未有之大變局，我國正處於實現中華民族偉大復興關鍵時期，形勢環境變化之快、改革發展穩定任務之重、矛盾風險挑戰之多、治國理政考驗之大前所未有。黨中央帶領全黨全軍全國各族人民，迎難而上、敢於鬥爭，一仗接着一仗打，經受住了來自政治、經濟、意識形態、自然界等方

面的風險挑戰考驗，不斷奪取具有許多新的歷史特點的偉大鬥爭新勝利。

新冠肺炎疫情突如其來，這是百年來全球發生的最嚴重的傳染病大流行，是新中國成立以來我國遭遇的傳播速度最快、感染範圍最廣、防控難度最大的重大突發公共衛生事件。習近平總書記親自指揮、親自部署，黨中央統攬全局、果斷決策，14 億多中國人民風雨同舟、眾志成城，堅決打響抗擊疫情人民戰爭、總體戰、阻擊戰。兩年多來，堅持人民至上、生命至上，堅持外防輸入、內防反彈，堅持動態清零不動搖，一道道生命守護線牢牢築起，一張張疫情防控網密密織就，最大限度保護了人民生命安全和身體健康。黨中央準確把握疫情形勢變化，及時作出統籌疫情防控和經濟社會發展的重大決策，2020 年，中國成為全球唯一實現經濟正增長的主要經濟體；2021 年，中國經濟增速在全球主要經濟體中名列前茅；2022 年上半年，克服各種不利因素影響，國內生產總值同比增長 2.5%，統籌疫情防控和經濟社會發展取得重大積極成果。

香港回歸祖國後，重新納入國家治理體系，"一國兩制"實踐取得舉世公認的成功。同時，一個時期，受各種內外複雜因素影響，"反中亂港"活動猖獗，香港局勢一度出現嚴峻局面。面對香港局勢動盪變化，黨中央作出健全中央依照憲法和基本法對特別行政區行使全面管治權、完善特別行政區同憲法和基本法實施相關制度機制的重大決策，推動建立健全特別行政區維護國家安全的法律制度和執行機制、制定香港特別行政區維護國家安全法、完善香港特別行政區選舉制度，落實"愛國者治港"原則。一系列標本兼治的舉措，推動香港局勢實現由亂到治的重大轉折，為促進"一國兩制"實踐行穩致遠打下了堅實基礎。

面對"台獨"勢力分裂活動和外部勢力干涉台灣事務的嚴重挑釁，堅決開展反分裂、反干涉重大鬥爭，展示了維護國家主權和領土完整、反對"台獨"的堅強決心和強大能力，進一步掌握了實現祖國完全統一的戰略主動，進一步鞏固了國際社會堅持一個中國的格局。

當前，世界百年未有之大變局加速演進，世界進入新的動盪變革期。隨着我國不斷發展壯大，個別國家不擇手段對我國進行圍堵打壓。面對國際局勢急劇變化，特別是面對外部訛詐、遏制、封鎖、極限施壓，黨中央堅持國家利益為重、國內政治優先，保持戰略定力，發揚鬥爭精神，圍繞涉疆、涉藏、涉港、涉台、涉海、涉疫和所謂民族、宗教、人權等問題開展堅決鬥爭，對不斷挑戰我國底線、加大對我國遏制打壓的行為進行堅決反制，同企圖顛覆中國共產黨領導和我國社會主義制度、企圖遲滯甚至中斷中華民族偉大復興進程的一切勢力鬥爭到底，堅決維護國家尊嚴和核心利益。

我們黨依靠鬥爭創造歷史，更要依靠鬥爭贏得未來。新征程上，面臨的風險考驗只會越來越複雜，必須把握新的偉大鬥爭的歷史特點，敢於善於鬥爭，堅韌勇敢向前，把新時代中國特色社會主義偉大事業不斷推向前進。

四、隆重慶祝中國共產黨成立 100 周年、中華人民共和國成立 70 周年，制定第三個歷史決議，堅定歷史自信，增強歷史主動，在新的征程上更加堅定、更加自覺地牢記初心使命、開創美好未來

中國共產黨的百年長卷鐫刻着奮鬥的輝煌，也啟示着未來的方向。每到重要歷史時刻和重大歷史關頭，我們黨都注重回顧歷史，向歷史尋經驗、向歷史求規律、向歷史探未來，從歷史中汲取繼續前進的智慧和力量，不斷從勝利走向新的勝利。

5 年來，我們黨抓住重要時間節點，隆重慶祝中國共產黨成立 100 周年、中華人民共和國成立 70 周年、改革開放 40 周年，一步步把黨和國家事業推向前進。特別是 2021 年，把慶祝中國共產黨成立 100 周年、在全黨開展黨史學習教育、召開黨的十九屆六中全會統籌起來進行考慮，回顧百年風雲激盪走過的壯闊歷程，感受百年不懈奮鬥鑄就的世紀偉業，運用百年上下求索積澱的寶貴經驗，以史為鑒、開創未來，向着第二個百年奮鬥目標闊步前進。

從黨的百年輝煌中堅定歷史自信。我們黨舉辦建黨百年系列慶祝活動，習近平總書記在慶祝大會上發表重要講話；建成中國共產黨歷史展覽館，舉辦"不忘初心、牢記使命"中國共產黨歷史展覽；召開黨的十九屆六中全會，制定第三個歷史決議，深入總結 100 年來黨團結帶領人民為實現民族獨立、人民解放和國家富強、人民幸福作出的偉大貢獻、取得的偉大成就，特別是

黨的十八大以來黨和國家事業取得的歷史性成就、發生的歷史性變革。全黨全國各族人民進一步增強道路自信、理論自信、制度自信、文化自信，以咬定青山不放鬆的執着朝着偉大目標前進。

從黨的百年奮鬥中汲取智慧和力量。我們黨在全黨開展黨史學習教育，要求全體黨員做到學史明理、學史增信、學史崇德、學史力行；鮮明提出堅持真理、堅守理想，踐行初心、擔當使命，不怕犧牲、英勇鬥爭，對黨忠誠、不負人民的偉大建黨精神，號召全黨學習和踐行；系統總結黨的百年奮鬥寶貴經驗，要求長期堅持並不斷豐富發展。全黨全國各族人民從黨的百年奮鬥中看清楚過去我們為什麼能夠成功、弄明白未來我們怎樣才能繼續成功，進一步增長智慧、增進團結、增加信心、增強鬥志，意氣風發走向未來。

更加堅定自覺地牢記初心使命、開創美好未來。我們黨立足百年輝煌，擘畫光明未來；提出以史為鑒、開創未來的重大要求；向全黨全軍全國各族人民發出為實現第二個百年奮鬥目標、實現中華民族偉大復興的中國夢而不懈奮鬥的偉大號召。全黨牢記共產黨是什麼、要幹什麼這個根本問題，牢記為中國人民謀幸福、為中華民族謀復興的初心使命，團結帶領全國各族人民把握歷史主動，開拓奮進、勇毅前行，譜寫嶄新篇章。

回望過往的奮鬥路，身後是波瀾壯闊的歷史；眺望前方的奮進路，面前是噴薄而出的曙光。全黨全軍全國各族人民要更加緊密地團結在以習近平同志為核心的黨中央周圍，堅定信心、同心同德，埋頭苦幹、奮勇前進，為全面建設社會主義現代化國家、全面推進中華民族偉大復興而團結奮鬥。

新時代十年的偉大變革

江金權

　　黨的十八大以來，中國特色社會主義進入新時代，譜寫了經濟快速發展、社會長期穩定"兩大奇跡"的嶄新篇章。習近平總書記在黨的二十大報告中系統總結了新時代十年的偉大變革，深刻指出：10年來，黨中央團結帶領全黨全軍全國各族人民，"採取一系列戰略性舉措，推進一系列變革性實踐，實現一系列突破性進展，取得一系列標誌性成果，經受住了來自政治、經濟、意識形態、自然界等方面的風險挑戰考驗，黨和國家事業取得歷史性成就、發生歷史性變革，推動我國邁上全面建設社會主義現代化國家新征程"。這對我們深入理解和領會新時代十年的偉大成就和歷史意義，具有重要指導作用。

一、新時代十年的歷史性變革

　　新時代十年的歷史性變革體現在改革發展穩定、內政外交國防、治黨治國治軍各方面，是全方位、根本性、格局性的。報告從創立了習近平新時代中國特色社會主義思想、全面加強黨的領導、我國經濟實力實現歷史性躍升等16個方面總結概括了新時代十年在新的趕考之路上向歷史和人民交出的優異答卷，字字千鈞、擲地有聲，系統展示了新時代十年偉大變革的全貌。其中，最具標誌性意義的成就有以下6條。

　　第一，取得了"兩個確立"重大政治成果。黨的十八大以來，習近平總書記以馬克思主義政治家、思想家、戰略家的雄韜偉略、遠見卓識、戰略定力，在非凡之時行非凡之舉，帶領全黨全軍全國各族人民披荊斬棘，建立非凡之功，開創新局面；習近平新時代中國特色社會主義思想，以一系列原創性治國理政新理念新思想新戰略，回答了中國之問、世界之問、人民之問、時代之問，開闢了馬克思主義中國化時代化新境界，成為新時代發展的指路明燈。黨的十九屆六中全會《決議》指出："黨確立習近平同志黨中央的核心、全黨的核心地位，確立習近平新時代中國特色社會主義思想的指導地位，反映了全黨全軍全國各族人民共同心願，對新時代黨和國家事業發展、對推進中華民族偉大復興歷史進程具有決定性意義。"正是因為有習近平總書記領航掌舵，全黨才有了"頂樑柱"，14億多中國人民才有了"主心骨"；正是有了習近平新時代中國特色社會主義思想的科學指引，全黨全軍全國各族人民才有了思想上的"定盤星"、行動上的"指南針"。實踐證明，"兩個確立"是黨的十八大以來我們黨作出的重大政治抉擇，是新時代十年最重大的政治成果，也是取得偉大變革最根本的原因。現在，"兩個確立"已經深深鑴刻在全黨全軍全國各族人民心坎上，成為黨應對一切風險挑戰的最大底氣、最有力工具。

　　第二，黨在革命性鍛造中更加堅強有力。辦好中國的事情關鍵在黨，關鍵在全面從嚴治黨。以習近平同志為核心的黨中央堅持治國必先治黨、強國必須強黨，旗幟鮮明加強黨的全面領導，系統完善黨的領導制度體系，嚴明政治紀律和政治規矩，要求全黨增強"四個意識"、堅定"四個自信"、做到"兩個維護"，確保黨中央權威和集中統一領導。以黨的政治建設為統領，全面推進黨的各方面建設，把制度建設貫穿其中，持之以恆糾治"四風"，以前所未有的力度懲治腐敗，一體推進不敢腐、不能腐、不想腐。經過艱巨努力和堅決鬥爭，管黨治黨寬鬆軟狀況得到根本扭轉，黨、國家、軍隊內部存在的嚴重隱患得到消除，黨同人民群眾的血肉聯繫更加緊密，黨在革命性鍛造中更加堅強有力，黨的面貌和氣象發生了深刻變化。這對於確保我們黨永遠不變質、不變色、不變味，確保黨始終成為中國特色社會主義事業的堅強領導核心，具有極其重大而深遠的意義。

　　第三，勝利實現全面建成小康社會目標。10年來，我們統籌推進"五位一體"總體佈局、協調推進"四個全面"戰略佈局，緊緊圍繞全面建成小康社會這個戰略任務，系統推進經濟社會發展各項工作。舉全國之力打贏脫貧攻堅戰，歷史性地解決了絕對貧困問題，書寫了人類減貧史上的奇跡；堅持綠水青山就是金山銀山的理念，開展污染防治攻堅戰，生態環境保護發生歷史性、轉折性、全局性變化；堅持人民至上、生命至上，堅持外防輸入、內防反彈，堅持動態清零不動搖，統籌疫情防控和經濟社會發展，先後打贏武漢保衛戰、大上海保衛戰，用最科學、最經濟的辦法取得防控新冠肺炎疫情全球最好成果；立足新發展階段、貫徹新發展理念、構建新發展格局，走高質量發展之路，我國經濟總量翻了一番多，人均國內生產總值接近高收入國家門檻，國家經濟實力、科技實力、綜合國力和國際影響力都躍上了一個大台階；等等。如期全面建成小康社會，開創了中華民族有史以來未曾有過的經濟社會全面進步、全體人民共同受惠的好時代，為實現第二個百年奮鬥目標、實現中華民族偉大復興奠定了更為堅實的物質基礎。

第四，維護國家安全能力顯著提高。 10年來，我們貫徹總體國家安全觀，統籌發展和安全，完善國家安全體系，在涉及國家主權、安全、發展利益問題上寸步不讓。強化南海、東海、台海捍衛國家主權能力，實現對釣魚島常態化巡航，堅決反對"台獨"分裂行徑，有力反擊美國等外部勢力干涉台灣事務的挑釁活動，牢牢把握兩岸關係主動權和主導權。堅持"愛國者治港"、"愛國者治澳"，粉碎美國等西方國家在香港策動的"顏色革命"，實現香港局勢由亂到治重大轉折，香港、澳門保持長期穩定發展態勢，"一國兩制"取得巨大成功。貫徹習近平強軍思想，堅持新時代強軍目標，大刀闊斧深化國防和軍隊改革，人民軍隊體制一新、結構一新、格局一新、面貌一新，捍衛國家主權和安全的能力顯著增強。有效遏制民族分裂勢力、宗教極端勢力、暴力恐怖勢力，加強社會治理，平安中國建設邁向更高水平。如今，我國成為全球公認的最安全的國家之一。

第五，我國國際地位顯著提升。 我們全面推進中國特色大國外交，推動構建人類命運共同體，堅定維護國際公平正義，倡導踐行真正的多邊主義，旗幟鮮明反對一切霸權主義和強權政治，毫不動搖反對任何單邊主義、保護主義、霸凌行徑，有力維護我國主權、安全、發展利益和廣大發展中國家利益。完善外交總體佈局，積極建設覆蓋全球的夥伴關係網絡，推動構建新型國際關係。展示負責任大國擔當，積極參與全球治理體系改革和建設，全面開展抗擊新冠肺炎疫情國際合作，贏得廣泛國際讚譽，我國國際影響力、感召力、塑造力顯著提升。

第六，我國制度優勢更加彰顯。制度穩則國家穩，制度強則國家強。國家之間的競爭，歸根到底是制度之爭。10 年來，黨中央以巨大政治勇氣全面深化改革，加強改革頂層設計，敢於突進深水區，敢於啃硬骨頭，敢於涉險灘，堅決破除各方面體制機制弊端，各領域基礎性制度框架基本建立，許多領域實現歷史性變革、系統性重塑、整體性重構，總結概括了中國特色社會主義的根本制度、基本制度和重要制度，各方面制度更加成熟更加定型。堅持全面依法治國，中國特色社會主義法治體系更加完善。無論是脫貧攻堅、新冠肺炎疫情防控的實踐，還是政通人和、社會長期穩定的良好局面，都凸顯了我國制度優勢和治理效能，中國之治、西方之亂對比更加鮮明，美式"民主制度"式微，中國制度優勢更加明顯。這為黨和國家長治久安、為實現中華民族偉大復興奠定了更為完善的制度保證。

二、新時代十年的偉大變革是偉大鬥爭的結果

新時代十年的偉大變革來之不易。對這個"來之不易"，可以從兩個方面理解。一方面，要深刻理解報告所指出的，"十年前，我們面對的形勢"，那就是在改革開放和社會主義現代化建設取得巨大成就的同時，"一系列長期積累及新出現的突出矛盾和問題亟待解決"。另一方面，要認識這 10 年國內外形勢的新變化、新挑戰。這 10 年，國際上風雲激盪，百年未有之大變局加速演進，世界進入新的動盪變革期；突如其來的新冠肺炎疫情，給全球經濟發展、社會生活、國際關係帶來巨大衝擊，全球經濟處於低迷狀態，烏克蘭危機又進一步增加了不確定性；美國等西方國家擔心我國發展會威脅其中心地位、霸權地位，瘋狂對我國進行全領域打壓、全球性圍堵，四處滋事，我國國家安全受到嚴重挑戰。從國內看，經濟結構性體制性矛盾突出，"三期疊加"，發展不平衡、不協調、不可持續的問題同時存在，傳統發展模式難以為繼；民生領域欠賬較多，社會管理存在短板；環境污染問題突出；國家安全風險較多。總之，新時代十年極不尋常、極不平凡，風險挑戰、矛盾問題之多，正本清源、治亂祛邪任務之重，攻克堡壘、清除頑瘴痼疾難度之大，世

所罕見、史所罕見。

習近平總書記反覆強調，要增強憂患意識、堅持底線思維，發揚鬥爭精神，主動應對各種風險挑戰，勇於進行具有許多新的歷史特點的偉大鬥爭。10年來，以習近平同志為核心的黨中央以偉大的歷史主動精神，審時度勢、果敢抉擇、銳意進取、攻堅克難，團結帶領人民攻克了許多涉灘之險、爬坡之艱、闖關之難，辦成了許多事關長遠的大事要事，挽狂瀾於既倒，扶大廈之將傾，在偉大鬥爭中抒寫了偉大變革的華章。

第一，偉大變革是在解決黨內突出矛盾中實現的。新時代偉大變革，是從黨的自我革命開始的，就是加強黨的全面領導、全面從嚴治黨。存在不少落實黨的領導弱化、虛化、淡化問題，"四風"屢禁不止、一些貪腐問題觸目驚心，拜金主義、享樂主義、極端個人主義和歷史虛無主義等錯誤思潮不時出現，這是當初黨內存在的突出問題。針對這些問題，黨中央進行了全面從嚴治黨的偉大實踐。習近平總書記指出，中國共產黨領導是中國特色社會主義最本質的特徵，是中國特色社會主義制度的最大優勢，黨是最高政治領導力量，把全黨對黨的領導的認識提升到新的理論高度。黨中央制定和完善體現黨的全面領導、黨中央集中統一領導的制度規範、體制機制、重大舉措，把黨的領導落實到各方面。從制定和實施"八項規定"開局，健全黨內法規制度，持之以恆糾治"四風"及違規違紀行為；提出和堅持新時代好幹部標準，破除"四唯"，激勵幹部幹事創業，嚴肅查處不作為、亂作為行為；建立和落實意識形態工作責任制，正本清源、守正創新，堅決整治輿論陣地特別是互聯網輿論亂象；嚴肅黨內政治生活，整肅黨內政治生態。特別是嚴厲懲治腐敗分子，消除了嚴重政治隱患，一體推進不敢腐、不能腐、不想腐，反腐敗鬥爭取得壓倒性勝利並全面鞏固。通過這一套全面從嚴治黨的"組合拳"，解決了一大批長期沒有解決的問題，探索出依靠自我革命跳出治亂興衰歷史周期率的正確道路，黨的領導更加堅強有力，黨內政治生態煥然一新，為實現偉大變革提供了根本政治保證。

第二，偉大變革是在解決經濟社會發展突出矛盾中實現的。進入新時代，經濟社會發展長期積累的矛盾凸顯，國內外形勢變化又產生了一系列新矛盾，特別是經濟下行壓力加大。針對這些問題，習近平總書記和黨中央提出了一系列新思想新理念新舉措，指導和引領我國經濟社會高質量發展。黨中央提出，我國經濟發展進入新常態，由高速增長轉入高質量發展，要貫徹新發展理念，以供給側結構性改革為主線，促進能源、生產方式、生活方式等全面綠色轉型，補齊民生短板，特別是堅決打贏脫貧攻堅戰，實施鄉村振興戰略。黨的十九大以來，隨着美國對我國實行貿易戰、新冠肺炎疫情全球流行、烏克蘭危機等事件的發生，我國發展外部環境更加嚴峻，面臨需求收縮、供給衝擊、預期轉弱三重壓力，出現高端技術"卡脖子"、經濟科技"脫鈎"風險。面對這種形勢，習近平總書記和黨中央高瞻遠矚、果斷決策，一方面，採取"六穩"、"六保"等舉措穩住經濟基本盤；另一方面，採取一系列措施應對美國等西方國家"脫鈎"行徑，力保我國產業鏈及境外供應鏈安全。特別是作出構建新發展格局的重大戰略決策，既應對當前局面，又為我國經濟長期穩定發展、安全發展奠定基礎。

第三，偉大變革是在應對外部風險挑戰中實現的。新時代十年，國際局勢急劇變化，美國等西方國家不斷挑戰我國底線，我國面臨的外部環境極為嚴峻複雜。尤其是美國，視我國為其主要戰略競爭對手，更加肆無忌憚地對我國進行打壓、遏制，用滲透、制裁、斷供、脫鈎、抹黑等各種手段打壓我們，利用網絡對我國發動認知戰，在涉台、涉港、涉疆、涉藏、涉南海等問題上百般挑釁，言行不一，特別是佩洛西竄訪台灣，挑戰我國底線。美國的目的就是要搞垮中國共產黨領導和社會主義制度，打斷我國現代化進程，阻止中華民族偉大復興。面對這些挑戰，以習近平同志為核心的黨中央領導全國人民，不信邪、不怕鬼、不怕壓，針鋒相對進行堅決鬥爭，捍衛國家安全。通過香港國家安全立法、完善選舉制度等，有效破解西方國家策動"顏色革命"的企圖，堅定維護香港穩定。通過南海島礁建設、設立三沙市、軍隊常態化巡航和演練等，有效應對美國等西方國家對我國南海主權的挑戰。通過外交、軍事、經濟等手段，有效應對美國等西方國家煽動、支持"台獨"的卑劣行徑和島內"台獨"活動，台海局勢出現更有利於實現祖國完全統一的局面。

總之，新時代十年的偉大變革不是輕輕鬆鬆得來的，而是在戰勝各種風險挑戰甚至驚濤駭浪中得來的，是全黨全國各族人民團結奮鬥、堅決鬥爭的結果。正如報告所指出：“新時代的偉大成就是黨和人民一道拚出來、幹出來、奮鬥出來的！”

三、新時代十年的偉大變革具有里程碑意義

報告指出：“新時代十年的偉大變革，在黨史、新中國史、改革開放史、社會主義發展史、中華民族發展史上具有里程碑意義。”我理解，這個里程碑意義主要體現為以下5個方面。

第一，鍛造了民族復興偉業的堅強領導核心。 通過新時代十年全面從嚴治黨的實踐，我們黨找到了自我革命這一跳出治亂興衰歷史周期率的第二個答案，更加堅強有力、更加團結統一、更加充滿生機活力，黨的政治領導力、思想引領力、群眾組織力、社會號召力顯著增強，黨同人民群眾的血肉聯繫更加牢固。特別是形成了以習近平同志為核心的堅強中央領導集體，成為風雨來襲時中國人民最可靠的主心骨。全黨全國各族人民高度信賴習近平總書記和黨中央，堅決擁護“兩個確立”、堅決做到“兩個維護”。這為我們實現第二個百年奮鬥目標、實現中華民族偉大復興提供了根本政治保證。

第二，中華民族偉大復興進入了不可逆轉的歷史進程。 黨的百年奮鬥開闢了實現中華民族偉大復興的正確道路，中華民族迎來了從站起來、富起來到強起來的偉大飛躍。新時代十年，我們不僅勝利實現第一個百年奮鬥目標，而且成功推進和拓展了中國式現代化，中國特色社會主義制度更加成熟更加定型。這為實現中華民族偉大復興提供了更為堅實的物質基礎、更為完善的制度保證、更為主動的精神力量，使民族復興進程不可逆轉。

第三，中國人民更加自信、自立、自強。 黨的百年奮鬥從根本上改變了中國人民的前途命運。新時代十年的偉大成就，特別是如期全面建成小康社會、實現中華民族千年夢想，極大增強了中華民族的自信心自豪感，極大增強了中國人民對中國特色社會主義的道路自信、理論自信、制度自信、文化自信，極大增強了志氣、骨氣、底氣，全體人民空前團結、萬眾一心，信心百倍、平視世界，前進動力更加強大、奮鬥精神更加昂揚、必勝信念更加堅定，煥發出更為強烈的歷史主動精神、歷史創造精神。這為實現中華民族偉

大復興築就了堅不可摧的銅牆鐵壁。

第四，為世界和平與發展注入強大正能量。黨的百年奮鬥深刻影響了世界歷史進程。新時代十年，我國日益走近世界舞台中央。我國對全球經濟增長的貢獻率年均達 30% 左右；對全球減貧貢獻率超過 70%；構建人類命運共同體理念得到國際社會廣泛贊同；我國成為全球生態文明建設的主要引擎；"一帶一路"等公共產品為全球發展提供強大動力。我們倡導和踐行全人類共同價值，主持國際公道，堅決反對霸權主義和強權政治，有力維護發展中國家利益。我們成功推進和拓展了超越西方現代化邏輯的中國式現代化，創造了物質文明、政治文明、精神文明、社會文明、生態文明協調發展的人類文明新形態，為廣大發展中國家提供了全新選擇。總之，我們為解決人類面臨的共同問題提供了更多更好的中國智慧、中國方案、中國力量。

第五，彰顯了馬克思主義的強大生命力。黨的百年奮鬥的重大成就、新時代十年的偉大變革充分證明，中國共產黨為什麼能，中國特色社會主義為什麼好，歸根到底是馬克思主義行，是中國化時代化的馬克思主義行。習近平新時代中國特色社會主義思想，把馬克思主義基本原理同中國具體實際相結合、同中華優秀傳統文化相結合，提出了一系列原創性的治國理政新理念新思想新戰略，是當代中國馬克思主義、二十一世紀馬克思主義，為新時代黨和國家事業發展提供了根本遵循，推動馬克思主義在 21 世紀的中國煥發出新的蓬勃生機，開闢了馬克思主義發展新境界。這極大增強了中國共產黨和中國人民堅持和發展中國特色社會主義的信念，增強了世界各國人民對社會主義運動的信心。

總之，新時代十年的偉大變革，在黨史上、新中國史上、改革開放史上、社會主義發展史上、中華民族發展史上都是一座巍巍豐碑，對全球發展格局具有重大影響，為實現第二個百年奮鬥目標、實現中華民族偉大復興奠定了更為堅實的政治基礎、思想基礎、物質基礎、制度基礎，必將永載史冊、光耀千秋。

開闢馬克思主義中國化
時代化新境界

曲 青 山

習近平總書記在黨的二十大報告中鮮明提出並科學闡述了一個具有深刻理論內涵和重大政治意義的命題，這就是"開闢馬克思主義中國化時代化新境界"。這個命題是對我們黨成立以來黨的理論創新偉大歷程的全面回顧和深刻總結，是對黨的十八大以來黨的理論創新新鮮經驗的科學概括和高度凝練，也是對新時代新征程加強黨的思想理論建設、繼續推進黨的理論創新作出的重要政治宣示，明確的莊嚴歷史責任，提出的重大戰略任務。認真學習深入領會這個命題，對我們全面貫徹習近平新時代中國特色社會主義思想，貫徹落實好黨的二十大精神，在新時代堅持和發展中國特色社會主義，在實踐的基礎上繼續把馬克思主義中國化時代化推向前進，具有極其重大的現實意義和深遠的歷史意義。

一、習近平新時代中國特色社會主義思想實現了馬克思主義中國化時代化新的飛躍

一個民族要走在時代前列，就一刻不能沒有理論思維，一刻不能沒有正確思想指引。馬克思主義是我們立黨立國、興黨興國的根本指導思想。實踐告訴我們，中國共產黨為什麼能，中國特色社會主義為什麼好，歸根到底是馬克思主義行，是中國化時代化的馬克思主義行。擁有馬克思主義科學理論指導是我們黨堅定信仰信念、把握歷史主動的根本所在。

時代是思想之母，實踐是理論之源。當代中國正經歷着我國歷史上最為廣泛而深刻的社會變革，也正在進行着人類歷史上最為宏大而獨特的實踐創

新。推進馬克思主義中國化時代化是一個追求真理、揭示真理、篤行真理的過程。中國特色社會主義新時代是一個迫切需要科學理論而且一定能夠產生科學理論的時代。

黨的十八大以來，面對國內外形勢新變化和實踐新要求，以習近平同志為主要代表的中國共產黨人，堅持把馬克思主義基本原理同中國具體實際相結合、同中華優秀傳統文化相結合，堅持毛澤東思想、鄧小平理論、"三個代表"重要思想、科學發展觀，深刻總結並充分運用黨成立以來的歷史經驗，從新的實際出發，創立了習近平新時代中國特色社會主義思想。

習近平總書記對關係新時代黨和國家事業發展的一系列重大理論和實踐問題進行了深邃思考和科學判斷，就新時代堅持和發展什麼樣的中國特色社會主義、怎樣堅持和發展中國特色社會主義，建設什麼樣的社會主義現代化強國、怎樣建設社會主義現代化強國，建設什麼樣的長期執政的馬克思主義政黨、怎樣建設長期執政的馬克思主義政黨等重大時代課題，提出一系列原創性的治國理政新理念新思想新戰略，科學回答了新時代堅持和發展中國特色社會主義的總目標、總任務、總體佈局、戰略佈局和發展方向、發展方式、發展動力、戰略步驟、外部條件、政治保證等基本問題，並根據新的實踐對經濟、政治、法治、科技、文化、教育、民生、民族、宗教、社會、生態文明、國家安全、國防和軍隊、"一國兩制"和祖國統一、統一戰線、外交、黨的建設等各方面作出理論分析和政策指導，以全新的視野深化了對共產黨執政規律、社會主義建設規律、人類社會發展規律的認識，為推進中國特色社會主義事業提供了科學思想指引。習近平新時代中國特色社會主義思想是在新時代的偉大實踐中應運而生的，是立足時代之基、回答時代之問、引領時代之變的科學理論，實現了馬克思主義中國化時代化新的飛躍。習近平總書記是習近平新時代中國特色社會主義思想的主要創立者，對這一思想的創立發揮了決定性作用、作出了決定性貢獻。

偉大時代產生偉大理論，偉大理論指引偉大實踐。黨的十八大以來的實踐充分證明，習近平新時代中國特色社會主義思想是當代中國馬克思主義、二十一世紀馬克思主義，是中華文化和中國精神的時代精華，是黨和人民實踐經驗和集體智慧的結晶，是新時代堅持和發展中國特色社會主義的行動指南。全黨要增強政治自覺、思想自覺、行動自覺，把習近平新時代中國特色社會主義思想貫徹落實到黨和國家工作各方面全過程，讓這一思想彰顯出更加強大的真理力量和實踐偉力。

二、堅持和發展馬克思主義，必須同中國具體實際相結合

馬克思主義科學揭示了人類社會發展規律，指明了人類尋求自身解放的道路，推進了人類文明進程，是我們認識世界、改造世界的強大思想武器。但是，正如恩格斯所深刻指出的那樣："馬克思的整個世界觀不是教義，而是方法。它提供的不是現成的教條，而是進一步研究的出發點和供這種研究使用的方法。"馬克思主義的生命力、活力、魅力在於創新，在於同各個國家、各個民族的具體實際和時代特徵相結合。離開本國、本民族實際和時代發展來談馬克思主義沒有意義，僵化地拘泥於馬克思主義經典作家的個別結論沒有出路。馬克思主義是我們行動的指南，而不是教條。

我們黨是一個高度重視理論指導、勇於進行理論創新的馬克思主義政黨。黨在領導革命、建設、改革的長期實踐中，始終堅持把馬克思主義基本原理同中國具體實際相結合。這個結合的過程，既是黨艱苦探索的過程，也是黨領導人民勇於實踐的過程。在這個過程中，我們黨有經驗，也有教訓。黨在幼年時期，在對待馬克思主義的態度上，曾出現過兩種錯誤傾向：一種傾向是理論脫離實際，以教條主義態度對待馬克思主義，不從中國實際出發，一切照抄本本，照搬教條；另一種傾向是輕視馬克思主義理論，以經驗主義態度對待馬克思主義，不重視理論指導，滿足於自己的狹隘經驗。這兩種錯誤傾向都曾給黨的事業造成損失。

黨在推進理論創新的歷史進程中，堅持解放思想和實事求是相統一、培元固本和守正創新相統一，不斷開闢馬克思主義中國化時代化新境界，先後創立和形成了毛澤東思想、鄧小平理論、"三個代表"重要思想、科學發展觀、習近平新時代中國特色社會主義思想，為黨和人民事業發展提供了科學理論指導。我們黨的歷史，就是一部不斷推進馬克思主義中國化時代化的歷史，就是一部不斷推進理論創新、進行理論創造的歷史。

當今世界正經歷百年未有之大變局，中華民族偉大復興正處在關鍵時期。面對快速變化的世界和中國，如果墨守成規、思想僵化，沒有理論創新的勇氣，不能科學回答中國之問、世界之問、人民之問、時代之問，不僅黨和國家事業無法繼續前進，馬克思主義也會失去生命力、說服力。我們必須堅持運用辯證唯物主義和歷史唯物主義，堅持解放思想、實事求是、與時俱進、求真務實，準確把握時代大勢，勇於站在人類發展前沿，聆聽人民心聲，回應現實需要，把堅持馬克思主義和發展馬克思主義統一起來，堅持用馬克思主義之"矢"去射新時代中國之"的"，一切從實際出發，着眼解決新時代改革開放和社會主義現代化建設的實際問題，作出符合中國實際和時代要求的正確回答，得出符合客觀規律的科學認識，形成與時俱進的理論成果，更好指導中國實踐。

三、堅持和發展馬克思主義，必須同中華優秀傳統文化相結合

中華民族是世界上古老而偉大的民族，創造了綿延 5000 多年的燦爛文明，為人類文明進步作出了不可磨滅的貢獻。中華優秀傳統文化源遠流長、博大精深，是中華文明的智慧結晶，其中蘊含的天下為公、民為邦本、為政以德、革故鼎新、任人唯賢、天人合一、自強不息、厚德載物、講信修睦、親仁善鄰等，是中國人民在長期生產生活中積累的宇宙觀、天下觀、社會觀、道德觀的重要體現，同科學社會主義價值觀主張具有高度契合性。中華優秀傳統文化是中華民族的根和魂，是中國特色社會主義植根的文化沃土。

馬克思主義是世界的，也是中國的。只有植根本國、本民族歷史文化沃土，馬克思主義真理之樹才能根深葉茂。馬克思主義來到中國，被中國人民所接受，深刻地改變了中國。同時，中國共產黨和中國人民在自己的偉大創新實踐中又豐富和發展了馬克思主義，馬克思主義在中國呈現出更多的中國特色、中國風格、中國氣派。在中國近現代歷史上之所以會出現如此壯麗的文化景觀和氣象，是因為我們黨把馬克思主義基本原理同中華優秀傳統文化相結合，馬克思主義激活了中華優秀傳統文化的生命力，中華優秀傳統文化為馬克思主義在中國的生根發芽、開花結果提供了文化沃土。兩者相輔相

成、相得益彰。歷史表明，中國共產黨人是馬克思主義的堅定信仰者和實踐者，也是中華優秀傳統文化的忠實傳承者和弘揚者。

我們必須堅定歷史自信、文化自信，堅持古為今用、推陳出新，深刻汲取博大精深的中華優秀傳統文化所蘊含的豐富哲學思想、人文精神、價值觀念、道德規範，推動中華優秀傳統文化創造性轉化、創新性發展，把馬克思主義思想精髓同中華優秀傳統文化精華貫通起來、同人民群眾日用而不覺的共同價值觀念融通起來，激發全民族文化創新創造活力，不斷賦予科學理論鮮明的中國特色，不斷夯實馬克思主義中國化時代化的歷史基礎和群眾基礎，讓馬克思主義在中國牢牢扎根，讓中華文明展現出更加璀璨的時代風采。

四、堅持好、運用好貫穿習近平新時代中國特色社會主義思想的立場觀點方法

實踐沒有止境，理論創新也沒有止境。對於肩負着重大歷史使命的中國共產黨人來說，推進馬克思主義中國化時代化永遠在路上。習近平總書記強調："不斷譜寫馬克思主義中國化時代化新篇章，是當代中國共產黨人的莊嚴歷史責任。繼續推進實踐基礎上的理論創新，首先要把握好新時代中國特色社會主義思想的世界觀和方法論，堅持好、運用好貫穿其中的立場觀點方法。"

（一）必須堅持人民至上。堅持人民至上，是推進馬克思主義中國化時代化的根本出發點。人民性是馬克思主義的本質屬性。黨的理論是來自人民、為了人民、造福人民的理論，人民的創造性實踐是理論創新的不竭源泉。一切脫離人民的理論都是蒼白無力的，一切不為人民造福的理論都是沒有生命力的。我們要站穩人民立場、把握人民願望、尊重人民創造、集中人民智慧，形成為人民所喜愛、所認同、所擁有的理論，使之成為指導人民認識世界和改造世界的強大思想武器。

（二）必須堅持自信自立。堅持自信自立，是推進馬克思主義中國化時代化的基本立足點。中國人民和中華民族從近代以後的深重苦難走向偉大復興的光明前景，從來就沒有教科書，更沒有現成答案。黨的百年奮鬥成功道路

是黨領導人民獨立自主探索開闢出來的，馬克思主義的中國篇章是中國共產黨人依靠自身力量實踐出來的，貫穿其中的一個基本點就是中國的問題必須從中國基本國情出發，由中國人自己來解答。我們要堅持對馬克思主義的堅定信仰、對中國特色社會主義的堅定信念，堅定道路自信、理論自信、制度自信、文化自信，以更加積極的歷史擔當和創造精神為發展馬克思主義作出新的貢獻，既不刻舟求劍、封閉僵化，也不能照抄照搬、食洋不化。

（三）必須堅持守正創新。堅持守正創新，是推進馬克思主義中國化時代化的主要着力點。我們從事的是前無古人的偉大事業，守正才能不迷失方向、不犯顛覆性錯誤，創新才能把握時代、引領時代。我們要以科學的態度對待科學、以真理的精神追求真理，堅持馬克思主義基本原理不動搖，堅持黨的全面領導不動搖，堅持中國特色社會主義不動搖，緊跟時代步伐，順應實踐發展，以滿腔熱忱對待一切新生事物，不斷拓展認識的廣度和深度，敢於說前人沒有說過的新話，敢於幹前人沒有幹過的事情，以新的理論指導新的實踐。

（四）必須堅持問題導向。堅持問題導向，是推進馬克思主義中國化時代化的現實着眼點。問題是時代的聲音，回答並指導解決問題是理論的根本任務。今天我們所面臨問題的複雜程度、解決問題的艱巨程度明顯加大，給理論創新提出了全新要求。我們要增強問題意識，聚焦實踐遇到的新問題、改革發展穩定存在的深層次問題、人民群眾急難愁盼問題、國際變局中的重大問題、黨的建設面臨的突出問題，不斷提出真正解決問題的新理念新思路新辦法。

（五）必須堅持系統觀念。堅持系統觀念，是推進馬克思主義中國化時代化的關鍵統籌點。萬事萬物是相互聯繫、相互依存的。只有用普遍聯繫的、全面系統的、發展變化的觀點觀察事物，才能把握事物發展規律。我國是一個發展中大國，仍處於社會主義初級階段，正在經歷廣泛而深刻的社會變革，推進改革發展、調整利益關係往往牽一髮而動全身。我們要善於通過歷史看現實、透過現象看本質，把握好全局和局部、當前和長遠、宏觀和微觀、主要矛盾和次要矛盾、特殊和一般的關係，不斷提高戰略思維、歷史思維、辯證思維、系統思維、創新思維、法治思維、底線思維能力，為前瞻性思考、全局性謀劃、整體性推進黨和國家各項事業提供科學思想方法。

（六）必須堅持胸懷天下。堅持胸懷天下，是推進馬克思主義中國化時代化的重要站位點。中國共產黨是為中國人民謀幸福、為中華民族謀復興的黨，也是為人類謀進步、為世界謀大同的黨。我們要拓展世界眼光，深刻洞察人類發展進步潮流，積極回應各國人民普遍關切，為解決人類面臨的共同問題作出貢獻，以海納百川的寬闊胸襟借鑒吸收人類一切優秀文明成果，推動建設更加美好的世界。

推進馬克思主義中國化時代化
必須堅持"兩個結合"

田培炎

習近平總書記在黨的二十大報告中指出："只有把馬克思主義基本原理同中國具體實際相結合、同中華優秀傳統文化相結合，堅持運用辯證唯物主義和歷史唯物主義，才能正確回答時代和實踐提出的重大問題，才能始終保持馬克思主義的蓬勃生機和旺盛活力。"這是我們黨百年來思想建黨、理論強黨歷史經驗的深刻總結，為新時代不斷推進黨的理論創新、譜寫馬克思主義中國化時代化新篇章指明了方向。

一、"兩個結合"是中國化時代化馬克思主義理論之樹常青的奧妙所在

馬克思主義作為人類歷史上迄今為止最科學最先進最嚴密的思想體系，具有強大的真理力量和實踐偉力。擁有馬克思主義科學理論指導是我們黨堅定信仰信念、把握歷史主動的根本所在。與時俱進進行理論創新、不斷推進馬克思主義中國化時代化，是我們黨的成功之道。

馬克思主義基本原理是科學真理，具有普遍適用性，但各個國家的具體國情不同，絕不能把馬克思主義當成一成不變的教條。更為重要的是，馬克思主義政黨所肩負的使命任務、所從事的事業，都是前無古人的，在開創性實踐中遇到的大量嶄新課題，沒有也不可能從馬克思主義經典著作中找到現成答案。我們黨在領導革命、建設、改革的歷史進程中，面臨的歷史條件、承擔的歷史任務、遇到的具體矛盾和問題、需要解答的時代課題，都具有不同於其他國家的特殊性。只有根據馬克思主義基本原理，以無畏的政治勇氣和理論勇氣，大

膽探索、不懈探索，才能作出符合中國實際和時代要求的正確回答，得出符合客觀規律的科學認識，形成與時俱進的理論成果，更好指導中國實踐。正如恩格斯所說，"馬克思的整個世界觀不是教義，而是方法。它提供的不是現成的教條，而是進一步研究的出發點和供這種研究使用的方法。""不要生搬硬套馬克思和我的話，而要根據自己的情況像馬克思那樣去思考問題。只有在這個意義上，'馬克思主義者'這個詞才有存在的理由。"列寧指出，馬克思的理論"所提供的只是總的指導原理，而這些原理的應用具體地說，在英國不同於法國，在法國不同於德國，在德國又不同於俄國"。

馬克思主義作為科學真理，只有為人們所普遍認同，才能成為真誠持久的信仰；馬克思主義作為實踐的理論，只有為人民群眾所掌握，才能轉化為強大的物質力量。要做到這一點，必須把馬克思主義基本原理同各民族的歷史文化、思維方式、民族心理結合起來，並賦予其人們易於接受的表達形式。中華優秀傳統文化源遠流長、博大精深，是中華文明的智慧結晶，其中蘊含的天下為公、民為邦本、為政以德、革故鼎新、任人唯賢、天人合一、自強不息、厚德載物、講信修睦、親仁善鄰等，是中國人民在長期生產生活中積累的宇宙觀、天下觀、社會觀、道德觀的重要體現，同科學社會主義價值觀主張具有高度契合性。只有堅定歷史自信、文化自信，把馬克思主義思想精髓同中華優秀傳統文化精華貫通起來、同人民群眾日用而不覺的共同價值觀念融通起來，不斷賦予科學理論鮮明的中國特色，才能形成為人民所喜愛、所認同、所擁有的理論。正如毛澤東指出，"馬克思主義必須和我國的具體特點相結合並通過一定的民族形式才能實現"，"要學會把馬克思列寧主義的理論應用於中國的具體的環境"，"使馬克思主義在中國具體化，使之在其每一表現中帶着必須有的中國的特性"。

中國共產黨是一個高度重視思想建黨、理論強黨的成熟的馬克思主義政黨。我們黨的百年歷史，就是一部堅持馬克思主義基本原理同中國具體實際相結合、同中華優秀傳統文化相結合，不斷推進馬克思主義中國化時代化的歷史。我們既不丟掉老祖宗，堅持馬克思主義基本原理不動搖，自覺運用馬克思主義立場觀點方法認識世界、改造世界，又敢於說新話，堅持用馬克思主義觀察時代、把握時代、引領時代，不斷豐富和發展馬克思主義，賦予馬克思主義鮮明的中國特色和時代內涵，作出中國共產黨的原創性貢獻。百年來，我們黨先後創立了毛澤東思想、鄧小平理論，形成了"三個代表"重要思想、科學發展觀，創立了習近平新時代中國特色社會主義思想，指導黨和人民事業不斷開創新局面。雄辯的事實證明，中國共產黨為什麼能，中國特色社會主義為什麼好，歸根到底是馬克思主義行，是中國化時代化的馬克思主義行。

當然，堅持"兩個結合"絕不是一件容易的事情，需要對馬克思主義基本原理有全面系統的掌握，需要對本國國情有深刻準確的把握，需要對本民族優秀傳統文化懷有足夠的禮敬，否則，要麼就會照抄照搬、固守本本，陷入教條主義，要麼就會忽視傳統、遠離大眾，造成水土不服。在中國共產黨的歷史上，有過把馬克思主義教條化，把共產國際決議和蘇聯經驗神聖化，給中國革命造成極大損失的慘痛教訓，也有過無視時代發展要求，思想僵化、迷信盛行，使人們思想和行動受到嚴重束縛的切膚之痛。在世界社會主義發展史上，一些國家片面理解馬克思主義，在實踐中逐步形成自以為唯一正確、事實上卻日益成為生產力發展桎梏的社會主義模式，並將其與馬克思主義畫等號，不僅敗壞了馬克思主義名聲，而且窒息了馬克思主義應有的生命力，最終走上改旗易幟的邪路，使世界社會主義遭受嚴重挫折。

總起來說，把馬克思主義基本原理同中國具體實際相結合、同中華優秀傳統文化相結合，是及時回答時代和實踐提出的重大問題、始終保持馬克思主義蓬勃生機和旺盛活力的根本途徑。"兩個結合"做得越好，理論創新之源就越豐富，理論創新之力就越強勁，理論創新成果就越能為人民群眾所掌握。

二、堅持把馬克思主義基本原理同中國具體實際相結合

當前，世界之變、時代之變、歷史之變正以前所未有的方式展開，給我國社會主義現代化建設提出了一系列新的重大課題，迫切需要我們從理論和實踐的結合上及時作出回答，以新的理論指導新的實踐，更好開闢未來。

把握基本國情。人們總是在歷史給定的條件下創造歷史，理論要正確指引實踐，就必須對歷史給定的條件有充分的認識，認識得越全面越深刻，越能增強歷史創造活動的預見性、主動性，實現合目的性與合規律性的統一。新的

時代條件下推進理論創新，首先要把我國基本國情及其發展變化的階段性特徵了解深了解透。要深刻認識到，我國仍處於並將長期處於社會主義初級階段，同時我國已經進入新發展階段，擁有繼續前進更為堅實的物質基礎、更為完善的制度保證、更為主動的精神力量，已邁上全面建設社會主義現代化國家新征程；我國仍然是世界最大發展中國家，同時我國經濟實力、科技實力、綜合國力躍上新台階，國際影響力、感召力、塑造力顯著提升；我國社會主要矛盾已經轉化為人民日益增長的美好生活需要和不平衡不充分的發展之間的矛盾，着力解決不平衡不充分的發展問題成為解決這一矛盾的主要方面。只有緊密結合基本國情，理論創造才會更加符合實際，理論成果才會更加有效管用。

洞察時代大勢。時代大勢展示着歷史發展的新趨勢，匯聚着社會變革的新信息，蘊含着複雜多變的新機遇新挑戰，只有緊跟時代步伐，順應時代發展要求，理論才能成為引領時代的旗幟。要正確判斷世界形勢的發展變化，揭示人類發展進步的必然要求，始終站在歷史正確的一邊、人類進步的一邊，順勢而為，乘勢而進，旗幟鮮明反對逆歷史潮流而動的單邊主義、保護主義、霸權主義、強權政治、零和博弈，為促進世界和平與發展貢獻中國智慧、中國方案。深刻把握中華民族偉大復興戰略全局和世界百年未有之大變局的深度互動，深入研究新冠肺炎疫情、烏克蘭危機的深遠影響，準確分析我國面臨的戰略機遇和風險挑戰，為我們主動識變應變求變，在危機中育新機、於變局中開新局提供科學的戰略預見。順應實現中華民族偉大復興進入了不可逆轉的歷史進程，強化促進這一歷史進程的重大戰略支撐，注重防範有可能遲滯甚至中斷這一歷史進程的重大風險挑戰，為全面建成社會主義現代化強國、實現第二個百年奮鬥目標，以中國式現代化全面推進中華民族偉大復興提供科學的戰略謀劃、戰略指引。

聚焦現實問題。問題是時代的聲音，回答並指導解決問題是理論的根本任務。今天我們面臨問題的複雜程度、解決問題的艱巨程度明顯加大，給理論創新提出了全新要求、開闢了廣闊空間。要堅持問題導向，增強問題意識，將分析解決重大現實問題作為理論創新的着眼點和生長點。聚焦實踐遇到的新問題，緊密跟蹤億萬群眾前沿性探索碰到的新困惑、前進道路上不期而至的"黑天鵝"、"灰犀牛"事件；聚焦改革發展穩定存在的深層次問題，反覆出現的共性問題，久治不癒的頑瘴痼疾，牽一髮而動全身的複雜敏感問題；聚焦人民群眾急難愁盼問題，特別是就業、教育、醫療、託育、養老、住房等影響人民群眾獲得感幸福感安全感的民生問題；聚焦國際變局中的重大問題，尤其是國際社會共同面臨的和平赤字、發展赤字、安全赤字、治理赤字等問題；聚焦黨的建設面臨的突出問題，密切關注世界最大的馬克思主義執政黨面臨的獨有難題，特別是一切損害黨的先進性和純潔性的因素、一切侵蝕黨的健康肌體的病毒。深入剖析問題原因，找準問題癥結，不斷提出真正解決問題的新理念新思路新辦法。

總結實踐經驗。理論創新的目的是揭示規律、發現真理，更好指導實踐。社會活動的規律往往隱藏在紛繁蕪雜的社會現象背後，發現它的真容，不僅需要實踐的逐漸演進和積累，而且需要艱苦的思想理論探索和概括。正如馬克思所說，"在人類歷史上存在着和古生物學中一樣的情形。由於某種判斷的盲目性，甚至最傑出的人物也會根本看不到眼前的事物。後來，到了一定的時候，人們就驚奇地發現，從前沒有看到的東西現在到處都露出自己的痕跡"。要增強歷史思維，以深邃的歷史眼光和寬闊的歷史視野回望過去、審察得失，深入探究沉澱在歷史深處的客觀規律。善於總結我們黨百年奮鬥的歷史經驗，新時代偉大實踐、偉大變革積累的成功經驗，經濟社會各領域創新實踐形成的具體經驗和基層幹部群眾生動實踐創造的新鮮經驗，總結世界各國治亂興衰、執政成敗的經驗教訓，從中發現歷史發展的內在聯繫和必然趨勢，得出能夠科學預見未來的正確結論和真理認知。

三、堅持把馬克思主義基本原理同中華優秀傳統文化相結合

中華優秀傳統文化是中華民族的根和魂，是推進理論創新的豐厚沃壤，必須堅持古為今用、推陳出新，充分發掘和運用中華優秀傳統文化精華，不斷賦予科學理論鮮明的中國特色和時代內涵。尤其要注重以下幾個方面的創造性轉化、創新性發展。

安邦理政的治國之道。科學理論總是在借鑒吸收前人已有成果的基礎上不斷向前發展的。在綿延幾千年的歷史演進中，中華民族創造和積累了極為

豐富的國家治理經驗智慧。其中主要有，大道之行、天下為公的大同理想，六合同風、四海一家的大一統傳統，德主刑輔、以德化人的德治主張，民貴君輕、政在養民的民本思想，等貴賤均貧富、損有餘補不足的平等觀念，法不阿貴、繩不撓曲的正義追求，任人唯賢、選賢與能的用人標準，周雖舊邦、其命維新的改革精神，以重射輕、均輸平準的調控思想，洪範八政、食為政首的重農理念，親仁善鄰、協和萬邦的外交之道，以和為貴、好戰必亡的和平理念，等等。這些經驗智慧都是我們的祖先獨立創造出來的，為我們今天堅持自信自立、增強理論創造的底氣和勇氣提供了堅實歷史支撐，為我們進一步豐富新時代治國理政新理念新思想新戰略提供了重要思想原料，為我們深化以中國式現代化全面推進中華民族偉大復興的規律性認識提供了重要歷史鏡鑒。

修身處世的道德理念。科學理論不僅是改造客觀世界的行動指南，也是改造主觀世界的思想武器。我國自古以來就注重官德修養，將正身立德作為為官理政的根本。其中，傳承千古、澤被後人的包括"先天下之憂而憂、後天下之樂而樂"，"苟利國家生死以、豈因禍福避趨之"的家國情懷；臨患不忘國、臨死不失節的赤膽忠心；大賢秉高鑒、公燭無私光，"不以一毫私意自蔽、不以一毫私欲自累"的公正廉潔；"富貴不能淫、貧賤不能移、威武不能屈"的氣節操守；慎獨慎微、遷善改過，"與人不求備、檢身若不及"的內省自覺；等等。毫無疑問，這些積極的價值取向是今天引導廣大黨員幹部明大德、守公德、嚴私德，提高黨性修養的珍貴滋養，也是我們推進黨的建設理論創新、豐富和發展馬克思主義建黨學說的重要思想源泉。至於正心誠意、修身齊家，自強不息、厚德載物，推己及人、重諾守信，抑惡揚善、扶危濟困，克勤克儉、孝老愛親等道德規範，則已經成為中國人民內在的精神氣質，也是新時代堅持和發展中國特色社會主義先進文化、弘揚和踐行社會主義核心價值觀的深厚根基。

格物究理的思想方法。科學的思想方法是打開真理之門的鑰匙。中國古代先賢究天人之際、通古今之變、察萬物之源，得出的許多富有哲理的思想方法，具有超越時空的價值。"天行有常，不為堯存，不為桀亡"、"道生一、一生二、二生三、三生萬物"的幽遠洞見，體現了追根溯源、窮究事物根本的探索精神。"無平不陂、無往不復"、"否極泰來"、"有無相生、難易相成、長短相形、高下相傾、音聲相和、前後相隨"的辯證觀點，揭示了事物發展變化的內在規律。"知者行之始，行者知之成"、"知之愈明，則行之愈篤；行之愈篤，則知之益明"的深刻思想，闡明了認識與實踐相互為用的知行統一觀。審時度勢、未雨綢繆、因機而發的智慧理念，展示了察時辨勢的權變之策。我們要繼承和發展這些寶貴的思想方法，拓展思維視野，豐富思維方式，善於通過歷史看現實、透過現象看本質，把握好全局和局部、當前和長遠、宏觀和微觀、主要矛盾和次要矛盾、特殊和一般的關係，不斷提高戰略思維、歷史思維、辯證思維、系統思維、創新思維、法治思維、底線思維能力，提高理論創新成果質量。

質文兼具的表達方式。任何一種科學的理論，都是真理內核和精妙表達的統一。理論創新既要注重挖掘思想的深度，又要注重呈現形式的美感。中華民族歷來重視為文立言，認為文章乃經國之大業、不朽之盛事，強調文以載道，昭昭如日月之明、離離如星辰之行，言之不文、則行之不遠，追求"篇有百尺之錦，句有千鈞之弩，字有百煉之金"的境界。中華優秀傳統文化就是以鮮明的中國風格、中國氣派、中國韻味表達出來的。我國古代的經史子集、詩詞歌賦、成語典故、格言警句浩如煙海，其中，言簡意賅、意深辭雄、凝練曉暢的美文嘉言不勝枚舉，是我們取之不盡、用之不竭的語言寶庫。我們要善於從這一寶庫中採擷珍品，領悟精義，得其真傳，以此來助力改進文風、錘煉思想觀點、豐富表達方式、潤色語言文字、提升傳播能力，使黨的理論創新成果更加鮮活生動，更為人民群眾所喜聞樂見。

全面建成社會主義現代化強國的戰略安排和目標任務

黃守宏

全面建成社會主義現代化強國、實現第二個百年奮鬥目標，以中國式現代化全面推進中華民族偉大復興，是新時代新征程中國共產黨的中心任務。習近平總書記就建設什麼樣的社會主義現代化強國、怎樣建設社會主義現代化強國，提出一系列原創性的新理念新思想新戰略，是指引我們前進的強大思想武器。習近平總書記所作的黨的二十大報告，對全面建成社會主義現代化強國作出"分兩步走"總的戰略安排，明確了到 2035 年和本世紀中葉我國發展的總體目標，擘畫了第二個百年奮鬥目標的美好圖景，賦予社會主義現代化強國新的豐富內涵，具有重大而深遠的意義。我們要深入學習領會，認真貫徹落實。

一、深刻領悟全面建成社會主義現代化強國的戰略安排

黨的二十大報告指出，全面建成社會主義現代化強國，總的戰略安排是分兩步走：從 2020 年到 2035 年基本實現社會主義現代化；從 2035 年到本世紀中葉把我國建成富強民主文明和諧美麗的社會主義現代化強國。這一戰略安排，明確了全面建成社會主義現代化強國的時間表、路線圖，展現了中華民族偉大復興的壯麗前景，令人鼓舞、催人奮進。

全面建成社會主義現代化強國兩步走戰略安排，既體現了我們黨在社會主義現代化建設戰略目標上的一貫性、整體性，又符合實踐發展的連續性、階段性和時代性。建設一個現代化的強國，是近代以來中國人的夢想。新中國的成立，社會主義制度的建立，為實現社會主義現代化提供了根本社會條

件、政治前提和制度基礎。我們黨始終將實現社會主義現代化作為戰略目標，咬定青山不放鬆，進行了艱辛探索，作出了不懈努力。20世紀五六十年代，我們黨明確要"把我國建設成為一個強大的社會主義國家"，並提出基本實現"四個現代化"的兩步走戰略。改革開放之後，黨根據國際環境變化和我國發展實際，對推進社會主義現代化建設作出戰略安排，提出三步走戰略目標，就是到20世紀80年代末解決人民溫飽問題，到20世紀末使人民生活達到小康水平，到21世紀中葉基本實現現代化。進入新世紀，在現代化建設的前兩步戰略目標實現之後，黨又提出到2020年全面建成惠及十幾億人口的更高水平的小康社會目標。黨的十八大以來，中國特色社會主義進入新時代，黨明確提出"兩個一百年"奮鬥目標，在中國共產黨成立100年時全面建成小康社會，在新中國成立100年時建成富強民主文明和諧的社會主義現代化國家。黨的十九大報告對實現第二個百年奮鬥目標作出分兩個階段推進的戰略安排，明確提出到2035年基本實現社會主義現代化，到本世紀中葉把我國建成富強民主文明和諧美麗的社會主義現代化強國。這個戰略安排，把基本實現現代化的時間比原先提前了15年，首次提出"社會主義現代化強國"概念，戰略目標上增加了"美麗"這一代表生態文明的內容，使現代化的內涵更加全面，並與"五位一體"總體佈局相對應。在全面建成小康社會、實現第一個百年奮鬥目標的基礎上，黨的二十大報告對全面建成社會主義現代化強國兩步走戰略安排進行宏觀展望，細化了實現第二個百年奮鬥目標的步驟和路徑。回顧我國現代化建設的歷程，我們黨堅持一張藍圖繪到底，對建設社會主義現代化國家戰略目標，在認識上不斷深化，在內涵上不斷豐富拓展，在戰略安排上層層遞進，使現代化建設的藍圖一步一步變為現實。

全面建成社會主義現代化強國兩步走戰略安排，具有堅實的基礎、科學的依據、可靠的保障，是完全有把握實現的。全面建成小康社會、實現第一個百年奮鬥目標，為開啟全面建設社會主義現代化國家新征程奠定了堅實基礎。綜合分析各方面情況，我國現代化建設進入戰略機遇和風險挑戰並存、不確定難預料因素增多的時期。從國際看，世界百年未有之大變局加速演進，國際環境日趨複雜，世界進入新的動盪變革期，單邊主義、保護主義、霸權主義對世界和平與發展構成威脅。從國內看，長期積累的深層次矛盾和風險隱患不斷顯現，新情況新問題不斷出現。我們必須增強憂患意識，做好應對重大風險的充分準備。但歷史發展是有其內在大邏輯的。新中國成立特別是改革開放以來，我們遭遇過很多外部嚴重風險衝擊和內部困難，最終都化險為夷，創造了世所罕見的經濟快速發展奇跡和社會長期穩定奇跡，成功推進和拓展了中國式現代化。儘管當前國內外形勢複雜嚴峻，但我國發展仍處於重要戰略機遇期，制度優勢顯著，物質基礎雄厚，人力人才資源豐富，創新能力提升，市場空間廣闊，發展韌性強勁，社會大局穩定，支撐經濟長期穩定發展的內在動因沒有也不會改變。特別是我們有以習近平同志為核心的黨中央的堅強領導，有習近平新時代中國特色社會主義思想的科學指導，一定能戰勝各種風險挑戰，不斷奪取社會主義現代化建設的新勝利。

全面建成社會主義現代化強國兩步走戰略安排，將不斷實現人民對美好生活的嚮往，也將深刻改變世界現代化的格局。隨着現代化建設的推進，人民在經濟、政治、文化、社會、生態等方面日益增長的需要將得到更好滿足，人的全面發展、社會全面進步將取得更大成就，也將為人類文明進步作出更大貢獻。從世界範圍看，到目前為止，已經實現了現代化的國家和地區人口約為 10 億。我國 14 億多人口整體邁入現代化社會，其規模超過現有發達國家的總和，將徹底改寫世界現代化的進程、版圖和態勢，是人類發展史上前所未有的偉大創舉。這將創造世界現代化的嶄新模式，拓展發展中國家走向現代化的途徑，為解決人類問題貢獻中國智慧和中國方案。

二、準確把握到 2035 年我國發展的總體目標

綜合考慮我國未來發展的基礎條件和各種風險挑戰，在黨的十九大報告和十九屆五中全會通過的《中共中央關於制定國民經濟和社會發展第十四個五年規劃和二〇三五年遠景目標的建議》基礎上，黨的二十大報告圍繞基本實現社會主義現代化，從八個方面進一步明確了到 2035 年我國發展的目標任務，提出了新的更高要求。

（一）**經濟實力、科技實力、綜合國力大幅躍升，人均國內生產總值邁上新的大台階，達到中等發達國家水平。**我國已進入高質量發展階段，從經濟

發展能力和條件看，有希望、有潛力在質量效益明顯提升基礎上保持長期平穩發展，到 2035 年實現經濟總量或人均國內生產總值比 2020 年翻一番。我國人均國內生產總值 2021 年達到 12551 美元、超過世界平均水平，到 2035 年將達到中等發達國家水平。經濟結構優化升級，全要素生產率大幅提升，社會生產力水平顯著提高。

（二）**實現高水平科技自立自強，進入創新型國家前列。** 國家創新體系效能全面提升，國家戰略科技力量和高水平人才隊伍居世界前列，基礎研究和原始創新能力全面增強，關鍵核心技術實現重大突破和自主可控，更多科技前沿領域實現並跑和領跑。全社會研發經費投入強度、基礎研究經費投入佔研發經費投入比重達到主要發達國家水平。我國全球創新指數排名進入世界前列，科技進步貢獻率大幅提升。

（三）**建成現代化經濟體系，形成新發展格局，基本實現新型工業化、信息化、城鎮化、農業現代化。** 轉變發展方式取得決定性進展，經濟質量效益和核心競爭力顯著提高。形成以國內大循環為主體、國內國際雙循環相互促進的新發展格局，生產、分配、流通、消費更多依託國內市場，參與國際經濟合作和競爭新優勢明顯增強，國民經濟實現良性循環。由製造大國邁入製造強國，產業鏈供應鏈基本安全可控、韌性顯著增強，實現產業基礎高級化、產業鏈現代化。數字經濟與實體經濟深度融合，公共服務、社會治理等領域數字化智能化水平大幅提升。以城市群為主體、大中小城市和小城鎮協調發展的城鎮化格局基本形成，常住人口城鎮化率、戶籍人口城鎮化率大幅提高，以人為核心的新型城鎮化基本實現，城市品質明顯提升。鄉村振興取得決定性進展，農業綜合生產能力明顯提高，國家糧食安全和重要農產品有效供給得到更好保障，現代鄉村產業體系基本形成。

（四）**基本實現國家治理體系和治理能力現代化，全過程人民民主制度更加健全，基本建成法治國家、法治政府、法治社會。** 中國特色社會主義根本制度、基本制度、重要制度更加完善。社會主義民主政治建設進一步發展，全過程人民民主更加廣泛、更加充分、更加健全，人民當家作主制度體系更加完善。依法治國得到全面落實，形成完備的法律規範體系、高效的法治實施體系、嚴密的法治監督體系、有力的法治保障體系，形成科學立法、嚴格執法、公正司法、全民守法的良好格局。

（五）**建成教育強國、科技強國、人才強國、文化強國、體育強國、健康中國，國家文化軟實力顯著增強**。建成服務全民終身學習的現代教育體系，勞動年齡人口平均受教育年限進一步提高，普及有質量的學前教育，實現優質均衡的義務教育，全面普及高中階段教育，職業教育服務能力顯著提升，高等教育競爭力明顯提升，總體實現教育現代化。基本實現科學技術現代化，建成更多世界主要科學中心和創新高地，一大批國家科研機構、研究型大學和科技領軍企業進入世界前列，形成高水平開放創新生態。在世界第一人才大國基礎上，人才結構更加優化，人才質量顯著提升，各類高層次人才更多湧現，成為世界重要人才中心。文化事業進一步繁榮，現代文化產業體系基本形成，國民思想道德素質、科學文化素質明顯提高。體育綜合實力和國際影響力居世界前列。人均預期壽命提高到 80 歲以上，人口長期均衡、可持續發展。中華文化影響力、中華民族凝聚力顯著增強。

（六）**人民生活更加幸福美好，居民人均可支配收入再上新台階，中等收入群體比重明顯提高，基本公共服務實現均等化，農村基本具備現代生活條件，社會保持長期穩定，人的全面發展、全體人民共同富裕取得更為明顯的實質性進展**。人民生活水平和質量顯著提升，擁有更好的教育、更穩定的工作、更滿意的收入、更可靠的社會保障、更高水平的醫療服務、更舒適的居住條件、更優美的環境、更豐富的精神文化生活。低收入群體規模顯著減少，基本形成以中等收入群體為主體的“橄欖型”社會結構。公共服務體系健全完善，實現基本公共服務覆蓋全民、兜住底線、均等享有。農村基礎設施和公共服務明顯改善，基本建成具備現代生產生活條件的宜居宜業和美鄉村。改革發展成果更多更公平惠及全體人民，城鄉區域發展差距和居民生活水平差距明顯縮小，人的全面發展能力持續提升，人民獲得感、幸福感、安全感更加充實、更有保障、更可持續。

（七）**廣泛形成綠色生產生活方式，碳排放達峰後穩中有降，生態環境根本好轉，美麗中國目標基本實現**。清潔低碳、安全高效的能源體系和綠色低碳循環發展的經濟體系基本建立，各類主要資源利用效率、主要污染物排放強度、碳排放強度接近發達國家平均水平，碳排放總量力爭在 2030 年前實現達峰後穩中有降。大氣、水、土壤等環境狀況明顯改觀。生態安全屏障體系基本建立，森林、草原、荒漠、河湖、濕地、海洋等自然生態系統狀況實現根本好轉，形成生產空間安全高效、生活空間舒適宜居、生態空間山青水碧的國土開發格局。

（八）國家安全體系和能力全面加強，基本實現國防和軍隊現代化。平安中國建設達到更高水平，國家安全法治體系、戰略體系、政策體系、人才體系和運行機制更加健全，糧食安全、能源安全、重要產業鏈供應鏈安全和公共安全保障能力全面提高。堅持富國和強軍相統一，軍事理論、軍隊組織形態、軍事人員、武器裝備現代化全面推進，國防和軍隊建設達到世界先進水平。

三、深刻認識到本世紀中葉我國發展的遠景目標

黨的二十大報告指出，在基本實現現代化的基礎上，我們要繼續奮鬥，到本世紀中葉，把我國建設成為綜合國力和國際影響力領先的社會主義現代化強國。到那時，我國物質文明、政治文明、精神文明、社會文明、生態文明將全面提升，統籌推進"五位一體"總體佈局取得標誌性成果。作為經濟建設的標誌性成果，全面形成高質量發展模式和高水平的現代化經濟體系，經濟總量穩居世界第一，國家創新能力、社會生產力水平和核心競爭力名列世界前茅，成為全球主要科學中心、創新高地和重大科技成果主要輸出地。作為政治建設的標誌性成果，全面實現國家治理體系和治理能力現代化，中國特色社會主義制度更加鞏固、優越性充分發揮，全面建成法治國家、法治政府、法治社會，充分實現全過程人民民主，社會主義民主政治更加成熟完善。作為文化建設的標誌性成果，在全社會形成與社會主義現代化強國相適應的理想信念、價值理念、道德觀念和精神風貌，全民族文化創新創造活力充分釋放，公民文明素質和社會文明程度顯著提高，中國精神、中國價值、中國力量在全球更加彰顯。作為社會建設的標誌性成果，全體人民共同富裕基本實現，全社會實現高質量的充分就業，收入分配的公平程度排在世界前列，城鄉居民將普遍擁有較高的收入、富裕的生活、健全的基本公共服務，

社會充滿活力而又規範有序。作為生態文明建設的標誌性成果,美麗中國全面建成,天藍、地綠、水淨、山青的優美生態環境成為普遍形態,實現人與自然和諧共生的現代化,成為全球生態環境保護領先的國家。到那時,我國作為具有 5000 多年文明史的古國將煥發出前所未有的生機活力,中華民族將以更加昂揚的姿態屹立於世界民族之林。

總之,我國要全面建成的社會主義現代化強國,既具備世界主要現代化強國的一般特點,也具有體現中國特色社會主義本質要求和我國國情的鮮明特徵,還具有反映中華文明對人類文明進步作出更大貢獻的天下情懷。全面建成這樣的社會主義現代化強國,實現經濟社會全面進步、國家"硬實力"和"軟實力"全面提升,使人民物質富足、精神富有,將充分彰顯中國共產黨矢志不移為中國人民謀幸福、為中華民族謀復興的初心使命。全面建成這樣的社會主義現代化強國,不僅更好造福中國人民,也更好造福世界各國人民,將充分彰顯中國共產黨胸懷天下、立己達人,為世界謀大同、為人類創未來的不懈追求和責任擔當。

深刻把握全面建設社會主義
現代化國家面臨的形勢

謝伏瞻

　　黨的二十大，全面總結過去 5 年工作和新時代 10 年的偉大變革，深入分析國際國內形勢，制定行動綱領和大政方針，為全面建設社會主義現代化國家、全面推進中華民族偉大復興指明了方向。習近平總書記指出，謀劃和推進黨和國家各項工作，必須深入分析國際國內大勢，科學把握我們面臨的戰略機遇和風險挑戰。我們要深入學習、全面貫徹黨的二十大精神，深刻把握全面建設社會主義現代化國家面臨的形勢。

一、從我國發展面臨的新的戰略機遇深刻把握全面建設社會主義現代化國家面臨的形勢

　　中國特色社會主義進入新時代，經過 10 年的接續奮鬥，黨和國家事業取得歷史性成就、發生歷史性變革，我國發展站在了新的更高的歷史起點上。

　　一是物質基礎更加堅實。我國經濟實力、科技實力、綜合國力顯著增強。截至 2021 年底，我國國內生產總值 114 萬億元，人均國內生產總值 81000 元，建成世界規模最大的教育體系、社會保障體系、醫療衛生體系，國家財政收入超過 20 萬億元，外匯儲備超過 3 萬億美元。產業體系更加完備，是全世界唯一擁有聯合國產業分類中全部工業門類的國家，產業結構加快升級，高新技術產業佔比明顯提高，新模式、新業態不斷湧現，新能源、新材料快速發展，經濟發展平衡性、協調性、可持續性明顯增強。基礎研究和原始創新不斷加強，一些關鍵核心技術實現突破，載人航天、探月探火、深海深地探測、超級計算機、衛星導航、量子信息、核電技術、新能源技術、大

飛機製造、生物醫藥等取得重大成果，進入創新型國家行列。基礎設施更加完善，已經建成發達的現代綜合交通體系，高鐵運營里程超過 4 萬公里，高速公路通車里程接近 17 萬公里。能源生產總量達到 43.3 億噸標準煤，發電裝機容量達到 23.8 億千瓦，建成全球規模最大的移動寬帶和光纖網絡，網絡質量達到甚至優於發達國家水平。發展潛力巨大，一個 14 億多人口的國家整體邁入現代化社會，形成的超大規模市場和需求潛力為未來發展創造出巨大空間，這些都為推進高質量發展、全面建設社會主義現代化國家打下了堅實的物質基礎。

二是制度保證更加完善。全面深化改革，各領域基礎性制度框架基本確立，許多領域實現歷史性變革、系統性重塑、整體性重構，黨的領導、人民當家作主、依法治國有機統一的制度建設全面加強，中國特色社會主義制度更加成熟更加定型。全黨思想更加統一，"兩個確立"、"兩個維護"成為全黨共同遵循。黨的領導方式更加科學，黨的領導制度體系更加完善，黨的政治領導力、思想引領力、群眾組織力、社會號召力顯著增強。社會主義民主政治制度化、規範化、程序化全面推進，人民依法享有和行使民主權利的內容更加豐富、渠道更加便捷、形式更加多樣，程序合理、環節完整的協商民主體系更加完備，最廣泛的愛國統一戰線不斷鞏固和發展，民族區域自治制度更加完善，基層群眾自治制度充滿活力。法治國家、法治政府、法治社會建設一體推進，國家治理體系和治理能力現代化水平明顯提高，為全面建設社會主義現代化國家提供了堅強制度保證。

三是科技革命和產業變革帶來新機遇。進入 21 世紀以來，新一輪科技革命和產業變革加速演變，以人工智能、量子信息、移動通信、物聯網、區塊鏈為代表的新一代信息技術加速突破應用，以合成生物學、基因編輯、腦科學、再生醫學等為代表的生命科學領域孕育新的變革，融合機器人、數字化、新材料的先進製造技術正在加速推進製造業向智能化、服務化、綠色化轉型，清潔能源技術加速發展引發全球能源變革，空間和海洋技術正在拓展人類生存發展新疆域。新一輪科技革命和產業變革正在重構全球創新版圖、重塑全球經濟結構，深刻影響着國家前途命運和人民生活福祉，也為我國發展提供了新的重大機遇。

四是國際地位和國際影響力顯著提升。 我國經濟總量佔世界總量的比重超過 18%，多年來對世界經濟增長貢獻率年均達到約 30%，穩居世界第二大經濟體，是製造業第一大國、貨物貿易第一大國、商品消費第二大國、外資流入第二大國，外匯儲備連續多年位居世界第一，更大範圍、更寬領域、更深層次對外開放格局已經形成。深度參與全球治理體系改革和建設，積極推動經濟全球化朝着更加開放、包容、普惠、平衡、共贏的方向發展，在氣候變化、減貧、反恐、網絡安全和維護地區安全等領域發揮重要作用，全面開展抗擊新冠肺炎疫情國際合作，我國國際影響力、感召力、塑造力顯著提升。

我國歷史性地解決絕對貧困問題，全面建成小康社會，前所未有地走近世界舞台中央，為實現第二個百年奮鬥目標打下堅實基礎，迎來新的戰略機遇。

二、從我國發展面臨的新的戰略任務深刻把握全面建設社會主義現代化國家面臨的形勢

從現在起，中國共產黨的中心任務就是團結帶領全國各族人民全面建成社會主義現代化強國、實現第二個百年奮鬥目標，以中國式現代化全面推進中華民族偉大復興。

一百年來，中國共產黨團結帶領全黨全國各族人民進行的一切奮鬥，就是為了把我國建設成為現代化強國，實現中華民族偉大復興。在新中國成立特別是改革開放以來的長期探索和實踐基礎上，經過黨的十八大以來在理論和實踐上的創新突破，黨和人民成功推進和拓展了中國式現代化。習近平總書記強調，中國式現代化是人口規模巨大的現代化，是全體人民共同富裕的現代化，是物質文明和精神文明相協調的現代化，是人與自然和諧共生的現代化，是走和平發展道路的現代化。

在以中國式現代化全面推進中華民族偉大復興的歷史進程中，努力實現物質文明、政治文明、精神文明、社會文明、生態文明協調發展，我國面臨着其他國家都不曾遇到的各種壓力和嚴峻挑戰。人口規模巨大是我國的基本國情，未來一段時間我國人口總量仍將保持在 14 億人以上，超大規模市場優

勢也將長期存在，但我國人口老齡化程度不斷加深，總和生育率也在下降，人口總量和結構變化對潛在增長率形成明顯制約。我們只有以改革挖掘新潛力，才能有效應對人口變化對經濟增長的不利影響。全面建成小康社會，為我國推進共同富裕創造了多方面條件，但是城鄉區域發展和收入分配差距較大，發展不平衡不充分問題仍然突出，推動全體人民共同富裕始終是一項長期艱巨的任務。我國仍處於社會主義初級階段的基本國情沒有變，這決定了我們必須繼續堅持黨在社會主義初級階段的基本路線，堅持以經濟建設為中心，既做大"蛋糕"又分好"蛋糕"，推動共同富裕取得更為明顯的實質性進展，並隨着經濟發展逐步實現共同富裕。根據我國人均資源佔有量少的基本國情和高質量發展的內在要求，以及應對氣候變化的國際共識，必須把經濟發展方式轉到綠色發展、循環發展、低碳發展的道路上來。同時，要在持續追求物質文明發展的同時，不斷提升精神文明水平，進一步增強全黨全國各族人民文化自信，提升全社會凝聚力和向心力，為全面建設社會主義現代化國家提供堅強思想保證和強大精神力量。我國發展需要和平穩定的國際環境，越是面對外部環境深刻複雜變化帶來的嚴峻風險挑戰，我們越要堅定不移地走和平發展道路，把我國發展與世界發展聯繫起來，在與世界各國良性互動、互利共贏中不斷取得新的更大發展。

三、從我國發展面臨的新的戰略階段深刻把握全面建設社會主義現代化國家面臨的形勢

我國已經進入新發展階段，實現中華民族偉大復興進入了不可逆轉的歷史進程，但戰略機遇和風險挑戰並存，不確定難預料因素增多。

習近平總書記指出，進入新發展階段，是中華民族偉大復興歷史進程的大跨越，是全面建設社會主義現代化國家、向第二個百年奮鬥目標進軍的階段，是我們黨帶領人民迎來從站起來、富起來到強起來歷史性跨越的階段，是我國社會主義發展進程中的一個重要階段。新發展階段是社會主義初級階段中的一個階段，同時是其中經過幾十年積累、站到了新的起點上的一個階段。社會主義初級階段不是一個靜態、一成不變、停滯不前的階段，也不是

一個自發、被動、不用費多大氣力自然而然就可以跨過的階段，而是一個動態、積極有為、始終洋溢着蓬勃生機活力的過程，是一個階梯式遞進、不斷發展進步、日益接近質的飛躍的量的積累和發展變化的過程。全面建設社會主義現代化國家，既是社會主義初級階段我國發展的要求，也是我國社會主義從初級階段向更高階段邁進的要求。立足新發展階段，既要把握實踐發展的連續性，又要把握時代發展的階段性，既要抓住國內外環境深刻變化帶來的新機遇，又要準備迎接一系列新挑戰，確保全面建設社會主義現代化國家開好局、起好步。

我國仍然是世界上最大的發展中國家，發展仍然是解決我國一切問題的基礎和關鍵，但在新的戰略階段，在全面建設社會主義現代化國家新征程中，必須堅定不移貫徹新發展理念，構建新發展格局，推動高質量發展。黨的二十大分別提出了未來 5 年、到 2035 年以及到本世紀中葉我國發展的戰略目標和戰略任務，為全黨指明了奮鬥方向。二十大之後的 5 年是全面建設社會主義現代化國家開局起步的關鍵時期。滾石上山，不進則退。我們必須着力解決發展不平衡不充分的問題，着力消除高質量發展的卡點瓶頸，着力衝破制度藩籬，進一步完善體制機制；着力縮小城鄉區域發展和收入分配差距，解決群眾急難愁盼問題，着力化解那些可以預見和難以預見的風險，為分階段推進、全面建設社會主義現代化國家打下更加堅實的基礎。

四、從我國發展面臨的新的戰略環境深刻把握全面建設社會主義現代化國家面臨的形勢

當前，世界之變、時代之變、歷史之變正以前所未有的方式展開。一方面，和平、發展、合作、共贏的歷史潮流不可阻擋，人心所向、大勢所趨，決定了人類前途命運終歸光明；另一方面，恃強凌弱、巧取豪奪、零和博弈等霸權霸道霸凌行徑危害深重，和平赤字、發展赤字、安全赤字、治理赤字加重，人類社會面臨前所未有的挑戰。

一是世界百年變局加速演進，經濟實力對比“東升西降”趨勢更加明顯。進入 21 世紀以來，新興市場國家和發展中國家快速崛起，發展態勢明顯強於

發達經濟體，世界經濟格局正在發生近代以來最具革命性的變化。根據國際貨幣基金組織統計，2001 年至 2021 年，新興市場和發展中經濟體佔世界經濟總量的比重從 21.15% 上升到 40.92%，發達經濟體佔世界經濟總量的比重則由 78.85% 下降至 59.08%。新興市場和發展中經濟體仍保持相對發達經濟體更快的增長速度，對世界經濟增長的貢獻率已經達到 80%，成為全球經濟增長的主要動力。經濟實力此長彼消，對世界經濟、科技、文化、安全、政治格局等都產生深刻影響，推動全球治理體系發生深刻變革，新興市場國家和發展中國家的國際地位和話語權不斷提高。

二是世紀疫情對世界經濟產生深遠影響。新冠肺炎疫情深刻地改變世界，改變人類的生產方式和生活方式。受世紀疫情大流行衝擊，世界各國產業鏈都受到不同程度的影響。各國都看到了全球供應鏈的脆弱性，紛紛把產業鏈供應鏈安全置於更加優先的位置，實行"內顧"政策，產業鏈供應鏈出現了本土化、區域化趨勢，迭加美西方推行的脫鉤戰略，對我國產業鏈供應鏈安全穩定形成新的挑戰。必須把發展的戰略基點和自主權牢牢掌握在自己手上，既堅持改革開放不動搖，又堅持獨立自主、自力更生發展自己，加快構建新發展格局。

三是全球性問題凸顯，逆全球化思潮抬頭，單邊主義、保護主義明顯上升。近年來，在應對氣候變化，防控傳染性疾病，保障糧食安全和能源安全等方面問題和挑戰不斷出現，給全球治理提出新的課題。特別是烏克蘭危機爆發與美西方對俄實施全面制裁進一步惡化了外部環境。我國是最大的能源進口國，全球能源的供應短缺和價格波動對我國能源安全形成挑戰。氣候變化、新冠肺炎疫情和地緣政治衝突也給世界貿易和投資、全球金融市場穩定、全球糧食安全等造成嚴重影響。美國等西方發達國家為維護既有利益，還頻頻採取金融、科技、貿易等手段遏制新興市場國家和發展中國家，不斷挑起貿易摩擦，造成世界經濟增長持續低迷，嚴重阻礙了全球產業鏈供應鏈價值鏈的有序重構。這些對我國應對全球性問題和參與全球治理，既提供了機遇也提出了新的挑戰。

四是美國調整對華戰略，對我國千方百計遏制。2021 年，按照美元現價計算的中國經濟總量相當於美國經濟總量的 77% 以上。隨着我國與美國經濟實力日益接近，美國朝野對我國的疑懼明顯增加，鬥爭、競爭、遏制的一面在增強，合作的一面在減弱。以美國為首的一些西方國家不斷拼湊新的團團夥夥，極力實施打壓中國的戰略和政策，不僅在經貿、科技、人文交流等方面設置障礙，而且還以意識形態劃線，在涉港、涉台、涉疆、涉藏、涉海、涉人權等各個方面不斷製造麻煩，使我國面臨着比以往更為嚴峻的國際環境。這就要求我們認清美國等西方國家的本質，堅定歷史自信，增強歷史主動，切實辦好自己的事情，以泰山壓頂不彎腰的戰略定力，堅持鬥爭，戰勝任何挑戰和困難，確保中國特色社會主義航船行穩致遠。

為確保到本世紀中葉建成社會主義現代化強國，我們必須深刻領悟"兩個確立"的決定性意義，增強"四個意識"、堅定"四個自信"、做到"兩個維護"，牢牢把握我國發展面臨的新的戰略機遇、戰略要求和新時代新征程黨的中心任務，堅持和加強黨的全面領導，堅持中國特色社會主義道路，堅持以人民為中心的發展思想，堅持深化改革開放，堅持發揚鬥爭精神，統籌推進"五位一體"總體佈局、協調推進"四個全面"戰略佈局，踔厲奮發、勇毅前行、團結奮鬥，奮力譜寫全面建設社會主義現代化國家新篇章。

全面建設社會主義現代化國家
必須牢牢把握的重大原則

梁言順

　　全面建設社會主義現代化國家，是我們黨孜孜以求的歷史宏願，是一項偉大而艱巨的事業。習近平總書記所作的黨的二十大報告着眼全面建成社會主義現代化強國的宏偉目標和戰略安排，鮮明提出了前進道路上必須牢牢把握的 5 條重大原則，為全面建設社會主義現代化國家提供了根本遵循。這些重大原則，是在全面總結黨的百年奮鬥歷史經驗特別是中國特色社會主義發展實踐經驗、深刻把握我國發展新的歷史特點、統籌考慮當前和今後一個時期發展目標的基礎上提出來的，內涵豐富、意義重大，是一個有機統一的整體。我們必須認真學習、深刻領會、整體把握，不折不扣貫徹落實到全面建設社會主義現代化國家全過程各方面。

一、堅持和加強黨的全面領導，確保我國社會主義現代化建設正確方向

　　黨的二十大報告把"堅持和加強黨的全面領導"作為 5 條重大原則中佔統領地位的首要原則，充分體現了對馬克思主義建黨學說和國家學說、對社會主義現代化建設規律的深刻把握和自覺運用。新的征程上，必須始終堅持和加強黨的全面領導，確保全黨全國擁有團結奮鬥的強大政治凝聚力、發展自信心，集聚起萬眾一心、共克時艱的磅礴力量，形成風雨來襲時全體人民最可靠的主心骨。

　　（一）中國共產黨領導，是黨和國家的根本所在、命脈所在，是全國各族人民的利益所繫、命運所繫。黨政軍民學，東西南北中，黨是領導一切的。

中國特色社會主義最本質的特徵是中國共產黨領導，中國特色社會主義制度的最大優勢是中國共產黨領導，中國共產黨是最高政治領導力量。中國人民和中華民族之所以能夠扭轉近代以後的歷史命運、取得偉大成就，最根本的是有中國共產黨的堅強領導。黨的十八大以來，以習近平同志為核心的黨中央以巨大政治勇氣和強烈責任擔當，推動黨和國家事業取得歷史性成就、發生歷史性變革，實現中華民族偉大復興進入了不可逆轉的歷史進程。歷史和現實都證明，沒有中國共產黨，就沒有新中國，就沒有中華民族偉大復興。堅持和加強黨的全面領導，關係黨和國家前途命運，我們的全部事業都建立在這個基礎上，都根植於這個最本質特徵和最大優勢。在堅持黨的領導這個重大原則問題上，絕不能有絲毫含糊和動搖，絕不能犯原則性、方向性甚至顛覆性錯誤。

（二）堅持和加強黨的全面領導，最根本的是深刻領悟"兩個確立"的決定性意義，堅決做到"兩個維護"。"兩個維護"是我們黨的最高政治原則，"兩個確立"是新時代 10 年來我們黨取得的最重要的政治成果。黨的十八大以來，以習近平同志為核心的黨中央把加強黨的集中統一領導作為全黨共同的政治責任，系統完善黨的領導制度體系，使全黨思想上更加統一、政治上更加團結、行動上更加一致，黨的政治領導力、思想引領力、群眾組織力、社會號召力顯著增強。正是因為有習近平總書記領航掌舵，全黨才有了頂樑柱，14 億多人民才有了主心骨；正是因為有習近平新時代中國特色社會主義思想的科學指引，全黨全國各族人民才有了思想上的"定盤星"、行動上的"指南針"。"兩個維護"本質上是維護黨和國家的最高利益，必須把對"兩個確立"決定性意義的深刻領悟，切實轉化為堅決做到"兩個維護"的高度自覺，不斷提高政治判斷力、政治領悟力、政治執行力，全面貫徹習近平新時代中國特色社會主義思想，始終在思想上政治上行動上同以習近平同志為核心的黨中央保持高度一致。

（三）堅持和加強黨的全面領導，必須把黨的領導落實到黨和國家事業各領域各方面各環節。黨的領導是全面的、系統的、整體的，是對各類機構、各種組織、各項事業的全覆蓋領導，是對各個地方、各個領域、各個方面工作的全方位領導，是對改革發展穩定、內政外交國防、治黨治國治軍的全過程領導。黨的十八大以來，習近平總書記對堅持和加強黨的全面領導旗幟鮮明、充滿自信，無論哪個領域、哪方面工作，都從加強黨的全面領導抓起。實踐告訴我們，堅持和加強黨中央集中統一領導是做好黨和國家工作的根本保證，是我國政治清明、經濟發展、民族團結、社會穩定的根本點。堅持和加強黨的全面領導，歸根到底就是要充分發揮黨的領導政治優勢，推動黨對社會主義現代化的領導在職能配置上更加科學合理、在體制機制上更加完備完善、在運行管理上更加高效，不斷提高黨把方向、謀大局、定政策、促改革的能力和定力，確保全黨在黨的旗幟下團結成"一塊堅硬的鋼鐵"，步調一致向前進。

二、堅持中國特色社會主義道路，始終把國家和民族發展放在自己力量的基點上

道路決定命運，道路就是黨的生命。黨的二十大報告將"堅持中國特色社會主義道路"作為全面建設社會主義現代化國家的一條重大原則，充分體現了我們黨道不變、志不改的堅定決心。我們必須深刻領悟中國特色社會主義道路的正確性，堅定不移走中國特色社會主義這條唯一正確的道路。

（一）**走自己的路，是黨的全部理論和實踐的立足點。**習近平總書記深刻指出："一切成功發展振興的民族，都是找到了適合自己實際的道路的民族。"在革命、建設、改革各個歷史時期，我們黨堅持從我國國情出發，探索並形成符合中國實際的正確道路，這是黨的事業不斷從勝利走向勝利的真諦。黨和人民歷盡千辛萬苦、付出巨大代價取得的根本成就，就是成功開闢了實現中華民族偉大復興的正確道路，這就是中國特色社會主義道路。中國特色社會主義道路不是從天上掉下來的，而是在改革開放 40 多年的偉大實踐中走出來的，是在新中國成立 70 多年的持續探索中走出來的，是在對近代以來 180 多年中華民族發展歷程的深刻總結中走出來的，是在對中華民族 5000 多年悠久文明的傳承中走出來的。這條道路符合中國實際、反映中國人民意願、適應時代發展要求，不僅走得對、走得通，而且走得穩、走得好。無論遇到什

麼風浪，在堅持中國特色社會主義道路這個根本問題上必須一以貫之，決不因各種雜音噪音而改弦更張。

（二）**中國特色社會主義道路是實現社會主義現代化、創造人民美好生活的必由之路。**"鞋子合不合腳，自己穿了才知道。"中國特色社會主義道路，既堅持以經濟建設為中心，又全面推進經濟、政治、文化、社會、生態文明建設以及其他各方面建設；既堅持四項基本原則，又堅持改革開放，既不斷解放和發展生產力，又逐步實現全體人民共同富裕、促進人的全面發展。黨的十八大以來，以習近平同志為核心的黨中央準確把握中國特色社會主義歷史新方位、時代新變化、實踐新要求，科學回答了當今時代和當代中國發展提出的一系列重大理論和實踐問題，創造了新時代中國特色社會主義的偉大成就，推動我國邁上全面建設社會主義現代化國家新征程。實踐證明，只有中國特色社會主義道路而沒有別的道路，能夠引領中國進步、增進人民福祉、實現民族復興。這條道路我們看準了、認定了，必須堅定不移走下去，不為任何風險所懼，不為任何干擾所惑，真正做到"千磨萬擊還堅勁，任爾東西南北風"。

（三）**堅定不移走中國特色社會主義道路。**找到一條好的道路不容易，走好這條道路更不容易。我們黨堅持和發展中國特色社會主義，推動物質文明、政治文明、精神文明、社會文明、生態文明協調發展，成功走出了中國式現代化道路，創造了人類文明新形態，從根本上改變了中國人民前途命運，也為解決人類面臨的共同問題提供了更多更好的中國智慧、中國方案、中國力量。腳踏中華大地，傳承中華文明，走符合中國國情的正確道路，黨和人民就具有無比廣闊的舞台，具有無比深厚的歷史底蘊，具有無比強大的前進定力。當前，我們已經邁上全面建設社會主義現代化國家新征程，我們黨團結帶領人民堅持中國道路的決心信心更加堅定，堅持中國道路的實力能力更為堅實。面向未來，必須堅持獨立自主、自力更生，把中國發展進步的命運牢牢掌握在自己手中，毫不動搖沿着中國特色社會主義道路這條通往復興夢想的康莊大道奮勇前進。只要我們既不走封閉僵化的老路，也不走改旗易幟的邪路，就一定能夠把我國建設成為綜合國力和國際影響力領先的社會主義現代化強國。

三、堅持以人民為中心的發展思想，讓現代化建設成果更多更公平惠及全體人民

民心是最大的政治，正義是最強的力量。黨的二十大報告確定了"堅持以人民為中心的發展思想"的重大原則，這是由我們黨的根本宗旨、我國經濟社會發展的根本目的決定的。新的征程上，我們必須堅持尊重社會發展規律和尊重人民歷史主體地位的一致性、為崇高理想奮鬥和為最廣大人民謀利益的一致性、完成黨的各項工作和實現人民利益的一致性，努力為人民創造更美好、更幸福的生活。

（一）**堅持發展為了人民，把人民對美好生活的嚮往作為奮鬥目標。**我們黨的根基在人民、血脈在人民、力量在人民，人民是黨執政興國的最大底氣。我們黨沒有任何自己特殊的利益，從來不代表任何利益集團、任何權勢集團、任何特權階層的利益，這是我們黨立於不敗之地的根本所在。我們黨幹革命、搞建設、抓改革，都是為人民謀利益、讓人民過上好日子；推進社會主義現代化、實現中華民族偉大復興，同樣是為了人民的根本利益。現在，人民對美好生活的嚮往更加強烈，期盼有更好的教育、更穩定的工作、更滿意的收入、更可靠的社會保障、更高水平的醫療衛生服務、更舒適的居住條件、更優美的環境、更豐富的精神文化生活。江山就是人民、人民就是江山，必須始終把人民放在心中最高位置，始終全心全意為人民服務，始終與人民有福同享、有難同當，有鹽同鹹、無鹽同淡，始終為人民利益和幸福而努力奮鬥。

（二）**堅持發展依靠人民，緊緊依靠人民創造歷史偉業。**人民是歷史的創造者，是決定黨和國家前途命運的根本力量。在革命、建設、改革的偉大歷史進程中，我們黨緊緊依靠人民跨過了一道又一道溝坎、取得了一個又一個勝利。新民主主義革命時期，人民群眾是黨和人民軍隊的銅牆鐵壁；社會主義革命和建設的偉大成就是人民群眾幹出來的；改革開放的歷史偉劇是億萬群眾主演的；中華民族迎來從站起來、富起來到強起來的偉大飛躍，是黨和人民一道拚出來、幹出來、奮鬥出來的。無論遇到任何困難和挑戰，只要有人民的支持和參與，黨就能夠一往無前、無往不勝。時代是出卷人，我們

是答卷人，人民是閱卷人。必須堅持把人民擁護不擁護、贊成不贊成、高興不高興、答應不答應作為衡量一切工作得失的根本標準，始終同人民想在一起、幹在一起，充分調動廣大人民的積極性、主動性、創造性，發揮億萬人民的創造偉力。

（三）**堅持發展成果由人民共享，讓人民群眾獲得感、幸福感、安全感更加充實、更有保障、更可持續。**我們黨始終帶領人民為創造美好生活、實現共同富裕而不懈奮鬥。黨的十八大以來，以習近平同志為核心的黨中央把逐步實現全體人民共同富裕擺在更加重要的位置，團結帶領人民完成脫貧攻堅、全面建成小康社會的歷史任務，實現了第一個百年奮鬥目標，深入貫徹以人民為中心的發展思想，在幼有所育、學有所教、勞有所得、病有所醫、老有所養、住有所居、弱有所扶上持續用力，人民生活全方位改善，共同富裕取得新成效。現在，我們已經到了扎實推動全體人民共同富裕的歷史階段。黨的二十大進一步明確了到 2035 年 "人的全面發展、全體人民共同富裕取得更為明顯的實質性進展" 的目標，反映了社會主義的本質要求，體現了以人民為中心的根本立場。新的征程上，必須堅持在發展中保障和改善民生，維護人民根本利益，持續增進民生福祉，提高人民生活品質，更加關注人民群眾 "柴米油鹽" 的煩惱、"衣食住行" 的需求、"酸甜苦辣" 的傾訴，解決好人民群眾急難愁盼問題，扎實推進全體人民共同富裕。

四、堅持深化改革開放，不斷增強社會主義現代化建設的動力和活力

改革開放是我們黨的一次偉大覺醒，是中國人民和中華民族發展史上的一次偉大革命。黨的二十大報告明確提出 "堅持深化改革開放" 的重大原則，這是更好統籌國內國際兩個大局、進一步解放和發展社會生產力的必然要求。我們必須解放思想、與時俱進，將改革開放進行到底。

（一）**改革開放是黨和人民大踏步趕上時代的重要法寶，是決定當代中國命運的關鍵一招。**黨的十一屆三中全會開啟了改革開放和社會主義現代化建設的新時期，我們黨團結帶領全國各族人民以一往無前的進取精神和波瀾壯

闊的創新實踐，堅持改革改革再改革、開放開放再開放，我國取得了世所罕見的經濟快速發展和社會長期穩定兩大奇跡。黨的十八大以來，以習近平同志為核心的黨中央高舉改革開放偉大旗幟，堅持改革正確方向，開創了我國改革開放新局面，黨和國家事業發生了全方位、開創性、深層次、根本性變革，全面深化改革已經成為當代中國最鮮明的特色，擴大對外開放已經成為當代中國最鮮明的標識。我們必須深入推進改革創新，堅定不移擴大開放，着力破除制約高質量發展、高品質生活的體制機制障礙，持續增強發展動力和活力。

（二）推進國家治理體系和治理能力現代化，把我國制度優勢更好轉化為國家治理效能。改革是解放和發展我國社會生產力的關鍵，是推動國家發展的根本動力。改革開放 40 多年來，從開啟新時期到跨入新世紀，從站上新起點到進入新時代，我們黨解放思想、實事求是，堅持守正創新，大膽地試、勇敢地改，幹出了一片新天地。黨的十八大以來，我們黨以巨大的政治勇氣全面深化改革，打響了改革攻堅戰，啃下了不少硬骨頭，闖過了不少激流險灘，改革呈現全面發力、多點突破、蹄疾步穩、縱深推進的局面。黨的二十大把"改革開放邁出新步伐，國家治理體系和治理能力現代化深入推進"作為未來 5 年的主要目標任務之一，明確了深化改革開放的任務書和路線圖。我們必須圍繞堅持和完善中國特色社會主義制度、推進國家治理體系和治理能力現代化，以更大的勇氣、更有力的舉措推動更深層次改革。尤其是圍繞構建高水平社會主義市場經濟體制，堅持和完善社會主義基本經濟制度，充分發揮市場在資源配置中的決定性作用，更好發揮政府作用，以深化改革激發發展活力。

（三）推進高水平對外開放，形成更大範圍、更寬領域、更深層次對外開放格局。習近平總書記強調："中國開放的大門不會關閉，只會越開越大！"黨的十八大以來，以習近平同志為核心的黨中央實施更加主動的開放戰略，推動共建"一帶一路"成為深受歡迎的國際公共產品和國際合作平台，我國貨物貿易總額居世界第一，吸引外資和對外投資居世界前列。開放帶來進步，封閉必然落後。我國過去經濟發展是在開放條件下取得的，未來經濟發展也必須在更加開放的條件下進行。構建新發展格局是開放的國內國際雙循環，我們必須堅持對外開放的基本國策，依託我國超大規模市場優勢，增強國內國際兩個市場兩種資源聯動效應，穩步擴大規則、規制、管理、標準等制度型開放，營造市場化、法治化、國際化一流營商環境，推動共建"一帶一路"高質量發展，以高水平對外開放打造國際合作和競爭新優勢。

五、堅持發揚鬥爭精神，依靠頑強鬥爭打開事業發展新天地

黨的二十大報告深刻把握黨的事業發展和自身建設規律，提出了"堅持發揚鬥爭精神"的重大原則，深刻揭示了我們黨永葆旺盛生機活力的基因密碼。我們必須清醒認識進行偉大鬥爭的長期性、複雜性、艱巨性，堅持底線思維，增強憂患意識，全力戰勝前進道路上各種困難和挑戰。

（一）**敢於鬥爭、敢於勝利，是黨和人民不可戰勝的強大精神力量**。社會是在矛盾運動中前進的，矛盾無時不在、無處不有，有矛盾就會有鬥爭。黨和人民取得的一切成就，不是別人恩賜的，而是通過不斷鬥爭取得的。建立中國共產黨、成立中華人民共和國、實行改革開放、推進新時代中國特色社會主義事業，都是在鬥爭中誕生、在鬥爭中發展、在鬥爭中壯大的。為了人民、國家、民族，無論敵人如何強大、道路如何艱險、挑戰如何嚴峻，我們黨總是絕不畏懼、絕不退縮，不怕犧牲、百折不撓。新時代堅持和發展中國特色社會主義是一項長期而艱巨的歷史任務，我們黨要團結帶領人民有效應對重大挑戰、抵禦重大風險、克服重大阻力、解決重大矛盾，必須敢於鬥爭、善於鬥爭。

（二）**我們黨依靠鬥爭創造歷史，更要依靠鬥爭贏得未來**。新時代 10 年來，面對影響黨長期執政、國家長治久安、人民幸福安康的突出矛盾和問題，以習近平同志為核心的黨中央審時度勢、果敢抉擇，銳意進取、迎難而上，義無反顧進行具有許多新的歷史特點的偉大鬥爭，經受住了來自政治、經濟、意識形態、自然界等方面的風險挑戰考驗。特別是面對突如其來的新冠肺炎疫情這場大戰大考，在習近平總書記親自指揮、親自部署下，打響了一場抗擊疫情的人民戰爭、總體戰、阻擊戰，統籌疫情防控和經濟社會發展取得重大積極成果。歷史和現實告訴我們，對危及黨的執政地位、國家政權

穩定，危害國家核心利益，危害人民根本利益，有可能遲滯甚至打斷中華民族偉大復興進程的重大風險挑戰，必須以敢於同任何強大敵人作鬥爭而不為任何強大敵人所嚇阻的志氣、骨氣、底氣進行堅決鬥爭，不信邪、不怕鬼、不怕壓，在鬥爭中求得生存、獲得發展、贏得勝利。

（三）**不斷奪取新時代偉大鬥爭新勝利**。當前，世界百年未有之大變局和中華民族偉大復興戰略全局相互激盪，新矛盾和舊問題彼此交織，有形鬥爭和無形較量輪番博弈，可以預見的風險和不可預見的挑戰接踵而至，我們面臨的風險和考驗一點也不會比過去少，只會越來越複雜，甚至會遇到難以想像的驚濤駭浪。要看到，我們面臨的各種鬥爭不是短期的而是長期的，將伴隨實現第二個百年奮鬥目標全過程。在重大鬥爭、強大對手面前，唯有主動迎戰、堅決鬥爭，才有生路出路。我們必須把握新的偉大鬥爭的歷史特點，深刻認識我國社會主要矛盾變化帶來的新特徵新要求，深刻認識錯綜複雜的國際環境帶來的新矛盾新挑戰，貫徹總體國家安全觀，統籌發展和安全，發揚鬥爭精神，把握鬥爭方向，堅定鬥爭意志，勇於戰勝一切風險挑戰。各級領導幹部要加強鬥爭精神和鬥爭本領養成，着力增強防風險、迎挑戰、抗打壓的能力，平常時候看得出來、關鍵時刻站得出來、危難關頭豁得出來，在鬥爭中經風雨、見世面、壯筋骨、長才幹。

推動經濟實現質的有效提升和量的合理增長

韓文秀

　　黨的二十大報告指出，"推動經濟實現質的有效提升和量的合理增長"。這充分體現了我們黨推動高質量發展的堅定決心，為今後一個時期經濟發展指明了方向。我們要全面貫徹黨的二十大精神，完整、準確、全面貫徹新發展理念，堅持以推動高質量發展為主題，把實施擴大內需戰略同深化供給側結構性改革有機結合起來，增強國內大循環內生動力和可靠性，提升國際循環質量和水平，加快建設現代化經濟體系，着力提高全要素生產率，着力提升產業鏈供應鏈韌性和安全水平，着力推進城鄉融合和區域協調發展，推動我國經濟發展行穩致遠，為全面建成社會主義現代化強國奠定堅實的物質技術基礎。

一、推動經濟實現質的有效提升和量的合理增長是高質量發展的內在要求

　　經濟發展是質和量的有機統一。質通常是指經濟發展的結構、效益，量通常是指經濟發展的規模、速度，質的提升為量的增長提供持續動力，量的增長為質的提升提供重要基礎，二者相輔相成。從中長期看，經濟沒有"質"就不會有"量"，離開了"量"也談不上"質"，量變積累形成質變。辯證認識、科學統籌經濟發展質和量的關係，是我們黨領導經濟工作的重要經驗。多年來，在中長期規劃和年度計劃確定經濟增長目標時，都把提高質量作為前提。例如，1991 年制定的"八五"計劃綱要提出，在大力提高經濟效益和優化經濟結構的基礎上，使國民生產總值到 20 世紀末

比 1980 年翻兩番。2007 年國民經濟和社會發展年度計劃提出，在優化結構、提高效益、降低消耗、減少排放的基礎上，保持 8% 左右的經濟增長速度。但在實踐中，也曾出現忽視經濟發展的質量結構效益，片面追求經濟增長速度、甚至單純以國內生產總值論英雄的偏向，導致結構扭曲、環境污染和安全生產事故等問題，積累風險隱患，教訓十分深刻。傳統發展模式難以持續。

黨的十八大以來，我國經濟發展在質和量上取得歷史性成就。中國特色社會主義進入新時代，我國社會主要矛盾轉化為人民日益增長的美好生活需要和不平衡不充分的發展之間的矛盾，以習近平同志為核心的黨中央對推動經濟高質量發展作出一系列戰略部署，強調要完整、準確、全面貫徹新發展理念，推動經濟發展質量變革、效率變革、動力變革。10 年來，我國經濟實力、科技實力、綜合國力躍上新台階。創新型國家建設取得重大進步，2012 年至 2021 年全社會研發投入與國內生產總值之比由 1.91% 提高到 2.44%，全球創新指數排名由第 34 位上升到第 11 位。我國城鎮化率由 53.1% 上升到 64.7%。城鄉居民人均可支配收入差距由 2.88：1 降至 2.5：1，人均預期壽命由 74.8 歲（2010 年）提高到 78.2 歲，中等收入群體比重逐步擴大。我國生態環境狀況實現歷史性轉折，霧霾天氣和黑臭水體越來越少，藍天白雲、綠水青山越來越多。2021 年國內生產總值達到 114.4 萬億元，佔全球經濟比重由 2012 年的 11.3% 上升到 18.5%，我國作為世界第二大經濟體地位得到鞏固提升。人均國內生產總值由 6300 美元增加到 1.25 萬美元，接近高收入國家門檻。商品出口佔國際市場份額由 11% 提高到 15%，貨物貿易第一大國地位得到增強，利用外資規模不斷擴大。我國近 1 億農村貧困人口全部脫貧，歷史性地解決了困擾中華民族幾千年的絕對貧困問題，全面建成小康社會，勝利實現了第一個百年奮鬥目標。

高質量發展是全面建設社會主義現代化國家的首要任務。當前，我國已經邁上全面建設社會主義現代化國家新征程，新的發展階段、新的使命任務和新的發展環境對經濟實現質的有效提升和量的合理增長提出了更高、更為緊迫的要求。新時代的發展必須是高質量發展。低水平重複建設和單純數量擴張沒有出路，只有以質取勝、不斷塑造新的競爭優勢，才能支撐長期持續健康發展。要認識到，基本實現社會主義現代化和建成社會主義現代化強國，需要達到國際公認的發展水平標準，比如目前中等發達國家人均國內生產總值在 2 萬美元以上，我國與發達國家在許多經濟和民生指標方面仍有較大差距。必須堅持把發展作為黨執政興國的第一要務，在持續實現經濟質的有效提升的同時，持續實現經濟量的合理增長，不斷做大做強中國經濟，鞏固社會主義現代化的物質技術基礎。

二、全面把握經濟實現質的有效提升和量的合理增長的豐富內涵

把經濟發展的質和量有機統一起來，實現協同並進，關鍵在於完整、準確、全面貫徹新發展理念，把握內涵、扎實工作，通過質的有效提升引領量的合理增長，通過量的合理增長支撐質的有效提升，實現更高質量、更有效率、更加公平、更可持續、更為安全的發展。

（一）**推動創新成為發展的第一動力，實現高水平科技自立自強。**世情國情發生深刻變化，堅持創新發展是我們應對發展環境變化、增強發展動力、把握發展主動權的根本之策。要強化國家戰略科技力量，健全社會主義市場經濟條件下的新型舉國體制，以關鍵共性技術、前沿引領技術、顛覆性技術創新為突破口，形成更多非對稱競爭優勢。要強化企業科技創新主體地位，促進各類創新要素向企業集聚，發揮科技型骨幹企業引領支撐作用，營造有利於科技型中小微企業成長的良好環境。落實好"揭榜掛帥"等機制，賦予科學家更大技術路線決定權、經費支配權、資源調度權。加快建設世界重要人才中心和創新高地，更加主動融入全球創新網絡。

（二）**推動協調成為發展的內生特點，構建優勢互補、高質量發展的區域經濟佈局和國土空間體系。**協調發展蘊含着高質量發展的巨大潛能。要促進城鄉融合發展。推進以人為核心的新型城鎮化，使廣大人民享受高品質生活。加快農業轉移人口市民化，深化戶籍制度改革，推進城鎮基本公共服務常住人口全覆蓋。全面推進鄉村振興，拓展農民增收致富渠道，鞏固拓展脫貧攻堅成果，建設宜居宜業和美鄉村。要深入實施區域協調發展戰略、區域重大戰略、主體功能區戰略，認真落實國土空間規劃，推動各

地區根據各自條件，走合理分工、優化發展的路子，推動西部開發、東北振興、中部崛起、東部率先發展呈現新氣象，推動京津冀協同發展、長江經濟帶發展、粵港澳大灣區建設、長三角一體化發展、黃河流域生態保護和高質量發展等區域重大戰略走深走實，不斷提高我國發展的平衡性、協調性、可持續性。

（三）**推動綠色成為發展的普遍形態，走生產發展、生活富裕、生態良好的文明發展道路**。綠色是高質量發展的底色，不僅滿足人民日益增長的優美生態環境需要，還能夠積聚新的發展動能。要堅持"綠水青山就是金山銀山"的理念，深入推進山水林田湖草沙一體化保護和系統治理，加快實施重要生態系統保護和修復重大工程，持續改善生態環境。堅持全國統籌、節約優先、雙輪驅動、內外暢通、防範風險的原則，立足富煤貧油少氣的基本國情，堅持先立後破，有計劃分步驟實施碳達峰行動。完善綠色低碳政策和市場體系。加快形成節約資源和保護環境的產業結構、生產方式、生活方式、空間格局，加快節能降碳先進技術研發和推廣應用。積極參與氣候變化全球治理。

（四）**推動開放成為發展的必由之路，提升國際循環質量和水平**。經濟全球化雖遇到逆流，但基本趨勢不可阻擋。我們要堅定不移推動高水平對外開放，在國際競爭中鍛造高質量市場主體，在開放合作中實現經濟質升量增。要穩步擴大規則、規制、管理、標準等制度型開放，合理縮減外資准入負面清單，落實准入後國民待遇。加快建設海南自由貿易港，支持浦東新區高水平改革開放，實施自由貿易試驗區提升戰略。推動共建"一帶一路"高質量發展。堅持真正的多邊主義，反對保護主義，積極參與全球治理體系改革和建設，積極推動加入全面與進步跨太平洋夥伴關係協定（CPTPP）等高水平自貿協定，擴大面向全球的高標準自由貿易區網絡。加強抗疫國際合作，共同維護全球產業鏈供應鏈穩定暢通。

（五）**推動共享成為發展的根本目的，推動全體人民共同富裕取得更為明顯的實質性進展**。讓廣大人民共享改革發展成果，有助於提升人力資本水平，有利於擴大有效需求，暢通經濟循環。要正確處理效率與公平的關係，構建初次分配、再分配、第三次分配協調配套的制度體系，推動居民收入增長和經濟增長基本同步、勞動報酬提高與勞動生產率提高基本同步。要堅持盡力而為、量力而行，不掉入"福利主義"養懶漢的陷阱。要促進基本公共服務均等化，健全社會保障體系，完善基本養老保險全國統籌制度，建立生育支持政策體系，降低生育、養育、教育成本。以高校畢業生、技能型勞動者、農民工等為重點，推動擴大中等收入群體，形成中間大、兩頭小的橄欖型收入分配結構。

（六）**有效統籌發展和安全，實現高質量發展和高水平安全相統一**。要落實總體國家安全觀，築牢國家安全屏障。要在發展上多考慮安全要求，在安全上多關注發展因素，實現安全和發展同步推進。要切實維護經濟安全，確保糧食、能源資源、重要產業鏈供應鏈安全，提升戰略性資源供應保障能力，維護金融穩定和安全。要堅持底線思維，增強憂患意識，加強戰略預判和風險預警，下好先手棋、打好主動仗。要完善風險防控機制，提高風險化解能力，鞏固防範化解重大風險攻堅戰成果。要不斷解放和發展社會生產力，以不斷壯大的經濟實力、科技實力、綜合國力為國家安全提供更為堅實的物質技術保障。

（七）**努力在更長時期保持經濟運行在合理區間，推動經濟發展和人民生活不斷邁上新台階**。黨中央明確提出，到 2035 年人均國內生產總值達到中等發達國家水平。在我國經濟體量明顯增大、未來發展不確定因素明顯增多的情況下，只有在更長時期保持經濟運行在合理區間，才能進一步做大做優蛋糕，使 14 億多人口大國的人均發展水平和生活水平逐步趕上發達國家。要實施穩健有效的宏觀調控，促使主要經濟指標長期處於合理區間，實現優化組合。要加強宏觀政策逆周期調節和跨周期設計，充分發揮經濟潛在增長能力，實現潛在增長水平，避免經濟大起大落。要強化就業優先政策，穩定就業總量，改善就業結構，促進高質量充分就業。要完善市場化的價格調控機制，綜合運用監測預警、儲備調節、預期引導、市場監管等方式，保持市場總供求基本平衡，保持價格總水平基本穩定。要統籌利用好國內國際兩個市場兩種資源，推動跨境貿易和投融資更加活躍，保持國際收支基本平衡，保持人民幣匯率在合理均衡水平上的基本穩定。積極穩妥有序推進人民幣國際化。

三、推動經濟實現質的有效提升和量的合理增長必須充分發揮各方面積極性主動性創造性

推動經濟實現質的有效提升和量的合理增長，不是一時一地之舉措，而是貫穿全面建設社會主義現代化國家的整個過程，需要持續激發經濟發展內生動力，充分調動一切積極因素，形成全國上下競相推動高質量發展的生動局面和強大合力。

（一）**推動有效市場和有為政府更好結合**。要充分發揮市場在資源配置中的決定性作用，更好發揮政府作用。促進商品要素資源在更大範圍內暢通流動，降低制度性交易成本，建立統一開放、競爭有序的高標準市場體系，推動我國市場實現由大到強轉變。要提高宏觀經濟治理能力，發揮國家發展規劃的戰略導向作用，加強財政政策和貨幣政策協調配合，穩定和改善預期，加強國際宏觀政策協調。要加強經濟法治，切實保護產權、維護信用、公正執法、有效監管，營造市場化、法治化、國際化一流營商環境。

（二）**發揮好中央和地方兩個積極性**。要堅決維護黨中央權威和集中統一領導，加強頂層設計和統籌協調，完善發展目標、政策體系和考評標準，為地方發展工作提供遵循，增強推動高質量發展的協同性、整體性和有效性。要充分激發地方幹事創業的主觀能動性，發揮基層首創精神，鼓勵地方結合實際探索差異化發展路徑，激勵幹部敢於擔當、積極作為，促進各地比學趕超、因地制宜推動高質量發展。

（三）**把實施擴大內需戰略同深化供給側結構性改革有機結合起來**。要在供給和需求兩方面共同發力，更好推動供給創造需求、需求牽引供給，提高供給和需求的適配性，實現經濟在更高水平上的動態平衡。要堅持以深化供給側結構性改革為主線，不斷夯實實體經濟基礎，突破供給約束堵點，形成更高效率的投入產出關係。要堅持擴大內需這個戰略基點，用好我國國內需求潛力巨大的優勢，增強消費對經濟發展的基礎性作用和投資對優化供給結構的關鍵作用，通過擴大需求支持技術更新迭代，促進新動能加快成長。

（四）**促進深化改革和完善政策協同發力**。實現經濟質升量增往往面臨體制障礙和政策約束，要通過深化改革增添動力，通過完善政策釋放活力，形

成共同推動高質量發展的強大合力。要推動改革向更深層次挺進，圍繞暢通經濟循環深化改革，促進各項改革系統集成。要建立體現新發展理念、適應高質量發展要求的政策體系，統籌發揮財政政策、貨幣政策、就業政策、產業政策等作用，做好政策文件一致性評估工作，確保同向發力，共同促進經濟平穩健康發展。

（五）推動自立自強和開放合作相互促進。獨立自主是我們立黨立國的重要原則，對外開放是我國的基本國策。面對世界百年未有之大變局加速演進，經濟全球化曲折前行，我們必須着力辦好自己的事，推進高水平自立自強，增強自主創新能力，提升發展的自主性安全性。同時必須牢記，封閉導致落後，閉關鎖國不可能帶來自立自強和繁榮發展。要順應和引領經濟全球化基本趨勢，深度參與全球產業分工和合作，在更大範圍更深層次更高水平上利用國內國際兩個市場兩種資源，加快構建以國內大循環為主體、國內國際雙循環相互促進的新發展格局，在開放合作中實現自立自強和互利共贏。

構建高水平社會主義市場經濟體制

穆 虹

社會主義市場經濟體制是我國改革開放的偉大創造，已成為社會主義基本經濟制度的重要組成部分。黨的二十大報告着眼全面建設社會主義現代化國家的歷史任務，作出"構建高水平社會主義市場經濟體制"的戰略部署，明確了新舉措新要求。我們要深入學習貫徹習近平經濟思想，完整、準確、全面貫徹新發展理念，堅定不移深化改革、擴大開放，構建更加系統完備、更加成熟定型的高水平社會主義市場經濟體制，為加快構建新發展格局、着力推動高質量發展提供強有力的制度保障。

一、堅持和完善社會主義基本經濟制度，加快建設現代化經濟體系

習近平總書記指出："在社會主義條件下發展市場經濟，是我們黨的一個偉大創舉。"改革開放 40 多年來，我們黨堅持解放思想、實事求是、銳意改革、開拓創新，成功開闢了中國特色社會主義道路，探索並建立了社會主義市場經濟體制，豐富和發展了社會主義基本經濟制度，極大地解放和發展了社會生產力，如期實現了第一個百年奮鬥目標。進入新時代，我們黨對社會主義市場經濟規律的認識和駕馭能力不斷提高，市場體系和宏觀調控體系持續完善，綜合國力邁上新的台階。踏上全面建設社會主義現代化國家新征程、向第二個百年奮鬥目標進軍，對進一步完善社會主義市場經濟體制提出了更高要求。必須堅定方向、聚焦主題，不斷破除制約高質量發展的體制機制障礙，構建高水平社會主義市場經濟體制，加快建設現代化經濟體系。

（一）**始終堅持社會主義市場經濟改革方向**。改革開放以來，我國取得

202

經濟快速發展和社會長期穩定兩大奇跡的一個關鍵因素，就是通過理論、實踐、制度上的創新，確立了社會主義市場經濟體制，把社會主義制度優越性同市場經濟一般規律有機結合起來。構建高水平社會主義市場經濟體制，必須始終堅持正確的改革方向，進一步激發各類市場主體活力、解放和發展社會生產力。要堅持和完善社會主義基本經濟制度，毫不動搖鞏固和發展公有制經濟，深化國資國企改革，加快國有經濟佈局優化和結構調整，推動國有資本和國有企業做強做優做大，提升企業核心競爭力；毫不動搖鼓勵、支持、引導非公有制經濟發展，優化民營企業發展環境，依法保護民營企業產權和企業家權益，促進民營經濟發展壯大。優化市場體系，營造各種所有制企業依法平等使用資源要素、公開公平公正參與競爭、同等受到法律保護的營商環境。要正確處理政府和市場關係，充分發揮市場在資源配置中的決定性作用，最大限度減少政府對資源的直接配置和對微觀經濟活動的直接干預，充分利用市場機制，實現資源配置效益最大化；更好發揮政府作用，完善宏觀經濟治理，有效彌補市場失靈，實現效率和公平有機統一，在高質量發展中扎實推動全體人民共同富裕。通過有效市場和有為政府更好結合，彰顯社會主義制度優越性，以中國式現代化全面推進中華民族偉大復興。

（二）**緊緊圍繞實現高質量發展的主題**。進入新發展階段，我國社會主要矛盾已轉化為人民日益增長的美好生活需要和不平衡不充分的發展之間的矛盾，國內經濟"三期疊加"，國際局勢深刻變化，安全風險和不確定性驟增。構建以國內大循環為主體、國內國際雙循環相互促進的新發展格局，堅定走高質量發展之路，是適應我國發展新階段要求的重大戰略抉擇。構建高水平社會主義市場經濟體制，必須緊緊圍繞實現高質量發展的主題，精準貫徹新發展理念，善於運用改革思維和改革辦法，加快推進有利於提高資源配置效率的改革、有利於提高發展質量和效益的改革、有利於調動各方面積極性的改革，加快形成新發展格局的制度框架和政策體系。着力提高全要素生產率，着力提升產業鏈供應鏈韌性和安全水平，着力推進城鄉融合和區域協調發展，推動經濟實現質的有效提升和量的合理增長。

（三）**準確把握建設現代化經濟體系的着力點**。加快建設現代化經濟體系是我國新時代發展的目標任務，也是轉變經濟發展方式、優化經濟結構、轉換經濟增長動力的迫切要求。建設現代化經濟體系、推動經濟轉型升級，要害在創新，關鍵在改革。構建高水平社會主義市場經濟體制，必須以完善產權制度和優化各類要素市場化配置為重點，加快建設統一開放、競爭有序的市場體系，創新引領、協同發展的產業體系，體現效率、促進公平的收入分配體系，優勢互補、協調聯動的城鄉區域發展體系，協同高效、法制健全的治理體系，內外循環、安全可控的全面開放體系。繼續發揮經濟體制改革牽引作用，着力破除制約發展活力和動力的體制機制障礙，實現市場機制有效、微觀主體有活力、宏觀調控有度，使一切有利於社會生產力發展的力量源泉充分湧流。企業是創新的主體，是推動建設現代化經濟體系的生力軍，要着力完善中國特色現代企業制度，激發和保護企業家精神，加快培育一批產品卓越、品牌卓著、創新領先、治理現代的世界一流企業，支持中小微企業發展，不斷增強我國經濟創新力和競爭力。

二、構建全國統一大市場，建設高標準市場體系

習近平總書記指出："市場決定資源配置是市場經濟的一般規律，市場經濟本質上就是市場決定資源配置的經濟。"構建高水平社會主義市場經濟體制，要加快建設全國統一大市場，深化要素市場化改革，建設高標準市場體系，不斷完善產權保護、市場准入、公平競爭、社會信用等市場經濟基礎制度，實現准入暢通、開放有序、競爭充分、行為規範，充分發揮我國巨大市場潛力，聚集國內外資源要素，為構建新發展格局提供堅實支撐。

（一）**構建全國統一大市場**。建設高效規範、公平競爭、充分開放的全國統一大市場，是堅持擴大內需戰略、構建新發展格局、建設高水平社會主義市場經濟體制的內在要求。要強化統一大市場基礎制度建設，推進市場基礎設施互聯互通，建立公平規範高效的市場監管體系。打造高標準商品、服務和要素市場，促進現代流通體系建設，大力發展物聯網，降低制度性交易成本和全社會物流成本，增強統一市場的規模效應和集聚效應。深入實施鄉村振興戰略和新型城鎮化戰略，暢通城鄉要素流動，激發融合發展的巨大潛

能。建立有利於發揮比較優勢的區域協調發展機制，促進生產要素在更大範圍、更廣領域流動交融。加快統一市場法規及標準的建立和修訂，堅決廢除妨礙全國統一市場和公平競爭的各種規定和做法。

（二）**深化要素市場化改革**。完善要素市場是構建全國統一大市場的重要組成部分，是深化市場化改革的重點任務。要深入開展要素市場化配置綜合改革試點，健全要素市場體系，擴大配置範圍，實現要素價格市場決定、流動自主有序、配置高效公平。統籌推進農村土地徵收、集體經營性建設用地入市、宅基地制度改革，加快建設城鄉統一的建設用地市場。深化戶籍制度改革，破除勞動力和人才在城鄉、區域、不同所有制單位間的流動障礙。加強資本市場基礎制度建設，推動多層次資本市場健康發展。加快發展技術要素市場，完善科技創新資源配置方式。加快構建數據基礎制度體系，統籌推進數據產權、流通交易、收益分配、安全治理，促進數字經濟和實體經濟深度融合，打造具有國際競爭力的數字產業集群。加快要素價格市場化改革，完善主要由市場供求關係決定要素價格的機制，依法維護公共利益，最大限度減少政府對價格形成的不當干預。

（三）**建設高標準市場體系**。高標準市場體系是構建高水平社會主義市場經濟體制、保障市場有效運行的重要基礎。要堅持平等准入、公正監管、開放有序、誠信守法，暢通市場循環，疏通政策堵點，提升市場監管服務的規範化和便利化程度。全面完善產權制度，健全歸屬清晰、權責明確、保護嚴格、流轉順暢的現代產權制度，健全以公平為核心原則的產權保護，強化知識產權保護。全面實施市場准入負面清單制度，嚴格落實"全國一張清單"管理模式。全面落實公平競爭審查制度，堅持對各類市場主體一視同仁、平等對待，健全公平競爭制度監督實施機制，增強剛性約束。全面推進社會信用建設，健全相關法律法規和標準體系，完善市場主體信用承諾制度，構建以信用為基礎的新型監管機制。

三、建設開放型經濟新體制，促進高水平對外開放

習近平總書記指出："開放帶來進步，封閉必然落後"，"中國開放的大

門不會關上"，"中國將在更大範圍、更寬領域、更深層次上提高開放型經濟水平"。我國改革開放的歷史充分證明，對外開放是推動經濟社會發展的重要動力，以開放促改革、促發展是我國發展不斷取得新成就的重要法寶。面對世界百年未有之大變局，必須更好利用國內國際兩個市場兩種資源，更加注重制度型開放，以國內大循環吸引全球資源要素，促進國內國際雙循環，推動形成更高水平的對外開放新格局，打造國際經濟合作和競爭新優勢。

（一）**擴大開放的範圍和領域**。優化對外開放的空間格局，拓寬對外開放的範圍領域。要推動共建"一帶一路"高質量發展，強化多種形式的互利合作機制建設。引導沿海內陸沿邊開放優勢互補、協同發展，加大西部和沿邊地區開放力度，加快形成陸海內外聯動、東西雙向互濟的開放格局。深化和拓展資金、資源、人才、科技等領域國際合作，完善商品、服務、要素市場化國際化配置，使各領域開放形成協同效應。穩妥推進金融和服務領域開放，深化境內外資本市場互聯互通，有序推進人民幣國際化。積極拓展多雙邊經貿合作，推動貿易和投資自由化便利化。

（二）**完善提升對外開放平台**。各類開放平台是持續擴大對外開放的前沿陣地和體制機制創新的試驗田，要打造開放層次更高、營商環境更優、輻射作用更強的開放新高地。深化自由貿易試驗區改革，賦予其更大改革自主權，及時總結、複製推廣制度創新成果。加快建設海南自由貿易港，建立中國特色自由貿易港制度和政策體系。創新提升國家級新區和開發區，支持建設內陸開放型經濟試驗區。

（三）**穩步擴大制度型開放**。建設更高水平開放型經濟新體制，對制度型開放提出了更高要求。要主動對接國際高標準市場規則體系，健全外商投資准入前國民待遇加負面清單管理制度，依法保護外商投資權益。健全高水平開放法治保障，加強規則、規制、管理、標準等建設，完善外商投資國家安全審查、反壟斷審查、國家技術安全清單管理、不可靠實體清單等制度。積極參與全球經濟治理體系改革，推動構建公平合理、合作共贏的國際經貿投資新規則。

四、推進宏觀經濟治理體系和治理能力現代化

習近平總書記指出："宏觀調控的主要任務是保持經濟總量平衡，促進重大經濟結構協調和生產力佈局優化，減緩經濟周期波動影響，防範區域性、系統性風險，穩定市場預期，實現經濟持續健康發展"，"宏觀調控必須適應發展階段性特徵和經濟形勢變化，該擴大需求時要擴大需求，該調整供給時要調整供給，相機抉擇，開準藥方"。科學高效的宏觀經濟治理是實現國家治理體系和治理能力現代化的客觀要求，也是構建高水平社會主義市場經濟體制的重要組成部分。必須堅持穩中求進工作總基調，堅定實施擴大內需戰略，統籌國內國際兩個市場、發展和安全兩件大事，強化系統思維和底線思維，着力健全目標一致、合理分工、高效協同的宏觀經濟治理體系，推動實現更有效率、更加公平、更可持續、更為安全的高質量發展。

（一）**健全宏觀經濟治理體系**。宏觀調控是黨和國家治理經濟的重要方式，體現了中國特色社會主義制度的獨特優勢。要加快建立體現新發展理念、與高質量發展要求相適應的宏觀調控目標體系、規劃體系、政策體系、協調體系、保障體系和監督評價體系。發揮國家發展規劃的戰略導向作用，使總目標和分目標、中長期規劃和年度計劃有效銜接、接續推進。加強財政政策和貨幣政策等宏觀政策協調配合，合理把握宏觀調控的時效度。完善促進消費的體制機制，增強消費對經濟發展的基礎性作用。深化投融資體制改革，發揮投資對優化供給結構的關鍵作用。完善宏觀經濟政策制定和執行機制，重視社會預期管理。健全宏觀經濟政策統籌協調機制，強化宏觀政策取向一致性評估，完善市場主體有序參與宏觀經濟政策制定機制，形成治理合力。深刻認識國際形勢變化和科學技術進步對經濟社會發展的影響，充分運用互聯網、大數據、人工智能等手段，提升宏觀經濟治理現代化水平。

（二）**建設現代財政金融體系**。財政金融是國家治理的基礎和重要支柱。要健全現代預算制度，全面實施預算績效管理，提高財政資金使用效率。優化各級政府間事權和財權劃分，建立權責清晰、財力協調、區域均衡的中央和地方財政關係，完善財政轉移支付體系。深化稅收制度改革，優化稅制結構，健全地方稅體系，主動防範化解政府債務風險。深化金融體制改革，加

強和完善現代金融監管。建設現代中央銀行制度，健全貨幣政策決策機制。發展普惠金融、綠色金融，完善以支持實體經濟為本的現代金融服務體系。強化金融穩定保障體系，依法將各類金融活動全部納入監管，提高預防預警能力，及時化解金融風險，堅決守住不發生系統性風險底線。健全資本市場功能，提高直接融資比重，全面實行股票發行註冊制。深刻認識把握社會主義市場經濟體制下資本特性和行為規律，充分發揮其作為重要生產要素的積極作用，同時科學設置"紅綠燈"，健全事前引導、事中防範、事後監管相銜接的全鏈條監管體系，依法規範和引導資本健康發展，防止資本無序擴張。

（三）**打造市場化法治化國際化的營商環境。**營商環境是企業生存發展的土壤。要加快政府職能轉變，深化簡政放權、放管結合、優化服務改革，把不該管的堅決放給市場，把該管的切實管住管好管到位。適應新業態新模式、跨領域跨地區系統管理需要，綜合運用經濟、法律、行政和現代信息技術手段，創新市場監管和服務方式，提升綜合效能。鼓勵和保護公平競爭，依法保護生產者和消費者權益，加強反壟斷和反不正當競爭，堅決破除地方保護和行政性壟斷。健全與現代化經濟體系相適應的法律法規和技術管理標準，完善市場環境和信用評價體系，打造穩定公平透明可預期的營商環境，不斷提高市場化法治化國際化水平。

健全現代預算制度

劉　昆

　　黨的二十大報告從戰略和全局的高度，明確了進一步深化財稅體制改革的重點舉措，提出"健全現代預算制度"，為做好新時代新征程財政預算工作指明了方向、提供了遵循。我們要全面貫徹習近平新時代中國特色社會主義思想，認真學習貫徹黨的二十大精神，堅決落實好健全現代預算制度各項任務，為全面建設社會主義現代化國家提供堅實財力保障和強大物質基礎。

一、立足譜寫全面建設社會主義現代化國家嶄新篇章，充分認識健全現代預算制度的重大意義

　　預算體現黨和國家的意志，服務保障黨和國家的重大方針、重大方略、重大決策、重大工作。經過黨的十八大以來的改革，我國現代預算制度基本確立。黨的二十大要求健全現代預算制度，這是黨中央立足國情、着眼全局、面向未來的重大部署，現代預算制度建設邁上新征程。

　　（一）健全現代預算制度是實現新時代新征程目標任務的重要舉措。黨的二十大從新的時代條件出發，針對我國改革發展面臨的新形勢新任務，從戰略全局上對黨和國家事業作出規劃和部署，向全面建成社會主義現代化強國、實現第二個百年奮鬥目標邁進。當前，世界百年未有之大變局加速演進，我國發展需要應對的風險和挑戰、需要解決的矛盾和問題更加錯綜複雜。作為黨執政的重要資源，現代預算必須準確把握新的戰略機遇、新的戰略任務、新的戰略階段、新的戰略要求、新的戰略環境，以新發展理念為引領，更加體現時代性、法治性、透明性、科學性、開放性、安全性，支持加快構建新發展格局，實現高質量發展。

（二）**健全現代預算制度是推進中國式現代化的重要保障。**黨的二十大提出，要堅持以中國式現代化全面推進中華民族偉大復興。與產生於資本主義制度的西方式現代化相比，中國式現代化堅持中國共產黨的領導，基於我國社會主義制度而形成，既有各國現代化的共同特徵，更有基於自己國情的中國特色。現代預算制度是中國特色社會主義制度的重要組成部分，必須與中國式現代化相適應，立足社會主要矛盾，着力解決發展不平衡不充分問題，發揮預算在資源配置、財力保障等方面的重要作用，補短板、強弱項、固底板、揚優勢，更好滿足人民日益增長的美好生活需要，更好推動人的全面發展、社會全面進步。

　　（三）**健全現代預算制度是構建高水平社會主義市場經濟體制的重要支撐。**黨的二十大提出，構建高水平社會主義市場經濟體制，充分發揮市場在資源配置中的決定性作用，更好發揮政府作用。預算作為宏觀經濟治理工具，根據社會主義市場經濟體制要求和宏觀調控目標，引導優化市場資源配置，推動有效市場和有為政府結合。現階段預算統籌力度、預算控制和約束、財政資源使用等方面還存在不足，深化和拓展預算制度改革成果，必須堅持社會主義市場經濟改革方向，盯住重點領域和關鍵環節發力，進一步提高宏觀經濟治理能力，為更好理順政府和市場關係、構建高水平社會主義市場經濟體制提供支撐。

二、深入學習貫徹習近平新時代中國特色社會主義思想，準確把握健全現代預算制度的基本原則

　　習近平新時代中國特色社會主義思想體系嚴整、內涵豐富、博大精深，是當代中國馬克思主義、二十一世紀馬克思主義。健全現代預算制度必須堅持以黨的創新理論為指導，貫通運用貫穿其中的馬克思主義立場觀點方法，重點把握以下基本原則。

　　（一）**堅持黨中央集中統一領導，確保預算制度改革正確方向。**習近平總書記強調，中國共產黨領導是中國特色社會主義最本質的特徵，是中國特色社會主義制度的最大優勢，是黨和國家的根本所在、命脈所在。黨中央治

國理政、當家理財，財政部門做具體服務保障工作，必須不斷提高政治判斷力、政治領悟力、政治執行力，把黨的領導貫徹到健全現代預算制度全過程，確保預算制度安排體現黨中央戰略意圖，更好發揮財政在國家治理中的基礎和重要支柱作用。

（二）**堅持以人民為中心的發展思想，推動現代化建設成果更多更公平惠及全體人民。**習近平總書記強調，我們謀劃推進工作，一定要堅持全心全意為人民服務的根本宗旨。預算安排涉及"蛋糕"分配，關係民生福祉，必須把實現好、維護好、發展好最廣大人民根本利益作為健全現代預算制度的出發點和落腳點，取之於民、用之於民，健全民生領域投入保障機制，着力解決地區差距、城鄉差距、收入分配差距，促進全體人民共同富裕。

（三）**堅持艱苦奮鬥、勤儉節約，建立可持續的財政保障機制。**習近平總書記強調，要提倡艱苦奮鬥、勤儉節約，堅決反對鋪張浪費，在全社會營造浪費可恥、節約光榮的濃厚氛圍。健全現代預算制度，要把艱苦奮鬥、勤儉節約作為預算收支安排的基本原則，黨政機關堅持過緊日子，勤儉辦一切事業。要盡力而為、量力而行，把保障和改善民生建立在經濟發展和財力可持續的基礎之上，重點加強基礎性、普惠性、兜底性民生保障建設。

（四）**堅持高質量發展，全面提升預算管理現代化水平。**習近平總書記強調，高質量發展是"十四五"乃至更長時期我國經濟社會發展的主題，關係我國社會主義現代化建設全局。健全現代預算制度，要按照高質量發展的要求，運用先進的理念方法深化改革創新，着力構建涵蓋預算編制、預算執行、預算監督和基礎支撐等科學規範的現代預算制度，促進財政支出結構優化、財政政策效能提升。

（五）**堅持統籌發展和安全，牢牢守住不發生系統性風險的底線。**習近平總書記強調，統籌發展和安全，增強憂患意識，做到居安思危，是我們黨治國理政的一個重大原則。健全現代預算制度，要深刻把握我國經濟社會發展面臨的複雜性艱巨性，牢固樹立底線思維，平衡好促發展和防風險的關係，既注重壯大財政實力，為宏觀調控提供充足資源保障，也把握好預算支出時度效，增強風險防範化解能力。

三、堅決落實黨中央部署要求，深入推進現代預算制度改革重點任務

按照黨中央統一部署，健全現代預算制度，要進一步破除體制機制障礙、補齊管理制度短板，推動預算編制完整科學、預算執行規範高效、預算監督嚴格有力、管理手段先進完備，構建完善綜合統籌、規範透明、約束有力、講求績效、持續安全的現代預算制度。

（一）**優化稅制結構，堅持以共享稅為主體的收入劃分制度**。我國共享稅收入佔比較高，是應對地區間發展不平衡的客觀需要，具有中國特色社會主義的分配特點。**在保持中央和地方財力格局總體穩定前提下，完善相關稅收收入劃分**。繼續將增值稅、企業所得稅、個人所得稅作為中央和地方共享收入，減少經濟波動對地方收入的影響，適度消解稅基分佈不均衡及流動帶來地區間利益分享的不合理性，既做大 "蛋糕"，又分好 "蛋糕"。**在保持基本稅制穩定前提下，優化稅制結構**。健全以所得稅和財產稅為主體的直接稅體系，適當提高直接稅比重，強化稅制的累進性。完善個人所得稅制度，適當擴大綜合所得徵稅範圍，完善專項附加扣除項目。深化增值稅制度改革，暢通增值稅抵扣鏈條，優化留抵退稅制度設計。健全地方稅體系，加快培育地方稅源。全面落實稅收法定原則，規範稅收優惠政策，進一步加強非稅收入管理。

（二）**發揮中央和地方兩個積極性，完善財政轉移支付體系**。按照與財政事權和支出責任劃分相適應的原則，規範轉移支付分類設置，釐清邊界和功能定位。**共同財政事權轉移支付**具有鮮明中國特色，以保障和改善民生為目標，增強地方基本公共服務保障能力。合理安排共同財政事權轉移支付，實行差異化補助政策，推進地區間基本公共服務水平更加均衡。**專項轉移支付**以保障黨中央重大決策部署落實為目標，資金定向精準使用，強化對地方的引導激勵，並逐步退出市場機制能夠有效調節的領域。專項轉移支付據實安排，不強調數量多寡。**一般性轉移支付**以均衡區域間基本財力配置為目標，結合財政狀況增加規模，並向中西部財力薄弱地區傾斜，向革命老區、民族地區、邊疆地區、欠發達地區以及擔負國家國防安全、糧食安全、能源安

全、生態安全等職責的功能區域傾斜，促進財力分佈更加均衡。**全面提升管理科學性**。嚴格轉移支付設立程序，健全定期評估和退出機制。對支持同一戰略、同一領域、同一行業的轉移支付，加強統籌、協同實施。優化分配方式，完善支出成本差異、財政困難程度評價方法等工具，探索建立區域均衡度評估機制及指標體系，逐步加大常住人口權重。

（三）**增強重大決策部署財力保障，健全財政資源統籌機制**。當前和今後一個時期，要保持宏觀稅負基本穩定，財政相應處於緊平衡狀態，必須加強資源統籌，集中財力辦大事。**強化"四本"預算統籌**。全面落實取消一般公共預算中以收定支的規定，應當由政府統籌使用的政府性基金項目轉列一般公共預算，合理確定國有資本收益上交比例，穩步提高社會保險基金統籌層次。逐步統一預算分配權，減少交叉重複安排。**強化增量與存量資源統籌**。完善結餘資金收回使用機制，存量資金與下年預算安排緊密掛鈎。將依託行政權力、國有資源資產獲取的收入等全面納入預算管理，推動長期低效運轉、閒置資產調劑使用。**強化財政撥款收入和非財政撥款收入統籌**。各部門和單位依法依規將取得的事業收入、事業單位經營收入等納入預算管理，在非財政撥款收入可以滿足支出需要時，原則上不得再申請財政撥款。**在強化收入統籌基礎上，優化支出結構保障"國之大者"**。加大對教育、科技、就業和社會保障、衛生健康、農業農村、生態環保等重點領域的保障力度，確保重大決策部署落地見效。

（四）**提升資金效益和政策效能，進一步完善預算管理制度**。加強預算管理重點環節，促進資金規範安全高效使用，精準有效落實積極的財政政策。**深化預算績效管理**。擴大重點績效評價範圍，提高績效評價質量。推進部門和單位整體支出績效評價，探索開展政府收入績效管理。用好績效評價結果，形成評價、反饋、整改、提升良性循環。**推進支出標準化**。完善基本支出標準，加快項目支出標準建設，健全基本公共服務保障制度和標準。**健全預算執行管理體系**。嚴格預算控制、核算、決算，完整反映預算資金流向和預算項目全生命周期情況。優化政府採購需求管理和交易制度，強化政府採購政策功能。完善國債收益率曲線，進一步發揮政府債券金融工具作用。**完善財政資金直達機制**。優化直達資金範圍，保持規模合理適度。壓實地方主體責任，增強地方分配資金自主性。實施資金分類管理，完善全過程監管機制。**全面推進預算管理一體化。**推動中央和地方財政系統信息貫通，動態反映各級預算安排和執行情況。加強財政與行業部門信息互聯共享，實現一體化系統在各級財政部門和預算單位全面運行。**加強預決算公開。**進一步擴大範圍，細化內容，改進方式，提升公開的及時性、完整性、規範性和可獲得性。

（五）**增強財政可持續能力，築牢風險防範制度機制。**兼顧當前和長遠，把財政可持續擺在更加突出位置。**防範化解政府債務風險。**堅持高壓監管，堅決遏制隱性債務增量，妥善化解存量，逐步實現地方政府債務按統一規則合併監管。加大違法違規舉債查處力度，完善問責閉環管理和集中公開機制。加強地方政府融資平台公司治理，打破政府兜底預期。**保持縣區財政平穩運行。**堅持縣級為主、市級幫扶、省級兜底、中央激勵，足額保障"三保"支出，堅持"三保"支出優先順序，堅決兜住"三保"底線。強化基層財政運行監測預警，對風險隱患早發現早處置。**建立健全財政承受能力評估機制。**出台涉及增加財政支出的重大政策和實施重大政府投資項目前，按規定進行財政承受能力評估，防止過高承諾、過度保障。除統一要求以及共同事權下級政府應負擔部分外，上級政府及其部門不得要求下級配套或變相配套。**加強跨年度預算平衡。**強化跨周期、逆周期調節，科學安排赤字、債務規模，將政府槓桿率控制在合理水平。對中長期支出事項、跨年度項目等納入中期財政規劃管理，與年度預算加強銜接。健全預算穩定調節基金機制，防止形成順周期調節。

（六）**強化財經紀律約束，優化財會監督體系。**履行財會監督主責，發揮財會監督在黨和國家監督體系中的重要作用。**健全監督機制。**推動出台進一步加強財會監督工作的意見，形成財政部門主責監督、有關部門依責監督、各單位內部監督、相關中介機構執業監督、行業協會自律監督的財會監督體系，完善各監督主體橫向協同、中央與地方縱向聯動的工作機制。**突出監督重點。**強化重大財稅政策落實情況監督，加強部門預算閉環監管，對轉移支付實施全鏈條監督，做好對地方政府債務、財政運行、"三保"等方面的持續監控。加強會計信息質量和中介機構執業質量監督，嚴肅查處財務舞弊、會計造假等案件。**提高監督效能。**做好財會監督與各類監督貫通協同，實現信息共享、成果共用，推動實施聯合懲戒。加強財會監督隊伍建設，探索運用"互聯網＋監管"、大數據等現代信息技術手段。對監督發現的問題嚴格追責，讓財經紀律成為不可觸碰的"高壓線"。

建設現代中央銀行制度

易　綱

黨的二十大報告提出"建設現代中央銀行制度"，為做好中央銀行工作指明了方向。我們要全面貫徹習近平新時代中國特色社會主義思想，以加強黨中央集中統一領導為引領，堅持金融工作的政治性、人民性和專業性，夯實現代中央銀行制度，走中國特色金融發展之路，服務和保障社會主義現代化強國建設。

一、建設現代中央銀行制度的重要意義

中央銀行是金融體系的中樞，隨着經濟社會發展，逐步演進為以國家或國家聯盟為單位的現代中央銀行。現代中央銀行負責貨幣發行，調節貨幣供應和流通，維護幣值穩定；調控金融活動，推進金融改革，加強資源跨時空有效配置，促進充分就業和經濟增長；履行最後貸款人職能，實施宏觀審慎管理，防範化解系統性金融風險，維護金融體系穩健運行。如果中央銀行履職不到位，就可能出現貨幣超發，導致通貨膨脹和資產泡沫，或者發生通貨緊縮，甚至引發經濟金融危機。

中國人民銀行作為我國的中央銀行，於 1948 年 12 月在西柏坡正式成立，前身是中央蘇區時期在江西瑞金成立的中華蘇維埃共和國國家銀行。自1984 年開始，人民銀行不再從事商業銀行業務，專門履行中央銀行職能。1995 年頒佈的中國人民銀行法，確定了人民銀行"制定和執行貨幣政策，防範和化解金融風險，維護金融穩定"的中央銀行定位。

建設現代中央銀行制度，是全面建設社會主義現代化國家的必然要求：**一是走中國特色金融發展之路的必然要求。**中國特色金融發展之路的

內涵是，堅持黨中央對金融工作的集中統一領導，堅持以人民為中心的金融價值取向，堅持金融服務實體經濟的根本要求，堅持把防控風險作為金融工作永恆主題，堅持市場化法治化的改革方向。中央銀行自身的現代化建設，既是中國特色金融發展之路的重要組成部分，也是推動整個金融系統走好中國特色金融發展之路的重要條件。**二是服務經濟高質量發展的必然要求。**我國經濟邁向高質量發展階段，面臨需求收縮、供給衝擊、預期轉弱等短期壓力，以及人口老齡化、區域經濟分化、潛在增長率下降等中長期挑戰。中央銀行要支持經濟發展方式轉變和經濟結構優化，穩妥應對經濟發展中的各種挑戰，這也對中央銀行自身的制度建設提出了更高要求。**三是統籌金融發展和安全的必然要求。**在百年變局和世紀疫情交織疊加的歷史階段，我國經濟金融運行面臨更加複雜嚴峻的環境，外部衝擊風險明顯增多，國內經濟金融的一些風險隱患可能"水落石出"。中央銀行要在政治上、業務上、作風上、廉政上達到更高標準、落實更嚴要求，有效應對各種風險和挑戰。**四是推進國家治理體系和治理能力現代化的必然要求。**金融制度是經濟社會發展中重要的基礎性制度，而中央銀行發行的貨幣又是金融的根基和血脈，因此現代中央銀行制度是現代化國家治理體系的重要組成部分，要按照推進國家治理體系和治理能力現代化的要求，進一步推進現代中央銀行制度建設。

二、建設現代中央銀行制度的基本原則

黨的十八大以來，以習近平同志為核心的黨中央高度重視金融事業和中央銀行工作。習近平經濟思想以及習近平總書記關於金融工作的系列重要講話和指示批示精神，為建設現代中央銀行制度提供了根本遵循和行動指南。建設現代中央銀行制度必須立足中國國情，緊扣時代脈搏，突出社會主義市場經濟特徵。

我國的現代中央銀行，是黨中央集中統一領導的中央銀行。金融事關經濟發展和國家安全，事關人民群眾安居樂業。只有堅持黨中央集中統一領導，完善黨管金融的體制機制，才能確保金融工作正確的政治方向和發展導

向。中央銀行要不折不扣執行黨中央路線方針政策，高效落實黨中央決策部署，成為黨執政興國的堅強支柱。

　　我國的現代中央銀行，是以人民為中心的中央銀行。中央銀行事業起於為人民服務，興於為人民服務，必須充分體現人民性，以不斷滿足人民日益增長的優質金融服務需求為出發點和落腳點。中央銀行要着力健全具有高度適應性、競爭力、普惠性的現代金融體系，守護好老百姓的錢袋子，以高質量金融服務促進共同富裕，不斷實現人民對美好生活的嚮往。

　　我國的現代中央銀行，是立足中國國情的中央銀行。20 世紀八九十年代我國出現過幾輪嚴重通貨膨脹，針對這一實際問題，黨中央要求人民銀行堅決維護幣值穩定，明確財政赤字不得向央行透支，這帶來了近 30 年來我國貨幣金融環境的長期基本穩定。2017 年全國金融工作會議又結合實際情況，確立了服務實體經濟、防控金融風險、深化金融改革三大任務。中央銀行要繼承優良傳統，從我國國情出發，從現實問題出發，實施有利於金融長治久安的政策措施。

　　我國的現代中央銀行，是堅持市場化法治化的中央銀行。中國人民銀行法規定，人民銀行是我國的中央銀行，在國務院領導下依法獨立制定和執行貨幣政策，履行職責，從事金融業務活動。這表明人民銀行既是國務院組成部門，也是市場主體，要遵循市場化法治化原則運行。在實施貨幣政策時，要通過市場化方式調節貨幣和利率，充分發揮市場在資源配置中的決定性作用。在開展金融管理和金融服務、防範化解金融風險時，要依法行使行政權力，依法保護產權和人民利益，維護市場公平秩序。

　　我國的現代中央銀行，是借鑒國際金融發展有益實踐的中央銀行。中央銀行在發展過程中，形成了一系列被廣泛接受的行為規則，包括：為維護幣值穩定，央行應具有一定的獨立性；當通脹或經濟增速偏離目標水平時，央行應當靈活調整利率；為避免道德風險，央行發放再貸款要有合格抵押品並收取適當利率；為防範風險傳染，央行可向金融體系提供流動性支持；等等。我國建設現代中央銀行制度，可借鑒上述有益經驗，並吸取歷次國際金融危機的教訓，不斷提升中央銀行的履職成效。

三、建設現代中央銀行制度的主要舉措

建設現代中央銀行制度，要圍繞黨的二十大確立的金融改革發展穩定任務，做好以下工作。

（一）完善貨幣政策體系，維護幣值穩定和經濟增長。

高槓桿是宏觀金融脆弱性的總根源，中央銀行要管好貨幣總閘門。2008年國際金融危機爆發以來，特別是新冠肺炎疫情暴發以來，在黨中央的堅強領導下，我國保持住了政策定力，是少數實施正常貨幣政策的主要經濟體之一。我們沒有實施量化寬鬆、負利率等非常規貨幣政策，利率水平在全世界居中，在主要發展中國家中較低，人民幣匯率也在合理均衡水平上保持了基本穩定，物價走勢整體可控，有力促進了我國經濟的穩定增長。

實施正常的貨幣政策。簡單地說，正常的貨幣政策是指主要通過利率的調整可以有效調節貨幣政策的情況。與其相對應的是在零利率或負利率情況下的非常規貨幣政策。正常的貨幣政策不僅有利於促進居民儲蓄和收入合理增長，也有利於提高人民幣資產的全球競爭力，利用好國內國際兩個市場、兩種資源。未來，我國經濟潛在增速有望維持在合理區間，有條件儘量長時間保持正常的貨幣政策，保持正的利率，保持正常的、斜率向上的收益率曲線形態。

健全貨幣政策調控機制。健全基礎貨幣投放機制和貨幣供應調控機制，強化流動性、資本和利率約束的長效機制。發揮貨幣政策的總量和結構雙重功能，精準加大對國民經濟重點領域和薄弱環節的支持力度。建立市場化利率形成和傳導機制，均衡利率由資金市場供求關係決定，中央銀行確定政策利率要符合經濟規律。完善以市場供求為基礎、參考一籃子貨幣進行調節、有管理的浮動匯率制度，有效管理和引導市場預期。

（二）深化金融體制改革，提升金融服務實體經濟能力。

改革和開放是我國經濟社會發展的不竭動力，服務實體經濟是金融業立業之本。黨的十八大以來，我國金融改革開放成績卓著。當前，在加快構建新發展格局的背景下，需要進一步深化金融供給側結構性改革，持續優化金融產品和金融服務，大力發展普惠金融、綠色金融、科技金融，推進構建多

層次資本市場，健全資本市場功能，提高直接融資比重，加強金融基礎設施建設。

健全綠色金融體系。構建綠色金融"五大支柱"，支持碳達峰碳中和目標的實現：一是按照"國內統一、國際接軌、清晰可執行"的原則，建立和完善綠色金融標準體系。二是分步建設強制性的信息披露制度，有序覆蓋各類金融機構和融資主體。三是健全激勵約束機制，對金融機構開展綠色金融服務進行評價。四是健全綠色金融產品和市場體系，推動形成碳排放權的合理價格。五是深化綠色金融國際合作，引領國際標準制定。

擴大金融業高水平開放。在安全可控的前提下，進一步完善准入前國民待遇加負面清單的管理模式，提升我國金融市場的投資便利性，提高全球競爭力。堅持多邊主義原則，積極參與國際金融合作與治理，穩步擴大規則、規制、管理、標準等制度型開放。在多邊債務重組中堅決維護我國海外債權利益。對於海外債權，按照"誰投資誰承擔風險、誰決策誰負責風險補償"的原則，由金融機構和企業承擔主體責任，相關決策部門充分考慮項目的金融可持續性，負責風險補償。

（三）落實金融機構及股東的主體責任，提升金融機構的穩健性。

市場經濟本質是法治經濟，各市場主體依法承擔經營失敗損失的法律責任。做金融是要有本錢的，金融機構股東要保證做實資本，資產擴張必須要受資本金的約束，如果經營失敗出現風險，也要首先進行"自救"，即通過資本盈餘吸收損失，如果不夠，則由股東根據自身出資依法承擔損失，直至股本清零。如果"自救"失敗，則股東承擔機構破產重組或清算的法律後果，此時為保護中小存款人利益、防範系統性風險，"他救"機制和金融穩定保障體系開始發揮作用。

大規模的"他救"是特定歷史時期的特殊安排。"他救"客觀上不利於形成風險自擔的正向激勵，往往是針對計劃經濟時期遺留問題而不得已採取的措施。例如，20 世紀 90 年代至 21 世紀初，國有大型銀行和農信社因職責和產權不清、行政干預嚴重等政策性原因積累了大量經濟轉軌風險。對此，國家在改革過程中化解了風險，通過發行國債、外匯儲備、央行票據、地方政府專項借款等注入資本金，並對不良資產進行了果斷處置。通過"花錢買機制"，建立了資本約束和有效的公司治理結構，取得了舉世矚目的效果。在市場經濟下政府或央行出資的"他救"，一般以原股東破產清零為前提條件，要慎用，防止道德風險。

"自救"應成為當前和今後應對金融風險的主要方式。當前，我國社會主義市場經濟體制已經全面確立，金融機構及股東作為市場主體，應當承擔自主經營、自負盈虧、"自救"風險的主體責任。金融機構要建立市場化資本補充機制，按照監管規則計提撥備，加大不良資產處置力度，塑造金融機構健康的資產負債表。健全激勵約束機制，尊重金融機構自主經營權，減少對金融機構經營活動的行政干預。推動資不抵債的機構有序市場化退出，通過股權清零、大額債權打折承擔損失。

"自救"能力來源於市場經濟下機構的股東出資和可持續經營產生的收益，"自救"的動力和自覺性來源於有效的監管。金融機構的穩健性是建立在預算硬約束基礎上的，市場主體以自己的資本充足率為約束，股東負有主體責任，在出現壞賬時，用撥備、核銷、補資本的方式滿足監管要求，保持自身的穩健性。2017 年至 2021 年 5 年期間，銀行業機構共計提貸款撥備超過 8 萬億元、核銷不良資產超過 6 萬億元、補充資本金超過 10 萬億元。可見，商業銀行的"自救"能力是在產權和監管的約束下，主要由自身的稅後資源來實現的。

（四）加強和完善現代金融監管，強化金融穩定保障體系，守住不發生系統性風險底線。

金融是經營管理風險的行業，防範化解金融風險是金融工作的永恆主題。2018 年以來，防範化解重大金融風險攻堅戰取得重要階段性成果，金融風險整體收斂，但與此同時，監管不到位成為了制約金融高質量發展的瓶頸。必須堅持底線思維，進一步加強和完善金融監管，進一步健全金融穩定保障體系，建立維護金融穩定的長效機制。

依法將各類金融活動全部納入監管。一是把好金融機構准入關，加強對股東監管，防止內部人控制。二是按照"管合法更要管非法"原則，加強對非法金融活動的認定和處置，保護金融消費者權益。三是加強監管執法，豐富執法手段，強化與紀檢監察、司法、審計等部門協作。四是加快監管科技和大數據平台建設，推動數據標準統一和監管共享。五是強化監管問責，查處失職瀆職和腐敗行為。六是統籌協調中央和地方金融管理，確保全國一盤棋，監管無死角。

構建權責一致的風險處置機制。責任清晰、分工明確是有效處置金融風險的前提，金融監管者負責金融機構市場准入和日常監管，是金融風險的最早發現者，也應當是金融風險的糾正和處置者。但在過去較長一段時期內，金融監管權力與風險處置義務並未完全匹配。金融監管部門只有切實承擔風險處置責任，才會真正努力將風險消滅於萌芽狀態，才有助於促進各方形成防範化解風險的正確預期。因此，要按照"誰審批、誰監管、誰擔責"原則，依法合規壓實各方的風險處置責任。金融監管部門承擔所監管機構的風險處置責任。人民銀行承擔系統性金融風險處置責任。地方健全黨政主要領導負責的財政金融風險處置機制，承擔風險處置屬地責任。

實行中央銀行獨立的財務預算管理制度。"財政的錢"與"央行的錢"存在本質區別。財政部門收入源於稅收，支出主要是提供公共產品和公共服務。中央銀行擁有法定的發鈔權，開展貨幣政策操作，實現維護幣值穩定和促進經濟增長的根本目標，在此過程中附帶產生收益或者虧損。如果允許財政直接向央行透支，靠印票子滿足財政支出需求，最終將引發惡性通脹，財政也不可持續並產生債務危機。要根據中國人民銀行法有關規定，實行中央銀行獨立的財務預算管理制度，對人民銀行承擔金融穩定和改革成本應當年計提撥備，按程序儘快核銷，並充實中央銀行的準備金和資本，實現央行資產負債表的健康可持續，進而保障人民銀行依法履職，實現幣值穩定和金融穩定，並以此促進充分就業和經濟增長。

加強和完善現代金融監管

郭　樹　清

　　黨的二十大報告指出，要加強和完善現代金融監管，強化金融穩定保障體系，依法將各類金融活動全部納入監管，守住不發生系統性風險底線。必須按照黨中央決策部署，深化金融體制改革，推進金融安全網建設，持續強化金融風險防控能力。

一、現代金融監管的基本內涵

　　以習近平經濟思想為指導，回顧國際國內金融治理的歷史，總結近些年來我們應對各種風險挑戰的實踐，可以將以下幾個要素歸納為現代金融監管的基本內涵。

　　（一）**宏觀審慎管理**。防範和化解系統性風險，避免全局性金融危機，是金融治理的首要任務。我國宏觀審慎的政策理念源遠流長，早在春秋戰國時期就開始了政府對商品貨幣流通的監督和調控，西漢的"均輸平準"已經成為促進經濟發展和金融穩定的制度安排。現代市場經濟中，貨幣超發、過度舉債、房地產泡沫化、金融產品複雜化、國際收支失衡等問題引發的金融危機反覆發生，但是很少有國家能夠真正做到防患於未然。2008 年國際金融危機爆發後，國際社會從"逆周期、防傳染"的視角，重新檢視和強化金融監管安排，完善分析框架和監管工具。有效的信息共享、充分的政策協調至關重要，但是決策層對重大風險保持高度警惕、執行層能夠迅速反應更為重要。

　　（二）**微觀審慎監管**。中華傳統商業文化就特別強調穩健經營，"將本求利"是古代錢莊票號最基本最重要的行事準則，實質就是重視資本金約束。巴塞爾銀行監管委員會和國際保險監督官協會，就是在資本金約束規則的基

223

礎上，逐步推動形成銀行業和保險業今天的監管規則體系。資本標準、政府監管、市場約束，被稱為微觀審慎監管的"三大支柱"。許多廣泛應用於微觀審慎監管的工具，如撥備制度等，也具有防範系統性風險的功能。

（三）**保護消費權益**。金融交易中存在着嚴重的信息不對稱，普通居民很難擁有豐富的金融知識，而且金融機構工作人員往往也不完全了解金融產品所包含的風險。這就導致金融消費相較於其他方面的消費，當事人常常會遭受更大的利益損失。2008年國際金融危機之後，金融消費者保護受到空前重視。世界銀行推出39條良好實踐標準，部分國家對金融監管框架進行重大調整。我國"一行兩會"內部均已設立金融消費者權益保護部門，從強化金融知識宣傳、規範金融機構行為、完善監督管理規則、及時懲處違法違規現象等方面，初步建立起行為監管框架。

（四）**打擊金融犯罪**。金融犯罪活動隱蔽性強、危害性大，同時專業性、技術性較為複雜。許多國家設有專門的金融犯罪調查機構，部分國家賦予金融監管部門一定的犯罪偵查職權。巴塞爾銀行監管委員會和一些國家的金融監管機構，均將與執法部門合作作為原則性要求加以明確。我國也探索形成了一些良好實踐經驗。比如，公安部證券犯罪偵查局派駐證監會聯合辦公，銀保監會承擔全國處置非法集資部際聯席會議牽頭職責，部分城市探索成立專門的金融法院或金融法庭。但是，如何更有效地打擊金融犯罪，仍然是政府機構設置方面的重要議題。

（五）**維護市場穩定**。金融發展離不開金融創新，但要認真對待其中的風險。過於複雜的交易結構和產品設計，容易異化為金融自我實現、自我循環和自我膨脹。能源、糧食、互聯網和大數據等特定行業、特定領域在國民經濟中具有重要地位，集中了大量金融資源，需要防止其槓桿過高、泡沫累積最終演化為較大金融風險。金融市場是經濟社會運行的集中映射，在經濟全球化背景下，國際各種事件都可能影響市場情緒，更加容易出現"大起大落"異常震盪。管理部門要加強風險源頭管控，切實規範金融秩序，及時穩定市場預期，防止風險交叉傳染、擴散蔓延。

（六）**處置問題機構**。及早把"爛蘋果"撿出去，對於建設穩健高效的風險處置體系至關重要。一是"生前遺囑"。金融機構必須制定並定期修訂翔實可行的恢復和處置計劃，確保出現問題得到有序處置。二是"自救安排"。落實機構及其主要股東、實際控制人和最終受益人的主體責任，全面做實資本工具吸收損失機制。自救失敗的問題機構必須依法重整或破產關閉。三是"注入基金"。必要時運用存款保險等行業保障基金和金融穩定保障基金，防止擠提、退保事件和單體風險引發系統性區域性風險。四是"及時止損"。為最大限度維護人民群眾根本利益，必須以成本最小為原則，讓經營失敗金融企業退出市場。五是"應急準備"。堅持底線思維、極限思維，制定處置系統性危機的預案。六是"快速啟動"。有些金融機構風險的爆發具有突然性，形勢惡化如同火警，啟動處置機制必須有特殊授權安排。

二、現階段金融監管面臨的主要挑戰

黨的十八大以來，在以習近平同志為核心的黨中央堅強領導下，我國金融業改革發展穩定取得歷史性的偉大成就。中國銀行業總資產名列世界第一位，股票市場、債券市場和保險市場規模均居世界第二位。我們經受住一系列嚴重風險衝擊，成功避免若干全面性危機，金融治理體系和治理能力現代化持續推進。

當前，百年變局和世紀疫情交織疊加，國內外經濟金融環境發生深刻變化，不穩定不確定不安全因素明顯增多，金融風險誘因和形態更加複雜。我國發展進入戰略機遇和風險挑戰並存時期，各種"黑天鵝"、"灰犀牛"事件隨時可能發生。

世界經濟復甦分化加劇，增長動力不足。高通脹正在成為全球經濟的最大挑戰，主要發達經濟體中央銀行激進收緊貨幣政策，很可能引發歐美廣泛的經濟衰退，疊加疫情反覆、大國博弈、地緣政治衝突和能源糧食危機等，將持續影響全球貿易投資和國際金融市場穩定。除此之外，西方國家經濟由產業資本主導轉變為金融資本主導，近些年來正在向科技資本和數據資本主導轉變，帶來的震盪非常廣泛，影響十分久遠。

我國正處於由高速增長向高質量發展轉變的關鍵時期。經濟社會高質量發展為抵禦風險提供了堅實依託，轉型調整也帶來結構性市場出清。隨着工業化、城鎮化持續推進，需求結構和生產函數發生重大變化，金融與實體經濟適配性不足、資金循環不暢和供求脫節等現象相互影響，有時甚至會反覆強化。

現代科技的廣泛應用使金融業態、風險形態、傳導路徑和安全邊界發生重大變化。互聯網平台開辦金融業務帶來特殊挑戰，一些平台企業佔有數據、知識、技術等要素優勢，並與資本緊密結合。如何保證公平競爭、鼓勵科技創新，同時防止無序擴張和野蠻生長，是我們面臨的艱巨任務。數據安全、反壟斷和金融基礎設施穩健運行成為新的關注重點。監管科技手段與行業數字化水平的差距凸顯。

金融機構公司治理與高質量發展要求相比仍有差距。一些銀行、保險公司的管理團隊遠不能適應金融業快速發展、金融體系更加複雜和不斷開放的趨勢。近年發生的金融風險事件充分表明，相當多的金融機構不同程度地存在黨的領導逐級弱化、股權關係不透明、股東行為不審慎、關聯交易不合規、戰略規劃不清晰、董事高管履職有效性不足和績效考核不科學等問題。解決這些治理方面的沉疴痼疾仍須付出艱苦努力。

疫情反覆衝擊下，金融風險形勢複雜嚴峻，新老問題交織疊加。信用違約事件時有發生，影子銀行存量規模依然不小，部分地方政府隱性債務尚未緩解，一些大型企業特別是頭部房企債務風險突出，涉眾型金融犯罪多發，地方金融組織風控能力薄弱。這些都迫切需要健全事前事中事後監管機制安排，實現監管全鏈條全領域全覆蓋。

專業化處置機構和常態化風險處置機制不健全。市場化處置工具不完善，實踐中“一事一議”的處置規範性不足。金融穩定保障基金、存款保險基金、保險保障基金、信託業保障基金和投資者保護基金等行業保障基金的損失吸收和分擔缺乏清晰的法律規定。金融機構及其股東、實控人或最終受益人的風險處置主體責任需要強化，金融管理部門風險處置責任需進一步明確，地方黨委政府屬地風險處置責任落實的積極性還需進一步提升。

此外，金融生態、法制環境和信用體系建設任重道遠。金融監管資源總體仍然緊張，高素質監管人才較為缺乏，基層監管力量十分薄弱。金融治理的一些關鍵環節，法律授權不足。

三、加強和完善現代金融監管的重點舉措

站在新的歷史起點，金融監管改革任務非常艱巨。必須以習近平新時代中國特色社會主義思想為指導，堅守以人民為中心根本立場，不斷提升金融監管的能力和水平。

（一）**強化黨對金融工作的集中統一領導**。黨的領導是做好金融工作的最大政治優勢。走中國特色金融發展之路，要進一步強化黨中央對金融工作的領導，建立健全金融穩定和發展統籌協調機制，中央各相關部門和省級黨委政府都要自覺服從、主動作為。我國絕大多數金融機構都是地方法人，其黨的關係、幹部管理、國有股權監管、審計監察和司法管轄也都在地方，因此，必須進一步強化地方黨委對金融機構黨組織的領導，建立健全地方黨政主要領導負責的重大風險處置機制。中央金融管理部門要依照法定職責承擔監管主體責任，派出機構要自覺服從地方黨委政府領導，積極發揮專業優勢和履行行業管理職責，共同推動建立科學高效的金融穩定保障體系，公開透明地使用好風險處置資金。要及時查處風險亂象背後的腐敗問題，以強監督推動強監管嚴監管，堅決糾正"寬鬆軟"，打造忠誠乾淨擔當的監管鐵軍。

（二）**深化金融供給側結構性改革**。全面強化金融服務實體經濟能力，堅決遏制脫實向虛。管好貨幣總閘門，防止宏觀槓桿率持續快速攀升。健全資本市場功能，提高直接融資比重。完善金融支持創新體系，加大對先進製造業、戰略性新興產業的中長期資金支持。健全普惠金融體系，改進小微企業和"三農"金融供給，提升新市民金融服務水平，鞏固拓展金融扶貧成果。督促中小銀行深耕本地，嚴格規範跨區域經營。強化保險保障功能，加快發展健康保險，規範發展第三支柱養老保險，健全國家巨災保險體系。穩妥推進金融業高水平開放，服務構建"雙循環"新發展格局。

（三）**健全"風險為本"的審慎監管框架**。有效抑制金融機構盲目擴張，推動法人機構業務牌照分類分級管理。把防控金融風險放到更加重要的位置，優化監管技術、方法和流程，實現風險早識別、早預警、早發現、早處置。充實政策工具箱，完善逆周期監管和系統重要性金融機構監管，防範風險跨機構跨市場和跨國境傳染。加強功能監管和綜合監管，對同質同類金融

產品，按照"實質重於形式"原則進行穿透式監管，實行公平統一的監管規則。堅持金融創新必須在審慎監管的前提下進行，對互聯網平台金融業務實施常態化監管，推動平台經濟規範健康持續發展。強化金融反壟斷和反不正當競爭，依法規範和引導資本健康發展，防止資本在金融領域無序擴張。

（四）**加強金融機構公司治理和內部控制**。緊抓公司治理"牛鼻子"，推動健全現代金融企業制度。築牢產業資本和金融資本"防火牆"，依法規範非金融企業投資金融機構。加強股東資質穿透審核和股東行為監管，嚴格關聯交易管理。加強董事會、高級管理層履職行為監督，引導金融機構選配政治強業務精的專業團隊，不斷增強公司治理機構之間和高管人員之間的相互支持相互監督。完善激勵約束機制，健全不當所得追回制度和風險責任事後追償制度。督促金融機構全面細化和完善內控體系，嚴守會計準則和審慎監管要求。強化外部監督，規範信息披露，增強市場約束。

（五）**營造嚴厲打擊金融犯罪的法治環境**。遵循憲法宗旨和立法精神，更好發揮法治固根本、穩預期、利長遠的作用。堅持金融業務持牌經營規則，既要糾正"有照違章"，也要打擊"無證駕駛"。織密金融法網，補齊制度短板，切實解決"牛欄關貓"問題。豐富執法手段，充分發揮金融監管機構與公安機關的優勢條件，做好行政執法與刑事司法銜接，強化與紀檢監察、審計監督等部門協作。提高違法成本，按照過罰相當的原則，努力做到程序正義和實體正義並重。保持行政處罰高壓態勢，常態化開展打擊惡意逃廢債、非法集資、非法吸收公眾存款和反洗錢、反恐怖融資等工作。省級地方政府對轄內防範和處置非法集資等工作負總責。

（六）**切實維護好金融消費者的合法權益**。探索建立央地和部門間協調機制，推動金融機構將消費者保護納入公司治理、企業文化和經營戰略中統籌謀劃。嚴格規範金融產品銷售管理，強化風險提示和信息披露，大力整治虛假宣傳、誤導銷售、霸王條款等問題。推動健全金融糾紛多元化解機制，暢通投訴受理渠道。加強金融知識宣傳教育，引導樹立長期投資、價值投資、理性投資和風險防範意識，不斷提升全社會金融素養。依法保障金融消費者自主選擇、公平交易、信息安全等基本權利，守護好廣大人民群眾"錢袋子"。

（七）**完善金融安全網和風險處置長效機制**。加快出台金融穩定法，明確金融風險處置的觸發標準、程序機制、資金來源和法律責任。在強化金融穩定保障機制的條件下，建立完整的金融風險處置體系，明確監管機構與處置機構的關係。區分常規風險、突發風險和重大風險，按照責任分工落實處置工作機制，合理運用各項處置措施和工具。金融穩定保障基金、存款保險基金及其他行業保障基金不能成為"發款箱"，要健全職能，強化組織體系，充分發揮市場化法治化處置平台作用。

（八）**加快金融監管數字化智能化轉型**。積極推進監管大數據平台建設，開發智能化風險分析工具，完善風險早期預警模塊，增強風險監測前瞻性、穿透性、全面性。逐步實現行政審批、非現場監管、現場檢查、行政處罰等各項監管流程的標準化線上化，確保監管行為可審計、可追溯。完善監管數據治理，打通信息孤島，有效保護數據安全。加強金融監管基礎設施建設，優化網絡架構和運行維護體系。

金融管理工作具有很強的政治性、人民性，我們要深刻領悟"兩個確立"的決定性意義，自覺踐行"兩個維護"，以對歷史和人民負責的態度，埋頭苦幹，守正創新，堅定不移地推進金融治理體系和治理能力現代化。

建設現代化產業體系

薛　豐

習近平總書記在黨的二十大報告中指出："沒有堅實的物質技術基礎，就不可能全面建成社會主義現代化強國。"建設現代化產業體系，是黨中央從全面建設社會主義現代化國家的高度作出的重大戰略部署。我們要認真學習、深刻領會這一戰略部署的重大意義，準確把握原則要求，扎實推進現代化產業體系建設，為全面建成社會主義現代化強國、實現第二個百年奮鬥目標奠定堅實的物質技術基礎。

一、充分認識建設現代化產業體系的重大意義

（一）建設現代化產業體系是推動高質量發展的必然要求。黨的十八大以來，我國產業結構不斷調整優化，產業體系更加完備，有力支撐了全面建成小康社會。進入新發展階段，國內外發展環境新變化和全面建設社會主義現代化國家的新使命對經濟發展提出了新要求。我國經濟發展已由高速增長階段轉向高質量發展階段，正在經歷質量變革、效率變革、動力變革。推動高質量發展，要求從量的擴張轉向質的提升，把發展質量問題擺在更為突出的位置，着力提升發展質量，形成優質多樣化的產業供給體系。推動高質量發展，要求持續優化生產要素配置，不斷提高勞動效率、資本效率、土地效率、資源效率，不斷提高全要素生產率，形成高效的產業供給體系。高質量發展，是創新成為第一動力的發展，要求從主要依靠資源和低成本勞動力等要素投入轉向創新驅動，加快新舊動能轉換，不斷提升產業基礎能力，推動傳統產業優化升級，培育具有國際競爭力的戰略性新興產業，建立起優質高效創新的現代化產業體系。

（二）**建設現代化產業體系是贏得大國競爭主動的迫切需要。**當前，國際經濟政治格局發生深刻複雜變化，大國競爭日趨激烈，地緣政治因素和疫情衝擊正在使全球產業分工加速向區域化、多元化方向調整。產業競爭已成為大國競爭的主戰場，現代化產業體系成為最關鍵的"勝負手"。我國產業鏈整體上處於中低端，大而不強、寬而不深。必須加快建設現代化產業體系，打造完整而有韌性的產業鏈供應鏈，才能把產業安全、經濟安全、國家安全牢牢掌握在自己手中。同時，我國產業體系雖然規模龐大、門類眾多，但仍然存在不少"斷點"和"堵點"。特別是我國產業發展面臨外部打壓遏制隨時可能升級、關鍵核心技術受制於人等突出問題。只有抓住新一輪科技革命和產業變革重塑全球經濟結構的機遇，加快建設現代化產業體系，提高自主創新能力，補齊短板弱項，加長長板強項，搶佔未來產業競爭制高點，才能在大國競爭中立於不敗之地。

（三）**建設現代化產業體系是全面建設社會主義現代化國家的重大舉措。**現代化產業是現代化國家的重要標誌。歐美日等實現現代化的國家都先後歷經科技革命和產業變革，成功培育本國的現代化產業。而有些國家依靠資源優勢曾短暫躋身高收入國家行列，但最終都因沒有現代化產業而"掉隊"，甚至落入"中等收入陷阱"。我們黨以實現中華民族偉大復興為己任，長期致力於推進現代化國家建設，產業現代化始終是我國現代化建設的重要目標和任務。早在 1954 年，周恩來在第一屆全國人民代表大會上就提出建設現代化的工業、農業、交通運輸業和國防的目標。1964 年，我國曾提出，經過三個五年計劃時期，建立一個獨立的比較完整的工業體系和國民經濟體系，然後全面實現農業、工業、國防和科學技術的現代化。改革開放特別是黨的十八大以來，我國社會主義現代化建設取得的成就與我國不斷推進產業現代化密不可分。進入新發展階段，全面建設社會主義現代化國家，提高經濟實力和科技實力，必須緊緊抓住產業現代化這個關鍵，夯實現代化產業體系這個物質技術基礎。

二、準確把握建設現代化產業體系的原則要求

（一）**堅持推進新型工業化。**黨的二十大報告提出，要堅持把發展經濟

的着力點放在實體經濟上，推進新型工業化。這是新時代新征程建設現代化產業體系總的目標要求。落實這一要求，就要牢牢把實體經濟抓在手裏，堅決扭轉"脫實向虛"傾向，引導各類要素資源向實體經濟特別是製造業集聚發力，推動製造業從數量擴張向質量提高的戰略性轉變。要強化高端產業引領，推進產業轉型升級，發展高端製造、智能製造，培育具有核心競爭力的主導產業，打造具有戰略性和全局性的產業鏈，在開放合作中形成更強創新力、更高附加值的產業體系，加快建設製造強國、質量強國、航天強國、交通強國、網絡強國、數字中國，全面提升產業體系現代化水平。

（二）**堅持發揮國家發展規劃的戰略導向作用**。用規劃引導產業發展，是我國社會主義市場經濟的制度優勢。要搞好統籌謀劃和頂層設計，增強方向感、引導性。堅持目標導向和問題導向相結合，明確發展的優先序，在補短板、強弱項上持續用力，增強精準性、實效性。全面規劃和突出重點相協調，對既定目標制定明確的時間表、路線圖，穩扎穩打，分步推進，避免一哄而上、無序競爭；統籌考慮發展需要和現實能力、中長期目標和短期目標，有所為有所不為。要增強系統觀念，注重各產業、各要素的內在關聯性，協同推進產業鏈上中下游和大中小企業融通發展，統籌推動傳統產業改造提升與新興產業培育壯大，提升產業體系整體水平。

（三）**堅持正確處理政府和市場關係**。市場是產業發展的原動力。要充分發揮市場在資源配置中的決定性作用，更好發揮政府作用，着力優化產業發展環境。嚴格公平競爭審查，加強反壟斷和反不正當競爭，破除地方保護和行政性壟斷，持續清除妨礙全國統一大市場和公平競爭的規定及做法，減少對微觀經濟活動的直接干預。堅持平等准入、公正監管、開放有序、誠信守法，構建全國統一大市場，加快建設高標準市場體系。強化公平競爭政策基礎地位，加強產業政策和競爭政策協同，加快構建有利於現代化產業體系建設的產業政策體系，完善行業法規和部門規章，完善企業參與產業政策制定渠道，加強政策設計和實施方式與國際通行規則接軌。

（四）**堅持企業在現代化產業體系建設中的主導地位**。企業是產業發展的微觀主體和重要載體。要激發各類企業發展動力和活力，強化企業的主導地位。深化國資國企改革，加快國有經濟佈局優化和結構調整，提高企業核心競爭力，增強國有企業在現代化產業體系建設中的帶動作用。優化民營企業發展環境，依法保護民營企業產權和企業家權益，弘揚企業家精神，使廣大民營企業成為現代化產業體系建設的生力軍。支持中小微企業和專精特新企業發展，大力培育對產業生態有主導力的領軍企業和對產業鏈節點有控制力的"單項冠軍"企業。鼓勵國有企業和民營企業開展多種形式合作，形成大中小企業協同發展的產業集群。

（五）**堅持把產業發展建立在科技支撐之上。**科技是產業競爭力的關鍵。各國產業發展史表明，科技強則企業強，企業強則產業強。建設現代化產業體系必須把加強科技創新作為重中之重，使產業發展有強大的科技支撐。要發揮社會主義市場經濟條件下新型舉國體制優勢，加強技術攻關，在高端芯片、操作系統、新材料、重大裝備等領域攻克一批受制於人的關鍵核心技術。

加強企業主導的產學研深度融合，強化目標導向，提高科技成果轉化和產業化水平。強化企業科技創新主體地位，推動創新鏈產業鏈人才鏈深度融合。引導企業加大研發投入，吸引高端科技人才，鼓勵企業加強應用基礎研究和前沿技術研發。加強共性技術平台建設，加快解決制約產業發展的關鍵共性技術。着眼未來科技競爭前沿，推動新一代信息技術、生物技術、人工智能等領域技術率先突破，搶佔未來產業發展主導權。

三、扎實推進現代化產業體系建設的重點任務

（一）**鞏固優勢產業領先地位。**我國產業體系較為完備，在全球分工體系和產業鏈供應鏈體系中具有舉足輕重的地位，一些產業在國際上已經處於領先地位，成為支撐我國國際競爭力的基石，必須把這個優勢鞏固住、發揮好。要實施產業基礎再造工程，圍繞核心基礎零部件與基礎製造工藝、基礎電子元器件、關鍵基礎材料、關鍵基礎軟件等提升基礎產品質量和技術性能。實施重大技術裝備攻關工程，增強高鐵、電力裝備、新能源、通信設備等領域的全產業鏈優勢。引導和支持傳統產業加快應用先進適用技術，加大技術改造和設備投入，用新技術新業態改造提升傳統產業鏈，推動製造業高端化、智能化、綠色化發展。在關係安全發展的領域加快補齊短板，提升戰

略性資源供應保障能力，確保在極端情況下經濟能夠正常運轉。

（二）推動戰略性新興產業融合集群發展。戰略性新興產業具有先導性，代表新一輪科技革命和產業變革的方向，是引領國家未來產業發展的決定性力量。融合化集群化是產業發展的新模式，也是新型工業化的新趨勢。要把握戰略性新興產業發展機遇，推動信息化和新型工業化深度融合，大力發展科技含量高、市場競爭力強、帶動作用大、經濟效益好的戰略性新興產業。在新一代信息技術、人工智能、生物技術、新能源、新材料、高端裝備、綠色環保等領域打造一批具有國際競爭力的先進產業集群，構建一批各具特色、優勢互補、結構合理的新增長引擎。要前瞻謀劃未來產業，加強前沿技術、顛覆性技術的多路徑探索和交叉融合，積極塑造未來技術應用場景，培育孵化一批未來產業，努力搶佔科技革命和產業變革制高點。

（三）構建優質高效的服務業新體系。現代服務業成為主導產業並佔較大比重，是現代化產業體系的重要特徵。要聚焦產業轉型升級需要，發揮科技創新和優質高效服務的關鍵作用，推動生產性服務業向專業化和價值鏈高端延伸。加快發展研發、設計、諮詢、專利、品牌、物流、法律、金融等現代服務業，推動現代服務業同先進製造業、現代農業深度融合，促進科技、產業、金融良性循環。適應居民消費升級需要，推動生活性服務業向高品質和多樣化發展，加快發展健康、養老、育幼、文化、旅遊、體育、家政、物業等服務業，更好滿足人民高品質生活的需要。要深化服務業領域改革開放，進一步放寬市場准入，構建協同高效的現代服務業監管體系，不斷提升服務業質量和效率。

（四）建設高效順暢的流通體系。流通連接生產和消費。高效順暢的流通體系，促進生產效率提升，推動產業分工深化，是現代化產業體系必不可少的重要組成部分。要統籌推進現代流通體系硬件和軟件建設，發展流通新技術新業態新模式，完善流通領域制度規範和標準，降低物流成本。要完善與產業佈局、消費格局相適應的大宗貨物、集裝箱物流網絡，有序發展鐵路集裝箱運輸，推動道路貨運高質量發展，加強航空貨運能力建設，大力發展貨物多式聯運。加快建立暢通高效、安全綠色、智慧便捷、保障有力的現代冷鏈物流體系，完善國家骨幹冷鏈物流基地佈局，加強產銷冷鏈集配中心建設，提高冷鏈物流服務質量效率。發展現代郵政快遞服務，推進快遞進村入廠，構建國際快件運輸網絡，推動國際寄遞服務便利化。完善現代商貿流通體系，培育一批具有全球競爭力的現代流通企業。加快發展物聯網，推進流通體系數字化、智能化改造和跨界融合，培育發展物聯網新興服務業，實現線上線下良性互動、共同發展。

（五）**加快發展數字經濟**。數字化是新的時代特徵，數字經濟正在成為新一輪國際競爭的重點領域。要把握以數字技術為核心的新一代科技和產業變革歷史機遇，促進數字經濟和實體經濟深度融合，賦能傳統產業轉型升級，催生新產業新業態新模式。利用互聯網新技術應用對傳統產業進行全方位、全角度、全鏈條的改造，加速推動製造業、農業、服務業數字化、網絡化、智能化轉型。加快建立數據資源產權、交易流通、跨境傳輸和安全保護等基礎制度和標準規範，促進數據採集、挖掘、清洗、標注、存儲、分析等形成完整供應鏈，推動數據資源開發利用。提高數字技術基礎研發能力，加快建設新一代移動通信、數據中心等數字基礎設施，促進信息高效聯通和開發利用。發揮我國市場規模、人力資源和金融體系優勢，支持數字企業發展壯大，促進平台經濟規範健康持續發展，打造具有國際競爭力的數字產業集群。

（六）**構建現代化基礎設施體系**。基礎設施是經濟社會發展的重要支撐，現代化基礎設施體系是現代化產業體系的重要組成部分。要立足全面建設社會主義現代化國家，優化基礎設施佈局、結構、功能和系統集成，構建現代化基礎設施體系。加強交通、能源、水利等網絡型基礎設施建設，服務構建全國統一大市場。加強鐵路、公路、水運、航空、管道、物流等基礎設施建設，加快形成綜合交通體系。加快構建現代能源體系，優化電力生產和輸送通道佈局，提升新能源消納和存儲能力。加強水利基礎設施建設，構建國家水網主骨架和大動脈。加快 5G 網絡、數據中心、人工智能、工業互聯網、物聯網等新型基礎設施建設，形成萬物互聯、人機交互、天地一體的網絡空間。加強先進信息、科技、物流等支撐產業升級的基礎設施建設，增強經濟核心競爭力、推動高質量發展。推進城市基礎設施建設，打造高品質生活空間。加強農業農村基礎設施建設，促進農業農村現代化。加強國家安全基礎設施建設，提升應對極端情況的能力。

加快建設農業強國

唐仁健

習近平總書記在黨的二十大報告中強調，加快建設農業強國。這是黨中央立足全面建設社會主義現代化國家、着眼統籌“兩個大局”作出的重大決策部署，明確了新時代新征程農業農村現代化的主攻方向，提出了全面推進鄉村振興的重大任務。我們要深刻領會其精神實質，準確把握其內涵要義，加快建設農業強國，為全面建設社會主義現代化國家、全面推進中華民族偉大復興提供強有力支撐。

一、充分認識加快建設農業強國的重大意義

中國要強，農業必須強。縱觀世界強國發展史，一個國家要真正強大，必須有強大農業作支撐。黨的十八大以來，我國農業現代化建設取得了長足發展，具備了由農業大國向農業強國邁進的基本條件，加快建設農業強國正當其時、意義重大。

（一）**加快建設農業強國是全面建設社會主義現代化國家的基礎支撐**。習近平總書記指出，沒有農業現代化，國家現代化是不完整、不全面、不牢固的。建設社會主義現代化國家，農業不僅是基礎、是支撐，更體現強國建設的速度、質量和成色。與新型工業化、信息化、城鎮化相比，農業現代化還是明顯短板弱項。要把加快建設農業強國擺在優先位置，大力推進農業現代化，促進農業高質高效，為全面建設社會主義現代化國家奠定堅實基礎。

（二）**加快建設農業強國是滿足人民美好生活需要的必然要求**。習近平總書記強調，城鄉居民食物消費結構在不斷升級，今後農產品保供，既要保數量，也要保多樣、保質量。當前，我國糧食等重要農產品供給總體有保障，

但糧食供求仍呈緊平衡，大豆油料自給率偏低，綠色優質農產品供給不足，穩產保供的基礎還不牢固。要加快建設農業強國，把提高農業綜合生產能力放在更加突出的位置，全方位夯實糧食安全根基，構建多元化食物供給體系，更好滿足人民群眾豐富多樣的食物消費需求。

（三）加快建設農業強國是全面推進鄉村振興的戰略任務。 習近平總書記指出，農業農村現代化是實施鄉村振興戰略的總目標。要堅持農業現代化和農村現代化一體設計、一併推進，實現農業大國向農業強國跨越。這深刻闡釋了全面推進鄉村振興的內在邏輯，也鮮明指出了建設農業強國的時代要求。要把加快建設農業強國作為全面推進鄉村振興的重大戰略任務，推動農業全面升級，帶動農村全面發展，促進農民全面進步。

（四）加快建設農業強國是提高農業綜合效益和競爭力的客觀需要。 習近平總書記強調，要培育農業農村發展新動能，提高農業綜合效益和競爭力。經過多年努力，我國農業綜合生產能力顯著增強，糧食產量穩定在 1.3 萬億斤以上，農業現代化水平穩步提升。但農業生產基礎不牢、大而不強、多而不優問題仍然突出。要加快建設農業強國，健全現代農業產業體系、生產體系、經營體系，打造具有更強創新性、更高附加值、更具競爭力的產業鏈供應鏈。

二、準確把握建設農業強國的基本內涵

加快建設農業強國，是農業發展方式的創新，也是農業發展進程的提速，既體現農業發展量的突破和質的躍升，又彰顯打破常規的後發優勢和趕超態勢。要準確把握建設農業強國的內涵特徵和基本要求，明確發展目標，找準突破重點，走出一條中國特色農業現代化道路。

（一）供給保障安全可靠。 這是建設農業強國的重要基礎。世界上真正強大、沒有軟肋的國家，都有能力解決自己的吃飯問題。未來一段時期，隨着我國經濟高質量發展和城鎮化推進，糧食等重要農產品需求仍呈剛性增長態勢。特別是在新冠肺炎疫情衝擊和地緣政治衝突加劇的背景下，保障國家糧食安全壓力更大、任務更重。要始終堅持立足國內基本解決吃飯問題，深入

實施藏糧於地、藏糧於技戰略，構建輔之以利、輔之以義機制保障，即確保種糧農民合理收益、全面落實糧食安全黨政同責，確保把中國人的飯碗牢牢端在自己手中。同時，樹立大食物觀，構建糧經飼統籌、農牧漁結合、植物動物微生物並舉的多元化食物供給體系，實現各類食物供求平衡。健全糧食流通體系，增強儲備調控能力。

（二）**科技創新自立自強**。這是建設農業強國的根本動力。在耕地和水資源有限的情況下，實現農業穩產增產根本靠科技。近年來，我國農業科技創新能力穩步提升，但核心種源、關鍵裝備等領域還有不小差距。要搶抓新一輪科技革命有利時機，堅持農業科技自立自強，加快以種業為重點的農業科技創新，不斷提高土地產出率、勞動生產率和資源利用率，走主要依靠科技進步支撐的內涵式發展之路。

（三）**設施裝備配套完善**。這是建設農業強國的物質支撐。旱澇保收的農田水利設施，先進適用的農機農藝裝備，智能高效的現代設施農業，能夠顯著提升資源利用率，增強農業產出穩定性。經過多年建設，我國農業基礎設施明顯改善，但高標準農田建設水平還不高，農業機械裝備仍有短板，倉儲冷鏈物流設施建設依然滯後。要注重用現代物質條件裝備農業，加強農田水利建設，加快推進農業機械化、設施化、智能化，彌補水土資源先天不足。

（四）**產業鏈條健全高端**。這是建設農業強國的突出標誌。農業產業延鏈、補鏈、壯鏈、強鏈，就是價值鏈向中高端邁進的過程。如果農業只停留在第一產業，就會一直處於整個產業鏈和價值鏈的底端。目前，我國農產品加工業產值與農業總產值之比為 2.5：1，低於發達國家的 3：1—4：1，產業鏈條較短、綜合效益不高。要立足農業農村特色資源優勢，推動農業從種養環節向農產品加工流通等二三產業延伸，發揮三次產業融合發展的乘數效應，拓展農業增值增效空間，把農村資源優勢轉化為產品優勢、產業優勢。

（五）**資源利用集約高效**。這是建設農業強國的內在要求。農業發達國家大多經歷了先污染後治理的過程，已有深刻教訓，也積累了經驗。近年來，我國農業綠色發展取得重要進展，但水土資源環境約束仍然趨緊。必須牢固樹立綠水青山就是金山銀山理念，推進生態產業化、產業生態化，加快形成綠色低碳生產生活方式，走資源節約、環境友好的可持續發展道路，建設宜居宜業和美鄉村。

（六）**國際競爭優勢明顯**。這是建設農業強國的應有之義。產品在國際市場競爭優勢明顯，有較強的規則制定權、產品定價權、資源掌控權，是一個國家農業綜合實力的直觀體現。未來一個時期，加快構建以國內大循環為主體、國內國際雙循環相互促進的新發展格局，農業對外開放步伐將進一步加大。要統籌利用好國內國際兩個市場兩種資源，拓展優勢農產品和農業技術裝備市場，積極穩妥利用國外農業資源，深度參與全球糧農治理，加快培育農業國際競爭新優勢。

三、加快建設農業強國的重點任務

建設農業強國是一項長期而艱巨的歷史任務，將伴隨全面建設社會主義現代化國家全過程。要以習近平新時代中國特色社會主義思想為指導，立足新發展階段、貫徹新發展理念、構建新發展格局、推動高質量發展，以保障國家糧食安全為底線，以科技和機制創新為動力，以設施和裝備升級為重點，推動農業發展由追求速度規模向注重質量效益競爭力轉變，由依靠傳統要素驅動向注重科技創新和提高勞動者素質轉變，由產業鏈相對單一向集聚融合發展轉變，加快建成供給保障有力、綠色高質高效、產業鏈條完備、競爭優勢明顯的農業強國。

（一）**推進耕地保護建設全方面加強**。耕地是農業生產的命根子，是中華民族永續發展的根基。要堅持數量質量並重，加強建設、嚴格管護，確保耕地數量不減少、質量有提升。**嚴格保護耕地數量**。落實最嚴格的耕地保護制度，牢牢守住 18 億畝耕地紅線，劃實補足永久基本農田，足額帶位置下達到地塊、建檔立卡，嚴格考核、終身追責，確保實至名歸。規範耕地佔補平衡，建立以產能為依據的補充耕地核算機制。**加強高標準農田建設**。實施高標準農田建設工程，逐步把永久基本農田全部建成高標準農田，實現人均一畝高標準農田、人均佔有糧食 600 公斤，使國家糧食安全基礎更加牢固。加強中低產田改造，綜合利用鹽鹼地，實施國家黑土地保護工程，提升耕地地力等級。**強化耕地用途管控**。嚴格落實耕地利用優先序，建立健全耕地用途管控法律、政策、技術體系，構建耕地種植用途管控“一張圖”，確保耕地主要用於糧食和棉油糖、蔬菜等農產品及飼草飼料生產，永久基本農田重點用於糧食生產，高標準農田原則上全部用於糧食生產。

（二）**推進農業科技裝備全領域突破。**以基礎性、戰略性、原創性重大農業科技突破帶動整體創新能力躍升，推動農業科技由跟跑、並跑向領跑跨越，強化農業科技和裝備支撐。**加快以種業為重點的科技創新。**深入實施種業振興行動，加強農業種質資源保護利用，建設種業領域國家重大創新平台，有序推進生物育種產業化應用，培育一批航母型種業領軍企業，實現種業科技自立自強、種源自主可控。加強農業戰略科技力量建設，推進農業關鍵核心技術攻關，在基因編輯、生物工廠、人工智能等領域實現突圍突破。構建多元互補、高效協同農技推廣體系，促進產學研用深度融合。**推進先進農機創製應用。**實施農機裝備補短板行動，強化農機裝備工程化協同攻關，創製推廣一批大型大馬力機械、丘陵山區適用小型機械和高效智能農機，整體提升種養加、農牧漁等各環節機械化水平。**大力發展現代設施農業。**加快現代寒旱農業、戈壁生態農業發展，探索發展植物工廠、垂直農場和立體養殖，建設海洋牧場，推進空間立體利用，拓展農業生產可能性邊界。加快發展智慧農業，建設數字田園和智慧農場。

（三）**推進農業綠色發展全過程轉型。**堅持節約資源和保護環境相結合，構建人與自然和諧共生的農業發展新格局。**加強農業資源保護。**強化退化耕地治理，提高農業用水效率，保護農業生物資源，降低農業資源利用強度。**治理農業面源污染。**推進化肥農藥減量增效，促進畜禽糞污、秸稈、廢舊農膜資源化利用，淨化產地環境。**保護修復農業生態系統。**堅持山水林田湖草沙一體化保護和系統治理，實施好長江十年禁漁，推進長江經濟帶、黃河流域等重點區域生態環境保護。**構建農業綠色低碳循環產業體系。**深入推進農業品種培優、品質提升、品牌打造和標準化生產，建立健全生態產品價值實現機制，提升農村生態系統碳匯能力。

（四）**推進農業社會化服務全環節覆蓋。**鞏固和完善農村基本經營制度，培育新型農業經營主體，健全農業社會化服務體系，發展農業適度規模經營，促進小農戶和現代農業發展有機銜接。**培育服務主體。**突出抓好家庭農場和農民合作社兩類主體，引導家庭農場組建農民合作社，推動農民合作社興辦企業發展農產品加工，建立農業產業化龍頭企業引領、農民合作社和家庭農場跟進、廣大小農戶參與的農業產業化聯合體，為小農戶提供多種形式的農業社會化服務。**創新服務方式。**培育農業專業化社會化服務組織，支持農業服務公司、村集體經濟組織等各類主體大力發展單環節、多環節、全過程託管等服務，開展代耕代種、代管代收等社會化服務，帶動小農戶節本增效、提質增效。

（五）**推進農業產業全鏈條升級**。以拓展農業多種功能、發掘鄉村多元價值為方向，融合農文旅、貫通產加銷，推進農村一二三產業融合發展。**發展鄉村特色產業。**立足鄉村特有的物質和非物質文化資源，開發具有鮮明地域特點、民族特色、鄉土特徵的產品產業，發掘傳統工藝，培育鄉村工匠，創響"土字號"鄉村特色品牌。**壯大農產品加工流通業。**引導企業到產地建設原料基地、佈局加工產能，發展農產品初加工和精深加工。加強農產品產地倉儲保鮮冷鏈物流設施建設，加快農村電子商務發展。健全聯農帶農機制，把產業增值收益和就業崗位更多留在農村、留給農民。**做優鄉村休閒旅遊業。**依託田園風光、鄉土文化、民俗風情等資源優勢，推動農業與旅遊、教育、康養等產業融合，發展田園養生、研學科普、民宿康養等休閒農業新業態。**加快產業融合發展。**建設現代農業產業園、農業產業強鎮、優勢特色產業集群等園區，推進農業現代化示範區創建，促進產鎮融合、產村融合，形成"一縣一業、一鎮一特、一村一品"發展格局。

（六）**推進農業對外合作全方位展開**。堅持在開放中合作、在合作中共贏，加快構建新型農業對外合作關係，實現更高水平農業對外開放。**推動農業國際貿易高質量發展。**優化農產品貿易佈局，實施農產品進口多元化戰略，促進優勢特色農產品出口，創新發展農業服務貿易。培育國際大糧商和跨國農業企業集團，推進生產、加工、倉儲物流等全產業鏈協同佈局。**深化農業對外交流合作。**加強與"一帶一路"國家和地區多雙邊農業合作，穩步提升對外農業貿易投資水平。圍繞糧食安全、氣候變化、綠色發展等領域，加強全球農業科技合作。積極參與全球糧農治理，共同制定國際標準規則，增強我國農業國際影響力。

構建優勢互補、高質量發展的區域經濟佈局和國土空間體系

胡祖才

黨的二十大報告指出，構建優勢互補、高質量發展的區域經濟佈局和國土空間體系。這是以習近平同志為核心的黨中央立足全面建設社會主義現代化國家新征程，對新發展階段區域發展和空間治理作出的重大部署，為今後一個時期推動區域協調發展、完善空間治理指明了前進方向、提供了根本遵循。我們必須深入學習領會，認真貫徹落實。

一、深刻認識構建優勢互補、高質量發展的區域經濟佈局和國土空間體系的重要意義

構建優勢互補、高質量發展的區域經濟佈局和國土空間體系，是完整、準確、全面貫徹新發展理念，解決發展不平衡不充分問題，着力推動高質量發展，加快構建新發展格局的重要戰略舉措，具有重大而深遠的意義。

（一）**這一戰略舉措是構建新發展格局的必然要求。**習近平總書記指出，構建新發展格局是以全國統一大市場基礎上的國內大循環為主體，不是各地都搞自我小循環。既要堅持全國一盤棋謀篇佈局，也要發揮各地區比較優勢落好棋子。這就要求各地區找準自己在國內大循環和國內國際雙循環中的位置和比較優勢，把構建新發展格局同實施區域重大戰略、區域協調發展戰略、主體功能區戰略等有機銜接起來，促進各類要素合理流動和高效集聚，加快構建高質量發展的動力系統，推動形成優勢互補、高質量發展的區域經濟佈局和國土空間體系，為構建新發展格局提供多層次、全方位的空間基礎。

（二）**這一戰略舉措是促進全體人民共同富裕的必然要求。**習近平總書記

強調，共同富裕是社會主義的本質要求，是中國式現代化的重要特徵。必須清醒地看到，我國幅員遼闊、人口眾多，各地區自然資源稟賦差別之大在世界上是少有的，發展不平衡不充分的問題仍然突出，尤其是地區、城鄉、收入差距比較明顯。這就要求我們加快實施區域協調發展戰略，協同推進新型城鎮化和鄉村振興，構建優勢互補、高質量發展的區域經濟佈局和國土空間體系，逐步縮小區域差距、城鄉差距、收入分配差距，讓欠發達地區和低收入人口共享發展成果，在現代化進程中不掉隊、趕上來，逐步實現全體人民共同富裕。

（三）這一戰略舉措是實現人與自然和諧共生的必然要求。習近平總書記指出，生態文明建設是關係中華民族永續發展的根本大計，要站在人與自然和諧共生的高度來謀劃經濟社會發展，形成節約資源和保護環境的空間格局、產業結構、生產方式、生活方式。這就要求我們按照主體功能區定位，立足資源環境承載能力，優化區域經濟佈局和國土空間開發保護格局，落實基本農田、生態保護、城鎮開發等空間管控邊界，強化國土空間規劃和用途管控，使農產品主產區生產能力有效提升，生態功能區得到更好保護，城鎮化地區緊湊集約發展，形成人與自然和諧共生的空間格局。

（四）這一戰略舉措是統籌發展和安全的必然要求。習近平總書記強調，安全是發展的前提，發展是安全的保障。統籌發展和安全，既要推動區域經濟持續健康穩定發展，築牢國家繁榮富強、人民幸福安康、社會和諧穩定的物質基礎，又要牢牢守住國土空間安全底線，為發展提供更為穩固的空間基礎和條件。這就要求我們樹立底線思維和戰略眼光，通過構建優勢互補、高質量發展的區域經濟佈局和國土空間體系，強化國家糧食安全、能源安全、產業鏈供應鏈安全，促進民族團結融合，維護邊境安全和邊疆穩定，推動我國實現更具韌性、更加安全的可持續發展。

二、黨的十八大以來構建區域經濟佈局和國土空間體系取得重要進展和重大成效

黨的十八大以來，習近平總書記登高望遠、統攬全局，準確研判區域經濟發展新形勢，原創性地提出了一系列關於區域經濟發展和空間治理的新

理念新思想新戰略，親自謀劃、親自部署、親自推動了一系列重大戰略、重大政策、重大舉措，實現區域經濟佈局不斷優化，國土空間治理水平不斷提升，引領我國區域發展取得歷史性成就、發生歷史性變革。

（一）**區域重大戰略引領性不斷增強**。京津冀協同發展邁出堅實步伐，疏解北京非首都功能取得突破，雄安新區進入大規模建設階段，北京城市副中心建設成效顯著。長江經濟帶發展堅持共抓大保護、不搞大開發，生態環境系統保護修復成效明顯，發生了轉折性變化，長江幹流全線達到 II 類水質，實現了在發展中保護、在保護中發展。粵港澳大灣區建設持續推進，硬聯通、軟聯通不斷加強，對支持香港、澳門融入國家發展大局發揮了重要作用。長三角區域一體化進程加快，政策協同、產業合作、設施共建、服務共享、分工合理的一體化格局逐步成形。黃河流域生態保護和高質量發展扎實起步，污染防治、生態保護修復、深度節水控水等領域重大工程深入實施。

（二）**主體功能區定位更加明確**。覆蓋全國和省級、陸域和海域的主體功能區規劃發佈實施，每個縣級行政單元均明確了主體功能定位，為實現各地區按比較優勢發展提供了遵循。主體功能區 "9 + 1" 的配套政策體系基本建立並不斷完善，"多規合一" 改革取得重要突破，耕地和永久基本農田、生態保護紅線、城鎮開發邊界 "三區三線" 劃定基本完成。設立三江源、大熊貓、東北虎豹等首批國家公園，以國家公園為主體的自然保護地體系加快建立，生態系統穩定性更加鞏固。中心城市和城市群等經濟發展優勢區域的承載能力進一步增強，農產品主產區、重點生態功能區、能源資源富集地區和邊境地區的保障能力進一步提升。

（三）**城鎮化戰略格局基本形成**。以人為核心的新型城鎮化戰略深入實施，城鎮化率由 2012 年的 53.1% 提升到 2021 年的 64.7%，"兩橫三縱" 城鎮化格局基本形成。"19 + 2" 城市群主體形態更加定型，截至 2020 年城市群地區承載了全國約 3/4 的常住人口，貢獻了近 85% 的地區生產總值，京津冀、長三角、珠三角三大城市群國際競爭力顯著增強，成渝地區雙城經濟圈建設勢頭強勁，長江中游、北部灣、關中平原等城市群加快一體化發展，一批跨省域、跨市域的現代化都市圈加快培育，新的增長極、動力源正在加快形成。城鎮規模結構持續優化，中心城市輻射帶動能力逐步增強，中小城市和縣城活力顯著提升。綜合交通運輸網絡支撐作用不斷增強，高鐵網對 50 萬人以上城市的覆蓋率達到 89.9%，鐵路網對 20 萬人以上城市的覆蓋率達到 99.1%。

（四）區域發展協調性明顯提升。統籌推進西部大開發、東北全面振興、中部地區崛起、東部率先發展，共建園區、對口幫扶、轉移支付、區際利益補償等區域協調發展機制不斷豐富完善，區域發展的系統性、整體性、協調性明顯增強。中西部地區經濟增速連續多年高於東部地區，中部和西部地區生產總值佔全國比重分別由 2012 年的 21.3%、19.6% 提高到 2021 年的 22%、21.1%，東部與中部、西部人均地區生產總值比分別從 2012 年的 1.69、1.87 下降至 2021 年的 1.53、1.68，區域發展相對差距持續縮小。脫貧攻堅取得全面勝利，歷史性地解決了絕對貧困問題，革命老區振興發展取得顯著成效，民族地區譜寫出民族團結進步的新篇章，邊疆地區基礎設施和公共服務大幅改善，邊疆安全穩定大局持續鞏固。

但是也要看到，我國區域發展出現了一些新情況新問題。區域經濟發展分化態勢明顯，各板塊內部也出現明顯分化；發展動力極化現象日益突出，"大城市病"問題仍待進一步破解；部分區域發展面臨較大困難，東北、西北地區發展仍然相對滯後，一些城市特別是資源枯竭型城市、傳統工礦區城市發展活力不足；農業基礎還不穩固，耕地保護和糧食安全還面臨不少挑戰，生態環境保護任務依然艱巨；促進區域協調發展的政策和機制還需進一步完善，部分地區的比較優勢有待充分發揮；等等。這些問題都需要我們在推動區域發展和空間治理中不斷加以解決。

三、構建優勢互補、高質量發展的區域經濟佈局和國土空間體系的重大任務

構建優勢互補、高質量發展的區域經濟佈局和國土空間體系是一項事關發展全局的戰略性舉措。要緊緊圍繞黨的二十大報告明確的目標要求和任務導向，深入實施區域協調發展戰略、區域重大戰略、主體功能區戰略和新型城鎮化戰略，調整完善區域政策體系，完善國土空間治理體系，推動各項戰

略舉措協同發力，確保重大部署落到實處、取得實效。

（一）**深入實施區域協調發展戰略，在發展中促進相對平衡。**推動西部大開發形成新格局，把握向西開放戰略機遇，加快西部陸海新通道建設，積極融入"一帶一路"建設，大力發展特色優勢產業，深入實施重大生態工程，不斷提升可持續發展能力。推動東北全面振興取得新突破，從維護國家國防、糧食、生態、能源、產業安全的戰略高度，全力破解體制機制障礙，激發市場主體活力，推動產業結構調整優化。促進中部地區加快崛起，充分發揮連南接北、承東啟西的區位優勢，推進製造業轉型升級，着力推動內陸高水平開放，繼續在全國高質量發展中發揮生力軍作用。鼓勵東部地區加快推進現代化，發揮基礎雄厚、創新要素集聚等優勢，加快培育世界級先進製造業集群，提升要素產出效率，持續推進消費升級，不斷提高創新能力和經濟增長能級。支持革命老區在保護好生態的前提下因地制宜發展特色產業，支持民族地區加快發展，加強邊疆地區建設，推動興邊富民、穩邊固邊。建立健全區域戰略統籌、市場一體化發展、區域合作互助、區際利益補償等機制，推動實現基本公共服務均等化、基礎設施通達程度比較均衡、人民基本生活保障水平大體相當。

（二）**深入實施區域重大戰略，增強高質量發展的重要動力源。**京津冀協同發展要牢牢把握疏解北京非首都功能"牛鼻子"，實施一批標誌性疏解項目，高標準、高質量建設雄安新區和北京城市副中心，全力推動協同發展、一體化發展。長江經濟帶發展要堅持共抓大保護、不搞大開發的戰略導向，持續深化生態環境系統保護修復，努力建設成為我國生態優先綠色發展主戰場、暢通國內國際雙循環主動脈、引領高質量發展主力軍。粵港澳大灣區建設要着眼於促進香港、澳門融入國家發展大局，加快基礎設施建設和互聯互通，深入推進重點領域規則銜接、機制對接，加快建設深圳中國特色社會主義先行示範區，打造富有活力和國際競爭力的一流灣區和世界級城市群。長三角一體化發展要以促進一體化高質量發展為重點，深入推進生態綠色一體化發展示範區、上海自貿試驗區臨港新片區、虹橋國際開放樞紐等建設，提高長三角地區配置全球資源能力和輻射帶動全國發展能力。黃河流域生態保護和高質量發展要堅持統籌推進山水林田湖草沙綜合治理、系統治理、源頭治理，從根本上提升黃河流域生態環境質量。

（三）**深入實施主體功能區戰略，完善國土空間體系。**落實主體功能區制度，支持城市化地區高效集聚經濟和人口，支持農產品主產區增強農業生產能力，支持生態功能區把發展重點放到保護生態環境、提供優質生態產品上。細化主體功能區劃分，按照主體功能定位劃分政策單元，對重點開發地區、生態脆弱地區、能源資源富集地區等制定差異化政策，分類精準施策，推動形成主體功能約束有效、國土開發有序的空間發展格局。出台實施全國及各地區國土空間規劃，加快形成以"三區三線"為核心的國土空間管控一張底圖，強化"三區三線"空間管控，將 18.65 億畝耕地和 15.46 億畝永久基本農田落實到具體地塊，壓實地方耕地保護責任，切實把耕地和永久基本農田、生態保護紅線、城鎮開發邊界作為調整經濟結構、規劃產業發展、推進城鎮化不可逾越的紅線。建立健全統一的全域、全要素國土空間用途管制制度，制定不同空間、不同用途的轉換規則，完善用途管制監管體系，提升用途管制效能和服務水平，為高質量發展和國家安全提供保障。

（四）**深入實施新型城鎮化戰略，提升發展優勢區域綜合承載能力。**堅持走中國特色新型城鎮化道路，深入推進以人為核心的新型城鎮化戰略。深化戶籍制度改革，健全農業轉移人口市民化機制和配套政策體系，加快推進農業轉移人口市民化。以城市群、都市圈為依託，構建大中小城市協調發展格局，優化提升京津冀、長三角、珠三角等世界級城市群的國際競爭力，加快推進成渝地區雙城經濟圈建設，打造帶動全國高質量發展的新動力源，扎實推進長江中游、關中平原等跨省區城市群建設，有序培育一批現代化都市圈，推動城市群一體化和都市圈同城化發展體制機制創新，促進大中小城市和小城鎮協調聯動、特色化發展。加快轉變超大特大城市發展方式，合理控制城市規模、人口密度和開發強度，促進多中心、多層級、組團式發展。推進以縣城為重要載體的城鎮化建設，加快補齊短板弱項，更好滿足農民到縣城就業安家的需要。堅持人民城市人民建、人民城市為人民，提高城市規劃、建設、治理水平，實施城市更新行動，加快城市老舊小區和燃氣、污水等地下管網改造，加強城市基礎設施建設，打造宜居、韌性、智慧城市，推動城市空間結構優化和品質提升。堅持黨建引領、重心下移、科技賦能，夯實城市治理基層基礎，不斷提升城市治理科學化精細化智能化水平。

（五）**加快建設海洋強國，拓展海洋經濟發展空間**。堅持陸海統籌、人海和諧、合作共贏，協同推進海洋生態保護、海洋經濟發展和海洋權益維護。建立沿海、流域、海域協同一體的綜合治理體系，節約集約利用海洋資源，促進海洋開發方式向循環利用型轉變，打造可持續海洋生態環境，提高適應氣候變化能力，發揮海洋在助力實現碳達峰、碳中和目標中的重要作用。建設現代海洋產業體系，促進海洋新興產業蓬勃發展，推動傳統海洋產業轉型發展，加快現代海洋服務業協同發展，支持海洋領域數字經濟融合發展，全面提高北部、東部、南部三大海洋經濟圈發展水平，讓海洋經濟成為新的增長點。深度參與全球海洋治理，鞏固和拓展藍色夥伴關係，深入開展重點領域務實合作，推動建設公正合理的國際海洋秩序，堅決維護國家領土主權和海洋權益，推動構建海洋命運共同體。

加快轉變超大特大城市發展方式

龔　正

習近平總書記在黨的二十大報告中強調，堅持人民城市人民建、人民城市為人民，提高城市規劃、建設、治理水平，加快轉變超大特大城市發展方式。這是黨中央在全面建設社會主義現代化國家開局起步的關鍵時期作出的重大戰略部署，是今後一個時期推進超大特大城市發展的根本遵循和行動指南。我們必須深刻學習領會，堅決貫徹落實。

一、充分認識加快轉變超大特大城市發展方式的重大意義

城市是我國經濟、政治、文化、社會等方面活動的中心，尤其是超大特大城市在經濟社會發展中發揮着動力源和增長極的作用，推動超大特大城市加快轉變發展方式，在黨和國家工作全局中具有舉足輕重的地位。

（一）**加快轉變超大特大城市發展方式是全面建設社會主義現代化國家的必然要求**。黨的二十大吹響了全面建設社會主義現代化國家的衝鋒號，發出了全面推進中華民族偉大復興的動員令。根據第七次全國人口普查數據，7 個超大城市、14 個特大城市的人口佔全國的 20.7%，國內生產總值佔全國三成以上，走在我國現代化建設的前列。超大特大城市必須加快轉變發展方式、率先探索中國式城市現代化，在推進中國式現代化、全面建設社會主義現代化國家中發揮標杆引領作用。

（二）**加快轉變超大特大城市發展方式是構建新發展格局的必然要求**。構建新發展格局，是與時俱進提升我國經濟發展水平的戰略抉擇，也是塑造我國國際經濟合作和競爭新優勢的戰略抉擇。超大特大城市佈局了全國主要要素市場、國家戰略科技力量、綜合交通樞紐，既是暢通國內大循環的重要節

點，也是推動國內國際雙循環的關鍵鏈接。超大特大城市必須加快轉變發展方式，更好發揮中心城市的節點鏈接作用，為構建新發展格局作出更大貢獻。

（三）加快轉變超大特大城市發展方式是推進新型城鎮化的必然要求。黨的十八大以來，我國新型城鎮化取得重大歷史性成就，常住人口城鎮化率從 2012 年的 53.1% 提高到 2021 年的 64.7%，中心城市輻射帶動作用持續增強，城市群日益成為承載人口和經濟的主要空間形式。但部分超大特大城市功能過度集中，中心城區人口過度集聚，存在空氣污染、交通擁堵等"大城市病"，從而制約了城鎮化發展質量進一步提升。必須推動超大特大城市發展方式由規模擴張向內涵提升轉變，更好構建以城市群為主體形態、大中小城市和小城鎮協調發展的城鎮化格局。

（四）加快轉變超大特大城市發展方式是更好滿足人民對美好生活嚮往的必然要求。2019 年習近平總書記在上海考察期間，提出了"人民城市人民建，人民城市為人民"重要理念，深刻揭示了中國特色社會主義城市的人民性。隨着我國社會主要矛盾轉化為人民日益增長的美好生活需要和不平衡不充分的發展之間的矛盾，城市居民對優質公共服務、生態環境、健康安全等方面需求更為迫切。在超大特大城市，居民的需求更加多元化、個性化、品質化，對美好生活提出了更高要求，必須把人民對美好生活的嚮往作為工作的出發點和落腳點，譜寫"城市，讓生活更美好"新篇章。

二、科學把握加快轉變超大特大城市發展方式的基本要求

加快轉變超大特大城市發展方式，要全面貫徹習近平新時代中國特色社會主義思想，立足新發展階段，完整、準確、全面貫徹新發展理念，服務構建新發展格局，為全面建設社會主義現代化國家、全面推進中華民族偉大復興提供強勁動力和堅實支撐。

（一）黨的全面領導是根本保證。抓好超大特大城市轉變發展方式這項工作，必須加強和改善黨的領導。要堅持黨中央集中統一領導，把黨的領導落實到城市發展各領域各方面各環節，建立健全黨委統一領導、黨政齊抓共管、全社會共同參與的工作格局。同時，要發揮基層黨組織戰鬥堡壘作用，

形成頂層設計和基層探索良性互動格局。

（二）**以人民為中心是根本立場。**城市的核心是人，轉變超大特大城市發展方式必須堅持人民至上，堅持共同富裕方向，堅持人民城市人民建、人民城市為人民。要始終做到發展為了人民，促進社會公平，增進民生福祉，不斷增強人民群眾的獲得感、幸福感、安全感。要始終做到發展依靠人民，引導人民群眾通過各種途徑和方式參與城市治理。

（三）**新發展理念是指導原則。**新發展理念為轉變超大特大城市發展方式提供了管全局、管根本、管長遠的科學指引。必須堅持新發展理念，讓創新成為城市發展主動力，促進超大特大城市與中小城市協調發展，推動城市集約緊湊發展和綠色低碳轉型，營造文化傳承和開放包容的城市發展氛圍，使人民共享城市發展成果。

（四）**改革創新是根本動力。**唯有堅定不移推進改革創新，才能破解超大特大城市轉變發展方式過程中碰到的難題。必須聚焦重要領域和關鍵環節改革，充分發揮市場在資源配置中的決定性作用，更好發揮政府作用，破除制約轉變發展方式的體制機制障礙，持續增強發展動力和活力，不斷提升城市治理體系和治理能力現代化水平。

（五）**堅持系統觀念是基本方法。**城市工作是一項系統工程。超大特大城市是複雜的巨系統，必須更加注重統籌空間佈局、產業結構、人口規模，統籌經濟、生活、生態、安全需求，統籌規劃、建設、治理，框定總量、限定容量、盤活存量、做優增量、提高質量，推動城市健康宜居安全發展。

三、深入落實加快轉變超大特大城市發展方式的主要任務

未來 5 年是加快轉變超大特大城市發展方式的關鍵時期，我們要深入貫徹《國家新型城鎮化規劃（2021—2035 年）》，聚焦推動高質量發展、創造高品質生活、實現高效能治理，統籌謀劃、系統推進，將各項任務落實到位。

（一）**聚焦推動高質量發展，着力提高超大特大城市能級和核心競爭力。**以更大力度推進超大特大城市經濟發展質量變革、效率變革、動力變革，更好地發揮示範引領、輻射帶動作用。

一是強化中心城市核心功能。核心功能決定城市的核心競爭力、輻射帶動力，做強做優核心功能，是超大特大城市實現高質量發展的主攻方向。要持續增強全球資源配置功能，重點是集聚國際人才、全球資本等高端要素，提升金融、貿易等高端服務功能。要持續增強科技創新策源功能，打造以國家實驗室為核心的國家戰略科技力量，強化基礎研究和應用基礎研究，形成一批原創性成果，突破一批"卡脖子"關鍵核心技術。要持續增強高端產業引領功能，努力掌握產業鏈核心環節、佔據價值鏈高端地位，率先形成以現代服務業為主體、先進製造業為支撐的產業結構。同時，上海等超大城市要持續增強開放樞紐門戶功能，實施更大範圍、更寬領域、更深層次對外開放，打造高水平開放新高地。

二是優化城市空間格局。統籌兼顧經濟、生活、生態、安全等多元需要，切實轉變開發建設方式，避免盲目"攤大餅"，是破解"大城市病"的關鍵一招。一方面，要合理疏解超大特大城市中心城區非核心功能。科學確定城市規模和開發強度，合理控制人口密度，有序疏解一般性製造業、區域性物流基地、專業市場等功能和設施。另一方面，要建設一批產城融合、職住平衡、生態宜居、交通便利的郊區新城。通過加強產業支撐、強化對外快速交通連接、引入優質公共服務資源，打造功能完善的郊區新城，實現城市多中心、組團式發展。

三是引領帶動城市群發展。建立中心城市帶動都市圈、都市圈引領城市群、城市群支撐區域協調發展的空間動力機制，既有利於超大特大城市在更大範圍更好配置資源、加快轉變發展方式，也對實施好新型城鎮化戰略至關重要。要分類推動城市群發展，促進城市群一體化發展，深入實施京津冀協同發展、長三角一體化發展、粵港澳大灣區建設等區域重大戰略，打造世界一流城市群。要引導超大特大城市與周邊城市同城化發展，通過構建便捷高效的通勤圈、梯次配套的產業圈、便利共享的生活圈，培育發展一批現代化都市圈。

（二）聚焦創造高品質生活，着力推進新型超大特大城市建設。牢牢把握城市生命體、有機體特徵，落實習近平生態文明思想，堅持總體國家安全觀，打造宜居、韌性、智慧城市。

一是更加注重舒適便利。城市建設必須把讓人民宜居安居放在首位，把最好的資源留給人民。要完善公共服務體系，提高就業、教育、醫療、養老、託幼等服務能力，提升普惠、均衡、優質服務水平，推進基本公共服務常住人口全覆蓋。堅持房子是用來住的、不是用來炒的定位，加快建立多主體供給、多渠道保障、租購並舉的住房制度，針對超大特大城市新市民、青年人多的特點，把建設保障性租賃住房放在更加突出位置。實施城市更新行動，堅持"留改拆"並舉、以保留保護為主，改造老舊小區、老舊廠區、老舊街區、城中村"三區一村"，注重歷史文化遺產保護，像對待"老人"一樣尊重和善待老建築，讓城市留住文脈、留下記憶。

二是更加注重安全靈敏。超大特大城市各類要素高度聚集，各類風險隱患防範壓力更大，必須堅持"四早五最"，即早發現、早研判、早預警、早處置，努力在最低層級、用最短時間、花相對最小的成本，解決最大的關鍵問題、爭取綜合效益最佳，保障城市安全有序運轉和人民生命健康、財產安全。要在增強防災減災能力上下功夫，聚焦城市抗震、防洪、排澇、消防、安全生產、城市"生命線"等領域，持續提升風險隱患排查、預測預報預警、應急指揮救援等能力和水平。要在提高公共衛生防控救治能力上下功夫，完善疾病預防控制體系，建設平戰結合的突發重大疫情救治體系。

三是更加注重創新活力。超大特大城市具有創新要素集聚優勢，要以增強城市創新能力為牽引，以創新推動創業、帶動就業、成就事業。着力建設創新創業載體，提升國家自主創新示範區等創新功能，建設成本低、要素全、便利化、開放式的孵化器等眾創空間。着力優化創新創業生態，完善普惠性創新創業支持政策，健全更加開放的高水平人才引進培養機制。着力推動集成電路、生物醫藥、人工智能等新興產業發展，提升產業核心競爭力和吸納就業能力。

四是更加注重智慧高效。推進城市數字化轉型，讓城市變得更智慧是建設新型超大特大城市的重要內涵和牽引力量。加強新型基礎設施建設，加快建設高速泛在、天地一體、雲網融合、智能敏捷、綠色低碳、安全可控的智能化綜合性數字信息基礎設施，提升電力、交通等基礎設施的智能化水平。加強應用場景建設，推行城市數據一網通用、政務服務一網通辦、城市運行一網統管、公共服務一網通享，發展遠程辦公、遠程教育、遠程醫療、智慧出行、智慧社區，構築美好數字生活新圖景。

五是更加注重綠色低碳。建設人與自然和諧共生的現代化，必須把保護城市生態環境擺在更加突出的位置。超大特大城市要堅持生態優先、綠色發展，錨定碳達峰碳中和目標，推動能源清潔低碳安全高效利用，促進工業、建築、交通等領域清潔低碳轉型，引導市民踐行綠色生活方式。要加強城市環境保護，深入打好藍天、碧水、淨土保衛戰，推動生活垃圾分類成為新時尚。要修護城市生態空間，建設環城生態公園帶等生態綠色廊道，打造口袋公園、街心綠地、濕地和郊野公園，讓城市再現綠水青山。

六是更加注重人文魅力。文化是城市的靈魂，必須堅定文化自信，廣泛踐行社會主義核心價值觀，全面提升城市文化軟實力。大力弘揚城市精神和城市品格，提高市民文明素質和城市文明程度。大力傳承歷史文脈，進一步完善歷史文化遺產保護傳承和活化利用機制，加強對歷史街區、歷史建築、工業遺產的保護利用，將更多的"工業鏽帶"改造為"生活秀帶"、"發展繡帶"。大力推動文化事業和文創產業繁榮發展，培育新型文化業態，更好地滿足市民精神文化需求。

（三）聚焦實現高效能治理，着力提升超大特大城市治理現代化水平。樹立全周期管理理念，不斷提高城市治理科學化、精細化、智能化水平，推進城市治理體系和治理能力現代化。

一是以繡花般功夫推進城市精細化管理。超大特大城市管理應該像繡花一樣精細，通過繡花般的細心、耐心、巧心，不斷提高城市管理水平。要樹立"精明緊湊"城市發展理念，強化發展規劃引領和國土空間規劃約束功能，統籌老城新城、生產生活生態、地上地下等空間開發利用，促進土地節約集約利用。要加強城市設計和建築設計，打造城市"第五立面"，避免"千城一面、萬樓一貌"。要努力擴大公共空間，讓老百姓有更多休閒、健身、娛樂的地方。要堅持綜合施策，完善城市規劃建設管理領域的法規標準，着力解決違法建築、中小河道污染、高空墜物等難題頑症。

二是以規範化建設夯實社會治理基礎。基層社會治理是超大特大城市治理的基石，要推動城市治理重心、資源配套向基層下沉，構建基層社會治理新格局。要健全城市基層社會治理機制，堅持黨對基層治理的全面領導，持續為基層賦權、增能、減負，完善居民、社會組織參與社會治理的組織形式和制度化渠道。要提高社區服務能力，打造社區 15 分鐘生活圈和"一站式"服務綜合體。要加強社會矛盾綜合治理，堅持和發展新時代"楓橋經驗"，努力把矛盾解決在初始、化解在基層。

三是以服務管理創新提升行政效能。超人特人城市高效能治理必須發揮好政府的關鍵責任主體作用。要優化行政資源配置，健全城市管理綜合執法機制，推動更多經濟社會管理權限下放街鎮基層。要強化數字技術賦能，以數字政府建設為抓手，推動政府治理業務流程再造和模式優化，提升跨部門、跨層級、跨地區協同治理能力，不斷提高行政管理服務質量和效率。

打造宜居韌性智慧城市

王蒙徽

習近平總書記在黨的二十大報告中指出,打造宜居、韌性、智慧城市。這是以習近平同志為核心的黨中央深刻把握城市發展規律,對新時代新階段城市工作作出的重大戰略部署。我們要堅持以人民為中心的發展思想,實施城市更新行動,打造宜居、韌性、智慧城市,為全面建設社會主義現代化國家作出應有貢獻。

一、黨的十八大以來我國城市建設取得歷史性成就、發生歷史性變革

黨的十八大以來,習近平總書記統籌中華民族偉大復興戰略全局和世界百年未有之大變局,提出了一系列城市工作新理念新思想新戰略,深刻揭示出城市建設依靠誰、為了誰的根本問題,深刻回答了建設什麼樣的城市、怎樣建設城市等重大理論和實踐問題,引領我國城市建設取得歷史性成就、發生歷史性變革。

(一)**新型城鎮化深入推進**。我國常住人口城鎮化率從 2012 年 53.1% 提高到 2021 年 64.7%,1.3 億農業轉移人口和其他常住人口在城鎮落戶。2021年,全國城市數量達到 691 個,建成區面積 6.2 萬平方公里,建制鎮 2.1 萬個,基本形成以中心城市、城市群為主體,大中小城市和小城鎮協調發展的城鎮體系。

(二)**城市人居環境顯著改善**。2021 年,全國城市建成區綠地面積和綠地率分別達到 249.3 萬公頃和 38.7%,地級及以上城市建成區黑臭水體基本消除,空氣質量優良天數比例達到 87.5%。地級及以上城市生活垃圾分類工作

全面開展，居民小區覆蓋率達到 77%。截至 2022 年 8 月，累計新開工改造城鎮老舊小區 16.3 萬個，惠及居民超過 2800 萬戶。

（三）**城市綜合承載能力穩步提升。**2021 年，全國城市道路長度達到 53.2 萬公里，建成軌道交通線路長度 8571.4 公里，供水普及率、燃氣普及率、污水處理率分別達到 99.4%、98%、97.9%，集中供熱面積達到 106 億平方米，供水和排水管道總長度達到 193.2 萬公里，較好保障了居民基本生活需求。

（四）**城市治理體系不斷完善。**城市體檢評估全面開展，城市管理執法體制改革深入推進，互聯網、大數據、雲計算、人工智能等新一代信息技術手段在城市治理中的運用持續加強，城市管理水平持續提高。美好環境與幸福生活共同締造活動深入開展，群眾參與城市治理的積極性、主動性、創造性不斷增強。

（五）**城市歷史文化保護傳承全面加強。**分類科學、保護有力、管理有效的歷史文化保護傳承體系加快構建。140 座國家歷史文化名城、312 個中國歷史文化名鎮、487 個中國歷史文化名村、1200 餘片歷史文化街區、5.95 萬處歷史建築，成為傳承中華文化最綜合、最完整、最系統的載體。

二、深刻認識打造宜居、韌性、智慧城市的重要意義

城市是貫徹新發展理念的重要載體，是構建新發展格局的重要支點。打造宜居、韌性、智慧城市，努力把城市建設成為人與人、人與自然和諧共處的美麗家園，走出一條中國特色新型城鎮化和城市發展道路，對以中國式現代化全面推進中華民族偉大復興，具有重要而深遠的意義。

（一）**踐行"人民城市"理念的必然要求。**城市是人民的城市，必須堅持人民城市人民建、人民城市為人民。打造宜居、韌性、智慧城市，有利於增強城市的整體性、系統性、宜居性、包容性和生長性，不斷滿足人民群眾對美好生活的需要，讓人民群眾在城市生活得更方便、更舒心、更美好。

（二）**全面建設社會主義現代化國家的基礎支撐。**城市建設是現代化建設的重要引擎。打造宜居、韌性、智慧城市，有利於將城市建設成為人民群眾生活的美好家園、經濟發展的重要引擎、科技創新的重要高地，為經濟社會

高質量發展提供堅實空間支撐，更好推進以人為核心的新型城鎮化。

（三）**統籌發展和安全的重大舉措**。城市是風險防控的重要領域，城市發展必須把生態和安全放在更加突出的位置。打造宜居、韌性、智慧城市，有利於統籌城市發展的經濟需要、生活需要、生態需要、安全需要，建立高質量的城市生態系統和安全系統，提高城市全生命周期的風險防控能力。

（四）**加快轉變城市發展方式的有效路徑**。城市發展是一個自然歷史過程，有其自身規律。打造宜居、韌性、智慧城市，有利於更好地認識、尊重、順應城市發展規律，推動城市從粗放型外延式發展向集約型內涵式發展轉變，從源頭上促進經濟發展方式轉變。

三、準確把握打造宜居、韌性、智慧城市的重點任務

打造宜居、韌性、智慧城市，是一項系統工程，要以習近平新時代中國特色社會主義思想為指引，認真貫徹落實習近平總書記關於城市工作的重要論述和指示批示精神，框定總量、限定容量、盤活存量、做優增量、提高質量，不斷提升城市環境質量、人民生活質量、城市競爭力。

（一）**健全城鎮體系**。加快構建國家中心城市、區域中心城市、地區中心城市及縣城四個層級的城鎮體系。**一是**加強國家中心城市建設，提高國際影響力和競爭力，提升對全球人才、資本、創新等資源的集聚和配置能力。**二是**加強區域中心城市建設，完善城市功能，提升綜合承載能力，加快產業轉型升級，引領區域發展。**三是**加強地區中心城市建設，加大公共服務、基礎設施建設和更新改造力度，充分發揮引領、輻射、集散功能。**四是**加強縣城建設，不斷完善縣城基礎設施和公共服務設施，更好地就近吸納農業農村轉移人口。**五是**加強城市群、都市圈建設，將京津冀、長三角、粵港澳、長江中游、成渝等城市群建設成為各具特色、互為補充的世界級都市圈、城市群。

（二）**優化城市空間形態**。轉變單中心、"攤大餅"式的發展方式，合理控制城市規模和建設強度。**一是**推動組團式發展。單個組團面積一般不宜超過 50 平方公里。組團之間應建設連續貫通的生態廊道，與山水林田湖草等生態系統相連通，最小淨寬度一般不小於 100 米。**二是**加強人口密度管控。平均

人口密度原則上不超過 1 萬人 / 平方公里，個別地段最高不宜超過 1.5 萬人 / 平方公里。平均人口密度超過 1.5 萬人 / 平方公里的，應採取有效措施予以疏解。三是科學管控建築密度。新建住宅建築密度控制在 30% 以下，建築高度要與消防救援能力相匹配。嚴格控制新建超高層建築，一般不得新建 500 米以上建築。新建 100 米以上建築應充分論證、集中佈局。

（二）**持續改善生態環境**。尊重自然、順應自然、保護自然，建設高質量的城市生態系統。**一是**構建連續完整的城市生態基礎設施體系。統籌區域流域生態環境治理和城市建設，統籌城市水系統、綠地系統和基礎設施系統建設，統籌生態廊道、景觀視廊、通風廊道和城市綠道佈局，將城市建設融入藍綠生態本底，城市藍綠空間佔比不低於 45%。**二是**加強城市生態修復。修復山體水系，提高水系連通度和岸線自然化率，嚴格限制過度硬化，禁止填湖造地、截彎取直、河道硬化等破壞生態環境行為。**三是**持續推進園林城市建設。把公園建到居民家門口，構建均衡共享、系統連通的公園體系，建設連通區域、城市、社區的綠道體系，公園綠地服務半徑覆蓋率不低於 80%。

（四）**推進城市基礎設施體系化建設**。實施基礎設施補短板和更新改造專項行動，建設集約高效、經濟適用、智能綠色、安全可靠的現代化基礎設施體系。**一是**提升宜居度。加快規劃建設快速幹線交通、生活性集散交通和綠色慢行交通體系，實現各體系間的暢順銜接。主城區道路網密度應大於 8 公里 / 平方公里，軌道、公交和慢行等綠色交通出行分擔率應不低於 60%，45 分鐘以內通勤人口比重達到 80%。**二是**增強安全韌性。倡導大分散與小區域集中相結合的基礎設施佈局方式，因地制宜佈置分佈式能源、生活垃圾和污水處理等設施，提高應急響應和快速恢復能力。統籌防洪與排澇，系統化全域推進海綿城市建設，到 2030 年全國城市建成區平均可滲透面積佔比達到 45%。依託公園、綠地、廣場、校園等建設城市人口疏散和應急避難場所，人均應急避難場所面積不低於 1.5 平方米。**三是**提高數字化、網絡化、智能化水平。推進新型城市基礎設施建設和更新改造。加快建設城市數字公共基礎設施和城市信息模型（CIM）平台。實施智能化市政基礎設施建設和改造，協同發展智慧城市與智能網聯汽車。

（五）**建設完整居住社區**。建設安全健康、設施完善、管理有序的完整居住社區，到 2030 年地級及以上城市完整居住社區覆蓋率爭取提高到 60%以上。一是開展城市居住社區建設補短板行動。以步行 5—10 分鐘到達為原則，配建基本公共服務設施、便民商業服務設施、市政配套基礎設施和公共活動空間。二是完善 15 分鐘生活圈服務配套。推動建立步行和騎行網絡，串聯若干個居住社區，構建 15 分鐘生活圈，統籌中小學、養老院、社區醫院、運動場館和公園等設施配套，為居民提供便捷完善的公共服務。三是提升服務和管理能力。建立"黨委領導、政府組織、居民參與、企業服務"的管理機制，推進城市管理進社區，提高物業管理覆蓋率。實施社區公共設施數字化、網絡化、智能化改造和管理，推進智慧社區和數字家庭建設。鼓勵物業企業建立物業管理服務平台，大力推進線上線下社區生活服務。

（六）加強歷史文化保護和特色風貌塑造。要敬畏歷史、敬畏文化、敬畏生態，在城市建設中延續歷史文脈、體現中國特色、展現時代風貌。一是構建歷史文化保護傳承體系。全面開展歷史文化資源普查和認定，建立分級分類的保護名錄和全國歷史文化保護數據庫。不拆除不可移動文物、歷史建築、傳統民居，不破壞地形地貌、不砍老樹，不破壞傳統風貌和街道格局。歷史文化街區、歷史建築掛牌保護率達 100%，歷史建築空置率應在 10% 以下。二是加強建築設計管理。優化城市空間和建築佈局，增強城市的空間立體性、平面協調性、風貌整體性和文脈延續性。嚴禁建設"貪大、媚洋、求怪"建築，嚴格超大體量公共建築、超高層地標建築、重點地段建築和大型雕塑管理，嚴禁濫建巨型雕像等"文化地標"。

（七）發展綠色建造。推動城鄉建設方式綠色低碳轉型。一是持續開展綠色建築創建行動。到 2025 年，城鎮新建建築全面執行綠色建築標準，星級綠色建築佔比達到 30% 以上。對具備節能改造價值和條件的居住建築要應改盡改，改造部分節能水平應達到現行標準規定。二是推動建造方式轉型。大力發展裝配式建築，推廣鋼結構住宅，到 2030 年裝配式建築佔當年城鎮新建建築的比例達到 40%，建築垃圾資源化利用率達到 55%。三是推動智能建造與建築工業化協同發展。深化應用自主創新建築信息模型（BIM）技術，大力發展數字設計、智能生產、智能施工和智慧運維，培育全產業鏈融合一體的智能建造產業體系。

（八）推動綠色低碳縣城建設。以綠色低碳理念引領縣城高質量發展，推動形成綠色生產方式和生活方式。一是控制縣城建設密度和強度。位於生態功能區、農產品主產區的縣城建成區人口密度控制在每平方公里 0.6 萬至 1 萬人，建築總面積與建設用地面積的比值控制在 0.6 至 0.8。縣城新建住宅以 6 層為主、最高不超過 18 層，6 層及以下住宅建築面積佔比一般不低於 70%；確需建設 18 層以上居住建築的，應嚴格充分論證。二是建設綠色節約型基礎設施。縣城基礎設施建設要適合本地特點，以小型化、分散化、生態化方式為主。構建縣城綠色低碳能源體系，推廣分散式風電、分佈式光伏、智能光伏等清潔能源應用。三是營造人性化公共環境。嚴格控制縣城廣場規模，廣場的集中硬地面積應不超過 2 公頃。推行"窄馬路、密路網、小街區"，縣城內部道路紅線寬度一般不超過 40 米。

（九）提升城市治理水平。在科學化、精細化、智能化上下功夫，推動城市管理理念、模式和手段創新。一是深化城市管理體制改革。推動完善黨委政府統籌協調、各部門協同合作的城市管理工作機制，建立完善城市規劃建設管理巡查稽查制度。二是推進城市治理"一網統管"。依託城市信息模型平台，加快構建國家、省、市三級城市運行管理服務平台體系。三是加強城市風險防控。建立城市治理風險清單管理制度，完善城市安全運行管理機制。建立燃氣等城市生命線工程安全監測預警系統，提升在線安全巡檢和隱患治理能力。

四、切實把打造宜居、韌性、智慧城市任務落到實處

一分部署，九分落實。我們要把思想和行動統一到黨的二十大決策部署上來，以"功成不必在我"的精神境界和"功成必定有我"的歷史擔當，以釘釘子精神狠抓工作落實。

（一）加強和改善黨對城市工作的領導。深入學習貫徹習近平總書記關於城市工作的重要論述和指示批示精神，建立健全黨委統一領導、黨政齊抓共管的城市工作格局，完善工作體制和機制，切實把黨的領導貫穿宜居、韌性、智慧城市建設各方面各環節。

（二）**健全城市體檢評估工作制度**。以宜居、韌性、智慧城市建設為重要內容，不斷完善指標體系，全面開展城市體檢評估。統籌規劃、建設、管理三大環節，以城市體檢結果為依據，建立健全發現問題、解決問題、鞏固提升的閉環機制。

（三）**建立城市總建築師制度**。建立城市總建築師庫，出台選拔使用和考評規定，選擇有條件的城市開展試點。構建城市總建築師對城市規劃建設進行把控，並對實施情況進行指導監督的體制機制。

（四）**加大政策支持力度**。健全城市規劃建設管理法律法規，研究出台打造宜居、韌性、智慧城市的政策文件和相關標準，加大財政、金融、土地、科技、人才等方面的政策支持力度，推動建立"縱向到底、橫向到邊、共建共治共享"的城市基層治理體系。

（五）**加強幹部培訓**。編輯出版系列教材，在各級黨校（行政學院）、幹部學院、高等院校增加相關課程，加強對城市黨政主要領導及相關部門幹部的培訓，引導樹立正確的政績觀、價值觀和城市觀，提高城市工作能力和水平。

加快建設貿易強國

王文濤

習近平總書記在黨的二十大報告中指出："推動貨物貿易優化升級，創新服務貿易發展機制，發展數字貿易，加快建設貿易強國。"這是以習近平同志為核心的黨中央站在新的歷史起點上，統籌中華民族偉大復興戰略全局和世界百年未有之大變局作出的重大戰略安排，為新時代新征程貿易強國建設指明了前進方向，提供了根本遵循。

一、深刻領會加快建設貿易強國的重大意義

黨的十八大以來，以習近平同志為核心的黨中央把握時代大勢，順應歷史潮流，統籌國內國際兩個市場兩種資源，推進高水平對外開放，我國對外貿易取得歷史性成就。我國貨物貿易、服務貿易分別躍居全球第一位和第二位，貨物與服務貿易總額連續兩年位居全球第一位，貿易大國地位進一步鞏固，貿易結構不斷優化，貿易效益顯著提升，正在向貿易強國邁進。過去我國經濟騰飛離不開貿易帶動作用，未來貿易仍將是我國經濟高質量發展的重要動力。建設貿易強國是全面建設社會主義現代化國家的必然要求，具有重大而深遠的意義。

這是加快構建新發展格局的重要任務。習近平總書記強調，新發展格局決不是封閉的國內循環，而是開放的國內國際雙循環。構建新發展格局，要求以國內大循環為主體、國內國際雙循環相互促進，一方面內循環牽引外循環，塑造我國參與國際經濟合作和競爭新優勢；另一方面外循環促進內循環，在參與國際循環中提升國內大循環效率和水平，實現內外循環的順暢聯通。對外貿易是我國開放型經濟的重要組成部分，是經濟增長的"三駕馬車"

之一，是暢通國內國際雙循環的關鍵樞紐。**加快建設貿易強國**，就是要更好發揮貿易對商品和要素流動的載體作用，促進市場相通、產業相融、創新相促、規則相聯，推進高水平科技自立自強，提升產業鏈供應鏈韌性和安全水平，提高綜合競爭力，深度參與全球產業分工和合作，在更高開放水平上形成良性循環，更好服務構建新發展格局。

這是滿足人民美好生活需要的客觀要求。習近平總書記指出，江山就是人民，人民就是江山。我國社會主要矛盾已發生變化，人民群眾對美好生活的需要日益增長，由"有沒有"轉向"好不好"。無論是貨物貿易還是服務貿易、出口還是進口，都與人民生活息息相關。外貿主體直接和間接帶動就業超過1.8億人，增加了居民收入。2021年我國進口超過17萬億元，佔全球比重已提高到11.9%，大量優質消費品、先進技術設備、關鍵零部件和能源資源進口，既滿足了產業升級的需要，也滿足了消費升級的需要。**加快建設貿易強國**，就是要堅持以滿足人民美好生活需要作為出發點和落腳點，通過提高出口質量效益，更好發揮對外貿易在穩就業、穩經濟上的重要作用；通過擴大優質產品和服務進口，滿足人民多層次多樣化消費需求，提升人民生活品質，不斷增強人民群眾的獲得感和幸福感。

這是應對世界百年未有之大變局的主動作為。習近平總書記指出，當下，世界之變、時代之變、歷史之變正以前所未有的方式展開。國際經濟格局持續演變，全球治理體系深刻重塑，單邊主義、保護主義抬頭，經濟全球化遭遇逆流。有關研究表明，10年來"世界開放指數"不斷下滑，全球開放共識弱化。近年來，全球產業鏈供應鏈呈現本土化、區域化、短鏈化趨勢，新冠肺炎疫情和烏克蘭危機後這一趨勢加劇。一些國家推動脫鉤斷鏈，把世界經濟政治化、工具化、武器化。國際經貿往來是推動經濟全球化持續向前的正能量，是維護全球產業鏈供應鏈安全的穩定器。**加快建設貿易強國**，就是要拉緊與世界各國的利益紐帶，發揮好經貿"壓艙石"作用，擴大開放合作，促進互利共贏，化解風險挑戰，增加迴旋餘地，贏得戰略主動，更好地應變局、育新機、開新局。

這是推動構建人類命運共同體的務實舉措。習近平總書記指出，人類生活在同一個地球村裏，越來越成為你中有我、我中有你的命運共同體。自古以來，和平發展往往伴隨着貿易繁榮，貿易繁榮又促進了世界各民族友好交往，比如古代絲綢之路是一條貿易之路，更是一條友誼之路。當前，新一輪科技革命和產業變革深入發展，各國經濟深度融合，各國相互聯繫和彼此依存比過去任何時候都更頻繁、更緊密，和平發展、合作共贏已成為時代潮流。**加快建設貿易強國**，就是要堅定奉行互利共贏的開放戰略，不斷以中國新發展為世界提供新機遇，通過進出口滿足各國人民生產生活需要，讓全世界分享中國大市場，推動各國特別是發展中國家產業發展和工業化進程，促進共同發展，為世界經濟注入新動力，推動開放型世界經濟建設，推動構建人類命運共同體。

二、準確把握加快建設貿易強國的基本內涵

黨的二十大報告提出加快建設貿易強國，內涵豐富，為我國貿易發展方向提供了明確指引。我們要深入學習領會黨的二十大精神，推進高水平對外開放，**加快建設貿易強國，更加注重自主創新，更加注重高質量發展，推動內需和外需、進口和出口、貨物貿易和服務貿易、貿易和雙向投資、貿易和產業協調發展，牢牢把握發展和安全的主動權，開創開放合作、包容普惠、共享共贏的國際貿易新局面。**

（一）**強化開放引領，夯實貿易強國基礎。**對外開放是我國的基本國策，是當代中國的鮮明標識，是國家繁榮發展的必由之路。開放水平提高有利於增強貿易綜合實力。黨的十八大以來，我們實行更加積極主動的開放戰略，貿易高質量發展邁出了新步伐，貨物出口佔全球比重從 11.1% 躍升至 15.1%，高新技術產品進出口佔我國外貿比重達 30%。當前，我國開放水平仍有較大提升空間。加快建設貿易強國，要求我們擴大高水平對外開放，對標高標準國際經貿規則，穩步擴大制度型開放，推動貿易規模穩定、結構優化、質量提高，加快從貿易大國邁向貿易強國。

（二）**加快創新驅動，提升貿易強國動力。**創新是建設貿易強國的第一動力。黨的十八大以來，我國深入推進對外貿易創新發展，積極培育新業態新模式，順應全球數字經濟發展新趨勢和可持續發展新要求，不斷提高貿易數

字化、綠色化水平，以創新為高水平開放和高質量發展打開新空間。當前，我國貿易創新能力仍待提高，創新發展空間依然較大。加快建設貿易強國，要求我們堅持創新驅動，擴大國際合作，深化科技創新、制度創新、業態和模式創新。

（三）突出均衡發展，培育貿易強國優勢。一國要成為貿易強國，應同時做到貿易強、投資強、產業強、市場強。黨的十八大以來，我國推動對外貿易平衡發展，協同推進強大國內市場和貿易強國建設，加快建設全國統一大市場，促進內外貿一體化發展，不斷提升全球配置資源能力。同時，我國貿易發展相關領域不平衡不充分問題仍然存在。加快建設貿易強國，要求我們更加注重結構優化，進口和出口協調、貨物和服務並重、貿易和投資融合、貿易和產業聯動，促進國際收支基本平衡，促進要素自主有序流動，提高要素配置效率，提升國際競爭力。

（四）深化合作共贏，拓展貿易強國空間。貿易強國應是國際經貿合作的重要引領者、全球經濟治理的重要參與者。黨的十八大以來，我國積極參與全球經濟治理體系改革和建設，堅持真正的多邊主義，高質量共建“一帶一路”，加快構建面向全球的高標準自由貿易區網絡。我國經貿夥伴有230多個，是140多個國家和地區的主要貿易夥伴，與26個國家和地區簽署19個自貿協定，2021年與自貿夥伴貿易額佔比達35%。當前，我國日益走近世界舞台中央，國際社會對我國期待普遍提升。加快建設貿易強國，要求我們進一步深化多雙邊和區域合作，積極參與國際經貿規則制定，貢獻更多中國倡議、中國方案。

（五）統籌發展和安全，築牢貿易強國保障。習近平總書記強調，安全是發展的保障，發展是安全的目的。黨的十八大以來，我國堅持獨立自主與對外開放相統一，建立出口管制合規體系，健全產業損害預警體系，豐富貿易救濟等政策工具，貿易安全保障能力明顯提升。當前，全球各種安全威脅層出不窮，國際貿易環境面臨諸多不穩定不確定因素。加快建設貿易強國，要求我們貫徹總體國家安全觀，敢於鬥爭、善於鬥爭，築牢貿易安全屏障，主動在開放中謀安全，在更高層次上維護國家經濟安全。

三、加快建設貿易強國的主要任務

我們要深入貫徹黨的二十大精神，加強黨對建設貿易強國的全面領導，提高貿易發展質量和效益，培育貿易競爭新優勢，增強貿易發展新動能，積極參與國際經貿規則制定，為服務黨和國家工作大局作出更大貢獻。

（一）推動貨物貿易優化升級。促進貿易創新發展，夯實貿易發展的產業基礎，增強貿易創新能力，推動外貿質量變革、效率變革、動力變革，增強對外貿易綜合競爭力。

優化貿易結構。加快推動智能製造發展，逐步向研發設計、營銷服務、品牌經營等環節攀升，穩步提高出口附加值。做強一般貿易，加強品牌、質量和渠道建設，提高效益和規模。提升加工貿易，推動產業鏈升級。構建綠色貿易體系，優化國際市場和國內區域佈局，促進內外貿一體化。鼓勵企業加強研發，打造"中國商品"品牌。

積極擴大進口。推動降低進口關稅和制度性成本，激發進口潛力，優化進口來源地，優化進口結構。擴大優質消費品進口，擴大先進技術、重要設備、關鍵零部件進口，增加能源資源產品和國內緊缺農產品進口，促進貿易平衡發展。

推動貿易投資協調發展。實施自由貿易試驗區提升戰略，加快建設海南自由貿易港。合理縮減外資准入負面清單，依法保護外商投資權益，營造市場化、法治化、國際化一流營商環境。實施好《鼓勵外商投資產業目錄》，更大力度吸引和利用外資，鼓勵外資更多投向中高端製造、高新技術、傳統製造轉型升級、現代服務等領域。創新對外投資合作方式，高質量建設境外經貿合作區，推動構築互利共贏的產業鏈供應鏈合作體系。

加快發展貿易新業態。促進跨境電商健康持續創新發展，推進跨境電商綜合試驗區建設，鼓勵引導多元主體建設海外倉，優化跨境電商零售進口監管。推進市場採購貿易方式發展，發揮外貿綜合服務企業帶動作用，提升保稅維修業務發展水平，穩步推進離岸貿易發展。

（二）促進服務貿易創新發展。持續推進服務貿易深層次改革、高水平開放、全方位創新，推動服務貿易總量增長、結構優化、效益提升，促進貿易高質量發展。

優化服務進出口結構。擴大研發設計、節能降碳、環境服務、醫療等服務進口。擴大旅遊、運輸等傳統服務出口，推動知識密集型服務出口，鼓勵成熟產業化技術出口，推動知識產權、法律等專業服務走出去。拓展國家特色服務出口基地，擴大文化服務、中醫藥服務等出口，打造"中國服務"品牌。

加快服務外包轉型升級。推進服務外包創新發展，培育雲外包、眾包、平台分包等新模式，積極發展研發、設計、維修、檢驗檢測等生產性服務外包。鼓勵對外發包，助力構建穩定的國際產業鏈供應鏈。推動服務外包與製造業融合發展，利用 5G 等新興技術發展數字製造外包。高標準建設服務外包示範城市。

創新服務貿易發展機制。提升服務貿易開放水平，有效發揮自由貿易試驗區、海南自由貿易港引領作用，健全跨境服務貿易負面清單管理制度。全面深化服務貿易創新發展試點，推動成效明顯的地區升級為國家服務貿易創新發展示範區。

（三）**發展數字貿易**。抓住數字經濟發展機遇，加快發展數字貿易，建立健全促進政策，積極參與國際規則與標準制定，打造建設貿易強國的"新引擎"。

培育數字貿易新業態新模式。加快貿易全鏈條數字化賦能，提升貿易數字化水平。積極支持數字產品貿易，持續優化數字服務貿易，促進專業服務、社交媒體等業態創新發展。穩步推進數字技術貿易，提升雲計算服務、通信技術服務等業態的關鍵核心技術自主權和創新能力。積極探索數據貿易，逐步形成較為成熟的數據貿易模式。

建立健全數字貿易治理體系。加快建立數據資源產權、交易流通、跨境傳輸、安全保護等基礎制度和標準規範。在國家數據跨境傳輸安全管理制度框架下，研究開展數據跨境傳輸安全管理試點。加快培育數字貿易主體，建設國家數字服務出口基地，打造數字貿易示範區。加強數字經濟領域國際合作，積極推動加入《數字經濟夥伴關係協定》進程。

（四）**深化國際經貿合作**。堅定不移擴大對外開放，堅持真正的多邊主義，全方位擴大國際經貿合作，深度參與全球產業分工和合作，維護多元穩定的國際經濟格局和經貿關係，為建設貿易強國營造良好外部環境。

推動共建"一帶一路"高質量發展。堅持共商共建共享原則，完善貿易暢通網絡，構建內外聯通、安全高效的貿易大通道。支持中歐班列發展，打造國際陸海貿易新通道。積極推進數字絲綢之路建設，拓展絲路電商全球佈局，建設"一帶一路"電子商務大市場。

推進雙邊、區域和多邊合作。堅定維護多邊貿易體制，積極參與世界貿易組織改革，深入參與聯合國、二十國集團、金磚國家、亞太經合組織等多邊和區域合作機制，貢獻更多中國智慧。促進大國協調和良性互動，深化同周邊國家經貿關係，加強與發展中國家團結合作，擴大互利共贏。

擴大面向全球的高標準自由貿易區網絡。優化自由貿易區佈局，推動商簽更多高標準自貿協定，積極推動加入《全面與進步跨太平洋夥伴關係協定》進程。提升自由貿易區建設水平，全面深入參與各領域議題談判，高質量實施《區域全面經濟夥伴關係協定》，全面發揮自貿協定的制度性紅利。

優化貿易促進平台。推動中國國際進口博覽會越辦越好，發揮好國際採購、投資促進、人文交流、開放合作四大平台功能。繼續辦好中國進出口商品交易會、中國國際服務貿易交易會、中國國際消費品博覽會、中國國際投資貿易洽談會等展會。建設國家進口貿易促進創新示範區。更好發揮線上貿易平台作用。

（五）提升風險防控能力。貫徹總體國家安全觀，樹立底線思維，防範和化解貿易領域風險，築牢安全屏障。

健全貿易摩擦應對機制。推進產業損害預警體系建設，積極引導企業防範應對風險。增強運用貿易救濟規則能力和水平，提升貿易救濟政策工具效能，完善貿易調整援助制度。

完善現代化出口管制體系。實施出口管制法及其配套法規、規章。優化出口管制許可制度，加大出口管制執法力度。深化國際交流合作，促進正常的兩用物項貿易，妥善應對濫用出口管制等歧視性行為。

保障糧食安全、能源安全和資源安全。推動糧食、能源資源、關鍵技術和零部件進口來源更加多元，做好全鏈條進口保障，着力提升產業鏈供應鏈韌性和安全水平，增強開放環境下動態維護國家經濟安全的能力。

強化現代化建設人才支撐

吳 瀚 飛

　　國家發展靠人才，民族振興靠人才。在全面建設社會主義現代化國家新征程上，我們比歷史上任何時期都更接近、更有信心和能力實現中華民族偉大復興的目標，也比歷史上任何時期都更加渴求人才。黨的二十大報告鮮明提出："強化現代化建設人才支撐"，並對深入實施新時代人才強國戰略作出全面部署。這是以習近平同志為核心的黨中央從統籌中華民族偉大復興戰略全局和世界百年未有之大變局的戰略高度，對加快建設人才強國作出的戰略謀劃，對於全面建設社會主義現代化國家、實現中華民族偉大復興的中國夢，具有重大的現實意義和深遠的歷史意義。

一、充分認識人才在全面建設社會主義現代化國家中的基礎性戰略性支撐作用

　　功以才成，業由才廣。古往今來，人才都是富國之本、興邦大計。黨和人民事業要不斷發展，就要聚天下英才而用之。我們黨始終重視培養人才、團結人才、引領人才、成就人才，團結和支持各方面人才為黨和人民事業建功立業。黨的十八大以來，以習近平同志為核心的黨中央深刻把握世界大勢和發展規律，準確判斷我國發展階段和歷史方位，突出強調人才是第一資源，作出全方位培養、引進、使用人才的重大部署，有力地推動了人才隊伍快速壯大、人才效能持續增強、人才比較優勢穩步增強，為黨和國家事業取得歷史性成就、發生歷史性變革提供了強有力的人才支撐。黨的二十大報告立足全局、面向未來，深刻指出："培養造就大批德才兼備的高素質人才，是國家和民族長遠發展大計。"我們必須充分認識強化現代化建設人才支撐的

極端重要性。

（一）**人才是創新的根本。**創新是第一動力，是推動國家和民族向前發展的重要力量，在我國現代化建設全局中處於核心地位。習近平總書記深刻指出：中國"強起來要靠創新，創新要靠人才"，"創新的根本在人才"。人才資源作為創新活動中最為活躍、最為積極的因素，對於建設創新型國家具有重要支撐作用。10 年來，我國基礎研究和原始創新不斷加強，一些關鍵核心技術實現突破，戰略性新興產業發展壯大，載人航天、探月探火、深海深地探測、超級計算機、衛星導航、量子信息、核電技術、新能源技術、大飛機製造、生物醫藥等取得重大成果，進入創新型國家行列。這一系列成果都取決於人才隊伍的不斷壯大和創新作用的有效發揮。世界知識產權組織發佈的全球創新指數顯示，我國排名從 2012 年的第 34 位快速上升到 2022 年的第 11 位。據統計，我國 2021 年研發人員的總量是 2012 年的 1.7 倍，居世界首位。實踐充分證明，廣大人才在國家創新發展中發揮了重要作用。當前，新一輪科技革命和產業變革深入發展，我國社會主義現代化進程深入推進，人才的決定性作用進一步凸顯。因此，必須更加重視人才，更多地培養造就高水平創新人才，並激發他們的創新創造活力，以更好地為我國實現高水平科技自立自強、進入創新型國家前列提供堅強的人才支撐。

（二）**人才是推動經濟社會發展的戰略性資源。**建設社會主義現代化國家是我國經濟社會發展一以貫之的主題。全面建成社會主義現代化強國，必須堅持推動經濟社會高質量發展。習近平總書記深刻指出："人才越來越成為推動經濟社會發展的戰略性資源"，"人才資源作為經濟社會發展第一資源的特徵和作用更加明顯"。我國現代化建設的生動實踐，也充分證明了人才是經濟社會發展的重要引領力量，是國家民族事業發展的支撐性力量。在實現中國夢"關鍵一程"上，人才服務決戰脫貧攻堅、決勝全面建成小康社會、推動區域協調發展、抗擊新冠肺炎疫情等國家重大戰略和重大工作卓有成效，對經濟社會發展的貢獻逐年提升，對推動高質量發展發揮了重要作用。立足新發展階段、貫徹新發展理念、構建新發展格局、推動高質量發展，必須從戰略高度深刻認識人才在經濟社會發展中的重要作用，大力促進人才事業與經濟社會發展深度融合，有效發揮人才資源對經濟社會高質量發展的支撐作用。

（三）**人才競爭是綜合國力競爭的核心。**習近平總書記深刻指出："人才是衡量一個國家綜合國力的重要指標"，"人才競爭已經成為綜合國力競爭的核心"。綜合國力競爭歸根到底是人才競爭。哪個國家擁有人才上的優勢，哪個國家最後就會擁有實力上的優勢。社會主義現代化強國是綜合國力和國際影響力領先的國家，也必然是具有人才競爭優勢的國家。當今世界，在綜合國力競爭中，圍繞科技制高點和高端人才的競爭空前激烈。世界各國競相將增強人才競爭優勢上升為國家戰略，構建國家核心競爭力。目前，我國已經發展成為全球規模最宏大、門類最齊全的人才資源大國。源源不斷的人才資源是我國在激烈的國際競爭中的重要潛在力量和後發優勢。由人才大國邁向人才強國，必須切實提高對人才競爭在綜合國力競爭中決定性作用的認識，充分開發利用國內國際人才資源，努力培養引進使用更多優秀人才，加快建立人才資源競爭優勢，以進一步在國際競爭中贏得優勢、贏得主動、贏得未來。

二、全面把握新時代人才強國的豐富內涵

黨的二十大提出："到本世紀中葉，把我國建設成為綜合國力和國際影響力領先的社會主義現代化強國。"同時提出，要加快建設製造強國、質量強國、航天強國、交通強國、網絡強國、農業強國、海洋強國、貿易強國、教育強國、科技強國、文化強國、體育強國等，這些都離不開人才強國的支撐。黨的十八大以來，習近平總書記以馬克思主義政治家、思想家、戰略家的深遠戰略思維、宏闊全球視野、強烈歷史擔當，把人才強國擺在治國理政的重要位置，親自關懷、親自謀劃、親自部署、親自推動，提出了一系列新理念新戰略新舉措，全面系統深刻地回答了為什麼建設人才強國、什麼是人才強國、怎樣建設人才強國的重大理論和實踐問題，深化了對人才事業發展的規律性認識，為加快建設人才強國提供了強大思想武器。黨的二十大報告進一步從戰略全局的高度對加快建設人才強國提出了新的要求，作出了新的部署。我們要全面系統地認真學習、深刻領會。

（一）**堅持黨對人才工作的全面領導。**這是做好人才工作的根本保證，為

加快人才強國建設提供了政治保證和組織保障。堅持黨對人才工作的全面領導，是我國人才體系的鮮明政治優勢，也是建設人才強國的"綱"和"本"。必須堅持黨管人才原則，黨要領導實施人才強國戰略、推進高水平科技自立自強，加強對人才工作的政治引領，全方位支持人才、幫助人才，千方百計造就人才、成就人才。

（二）**堅持人才引領發展的戰略地位。**這是做好人才工作的重大戰略，把人才的重要地位提高到了戰略高度。堅持人才引領發展，就是要堅持人才引領驅動，突出人才在國家創新發展中的重要作用。必須把人才資源開發放在最優先位置，加大人才工作投入，在創新實踐中發現人才、在創新活動中培養人才、在創新事業中凝聚人才，加快建設國家戰略人才力量，着力夯實創新發展人才基礎。

（三）**堅持面向世界科技前沿、面向經濟主戰場、面向國家重大需求、面向人民生命健康。**這是做好人才工作的目標方向，闡明了我國人才工作的坐標。"四個面向"從國家和人民的利益出發，聚焦新時代重點用才領域，明確了廣大人才科研報國的方向。必須緊跟世界科技發展大勢，對標世界一流水平，根據國家發展急迫需要和長遠需求，加強前瞻性思考、全局性謀劃、戰略性佈局、整體性推進，實現人才隊伍規模、結構、質量、效益、安全相統一。

（四）**堅持全方位培養用好人才。**這是做好人才工作的重點任務，指明了新時代人才工作的戰略重點。培養是基礎、用好是目的，二者相輔相成、有機統一，確保了廣開進賢之路、廣納天下英才。必須堅定人才培養自信，造就一流科技領軍人才和創新團隊，培養具有國際競爭力的青年科技人才後備軍，用好用活各類人才，大膽使用青年人才，放開視野選人才、不拘一格用人才。

（五）**堅持深化人才發展體制機制改革。**這是做好人才工作的重要保障，為釋放我國人才創新創造活力提供了基礎條件。改革出動力、改革增活力，最終也要靠改革構築我國人才制度優勢。必須破除人才發展體制機制障礙，把我國制度優勢轉化為人才優勢、科技競爭優勢，加快形成有利於人才成長的培養機制、有利於人盡其才的使用機制、有利於人才各展其能的激勵機制、有利於人才脫穎而出的競爭機制。

（六）**堅持聚天下英才而用之**。這是做好人才工作的基本要求，體現了我們黨在堅定不移推進民族復興大業中宏闊的人才視野和戰略眼光。中國發展需要世界人才的參與，中國發展也為世界人才提供機遇。必須着眼高精尖缺，堅持需求導向，用好全球創新資源，精準引進急需緊缺人才，加快建設世界重要人才中心和創新高地。

（七）**堅持營造識才愛才敬才用才的環境**。這是做好人才工作的社會條件，明確了營造良好環境的着力點。環境好，則人才聚、事業興。要把營造識才愛才敬才用才的環境作為重要前提，助推人才成長成才、發揮作用。必須積極營造尊重人才、求賢若渴的社會環境，公正平等、競爭擇優的制度環境，鼓勵創新、寬容失敗的工作環境，待遇適當、保障有力的生活環境，為人才心無旁騖鑽研業務創造良好條件。

（八）**堅持弘揚科學家精神**。這是做好人才工作的精神引領和思想保證，為廣大人才建功新時代注入了強大精神動力。只有弘揚科學家精神，才能激勵各類人才投身建設社會主義現代化國家的偉大事業中。必須大力弘揚胸懷祖國、服務人民的愛國精神，勇攀高峰、敢為人先的創新精神，追求真理、嚴謹治學的求實精神，淡泊名利、潛心研究的奉獻精神，集智攻關、團結協作的協同精神，甘為人梯、獎掖後學的育人精神，教育引導各類人才矢志愛國奮鬥、銳意開拓創新。

三、深入實施新時代人才強國戰略

深入實施新時代人才強國戰略，是我國社會主義現代化建設的必然選擇。黨的二十大報告緊緊圍繞全面建設社會主義現代化國家，深刻把握我國經濟社會高質量發展需要和國際人才競爭新態勢，第一次在黨代會報告中將人才強國戰略與科教興國戰略、創新驅動發展戰略進行集中論述，並作出專題部署。這是在更高起點、更高層次、更高目標上對人才強國作出的頂層設計，為加快建設人才強國錨定了新坐標、樹立了新標杆、描繪了新願景。我們必須站在新的歷史起點上，以更高的標準、更大的力度、更實的舉措，把新時代人才強國戰略的各項任務落到實處。

（一）**堅持黨管人才原則，引導廣大人才愛黨報國、敬業奉獻、服務人民。**聚天下英才而用之，關鍵是要堅持黨管人才原則。只有在黨的領導下，培養造就大批德才兼備的高素質人才，才能確保人才強國建設沿着正確的方向前進。要加強黨對人才工作的全面領導，管宏觀、管政策、管協調、管服務，為人才"保駕護航"，搭建幹事創業的平台。要堅持尊重勞動、尊重知識、尊重人才、尊重創造，實施更加積極、更加開放、更加有效的人才政策，做到人盡其才、才盡其用、用有所成。要教育引導廣大人才弘揚科學家精神，服務國家、造福人民、開拓創新，把論文寫在祖國大地上，把科技成果應用在實現社會主義現代化的偉大事業中。

（二）**完善人才戰略佈局，建設規模宏大、結構合理、素質優良的人才隊伍。**建設一支宏大的高素質人才隊伍，是全面建設社會主義現代化國家的基礎。要緊扣科教興國、創新驅動發展等國家重大戰略需求，把人才集聚和重大戰略實施同步謀劃、同步推進，做到重大戰略部署到哪裏、人才集聚就跟進到哪裏，黨和國家事業急需緊缺什麼人才、就優先集聚什麼人才。要堅持各方面人才一起抓，統籌推進各類人才隊伍建設，為全面建成社會主義現代化強國提供有力人才支撐。

（三）**加快建設世界重要人才中心和創新高地，着力形成人才國際競爭的比較優勢。**人類歷史上，科技和人才總是向發展勢頭好、文明程度高、創新最活躍的地方集聚。現在，我國正處於政治最穩定、經濟最繁榮、創新最活躍的時期，必須抓住機遇、乘勢而上。要堅持重點佈局、梯次推進，堅持試點先行、改革牽引，促進人才區域合理佈局和協調發展，加快形成戰略支點和雁陣格局。要着力建設高水平人才高地和吸引集聚人才的平台，為我國人才事業發展提供強大牽引力和驅動力，加快形成我國在諸多領域人才競爭比較優勢。

（四）**加快建設國家戰略人才力量，着力造就拔尖創新人才。**戰略人才站在國際科技前沿、引領科技自主創新、承擔國家戰略科技任務，是支撐我國高水平科技自立自強的重要力量。要堅持實踐標準，樹立長遠眼光，把解決"燃眉之急"和滿足長遠所需統籌起來，不斷壯大國家戰略人才力量。要堅持為黨育人、為國育才，全面提高人才自主培養質量，努力培養造就更多大師、戰略科學家、一流科技領軍人才和創新團隊、青年科技人才、卓越工程師、大國工匠、高技能人才。要堅持全球視野，加強人才國際交流，千方百計引進頂尖人才，使更多全球智慧資源為我所用，用好用活各類人才。

（五）深化人才發展體制機制改革，激發人才創新創造活力。釋放人才創新創造活力，必須通過改革建立起既有中國特色又有國際競爭比較優勢的人才發展體制機制。要堅持問題導向，以激發活力為核心，堅決破除人才培養、引進、使用、評價、激勵、流動、保障等方面的體制機制障礙，破除唯論文、唯職稱、唯學歷、唯獎項現象。要根據需要和實際，向用人主體授權，為人才鬆綁，把人才從科研管理的各種形式主義、官僚主義的束縛中解放出來。要充分發揮人才發展體制機制保障作用，真心愛才、悉心育才、傾心引才、精心用才，求賢若渴，不拘一格，把各方面優秀人才集聚到黨和人民事業中來。

加快建設教育強國

懷進鵬

教育是國之大計、黨之大計。習近平總書記所作的黨的二十大報告首次將"實施科教興國戰略，強化現代化建設人才支撐"，作為一個單獨部分，充分體現了教育的基礎性、戰略性地位和作用，並對"加快建設教育強國、科技強國、人才強國"作出全面而系統的部署，為到 2035 年建成教育強國指明了新的前進方向。

一、新時代加快建設教育強國的重大戰略意義

黨的十八大以來，以習近平同志為核心的黨中央對新時代黨和國家事業發展作出科學完整的戰略部署，作出"建設教育強國是中華民族偉大復興的基礎工程"的重大論斷和決策，堅持教育在社會主義現代化建設中的優先發展地位，黨的二十大報告再次強調教育強國建設並提出新的更高要求，意義重大而深遠。

（一）加快建設教育強國，是全面建設社會主義現代化國家的必然要求。改革開放以來特別是黨的十八大以來的實踐表明，全面建設社會主義現代化國家，科技是關鍵，人才是基礎，教育是根本。以習近平同志為核心的黨中央在統籌推進"五位一體"總體佈局、協調推進"四個全面"戰略佈局的進程中，始終高度重視對教育、科技、人才事業發展的戰略引領。黨的二十大報告明確指出："教育、科技、人才是全面建設社會主義現代化國家的基礎性、戰略性支撐。必須堅持科技是第一生產力、人才是第一資源、創新是第一動力，深入實施科教興國戰略、人才強國戰略、創新驅動發展戰略，開闢發展新領域新賽道，不斷塑造發展新動能新優勢"，對"堅持教

育優先發展、科技自立自強、人才引領驅動，加快建設教育強國、科技強國、人才強國"進行整體謀劃，並將"建成教育強國、科技強國、人才強國"納入 2035 年我國發展的總體目標。這一承前啟後、繼往開來的重大部署，充分體現了馬克思主義中國化時代化的探索與創新，對於我們黨領導人民共同應對百年變局，齊心協力戰勝前進路上風險困難，充分彰顯和發揮教育的基礎性、先導性、全局性地位和作用，堅定不移向着實現第二個百年奮鬥目標和中華民族偉大復興中國夢奮勇前進，具有非常重要的戰略指導意義。

（二）加快建設教育強國，是順應廣大人民群眾對更好教育期盼的重要途徑。中國共產黨成立以來，始終把為中國人民謀幸福、為中華民族謀復興作為自己的初心使命，團結帶領全國各族人民披荊斬棘、砥礪前行，中華民族迎來了從站起來、富起來到強起來的偉大飛躍。黨的十八大以來，中國特色社會主義進入新時代，習近平總書記深刻指出："中國將堅定實施科教興國戰略，始終把教育擺在優先發展的戰略位置，不斷擴大投入，努力發展全民教育、終身教育，建設學習型社會，努力讓每個孩子享有受教育的機會，努力讓 13 億人民享有更好更公平的教育，獲得發展自身、奉獻社會、造福人民的能力。"並強調"加快推進教育現代化、建設教育強國、辦好人民滿意的教育，努力培養擔當民族復興大任的時代新人，培養德智體美勞全面發展的社會主義建設者和接班人"。習近平總書記的重要論述，是黨和國家教育決策的重要遵循，集中體現了堅持人民至上、把實現人民對美好生活嚮往作為奮鬥目標的重要理念。我們黨堅持以人民為中心的發展思想，維護人民根本利益，不斷增進民生福祉，努力辦好人民滿意的教育，中國特色社會主義教育制度體系的主體框架基本確立，教育面貌正在發生格局性變化，人民群眾對教育改革發展的獲得感持續增強。踏上了實現第二個百年奮鬥目標新的趕考之路，黨的二十大報告突出強調加快建設教育強國，進一步彰顯了中國特色社會主義教育制度的優越性，必將有力解決教育發展不平衡不充分的問題，使教育同人民群眾期待更加契合，在更高水平上滿足人民群眾對教育的需求。

二、新時代加快建設教育強國的堅實基礎

教育是民族振興、社會進步的重要基石，是功在當代、利在千秋的德政工程。新中國成立以來特別是改革開放以來，黨和人民教育事業取得了舉世矚目的輝煌成就。黨的十八大以來，以習近平同志為核心的黨中央明確教育是國之大計、黨之大計，召開全國教育大會，出台規劃，推動教育事業取得歷史性成就、發生歷史性變革，為加快建設教育強國打下了堅實的基礎。

（一）教育普及水平全方位提高。 黨的二十大報告指出，10 年來，"建成世界上規模最大的教育體系"，"教育普及水平實現歷史性跨越"，這是對新時代我們黨在 "幼有所育、學有所教" 上持續推進取得新成就的高度概括。2021 年，我國九年義務教育鞏固率達到 95.4%，學前教育毛入園率和高中階段教育毛入學率分別達到 88.1%、91.4%，高等教育毛入學率達到 57.8%。目前，我國教育普及程度總體上穩居全球中上收入國家行列，其中，義務教育和學前教育的普及程度達到高收入國家平均水平，高等教育進入國際社會公認的 "普及化" 階段，勞動年齡人口的平均受教育年限達 10.9 年，每年全國高等學校和職業院校輸送數以千萬計畢業生，繼續教育為各行各業培訓上億人次，為如期全面建成小康社會提供了重要支撐，拓展了加快建設教育強國之路。

（二）教育事業中國特色更加鮮明。 中華民族是偉大的民族，創造了綿延5000 多年的燦爛文明，尊師重傅、倡教興學的優良傳統，深深融入世代傳承的文化血脈之中，為源遠流長的中華文明注入了持久的磅礴動力。在中國共產黨領導人民成功走出中國式現代化道路、創造人類文明新形態的進程中，我國教育現代化越來越煥發出蓬勃生機，教育強國建設更加呈現鮮明的中國特色。黨的十八大以來，以習近平同志為核心的黨中央提出 "德智體美勞"的總體要求，創造性地發展了黨的教育方針，堅定社會主義辦學方向，健全立德樹人落實機制，扎根中國大地辦教育，廣大師生展現出昂揚向上的精神風貌和聽黨話跟黨走的堅定決心，中國特色社會主義教育發展道路越走越寬廣。黨全面加強對教育工作的領導，深化教育領域綜合改革、提高教育治理能力邁上新台階，在發展素質教育、弘揚社會主義核心價值觀、改革考試招

生制度、提高基礎教育質量、增強職業技術教育適應性、建設一流大學和一流學科、提升教師能力素質等方面取得新進展，推動國民思想道德素質、科學文化素質和身心健康素質進一步提高，為建設中國特色、世界水平的教育強國做好了充分準備，為全球教育貢獻了中國智慧和中國方案，助力構建人類命運共同體。

（三）**教育發展實力和服務能力迅速增強。**隨着新時代科教興國戰略、人才強國戰略深入實施，教育優先發展地位有效落實，國家財政性教育經費投入佔國內生產總值比例連續保持在 4% 以上，教育成為財政一般公共預算第一大支出，一批重大教育工程順利實施，極大改善了辦學條件，學生資助政策體系實現全覆蓋並日益健全，教育系統全力支持打贏脫貧攻堅戰。尤其是抗擊新冠肺炎疫情，成功實施世界上最大規模在線教學，所有大中小學從停課不停學不停教到復課復學，充分展現了中國特色社會主義制度優勢。在全國基礎研究和重大科研任務、國家重點實驗室建設、國家級三大科技獎勵項目中，高校參與比重和貢獻份額均超過 60%，80% 以上的國家自然科學基金項目和 90% 以上的國家社會科學基金項目由高校承擔，高校積極參與破解大批關鍵核心技術 "卡脖子" 問題，成為國家自主創新生力軍。當前，更全方位、更多層次、更寬領域、更加主動的教育國際交流與合作新格局正加快形成，我國與 188 個國家和地區、40 多個重要國際組織建立教育合作交流關係，教育國際影響力持續提升。10 年來，一大批基層改革創新的經驗做法不斷湧現，一些長期制約教育事業發展的體制機制障礙得到破解，教育生態持續向好，引領教風學風持續改善，贏得人民群眾的更多理解和支持，全社會尊師重教氛圍更加濃厚。教育系統自身實力的持續增強、服務經濟社會發展能力的不斷提升，必將在加快建設教育強國的征途上發揮出更大優勢，也將為今後科技強國、人才強國及其他強國目標的實現提供重要的支撐和作出更多實質性貢獻。

三、新時代加快建設教育強國的總體方向和重點任務

綜觀新時代我國教育事業取得的歷史性成就、發生的歷史性變革，歸根

結底，在於以習近平同志為核心的黨中央的統籌謀劃，在於習近平新時代中國特色社會主義思想的科學指引，在於社會各界的大力支持和共同努力，在於廣大教育工作者一心向黨、奮進拼搏。黨的二十大報告向全黨全社會發出新的動員令，對"分兩步走"全面建成社會主義現代化強國的遠景目標作出新的擘畫，對全面建設社會主義現代化國家開局起步關鍵時期的未來5年目標任務和重要舉措進行新的部署，着眼實施科教興國戰略、強化現代化建設人才支撐，立足辦好人民滿意教育的大局，對加快建設教育強國的總體方向和重點任務提出新的更高要求。

（一）**全面貫徹黨的教育方針，把堅持為黨育人、為國育才落到實處。**習近平總書記在黨的二十大報告中強調，"培養什麼人、怎樣培養人、為誰培養人是教育的根本問題。育人的根本在於立德。全面貫徹黨的教育方針，落實立德樹人根本任務，培養德智體美勞全面發展的社會主義建設者和接班人。"習近平總書記這些重要論述，立足基本國情，遵循教育規律，是馬克思主義中國化在教育領域的最新發展，作為黨的二十大報告的新部署新要求，具有統領性、引領性的重要意義。教育系統在貫徹落實過程中，必須深刻領悟"兩個確立"的決定性意義，增強"四個意識"，堅定"四個自信"，做到"兩個維護"，持續完善黨對教育工作的全面領導、德智體美勞全面發展、全員育人全過程育人全方位育人體制機制。堅持用習近平新時代中國特色社會主義思想鑄魂育人，推進大中小學思想政治教育一體化建設，將社會主義核心價值觀融入教育全過程，着力培養擔當民族復興大任的時代新人。

（二）**堅持以人民為中心發展教育，加快建設高質量教育體系，發展素質教育，促進教育公平。**錨定2035年基本公共服務實現均等化的宏偉目標，必須堅持教育公益性原則，把教育公平作為國家基本教育政策，形成政府主導、覆蓋城鄉、可持續的基本公共教育服務體系，依法保障財政性教育經費撥付使用到位，優化區域教育資源配置，不斷縮小城鄉、區域、校際、群體間教育差距。重點是加快義務教育優質均衡發展和城鄉一體化，強化學前教育、特殊教育普惠發展，堅持高中階段學校多樣化發展，完善覆蓋全學段學生資助體系，開創基礎教育高質量發展新局面，為逐步實現全體人民共同富裕打下更好基礎。

（三）**教育強國、科技強國、人才強國建設相互支持配合，共同聚焦貫徹新發展理念、構建新發展格局**。全面提高人才自主培養質量，着力造就拔尖創新人才，聚天下英才而用之，是教育、科技、人才強國建設協調推進的共同任務。圍繞人力資源深度開發和創新驅動發展，加快建設世界重要人才中心和創新高地，重點是統籌職業教育、高等教育、繼續教育協同創新，推進職普融通、產教融合、科教融匯，優化職業教育類型定位。堅持高等教育內涵式發展，加強基礎學科、新興學科、交叉學科建設，加快建設中國特色、世界一流的大學和優勢學科。優化國家科研機構、高水平研究型大學、科技領軍企業定位和佈局，加強企業主導的產學研深度融合，儘快形成與國家發展戰略、生產力佈局和城鎮化要求相適應的多層次、多樣化教育發展新高地，更好服務和融入新發展格局。

（四）**深化教育領域綜合改革，增強教育改革的系統性、整體性、協同性，為教育強國建設激活力、增動力**。建設教育強國，必須繼續破解深層次體制機制障礙，不斷把制度優勢更好轉化為治理效能。重點是加強教材建設和管理，全面落實教材建設國家事權，完善學校管理和教育評價體系，健全學校家庭社會育人機制，更加重視兒童青少年的體育、美育、勞動教育、心理健康教育。加強師德師風建設，培養高素質教師隊伍，不斷提高廣大教師的思想政治素質和業務水平，把鄉村教師隊伍建設擺在重要位置，弘揚尊師重教社會風尚。全面推進依法治教、依法治校、依法辦學，引導規範民辦教育發展。加大國家通用語言文字推廣力度，深入開展鑄牢中華民族共同體意識教育。

（五）**推進教育數字化，建設全民終身學習的學習型社會、學習型大國**。根據黨的二十大報告關於加快建設數字中國的系列部署，教育系統將積極深入實施教育數字化戰略行動，將國家智慧教育平台打造成教育領域重要的公共服務產品，不斷推動教育變革和創新，構建網絡化、數字化、個性化、終身化的教育體系，加強部門地區政策協調，促進學校社會資源共享，形成方式更加靈活、資源更加豐富、學習更加便捷的全民終身學習推進機制，扎根中國大地，建設人人皆學、處處能學、時時可學的學習型社會、學習型大國，奮力譜寫新時代教育強國建設的新篇章。

加強科技基礎能力建設

侯 建 國

科技基礎能力是國家綜合科技實力的重要體現，是國家創新體系的重要基石，是實現高水平科技自立自強的戰略支撐。黨的二十大報告提出要加強科技基礎能力建設，這是在我國科技創新發展新階段，立足當前、面向長遠的一項重大任務部署。我們要認真學習領會習近平總書記關於科技創新的重要論述，深入落實黨的二十大報告部署要求，統籌推進科技基礎能力建設，為加快建設世界科技強國提供堅實根基。

一、深刻認識加強科技基礎能力建設的重大意義

習近平總書記深刻指出，歷史經驗表明，那些抓住科技革命機遇走向現代化的國家，都是科學基礎雄厚的國家，我們要不斷夯實科技基礎，築牢科技自立自強的根基。科技基礎是指科技創新活動賴以開展的物質技術基礎和制度文化基礎，既包括各類科技創新組織、科研設施平台、科學數據和文獻期刊等"硬條件"，也包括科技政策與制度法規、創新文化等"軟環境"。科技基礎能力在很大程度上決定着科技創新的能力和水平，在科技事業發展中具有十分重要的戰略性、基礎性作用。

加強科技基礎能力建設是加快建設世界科技強國的必然要求。從世界主要科技強國的發展經驗來看，科技強國的鮮明特徵是，具備強大的科技基礎能力，擁有一批具有全球影響力和競爭力的一流科研機構、研究型大學、創新型企業，建有一批性能先進、高效運行的科技基礎設施，具備系統完善的科技創新政策法規體系和良好創新文化。正是基於厚實的科技基礎能力，才培養集聚了大批高水平科技人才，不斷產出重大創新成果，為經濟社會發展

和綜合國力提升提供了強有力的戰略支撐。當前，我國整體科技實力大幅提升，但由於積累不足等原因，我國科技基礎能力還比較薄弱，無論是機構設施等硬條件還是制度文化等軟環境，與世界科技強國相比都還有一定差距。在世界知識產權組織發佈的 2022 年全球創新指數排名中，我國綜合排名為第 11 位，但基礎設施和制度兩個分項指標分別僅列第 25 和 42 位。加快科技強國建設必須築牢科技創新的根基，下決心解決科技基礎能力存在的短板弱項，圍繞國家需求和科技前沿統籌提升科技基礎能力，以堅實的基礎支撐高水平創新，推動我國科技創新能力從跟跑、並跑向領跑轉變，加快從科技大國向科技強國邁進。

加強科技基礎能力建設是實現高水平科技自立自強的急迫需求。當今世界正經歷百年未有之大變局，科技創新是關鍵變量，是國際競爭和大國博弈的主戰場。主要發達國家把科技基礎能力建設作為戰略重點，密集出台科技創新戰略和激勵政策，加強機構平台等戰略科技力量佈局，加大科技基礎設施建設投入力度，力爭在科技創新新賽道和制高點上贏得先機。面對日益複雜激烈的國際競爭環境，我國科技創新存在的原創能力不強、關鍵核心技術受制於人等問題成為嚴重制約，造成這些問題的重要原因之一就是我國科技基礎的支撐保障能力不足。要提高我國科技創新的抗壓能力、應變能力、對沖能力和反制能力，必須加快構建高水平、高效率、安全可控的科技基礎能力體系，發揮集中力量辦大事的制度優勢，有效解決"卡脖子"問題的"燃眉之急"，努力消除事關長遠發展的"心腹之患"，不斷築牢科技安全和國家安全防線，為我國科技發展獨立性、自主性、安全性提供堅實基礎和有力保障。

加強科技基礎能力建設是搶抓新一輪科技革命和產業變革戰略機遇的戰略舉措。當前，新一輪科技革命和產業變革加速演進，進入大科學和大融通時代。一方面，學科交叉滲透，技術匯聚融合，科技創新複雜度越來越高，重大科學發現和技術突破越來越離不開重大科技基礎設施和先進科研儀器設備的支撐。另一方面，科研範式面臨變革，產學研用深度融通，從創新到轉化的周期大幅縮短，科技創新與生產生活的聯繫日益緊密，創新活動的組織方式、政策安排、制度文化等正在深刻重構。我國要在新一輪科技革命和產業變革中佔據先機、贏得主動，必須把加強科技基礎能力建設作為戰略舉措，準確把握變革趨勢與發展規律，從前瞻佈局、科研選題、機制創新、模式變革等方面加強科技基礎能力建設，有效提升科技創新體系整體效能，努力塑造創新發展的引領態勢和競爭新優勢。

一、我國科技基礎能力建設取得顯著成效

黨的十八大以來，以習近平同志為核心的黨中央把科技創新擺在黨和國家發展全局的核心位置，把加強科技基礎能力建設作為事關長遠發展的一項重大戰略舉措，着力加強頂層設計，加大投入力度，充分調動各方面的積極性，系統佈局、統籌推進。總體上看，我國科技基礎能力建設取得了歷史性成就、發生了歷史性變革。

（一）科技創新政策法規體系日趨完善。新修訂了《中華人民共和國科學技術進步法》、《中華人民共和國促進科技成果轉化法》、《中華人民共和國專利法》等，出台了一批法律法規和規章制度，構建了有效促進和保障科技創新全過程的法律制度體系。圍繞國家中長期和"十四五"科技創新發展、加強基礎研究等，出台了一批科技專項規劃，進一步明確了近中遠期我國科技創新的戰略目標、重點任務和政策舉措，形成了指導我國科技事業發展的頂層設計和規劃體系。科技體制改革持續深化，在強化國家戰略科技力量、科技人才隊伍建設、科技評價制度、科技項目和經費管理、科研誠信和科技倫理建設等方面，出台了一系列重大改革舉措，重點領域和關鍵環節改革取得重要突破，一些長期制約科技發展的堵點難點問題得到有效解決，科技體制機制改革持續深化，科技創新政策體系進一步優化，有效激發了各類創新主體的積極性創造性。

（二）科技創新機構平台能力大幅提升。佈局建設了一批國家實驗室，着力推進全國重點實驗室體系重組，中國特色國家實驗室體系加快構建。加強高水平科研機構建設，科研院所改革不斷深化，創新能力持續提升。研究型大學建設取得積極進展，學科建設、基礎研究和創新人才培養能力持續增強。企業創新能力快速提升，湧現出一批具有全球競爭力的科技領軍企業。

國家技術創新中心、產業創新中心、工程研究中心等創新平台佈局日趨完善，新型研發機構、眾創空間、孵化器等大量湧現，推動產學研深入合作和科技成果高效轉移轉化。依託各類機構平台集聚和培養了一大批高水平創新創業人才，人才隊伍質量顯著提升、結構進一步優化，國家戰略人才隊伍建設取得重要進展。

（三）**科技基礎設施體系建設取得重要進展。**在建和投入運行一批國家重大科技基礎設施，500 米口徑球面射電望遠鏡、散裂中子源、穩態強磁場、高海拔宇宙線觀測站等設施處於國際領先水平，開放共享水平逐步提高。佈局建設了一批國家科學數據中心、國家生物種質與實驗材料資源庫、國家野外科學觀測台站等科技基礎條件平台，以及國家超算中心、生物信息中心、科技圖書文獻中心等一批科技服務設施。國家重大科研儀器研製項目、基礎科研條件與重大科學儀器設備研發等專項計劃深入實施，一些重點領域高端科學儀器設備逐步實現國產替代。高水平科技期刊建設取得積極進展，一批優秀期刊躋身國際前列。

（四）**作風學風建設取得積極成效。**大力弘揚科學精神和科學家精神，加強優良作風學風建設，湧現出一大批矢志愛國奮鬥、銳意開拓創新的新時代優秀科學家代表。積極倡導以質量、績效、貢獻為核心的創新價值導向，進一步加強科研誠信、科研倫理建設，為科研人員安心致研營造了良好的文化氛圍。科學教育和科普活動深入開展，創新發展理念深入人心，全民科學文化素質不斷提升，尊重創新、鼓勵創新、支持創新的社會氛圍日益濃厚。

在充分肯定我國科技基礎能力建設取得成績的同時，也要看到仍存在一些突出問題，如新興科技領域的機構平台前瞻性佈局不夠，科技創新政策法規仍需完善，基礎設施的保障能力和開放共享水平還需提高，作風學風和創新文化建設有待進一步加強等。

三、加強科技基礎能力建設的重點舉措

加強科技基礎能力建設是一項長期性、系統性工程。我們要深入學習貫徹習近平總書記關於科技創新重要論述和對科技基礎能力建設的重要指示精

神，按照黨的二十大報告的部署，遵循科技基礎能力建設體系化、長周期、持續性等規律和特點，着眼世界科技發展前沿加強前瞻性研判，立足世界科技強國建設目標加強全局性謀劃，圍繞高水平科技自立自強加強戰略性佈局，按照全國一盤棋的要求系統性推進，加快落實科技基礎能力建設的各項重點任務。

（一）以《中華人民共和國科學技術進步法》為統領，持續完善科技創新的政策法規體系。政策法規是開展科技創新活動的制度保障。要圍繞最大限度激勵和保障科技創新，全面提升科技創新管理的法治化水平，加大科技創新政策制定力度，加快形成互相銜接、精準有效的科技創新政策法規體系。一是健全完善科技創新法律法規，加強人工智能、生物科技等新興前沿領域立法，加快推動科研機構立法，推進科技創新領域依法行政，保障科技創新主體和廣大科技人員合法權益。二是加大科技創新政策供給力度，深化科技評價和收入分配制度改革，大力支持促進科技成果轉移轉化和產學研用融通，加大多元化科技投入，優化金融支持科技創新的政策。三是深化科技體制改革，加快構建關鍵核心技術攻關和支持顛覆性技術創新的體制機制，優化問題導向、需求導向的選題機制，健全科技項目分類管理機制，完善符合科研規律、以信任為前提的科研經費使用管理，加快轉變政府科技管理職能，提升科技投入效能。四是加強知識產權法治保障，持續推進知識產權創造保護運用，強化質量和價值導向的知識產權資助激勵政策，健全知識產權侵權行為懲罰性賠償制度，完善知識產權服務體系建設。

（二）以強化國家戰略科技力量為牽引，加快構建高水平的創新組織體系。創新組織是開展科技創新活動的平台載體，其中國家戰略科技力量發揮着十分重要的骨幹引領作用。要以強化國家戰略科技力量為引領，加強各類創新主體統籌協同，提升國家創新體系整體效能。一是加強頂層設計，優化各類國家戰略科技力量的定位和佈局，充分發揮各自優勢和特色，形成優勢互補、協同攻關的有機整體，共同履行好解決國家重大需求的使命任務。二是強化國家戰略科技力量與各類創新主體的有機銜接和緊密配合，通過構建創新聯合體、組建創新聯盟等有效協作機制，加快原始創新和關鍵核心技術突破，提升創新鏈產業鏈能力水平。三是充分發揮國家戰略科技力量的核心平台作用，加快建設國家戰略人才力量，在創新實踐中培養造就更多大師、戰略科學家、一流科技領軍人才和創新團隊、青年科技人才、卓越工程師、大國工匠、高技能人才，加快建設世界重要人才中心和創新高地。**四是**依託高水平創新機構吸引全球優秀科研人員開展合作研究，積極牽頭發起和參與國際大科學計劃和大科學工程，深度融入全球創新網絡。

（三）以統籌佈局和開放共享為重點，優化完善科技創新的設施條件體系。科技設施、各類資源庫、數據和期刊等設施條件是開展科技創新活動的物質技術基礎。要面向國家重大戰略需求以及新一輪科技革命和產業變革的重大方向，前瞻謀劃、統籌佈局各類科技創新條件平台和共享服務網絡建設，提升安全保障和開放共享水平。**一是**加強國家重大科技基礎設施相關戰略研究，結合國際科技創新中心、綜合性國家科學中心等重大創新戰略部署，系統佈局任務導向型、應用支撐型、前瞻引領型、民生改善型、公共平台型設施建設，加快構建佈局合理、技術領先、運行高效、支撐有力的重大科技基礎設施體系。**二是**緊密結合不同區域的創新特色和優勢，統籌推進科學數據庫、野外科學觀測台站、生物種質和實驗材料資源庫等科技基礎條件的體系化、集約化佈局建設。**三是**加快制定我國科學儀器設備自主研製戰略規劃，集聚優勢力量加強關鍵科學儀器、基礎軟件、高端科研試劑等攻關，完善稅收優惠、工程示範、政府採購等激勵政策，加快國產科學儀器設備推廣應用，通過技術和產品持續迭代形成自我發展能力和核心競爭力，打造一批具有國際競爭力的高端科學儀器企業，從根本上提高體系化研發和應用能力。**四是**完善科學數據中心佈局建設，提高科學數據高效匯聚和分析服務能力，加快推進數據和人工智能驅動的科研範式變革；打造安全可靠的科技文獻開放存取基礎設施，建立國家數字文獻資源長期保存體系；深入實施科技期刊卓越行動計劃，打造一批具有國際影響力的學術期刊。

（四）以大力弘揚科學家精神為核心，深入推進中國特色的創新文化體系建設。創新文化是滋養創新精神、強化創新動力、激發創新活力的根基和土壤。要深入挖掘中華民族的創新精神稟賦，引導廣大科研人員將創新精神內化於心、外化於行，將科技發展深深根植於中國特色創新文化中。**一是**培育創新文化。培育敢為人先、勇攀高峰、開放包容、互學互鑒的文化底蘊，引導激勵廣大科研人員提出新理論、開闢新領域、探索新路徑，在獨創獨有上下功夫。二是弘揚科學家精神。廣泛宣傳老一輩科學家和新時代優秀科技工作者勇於探索、獻身科學的先進事跡，激勵廣大科技工作者樹立家國情懷，形成使命驅動、責任驅動的思想自覺和行動自覺，將個人學術追求主動融入到全面建設社會主義現代化國家的偉大事業中。三是涵養優良學風。建立健全教育、激勵、規範、監督、懲戒　體化的科研誠信治理體系，引導廣人科研人員堅持學術標準，發揚學術民主，力戒浮躁、安心致研，營造風清氣正的科研環境。**四是**營造創新氛圍。堅持把科學普及放在和科技創新同等重要的位置，深入實施全民科學素質行動，推動科普信息化、數字化、智能化，在全社會形成尊重知識、崇尚創新的濃厚氛圍。

加快實現高水平科技自立自強

王志剛

　　黨的二十大報告強調，堅持創新在我國現代化建設全局中的核心地位，加快實現高水平科技自立自強，加快建設科技強國。並對完善科技創新體系、加快實施創新驅動發展戰略等作出專門部署。這是以習近平同志為核心的黨中央把握國際國內大勢、有效應對風險挑戰、確保實現新時代新征程黨的歷史使命作出的重大戰略抉擇，充分體現了習近平總書記高瞻遠矚、統攬全局的戰略思想及對科技創新的戰略擘畫，為新時代科技發展指明了方向。

一、高水平科技自立自強是我國現代化建設的戰略支撐

　　當前，我國邁上全面建設社會主義現代化國家、向第二個百年奮鬥目標進軍新征程，比歷史上任何時期都更接近、更有信心和能力實現中華民族偉大復興的目標。實現這一目標，必須堅持科技是第一生產力、人才是第一資源、創新是第一動力，把科技自立自強作為我國現代化建設的基礎性、戰略性支撐，開闢發展新領域新賽道，不斷塑造發展新動能新優勢。

　　（一）**實現高水平科技自立自強是國家強盛和民族復興的戰略基石**。縱觀人類發展史，創新始終是一個國家、一個民族發展的不竭動力和生產力提升的關鍵要素。科技創新是百年未有之大變局中的一個關鍵變量，各主要國家紛紛把科技創新作為國際戰略博弈的主要戰場，圍繞科技制高點的競爭空前激烈，誰牽住了科技創新這個"牛鼻子"，誰走好了科技創新這步先手棋，誰就能佔領先機、贏得優勢。反之，則會造成發展動力衰減和能力天花板。黨的十八大以來，以習近平同志為核心的黨中央把科技創新擺在國家發展全

局的核心位置，以改革驅動創新、以創新驅動發展，我國經濟實力、科技實力、綜合國力躍上新的大台階。新時代新征程，要堅持把國家和民族發展放在自己力量的基點上，充分認識實現高水平科技自立自強對增強我國發展競爭力和持續力的決定性意義。科技自立自強不僅是發展問題更是生存問題，以高水平科技自立自強的"強勁筋骨"支撐民族復興偉業，這是面向未來的必然選擇甚至是不二選擇。

（二）**實現高水平科技自立自強是應對風險挑戰和維護國家利益的必然選擇**。當前，國際環境錯綜複雜，世界經濟陷入低迷，全球產業鏈供應鏈面臨重塑，不穩定性不確定性明顯增加，世界進入新的動盪變革期。新冠肺炎疫情、烏克蘭危機對全球的影響警示我們：高水平科技自立自強具有重大戰略意義和全局意義。有效應對前進道路上的重大挑戰、抵禦重大風險，維護國家安全和戰略利益，必須緊緊抓住科技自立自強這個國家強盛之基、安全之要，不斷提升我國發展的獨立性、自主性、安全性，增強抗壓能力、應變能力、對沖能力和反制能力。我國科技發展正處在將強未強、不進則退的關鍵階段，只有加快實現高水平科技自立自強，把發展的主動權牢牢掌握在自己手中，我國的現代化進程才不會被遲滯甚至打斷。

（三）**實現高水平科技自立自強是貫徹新發展理念、構建新發展格局、推動高質量發展的本質要求**。新時代新征程，貫徹新發展理念、構建新發展格局、推動高質量發展，比過去任何時候都更需要科學技術解決方案，都更需要增強創新這個第一動力。實現高水平科技自立自強是構建新發展格局的需要，以科技自立自強推動國內大循環，提高供給體系質量和水平，以新供給創造新需求，以科技自立自強暢通國內國際雙循環，保障產業鏈供應鏈安全穩定。實現高水平科技自立自強是推動高質量發展的需要，以強大科技作支撐，以質量變革、效率變革、動力變革推動現代化經濟體系建設。實現高水平科技自立自強是實現人民高品質生活的需要，推出更多涉及民生的科技創新成果，助力於解決發展不平衡不充分問題，滿足人民對美好生活的嚮往。只有實現高水平科技自立自強，才能為構建新發展格局、推動高質量發展提供新的成長空間、關鍵着力點和主要支撐體系，使踐行新發展理念的高質量發展更多依靠創新驅動的內涵型增長。

二、新時代新征程自主創新能力推動高水平科技自立自強行穩致遠

新時代 10 年，在以習近平同志為核心的黨中央堅強領導下，我國科技事業密集發力、加速跨越，實現了歷史性、整體性、格局性重大變化，取得歷史性成就。面向世界科技前沿、面向經濟主戰場、面向國家重大需求、面向人民生命健康，重大科技創新成果競相湧現，科技體制改革多點突破、縱深推進，科技實力躍上新的大台階，科技自立自強邁出堅實步伐。黨的二十大報告指出：我們加快推進科技自立自強，全社會研發經費支出從 1 萬億元增加到 2.8 萬億元，居世界第二位，研發人員總量居世界首位。基礎研究和原始創新不斷加強，一些關鍵核心技術實現突破，戰略性新興產業發展壯大，進入創新型國家行列。我國在全球創新版圖中的地位和作用發生了新的變化，世界知識產權組織全球創新指數排名顯示，中國從 2012 年的第 34 位上升到 2022 年的第 11 位，我國既是國際前沿創新的重要參與者，也是共同解決全球性問題的重要貢獻者。

（一）基礎前沿方向重大原創成果持續湧現彰顯我國科技實力顯著躍升。堅持目標導向和自由探索"兩條腿走路"，突出原始創新，持續加大基礎研究投入，成功組織一批重大基礎研究任務，在量子信息、幹細胞、腦科學、類腦芯片等前沿方向取得一批具有國際影響力的重大原創成果。加強戰略性"新賽道"佈局，人工智能、移動通信、超級計算等前沿領域與世界先進水平同步，量子計算原型機"九章"、"祖沖之號"成功問世。500 米口徑球面射電望遠鏡、散裂中子源等一批具有國際一流水平的重大科技基礎設施建成並發揮重要作用。載人航天、嫦娥探月、天問訪火、人造太陽、北斗導航、萬米海試等重大突破讓我國在深海、深空、深藍等領域牢牢佔據科技制高點。

（二）高質量源頭科技供給為建設現代化經濟體系注入強勁動能。圍繞產業鏈部署創新鏈，圍繞創新鏈佈局產業鏈，聚焦數字經濟、先進製造、新材料、能源、交通等戰略性產業強化科研攻關，以關鍵核心技術突破推動產業向中高端攀升，高端產業發展取得新突破。國產 C919 大飛機市場化運營加速，時速 600 公里高速磁浮試驗樣車下線，高性能裝備、智能機器人、增材製造、激光製造等技術有力推動"中國製造"邁向更高水平，5G 移動通信技

術率先實現規模化應用。新能源汽車加快發展，產銷量多年位居世界首位。移動支付、遠程醫療、在線教育等新技術新模式深刻改變人們的生活方式。

（三）戰略必爭領域歷史性突破有力支撐國家重大需求。聚焦解決瓶頸制約，關鍵核心技術攻關取得一系列重大成果。科技重大專項有效實施，填補一批科技領域戰略性空白，有力支撐港珠澳大橋、川藏鐵路等一批重大工程建設順利實施。煤炭清潔高效利用，新型核電技術走在世界前列，為國家能源安全提供了有力保障。系統掌握高鐵建造成套技術，構建涵蓋不同速度等級、成熟完備的高鐵技術體系，樹立起世界高鐵建設運營的新標杆。深海潛水器具備從試水到 11000 米級全海洋作業能力。實現 1500 米超深水油氣田開發能力的"深海一號"改變了我國在南海油氣開發中的被動局面。

（四）更多更好社會民生科技創新成果為人民健康福祉提供有力保障。圍繞新冠病毒溯源、疾病救治、疫苗和藥物研發等重點領域方向持續開展應急科研攻關，從疫情之初 7 天內分離出病毒毒株到 14 天內研製成功檢測試劑，再到構建疫苗、中醫藥、中和抗體和小分子藥三道防線，打了一場成功的科技抗疫戰。聚焦癌症、心腦血管、呼吸和代謝性疾病等重點領域和臨床專科，建立 50 個國家臨床醫學研究中心，早查、早篩、早診、早治的技術體系不斷完善。癌症、白血病、耐藥菌防治等打破國外專利藥壟斷。重離子加速器、磁共振、彩超、CT 等一批國產高端醫療裝備和器械投入使用。土地、基本糧食作物、種業等農業關鍵核心技術持續突破，有力保障國家糧食安全。深入實施科技特派員制度，助力脫貧攻堅和鄉村振興發展。

（五）科技體制改革"四樑八柱"基本建立。143 項科技體制改革任務高質量完成，重點領域和關鍵環節改革取得實質性進展和顯著成效，科技創新的基礎性制度基本建立。科學技術進步法修訂實施，國家重大科技決策諮詢制度有效運行，科技力量宏觀統籌和優化配置效能不斷提升。實施以增加知識價值為導向的分配政策，深化評價和激勵制度改革，持續減輕科研人員負擔。構建科技大監督格局，狠抓學風作風建設，科技倫理治理能力取得新進展。繁榮創新文化，大力弘揚科學家精神，在全社會形成鼓勵、支持、參與創新的良好環境。

實踐證明，中國共產黨領導是我國科技事業不斷前進的根本政治保證。

黨的十八大以來，習近平總書記高度重視科技創新，提出一系列重大論斷，發表一系列重要論述，親自謀劃、親自部署、親自推動一系列重大戰略舉措，擘畫了我國科技創新發展的宏偉藍圖，走出了一條從人才強、科技強到產業強、經濟強、國家強的創新發展新路徑。我國科技事業取得的歷史性成就、發生的歷史性變革，是習近平總書記作為黨中央的核心、全黨的核心領航掌舵的結果，是習近平新時代中國特色社會主義思想和習近平總書記關於科技創新的重要論述科學指引的結果。新時代 10 年，我國科技創新能力特別是自主創新能力大幅增強，為加快實現高水平科技自立自強奠定了堅實基礎、創造了有利條件、做好了充分準備，必將助力我們黨團結帶領全國各族人民全面建成社會主義現代化強國、實現第二個百年奮鬥目標。

當前，世界新一輪科技革命和產業變革加速演進和拓展，基礎前沿領域相繼突破，顛覆性創新不斷湧現，科技創新正在深刻改變世界發展格局，我國發展面臨千載難逢的歷史機遇。黨的二十大報告深刻指出：我國發展進入戰略機遇和風險挑戰並存、不確定難預料因素增多的時期，各種"黑天鵝"、"灰犀牛"事件隨時可能發生。我們必須增強憂患意識，堅持底線思維，做到居安思危、未雨綢繆，準備經受風高浪急甚至驚濤駭浪的重大考驗。於危機中育先機、於變局中開新局，我們要堅定創新自信，搶抓創新機遇，勇攀科技高峰，破解發展難題，加快實現高水平科技自立自強，加快建設科技強國。

三、全面落實高水平科技自立自強戰略部署

黨的二十大報告明確了 2035 年我國發展總體目標和未來 5 年主要任務。就科技發展而言，到 2035 年，我國經濟實力、科技實力、綜合國力大幅躍升，實現高水平科技自立自強，進入創新型國家前列，建成科技強國；未來 5 年，科技自立自強能力顯著提升。我們要以習近平新時代中國特色社會主義思想為指導，深入貫徹習近平總書記關於科技創新的重要論述，踔厲奮發、勇毅前行，扎實落實黨的二十大確定的各項戰略部署。

（一）**加強黨對科技工作的全面領導**。把黨的領導落實到科技事業各領域各方面各環節，堅決擁護"兩個確立"，增強"四個意識"、堅定"四個自信"、

做到"兩個維護"，在政治立場、政治方向、政治原則、政治道路上始終同以習近平同志為核心的黨中央保持高度一致，為我國科技事業發展提供堅強政治保證。加強黨中央集中統一領導，完善黨中央對科技工作統一領導的體制，建立權威的決策指揮體系。強化戰略謀劃和總體佈局，調動各方面積極性，加速聚集創新要素，優化配置創新資源，實現創新驅動系統能力整合，增強科技創新活動的組織力、戰鬥力。

（二）**構建體系化全局性科技發展新格局**。堅持"四個面向"，堅持系統觀念，加快形成與科技自立自強匹配的"頂層設計牽引、重大任務帶動、基礎能力支撐"科技創新體系化能力。加強頂層設計，補短板、建長板、強能力、成體系。圍繞國家急迫需要和長遠需求，加快實施一批具有戰略性全局性前瞻性的國家重大科技項目，增強自主創新能力。加強科技基礎能力建設，在力量構建、資源配置、基礎設施、科研平台、政策法規、技術標準、創新生態、科技人才等方面夯實基礎。

（三）**強化國家戰略科技力量**。以國家目標和戰略需求為導向，加快組建一批國家實驗室，重組現有國家重點實驗室，形成國家實驗室體系。優化國家科研機構、高水平研究型大學、科技領軍企業定位和佈局。統籌推進國際科技創新中心、區域科技創新中心建設，打造世界科學前沿領域和新興產業技術創新、全球科技創新要素的匯聚地。強化企業科技創新主體地位，發揮科技型骨幹企業引領支撐作用，加強企業主導的產學研深度融合，提高科技成果轉化和產業化水平。強化科技戰略諮詢，發揮國家科技諮詢委員會、國家科技高端智庫和戰略科學家決策支撐作用。

（四）**堅決打贏關鍵核心技術攻堅戰**。把突破關鍵核心技術作為當務之急，儘快改變關鍵領域受制於人的局面。健全新型舉國體制，加強戰略謀劃和系統佈局，形成關鍵核心技術攻關強大合力。以國家戰略需求為導向，以具有先發優勢的關鍵技術和引領未來發展的基礎前沿技術為突破口，集聚力量進行原創性引領性科技攻關，着力解決影響制約國家發展全局和長遠利益的重大科技問題，從根本上保障我國產業安全、經濟安全、國家安全。

（五）**加強基礎研究**。把原始創新能力提升擺在更加突出的位置，堅持目標導向和自由探索並舉佈局基礎研究，勇於挑戰最前沿的科學問題，提出更多原創理論，實現前瞻性基礎研究、引領性原創成果重大突破。強化目標導向，從經濟社會發展和國家安全面臨的實際問題中凝練科學問題，從源頭和底層解決關鍵核心技術問題。鼓勵自由探索，拓展認識自然的邊界，開闢新的認知疆域，孕育科學突破。

（六）**深化科技體制改革**。着力破解深層次體制機制障礙，着力營造良好政策環境，深化科技評價改革，加大多元化科技投入，加強知識產權法治保障，形成支持全面創新的基礎制度。提升科技投入效能，深化財政科技經費分配使用機制改革。營造有利於科技型中小微企業成長的良好環境。培育創新文化，弘揚科學家精神，涵養優良學風，營造創新氛圍。堅持創新驅動實質是人才驅動，着力造就拔尖創新人才，加快建設國家戰略人才力量，激發各類人才創新活力和潛力，聚天下英才而用之。

（七）**擴大國際科技交流合作**。積極主動融入全球創新體系，用好全球創新資源。實施更加開放包容、互惠共享的國際科技合作戰略，以持續提升科技自主創新能力夯實國際合作基礎，以更加開放的思維和舉措推進國際科技交流合作。加強國際化科研環境建設，形成具有全球競爭力的開放創新生態。

強化企業科技創新主體地位

李曉紅

習近平總書記在黨的二十大報告中指出："加強企業主導的產學研深度融合，強化目標導向，提高科技成果轉化和產業化水平。強化企業科技創新主體地位，發揮科技型骨幹企業引領支撐作用，營造有利於科技型中小微企業成長的良好環境，推動創新鏈產業鏈資金鏈人才鏈深度融合。"這些重要論述，明確了強化企業科技創新主體地位的戰略意義，深化了對創新發展規律的認識，完善了創新驅動發展戰略體系佈局，為新時代更好發揮企業創新主力軍作用指明了方向，我們要深入學習、深刻領會、全面貫徹。

一、充分認識強化企業科技創新主體地位的重大意義

（一）強化企業科技創新主體地位是實現高質量發展的內在要求。 實現高質量發展，要牢牢把握創新第一動力，大力實施創新驅動發展戰略，將關鍵核心技術掌握在自己手裏，推動科技創新轉化為現實生產力。企業是市場主體和經濟社會發展的重要力量，企業創新已經成為我國科技創新事業的重要策源地，為國民經濟發展、社會進步、國家安全和人民生活質量改善作出了重大貢獻。要充分發揮科技創新在高質量發展中的引領作用，不斷強化企業科技創新主體地位，持續提升企業創新能力，支撐發展方式從規模速度型向質量效益型轉變，塑造發展新動能新優勢。

（二）強化企業科技創新主體地位是構建新發展格局的迫切需要。 構建新發展格局，要緊緊扭住創新這個牽動經濟社會發展全局的"牛鼻子"，把握新一輪科技革命和產業變革的歷史機遇，搶收新科技浪潮的"科技紅利"。強化企業科技創新主體地位，提升企業創新能力，是提高產業鏈供應鏈現代化水

平的需要，也是暢通國內國際雙循環的需要。只有不斷強化企業科技創新主體地位，才能增強工業體系和產業體系的活力和競爭力，不斷催生新市場和新需求，培育形成完整內需體系，加快構建新發展格局。

（三）強化企業科技創新主體地位是提高國家創新體系整體效能的關鍵所在。提高國家創新體系整體效能，要始終堅持創新在現代化建設全局中的核心地位，把科技自立自強作為國家發展的戰略支撐。企業在國家科技創新體系中佔有十分重要的地位，加強企業主導的產學研深度融合，有利於加快科技成果向現實生產力轉化，提升產業化水平，發揮創新要素集聚效應，構建協同高效創新體系。要完善科技創新體制機制，強化企業科技創新主體地位，優化創新佈局，推動創新鏈產業鏈資金鏈人才鏈深度融合，更好把科技力量轉化為產業競爭優勢，提高國家創新體系整體效能。

二、準確把握強化企業科技創新主體地位的主要任務

企業是一大最活躍的創新力量，強化企業科技創新主體地位，關鍵在於實現創新體系協同高效、科技經濟深度融合、創新生態優化完善，建設創新引領的現代產業體系。

（一）構建企業主導的產學研深度融合創新體系。深化科技體制改革，培育產學研深度融合的創新體系，解決好"由誰來創新"、"動力在哪裏"、"成果如何用"等問題，促進創新主體充滿活力、創新鏈條有機銜接、創新效率大幅提高。支持企業聯合高校、科研院所等組建創新聯合體，加快科技成果向現實生產力轉化，打通從科技強到產業強、經濟強、國家強的通道。打造關鍵技術自主創新的"核心圈"，構築技術和產業的"朋友圈"，形成帶動廣泛的"輻射圈"，推動重點產業進入全球價值鏈中高端。

（二）塑造大中小微科技企業協同高效的創新格局。着力提升企業自主創新能力，全面建設創新型企業。科技型骨幹企業要發揮引領支撐作用，更好履行高水平科技自立自強的使命擔當，主動承擔國家重大科技任務和關鍵核心技術攻關，加快建設世界一流企業。推動大企業積極開放供應鏈，以大企業為龍頭，結合中小微企業的創新靈活性，形成協同、高效、融合、順暢的

創新生態。培育企業創新平台和基地，整合集聚優勢資源，促進產業鏈上中下游企業合作對接。為中小企業發展營造良好環境，加大對中小企業支持力度，堅定企業發展信心，着力在推動企業創新上下功夫，激發湧現更多聚焦主業、精耕細作的專精特新中小企業。

（三）**推動創新鏈產業鏈資金鏈人才鏈深度融合。**強化企業創新資源要素集聚能力，促進各類創新要素向企業集聚，發揮市場在資源配置中的決定性作用，推動創新資源在更大範圍內流動，營造充分釋放企業創新活力的良好環境。堅持以科技自立自強為引領打造創新鏈，以提升韌性和競爭力為重點鞏固產業鏈，以金融為紐帶優化資金鏈，以人才隊伍建設為抓手提升人才鏈。加快推動產業鏈完善升級，做好關鍵領域的固鏈、強鏈、補鏈、控鏈和融鏈，引領全鏈貫通和全要素融合創新，實現產業鏈供應鏈的穩定和自主可控。

三、強化企業科技創新主體地位的關鍵舉措

報告對強化企業科技創新主體地位作出全面部署，我們要堅持以習近平新時代中國特色社會主義思想為指導，按照黨中央的要求，面向世界科技前沿、面向經濟主戰場、面向國家重大需求、面向人民生命健康，重點圍繞以下幾個方面抓好貫徹落實。

（一）**推動科技企業融通創新，全面提升創新鏈產業鏈水平。**充分發揮企業市場主體和產業主體作用，強化企業科技創新主體地位，明確科技型骨幹企業的主導地位，推動大中小微企業發揮能動作用，融通創新鏈產業鏈，全面提升創新鏈產業鏈水平。**一是發揮科技型骨幹企業引領支撐作用。**科技型骨幹企業要健全科技與戰略管理職能，加強重大創新成果產出、行業共性技術研究、高端人才隊伍建設等，成為原創技術策源地。聚焦產業重點領域、關鍵核心技術以及全鏈貫通、全要素融合的系統性創新和集成性創新，將知識創新與技術創新深度耦合，實現體系性突破。引導科技型骨幹企業建設高水平研發機構和平台，超前佈局產業前沿技術和顛覆性技術。開展前瞻性、儲備性基礎研究，以基礎研究推動應用研究，在解決重大工程科技應用問題

中總結歸納科學原理，以應用研究倒逼基礎研究。推動科技型骨幹企業向高校、科研院所以及中小微企業開放創新資源、提供技術牽引和轉化支持，構建創新協同、產能共享、供應鏈互通的新型產業創新生態。**二是推動科技型中小微企業成為創新重要生力軍**。要加強對科技型中小微企業創新的支持，加大科技項目、人才計劃等開放力度，着力提高對科技型中小微企業賦能活動針對性、政策扶持精準性，健全准入規則和退出機制，積極培育新技術、新模式、新業態。科技型中小微企業要瞄準所屬細分領域加大創新投入，掌握更多具有自主知識產權的重要技術，努力成為專精特新的創新主體，實現創新創富。**三是推動產業鏈上中下游、大中小微企業融通創新**。聚焦國家重大戰略領域，大力推進服務型共性技術平台建設，增強對企業的服務支撐能力。培育大中小微企業融通創新平台和基地，促進產業鏈上中下游對接和大中小微企業之間的業務協作、資源共享和系統集成，形成良好的產業鏈知識技術流動機制。創新科技成果轉移轉化機制，推動各類科技成果轉化項目庫向企業開放，加快科技成果在企業轉化和產業化。

（二）**以企業為主導，打造產學研深度融合的創新體系**。以企業為核心構建科技和產業之間互融互通的橋樑紐帶，形成以企業為主體、市場為導向、產學研深度融合的創新體系。**一是發揮企業產學研主導作用**。促進科技成果更好由企業使用，逐步形成領軍企業牽頭、高校和科研院所協同推進的新局面。進一步強化企業作為出題人、主答題人和閱卷人的地位，推動更多任務由企業提出、企業成為研發主體。完善高校、科研院所與企業的協作機制，鼓勵企業與高校、科研院所建立多形式合作關係，全面提升產學研協同創新效率，引導產學研等多方主體的協同聯動和科研成果的貫通式轉化。**二是支持企業牽頭組建創新聯合體**。立足社會主義市場經濟條件下的新型舉國體制，發揮集中力量辦大事制度優勢，支持企業牽頭組建創新聯合體，承擔國家重大技術攻關任務。圍繞事關國家安全、產業核心競爭力、民生福祉的重大戰略任務，持續推進科技項目的"揭榜掛帥"、"賽馬制"，鼓勵更多企業牽頭和參與創新活動。推動企業牽頭或參與國家實驗室、國家技術創新中心、國家工程中心等國家級創新平台建設。**三是引導建立產學研深度融合的利益分配和風險控制機制**。完善的利益分配和風險控制機制是實現產學研深度融合行穩致遠的有力保障。要加快扭轉我國高校、科研院所科技成果轉化渠道不暢、轉化動力不足、轉化機制不健全、高質量專利數量不夠多的現狀。兼顧企業、高校和科研院所的利益訴求，充分考慮創新的貢獻率，明確界定企業、高校和科研院所的責、權、利，探索通過成果權益分享等方式合理分配創新成果。建立健全風險控制機制，完善風險評估體系和風險共擔機制，拓展多元化的投資主體和風險資金，有效應對成果轉化風險、創新失敗風險，提升創新容錯率。

（三）加大財政金融支持力度，整體提升企業創新投入強度。構建以財政投入為引導、企業投入為主體、金融機構為支撐、社會資本為補充的多元化科技投入體系，整體提升企業創新投入強度。**一是擴大稅收優惠和財政補貼規模與水平。**通過稅收優惠、財政資金支持等方式組合，優化政府資金投入結構，建立多層次支持體系。在創新準備環節和研發環節增加或強化專門針對企業的稅收優惠政策，引導稅收優惠政策適當前移，推動普惠性政策"應享盡享"。細化財政補貼制度，對企業創新進行分環節分階段補貼，重點加大初創環節補貼力度，培育扶持一批具有創新前景和商業潛力的科技企業。**二是優化金融保障體系。**進一步完善政策工具箱，貨幣政策工具定向支持科技創新，優化金融體系風險監管追責機制以及考核體系，提高科技金融風險容忍度。引導金融機構加大對企業創新的支持，探索利用數字技術為企業增信，解決科技型中小微企業融資難的問題。拓展優化首台（套）重大技術裝備、新材料首批次保險補償和激勵政策。**三是暢通科技企業市場融資渠道。**完善多層次資本市場，促進科技企業全生命周期融資鏈銜接。持續推動創業板、科創板、區域性股權市場的制度創新，完善股權融資的資本市場體系。促進創業投資發展，鼓勵更多社會資本參與，支持引導投資機構聚焦科技企業開展業務。支持科技企業通過債券市場融資，滿足科技企業多樣化融資需求。

（四）進一步優化政策與環境，促進各類創新人才向企業集聚。營造企業創新人才良好發展環境，暢通人才流通渠道，提升企業的吸引力、凝聚力和容納力，促進創新人才向企業集聚。**一是發揮企業家的重要作用。**弘揚企業家精神，培養富有愛國情懷、勇於創新、誠信守法、承擔社會責任、具有國際化視野的企業家。加強對企業家的戰略引導和服務，支持企業家做創新發展的探索者、組織者、引領者，賦予企業家在重大科技創新項目立項、重大科技基礎設施建設等決策方面的權利。鼓勵企業家與科學家深度合作，加強技術經理人隊伍建設，加快科技成果從實驗室走向市場。**二是推動企業培養一大批創新人才**。鼓勵企業、高校和科研院所成為應用型工程科技人才培養的共同體，圍繞國家重大產業佈局，加快推進產學研合作教育，大力培育工程技術人才、科學人才、引領人才。深化產教融合，完善校企聯合培養機制，支持領軍企業與高校聯合辦學育人，培養一大批卓越工程師和大國工匠。培養高素質技能人才，構建以企業為主體、各方面積極參與和支持的高技能人才培養體系。**三是暢通創新人才流動渠道**。破除人才流動中的體制壁壘和機制障礙，暢通科技人才在高校、科研院所與企業之間的流動渠道。推動人才跨領域、跨區域、跨部門一體化配置，促進城鄉、區域、行業等之間人才順暢流動，鼓勵更多科技人才支持艱苦邊遠地區等地企業創新發展。搭建人才溝通交流平台，為高層次科技人才開設綠色通道，加速科技人才向企業集聚。

（五）**營造良好企業創新生態，激發科技創新內生動力**。加快建立協同創新機制，圍繞產業鏈部署創新鏈，圍繞創新鏈完善資金鏈，打造開放協同高效的創新環境。**一是充分激發各類主體創新活力**。進一步優化營商環境，深化科技領域"放管服"改革，賦予企業創新更大自主權。完善以創新能力、質量、實效、貢獻為導向的企業科技評價體系，落實國有企業創新的考核、激勵與容錯機制，健全民營企業獲得創新資源的公平性和便利性措施，形成"創新不問出身、英雄不論出處"的政策環境。優化評價、服務、支持、激勵政策，賦予科研人員更大的人財物自主支配權。加強知識產權保護和核心技術人員權利保護力度，健全人力資本定價機制，完善知識產權、技術交易市場。大力弘揚科學家精神、工匠精神、企業家精神，培育科學精神、發展科學文化，塑造企業創新文化，營造尊重創新的社會氛圍。**二是統籌推進區域科技創新能力發展**。優化全國範圍內科技創新的空間佈局，重點打造以北京、上海、粵港澳大灣區國際科技創新中心為代表的世界主要人才中心和創新高地，增強科技創新的國際集聚帶動能力。地方政府立足當地產業優勢，以領軍企業為中心整合高校、科研院所等創新資源，承接以產業為導向的科技計劃任務，建立特色化協同創新的產業鏈和產業集群。構建區域創新合作與交流平台，破除行政壁壘和壟斷，加強各區域間交流合作，促進創新要素集聚水平的整體提升。**三是提高企業創新國際化水平。**鼓勵企業主動融入全球科技創新網絡，深度參與全球科技治理，積極參與"一帶一路"科技創新合作，與沿線國家和地區共享科技成果和科技發展經驗。促進企業利用好全球科技成果、智力資源和高端人才，鼓勵國內國際雙向有序流動。支持有條件的企業牽頭成立產業創新領域的國際性科技組織，參與制定國際標準。鼓勵外資企業設立研發中心和參與承擔國家科技計劃項目，吸引國際知名企業設立分支機構，推進開放型產業創新。

加強人民當家作主制度保障

林尚立

　　習近平總書記在黨的二十大報告中指出："人民民主是社會主義的生命，是全面建設社會主義現代化國家的應有之義"，並對加強人民當家作主制度保障作出全面部署。歷史和實踐告訴我們，沒有民主就沒有社會主義，就沒有社會主義現代化，就沒有中華民族偉大復興。要發展全過程人民民主，保障人民當家作主，我們必須堅定不移走中國特色社會主義政治發展道路，健全人民當家作主制度體系，加強人民當家作主制度保障。

一、人民當家作主是社會主義民主政治的本質和核心

　　我國是工人階級領導的、以工農聯盟為基礎的人民民主專政的社會主義國家，國家的一切權力屬人民，人民當家作主。我國社會主義民主是維護人民根本利益的最廣泛、最真實、最管用的民主。發展社會主義民主政治就是要體現人民意志、保障人民權益、激發人民創造活力，用制度體系保證人民當家作主。

　　發展社會主義民主政治，保證人民當家作主，保證國家政治生活既充滿活力又安定有序，關鍵是要堅持黨的領導、人民當家作主、依法治國有機統一。黨的領導是人民當家作主和依法治國的根本保證，人民當家作主是社會主義民主政治的本質特徵，依法治國是黨領導人民治理國家的基本方式，三者統一於我國社會主義民主政治偉大實踐。

　　中國特色社會主義最本質的特徵是中國共產黨領導，中國特色社會主義制度的最大優勢是中國共產黨領導。中國共產黨領導，就是支持和保證人民實現當家作主。人民民主，是中國共產黨始終高舉的旗幟；尊重人民主體

地位，保證人民當家作主，是中國共產黨的一貫主張。黨在團結帶領人民進行革命、建設、改革的偉大奮鬥中，探索形成了中國特色社會主義制度，確立了以人民代表大會制度為根本政治制度，中國共產黨領導的多黨合作和政治協商制度、民族區域自治制度、基層群眾自治制度等基本政治制度為主要內容的人民當家作主制度體系，並在實踐中不斷推進社會主義民主政治制度化、規範化、程序化，把制度優勢轉化為治理效能。

習近平總書記指出：「評價一個國家政治制度是不是民主的、有效的，主要看國家領導層能否依法有序更替，全體人民能否依法管理國家事務和社會事務、管理經濟和文化事業，人民群眾能否暢通表達利益要求，社會各方面能否有效參與國家政治生活，國家決策能否實現科學化、民主化，各方面人才能否通過公平競爭進入國家領導和管理體系，執政黨能否依照憲法法律規定實現對國家事務的領導，權力運用能否得到有效制約和監督。」據此，相較西方資本主義制度，中國特色社會主義制度、中國共產黨領導的人民當家作主制度體系具有鮮明特色和顯著優勢。鄧小平說：「資本主義社會講的民主是資產階級的民主，實際上是壟斷資本的民主，無非是多黨競選、三權鼎立、兩院制。我們的制度是人民代表大會制度，共產黨領導下的人民民主制度，不能搞西方那一套。社會主義國家有個最大的優越性，就是幹一件事情，一下決心，一做出決議，就立即執行，不受牽扯。」

所以，習近平總書記強調指出，「發展社會主義民主政治，關鍵是要增加和擴大我們的優勢和特點」，具體來說，就是在堅持黨的領導、人民當家作主、依法治國有機統一基礎上增加和擴大中國特色社會主義制度的優勢和特點。第一，要堅持發揮黨總攬全局、協調各方的領導核心作用，提高黨科學執政、民主執政、依法執政水平，保證黨領導人民有效治理國家，切實防止出現群龍無首、一盤散沙的現象。第二，要堅持國家一切權力屬人民，既保證人民依法實行民主選舉，也保證人民依法實行民主協商、民主決策、民主管理、民主監督，切實防止出現選舉時漫天許諾、選舉後無人過問的現象。第三，要堅持和完善中國共產黨領導的多黨合作和政治協商制度，加強社會各種力量的合作協調，切實防止出現黨爭紛沓、相互傾軋的現象。第四，要堅持和完善民族區域自治制度，鞏固平等團結互助和諧的社會主義民族關係，促進各民族和睦相處、和衷共濟、和諧發展，切實防止出現民族隔閡、民族衝突的現象。第五，要堅持和完善基層群眾自治制度，發展基層民主，保障人民依法直接行使民主權利，切實防止出現人民形式上有權、實際上無權的現象。第六，要堅持和完善民主集中制的制度和原則，促使各類國家機關提高能力和效率、增進協調和配合，形成治國理政的強大合力，切實防止出現相互掣肘、內耗嚴重的現象。

二、必須堅持用制度體系保障人民當家作主

習近平總書記指出："保證和支持人民當家作主不是一句口號、不是一句空話，必須落實到國家政治生活和社會生活之中，保證人民依法有效行使管理國家事務、管理經濟和文化事業、管理社會事務的權力。"我國社會主義民主之所以是維護人民根本利益的最廣泛、最真實、最管用的民主，最根本的在於黨領導人民形成了全面、廣泛、有機銜接的人民當家作主制度體系。這套制度體系，在確保全體人民實行民主選舉、民主協商、民主決策、民主管理、民主監督有可運行、可操作、可落實的制度規範的同時，也為實踐中不斷豐富民主形式，拓寬民主渠道，保證人民平等參與、平等發展權利提供了全面而廣泛的法律和制度保障。

人民民主制度體系是在黨和人民長期探索中形成的，是社會主義政治文明建設的偉大創造，是對人類政治文明的重大貢獻。對這個歷史過程，習近平總書記作出了這樣的概括和總結：我們黨自成立之日起就致力於建設人民當家作主的新社會，提出了關於未來國家制度的主張，並領導人民為之進行鬥爭。土地革命戰爭時期，我們黨在江西中央蘇區建立了中華蘇維埃共和國，開始了國家制度和法律制度建設的探索。抗日戰爭時期，我們黨建立以延安為中心、以陝甘寧邊區為代表的抗日民主政權，成立邊區政府，按照"三三制"原則，以參議會為最高權力機關，建立各級立法、行政、司法機關。新中國成立後，我們黨創造性地運用馬克思主義國家學說，為建設社會主義國家制度進行了不懈努力，逐步確立並鞏固了國家的國體、政體、根本政治制度、基本政治制度、基本經濟制度和各方面的重要制度，中國特色社

會主義制度不斷完善，中國特色社會主義法律體系也不斷健全。

人民民主制度體系是保證人民在黨的領導下依法通過各種途徑和形式管理國家事務、管理經濟和文化事業、管理社會事務的制度體系，因而是系統而全面的。具體來說，它是把根本政治制度、基本政治制度同基本經濟制度以及各方面體制機制等具體制度有機結合起來的制度體系，是把國家層面民主制度同基層民主制度有機結合起來的制度體系，是把黨的領導、人民當家作主、依法治國有機結合起來的制度體系，集中體現了中國特色社會主義制度的優勢和特點，充分彰顯了我國社會主義民主的全面性、真實性和有效性，是人民當家作主的根本制度保障。

習近平總書記指出："一個國家民主不民主，關鍵在於是不是真正做到了人民當家作主，要看人民有沒有投票權，更要看人民有沒有廣泛參與權；要看人民在選舉過程中得到了什麼口頭許諾，更要看選舉後這些承諾實現了多少；要看制度和法律規定了什麼樣的政治程序和政治規則，更要看這些制度和法律是不是真正得到了執行；要看權力運行規則和程序是否民主，更要看權力是否真正受到人民監督和制約。"所以，發展社會主義民主政治，不僅要堅持用這套制度體系保證人民當家作主，而且要在人民當家作主實踐中不斷完善和發展這套制度體系，正如習近平總書記所指出的："發展社會主義民主政治關鍵是要把我國社會主義民主政治的特點和優勢充分發揮出來，不斷推進社會主義民主政治制度化、規範化、程序化，為黨和國家興旺發達、長治久安提供更加完善的制度保障。"

三、人民代表大會制度是保證人民當家作主的好制度

我國實行工人階級領導的、以工農聯盟為基礎的人民民主專政的國體，實行人民代表大會制度的政體。歷史表明，人民代表大會制度，是黨和人民深刻總結近代以後中國政治生活慘痛教訓得出的基本結論，是中國社會 100 多年激越變革、激盪發展的歷史結果，是中國人民翻身作主、掌握自己命運的必然選擇。

我國是一個大國，在人口規模巨大的國家要實現人民當家作主、保證人

民廣泛參加國家治理和社會治理，在人類政治文明發展史上是前所未有的，沒有現成的制度，需要我們在馬克思主義指導下獨立探索、自主創造。為了實現人民當家作主，在新民主主義革命時期，我們黨在根據地創建人民政權，為建立新型政治制度積累了實踐經驗。經過實踐探索和理論思考，以毛澤東同志為主要代表的中國共產黨人創造性地提出實行人民代表大會制度的構想。1954 年 9 月，一屆全國人大一次會議召開，通過了《中華人民共和國憲法》，標誌着人民代表大會制度這一國家根本政治制度正式建立。

我國實行人民代表大會制度已 60 多年，為黨領導人民在古老的東方大國建立起保證億萬人民當家作主的社會主義國家、創造經濟快速發展和社會長期穩定的兩大奇跡提供了重要制度保障。習近平總書記指出："實踐證明，人民代表大會制度是符合我國國情和實際、體現社會主義國家性質、保證人民當家作主、保障實現中華民族偉大復興的好制度，是我們黨領導人民在人類政治制度史上的偉大創造，是在我國政治發展史乃至世界政治發展史上具有重大意義的全新政治制度。"

人民代表大會制度之所以具有強大生命力和顯著優越性，根本在於始終堅持黨的領導。人民代表大會制度是堅持黨的領導、人民當家作主、依法治國有機統一的根本政治制度安排。堅持黨的領導、人民當家作主、依法治國有機統一，核心是堅持黨的領導。黨的領導是人民當家作主和依法治國的根本保證。發揮黨總攬全局、協調各方的領導核心作用，一方面，提高黨科學執政、民主執政、依法執政水平，保證黨領導人民有效治理國家，切實防止社會群龍無首、國家四分五裂的現象，不斷推進社會主義民主政治制度化、規範化、程序化，全面提高國家治理體系和治理能力現代化水平；另一方面，促使各類國家機關提高能力和效率、增進協調和配合，形成治國理政的強大合力，不斷推動各類國家機關工作更好體現人民利益、反映人民願望、維護人民權益。

人民代表大會制度之所以具有強大生命力和顯著優越性，關鍵在於深深植根於人民之中。習近平總書記指出："我們國家的名稱，我們各級國家機關的名稱，都冠以'人民'的稱號，這是我們對中國社會主義政權的基本定位。中國 260 多萬各級人大代表，都要忠實代表人民利益和意志，依法參加行使國家權力。各級國家機關及其工作人員，不論做何種工作，說到底都是為人民服務。這一基本定位，什麼時候都不能含糊、不能淡化。"

民主集中制是中國國家組織形式和活動方式的基本原則，也是支持和保證人民通過人民代表大會行使國家權力的制度保證。1945 年 4 月，毛澤東在構想人民代表大會制度時，就明確指出："新民主主義的政權組織，應該採取民主集中制，由各級人民代表大會決定大政方針，選舉政府。它是民主的，又是集中的，就是說，在民主基礎上的集中，在集中指導下的民主。只有這個制度，才既能表現廣泛的民主，使各級人民代表大會有高度的權力；又能集中處理國事，使各級政府能集中地處理被各級人民代表大會所委託的一切事務，並保障人民的一切必要的民主活動。" 所以，採取民主集中制的人民代表大會制度，堅持人民通過人民代表大會統一行使國家權力，各級人民代表大會由民主選舉產生，對人民負責，受人民監督；各級國家行政機關、監察機關、審判機關、檢察機關都由人民代表大會產生，對人大負責，受人大監督；實行決策權、執行權、監督權既合理分工又相互協調，保證國家機關依照法定權限和程序行使職權、履行職責；堅持在黨中央統一領導下，充分發揮地方主動性和積極性，保證國家統一高效組織推進各項事業。

習近平總書記指出："歷史和現實都表明，制度穩則國家穩，制度強則國家強。" 黨的二十大報告提出的加強人民當家作主制度保障的目標任務和行動綱領，是新時代不斷推進和拓展中國式現代化的必然要求和重要保障，對於新時代發展全過程人民民主，更好踐行以人民為中心的發展思想，充分調動人民的積極性、主動性、創造性，全面建設社會主義現代化國家、全面推進中華民族偉大復興具有重大的現實意義。

基層民主是全過程人民民主的重要體現

施芝鴻

黨的二十大報告立足新時代新征程，作出了"發展全過程人民民主，保障人民當家作主"的重要部署。報告還強調："基層民主是全過程人民民主的重要體現"，凸顯了基層民主在全面發展全過程人民民主、保障人民當家作主方面既不可或缺又不可替代的重要地位和作用。

一、包括基層民主在內的全過程人民民主是最廣泛、最真實、最管用的民主

黨的二十大報告指出，"全過程人民民主是社會主義民主政治的本質屬性，是最廣泛、最真實、最管用的民主"。在中國特色社會主義新時代，以習近平同志為核心的黨中央，既創造了中國式現代化道路、創造了人類文明新形態，也推動和拓展了中國式民主，豐富了人類政治文明形態，為在新時代新征程更好保障人民當家作主，堅持人民主體地位，充分體現人民意志、保障人民權益、激發人民創造活力提供了強大理論支撐和堅實制度保證。

在中國特色社會主義新時代這 10 年，習近平總書記先後兩次在全國人大工作會議、兩次在全國政協工作會議以及其他重要場合，對民主問題作了一系列深刻論述，在提出全過程人民民主重大理念、領導人民實現全過程人民民主過程中，把中國式民主價值和理念更多轉化為科學有效的制度安排和具體現實的民主實踐。為加深對"基層民主是全過程人民民主的重要體現"的認識，有必要精準認識和把握全過程人民民主 12 個方面的精髓要義。

一是中國式民主是人民民主，人民民主是社會主義的生命。二是人民

當家作主是中國式民主的本質和核心，必須用制度體系保障人民當家作主。**三是**必須堅持黨的領導、人民當家作主、依法治國有機統一，堅定走中國特色社會主義政治發展道路。**四是**選舉民主和協商民主是中國式民主的兩種重要形式，二者共同構成中國社會主義民主政治的特點和優勢。**五是**發展中國式民主的關鍵是要把我國社會主義民主政治的特點和優勢充分發揮出來，不斷推進社會主義民主政治制度化、規範化、程序化。**六是**全過程人民民主是近代以來黨團結帶領人民長期奮鬥歷史邏輯、理論邏輯、實踐邏輯的必然結果，是堅持黨的本質屬性、踐行黨的根本宗旨的必然要求。**七是**全過程人民民主實現了過程民主和成果民主、程序民主和實質民主、直接民主和間接民主、人民民主和國家意志相統一，是全鏈條、全方位、全覆蓋的民主。**八是**全過程人民民主的高質量，促進了國家治理的高效能，提升了國家治理體系和治理能力現代化水平。**九是**全過程人民民主，形成和發展於黨領導人民爭取民族獨立、人民解放和實現國家富強、人民幸福的不懈奮鬥，扎根在廣袤的中華大地，吸吮着中華民族漫長奮鬥積累的文化養分，學習借鑒人類文明優秀成果，符合中國國情、得到人民擁護，具有深厚現實基礎和廣闊發展前景。**十是**全過程人民民主，具有完整的制度程序和完整的參與實踐，使選舉民主和協商民主這兩種重要民主形式更好結合起來，構建起覆蓋 960 多萬平方公里土地、14 億多人民、56 個民族的民主體系，實現了最廣大人民的廣泛持續參與。**十一是**全過程人民民主既有鮮明的中國特色，也體現全人類共同價值，為豐富和發展人類政治文明貢獻了中國智慧和中國方案。**十二是**要繼續推進全過程人民民主建設，把人民當家作主具體地、現實地體現到黨治國理政的政策措施上來，具體地、現實地體現到黨和國家機關各個方面、各個層級工作上來，具體地、現實地體現到實現人民對美好生活嚮往的工作上來。

黨的二十大報告之所以突出強調，"基層民主是全過程人民民主的重要體現"，一是因為，基層民主是發展我國社會主義民主政治的基礎性工程。全國 14 億多人民生產生活的重心在基層，擴大基層民主，讓人民群眾直接行使民主權利，依法管理自己的事情，是社會主義民主最廣泛的實踐，是社會主義民主政治建設的基礎性工作。新中國成立以來的無數歷史事實表明，發展基層民主是提高人民群眾政治素質和管理能力的重要平台，是實現人民有效政治參與的重要渠道，是推動我國社會主義民主政治建設的重要內容，也是全過程人民民主的重要體現。二是因為我國基層群眾自治制度，即人民群眾在基層黨組織領導和支持下，通過實行以村民自治制度、居民自治制度和職工代表大會制度為主要內容的基層群眾自治，依法直接行使民主權利，實現自我管理、自我服務、自我教育、自我監督，既增強了人民群眾民主意識和民主能力，培養了民主習慣，也有效防止了人民形式上有權、實際上無權現象。黨在發展社會主義民主政治實踐中把基層民主納入全過程人民民主的整體制度程序，同時也就把中國式過程民主和成果民主、程序民主和實質民主、直接民主和間接民主、人民民主和全方位民主統一起來，從而使基層民主成為全過程人民民主的重要體現。三是因為，自黨的十二大以來，歷次黨的全國代表大會都對發展基層民主提出與時俱進的具體要求。黨的十七大報告還首次將基層民主納入社會主義民主政治的總體框架，明確提出要堅持和完善人民代表大會制度、中國共產黨領導的多黨合作和政治協商制度、民族區域自治制度以及基層群眾自治制度，從而共同構成了中國特色社會主義民主制度體系的"四樑八柱"。同時又在新時代偉大實踐中，把全過程人民民主的完整制度程序擴展為包括實行人民民主專政的國體、鞏固和發展最廣泛的愛國統一戰線等方面，這就從科學有效的制度安排上彰顯了基層民主是全過程人民民主的重要體現。四是因為，我國基層民主的核心內容初始包括民主選舉、民主決策、民主管理和民主監督，自基層民主納入我國社會主義民主政治總體框架之後，這四個方面的民主權利也理所當然地成為了全過程人民民主的完整的參與實踐，在新時代又擴展為包括民主協商在內更為完整的參與實踐，這又從完整的參與實踐方面彰顯了基層民主是全過程人民民主的重要體現。

二、新時代與時俱進的基層民主為全過程人民民主不斷注入新動力

在中國特色社會主義新時代，習近平總書記在對中西方民主制度進行科學的比較研究基礎上，原創性地提出："評價一個國家政治制度是不是民主的、有效的，主要看國家領導層能否依法有序更替，全體人民能否依法管理國家事務和社會事務、管理經濟和文化事業，人民群眾能否暢通表達利益要

求，社會各方面能否有效參與國家政治生活，國家決策能否實現科學化、民主化，各方面人才能否通過公平競爭進入國家領導和管理體系，執政黨能否依照憲法法律規定實現對國家事務的領導，權力運用能否得到有效制約和監督。"習近平總書記還提出："一個國家民主不民主，關鍵在於是不是真正做到了人民當家作主，要看人民有沒有投票權，更要看人民有沒有廣泛參與權；要看人民在選舉過程中得到了什麼口頭許諾，更要看選舉後這些承諾兌現了多少；要看制度和法律規定了什麼樣的政治程序和政治規則，更要看這些制度和法律是不是真正得到了執行；要看權力運行規則和程序是否民主，更要看權力是否真正受到人民監督和制約。"習近平總書記關於要用"八個能否"、"四個要看、四個更要看"作為檢驗真假民主的宏觀性、現實性標準的重要思想，極大地鼓舞了全國城鄉基層人民群眾和各種所有制企業和事業單位的職工群眾，使他們更加堅定了對我國基層群眾自治的制度自信和對中國特色社會主義政治發展道路的信心。

黨的十八大以來的這 10 年，黨內外輿論公認，全國城鄉基層民主創新創造比以往任何時候都更加活躍，基層民主活力也得到進一步增強。從城鄉社區的村（居）民議事會、村（居）民論壇、民主懇談會、民主聽證會到黨代表、人大代表、政協委員聯袂進社區，從"小院議事廳"到"板凳民主"，從線下"圓桌會"到線上"議事群"，中國人民在新時代火熱的基層民主生活實踐中，摸索和創造出一個又一個充滿煙火氣的基層民主新形式。人民群眾通過這些接地氣、聚人氣、提心氣的民主實踐，圍繞涉及自身切身利益的實際問題，積極發表意見建議，持續進行廣泛協商，利益得到協調，矛盾有效化解，合理化建議被及時採納，促進了基層穩定與和諧安寧。我國基層民主的許多好的經驗做法上升為國家政策和法律制度，為中國式民主發展不斷注入新的動力。

基層群眾自治制度看得見、摸得着，行得通、有成效，不但增強了全國城鄉基層群眾的民主意識和民主能力，培養了基層群眾的民主習慣，而且充分彰顯了中國式民主這一全過程人民民主的真實性、廣泛性和有效性。充滿生機活力的城鄉基層群眾自治，使得社會細胞都活躍起來，使廣大基層的"微治理"富有活力、更有效率，為建設人人有責、人人享有的基層治理共同體提供了堅實制度保障。

以下兩個彰顯基層群眾自治制度明顯成效的典型事例，很能說明新時代與時俱進的城鄉基層民主是怎樣為全過程人民民主不斷注入新動力的。

一個是，被寫入 2018 年中共中央一號文件的、由浙江省寧海縣首創的村級小微權力清單制度（簡稱"三十六條"）。這個彰顯農村基層民主監督威力的又一重大制度創新，有助於徹底打通村級權力運行的"最後一公里"，在制度創新、機制再造層面上，讓我國廣大鄉村的基層民主、村民自治真正落到實處。被當地農民群眾譽為用設置"紅綠燈"、畫出"斑馬線"對所有村級事務、所有村級權力實行陽光治理全覆蓋的"三十六條"，其核心密碼就是**"五議決策法"**，即以村級黨組織**提議**，黨支部委員會、村民委員會、村股份經濟合作社聯席會議**商議**，村黨員大會**審議**，村民（成員）代表會議**決議**，組織實施、結果公告並接受群眾**評議**。作為村級事務決策必須經過的程序，這是集村務監督完整制度程序、完整實踐形態為一體的村民自我監督、民主監督寶典。寧海縣農民群眾說，"自'三十六條'運行以來，還沒有哪個村民反映所辦理的事項在'三十六條'中找不到依據的。"

另一個典型事例是，在習近平總書記"全過程人民民主"重要理念的首提地上海長寧區虹橋街道，有一個外籍人口比例過半的國際社區叫古北社區，社區黨總支曾一度為外籍居民在參與社區自治、居民議事方面遇到權利、機制、成本等方面的困難和堵點焦急不已。但他們沒有被困難嚇倒，而是知難而進、迎難而上，一方面搭建"市民議事廳"平台，另一方面主動"訪賢問能"，挖掘撬動這些外籍居民成為社區民主選舉、民主協商、民主決策、民主管理、民主監督的參與力量。社區黨總支書記說，"一開始沒人來的，我們運用組團式走訪、電子日志走訪和社區活動等各種方式挖掘人才，並且用中英日韓四國語言在社區裏發佈'招賢榜'，還在微信號、新聞媒體上發佈招募廣告，希望大家多多參與社區事務。後來我們發現，其實有不少外籍居民是願意參加的，他們可能就是不知道參與的程序"。上海虹橋街道古北社區"市民議事廳"最初主要是以信息溝通和情感交流為主，隨着經驗逐漸成熟，居民區探索出一套**"自主提事、按需議事、約請參事、民主評事、跟蹤監事"**的"市民議事廳"運行規則。目前這套規則已被廣泛運用於垃圾分類、加裝電梯、公共綠化改造等各類社區事務中，並且已在全街道得到推廣，成為社區公共事務治理的必經流程。這是為城市社區居民依法直接行使民主權利，實現自我管理、自我服務、自我教育、自我監督並探索居民自治的整體制度程序、整體實踐形態注入新動力的生動體現。

三、 全面貫徹落實黨的二十大關於積極發展基層民主的新的更高要求

黨的二十大報告在深刻論述 "基層民主是全過程人民民主的重要體現" 的基礎上，對新時代新征程上如何積極發展基層民主提出了三條新的更高要求。

一是要 "健全基層黨組織領導的基層群眾自治機制，加強基層組織建設，完善基層直接民主制度體系和工作體系，增強城鄉社區群眾自我管理、自我服務、自我教育、自我監督的實效"。中國共產黨的領導，是發展全過程人民民主的根本保證，無論是發展間接民主還是城鄉基層直接民主，都離不開黨的堅強有力的統一領導。在此基礎上，需要通過健全基層群眾自治機制，加強基層組織建設，完善基層直接民主制度體系和工作體系，這就是要建成基層民主完整的制度程序和完整的參與實踐，並且把完善的基層民主制度形態轉化為城鄉村（居）民自治效能。

二是要 "完善辦事公開制度，拓寬基層各類群體有序參與基層治理渠道，保障人民依法管理基層公共事務和公益事業"。具體來說，就是着力健全基層黨組織領導的自治、法治、德治相結合的城鄉基層治理體系，健全社區管理和服務機制，推進網格化管理和服務。基層黨組織需要把社區工作做到位做到家，在辦好一件件老百姓操心事、煩心事中提升群眾獲得感、幸福感、安全感。還需要充分發揮群團組織和社會組織作用，發揮行業協會商會自律功能，實現政府治理和社會調節、居民自治良性互動，夯實基層社會治理基礎，打造人人有責、人人盡責、人人享有的社會治理共同體，同時推動社會治理和服務中心向基層下移，把更多資源下沉到基層，保障人民依法直接行使民主權利。

三是要“全心全意依靠工人階級，健全以職工代表大會為基本形式的企事業單位民主管理制度，維護職工合法權益”。職工代表大會是保證職工對企事業單位實行民主管理的基本形式，廣大職工在企事業單位中所享有的當家作主的民主權利，主要通過職工代表大會來體現。職工代表通過以廠務公開制度、職業董事制度、職業監事制度為主要內容的民主管理制度，參與企事業單位管理，維護單位職工合法權益。截至 2021 年 12 月，在全國已建立工會組織的企業中，建立職工代表大會的企業有 314.4 萬家，其中，非公有制企業 293.8 萬家，佔 93.4%。在黨的二十大之前，黨的十八大、十九大和十九屆四中全會都對全心全意依靠工人階級、健全以職工代表大會為基本形式的企事業單位民主管理制度，分別作出過部署，其目的就是要探索職工參與管理的有效方式，保障職工群眾的知情權、參與權、表達權、監督權，更好維護職工合法權益。

統一戰線是凝聚人心匯聚力量的強大法寶

舒啟明

習近平總書記在黨的二十大報告中強調："人心是最大的政治，統一戰線是凝聚人心、匯聚力量的強大法寶。完善大統戰工作格局，堅持大團結大聯合，動員全體中華兒女圍繞實現中華民族偉大復興中國夢一起來想、一起來幹。"這是立足我們黨在新時代新征程上全面建成社會主義現代化強國、以中國式現代化全面推進中華民族偉大復興的中心任務作出的科學概括和戰略部署，對於發展壯大新時代愛國統一戰線，匯聚起共襄偉業的磅礴力量，具有十分重要的意義。

一、深刻理解習近平總書記關於做好新時代黨的統一戰線工作的重要思想

2022 年是全黨全國各族人民邁上全面建設社會主義現代化國家新征程、向第二個百年奮鬥目標進軍的重要一年，也是我們黨明確提出統一戰線政策 100 周年。在黨的百年奮鬥歷程中，統一戰線始終是黨的總路線總政策的重要組成部分。在我國革命、建設、改革各個歷史時期，我們黨始終堅持以馬克思主義關於統一戰線的理論為指導，先後建立了國民革命聯合戰線、工農民主統一戰線、抗日民族統一戰線、人民民主統一戰線、新時期愛國統一戰線，黨領導中國人民和中華民族心聚在了一起、血流到了一起，共同書寫了抵禦外來侵略、推翻反動統治、建設人民國家、推進改革開放的英雄史詩。事實充分證明，把一切可以團結的力量團結在黨的周圍，結成最廣泛的統一戰線，是我們戰勝一切艱難險阻、奪取事業勝利的強大力量源泉。

黨的十八大以來，以習近平同志為核心的黨中央統籌中華民族偉大復興戰略全局和世界百年未有之大變局，從治國理政的戰略高度對統戰工作作出全面部署，先後制定《中國共產黨統一戰線工作條例》、《中國共產黨政治協商工作條例》，出台關於多黨合作、民族、宗教、涉藏、涉疆、黨外知識分子、民營經濟、新的社會階層人士、僑務等方面工作的法規文件，先後召開兩次中央統戰工作會議、兩次中央西藏工作座談會、兩次中央新疆工作座談會、兩次中央民族工作會議、兩次全國宗教工作會議，召開中央政協工作會議等重要會議，對統戰工作提出一系列明確要求，推動統戰工作取得歷史性成就，統一戰線呈現出團結、奮進、開拓、活躍的良好局面。

　　新時代統戰工作取得的最大成果，是在實踐中形成了習近平總書記關於做好新時代黨的統一戰線工作的重要思想。2022 年 7 月，習近平總書記在中央統戰工作會議上將這一重要思想概括為"十二個必須"：必須充分發揮統一戰線的重要法寶作用，必須解決好人心和力量問題，必須正確處理一致性和多樣性關係，必須堅持好發展好完善好中國新型政黨制度，必須以鑄牢中華民族共同體意識為黨的民族工作主線，必須堅持我國宗教中國化方向，必須做好黨外知識分子和新的社會階層人士統戰工作，必須促進非公有制經濟健康發展和非公有制經濟人士健康成長，必須發揮港澳台和海外統戰工作爭取人心的作用，必須加強黨外代表人士隊伍建設，必須把握做好統戰工作的規律，必須加強黨對統戰工作的全面領導。"十二個必須"涵蓋了統一戰線地位作用、本質要求、工作方針、任務重點、領導力量等基本問題，對加強和改進統戰工作提出了一系列新理念新思想新戰略，是一個內涵豐富、邏輯嚴密、系統完備的有機整體，是我們黨的統一戰線百年發展史的智慧結晶，是我們黨對做好統戰工作規律性認識的深化，是新時代統戰工作的根本指針。

　　新時代統一戰線工作取得歷史性成就，根本在於習近平總書記作為黨中央的核心、全黨的核心領航掌舵，在於習近平總書記關於做好新時代黨的統一戰線工作的重要思想科學指引。新征程上，堅持愛國統一戰線發展的正確方向，開創統一戰線事業新局面，動員和促進海內外中華兒女團結奮鬥，必須深刻領悟"兩個確立"的決定性意義，增強"四個意識"、堅定"四個自信"、做到"兩個維護"，把思想和行動統一到黨的二十大戰略部署上來，統一到習近平總書記關於做好新時代黨的統一戰線工作的重要思想上來，並完整、準確、全面貫徹落實好。

二、準確把握新時代愛國統一戰線的歷史方位

統一戰線是我們黨凝聚人心、匯聚力量的政治優勢和戰略方針。毛澤東曾指出，所謂政治，就是把我們的人搞得多多的，把敵人搞得少少的，並將統一戰線稱為戰勝敵人的三大法寶之一。習近平總書記強調，統一戰線是黨克敵制勝、執政興國的重要法寶，是團結海內外全體中華兒女實現中華民族偉大復興的重要法寶，必須長期堅持。還強調，人心向背、力量對比是決定黨和人民事業成敗的關鍵，是最大的政治。統戰工作的本質要求是大團結大聯合，解決的就是人心和力量問題。我們要深刻理解發展壯大新時代愛國統一戰線的重大意義，準確把握新時代愛國統一戰線的歷史方位，以高度的使命感和責任感做好工作。

統一戰線是黨的事業取得勝利的重要法寶。一部黨的百年奮鬥史，就是最大限度團結各方面力量、從勝利走向勝利的歷史，也是我們黨運用統一戰線，不斷由小到大、以弱勝強、由弱變強，實現自身發展壯大的歷史。黨的十九屆六中全會制定的第三個歷史決議，把"堅持統一戰線"作為黨百年奮鬥10條歷史經驗之一。以習近平同志為核心的黨中央領導全國各族人民勝利完成了脫貧攻堅、全面建成小康社會的歷史任務，我國已經邁上全面建設社會主義現代化國家的新征程，我們比歷史上任何時期都更接近、更有信心和能力實現中華民族偉大復興的宏偉目標。新征程上，我們清醒看到，世界之變、時代之變、歷史之變的特徵更加明顯，我國發展面臨新的戰略機遇、新的戰略任務、新的戰略階段、新的戰略要求、新的戰略環境，黨所處的歷史方位、所面臨的內外形勢、所肩負的使命任務發生了新變化。我們深知，中華民族偉大復興絕不是輕輕鬆鬆、敲鑼打鼓就能實現的，前進道路上必然會有艱巨繁重的新任務，必然會有艱難險阻甚至驚濤駭浪。越是目標遠大，越是任務艱巨，越是形勢複雜，越是要把統一戰線發展好、把統戰工作開展好，把各方面智慧和力量凝聚起來，形成海內外中華兒女同心共圓中國夢的

強大合力。

統一戰線的歷史方位取決於我國發展的歷史方位。黨的十八大以來，中國特色社會主義進入新時代。行進到中華民族偉大復興關鍵一程，統一戰線面臨的時和勢、肩負的使命和任務發生了某些重大變化。習近平總書記深刻指出：“世界百年未有之大變局加速演進，統一戰線在維護國家主權、安全、發展利益上的作用更加重要。全面建設社會主義現代化國家、實現中華民族偉大復興，統一戰線在圍繞中心、服務大局上的作用更加重要。我國社會結構發生深刻變化，統一戰線在增強黨的階級基礎、擴大黨的群眾基礎上的作用更加重要。”這三個“更加重要”的判斷，立足國內國際兩個大局，着眼黨的執政能力建設，科學分析新形勢新挑戰，是我們準確把握新時代愛國統一戰線歷史方位的根本依據。

做好新時代統戰工作，必須緊扣新時代愛國統一戰線的基本任務：堅持以習近平新時代中國特色社會主義思想為指導，堅持中國共產黨領導，堅持中國特色社會主義道路，高舉愛國主義、社會主義偉大旗幟，堅持一致性和多樣性統一，堅持圍繞中心、服務大局，堅持與時俱進、守正創新，加強思想政治引領，發揮凝聚人心、匯聚力量的政治作用，促進政黨關係、民族關係、宗教關係、階層關係、海內外同胞關係和諧，促進海內外中華兒女團結奮鬥，為全面建成社會主義現代化強國、實現中華民族偉大復興匯聚磅礡偉力。這一基本任務，是準確把握新時代愛國統一戰線歷史方位作出的科學謀劃，是立足黨和國家事業發展全局作出的戰略部署。

三、牢牢把握促進中華兒女大團結的歷史責任

習近平總書記強調，促進中華兒女大團結，是新時代愛國統一戰線的歷史責任；統一戰線是做人的工作，搞統一戰線是為了壯大共同奮鬥的力量。百年來，黨和人民取得的一切成就都是團結奮鬥的結果。團結奮鬥是中國共產黨和中國人民最顯著的精神標識，團結奮鬥是中國人民創造歷史偉業的必由之路。我們靠團結奮鬥創造了輝煌歷史，還要靠團結奮鬥開闢美好未來。新征程上，要牢牢把握新時代愛國統一戰線的歷史責任，圍繞黨的中心任務

凝心聚力，按照統戰工作大團結大聯合的本質要求，真正把不同黨派、不同民族、不同階層、不同群體、不同信仰以及生活在不同社會制度下的全體中華兒女都團結起來，形成海內外中華兒女心往一處想、勁往一處使的生動局面。堅持團結一切可以團結的力量，促進政黨關係、民族關係、宗教關係、階層關係、海內外同胞關係和諧，需要重點抓好以下工作。

（一）**堅持和完善中國共產黨領導的多黨合作和政治協商制度。**我國這一基本政治制度，創造了全新的政黨政治模式。要堅持中國共產黨領導，堅持長期共存、互相監督、肝膽相照、榮辱與共，加強同民主黨派和無黨派人士的團結合作。各民主黨派要做中國共產黨的好參謀、好幫手、好同事，中國共產黨要支持民主黨派加強中國特色社會主義參政黨建設，更好發揮我國社會主義新型政黨制度優勢。

（二）**以鑄牢中華民族共同體意識為黨的民族工作主線。**中華民族共同體意識是民族團結之本。要堅定不移走中國特色解決民族問題的正確道路，堅持和完善民族區域自治制度，加強和改進黨的民族工作，全面推進民族團結進步事業。

（三）**堅持我國宗教中國化方向。**全面貫徹新時代黨的宗教工作理論和方針政策，堅持保護合法、制止非法、遏制極端、抵禦滲透、打擊犯罪，積極引導宗教與社會主義社會相適應。

（四）**加強黨外知識分子和新的社會階層人士統戰工作。**黨外知識分子工作是統一戰線重要工作，新的社會階層人士是中國特色社會主義事業的建設者。要強化共同奮鬥的政治引領，發揮他們在全面建設社會主義現代化國家中的重要作用。

（五）**促進非公有制經濟健康發展和非公有制經濟人士健康成長。**非公有制經濟是我國社會主義市場經濟的重要組成部分，民營經濟人士是黨必須團結的重要對象。要深入開展理想信念教育和社會主義核心價值觀教育，全面構建親清政商關係，促進民營經濟持續健康發展，引導民營經濟人士做合格的中國特色社會主義事業建設者。

（六）**做好港澳台海外統戰工作和僑務工作。**發展壯大愛國愛港愛澳力量，增強港澳同胞的愛國精神，形成更廣泛的國內外支持"一國兩制"的統一戰線。堅持貫徹新時代黨解決台灣問題的總體方略，堅持團結廣大台灣同胞，堅定支持島內愛國統一力量。加強和改進僑務工作，形成共同致力民族復興的強大力量。

（七）**做好網絡統戰工作。**我國是互聯網大國，互聯網日益成為爭取人心的主陣地。要走好網絡群眾路線，構建網上網下同心圓，廣泛聚合正能量。

四、加強黨對統戰工作的領導

習近平總書記強調，加強新時代統一戰線工作，根本在於堅持黨的領導。中國共產黨領導是統一戰線最鮮明的特徵，堅持黨的領導是統一戰線最根本、最核心的問題。黨的領導有力，黨的旗幟鮮明，統一戰線才能始終沿着正確政治方向前進，才能煥發強大凝聚力和向心力，向着共同目標團結奮鬥。

（一）**落實各級黨委（黨組）統戰工作主體責任。**統一戰線是黨領導的統一戰線，在統戰工作中實行的政策、採取的措施都要有利於堅持和鞏固黨的領導地位和執政地位。各級黨委（黨組）要履行主體責任，從黨和國家事業發展全局的戰略高度認識和把握統一戰線和統戰工作，把凝聚人心、匯聚力量作為想問題、作決策的重要原則，把統戰工作擺上重要議事日程。各級黨委（黨組）領導班子成員要帶頭學習宣傳和貫徹落實統一戰線理論方針政策和法律法規，帶頭參加統一戰線重要活動，帶頭廣交深交黨外朋友。

（二）**掌握統戰工作科學方法。**做好統戰工作，必須掌握規律、堅持原則、講究方法。要堅持一致性和多樣性統一，把握好"四個關係"：把握好固守圓心和擴大共識的關係，統一戰線以中國共產黨為圓心，固守圓心才有越來越牢靠的團結根基，擴大共識才有越畫越大的同心圓；把握好潛績和顯績的關係，堅定"功成不必在我"的境界和"功成必定有我"的擔當，推動黨的統戰事業行穩致遠；把握好原則性和靈活性的關係，在堅持中國共產黨領導、高舉愛國主義和社會主義旗幟等重大原則問題上，站穩政治立場、堅守政治底線，同時又具體問題具體分析，注重工作方式方法；把握好團結和鬥爭的關係，本着團結的目的，敢於鬥爭、善於鬥爭，努力形成牢不可破的真團結。

（三）**完善大統戰工作格局**。統戰工作是全黨的工作，必須全黨重視，大家共同來做，構建黨委統一領導、統戰部門牽頭協調、有關方面各負其責的大統戰工作格局。統戰部門要研究統一戰線重大問題，主動加強同有關方面的聯繫溝通，做好牽頭協調工作。各部門各單位要增強統戰意識，齊抓共管，形成強大合力。統戰部門要加強自身建設，努力提高政治判斷力、政治領悟力、政治執行力，講求工作藝術，改進工作方法，展現統戰部門和統戰幹部的良好形象。

在法治軌道上全面建設
社會主義現代化國家

孟祥鋒

　　黨的二十大報告強調"在法治軌道上全面建設社會主義現代化國家"，既凸顯了法治建設事關根本的戰略地位，又明確了法治建設服務保障黨和國家工作大局的戰略任務。落實這一要求，要堅持以習近平新時代中國特色社會主義思想為指導，深入貫徹習近平法治思想，堅持黨的領導、人民當家作主、依法治國有機統一，更好發揮法治固根本、穩預期、利長遠的保障作用，為全面建設社會主義現代化國家保駕護航。

一、全面建設社會主義現代化國家必須全面依法治國

　　法治興則國興，法治強則國強。全面建設社會主義現代化國家，必須厲行法治，深入推進全面依法治國，使黨和國家各項事業始終在法治軌道上運行。

　　第一，全面依法治國是我國社會主義建設偉大實踐的基本經驗。習近平總書記指出，新中國成立 70 多年來，我國之所以創造出經濟快速發展和社會長期穩定兩大奇跡，同我們不斷推進社會主義法治建設有着十分緊密的關係。回顧我國社會主義建設的發展歷程，總體上高度重視法治，黨和國家事業在法治的有力保障下不斷前進，同時也有"文革"時期法制被嚴重破壞、黨和國家事業遭受嚴重挫折的沉痛教訓。黨的二十大報告指出，全面依法治國關係黨執政興國，關係人民幸福安康，關係黨和國家長治久安。正反兩方面經驗表明，社會主義建設只有在法治軌道上推進才能行穩致遠，什麼時候厲行法治，社會主義建設就能順利發展，什麼時候法治不彰，社會主義建設

就會停滯不前。黨的十八大以來，以習近平同志為核心的黨中央從新時代堅持和發展中國特色社會主義的全局和戰略高度定位法治、佈局法治、厲行法治，明確提出全面依法治國並將其納入"四個全面"戰略佈局，作出一系列重大決策、採取一系列重要舉措，推動我國社會主義法治建設取得歷史性成就、發生歷史性變革。新征程上，奪取中國特色社會主義新勝利，實現經濟發展、政治清明、文化昌盛、社會公正、生態良好，必須史加重視法治、厲行法治，推進法治中國建設。

第二，全面依法治國是全面建設社會主義現代化國家的必然要求。習近平總書記指出，一個現代化國家必然是法治國家。黨的二十大報告強調，必須更好發揮法治固根本、穩預期、利長遠的保障作用。固根本，就是通過憲法法律堅持和完善根本制度、基本制度、重要制度，搭建起黨治國理政的"四樑八柱"，築牢黨和國家事業發展的根基。穩預期，就是運用法律制度有效統籌社會力量、平衡社會利益、調節社會關係、規範社會行為、化解社會矛盾，保證經濟社會活動的穩定性、確定性、可預期性。利長遠，就是堅持為子孫後代計、為長遠發展謀來制定和實施法律，保障黨和國家事業持續發展、不斷進步。在"四個全面"戰略佈局中，全面依法治國是服務保障全面建設社會主義現代化國家的一項戰略舉措；在全面建設社會主義現代化國家的戰略部署中，加強法治建設是一項重點任務；在全面建成社會主義現代化強國的戰略目標中，建成法治中國是一項重要內容。這些表明，全面建設社會主義現代化國家必然要厲行法治，更好發揮法治保障作用，以法治建設促進經濟社會高質量發展，以建設社會主義法治國家有力保障全面建設社會主義現代化國家。

第三，全面依法治國是提高黨治國理政水平的重要途徑。習近平總書記指出，法治是國家治理體系和治理能力的重要依託。在黨治國理政的多種方式中，法治是最基本、最有效、最可靠的方式。堅持全面依法治國，是我國國家制度和國家治理體系的一大顯著優勢。只有全面依法治國才能有效保障國家治理體系的系統性、規範性、協調性，才能最大限度凝聚社會共識、形成推進黨和國家事業發展的強大合力。新征程上，必須堅持科學執政、民主執政、依法執政，在法治軌道上推進國家治理體系和治理能力現代化，不斷提高黨治國理政水平，把制度優勢更好地轉化為治理效能，為實現黨和國家長治久安、推動黨和國家事業發展提供更加堅實的法治保障。

二、以習近平法治思想為指導推進法治中國建設

黨的十八大以來，以習近平同志為核心的黨中央在領導推進新時代全面依法治國的偉大實踐中創造性提出一系列新理念新思想新戰略，形成習近平法治思想。習近平法治思想是習近平新時代中國特色社會主義思想的重要組成部分，是馬克思主義法治理論中國化的最新成果，是中國特色社會主義法治理論的重大創新發展，是新時代全面依法治國的根本遵循和行動指南。新征程上，推進法治建設要以習近平法治思想為指導，認真貫徹黨的二十大精神，加強謀劃和設計，書寫法治中國建設新篇章。

第一，堅持在黨的領導下謀劃推進法治建設。黨的領導是社會主義法治最根本的保證。在全面依法治國各項工作中落實和體現黨的領導，是我國社會主義法治建設的根本政治原則。習近平總書記指出，黨的領導是我國社會主義法治之魂，是我國法治同西方資本主義國家法治最大的區別。離開了黨的領導，全面依法治國就難以有效推進，社會主義法治國家就建不起來。新征程上，要始終堅持黨對法治建設的領導，特別是要加強黨中央對全面依法治國的集中統一領導，健全黨領導法治建設的體制機制，切實做到法治建設方向由黨指引，法治建設基本原則由黨確定，法治建設決策部署由黨作出，法治工作推進由黨統領。堅持黨對法治建設的領導，最重要的是堅持走中國特色社會主義法治道路。中國特色社會主義法治道路，本質上是中國特色社會主義道路在法治領域的具體體現，是建設社會主義法治國家唯一正確的道路。新征程上，對於堅持走中國特色社會主義法治道路這個根本問題，我們必須旗幟鮮明、堅定自信，堅持憲法確定的中國共產黨領導地位不動搖，堅持憲法確定的人民民主專政的國體和人民代表大會制度的政體不動搖，決不能照搬照抄別國模式和做法，決不能被西方所謂"憲政"、"三權鼎立"、"司法獨立"帶偏方向。中國特色社會主義法治道路是一條康莊大道，必將越走越寬廣。

第二，緊扣全面建設社會主義現代化國家謀劃推進法治建設。馬克思主

義認為，國家和法等上層建築是經濟基礎的集中反映，並在一定條件下對經濟基礎起反作用。新征程上，黨的中心任務是團結帶領全國各族人民全面建成社會主義現代化強國、實現第二個百年奮鬥目標，以中國式現代化全面推進中華民族偉大復興，加強法治建設要把服務和保障這一中心任務作為出發點和落腳點。要深刻把握全面建設社會主義現代化國家對法治建設提出的新任務新要求，遵循經濟社會發展規律，洞察社會治埋邏輯，把準時代脈搏，科學設計制度，補短板、強弱項、固底板、揚優勢，以良法善治引領和推動黨和國家事業發展。要積極回應推進中國式現代化的法治需求，着眼實現高質量發展、發展全過程人民民主、豐富人民精神世界、實現全體人民共同富裕、促進人與自然和諧共生等深化法治領域改革，進一步強化社會主義現代化建設的法治保障。

第三，圍繞保障和促進社會公平正義謀劃推進法治建設。推進法治中國建設必須堅持以人民為中心，必須把體現人民利益、反映人民願望、維護人民權益、增進人民福祉落實到全面依法治國各領域全過程。習近平總書記強調，必須牢牢把握社會公平正義這一法治價值追求，努力讓人民群眾在每一項法律制度、每一個執法決定、每一宗司法案件中都感受到公平正義。新征程上，法治建設要緊緊圍繞保障和促進社會公平正義的價值追求來展開，切實營造更加公平的社會環境，更好維護最廣大人民根本利益。加強人權法治保障，加大關係群眾切身利益的重點領域執法力度，切實保障人民群眾一切合法權益。

第四，堅持以系統觀念謀劃推進法治建設。全面依法治國是一個系統工程，必須統籌兼顧、把握重點、整體謀劃，注重系統性、整體性、協同性。新征程上，堅持以系統觀念謀劃推進法治建設，要堅持依法治國、依法執政、依法行政共同推進，進一步健全黨依法執政的體制機制，全面提升各級政府依法行政的能力和水平；堅持法治國家、法治政府、法治社會一體建設，把法治政府建設作為法治國家建設的重點任務和主體工程，把法治社會建設作為法治國家建設的基礎，以更大力度、更實舉措推進；堅持全面推進科學立法、嚴格執法、公正司法、全民守法，推動法治鏈條各環節相互貫通、相互促進；堅持依法治國和以德治國相結合，實現法治與德治相輔相成、相得益彰。

三、以提高各項工作法治化水平推進全面建設社會主義現代化國家

中國特色社會主義實踐每向前推進一步，社會主義法治國家建設就要跟進一步。新征程上，謀劃和推進全面建設社會主義現代化國家，要把法治擺在更加突出的位置，以國家各項工作法治化水平不斷提高推動經濟社會持續健康發展。

第一，牢牢錨定推進法治中國建設的目標任務。黨的二十大報告強調，堅持走中國特色社會主義法治道路，建設中國特色社會主義法治體系、建設社會主義法治國家。全面依法治國各項工作都要圍繞這個總目標扎實推進。要完善以憲法為核心的中國特色社會主義法律體系，加強重點領域、新興領域、涉外領域立法，統籌推進國內法治和涉外法治，推進科學立法、民主立法、依法立法，統籌立改廢釋纂。扎實推進依法行政，轉變政府職能，優化政府職責體系和組織結構，建設法治政府。嚴格公正司法，深化司法體制綜合配套改革，全面準確落實司法責任制，加快建設公正高效權威的社會主義司法制度。加快構建系統完備、規範高效的執法司法制約監督體系，加強對立法權、執法權、監察權、司法權的監督。要加快建設法治社會，弘揚社會主義法治精神，傳承中華優秀傳統法律文化，引導全體人民做社會主義法治的忠實崇尚者、自覺遵守者、堅定捍衛者。深入開展法治宣傳教育，增強全民法治觀念，發揮領導幹部示範帶頭作用，提升社會治理法治化水平。

第二，把法治建設貫穿於經濟社會發展全過程各方面。經濟社會發展內生法治需求，必須把法治建設同經濟社會發展貫通起來，使兩者相互促進、相得益彰。要把全面深化改革與加強法治建設統籌好，在法治下推進改革，在改革中完善法治。在貫徹新發展理念、構建新發展格局、推動高質量發展中，着力夯實國家重大發展戰略實施的法治支撐，不斷完善社會主義市場經濟法律制度，大力營造法治化營商環境。健全人民當家作主制度體系，將社會主義核心價值觀融入法治建設，依法加強和創新社會治理，加大民生領域執法司法保障力度，用最嚴格的制度、最嚴密的法治保護生態環境。

第三，善於運用法治思維和法治方式幹事創業、管人治權。厲行法治的目的，不在於捆住人們的手腳，讓人們幹不了事、幹不成事，而在於規範

人們的行為，讓人們能以正確方式幹好事、幹成事，特別是要保證行使公權力的主體依法履職盡責、激勵黨員幹部積極幹事創業。要加強立法、執法、司法、法律服務、法學研究等領域法治人才隊伍建設，為全面依法治國提供人才支撐和智力支撐。着重提高國家工作人員特別是黨員領導幹部的法治意識和法治能力，帶動和促進全社會弘揚法治意識、養成依法辦事習慣。各級黨組織要教育引導黨員領導幹部帶頭學深悟透習近平法治思想，自覺尊崇法治、敬畏法律，牢固樹立憲法法律至上、法律面前人人平等、職權法定等基本法治觀念，善於用法治思維和法治規則想問題、作決策、辦事情；帶頭學習法律、了解法律，弄明白什麼事能幹、什麼事不能幹、權力該怎麼行使，不斷提高運用法治方式深化改革、推動發展、化解矛盾、應對風險、維護穩定的能力；帶頭遵紀守法、維護法治，心中高懸法律明鏡，手中緊握法律戒尺，積極營造辦事依法、遇事找法、解決問題用法、化解矛盾靠法的法治環境；帶頭用制度管權管事管人，在法定職權範圍內行使權力，堅決杜絕以言代法、以權壓法、徇私枉法。

第四，堅持依法應對重大挑戰、抵禦重大風險、克服重大阻力、解決重大矛盾。實現中華民族偉大復興不可能輕輕鬆鬆，全面建設社會主義現代化國家也不可能一帆風順。實踐證明，運用法治方式應對風險挑戰、解決矛盾問題，成本更低、效果更好，往往更能實現標本兼治。新征程上，我國發展面臨新的戰略機遇、戰略任務、戰略環境，需要應對的風險挑戰、需要解決的矛盾和問題比以往更加錯綜複雜，要求我們更加重視運用法治力量、堅持依法辦事。要強化底線思維，着力健全防範化解重大風險隱患的法律制度，切實提升依法應對重大風險挑戰的能力水平。堅持以總體國家安全觀為指導，深入推進國家安全法治建設，築牢國家安全法治屏障。深入總結抗擊新冠肺炎疫情中依法防控的成功經驗，完善重大傳染病防治、突發事件應對等危機管控處置的法律制度，不斷提升對各類風險的預警防範化解能力。加快涉外法治工作戰略佈局，綜合運用立法、執法、司法等手段開展涉外鬥爭，堅決捍衛國家主權、安全、發展利益。

更好發揮憲法在治國理政中的
重要作用

沈春耀

憲法是國家的根本法，是全面依法治國的根本依據。黨的二十大報告對我國憲法作出重要論述，對做好憲法工作提出明確要求，強調更好發揮憲法在治國理政中的重要作用。這對於堅持全面依法治國，推進法治中國建設，在法治軌道上全面建設社會主義現代化國家，具有十分重要的意義。

一、我國憲法是中國共產黨領導中國人民長期奮鬥重大成就和歷史經驗在國家法治上的最高體現

中國共產黨在領導中國人民進行新民主主義革命的偉大鬥爭中，就開始對人民民主政權的總章程進行探索和實踐。具有代表性的制度文獻是《中華蘇維埃共和國憲法大綱》（1931）、《陝甘寧邊區憲法原則》（1946）等，在局部地區取得了寶貴的實踐經驗；具有代表性的理論文獻是毛澤東的《新民主主義論》（1940）和《論人民民主專政》（1949）。這些重要實踐和思想理論成果，對新中國國家制度、憲法制度的創建和發展，產生了重大而深遠的影響。

中華人民共和國的成立，開闢了中國人民當家作主的歷史新紀元。1949年9月，中國人民政治協商會議第一屆全體會議執行全國人民代表大會的職權，通過了具有臨時憲法性質的《中國人民政治協商會議共同綱領》。1954年9月，第一屆全國人民代表大會第一次會議通過了《中華人民共和國憲法》。這些憲法性文獻，確認了近代100多年來中國人民為反對內外敵人、爭取民族獨立和人民自由幸福進行的英勇鬥爭和中國共產黨領導中國人民奪取新民主主義革命勝利、掌握國家權力的偉大歷史變革，確立了新型國家制度

和憲法制度的基本架構、根本原則和活動準則，為新中國一切發展進步奠定了根本政治前提和制度基礎。

1978 年 12 月，黨的十一屆三中全會實現歷史性轉折，開啟了改革開放歷史新時期，確立了發展社會主義民主、健全社會主義法制的基本方針。我國現行憲法，是根據黨的十一屆三中全會的路線方針政策，適應改革開放和社會主義現代化建設歷史新時期的需要，於 1982 年 12 月 4 口由第五屆全國人民代表大會第五次會議通過並公佈施行的。1982 年憲法確立的許多重要制度、原則和規則，都源於 1954 年憲法和 1949 年共同綱領，是在新的歷史條件下對它們的繼承、完善和發展。1982 年憲法公佈施行後，根據改革開放和社會主義現代化建設的實踐和發展，在黨中央領導下，全國人大分別於 1988 年、1993 年、1999 年、2004 年和 2018 年，先後五次對 1982 年憲法的個別條款和部分內容作出必要的修正。五次憲法修改，體現和反映了中國共產黨領導全國各族人民進行改革開放和社會主義現代化建設的成功經驗，體現和反映了中國特色社會主義道路、理論、制度、文化的發展成果。通過憲法修改，我國憲法在中國特色社會主義偉大實踐中緊跟時代步伐，不斷與時俱進、完善發展。

中國共產黨領導中國人民百年奮鬥重大成就和歷史經驗在國家法治上的最高體現就是憲法。只有緊密結合我們黨團結帶領人民長期奮鬥的光輝歷史和輝煌成就，才能深刻認識我國憲法形成和發展的政治基礎、社會條件、制度原理、重大原則和實踐內涵。新中國成立 70 多年特別是改革開放 40 多年來的歷程充分證明，我國憲法有力堅持了中國共產黨領導，有力保障了人民當家作主，有力促進了改革開放和社會主義現代化建設，有力推動了社會主義法治國家建設進程，有力促進了人權事業發展，有力維護了國家統一、民族團結、社會和諧穩定，是符合國情、符合實際、符合時代發展要求的好憲法。

二、黨的十八大以來我國憲法制度的創新發展

黨的十八大以來，以習近平同志為核心的黨中央把憲法擺在全面依法治

國戰略佈局的突出位置，高度重視發揮憲法的國家根本法作用，推動憲法制度實踐創新和與時俱進，取得一系列新成效新經驗。

一是通過完備的法律保證憲法實施。完善法律制度體系，是憲法實施的內在要求和重要任務，也是保證憲法實施的基本途徑和重要方式。例如，2020 年通過的民法典，既以憲法為立法依據，又將憲法有關所有權、財產權、繼承權、平等權、人身自由、人格尊嚴、婚姻家庭等規定通過立法予以實施。

二是通過推進國家各項事業和各方面工作實施憲法確定的大政方針和基本政策。實現國家發展和民族復興是我國憲法的重要使命。新時代國家各項事業和各方面工作取得的歷史性成就、發生的歷史性變革，是憲法原則、憲法要求、憲法精神的充分彰顯，同時也是憲法得到有效實施的生動體現。

三是設立國家憲法日。為增強全社會憲法意識，弘揚憲法精神，全國人大常委會 2014 年作出決定，將 12 月 4 日設立為國家憲法日。通過國家憲法日，集中開展憲法宣傳教育，使憲法精神深入人心，以憲法精神凝心聚力，推動憲法全面貫徹實施。

四是實行憲法宣誓制度。全國人大常委會 2015 年作出相關決定，2018年進行修訂並在修憲時寫入憲法，規定國家工作人員就職時應當依照法律規定公開進行憲法宣誓。憲法宣誓誓詞，集中體現了國家工作人員對祖國對人民應有的忠誠、擔當和莊嚴承諾，具有重要教育和激勵意義。

五是實施憲法規定的有關制度。憲法中有一些規定具有直接實施、直接適用的性質。例如，我國憲法規定了特赦制度，全國人大常委會於 2015 年、2019 年先後兩次依據憲法有關規定作出關於對部分服刑罪犯實施特赦的決定，國家主席發佈特赦令。

六是根據憲法精神作出創制性安排。例如，2016 年，全國人大常委會根據憲法精神和有關法律原則，對以前未曾遇到過的新情況新問題進行研究，採取創制性辦法，及時妥善處理拉票賄選案，保證有關地方人大及其常委會正常運行和履職。

七是通過憲法修正案。2018 年，全國人大修改憲法，把黨的十九大確定的重大理論觀點和重大方針政策特別是習近平新時代中國特色社會主義思想載入國家根本法，推動我國憲法與時俱進、完善發展，為新時代黨和國家事業發展提供憲法保障。

八是運用憲法精神凝聚立法共識。例如，2018 年，在全國人大常委會審議英雄烈士保護法草案過程中，對如何理解和把握"英雄烈士"的含義有不同意見，有關法制工作機構根據憲法序言和人民英雄紀念碑碑文的精神提出研究意見，後來取得廣泛共識。

九是開展合憲性審查工作。貫徹黨的十九大精神，全國人大及其常委會在履行相關職責中注重加強合憲性審查工作。如制定監察法，修改刑事訴訟法，修訂人民法院組織法和人民檢察院組織法，修改人口與計劃生育法，通過關於設立上海金融法院、關於憲法和法律委員會職責問題、關於國家監察委員會制定監察法規、關於中國人民解放軍現役士兵銜級制度等決定時，有關方面都進行了合憲性審查，遵循憲法規定和憲法原則作出適當處理。

十是在備案審查工作中認真研究和妥善處理合憲性、涉憲性問題。例如，2018 年，有全國政協委員提出提案，建議對收容教育制度進行合憲性審查。有關法制工作機構進行了認真研究，提出了適時廢止收容教育制度的意見。又如，2021 年，國務院有關部門對有的民族自治地方民族教育條例等法規提出合憲性審查建議，有關法制工作機構審查後提出了處理意見。上述問題都得到妥善解決。

十一是創制性運用憲法制度和憲法規定應對治國理政中遇到的重大風險挑戰。例如，2020 年和 2021 年，在黨中央堅強領導下，全國人大先後通過關於建立健全香港特別行政區維護國家安全的法律制度和執行機制的決定、關於完善香港特別行政區選舉制度的決定，全國人大常委會先後制定香港特別行政區維護國家安全法、通過關於香港特別行政區第六屆立法會繼續履行職責的決定和關於香港特別行政區立法會議員資格問題的決定、修訂香港特別行政區基本法附件一和附件二。這些都是全面準確、堅定不移貫徹"一國兩制"方針的重大舉措，也是根據憲法和香港基本法作出的具有重要憲制意義的新制度安排，推動香港局勢實現由亂到治的重大轉折。

十二是對憲法有關規定的含義提出解釋性研究意見。例如，2019 年，在全國人大及其常委會審議外商投資法草案過程中，開展立法合憲性問題研究，認為憲法第十八條規定的含義已發生演進和延伸，並已成為普遍適用的法治原則；改革開放以來我國外商投資立法，是憲法有效實施的內在要求和重要體現，符合憲法規定和精神。又如，2021 年，在全國人大常委會審議人口與計劃生育法修正草案過程中，開展修法合憲性問題研究，憲法和法律委員會在關於修正草案的審議結果報告中提出，我國憲法有關計劃生育的規定體現了問題導向與目標導向相統一、指向性與方向性相統一，具有相當的包容性和適應性，可以涵蓋不同時期實行的生育政策；修改人口與計劃生育法，落實新生育政策，符合憲法規定和精神。

三、深入學習貫徹習近平總書記關於憲法的重要論述精神

全面貫徹黨的二十大精神，堅持全面依法治國，更好發揮憲法作用，必須深入學習貫徹習近平總書記關於憲法的重要論述精神。需要着重把握以下幾點。

——我國憲法同黨和人民進行的艱苦奮鬥和創造的輝煌成就緊密相連，同黨和人民開闢的前進道路和積累的寶貴經驗緊密相連。憲法同黨和國家前途命運息息相關。時間越久遠，事業越發展，我們就越加感受到憲法的力量。

——我國憲法是在黨的領導下，在深刻總結我國社會主義革命、建設、改革的成功經驗基礎上制定和不斷完善的，實現了黨的主張和人民意志的高度統一，是我們黨領導人民長期奮鬥歷史邏輯、理論邏輯、實踐邏輯的必然結果。

——憲法是國家的根本法，是治國安邦的總章程。堅持依法治國首先要堅持依憲治國，堅持依法執政首先要堅持依憲執政。制定和實施憲法，推進依法治國，建設法治國家，是實現國家富強、民族復興、社會進步、人民幸福的必然要求。

——憲法是國家意志的最高表現形式，具有最高的法律地位、法律權威、法律效力。維護憲法權威，就是維護黨和人民共同意志的權威；捍衛憲法尊嚴，就是捍衛黨和人民共同意志的尊嚴；保證憲法實施，就是保證人民根本利益的實現。

——我們講依憲治國、依憲執政，同西方所謂"憲政"有着本質區別，不能把二者混為一談。要從中國國情和實際出發，走適合自己的法治道路，決不能照搬別國模式和做法，決不能走西方所謂"憲政"、"三權鼎立"、"司法獨立"的路子。

——全面貫徹實施憲法是建設社會主義法治國家的首要任務和基礎性工作。全國各族人民，一切國家機關和武裝力量，各政黨和各社會團體，各企業事業組織，都必須以憲法為根本的活動準則，都負有維護憲法尊嚴、保證憲法實施的職責。

——憲法是全面依法治國的根本依據，是我們黨長期執政的根本法律依據。黨領導人民制定憲法法律，領導人民實施憲法法律，黨自身要在憲法法律範圍內活動。黨領導人民制定和完善憲法，就是要發揮憲法在治國理政中的重要作用。

習近平總書記關於憲法的重要論述是我國憲法制度發展和實踐經驗的科學總結，也是我們必須長期堅持和貫徹的重要原則，具有重大指導意義。

四、更好發揮憲法作用的任務要求

全面建設社會主義現代化國家，對依法治國、依憲治國提出了新的更高要求。我們要堅定不移走中國特色社會主義法治道路，以習近平法治思想為引領，堅定憲法自信，增強憲法自覺，把憲法作為全面依法治國的總依據，總結我國憲法實踐經驗，形成具有中國特色和時代特點的憲法性慣例、憲制性做法，更好發揮憲法在治國理政中的重要作用。

（一）**堅持憲法確定的中國共產黨領導地位不動搖，堅持憲法確定的人民民主專政的國體和人民代表大會制度的政體不動搖**。2018 年憲法修正案將"中國共產黨領導是中國特色社會主義最本質的特徵"寫入憲法總綱第一條，充分體現了中國共產黨領導的根本性、全面性、時代性。更好發揮憲法作用，必須堅持黨的領導、人民當家作主、依法治國有機統一，堅持人民主體地位，發展全過程人民民主，支持和保證人民通過人民代表大會行使國家權力。黨和國家各機關各組織都要牢固樹立憲法意識，加強憲法實施和監督，積極履行憲法職責。堅持正確地做事和做正確的事相統一，按照憲法的規定做憲法所要求做的事情，把黨總攬全局、協調各方同人大、政府、政協、監察機關、審判機關、檢察機關依法依章程履行職能、開展工作統一起來，把黨領導人民制定和實施憲法法律同黨堅持在憲法法律範圍內活動統一起來。

（二）**完善以憲法為核心的中國特色社會主義法律體系，健全保證憲法全面實施的制度體系**。習近平總書記指出："時代在進步，實踐在發展，不斷對法律體系建設提出新需求，法律體系必須與時俱進加以完善。"更好發揮憲法作用，必須不斷完善法律體系，通過完備的法律保證和推動憲法全面實施、有效實施。要加強重點領域、新興領域、涉外領域立法，統籌推進國內法治和涉外法治。適時推動條件成熟的立法領域法典編纂工作。深入貫徹全過程人民民主重大理念，推進科學立法、民主立法、依法立法，建設好基層立法聯繫點；堅持立改廢釋纂並舉，豐富立法形式；提高立法質量和效率，增強立法系統性、整體性、協同性、時效性，以良法促進發展、保障善治。

（三）**加強憲法實施和監督，維護憲法權威**。國家各級權力機關、行政機關、監察機關、審判機關、檢察機關要自覺履行憲法使命，認真行使憲法法律賦予的職權。**一是**堅持憲法法律至上，切實維護國家法治統一、尊嚴、權威，任何組織和個人都不得有超越憲法法律的特權，一切違反憲法法律的行為都必須予以追究。**二是**落實憲法解釋程序機制，採取務實管用方式方法積極回應涉及憲法有關問題的關切，說明有關情況，提出研究意見，努力實現憲法的穩定性和適應性的統一。**三是**推進合憲性審查工作。有關方面擬出台的法規規章、重要政策和重大舉措，凡涉及憲法有關規定如何理解、如何實施、如何適用的，都應當事先經過全國人大常委會合憲性審查，確保同憲法規定、憲法精神相符合。**四是**完善和加強備案審查制度。所有法規規章、司法解釋和其他規範性文件出台後都要依法依規納入備案審查範圍，建立健全黨委、人大、政府、軍隊間備案審查銜接聯動機制，實行有件必備、有備必審、有錯必糾。有關機關發現規範性文件可能存在合憲性問題的，應當及時向全國人大常委會報告或者依法提請全國人大常委會審查。**五是**地方各級人大及其常委會應當依法行使職權，保證憲法、法律、行政法規等在本行政區域內得到遵守和執行。

（四）**維護憲法和基本法確定的特別行政區憲制秩序，完善特別行政區同憲法和基本法實施相關的制度機制**。黨的二十大報告明確提出："堅持依法治港治澳，維護憲法和基本法確定的特別行政區憲制秩序。" 憲法是國家的根本法、最高法，基本法是根據憲法制定的基本法律，憲法和基本法共同構成、共同確定、共同實施，是我國特別行政區制度的本質特徵。全面準確、堅定不移貫徹 "一國兩制" 方針，必須鞏固憲法和基本法共同構成的特別行政區憲制基礎，堅持和完善 "一國兩制" 制度體系，落實中央全面管治權，落實 "愛國者治港"、"愛國者治澳" 原則，落實特別行政區維護國家安全的法律制度和執行機制；堅持中央全面管治權和保障特別行政區高度自治權相統一，堅持行政主導，支持行政長官和特別行政區政府依法施政，提升全面治理能力和管治水平，完善特別行政區司法制度和法律體系。

增強實現中華民族偉大復興的
精神力量

李書磊

　　文化是一個國家、一個民族的靈魂。文化興則國運興，文化強則民族強。習近平總書記所作的黨的二十大報告，深刻把握文化建設規律和文化在新時代新征程中的地位作用，對建設社會主義文化強國作出了戰略部署，為我們不斷推進文化自信自強、鑄就社會主義文化新輝煌、增強實現中華民族偉大復興的精神力量提供了根本遵循。

一、文化自信自強是實現中華民族偉大復興的強大精神力量

　　文化自信是一個國家、一個民族發展中最基本、最深沉、最持久的力量。文化自信自強，事關國運興衰、事關文化安全、事關民族精神獨立性。站在新的歷史起點上，我們要從歷史長河中看待文化推動人類文明進步的重要功能，在時代大潮中把握文化引領社會變革的重要作用，在人的全面發展中發揮文化創造美好生活的重要價值。

　　（一）實現中華民族偉大復興必然要求中華文化繁榮興盛。一個民族的復興需要強大的物質力量，也需要強大的精神力量。沒有先進文化的積極引領，沒有人民精神世界的極大豐富，沒有民族精神力量的不斷增強，一個國家、一個民族不可能屹立於世界民族之林。近代以來，中華民族從磨難中奮起、從民族危亡走向民族復興的歷程，也正是中華文化煥發活力、走向復興的歷程。從成立之日起，我們黨就以高度的文化自覺自信把建設民族的科學的大眾的中華民族新文化作為自己的使命，在百年奮鬥中傳承弘揚博大精深、燦爛輝煌的中華優秀傳統文化，創造了激昂向上的革命文化和生機勃勃

的社會主義先進文化，為民族復興提供了強大精神支撐。今天，在新時代的偉大變革中，中國共產黨和中國人民正信心百倍推進中華民族從站起來、富起來到強起來的偉大飛躍，實現中華民族偉大復興進入了不可逆轉的歷史進程。越是接近目標，越需要準備付出更為艱巨、更為艱苦的努力，越需要增強人民力量、振奮民族精神。這就要求我們不斷推進文化自信自強，發展社會主義先進文化，弘揚革命文化，傳承中華優秀傳統文化，建設好中華民族共有精神家園，以中華文化繁榮興盛為全面推進中華民族偉大復興提供更為主動、更為強大的精神力量。

（二）全面建成社會主義現代化強國必然要求建設社會主義文化強國。中國特色社會主義是全面發展、全面進步的偉大事業，沒有社會主義文化繁榮發展，就沒有社會主義現代化。實現社會主義現代化，是新中國成立以來我們黨孜孜以求的宏偉目標。在長期探索和實踐基礎上，經過黨的十八大以來在理論和實踐上的創新突破，我們黨成功推進和拓展了中國式現代化，踏上了全面建設社會主義現代化國家新征程。中國式現代化的一個突出特色，就是物質文明和精神文明相協調的現代化。新時代我們黨把文化建設提升到新的歷史高度，推動我國文化建設在正本清源、守正創新中取得歷史性成就、發生歷史性變革。新時代新征程的使命任務，要求我們把文化建設作為全面建成社會主義現代化強國的重要內容和重要支撐，自覺擔負起新的文化使命，大力推動社會主義文化強國建設，為新時代開創黨和國家事業全新局面提供思想保證、輿論支持、精神動力和文化條件。

（三）滿足人民日益增長的美好生活需要必然要求不斷滿足人民精神文化需求。文化既是凝聚人心的精神紐帶，又是增進民生福祉的關鍵因素。進入新發展階段，隨着我國社會主要矛盾發生新變化，人們對美好生活的嚮往越來越強烈，對精神文化生活更加看重，文化需求高品質、個性化的特點更加明顯。同時，我國發展已經到了扎實推動共同富裕的歷史階段。共同富裕是全體人民共同富裕，是人民群眾物質生活和精神生活都富裕。人民群眾改善生活品質、走向共同富裕的新期待，對文化建設提出新的更高要求。這就需要我們推動社會主義文化繁榮興盛，大力加強社會主義精神文明建設，發展文化事業和文化產業，不斷滿足人民群眾多樣化、多層次、多方面的精神文化需求，豐富人民精神世界、增強人民精神力量，促進人的全面發展。

（四）推動構建人類命運共同體必然要求不斷提升中華文化影響力。在世界百年未有之大變局中，人類社會面臨前所未有的挑戰。我們黨堅持胸懷天下，以世界眼光關注人類前途命運。我們創造了人類文明新形態，拓展了發展中國家走向現代化的新途徑；以弘揚全人類共同價值、構建人類命運共同體為應對全球共同挑戰貢獻了中國智慧、中國方案、中國力量。這些理念和實踐的貢獻，從深層來說淵源於汲取中華優秀傳統文化、借鑒世界優秀文明成果、結合中國國情發展起來的先進文化，體現了中華文化自信開放包容的鮮明特質。文明的繁盛、人類的進步，離不開求同存異、開放包容，離不開文明交流、互學互鑒。中國人民不僅為人類貢獻新的發展模式、發展道路，而且把自己在文化創新創造中取得的成果奉獻給世界。我們越接近民族復興的目標，越走近世界舞台中央，就越需要提升國家文化軟實力、彰顯中華文化影響力，讓世界更多的人了解、理解並共享中國精神、中國價值，從而為人類文明進步作出新的更大貢獻。

二、牢牢把握社會主義文化建設的正確方向

黨的二十大報告明確了新時代文化建設的方針原則和發展路徑，指明了發展中國特色社會主義文化、建設社會主義文化強國的正確方向，我們必須牢牢把握、長期堅持。

（一）必須堅持馬克思主義在意識形態領域指導地位的根本制度。馬克思主義是我們立黨立國、興黨興國的根本指導思想，是社會主義意識形態的旗幟和靈魂。堅持馬克思主義在意識形態領域指導地位的根本制度，是中國特色社會主義制度的重要支撐，是堅持和加強黨的全面領導的本質要求，是發展社會主義先進文化的有力保障。要把這一根本制度貫穿到文化建設各方面，體現到堅持正確的政治方向、輿論導向、價值取向上。習近平新時代中國特色社會主義思想是當代中國馬克思主義、二十一世紀馬克思主義，是中華文化和中國精神的時代精華，是新時代堅持和發展中國特色社會主義的行動指南。要堅定不移用這一思想武裝頭腦、指導實踐、推動工作，自覺地用

以統領新時代文化建設，不斷鞏固全體人民團結奮鬥的共同思想基礎。

（二）**必須堅持以社會主義核心價值觀為引領**。核心價值觀是文化最深層的內核，決定着文化的性質和方向。社會主義核心價值觀植根於中華文化沃土，熔鑄於我們黨領導人民長期奮鬥的偉大實踐，是社會主義先進文化的精髓。推動社會主義文化建設，必須抓住社會主義核心價值觀建設這個根本，充分發揮其引領作用。要堅持把培育和踐行社會主義核心價值觀作為凝魂聚氣、強基固本的基礎工程，夯實全民族全社會休戚與共、團結奮進的思想道德基礎。要把社會主義核心價值觀體現到國民教育、精神文明創建、精神文化產品創作生產傳播全過程，貫穿到國家治理體系和治理能力現代化建設各領域，使之融入經濟社會發展和人們生產生活方方面面，更好構築中國精神、中國價值、中國力量。

（三）**必須堅持"二為"方向、"雙百"方針**。堅持為人民服務、為社會主義服務的根本方向，是決定社會主義文化事業前途命運的關鍵。文化建設必須牢牢站穩人民立場，自覺服從服務於黨和國家工作大局。要堅持以人民為中心，尊重人民主體地位，保障人民文化權益，鼓勵人民參與文化創新創造，促進滿足人民文化需求和增強人民精神力量相統一。要深刻把握新時代新征程的歷史方位和民族復興的時代主題，唱響昂揚的時代主旋律，在全面建設社會主義現代化國家中充分發揮文化引領風尚、教育人民、服務社會、推動發展的作用。堅持百花齊放、百家爭鳴，是繁榮發展社會主義文化的重要方針。要發揚學術民主、藝術民主，鼓勵解放思想、大膽探索，營造積極健康、寬鬆和諧的氛圍，提倡不同觀點和學派充分討論，提倡體裁、題材、形式、手段充分發展，推動觀念、內容、風格、流派切磋互鑒，不斷煥發文化生命力、創造力。要正確區分政治原則問題、思想認識問題、學術觀點問題，旗幟鮮明反對和抵制各種錯誤觀點。

（四）**必須堅持創造性轉化、創新性發展**。創新創造是文化的生命所在，是文化的本質特徵。中華文明延續着我們國家和民族的精神血脈，既需要薪火相傳、代代守護，也需要與時俱進、推陳出新，實現創造性轉化、創新性發展。當代中國正在進行着人類歷史上最為宏大而獨特的創新發展，給文化創新創造提供了強大動力和廣闊空間。我們要堅持不忘本來、吸收外來、面向未來，在繼承中轉化，在學習中超越，不斷推動文化創新創造。中華優秀傳統文化是中華文明的智慧結晶和精華所在，是我們在世界文化激盪中站穩腳跟的根基。要堅持守正創新，推動中華優秀傳統文化創造性轉化、創新性發展，為民族復興立根鑄魂。加強對中華優秀傳統文化的挖掘和闡發，推動中華優秀傳統文化同社會主義社會相適應，展示中華民族的獨特精神標識，把跨越時空、超越國界、富有永恆魅力、具有當代價值的文化精神弘揚起來。

三、在文化強國建設中鑄就社會主義文化新輝煌

黨的二十大報告對新時代新征程文化建設作出了全面部署，提出了明確要求。我們要以高度的政治責任感和時代使命感，落實好報告部署的重點任務，在中國特色社會主義文化發展道路上激發全民族文化創新創造活力，建設社會主義文化強國。

（一）**建設具有強大凝聚力和引領力的社會主義意識形態**。意識形態工作是為國家立心、為民族立魂的工作。必須牢牢掌握黨對意識形態工作領導權，堅持以立為本、立破並舉，推進社會主義意識形態建設，鞏固壯大奮進新時代的主流思想輿論。要全面落實意識形態工作責任制，壓實壓緊各級黨委責任，加強意識形態陣地建設和管理。黨和國家指導思想在我國社會主義意識形態中佔據統攝地位，必須持續加強理論武裝工作，健全用黨的創新理論武裝全黨、教育人民、指導實踐工作體系，推動習近平新時代中國特色社會主義思想深入人心，更好把科學理論轉化為認識世界、改造世界的強大力量。哲學社會科學具有鮮明的意識形態屬性，必須堅持以馬克思主義為指導，深入實施馬克思主義理論研究和建設工程，加快構建中國特色哲學社會科學學科體系、學術體系、話語體系，培育壯大哲學社會科學人才隊伍，為社會主義意識形態建設提供有力支撐。新聞輿論工作處在意識形態鬥爭最前沿，必須堅持黨管宣傳、黨管意識形態、黨管媒體，加快推進媒體深度融合，加強全媒體傳播體系建設，塑造主流輿論新格局，不斷提高新聞輿論傳播力、引導力、影響力、公信力。要掌握互聯網這個意識形態鬥爭主陣地主戰場的主動權，加強互聯網內容建設，健全網絡綜合治理體系，推動形成良

好網絡生態。

（二）**廣泛踐行社會主義核心價值觀**。社會主義核心價值觀集中體現了當代中國精神，凝結着全體人民共同的價值追求，是凝聚人心、匯聚民力的強大力量。要弘揚以偉大建黨精神為源頭的中國共產黨人精神譜系，用好紅色資源，深入開展社會主義核心價值觀宣傳教育，深化愛國主義、集體主義、社會主義教育，着力培養擔當民族復興大任的時代新人。理想信念是精神之柱，力量之源。要推動理想信念教育常態化制度化，持續抓好黨史、新中國史、改革開放史、社會主義發展史宣傳教育，引導人民知史愛黨、知史愛國，不斷堅定中國特色社會主義共同理想。要堅持用社會主義核心價值觀鑄魂育人，完善思想政治工作體系，推進大中小學思想政治教育一體化建設，教育引導廣大青少年扣好人生第一粒扣子，培養一代又一代社會主義建設者和接班人。堅持依法治國和以德治國相結合，強化教育引導、實踐養成、制度保障，把社會主義核心價值觀融入法治建設、融入社會發展、融入日常生活。

（三）**提高全社會文明程度**。文明是現代化國家的顯著標誌。必須把提高社會文明程度作為建設文化強國的重大任務，堅持重在建設、以立為本，堅持久久為功、持之以恆，努力推動形成適應新時代要求的思想觀念、精神面貌、文明風尚、行為規範。要實施公民道德建設工程，着力加強社會公德、職業道德、家庭美德、個人品德建設，弘揚中華傳統美德，加強家庭家教家風建設，加強和改進未成年人思想道德建設，推動明大德、守公德、嚴私德，提高人民道德水準和文明素養。要以實施文明創建工程為抓手，統籌推動文明培育、文明實踐、文明創建，推進城鄉精神文明建設融合發展，在全社會弘揚勞動精神、奮鬥精神、奉獻精神、創造精神、勤儉節約精神，培育時代新風新貌。加強國家科普能力建設，深化全民閱讀活動。完善志願服務制度和工作體系，廣泛開展志願服務關愛行動，使我為人人、人人為我在全社會蔚然成風。弘揚誠信文化，健全誠信建設長效機制。發揮黨和國家功勳榮譽表彰的精神引領、典型示範作用，推動全社會見賢思齊、崇尚英雄、爭做先鋒。

（四）**繁榮發展文化事業和文化產業**。發展文化事業和文化產業是滿足人民精神文化需求、保障人民文化權益的基本途徑。要把發展文藝事業放在突出位置，堅持以人民為中心的創作導向，推出更多增強人民精神力量的優秀作品，培育造就大批德藝雙馨的文學藝術家和規模宏大的文化文藝人才隊伍。要堅持把社會效益放在首位、社會效益和經濟效益相統一，深化文化體制改革，完善文化經濟政策。要着力提升公共文化服務水平，實施國家文化數字化戰略，健全現代公共文化服務體系，創新實施文化惠民工程，讓人民享有更加充實、更為豐富、更高質量的精神文化生活。要着力提高文化產業發展質量和水平，健全現代文化產業體系和市場體系，實施重大文化產業項目帶動戰略。加大文物和文化遺產保護力度，加強城鄉建設中歷史文化保護傳承，建好用好國家文化公園。堅持以文塑旅、以旅彰文，推進文化和旅遊深度融合發展，讓人們在領略自然之美中感悟文化之美、陶冶心靈之美。廣泛開展全民健身活動，加強青少年體育工作，促進群眾體育和競技體育全面發展，加快建設體育強國。

（五）增強中華文明傳播力影響力。在 5000 多年漫長文明發展史中，中國人民創造了璀璨奪目的中華文明，為人類文明進步事業作出了重大貢獻。建設文化強國的過程，既是傳承弘揚中華文化、增強其生命力和影響力的過程，又是吸納外來文化文明精華、推動中華文化不斷豐富的過程。要堅守中華文化立場，提煉展示中華文明的精神標識和文化精髓，加快構建中國話語和中國敘事體系，講好中國故事、傳播好中國聲音，展現可信、可愛、可敬的中國形象，展現中華文明的悠久歷史和人文底蘊，促使世界讀懂中國、讀懂中國人民、讀懂中國共產黨、讀懂中華民族。要加強國際傳播能力建設，着力提高國際傳播影響力、中華文化感召力、中國形象親和力、中國話語說服力、國際輿論引導力，全面提升國際傳播效能，形成同我國綜合國力和國際地位相匹配的國際話語權。要深入開展同各國文化交流合作，廣泛參與世界文明對話，深化文明交流互鑒，推動中華文化更好走向世界。

建設具有強大凝聚力和引領力的
社會主義意識形態

林仰之

習近平總書記在黨的二十大報告中指出，我們要堅持馬克思主義在意識形態領域指導地位的根本制度，建設具有強大凝聚力和引領力的社會主義意識形態，鞏固全黨全國各族人民團結奮鬥的共同思想基礎。意識形態關乎旗幟、關乎道路、關乎國家政治安全，決定着中華民族偉大復興的精神力量，在全面建設社會主義現代化國家新征程上，必須牢牢掌握黨對意識形態工作領導權，扎扎實實做好意識形態工作。

一、意識形態工作是為國家立心、為民族立魂的工作

一個國家、一個民族不能沒有靈魂，意識形態是為國家立心、為民族立魂的工作，決定一個國家、一個民族生存和發展、前途和命運。習近平總書記深刻指出："經濟建設是黨的中心工作，意識形態工作是黨的一項極端重要的工作。""我們要深刻認識經濟基礎對上層建築的決定作用，深刻認識上層建築對經濟基礎的反作用，既要有硬實力，也要有軟實力，既要切實做好中心工作、為意識形態工作提供堅實物質基礎，又要切實做好意識形態工作、為中心工作提供有力保障；既不能因為中心工作而忽視意識形態工作，也不能使意識形態工作游離於中心工作。"進入新時代，習近平總書記從統籌中華民族偉大復興戰略全局和世界百年未有之大變局出發，就意識形態領域的方向性、根本性、全局性重大問題作出一系列重要論述和重大部署，指導和推動意識形態工作取得歷史性成就、發生歷史性變革。一是創立了習近平新時代中國特色社會主義思想，明確堅持和發展中國特色社會主義的基本

方略，實現了馬克思主義中國化時代化新的飛躍，堅持不懈用這一創新理論武裝頭腦、指導實踐、推動工作，為新時代黨和國家事業發展提供了根本遵循。二是確立和堅持馬克思主義在意識形態領域指導地位的根本制度，新時代黨的創新理論深入人心，社會主義核心價值觀廣泛傳播，中華優秀傳統文化得到創造性轉化、創新性發展，文化事業日益繁榮，網絡生態持續向好，意識形態領域形勢發生全局性、根本性轉變，全黨全國各族人民文化自信明顯增強、精神面貌更加奮發昂揚。

然而，隨着世界進入新的動盪變革期，世界範圍的意識形態鬥爭更加尖銳複雜；各種敵對勢力一直企圖在我國製造"顏色革命"，千方百計要在思想上、政治上搞亂我們，妄圖顛覆中國共產黨領導和我國社會主義制度，意識形態安全始終面臨風險挑戰。為此，習近平總書記要求全黨必須始終從確保黨的長期執政、確保國家長治久安、確保中華民族長盛不衰的戰略高度重視和做好意識形態工作。他意味深長地指出："我們中國共產黨人能不能打仗，新中國的成立已經說明了；我們中國共產黨人能不能搞建設搞發展，改革開放的推進也已經說明了；但是，我們中國共產黨人能不能在日益複雜的國際國內環境下堅持住黨的領導、堅持和發展中國特色社會主義，這個還需要我們一代一代共產黨人繼續作出回答。做好意識形態工作，做好宣傳思想工作，要放到這個大背景下來認識。全黨同志特別是黨的各級領導幹部必須按照中央要求扎扎實實做好意識形態工作。" 我們 "在集中精力進行經濟建設的同時，一刻也不能放鬆和削弱意識形態工作"。

要為國家立心、為民族立魂，意識形態工作就一定要把圍繞中心、服務大局作為基本職責，胸懷大局、把握大勢、着眼大事，既做到因勢而謀、應勢而動、順勢而為，又做到旗幟高揚、立場堅定、鬥爭堅決。

二、牢牢掌握黨對意識形態工作領導權

要建設具有強大凝聚力和引領力的社會主義意識形態，堅持馬克思主義在意識形態領域指導地位是根本，牢牢掌握黨對意識形態工作領導權是關

鍵。在新時代 10 年的偉大變革中，我國意識形態領域形勢之所以發生全局性、根本性轉變，就在於以習近平同志為核心的黨中央全面加強黨的領導，把堅持馬克思主義在意識形態領域指導地位確立為我國根本制度。全黨要堅持這一根本制度，全面貫徹落實習近平新時代中國特色社會主義思想，不斷健全用黨的創新理論武裝全黨、教育人民、指導實踐工作體系和黨委（黨組）理論學習中心組等各層級學習制度，深化網絡學習平台建設。深入實施馬克思主義理論研究和建設工程，把堅持以馬克思主義為指導全面落實到思想理論建設、哲學社會科學研究、教育教學各方面。進一步加強和改進學校思想政治教育，落實全員、全程、全方位育人體制機制。全面落實意識形態工作責任制，增強各級黨委做好意識形態工作的責任意識和敢抓敢管、敢於亮劍的鬥爭精神。

陣地是意識形態工作的基本依託。要牢牢掌握黨對意識形態工作領導權，最基本、也是最關鍵的就是要把思想輿論陣地牢牢掌握在自己手中。意識形態領域的鬥爭，從根本上講就是習近平總書記講的"爭奪陣地、爭奪人心、爭奪群眾"的鬥爭。習近平總書記指出："我們的同志一定要增強陣地意識。宣傳思想陣地，我們不去佔領，人家就會去佔領。"所以，做好意識形態工作的關鍵，就是必須守土有責、守土負責、守土盡責，牢牢守住思想輿論陣地。當然，守住思想輿論陣地，不是消極、被動地守，而是要積極、主動地守，做到佔領陣地、建設陣地和守牢陣地有機統一，鞏固馬克思主義在意識形態領域的指導地位，牢牢掌握思想輿論主動權和主導權。

習近平總書記深刻指出：一個政權的瓦解往往是從思想領域開始的，政治動盪、政權更迭可能在一夜之間發生，但思想演化是個長期過程。歷史和現實都警示我們，思想輿論陣地一旦被突破，其他防線就很難守得住。在意識形態領域鬥爭上，我們沒有任何妥協、退讓的餘地，必須取得全勝。要守住思想輿論陣地、取得意識形態鬥爭的全勝，"我們必須把意識形態工作的領導權、管理權、話語權牢牢掌握在手中，任何時候都不能旁落，否則就要犯無可挽回的歷史性錯誤。"

三、鞏固壯大奮進新時代的主流思想輿論

社會主義意識形態要有強大的凝聚力和引領力，鞏固壯大主流思想輿論極端重要。習近平總書記指出："我們正在進行具有許多新的歷史特點的偉大鬥爭，面臨的挑戰和困難前所未有，必須堅持鞏固壯大主流思想輿論，弘揚主旋律，傳播正能量，激發全社會團結奮進的強大力量。"歷史和實踐證明，一個國家、一個民族的凝聚力和向心力，離不開積極、正確思想輿論引導，主流思想輿論越強大，人民為理想和夢想而奮鬥的信仰、信念、信心也就越堅定。"人民有信仰，國家有力量，民族有希望。"

第一，堅持不懈用黨的創新理論武裝全黨、教育人民、指導實踐。馬克思說過："理論一經掌握群眾，也會變成物質力量。"我們黨歷來高度重視理論武裝，堅持理論創新每前進一步，理論武裝就跟進一步，不斷鞏固全黨全國人民團結奮鬥的共同思想基礎。習近平新時代中國特色社會主義思想，是當代中國馬克思主義、二十一世紀馬克思主義，是中華文化和中國精神的時代精華。鞏固壯大新時代的主流思想輿論，最重要的任務、第一位的要求，就是堅持不懈用習近平新時代中國特色社會主義思想武裝全黨、教育人民、指導實踐，引導人們深刻領會和把握這一科學思想體系貫穿的馬克思主義立場觀點方法，深刻領會和把握蘊含其中的堅定信仰信念、鮮明人民立場、強烈歷史擔當、求真務實作風、勇於創新精神和科學思想方法，推動習近平新時代中國特色社會主義思想深入人心。

第二，廣泛踐行社會主義核心價值觀，用共同理想信念凝聚民族意志，用中國精神激發中國力量。全面建設社會主義現代化國家、全面推進中華民族偉大復興，需要全社會方方面面同心幹，需要全國各族人民心往一處想、勁往一處使。社會主義核心價值觀是凝聚人心、匯聚民力的強大力量，是當代中國精神的集中體現，凝結着全體人民共同的價值追求。我們要在全社會大力弘揚和踐行社會主義核心價值觀，使之像空氣一樣無處不在、無時不有，成為我們生而為中國人的獨特精神支柱，成為百姓日用而不覺的行為準則。要弘揚以偉大建黨精神為源頭的中國共產黨人精神譜系，用好紅色資源，深入開展社會主義核心價值觀宣傳教育，深化愛國主義、集體主義、社

會主義教育，持續抓好黨史、新中國史、改革開放史、社會主義發展史宣傳教育，引導人民知史愛黨、知史愛國，不斷堅定中國特色社會主義共同理想，堅定道路自信、理論自信、制度自信、文化自信，在思想上精神上緊緊團結在一起，用富有時代氣息的中國精神凝聚中國力量。

第三，要深入實施馬克思主義理論研究和建設工程，加快建設中國特色哲學社會科學。哲學社會科學是人們認識世界、改造世界的重要工具，是推動歷史發展和社會進步的重要力量。堅持以馬克思主義為指導，是當代中國哲學社會科學區別於其他哲學社會科學的根本標誌。面對社會思想觀念和價值取向日趨活躍、主流和非主流同時並存、社會思潮紛紜激盪的新形勢，如何鞏固馬克思主義在意識形態領域的指導地位，培育和踐行社會主義核心價值觀，鞏固全黨全國各族人民團結奮鬥的共同思想基礎，迫切需要中國特色哲學社會科學更好發揮作用。要充分發揮馬克思主義理論研究和建設工程、中國特色社會主義理論體系研究中心、馬克思主義學院、報刊網絡理論宣傳等思想理論工作平台的作用，深化拓展馬克思主義理論研究和宣傳教育。要加快構建中國特色哲學社會科學學科體系、學術體系、話語體系，形成中國自主的知識體系。為此，要培育壯大哲學社會科學人才隊伍，引導哲學社會科學工作者做到方向明、主義真、學問高、德行正，自覺以回答中國之問、世界之問、人民之問、時代之問為學術己任，以彰顯中國之路、中國之治、中國之理為思想追求，立足中國實際，解決中國問題，把握時代大勢，回應人類關切，不斷推進知識創新、理論創新、方法創新，使中國特色哲學社會科學真正屹立於世界學術之林。習近平總書記指出："一個沒有發達的自然科學的國家不可能走在世界前列，一個沒有繁榮的哲學社會科學的國家也不可能走在世界前列。"有了以馬克思主義為指導的繁榮哲學社會科學，我們就能把意識形態領域的話語權牢牢掌握在自己手中，使新時代的主流思想輿論更有說服力、凝聚力和引領力。

第四，加強全媒體傳播體系建設，塑造主流輿論新格局。在新時代，信息社會的發展步伐不斷加快。伴隨着信息社會不斷發展，新興媒體影響越來越大。我們要在堅持黨管媒體原則不動搖的前提下，抓住信息化帶來的難得的機遇，運用信息革命成果，加快構建融為一體、合而為一的全媒體傳播格局，推動媒體融合發展，使主流媒體具有強大傳播力、引導力、影響力、公信力，形成網上網下同心圓，讓正能量更強勁、主旋律更高昂。同時，在信息技術和人們生產生活交匯融合日益廣泛深入的大趨勢下，媒體融合發展不僅僅是新聞單位的事，要把黨和政府擁有的社會思想文化公共資源、社會治理大數據、政策制定權的制度優勢轉化為鞏固壯大主流思想輿論的綜合優勢。為此，要抓緊做好頂層設計，打造新型傳播平台，建成新型主流媒體，擴大主流價值影響力版圖，讓黨的聲音傳得更開、傳得更廣、傳得更深入。

四、健全網絡綜合治理體系，推動形成良好網絡生態

在互聯網無處不在、社會信息化快速發展的時代條件下，網絡既是人們生產生活的重要空間，也是黨和政府服務群眾、了解民意、治理社會的重要平台。習近平總書記指出：“宣傳思想工作是做人的工作的，人在哪兒重點就應該在哪兒。”互聯網是當前宣傳思想工作的主陣地。這個陣地我們不去佔領，人家就會去佔領。要把網上輿論工作作為宣傳思想工作的重中之重來抓，把網絡意識形態工作的主導權和網絡輿論戰場上的主動權牢牢掌握在自己手中。習近平總書記反覆強調：“過不了互聯網這一關，就過不了長期執政這一關。”網絡已是當前意識形態鬥爭的最前沿，掌控網絡意識形態主導權，就是守護國家的主權和政權。各級黨委和黨員幹部要把維護網絡意識形態安全作為守土盡責的重要使命，充分發揮制度體制優勢，堅持管用防並舉，方方面面齊動手，堅決打贏網絡意識形態鬥爭。

管好用好互聯網，是新時代建設具有強大凝聚力和引領力的社會主義意識形態的基礎性工程，既要解決好誰來管、怎麼管的問題，也要解決誰來用、怎麼用的問題。對此，習近平總書記提出明確要求：“我們要本着對社會負責、對人民負責的態度，依法加強網絡空間治理，加強網絡內容建設，做強網上正面宣傳，培育積極健康、向上向善的網絡文化，用社會主義核心價值觀和人類優秀文明成果滋養人心、滋養社會，做到正能量充沛、主旋律高昂，為廣大網民特別是青少年營造一個風清氣正的網絡空間。”同時，“要持續鞏固壯大主流輿論強勢，加大輿論引導力度，加快建立網絡綜合治

理體系，推進依法治網。"良好的網絡生態，不僅使網絡空間成為億萬民眾共同的精神家園，而且使互聯網這個最大變量變成黨和人民事業發展的最大增量。善於管好用好互聯網，是新形勢下領導幹部做好意識形態工作的基本功，各級幹部特別是領導幹部必須不斷增強這方面的本領和能力。

習近平總書記指出："理論自覺、文化自信，是一個民族進步的力量；價值先進、思想解放，是一個社會活力的來源。"在全面建設社會主義現代化國家新征程上，建設具有強大凝聚力和引領力的社會主義意識形態，使全體人民在理想信念、價值理念、道德觀念上緊緊團結在一起，就能凝聚起以中國式現代化全面推進中華民族偉大復興的磅礴力量。

繁榮發展文化事業和文化產業

胡和平

文化是民族的精神命脈，文化自信是更基礎、更廣泛、更深厚的自信，是一個國家、一個民族發展中最基本、最深沉、最持久的力量。習近平總書記所作的黨的二十大報告從國家發展、民族復興高度，提出"推進文化自信自強，鑄就社會主義文化新輝煌"的重大任務，就"繁榮發展文化事業和文化產業"作出部署安排，為做好新時代文化工作提供了根本遵循、指明了前進方向。我們要深入學習貫徹黨的二十大精神，堅持中國特色社會主義文化發展道路，大力發展文化事業、文化產業，不斷激發全民族文化創新創造活力，增強實現中華民族偉大復興的精神力量。

一、充分認識新時代繁榮發展文化事業和文化產業的重大意義

文化建設是培根鑄魂、凝神聚力的重要事業。繁榮發展文化事業和文化產業，有助於發展社會主義文化、堅持和發展中國特色社會主義；有助於更好滿足人民文化需求、實現人民對美好生活新期待；有助於以文化人、以文育人、以文培元，增強人民精神力量、促進人的全面發展；有助於培育弘揚社會主義核心價值觀，建設中華民族共有精神家園；有助於傳承中華文明，提高國家文化軟實力、提升中華文化影響力，發展人類文明新形態。黨的十八大以來，以習近平同志為核心的黨中央高度重視文化工作，作出一系列重大決策部署，推出一系列重大政策舉措，推動中國特色社會主義文化繁榮發展，黨的二十大報告給予充分肯定。

在看到文化建設取得重大成就的同時，也要清醒認識到，在全面建設社會主義現代化國家新征程上，文化引領風尚、教育人民、服務社會、推動發

展的作用還未充分發揮；文化創新創造能力還不夠強，優秀文化產品和服務還不夠多；我國文化話語權與綜合國力和國際地位還不相匹配，維護國家文化安全和提升中華文化影響力的任務更加艱巨。我們必須堅定文化自信、推進文化自強，發揮文化鑄魂、文化賦能作用，緊緊圍繞舉旗幟、聚民心、育新人、興文化、展形象的使命任務，以社會主義核心價值觀為引領，以滿足人民文化需求、增強人民精神力量為着力點，努力創作優秀文藝作品、提供優秀文化產品，大力繁榮發展文化事業和文化產業，為經濟社會發展賦能、為實現中華民族偉大復興的中國夢聚力。

二、推動社會主義文藝繁榮興盛

文藝是時代前進的號角，文藝事業是黨和人民的重要事業。黨的十八大以來，以習近平同志為核心的黨中央把文藝工作擺在重要位置，習近平總書記主持召開文藝工作座談會，兩次出席中國文聯、中國作協代表大會開幕式，給內蒙古自治區蘇尼特右旗烏蘭牧騎隊員、中央美術學院老教授、中國戲曲學院師生、中國國家話劇院藝術家回信。黨中央印發《關於繁榮發展社會主義文藝的意見》、國務院辦公廳印發《關於支持戲曲傳承發展的若干政策》等文件，推動我國文藝事業進入新的發展階段。以創作為核心任務、以演出為中心環節的工作機制逐步形成，《偉大征程》、《奮鬥吧，中華兒女》、《我們的四十年》等重大文藝演出成功舉辦，舞劇《永不消逝的電波》、舞蹈詩劇《只此青綠》、歌劇《沂蒙山》、話劇《谷文昌》等優秀文藝作品不斷湧現。

黨的二十大報告指出，堅持以人民為中心的創作導向，推出更多增強人民精神力量的優秀作品，培育造就大批德藝雙馨的文學藝術家和規模宏大的文化文藝人才隊伍。我們要堅定以人民為中心的立場、守住為人民服務的初心，把為人民服務作為文藝工作者的天職、把人民作為藝術表現的主體，推出更加豐富、更有營養，人民喜聞樂見的優秀文藝作品。引領廣大文藝工作者深入生活、扎根人民，從中汲取營養、激發靈感，學會用"群眾語言"、"生活視角"進行創作。把握時代主題、時代價值，緊緊圍繞中華民族偉大復興時代主題開展文藝創作，推出更多謳歌黨、謳歌祖國、謳歌人民、謳歌英雄的精品力作，更加嘹亮地唱響"新時代之歌"。堅持養德、修藝相統一，加強藝德藝風建設和文藝工作者隊伍建設，引導文藝工作者把崇德尚藝作為一生的功課。

三、健全現代公共文化服務體系

發展公共文化服務，是保障人民文化權益、改善人民生活品質、補齊文化發展短板的重要途徑。黨的十八大以來，以習近平同志為核心的黨中央明確提出提升公共文化服務水平的要求，習近平總書記多次強調加快構建現代公共文化服務體系，促進基本公共文化服務標準化均等化。公共文化服務保障法、公共圖書館法頒佈實施，中央辦公廳、國務院辦公廳印發《關於加快構建現代公共文化服務體系的意見》、《國家基本公共文化服務指導標準（2015—2020 年）》等文件，推動我國公共文化服務體系建設取得顯著進展。覆蓋城鄉的六級公共文化服務網絡日益完善，"村晚"等群眾性文化活動廣泛開展，智慧圖書館體系、公共文化雲建設加快推進，新型公共文化空間不斷湧現。

黨的二十大報告指出，實施國家文化數字化戰略，健全現代公共文化服務體系，創新實施文化惠民工程。我們要堅持政府主導、社會參與、重心下移、共建共享，統籌基礎設施建設和服務效能提升，推進城鄉公共文化服務體系一體建設，努力為人民群眾提供更高質量、更有效率、更加公平、更可持續的公共文化服務。大力推進基本公共文化服務標準化均等化，建立健全城鄉公共文化服務標準體系，優化基層公共文化設施佈局，推進區域協調發展。把提升質量作為重中之重，建設高水平圖書館，明確新時代文化館新定位，建好用好基層公共文化空間，精準開展分眾式公共文化服務。建立健全群眾需求反饋機制，推廣"訂單式"、"菜單式"、"預約式"服務，推動社會力量廣泛參與，創新開展文化志願服務，提升公共文化服務效能。豐富群眾性文化活動，辦好群眾歌詠、廣場舞、"村晚"等活動，打造更多文化惠民品牌。提升公共文化服務數字化水平，豐富數字文化資源，拓展智慧公共文化服務應用，建設全國智慧圖書館體系和公共文化雲。

四、加強文化遺產系統性保護利用

　　文物、古籍、非物質文化遺產等文化遺產是中華優秀傳統文化的重要載體，是全人類的共同財富。黨的十八大以來，以習近平同志為核心的黨中央將文化遺產保護提升到功在當代、利在千秋的高度，下大力氣予以推進。習近平總書記親自指導、親自推動，就我國考古最新發現及其意義、深化中華文明探源工程等主題主持中央政治局集體學習，就文物工作、革命文物工作作出重要指示，向仰韶文化發現暨中國現代考古學誕生 100 周年、第 44 屆世界遺產大會致賀信。中央辦公廳、國務院辦公廳印發《關於實施中華優秀傳統文化傳承發展工程的意見》、《關於加強文物保護利用改革的若干意見》、《關於進一步加強非物質文化遺產保護工作的意見》、《關於推進新時代古籍工作的意見》等文件，推動文化遺產保護利用工作不斷邁上新台階。文化遺產資源家底逐步摸清，中華文明探源工程、中華古籍保護計劃、中國傳統工藝振興計劃等深入實施，文化遺產進一步"活起來"，"考古熱"、"博物館熱"、"非遺熱"蔚然成風。

　　黨的二十大報告指出，加大文物和文化遺產保護力度，加強城鄉建設中歷史文化保護傳承，建好用好國家文化公園。我們要堅持保護第一、加強管理、挖掘價值、有效利用、讓文物活起來的新時代文物工作方針，全面提升文物保護利用水平。做好考古挖掘、整理、研究、闡釋等工作，深入實施中華文明探源工程、"考古中國"重大項目，建設中國特色、中國風格、中國氣派的考古學。強化系統保護、整體保護，實施好石窟寺保護利用等重大工程項目，加強革命文物保護，做好低級別不可移動文物保護管理，築牢文物安全底線。完善古籍工作體系，提升古籍工作質量。以貫徹落實非物質文化遺產法為主線，以代表性項目和代表性傳承人為抓手，堅持保護為先、合理利用相結合，聚焦保護、傳承、發展、傳播，完善保護制度體系，加強傳承實踐能力建設，推動非物質文化遺產保護傳承工作呈現新氣象。

五、健全現代文化產業體系和文化市場體系

　　現代文化產業體系和文化市場體系是社會主義市場經濟重要組成部分，在促進國民經濟發展、滿足人民文化需求等方面發揮着重要作用。黨的十八大以來，以習近平同志為核心的黨中央高度重視文化產業發展。習近平總書記強調，要推動文化產業高質量發展，健全現代文化產業體系和市場體系，推動各類文化市場主體發展壯大，培育新型文化業態和文化消費模式，以高質量文化供給增強人們的文化獲得感、幸福感。中央辦公廳、國務院辦公廳印發《關於推進實施國家文化數字化戰略的意見》、《關於深化文化市場綜合行政執法改革的指導意見》，國務院辦公廳印發《關於進一步激發文化和旅遊消費潛力的意見》等文件，推動我國文化產業和文化市場健康發展。文化產業體系逐步健全、規模日益壯大，數字文化產業快速發展，線上演播、網絡直播、沉浸式體驗等新業態快速崛起，文化市場更加繁榮、規範、有序。

　　黨的二十大報告指出，健全現代文化產業體系和市場體系，實施重大文化產業項目帶動戰略。我們要完整、準確、全面貫徹新發展理念，以創新為核心驅動力，以重大文化產業項目為抓手，優化產業結構佈局，擴大城鄉居民文化消費，提升產業發展整體實力和競爭力。順應數字產業化和產業數字化發展趨勢，推動 5G、大數據、人工智能、虛擬現實、增強現實、超高清等技術在文化創作、生產、傳播、消費等各環節應用。改造提升演藝、娛樂、工藝美術等傳統業態，培育線上演播、數字藝術、沉浸式體驗等新業態新模式。加快培育一批品牌文化產業園區，提升國家級文化產業園區建設水平。推進國家文化和旅遊消費試點城市、示範城市及國家級夜間文旅消費集聚區建設。建立健全科學有效的文化和旅遊市場服務質量評價體系，完善以信用為基礎的新型市場監管機制，推動形成統一開放、競爭有序的市場體系。

六、促進文化和旅遊深度融合發展

　　文化是旅遊的靈魂，旅遊是文化的載體，二者密不可分，有着天然聯繫。推動文化事業、文化產業和旅遊業融合發展，是以習近平同志為核心的

黨中央，立足黨和國家事業全局作出的重要戰略決策，重塑了文化和旅遊工作新格局。習近平總書記對文化和旅遊融合發展作出一系列重要論述，強調文化產業和旅遊產業密不可分，要堅持以文塑旅、以旅彰文，推動文化和旅遊融合發展，讓人們在領略自然之美中感悟文化之美、陶冶心靈之美。中央辦公廳、國務院辦公廳印發《"十四五"文化發展規劃》，國務院印發《"十四五"旅遊業發展規劃》等文件，均對推進文旅融合作出具體部署，推動文化和旅遊融合發展走深走實、見行見效，業態融合、產品融合、市場融合、服務融合、交流融合取得可喜進展，紅色旅遊、旅遊演藝等蓬勃發展，國家文化公園建設穩步推進。

黨的二十大報告指出，堅持以文塑旅、以旅彰文，推進文化和旅遊深度融合發展。我們要牢牢把握文化建設和旅遊發展的規律特點，堅持以文塑旅、以旅彰文，堅持優勢互補、相得益彰，推動文化和旅遊在更廣範圍、更深層次、更高水平上實現融合，讓"詩"和"遠方"實現更好聯結、共創美好生活。要堅持以文塑旅，用文化豐富旅遊內涵、提升旅遊品位，把更多文化內容、文化符號納入旅遊線路、融入景區景點，營造濃厚文化氛圍。要堅持以旅彰文，用旅遊帶動文化傳播、推動文化繁榮，發揮旅遊覆蓋面廣、遊客參與度高等優勢，推動中華優秀傳統文化"活起來"、革命文化和紅色基因傳下去、社會主義先進文化弘揚開。要找準契合處、聯結點，通過"化學反應"，形成兼具文化和旅遊特色的新產品、新服務、新業態，建設一批富有文化底蘊的世界級旅遊景區和度假區，打造一批文化特色鮮明的國家級旅遊休閒城市和街區，為文化和旅遊發展提供新引擎。

七、提高國家文化軟實力、提升中華文化影響力

一個國家、一個民族的興盛，總是以文化興盛為重要標誌。提高國家文化軟實力，關係中華民族偉大復興中國夢的實現、人類命運共同體的構建。黨的十八大以來，以習近平同志為核心的黨中央高度重視人文交流、文明互鑒，習近平總書記親自推動、親自部署，出訪和會見外國元首時將文化交流作為重要內容，提出舉辦中外文化和旅遊年等重大舉措，為斯里蘭卡等海外

中國文化中心揭牌，向第四屆阿拉伯藝術節等活動致賀信，多次就推動文明交流互鑒、增強國家文化軟實力發表重要講話。國務院印發《關於加快發展對外文化貿易的意見》等文件，推動全方位、多層次、寬領域的對外和對港澳台文化交流合作工作格局逐步形成，配合元首外交、重大主場外交的文化活動成功舉辦，各種對外文化交流品牌活動影響廣泛，海外中國文化中心建設加快推進，對外文化貿易體系日益完善。對港澳台文化交流合作深入開展，凝心聚力、增進認同作用彰顯。

黨的二十大報告指出，堅守中華文化立場，提煉展示中華文明的精神標識和文化精髓，加快構建中國話語和中國敘事體系，講好中國故事、傳播好中國聲音，展現可信、可愛、可敬的中國形象；加強國際傳播能力建設，全面提升國際傳播效能，形成同我國綜合國力和國際地位相匹配的國際話語權；深化文明交流互鑒，推動中華文化更好走向世界。我們要堅定走相互尊重、和衷共濟、和合共生的人類文明發展正確道路，大力弘揚平等、互鑒、對話、包容的文明觀，讓中國故事更為生動、中國形象更加鮮活、中華文化更加深入人心。加強國際傳播能力建設，打造多維度、立體化交流渠道和平台，提升國際話語權。統籌文化交流與產業合作，形成相互促進、雙輪驅動工作格局。建好用好海外中國文化中心、駐外旅遊辦事處。辦好中外文化和旅遊年（節）、"歡樂春節"、"美麗中國"等品牌活動，向世界展現可信、可愛、可敬的中國形象。深耕厚植對港澳台文化交流合作，持續打造"藝海流金"、"情繫"等活動品牌，增強港澳台同胞對中華文化的認同感和自豪感。

八、全面深化文化領域體制機制改革

深化文化體制機制改革，是解放和發展文化生產力、推進文化領域治理體系和治理能力現代化的重要途徑。黨的十八大以來，以習近平同志為核心的黨中央高度關注文化體制機制改革。習近平總書記多次強調，改革是文化繁榮發展的動力所在，要在全面深化改革大框架下，堅定不移將文化體制改革引向深入，不斷激發文化創新創造活力。中央辦公廳、國務院辦公廳印發《深化文化體制改革實施方案》、《關於深化國有文藝院團改革的意見》、《關於推動國有文化企業把社會效益放在首位、實現社會效益和經濟效益相統一的指導意見》等政策文件，推動文化領域體制機制改革不斷深入，具有“四樑八柱”性質的文化發展主體框架基本確立。

黨的二十大報告指出，堅持把社會效益放在首位、社會效益和經濟效益相統一，深化文化體制改革，完善文化經濟政策。我們要深入貫徹落實黨中央關於全面深化改革部署要求，聚焦文化領域高質量發展的體制機制障礙、難點堵點問題，全面推進改革、持續深化改革。圍繞建設社會主義文化強國等重大任務，明確文化領域全面深化改革的主攻方向、戰略重點、任務舉措。持續深化“放管服”改革，加強政策調節、市場監管、社會管理、公共服務職能，優化營商環境。持續深化國有文藝院團改革，加快構建以創作為核心任務、以演出為中心環節的體制機制和政策體系，充分激發院團活力。推動國有文化企業深化改革、加快發展，進一步加強黨的領導，完善公司治理。以構建公共文化新型空間為重點，推進縣級文化館圖書館總分館制建設、公共文化機構法人治理結構改革，推動基層公共文化機構與新時代文明實踐中心建設協調發展。完善以高質量發展為導向的文化經濟政策，加強文化法治建設，為文化改革發展提供堅強保障。

構建初次分配、再分配、第三次分配協調配套的制度體系

寧吉喆

習近平總書記在黨的二十大報告中指出，扎實推進共同富裕，完善分配制度，構建初次分配、再分配、第三次分配協調配套的制度體系。這為我們指明了在全面建設社會主義現代化國家新征程中邁向共同富裕的目標任務、改革舉措和政策取向。

一、從完善分配制度上促進共同富裕

（一）共同富裕是中國特色社會主義的本質要求。第一，共同富裕是馬克思主義的一個基本目標。馬克思主義以實現人類解放、促進每個人自由而全面發展為己任，期盼生產力的發展使社會財富的一切源泉都充分湧流，期盼沒有工農、城鄉、腦體差別的社會，預見未來社會生產將以所有人的富裕為目的。第二，共同富裕是自古以來我國人民的一個基本理想。早在 2000 多年前，先賢即提出"大道之行也，天下為公"的大同思想，後來的思想家又多次對大同社會提出設想，反映了中華民族對一個繁榮、富裕、公正、平等社會的美好理想。第三，共同富裕是中國共產黨根本宗旨的體現。民之所望，政之所向。實現全體人民共同富裕，反映了人民對美好生活的嚮往，體現了以人民為中心的發展思想，體現了中國共產黨人的初心和使命，體現了全心全意為人民服務的黨的根本宗旨。第四，共同富裕是中國式現代化的一個重要特徵。新中國成立後，毛澤東提出把我國建設成為社會主義的現代化強國的目標和共同富裕的概念。改革開放後，鄧小平指出，社會主義的本質，是解放生產力，發展生產力，消滅剝削，消除兩極分化，最終達到共同富裕。

新時代以來，習近平總書記指出，中國式現代化是全體人民共同富裕的現代化。

（二）促進全體人民共同富裕既是一項長期任務又是一項現實任務。第一，全面建成小康社會為促進共同富裕創造了良好條件。在社會主義革命和建設時期，我國建立起獨立的比較完整的工業體系和國民經濟體系。在改革開放和社會主義現代化建設新時期，我國實現了從生產力相對落後到經濟總量躍居世界第二的歷史性突破，實現了人民生活從溫飽不足到總體小康、奔向全面小康的歷史性跨越。黨的十八大以來，我國經濟發展平衡性、協調性、可持續性明顯增強，黨領導人民打贏了脫貧攻堅戰，歷史性地解決了絕對貧困問題，在中華大地上全面建成了小康社會。2021 年，我國國內生產總值達到 114 萬億元、人均國內生產總值達到 1.2 萬美元，標誌着我國社會生產力、綜合國力、人民生活水平躍上新台階，為推進共同富裕打下了堅實基礎。第二，我國已經到了扎實推進共同富裕的歷史階段。進入新時代，我國社會主要矛盾轉化為人民日益增長的美好生活需要和不平衡不充分的發展之間的矛盾，經濟社會結構加快調整變化，高速增長轉向高質量發展，對扎實推進共同富裕提出了新的要求。第三，實現共同富裕是經濟社會發展的宏偉目標。實現全體人民共同富裕是一個長期的歷史過程，伴隨全面建設社會主義現代化國家的全過程，必須納入國民經濟和社會發展長遠規劃，深入研究不同階段的現代化和共同富裕目標，分階段循序漸進。

（三）扎實推動共同富裕必須完善分配制度。制度問題更帶有根本性、全局性、穩定性和長期性，分配制度是促進共同富裕的基礎性制度。要在全國人民共同奮鬥把"蛋糕"做大做好的基礎上，通過合理的制度安排，把"蛋糕"切好分好，堅持按勞分配為主體、多種分配方式並存，構建初次分配、再分配、第三次分配協調配套的制度體系。第一，完善分配制度是促進共同富裕的必然要求。生產決定分配，分配反作用於生產。改革開放以來，我國初步建立了社會主義市場經濟分配制度，有力地促進了經濟發展和居民收入提高。1979—2021 年，我國國內生產總值年均增長 9.2%，居民人均可支配收入年均增長 8.2%，其中農民人均可支配收入年均增速快於城鎮居民 0.6 個百分點。但分配領域不平衡的問題仍然比較突出。只有完善分配制度，才能進一步調動廣大勞動者生產積極性、更好發揮人力資源和人力資本的作用、持續擴大國內需求特別是居民消費需求，構建合理分配格局。第二，完善分配制度是堅持和完善中國特色社會主義制度的重要內容。分配制度具有基礎性和能動性。完善分配制度，有利於堅持和完善社會主義基本經濟制度、社會主義市場經濟體制以及統籌城鄉的民生保障制度。同時，堅持“兩個毫不動搖”，堅持公有制為主體、多種所有制經濟共同發展，又有利於更好地發揮分配對生產、流通、消費和投資的促進作用，從而為推進國家治理體系和治理能力現代化築牢基礎。第三，完善分配制度是發揮多層次分配協調配套制度作用的重要舉措。初次分配、再分配、第三次分配既相互區別，又相互聯繫。初次分配是基礎，是促進共同富裕的重要途徑，要健全生產要素由市場評價貢獻、按貢獻決定報酬的機制；再分配是保障，是促進共同富裕的重要手段，要完善政府對收入分配進行調節的機制；第三次分配是補充，是促進共同富裕的輔助方式，要建立社會自願參與公益慈善事業的機制。三個層次分配的機制相互協調、相互配套，依法依規運行，有利於有效市場、有為政府、有愛社會相結合，扎實推進共同富裕。

二、 發揮好初次分配的基礎性作用

（一）**提高發展的平衡性、協調性、包容性。**人民的幸福生活是奮鬥出來的，共同富裕要靠勤勞智慧來創造。要把推動高質量發展放在首位，形成人人參與的發展環境，厚植共同富裕的物質基礎。第一，促進人的全面發展。要維護社會公平正義，防止社會階層固化，暢通向上流動通道，促進機會公平，為人民提高受教育程度、增強發展能力創造更加普惠公平的條件，提高全社會就業創業和創新創造能力，鼓勵勤勞致富。第二，健全城鄉融合發展體制機制。要堅持以城帶鄉、以工促農，鞏固拓展脫貧攻堅成果，全面推進鄉村振興，對易返貧人口加強監測、及早干預，確保不發生規模性返貧和新的致貧。開拓鄉村特色產業發展等增收渠道，使更多農民勤勞致富。加強農村基礎設施和公共服務體系建設，保障農民基本生活條件。完善新型城鎮化戰略，促進農民工融入城市。第三，健全區域協調發展體制機制。要深入實施區域協調發展戰略、區域重大戰略，加大對欠發達地區的支持力度，增強欠發達地區自我發展能力。建設好浙江共同富裕示範區。第四，強化行業發展的協調性。要加快壟斷行業改革，營造公平競爭的市場環境，讓平均利潤率規律發揮作用。要發揮企業促進協調發展的能動性，鼓勵、支持和引導企業與金融機構增加環境、社會、治理（ESG）投資。

（二）**提高居民收入和勞動報酬比重**。目前，我國住戶部門可支配收入佔國民可支配總收入的比重約為 60%，勞動者報酬佔國民可支配總收入的比重約為 50%，有待提高。要堅持居民收入增長和經濟增長基本同步、勞動報酬提高與勞動生產率提高基本同步，構建體現效率、促進公平的收入分配體系。第一，努力提高居民收入在國民收入分配中的比重。要通過擴大就業和提高就業質量增加勞動者收入，拓展服務業、中小微企業、勞動密集型企業、知識和技能密集型企業就業空間，穩定新就業形態、靈活就業人員就業增收，幫助高校畢業生、農民工等重點群體就業增收。第二，提高勞動報酬在初次分配中的比重。要堅持多勞多得，着重增加勞動所得。完善勞動者工資決定、合理增長和支付保障機制，健全最低工資標準調整機制，完善農民工欠薪治理長效機制。健全國有企業市場化薪酬分配機制和科技創新薪酬分配激勵機制，改革完善體現崗位績效和分級分類管理的事業單位薪酬制度，落實並完善公務員工資正常調整機制。完善勞動爭議調解仲裁機制，健全勞動關係協商協調機制。

（三）**擴大中等收入群體**。目前，我國中等收入家庭人口佔總人口的比重為 30% 多，提升空間較大。要增加低收入者收入，着力提高中等收入家庭人口比重。第一，高校畢業生是有望進入中等收入群體的重要方面。要提高高等教育質量，做到學有專長、學有所用。第二，技術工人應成為中等收入群體的重要組成部分。要加大技能人才培養力度，提高技術工人工資待遇，吸引更多勞動者加入技術工人隊伍。第三，中小微企業和個體工商戶從業者是創業致富的重要群體。要完善營商環境，促進穩定經營增收。第四，進城農民工是中等收入群體的重要來源。要深化戶籍制度改革，解決好農業轉移人口住房、醫療、教育、社保等問題。要合理提高基層公務員和基層企事業單位職工的工資待遇。

（四）**完善按要素分配政策制度**。實行勞動、資本、土地、技術、管理、知識、數據等生產要素由市場評價貢獻、按貢獻決定報酬的機制，有利於提高效率效益、推動創新發展和轉型升級。要健全各類生產要素由市場決定報酬的機制，拓展和創新收入分配方式。第一，拓寬財產性收入渠道。要從農村土地、金融資產入手，探索通過土地、資本等要素使用權和收益權增加中低收入群眾要素收入，多渠道增加城鄉居民財產性收入。深化農村土地制度改革，賦予農民更加充分的財產權益。有序推動農村宅基地出租、流轉、抵押，探索實現已入市農村集體土地與國有土地同地同權，探索農村集體經濟收益分配向當地低收入困難群體傾斜。推動資本市場穩定健康發展，豐富居民可投資金融產品，完善上市公司分紅激勵機制。促進房地產市場持續健康發展，支持居民合理擁有住房資產。第二，增加技術、管理和知識要素收入。要鼓勵符合條件的企業用足用好股權、期權等工具激勵科研人員等核心人才。完善職務科技成果轉化激勵政策，健全科研人員職務發明成果權益分享機制。第三，構建數據要素收益分配機制。要積極培育數據市場並健全數據價值實現機制，科學界定數據要素權屬，探索建立合理分配數據要素收益的方法制度，促進數字紅利共享。

三、加大稅收、社會保障、轉移支付等的調節力度

（一）**完善稅收調節機制**。稅收是國家財政的主要來源，也是收入分配的調節利器。第一，優化稅制結構。要健全地方稅、直接稅體系，提高直接稅比重，增強稅收對收入分配的調節作用。第二，完善個人所得稅制度。要健全綜合與分類相結合的個人所得稅制度，完善專項附加扣除範圍和標準，優化個人所得稅稅率結構。第三，完善消費、財產等方面稅收。要加大消費環節稅收調節力度，積極穩妥推進房地產稅立法和改革，探索建立與數字經濟發展相適應的稅收制度。第四，完善稅收徵管。要深化稅收徵管制度改革，健全自然人稅費服務與監管體系，提升稅收監管能力。

（二）**促進基本公共服務均等化**。這是促進共同富裕的重要途徑。要盡力而為、量力而行，提高基本公共服務和社會保障能力，逐步實現人均基

本公共服務均等化。第一，完善低收入人口保障服務。要逐步健全生活救助和專項救助制度，加快縮小社會救助城鄉標準差異，逐步提高城鄉最低生活保障水平，完善社會救助和保障標準與物價上漲掛鈎聯動機制。第二，促進教育公平。要加大普惠性人力資本投入，推動義務教育優質均衡發展和城鄉一體化，有效減輕困難家庭教育負擔。第三，完善養老和醫療保障體系。要逐步縮小職工與居民、城市與農村籌資和保障待遇差距，逐步提高城鄉居民基本養老金水平，加快優質醫療資源擴容和區域均衡佈局。第四，完善住房供應和保障體系。要堅持租購並舉、因城施策，完善長租房政策，擴大保障性租賃房供給，重點解決好新市民住房問題。第五，完善公共文化服務體系。要不斷滿足人民群眾多樣化、多層次、多方面精神文化需求，促進人民精神生活共同富裕，加強促進共同富裕輿論引導，營造良好輿論氛圍。

（三）**加大轉移支付**。這是促進區域協調發展的重要工具。2022 年中央對地方轉移支付規模近 9.8 萬億元，比 2021 年增加約 1.5 萬億元，作用明顯。第一，完善財政轉移支付制度。要繼續增加財政轉移支付，縮小區域人均財政支出差距，逐步實現主要按常住人口進行均衡性轉移支付，增強基層公共服務保障能力。加大對口支援和幫扶工作力度。第二，優化轉移支付結構。要明確中央和地方財政事權與支出責任，穩定提高一般性轉移支付比重，提高均衡性轉移支付在一般性轉移支付中的比重。第三，強化轉移支付管理。要提高轉移支付項目實施的精準性，提高轉移支付資金使用效率，促進轉移支付制度化、規範化。

（四）**規範收入分配秩序**。這是消除分配不公、防止兩極分化的重要措施。第一，保護合法收入。要保護勞動和要素收入，保護居民財產，保護產權和知識產權，保護並調動企業家積極性。第二，調節過高收入。要加強反壟斷和反不正當競爭，規範資本性所得管理，規範財富積累機制，通過個人所得稅、消費稅、財產稅等加強對高收入的調節。清理規範不合理收入，治理分配亂象，合理縮小行業收入分配差距。第三，取締非法收入。堅決遏制權錢交易，堅決打擊內幕交易、操縱股市、財務造假、偷稅漏稅等獲取非法收入行為。

四、建立健全第三次分配機制

（一）**支持有意願有能力的企業、社會組織和個人積極參與公益慈善事業**。進入 21 世紀，我國社會公益事業迅速起步，捐贈財物較快增長，志願者隊伍不斷擴大。但公益慈善事業發展總體上仍相對滯後，社會參與不足。要進一步調動社會各方面發展公益慈善事業的積極性，支持更多人財物投入社會公益領域。企業是我國慈善捐贈的主體，目前企業捐贈佔款物捐贈總量的 60% 以上。要鼓勵企業更好履行社會責任，積極參與生態治理、民生建設、鄉村振興和區域協調發展，持續增加慈善捐贈。社會組織參與第三次分配具有較好條件。要積極有序發展慈善組織，動員更多社會組織從自身實際出發參與慈善捐贈。個人是參與第三次分配的源頭活水。目前我國個人捐贈佔捐贈總量比重不到 30%，需要提高。要增強個人公益慈善意識，採取財物捐贈、志願服務、互助互濟等多種方式參與公益慈善活動。

（二）**探索公益慈善活動有效實現形式**。第一，完善適合中國國情的慈善組織模式。要加強現代慈善組織制度建設，建立健全非營利法人制度，打造慈善捐贈主平台。完善志願者註冊、服務記錄、激勵嘉許、保險保障、基層組織等制度，搭建好志願者服務平台。第二，探索各類新型捐贈模式。要探究金融助力第三次分配的方式，鼓勵設立慈善信託。利用數字網絡便捷泛在的優勢，積極培育和規範發展互聯網慈善。第三，拓展慈善捐贈和志願服務領域。要加大扶貧濟困、教育、醫療衛生、助殘助老、減災救災等方面慈善投入，拓展生態環保、文藝、科技等領域慈善活動，支持慈善力量更加及時充分參與重大突發事件救援。

（三）**完善公益慈善事業政策法規體系和社會文化環境**。第一，落實公益慈善稅收優惠政策。對非營利組織從事公益性或非營利性活動，予以免稅。對企業發生的公益性捐贈支出，不超過年度利潤總額 12% 的部分，准予扣除企業所得稅。對個人將其所得用於教育、扶貧、濟困等公益慈善事業的捐贈額，未超過納稅人申報應納所得稅額 30% 的部分，可從其應納稅所得額中扣除。對符合條件的公益慈善事業捐贈，實行企業所得稅或個人所得稅全額稅前扣除。建立健全慈善褒獎制度，讓捐贈者獲得光榮感和成就感。第二，加強慈善領域法治建設。要執行好慈善法、公益事業捐贈法、紅十字會法、民法典以及社會團體登記、基金會等管理條例，推進相關立法修法工作。第三，健全慈善綜合監管體系。要加強慈善組織專業化、規範化建設，建立健全慈善組織、志願者、捐贈方和政府部門協調聯動機制，加強政府部門對慈善行業的監督管理。第四，創造有利於公益慈善事業發展的社會環境。要弘揚中華民族樂善好施、守望相助的傳統文化，提倡向上向善、關愛社會，引導更多個人、社團和企業自願積極參與社會公益事業。

實施就業優先戰略

張紀南

就業是最基本的民生。黨的二十大報告着眼於新時代新征程，針對新形勢新情況，對實施就業優先戰略作出新的全面部署，明確就業優先的戰略任務，提出一系列新要求，充分體現了我們黨增進民生福祉的價值追求，充分體現了以習近平同志為核心的黨中央深厚的為民情懷，具有十分重要的意義。

一、新時代 10 年我國就業取得顯著成就

黨的十八大以來，中國特色社會主義進入新時代。以習近平同志為核心的黨中央高度重視就業問題，始終把促進就業擺在優先位置，作出一系列決策部署，各地區、各部門堅決抓好貫徹落實，推動我國就業工作取得歷史性重大成就，就業局勢保持總體穩定，在 14 億多人口的大國實現了比較充分的就業，就業質量穩步提高，成為經濟發展、民生改善的重要支撐。

（一）**城鎮就業規模持續擴大，就業結構不斷優化**。城鎮就業人數由 2012 年的 37287 萬人增加到 2021 年的 46773 萬人，城鎮新增就業年均超過 1300 萬人。城鎮調查失業率總體低於預期調控目標。城鄉就業格局發生歷史性轉變，2013 年城鎮就業人員比重首次超過鄉村，2021 年佔比達到 62.7%，比 2012 年提高了 13.8 個百分點。第三產業吸納就業能力提高，一、二、三產從業人員佔比從 2012 年的 33.5%、30.4% 和 36.1% 調整為 2021 年的 22.9%、29.1% 和 48%。就業質量進一步提升，2021 年城鎮單位就業人員工資水平較 2012 年翻了一倍。

（二）**重點群體就業平穩**。在高校畢業生人數連年增長的情況下，實現了就業水平總體穩定。農民工總量從 2012 年的 26261 萬人增至 2021 年的

29251 萬人。加強兜底幫扶，累計實現失業人員再就業 5501 萬人，就業困難人員就業 1768 萬人。退役軍人就業創業能力得到提升，就業渠道不斷拓寬，創業環境持續優化。

（三）**就業幫扶成效顯著**。把提升技能、增加就業作為最有效最直接的脫貧方式，從資金、政策、服務等方面給予傾斜支持，貧困人口務工規模從 2015 年的 1227 萬人增加到 2020 年的 3243 萬人，2/3 以上建檔立卡貧困人口主要靠外出務工和產業脫貧。持續鞏固就業幫扶成果、促進鄉村振興。2021 年底，全國脫貧人口務工規模 3145 萬人，其中 160 個重點幫扶縣脫貧人口務工規模 628 萬人。

（四）**勞動者職業技能素質持續提升**。截至 2021 年底，我國技能勞動者總量增至 2 億人以上，其中高技能人才超過 6000 萬人。實施 2019—2021 年職業技能提升三年行動，從失業保險基金結餘中拿出 1000 億元，採取多種形式，累計開展補貼性職業技能培訓 8300 多萬人次，勞動者穩定就業和轉換崗位能力不斷增強。

（五）**就業服務體系日臻完善**。公共就業服務體系建設持續推進，覆蓋省、市、縣、街道（鄉鎮）、社區（村）的五級公共就業服務網絡逐步完善，標準化、智慧化、專業化建設進一步加強。各級公共就業和人才服務機構年均為 8000 萬人次勞動者、5000 萬戶次用人單位提供招聘服務。人力資源服務業規模日益壯大，截至 2021 年底全國已有各類人力資源服務機構 5.91 萬家，有效增加了就業服務供給。

（六）**勞動者權益得到有效維護**。構建中國特色和諧勞動關係體制機制基本形成，勞動關係法律法規體系進一步健全。完善省市縣三級監察執法網絡，對各類用人單位執行法律法規情況進行監督檢查，健全勞動關係協調和勞動爭議調解仲裁機制，規範用工行為，保護勞動者利益，勞動關係總體保持和諧穩定。

二、充分認識實施就業優先戰略的重要意義

習近平總書記指出，就業是永恆的課題，牽動着千家萬戶的生活，任

何時候都要抓好；解決好就業問題，是黨和政府義不容辭的責任。要從全局高度重視就業問題，把就業工作擺到突出位置，切實把這個民生頭等大事抓好。這些重要論述，深刻闡述了做好就業工作在黨和國家事業發展全局中的重要地位和作用。我們必須站在全面建設社會主義現代化國家、實現中華民族偉大復興的歷史高度，把促進就業作為推動實現共同富裕的重要基礎，充分認識實施就業優先戰略的重要意義。

（一）**實施就業優先戰略是鞏固我們黨的執政基礎的必然要求。**民心是最大的政治，民生連着民心。解決好就業問題，是社會和諧穩定的"壓艙石"和國家長治久安的重要支撐。勞動者只有擁有一份職業、一份工作，才能平等融入社會生活，也才更有尊嚴。充分就業則民心安、社會穩。如果就業出了問題，大規模失業則民心浮、社會亂。實施就業優先戰略，把就業擺在經濟社會發展優先位置，是我國政治制度和社會制度的題中之義，具有鮮明的政治意義，有利於更好體現我們的制度優越性，鞏固黨執政的群眾基礎和社會基礎。

（二）**實施就業優先戰略是適應我國基本國情和發展階段的必然選擇。**我國有 14 億多人口、9 億多勞動年齡人口，豐富的勞動力資源始終是我國發展的一大優勢，同時解決好就業問題也是我國長期面對的一項重大任務。"十四五"時期，需在城鎮就業的勞動力年均 2500 萬人以上，還有大量新轉移農業富餘勞動力。同時，就業結構性矛盾突出，"就業難"與"招工難"並存，就業質量也有待提高。實施就業優先戰略，持續把促進就業作為開發利用勞動力資源的基本途徑，是推動我國就業擴容提質的需要，有利於充分發揮勞動力資源作用，最大限度激發社會活力和創造力，促進人們各盡其能、各得其所，形成更為充足的人力資本紅利。

（三）**實施就業優先戰略是推進經濟高質量發展的重要措施。**就業是經濟發展的基本條件和重要目標。充分就業與經濟增長、物價穩定、國際收支平衡是宏觀經濟的主要指標。就業狀況是經濟發展的"晴雨表"，是衡量經濟發展合理性的重要基準，穩住就業能夠為改革發展提供充足的迴旋空間。從經濟大循環看，就業是溝通社會需求和供給的橋樑，是連接生產、交換、分配和消費的紐帶，是支撐宏觀經濟和微觀經濟運行的"基本盤"。實施就業優先戰略，把充分就業擺在經濟發展目標的優先位置，是轉變經濟發展方式、推進高質量發展的內在要求，有利於確保經濟在合理區間運行，促進經濟社會協調發展，形成經濟發展與擴大就業的良性互動。

（四）**實施就業優先戰略是保障和改善民生的根本舉措**。就業是民生之本，是勞動者賴以生存和發展的基礎、共享經濟發展成果的基本條件，關係到億萬勞動者及其家庭的切身利益。解決好就業問題，是民生改善的"溫度計"。沒有就業，就沒有收入，就無法保障基本生活，更談不上家庭幸福和實現人的全面發展。實施就業優先戰略，突出就業作為基本民生的重要作用，有利於不斷擴大就業容量，創造和增加收入、改善人民生活品質，讓人民群眾獲得感幸福感安全感更加充實、更有保障、更可持續。

三、全面落實實施就業優先戰略的各項重點任務

黨的二十大報告提出，促進高質量充分就業。這是黨中央牢牢把握我國發展的階段性特徵，根據新形勢新任務明確的目標要求。充分就業，就是千方百計創造更多就業機會，擴大就業容量。充分就業又是高質量的，就是要增強就業的適配性穩定性，穩步增加勞動者工資性收入，維護勞動者權益，提供更加可靠的社會保障。圍繞這一目標要求，習近平總書記在黨的二十大報告中對實施就業優先戰略的重點任務進行了新的重大部署。

（一）**強化就業優先政策**。強化就業優先政策，健全就業促進機制，就是要突出經濟發展的就業導向，立足我國特殊的資源稟賦，充分發揮人力資源豐富的巨大優勢，推動形成高質量發展與就業擴容提質互促共進的良性循環。**一是**堅持目標導向優先。把就業作為經濟發展的優先目標，優先發展吸納就業能力強的行業、產業、企業，促進製造業高質量就業，擴大服務業就業，拓展農業就業空間，支持中小微企業和個體工商戶持續穩定發展增加就業，促進數字經濟領域就業創業，不斷培育就業新的增長極。**二是**堅持宏觀政策支持優先。強化財政、貨幣、投資、消費、產業、區域等政策支持就業的導向，實現與就業政策協同聯動。**三是**健全就業影響評估機制。制定實施宏觀政策時將對就業量的帶動和質的提高作為重要考量，提升重大政策規

劃、重大工程項目、重大生產力佈局對就業的促進作用。**四是健全監測預警機制**。完善就業失業統計監測調查體系，加快構建系統完備、立體化的就業失業監測網絡，完善就業統計指標體系和調查統計方法，推進大數據在就業統計監測領域的應用，為宏觀決策和制定政策措施提供有力支持。**五是健全就業目標考核機制**，建立促進高質量充分就業的評價體系，納入經濟高質量發展考核體系，充分調動各方面的積極性。

（二）**健全就業公共服務體系**。健全就業公共服務體系，就是要着力打造覆蓋全民、貫穿全程、輻射全域、便捷高效的全方位就業公共服務體系，提升勞動力市場匹配效率。**一是完善公共就業服務制度**。健全戶籍地、常住地、參保地、就業地公共就業服務供給機制，推動公共就業服務向農村延伸，縮小公共就業服務水平和質量在不同區域之間的差距。**二是加強公共就業服務體系建設**。完善街道（鄉鎮）、社區（村）服務平台，構建覆蓋城鄉的公共就業服務網絡，合理配置公共就業服務機構人員，加強專業化職業化建設。**三是增強公共就業服務能力**。加強公共就業服務標準體系建設，推進信息服務智慧化。構建精準識別、精細分類、專業指導的公共就業服務模式。同時，加快人力資源服務業高質量發展，提高人力資源市場規範化水平，提供更多市場化就業服務供給。

（三）**完善重點群體就業支持體系**。完善重點群體就業支持體系，加強困難群體就業兜底幫扶，就是要聚焦高校畢業生等重點群體，堅持市場化社會化就業與政府幫扶相結合，促進多渠道就業創業。**一是持續做好高校畢業生等青年就業工作**。拓寬高校畢業生市場化社會化就業渠道，強化高校畢業生就業服務，加大對離校未就業、困難畢業生幫扶力度，幫助畢業生更好擇業、更快就業。為城鎮青年創造多樣化就業機會，增強城鎮青年職業發展能力。**二是推進農村勞動力轉移就業**。穩定和擴大農村勞動力外出就業規模，促進農村勞動力就地就近就業，加快農業轉移人口市民化，發展帶動就業效果好的勞務品牌，穩定脫貧人口就業。**三是加強退役軍人就業保障**。改革完善退役軍人安置制度，支持退役軍人自主就業。**四是加強困難群體就業兜底幫扶**。健全就業援助制度，完善就業困難人員認定辦法，對零就業家庭人員、殘疾人等困難群體提供"一人一檔"、"一人一策"精細化服務，擴大公益性崗位托底安置。落實殘疾人按比例就業制度。同時，統籌做好下崗失業人員、去產能職工等再就業工作。

（四）**統籌城鄉就業政策體系**。統籌城鄉就業政策體系，破除妨礙勞動力、人才流動的體制和政策弊端，消除影響平等就業的不合理限制和就業歧視，使人人都有通過勤奮勞動實現自身發展的機會，就是要促進勞動者合理有序流動，健全城鄉勞動者平等參與市場競爭的就業機制。**一是**推進城鄉就業服務均等化。推動就業創業政策諮詢、就業失業登記、職業介紹等覆蓋全體城鄉勞動者，實行農民工在就業地平等享受就業服務政策，營造城鄉一體化公平就業環境。**二是**暢通勞動者社會性流動渠道。深化勞動力要素市場化配置改革，同步推進戶籍制度、用人制度、檔案服務改革，加快破除妨礙勞動者市場化配置和自由流動的障礙，形成合理、公正、暢通、有序的社會性流動格局。**三是**努力消除就業歧視。逐步消除性別、戶籍、身份等各類影響平等就業的不合理限制或就業歧視，增強勞動力市場包容性。保障婦女在就業創業、技能培訓、勞動報酬、職業健康與安全等方面的權益。

（五）**推動解決結構性就業矛盾**。健全終身職業技能培訓制度，推動解決結構性就業矛盾，就是要加快提升勞動者技能素質，更好適應市場需求和經濟社會高質量發展需要。**一是**健全終身職業技能培訓制度。完善職業技能培訓政策體系，開展常態化大規模多層次職業技能培訓，穩步擴大針對不同群體的培訓規模，支持企業開展職工在崗培訓，突出技能人才培訓、急需緊缺人才培訓、轉崗轉業培訓、儲備技能培訓、通用職業素質培訓。完善職業技能競賽體系。**二是**多元化推進職業技能培訓供給。構建以公共實訓基地、職業院校、技工院校、職業技能培訓機構和行業企業為主的多元培訓載體，充分發揮企業職業技能培訓主體作用和院校培訓資源優勢，健全職業技能培訓共建共享機制。**三是**提升職業技能培訓質量。引導培訓資源向市場急需、企業生產必需等領域集中，規範開展訂單式培訓，健全培訓監督評價考核機制，增強培訓針對性和實效性。**四是**完善技能人才培養、使用、評價和激勵機制。推進職業資格制度改革，完善職業技能等級制度，推行社會化職業技能等級認定，暢通技能人才職業發展通道，完善技能人才薪酬、表彰等激勵政策。**五是**提高勞動者職業素養。大力弘揚勞模精神勞動精神工匠精神，營造勞動光榮的社會風尚和精益求精的敬業風氣。加強職業道德教育，引導勞動者樹立正確的人生觀價值觀就業觀，培養敬業精神和工作責任意識。

（六）**完善促進創業帶動就業的保障制度**。完善促進創業帶動就業的保障制度，支持和規範發展新就業形態，就是要營造有利於創新創業創造的良好發展環境，激發市場活力和社會創造力，培育接續有力的就業新動能，放大就業倍增效應。**一是**不斷優化創業環境。深化創業領域"放管服"改革，實施全國統一的市場准入負面清單制度，提升企業開辦標準化規範化便利化水平，持續優化營商環境。**二是**加強創業政策支持。加大對初創實體支持力度，進一步降低創業成本，提升初創企業持續發展能力。提供場地支持、租金減免、稅收優惠、創業補貼等政策扶持。加強培訓學習、創業實踐、諮詢指導、跟蹤幫扶，打造全生態、專業化、多層次的創業服務體系。**三是**激發勞動者創業積極性主動性。培育農村創業創新帶頭人，支持大學生、留學人員回國創業，鼓勵引導有創業意願和創業能力的農民工、大學生、退役軍人等人員返鄉入鄉創業。**四是**支持和規範發展新就業形態。加快發展數字經濟，催生更多新產業新業態新商業模式，培育多元化多層次就業需求，帶動更多勞動者依託平台就業創業。打造就業容量大的數字產業集群，推進傳統線下業態數字化轉型賦能，創造更多數字經濟領域就業機會。健全職業分類動態調整機制，持續開發新職業，發佈新職業標準。

（七）**完善勞動者權益保障制度**。健全勞動法律法規，健全勞動關係協商協調機制，完善勞動者權益保障制度，加強靈活就業和新就業形態勞動者權益保障，就是要優化勞動者就業環境，提升勞動者收入和權益保障水平。**一是**完善政府、工會、企業共同參與的協商協調機制。健全勞動法律法規體系，完善勞動關係工作體制，深入推進和諧勞動關係創建活動，構建規範有序、公正合理、互利共贏、和諧穩定的中國特色和諧勞動關係。**二是**改善勞動者就業條件。健全工資決定、合理增長和支付保障機制，完善最低工資標準調整機制，增加勞動者特別是一線勞動者勞動報酬。**三是**維護勞動者合法權益。加強勞動爭議調處，強化勞動保障監察執法，加強對勞動密集型企業、中小微企業用工指導，依法查處招聘過程中的虛假、欺詐現象，強化勞務派遣用工監管，督促企業落實工時、休息休假等勞動標準，完善欠薪治理長效機制。**四是**加強勞動者社會保障。持續推進全民參保計劃，穩步提高社會保險統籌層次和待遇水平。完善全國統一的社會保險公共服務平台，優化社會保險關係轉移接續。**五是**加強靈活就業和新就業形態勞動者權益保障。加快落實維護新就業形態勞動者勞動權益保障的政策措施，建立完善適應靈活就業和新就業形態的勞動權益保障制度，提高靈活就業人員和新就業形態勞動者社會保障水平。規範平台企業用工，明確平台企業勞動保護責任。

推動實現全體老年人享有
基本養老服務

李紀恆

習近平總書記在黨的二十大報告中明確提出實施積極應對人口老齡化國家戰略，發展養老事業和養老產業，優化孤寡老人服務，推動實現全體老年人享有基本養老服務。這一重大部署，為我國養老服務發展明確了方向，提供了根本遵循，對於人口老齡化加劇形勢下實現好、維護好、發展好最廣大人民的根本利益，使人民群眾獲得感、幸福感、安全感更加充實、更有保障、更可持續具有重要意義。

一、推動實現全體老年人享有基本養老服務是譜寫全面建設社會主義現代化國家新篇章的重要內容

基本養老服務是由國家直接提供或者通過一定方式支持相關主體向老年人提供的，旨在實現老有所養、老有所依必需的普惠性、基礎性、兜底性服務，包括物質幫助、照護服務、關愛服務等內容。推動全體老年人享有基本養老服務，集中體現了以習近平同志為核心的黨中央對我國老有所養制度頂層設計的重大基礎性安排。

推動實現全體老年人享有基本養老服務，是新時代踐行黨的初心使命、體現我國社會主義本質和制度優越性的重要方面。我們黨自成立之日起，就把為中國人民謀幸福、為中華民族謀復興作為自己的初心使命，讓老百姓過上好日子是我們一切工作的出發點和落腳點。老有所養是全體中國人民的夙願。2000 多年前儒家就提出"老吾老以及人之老，幼吾幼以及人之幼"，構建"老有所終，壯有所用，幼有所長，矜寡孤獨廢疾者皆有所養"的理想社

會。我們黨把讓人民群眾過上幸福美好生活作為矢志不渝的奮鬥目標，在不同時期作出相應部署。近年來我國綜合國力不斷發展提升，為推動實現全體老年人享有基本養老服務奠定了雄厚物質基礎。基本養老服務作為公共服務的重要內容，經過多年積累發展，已初步形成體系，具備向全體老年人拓展的基本條件。推動實現全體老年人享有基本養老服務，是我們黨在全面建設社會主義現代化國家新征程中作出的新戰略新部署，進一步貫徹了習近平總書記關於「加強養老公共服務，內容上要多樣，財力上要傾斜，全社會一起努力，把老年人安頓好、照顧好，讓老年人安享晚年」的重要指示精神，體現了全心全意為人民服務的根本宗旨和以人民為中心的發展思想，順應時代要求，彰顯黨心民意，符合發展規律。

推動實現全體老年人享有基本養老服務，是完善中國特色社會主義制度、堅持以中國式現代化全面推進中華民族偉大復興的內在要求。中國式現代化是中國共產黨領導的現代化，是全體人民共同富裕的現代化，是各項事業的現代化。截至 2021 年底，全國 60 歲及以上老年人已有 2.67 億人，佔總人口的 18.9%。家家有老人，人人都會老。養老既是人生大事、家中要事，也是社會大事、國之大者，涉及億萬家庭幸福和百姓福祉。推動全體老年人享有基本養老服務，將有力推動中國特色養老服務體系成熟完善，進一步築牢兜實基本民生底線，鞏固和完善我國建成的世界上規模最大的社會保障體系，完善中國特色社會主義制度。推動全體老年人享有基本養老服務，把老年人安頓好、照顧好，有助於家庭和睦、代際和順、社會和諧，促進新時代社會共建共治共享，推進國家治理體系和治理能力現代化。推動全體老年人享有基本養老服務，充分回應全體人民共同富裕的呼聲願望，優化老年人收入分配結構，改善老年人養老服務支付能力，讓全體老年人共享經濟社會發展成果，是中國式現代化在養老服務領域的具體實現。

推動實現全體老年人享有基本養老服務，是健全覆蓋全生命周期的人口服務體系、促進人口長期均衡發展的必然要求。人口問題事關中華民族永續發展和偉大復興。習近平總書記多次強調人口問題始終是我國面臨的全局性、長期性、戰略性問題，深刻指出近年來我國人口發展出現了一些顯著變化，既面臨人口眾多的壓力，又面臨人口結構轉變帶來的挑戰。推動全體老年人享有基本養老服務，將獨生子女家庭、計劃生育特殊家庭等各類老年人納入基本養老服務統一保障範圍，將進一步健全覆蓋全生命周期的人口服務體系，積極應對人口結構轉變帶來的老年人照料風險挑戰。推動全體老年人享有基本養老服務，做好老有所養的制度性安排，可以緩解社會普遍存在的養老焦慮，減輕年輕人"上有老、下有小"的家庭壓力，穩定人們的養老預期、生活預期，增強年輕人生育意願，將更多勞動力從家庭照顧老年人中解放出來，促進人口長期均衡發展。

推動實現全體老年人享有基本養老服務，是把握養老服務規律、促進解決應對老齡化世界性難題的重要行動。應對人口老齡化是世界性難題，最突出挑戰之一就是老有所養問題。我國自 20 世紀末進入老齡化社會以來，老年人口數量和佔總人口的比重持續增長，預計"十四五"期間進入中度老齡化、2035 年左右進入重度老齡化。我國人口老齡化不斷加劇的趨勢與實現第二個百年奮鬥目標的歷程緊緊相隨，與當今世界百年未有之大變局緊密相連，是全面建設社會主義現代化國家新征程中的基本國情。我國老年人口約佔世界 1/4，同時面臨着未富先老、未備先老、區域發展不平衡等突出困難，在這樣的國家解決老有所養問題，世界人口發展史上沒有先例，各國應對人口老齡化進程中也沒有模板。推動全體老年人享有基本養老服務，解決好世界上老年人口最多國家的老有所養問題，同時促進銀髮經濟發展，拉動就業和擴大內需，促進國內國際雙循環良性互動，將為世界各國積極應對人口老齡化重大挑戰、構建人類命運共同體提供寶貴經驗和重要借鑒。

二、新征程中推動實現全體老年人享有基本養老服務的基本原則和方向

推動實現全體老年人享有基本養老服務是以習近平同志為核心的黨中央建設中國特色養老服務體系的重大改革創新，要全面、準確、深入領會和貫徹這一重大部署，把握好基本原則和方向，確保基本養老服務體系建設行穩致遠。

堅持黨對基本養老服務體系建設的全面領導。牢牢把握中國共產黨領導這一中國特色社會主義最本質的特徵、中國特色社會主義制度的最大優勢，

堅持以習近平新時代中國特色社會主義思想為指導，發揮黨總攬全局、協調各方的領導核心作用，堅持黨委領導、政府主導、社會參與、全民行動相結合，統籌推進基本養老服務體系建設。地方各級黨委和政府要將基本養老服務體系納入經濟社會發展規劃和重要議事日程，納入積極應對人口老齡化國家戰略重要部署，納入急需補齊的民生事業短板範疇，推動解決基本養老服務體系建設中的重大問題。

堅持以滿足老年人對美好生活的嚮往為發展總目標。深入貫徹落實習近平總書記關於"要讓每一位老人都能生活得安心、靜心、舒心，都能健康長壽、安享幸福晚年"的重要指示精神，在面向全體老年人提供基本養老服務基礎上，優先保障經濟困難的失能、高齡、無人照顧、孤寡等特殊困難老年人，聚焦老年人最基本、最剛性、最共性的養老服務需求，聚焦解決養老服務領域老百姓反映強烈的操心事、煩心事、揪心事，逐步拓展基本養老服務內容，持續增強公平性、可及性，確保基本養老服務政策符合國情實際、響應群眾呼聲、適應社會需求，讓老百姓體會到我們黨是全心全意為人民服務的，黨始終在人民身邊。

堅持以推動中國特色養老服務體系建設為改革創新方向。《國家積極應對人口老齡化中長期規劃》提出到 2035 年中國特色養老服務體系成熟定型、全體老年人享有基本養老服務的目標。要實現這個目標，就必須立足基本國情和人口老齡化基本規律，以推動高質量發展為主題，以改革創新為根本動力，推動基本服務對象由特殊困難老年人向全體老年人轉變，基本養老服務形式由機構為主向居家社區機構相協調、醫養康養相結合轉變，基本服務主體由政府公辦為主向政府、市場、社會多元主體共同發力轉變，不斷破解老有所養面臨的體制機制障礙，激發新發展活力，展現中國智慧，探索形成有效解決老有所養問題的中國方案、中國模式。

堅持盡力而為、量力而行。基本養老服務體系建設是一項長期工作，主要功能是兜底線、保基本，必須充分發揮政府主導作用，堅持堅守底線、突出重點、完善制度、引導預期的思路。既盡力而為，不斷加大投入，加快推進基本養老服務均等化，逐步提高保障水平；又量力而行，兼顧各級財政承受能力，不超越經濟社會發展階段，避免掉入中等收入國家"福利陷阱"。既切實發揮政府兜底職能，履行服務供給職責，又充分發揮市場、社會主體作用，促進多元服務供給，統籌必要性和可能性，兼顧城鄉和區域均衡發展，實現保基本、廣覆蓋、可持續目標。

統籌推進基本養老服務、非基本養老服務協同發展。老年人的養老服務需求是多樣化、分層次、不斷變化的。基本養老服務、非基本養老服務都是滿足老年人養老需求不可或缺的重要內容，二者緊密相連、相互促進，構成了現代養老服務業的"一體兩翼"，要統籌好基本養老服務、非基本養老服務發展，做好分層佈局、分類指導。促進基本養老服務相關政策的系統集成、協同高效，優化整合社會保險、社會救助、社會福利、慈善事業、老年優待等制度資源，協調推進相關領域體制改革銜接。充分發揮基本養老服務作用，探索形成家庭養老為基礎、政府兜底線保基本、市場供給多元、社會公益互助、具有我國鮮明特色的新型養老模式。

三、新征程中推動實現全體老年人享有基本養老服務的重點任務

未來 5 年是基本養老服務體系建設的關鍵時期，也是積極應對人口老齡化的窗口機遇期，必須深入貫徹落實黨的二十大精神，貫徹落實黨中央關於推動全體老年人享有基本養老服務的決策部署，堅持穩中求進總基調，着力在補短板、強弱項、固底板、揚優勢上下功夫，加快建成覆蓋全體老年人、權責清晰、保障適度、可持續的基本養老服務體系。

建立健全基本養老服務清單制度。清單制度是基本養老服務體系建設的核心制度，要通過清單的形式，為各級政府履職盡責和老年人享有相應權利提供明確依據，政府做到承諾必達，老年人實現"照單點菜"。要按照兜底線、保基本的總體要求，根據相關法律法規、政策文件和財政承受能力，分類梳理物質幫助、照護服務、關愛服務等基本養老服務迫切需求，形成國家和地方基本養老服務清單。地方政府制定發佈的清單應當包含國家層面的基本養老服務清單項目，且覆蓋範圍和實現程度不得低於國家層面基本養老服務清單要求。要探索建立基本養老服務清單隨經濟社會發展水平動態調整的長效機制，主動精準響應老年人基本養老服務需求，及時將供給穩定可靠、

可持續保障、家庭和個人難以應對的失能、殘疾、無人照顧等基本養老服務項目論證評估後納入清單，防止發生衝擊道德底線的事件，築牢兜實基本養老服務民生底線。

優化基本養老服務供給。推動實現全體老年人享有基本養老服務的前提，是有供給充足、質量可靠、便捷可及、保障到位的基本養老服務。要持續建設居家社區機構相銜接、醫養康養相結合的養老服務體系，推動基本養老服務提供主體多元化、提供方式多樣化，擴大基本養老服務供給合力。繼續加大中央和地方財政投入，通過政府直接提供、購買服務、委託服務、政府和社會資本合作等方式，強化基本養老服務保障。具備條件的地方要優化養老服務優惠扶持政策，支持社會力量提供基本養老服務，發揮市場機制配置資源、提高服務效率的優勢。發揮公辦養老機構提供基本養老服務的基礎作用，進一步明確新時代"兜底線、保基本"職能定位，堅持公益性主導，健全公辦養老機構運營機制，優化對孤寡等特殊困難老年人的服務。鼓勵支持黨政機關和國有企事業單位所屬培訓療養機構轉型為普惠型養老服務設施。提升國有經濟對養老服務體系的支持能力，強化國有經濟在基本養老服務領域的有效供給。加快養老服務人才隊伍建設，進一步完善養老護理員等養老服務人才教育培養、技能提升、待遇保障、職業發展、表彰獎勵等政策措施，多渠道培養引進擴大養老服務人才隊伍，為基本養老服務高質量發展提供有力支撐。強化基本養老服務綜合監管，不斷提高基本養老服務標準化、規範化水平，確保服務質量和安全。

補齊農村基本養老服務短板。近年來，城鄉人口老齡化差距逐步拉大，農村老齡化程度更高、形勢更緊迫、問題更突出。推動全體老年人享有基本養老服務，必須深入貫徹習近平總書記關於實施積極應對人口老齡化國家戰略和鄉村振興戰略的重要指示精神，堅持城鄉統籌、區域統籌，推動基本養老服務資源向農村地區傾斜，實現城鄉區域基本養老服務均等化。要補齊農村基本養老服務短板，健全縣鄉村銜接的三級養老服務網絡。增強縣級養老機構失能照護服務能力，到 2025 年確保每個縣（市、區、旗）至少有 1 所以失能特困人員專業照護為主的縣級特困人員供養服務機構，將具備條件的農村敬老院改造為鄉鎮區域養老服務中心或為老服務綜合體，因地制宜發展農村互助養老服務。強化基層黨組織的組織領導作用，繼續推廣“黨建＋農村養老”經驗，發揮村民自治組織和其他社會組織自我管理功能，推動形成農村養老服務合力。

增強便捷性、可及性，讓基本養老服務應知盡知、應享盡享。許多老年人受自理能力、文化水平、信息知曉等方面限制，及時獲取基本養老服務存在一定困難或不便，直接影響基本養老服務制度實施效果。要加大宣傳力度，豐富老年人喜聞樂見的宣傳形式，讓基本養老服務政策上牆上網上媒體、進家進院進社區，讓老年人及其家屬廣泛知曉基本養老服務內容及申領方式。開展老年人能力綜合評估，準確判斷老年人失能狀況及服務需求，建立困難老年人精準識別和動態管理機制，強化“政策找人”、“服務找人”措施，實現直達快享、非申即享，讓基本養老服務供需銜接更加順暢。優化基本養老服務設施佈局，構建“一刻鐘”居家養老服務圈，增加老年人集中地區服務供給，落實居住區養老服務設施配套建設政策，讓基本養老服務聚集在老年人身邊、床邊、周邊。要優化簡化基本養老服務申領流程，增強無障礙、適老化支撐，堅持傳統服務方式和智能化服務並行，創新解決政策落實堵點，讓老年人獲取基本養老服務更加便捷可及、更加貼心暖心。

加強重大疫情防控救治體系和應急能力建設

馬 曉 偉

習近平總書記在黨的二十大報告中，明確提出了加強重大疫情防控救治體系和應急能力建設的重大任務。這是以習近平同志為核心的黨中央立足黨和國家事業發展全局，科學把握我國基本國情和重大疫情防控客觀規律，全面總結新冠肺炎疫情防控各項工作，作出的重大決策部署，必將對維護國家公共衛生安全、推動衛生健康事業發展、捍衛人民生命健康產生深遠的影響。我們要堅決擁護"兩個確立"，做到"兩個維護"，胸懷"兩個大局"，深刻領會精神實質，準確把握基本要求，認真落實各項重點任務，築牢織密公共衛生防護網。

一、堅持以習近平新時代中國特色社會主義思想為指導，加強重大疫情防控救治體系和應急能力建設

黨的十八大以來，習近平總書記就加強重大疫情防控救治體系和應急能力建設作出一系列重要論述。2015 年 11 月，習近平總書記在對埃博拉出血熱疫情防控總結表彰作出重要指示時強調，"始終把廣大人民群眾健康安全擺在首要位置，總結經驗，常抓不懈，切實做好傳染病防控和突發公共衛生事件應對工作"；2016 年 8 月，在全國衛生與健康大會上強調，"要堅定不移貫徹預防為主方針，堅持防治結合、聯防聯控、群防群控"；2018 年 1 月，在學習貫徹黨的十九大精神專題研討班開班式上強調，"像非典那樣的重大傳染性疾病，也要時刻保持警惕、嚴密防範"。新冠肺炎疫情發生以來，習近平總書記多次召開重要會議、發表一系列重要講話、作出一系列重要指

示，強調"防範化解重大疫情和突發公共衛生風險，事關國家安全和發展，事關社會政治大局穩定"，"只有構建起強大的公共衛生體系，健全預警響應機制，全面提升防控和救治能力，織密防護網、築牢築實隔離牆，才能切實為維護人民健康提供有力保障"。在黨的二十大報告中，習近平總書記以宏闊的歷史視野、深邃的戰略眼光、誠摯的為民情懷，再次對這項工作作出重要部署。這些重要論述是習近平新時代中國特色社會主義思想的重要組成部分，為今後一段時期加強重大疫情防控救治體系和應急能力建設提供了根本遵循和科學指引。

一是深刻認識這是保障人民生命健康、推進中國式現代化的必然選擇。習近平總書記深刻指出，在人類社會發展長河中，傳染病始終是重大威脅。近 30 年來，全球出現新發傳染病 40 多種，非典、甲型 H1N1 流感、人感染高致病性禽流感、埃博拉出血熱等疫情都不同程度對全球經濟社會秩序造成影響。尤其是新冠肺炎疫情對世界經濟運行、全球治理體系和國際政治格局造成強烈衝擊。以習近平同志為核心的黨中央堅持把人民生命安全和身體健康放在第一位，中國之治與西方之亂形成了鮮明對比，體現了中國式現代化的重要特徵。當前，世界百年未有之大變局加速演進，我國比歷史上任何時期都更接近、更有信心和能力實現中華民族偉大復興的目標。在推進中國式現代化前進道路上，要深入貫徹習近平總書記重要講話精神，堅持總體國家安全觀，堅持底線思維，從保護人民健康、保障國家安全、維護國家長治久安的政治高度，着力把握重大疫情防控規律，時刻防範重大疫情風險，努力為全面建成社會主義現代化強國、實現第二個百年奮鬥目標奠定堅實的健康基礎。

二是把握好歷史機遇提升重大疫情防控治理能力和治理水平。習近平總書記深刻指出，確保人民群眾生命安全和身體健康，是我們黨治國理政的一項重大任務。黨的十八大以來，習近平總書記始終心繫人民健康，確立新時代黨的衛生與健康工作方針，作出實施健康中國戰略的重大部署。經過 10 年來不懈努力，黨對衛生健康工作的領導全面加強，提高人民健康水平的制度保障更加成熟完善，以公立醫療機構為主體的三級醫療衛生服務網絡不斷健全，中醫藥傳承創新發展邁出重要步伐，促進優質醫療資源下沉和均衡佈局實現突破性進展，農村貧困人口基本醫療有保障全面實現，鄉村醫療衛生機構和人員"空白點"全面消除，醫學科技發展迅速，我國居民主要健康指標居於中高收入國家前列，醫療衛生體系經受住了新冠肺炎疫情的考驗，衛生健康事業取得全方位歷史性進步，為做好重大疫情防控工作奠定了堅實基礎。當前，全球新冠肺炎疫情仍在流行，新發突發傳染病風險持續存在，我國人口老齡化進程加快，全社會關注健康、追求健康、維護健康的氛圍前所未有，重大疫情防控形勢複雜、防控難度增大，迫切要求將重大疫情防控救治體系和應急能力建設放在推進國家治理體系和治理能力現代化全局中統籌推進，放在推進健康中國建設中統籌推進。要把握新發展階段，貫徹新發展理念，構建新發展格局，推動高質量發展，始終堅持系統觀念、全局意識，主動識變應變求變，增強鬥爭意識，提高鬥爭本領，提升重大疫情防控治理水平和治理能力，毫不動搖走中國特色衛生健康發展道路，為維護國家長治久安提供重要保障。

三是充分借鑒抗擊新冠肺炎疫情鬥爭經驗做法揚優勢強弱項。面對世紀疫情，習近平總書記親自指揮、親自部署，統籌疫情防控和經濟社會發展取得世界上最好的成果，充分彰顯了黨的領導和中國特色社會主義制度的顯著優勢。這次疫情客觀上也對改革開放 40 餘年來醫療衛生服務體系建設、20 餘年來重點專科建設、10 餘年來深化醫改成果作了一次集中檢閱。實踐充分證明，政府主導、公益性主導、公立醫院主導的醫療衛生體系是重要保障，科學技術創新發展是銳利武器，預防為主是最經濟最有效的健康策略，聯防聯控、群防群控、群專結合凝聚起抗擊疫情的強大力量。同時，疫情防控中也暴露出我國醫療衛生事業發展不平衡不充分，區域和城鄉間的發展還有差距，農村地區優質資源短缺，基層服務能力不強、機制不活等突出問題。要保持清醒的頭腦，增強戰略定力，始終繃緊重大疫情防控這根弦，堅持從國情實際出發，揚優勢、補短板、堵漏洞、強弱項，健全重大疫情防控的體制機制，增強基層防控能力，織緊織密、築牢築實維護人民健康的"防護網"、"隔離牆"。

二、準確把握中國式現代化進程中加強重大疫情防控救治體系和應急能力建設的原則要求

在實現第二個百年奮鬥目標的歷史進程中，加強重大疫情防控救治體系和應急能力建設始終同國家整體戰略緊密銜接，發揮着重要支撐作用。要始終以習近平新時代中國特色社會主義思想為指導，全面系統準確地把握核心要義和原則要求。

一是堅持黨的集中統一領導。黨中央權威和集中統一領導是成功防範和有效應對重大疫情的根本政治保證。近三年來，新冠肺炎疫情防控全面動員、全面部署、全面加強，取得重大戰略成果，根本在於以習近平同志為核心的黨中央的堅強領導，得益於國務院聯防聯控機制的統籌協調，離不開各級黨委和政府的積極作為。要把黨的領導貫穿到重大疫情防控的各方面和全過程，充分發揮黨總攬全局、協調各方的領導核心作用，健全各級黨委和政府定期研究部署重大疫情防控等衛生健康工作機制，堅持"全國一盤棋"，實現統一指揮、統一目標、統一行動，大力提升指揮協調效率和能力，集中力量辦大事。

二是堅持人民至上、生命至上。人民至上、生命至上的價值選擇是我國同一些西方國家選擇不同防疫道路的根本原因。要把人民健康放在優先發展的戰略位置，始終把維護人民群眾的生命安全和身體健康作為制定防控政策、推進防控工作、判斷防控成效的出發點和落腳點。要堅持一切為了人民、緊緊依靠人民、不斷造福人民、牢牢根植人民，高效統籌疫情防控和經濟社會發展，統籌發展和安全，做到疫情要防住、經濟要穩住、發展要安全。

三是堅持共建共享。加強重大疫情防控救治體系和應急能力建設是一項整體性、系統性、協同性都很強的任務。要加快推動法治建設，健全跨部門、跨區域重大疫情風險研判、評估、決策、防控協同機制，不斷提升重大疫情防治能力和水平。要壓實屬地、行業、單位、個人"四方"責任，落實常態化重大疫情防控措施，加強政府與社會、市場的協同配合，完善有利於重大疫情防控的生產方式、生活方式，推動形成共建共享格局。

四是堅持常備不懈。新冠肺炎疫情防控實踐表明，快速控制疫情的重點

在應急指揮體系的快速轉換，堵點在防控資源準備不足難以滿足控制疫情的需要。要不斷健全完善扁平化應急指揮體系建設，加強培訓和演練。堅持底線思維，關口前移，把重大疫情防治理念貫穿城市規劃、建設、管理全過程各環節，儲備足夠的隔離、救治等資源，健全統一的重大疫情應急物資保障體系，下好先手棋，打好主動仗。

五是堅持包容開放。疫情不分國界，是全人類面臨的共同考驗。要深入開展衛生健康國際合作，密切同世界衛生組織和相關國家的友好交流，加強國際間傳染病風險監測預警、信息互通和技術合作，與各國共同推進新冠病毒疫苗的全球研發、生產和分配，深入參與相關國際標準、規範、指南的制定，創新衛生援助機制與合作模式，積極構建人類衛生健康共同體。

三、堅決落實加強重大疫情防控救治體系和應急能力建設的重點任務

未來 5 年是全面建設社會主義現代化國家開局起步的關鍵時期，要以高度的政治責任感和時代使命感，全面提升重大疫情早期監測、智能預警、快速反應、高效處置和綜合救治的能力，基本建成適應國家公共衛生安全形勢的強大醫療衛生體系。

一是系統重塑疾病預防控制體系。按照中央統一部署，細化實化各級疾病預防控制機構職責定位，強化上級疾病預防控制機構對下級機構的業務領導和工作協同，加快推進疾病預防控制機構基礎設施達標建設，建立適應現代化疾控體系的人才培養使用機制，整體謀劃、全面提升新形勢下突發公共衛生事件應對和重大疫情防控水平。突出加強早期監測預警能力，建設國家監測預警信息平台，探索建立跨區域疫情監測站點，強化公共衛生與醫療機構信息系統對接協同，完善多點觸發預警機制，打通科研院所和第三方檢測機構報告渠道，壓實地方政府信息報告責任，實現不明原因傳染病疫情和突發公共衛生事件實時分析、集中研判、及時報告。當前重中之重仍然是毫不放鬆抓好新冠肺炎疫情防控工作，高效統籌疫情防控和經濟社會發展，堅決鞏固疫情防控成果。

二是提高重大疫情救治能力。習近平總書記指出，"這次抗擊新冠肺炎疫情，公立醫院承擔了最緊急、最危險、最艱苦的醫療救治工作，發揮了主力軍作用。"要繼續完善國家、省、市、縣四級重大疫情救治體系，依託高水平醫療衛生機構，佈局建設國家重大傳染病防治基地，全面提高二級以上醫院感染科和發熱門診服務能力，強化基層醫療衛生機構傳染病防控能力。要提升醫務人員早期識別和應急處置水平，提高醫療衛生機構實驗室檢測能力，加強急診、重症、呼吸、檢驗、護理等專科建設，堅持中西醫並重、中西藥並用，以完善的城鄉三級醫療衛生服務網為重大疫情防控救治工作提供支撐。

　　三是推進應急響應能力建設。要把新冠肺炎疫情防控積累的經驗固定下來，堅持地方黨委、政府對轄區傳染病疫情應急處置工作負總責，堅持聯防聯控，打破部門和地域界限，不斷完善提級指揮、扁平化運行、權責匹配、高效協同的應急指揮體系，實現監測預警、發現報告、風險評估、信息發佈、應急處置和醫療救治等環節並聯推進、無縫對接，做到指令清晰、系統有序、條塊暢達、執行有力。要立足實戰，完善從中央到地方的應急預案體系，聚焦應急指揮體系平急轉換、隔離等資源快速調度、機關幹部下沉一線參與社區防控等重點難點開展應急演練，提升實戰能力。要完善國家救援力量調動與支援機制，加強重大疫情防治資源戰略儲備和調配能力建設，健全分級分類的重大疫情應急隊伍，推進各級流行病學調查、實驗室檢測等能力建設，強化疾病預防控制部門與城鄉社區聯動機制，不斷提升國家整體應急處置能力和水平。

　　四是創新醫防協同機制。要最大程度發揮醫防兩支隊伍作用，落實各級醫療機構疾病預防控制職責，推進醫療機構和專業公共衛生機構深度協作，探索推進疾控機構專業人員參與醫療聯合體工作，推動縣級疾控機構與縣域醫共體協同發展。加強疾控機構對醫療機構疾病預防控制工作的技術指導和監督考核，建立人員通、信息通、資源通和監督監管相互制約的機制。強化基層醫療衛生機構公共衛生服務能力，持續完善國家基本公共衛生服務項目和重大傳染病防控等項目，不斷促進基本公共衛生服務均等化，築牢基層重大疫情防控防線。

五是完善重大疫情群防群治體系。人民是真正的英雄。要深入開展愛國衛生運動，全面推進衛生城鎮和健康城鎮建設，廣泛開展健康縣區、健康鄉鎮和健康細胞（健康村、健康社區、健康企業、健康機關、健康學校、健康促進醫院、健康家庭等）建設，培育一批健康細胞建設特色樣板。完善國家重大疫情權威健康科普專家和資源庫，構建全媒體重大疫情防控知識發佈和傳播機制，深入開展健康知識宣傳普及，倡導文明健康、綠色環保的生活方式，提升全民健康素養。促進愛國衛生運動與傳染病防控緊密結合，與基層治理工作相融合，推進社區（村）公共衛生委員會建設，發揮村規民約、居民公約的積極作用，推動愛國衛生運動融入群眾日常生活，鑄就抗擊疫情的強大人民防線。

　　六是加強科技支撐。戰勝疫情最終靠科技。要始終秉持科學精神、科學態度，把遵循科學規律貫穿到決策指揮、病患治療、技術攻關、社會治理各方面全過程，注重科研攻關和臨床救治、防控實踐相協同，發揮信息化技術支撐作用，助力分區分級、科學精準防控。要針對重大疫情以及其他危及國家公共衛生安全的應急需求，加強重大疫情防控和突發公共衛生事件科研體系與能力建設，匯聚力量協同開展重大疫情防控全鏈條研究，發揮新型舉國體制的優勢，集中力量開展核心技術攻關。

促進人與自然和諧共生

孫 金 龍

習近平總書記所作的黨的二十大報告，全面系統總結了十八大以來生態文明建設取得的舉世矚目重大成就、重大變革，深刻闡述了人與自然和諧共生是中國式現代化的重要特徵，對推動綠色發展、促進人與自然和諧共生作出重大戰略部署。這充分彰顯了以習近平同志為核心的黨中央推進美麗中國建設的堅強意志和堅定決心。我們要堅持以習近平生態文明思想為指引，準確理解把握促進人與自然和諧共生的重大意義和重點任務，堅決抓好貫徹落實。

一、充分認識促進人與自然和諧共生的重大意義

大自然是人類賴以生存發展的基本條件。尊重自然、順應自然、保護自然，是全面建設社會主義現代化國家的內在要求。促進人與自然和諧共生，深刻體現了新時代生態文明建設必須遵循的基本原則，是對馬克思主義自然觀、生態觀和中華優秀傳統生態文化的創造性轉化、創新性發展，也是中國式現代化和人類文明新形態的重要內涵，對築牢中華民族偉大復興綠色根基、實現中華民族永續發展具有重大現實意義和深遠歷史意義。

（一）**促進人與自然和諧共生是中國式現代化的本質要求**。生態興則文明興，生態衰則文明衰。人與自然是生命共同體，無止境地向自然索取甚至破壞自然必然會遭到大自然的報復。我國作為14億多人口的發展中大國，環境容量有限、生態系統脆弱，生態環境狀況尚未得到根本扭轉，要整體邁入現代化社會，高消耗、高污染的模式是行不通的，資源環境的壓力不可承受。必須堅持節約優先、保護優先、自然恢復為主的方針，像保護眼睛一樣保護

自然和生態環境，堅持可持續發展，堅定不移走生產發展、生活富裕、生態良好的文明發展道路。這是對西方以資本為中心、物質主義膨脹、先污染後治理的現代化發展道路的超越。

（二）**促進人與自然和諧共生是滿足人民群眾對美好生活嚮往的必然選擇**。良好生態環境是最公平的公共產品，是最普惠的民生福祉。隨着我國社會主要矛盾發生變化，尤其是全面建成小康社會後，人民群眾對優美生態環境的期望值更高，對生態環境問題的容忍度更低，成為這一主要矛盾的重要方面。當前，我國生態環境同人民群眾對美好生活的期盼相比，同建設美麗中國的目標相比，都還有較大差距，加快改善生態環境質量已成為人民群眾追求高品質生活的共同呼聲。必須堅持以人民為中心的發展思想，集中攻克老百姓身邊的突出生態環境問題，提供更多優質生態產品，讓人民群眾親近藍天白雲、河清岸綠、土淨花香，在綠水青山中共享自然之美、生命之美、生活之美。

（三）**促進人與自然和諧共生是推動高質量發展的應有之義**。我國經濟已由高速增長階段轉向高質量發展階段。高質量發展是體現新發展理念的發展，是綠色發展成為普遍形態的發展。我國仍是發展中國家，工業化、城鎮化尚未完成，產業結構和能源結構具有明顯的高碳特徵，實現碳達峰、碳中和任務艱巨，資源環境對經濟發展的約束日益趨緊。必須牢固樹立和踐行綠水青山就是金山銀山的理念，站在人與自然和諧共生的高度謀劃發展，促進經濟社會發展全面綠色轉型，推動實現更高質量、更有效率、更加公平、更可持續、更為安全的發展。

（四）**促進人與自然和諧共生是推動建設清潔美麗世界的客觀需要**。人類只有一個地球，地球是人類賴以生存的共同家園。保護生態環境是全球面臨的共同挑戰。近年來，氣候變化、生物多樣性喪失、荒漠化加劇、極端氣候事件頻發，給人類生存和發展帶來嚴峻挑戰。面對生態環境挑戰，人類是一榮俱榮、一損俱損的命運共同體。必須秉持人類命運共同體理念，以生態文明建設為引領，協調人與自然關係，堅持綠色低碳發展，解決好工業文明帶來的問題，把人類活動限制在生態環境能夠承受的限度內，構築尊崇自然、綠色發展的生態體系，推動建設清潔美麗世界。

二、新時代生態文明建設取得歷史性成就

　　黨的十八大以來，習近平總書記站在中華民族永續發展的高度，親自謀劃、親自部署、親自推動建設人與自然和諧共生的美麗中國，大力推動生態文明理論創新、實踐創新、制度創新，彰顯了黨的領袖念茲在茲的人民情懷、生態情懷、天下情懷。我們堅持綠水青山就是金山銀山的理念，堅持山水林田湖草沙一體化保護和系統治理，全方位、全地域、全過程加強生態環境保護，生態文明建設從認識到實踐都發生了歷史性、轉折性、全局性變化，創造了舉世矚目的生態奇跡和綠色發展奇跡，祖國的天更藍、山更綠、水更清。

　　（一）**生態文明建設謀篇佈局更加成熟**。習近平總書記圍繞生態文明建設發表一系列重要講話，作出一系列重要指示，提出一系列原創性的新理念新思想新戰略，深刻回答了為什麼建設生態文明、建設什麼樣的生態文明、怎樣建設生態文明等重大理論和實踐問題，系統形成習近平生態文明思想。在習近平生態文明思想指引下，黨中央從思想、法律、體制、組織、作風上全面發力，把"美麗"納入社會主義現代化強國目標，把"生態文明建設"納入"五位一體"總體佈局，把"人與自然和諧共生"納入新時代堅持和發展中國特色社會主義基本方略，把"綠色"納入新發展理念，把"污染防治"納入三大攻堅戰，對生態文明建設進行全面系統部署安排。

　　（二）**綠色低碳發展邁出堅實步伐**。推動綠色低碳發展，必須把碳達峰碳中和納入生態文明建設整體佈局和經濟社會發展全局，劃定生態保護紅線、環境質量底線、資源利用上線，推動形成節約資源和保護環境的空間格局、產業結構、生產方式、生活方式。2012 年至 2021 年，我國以年均 3% 的能源消費增速支撐了年均 6.6% 的經濟增長，能耗強度累計下降 26.4%，相當於少用標準煤約 14 億噸，少排放二氧化碳近 30 億噸，是全球能耗強度降低最快的國家之一。2021 年，我國煤炭消費量佔能源消費總量的比重比 2012 年下降 12.5 個百分點，清潔能源消費佔比提升到 25.5%，可再生能源裝機規模突破 11 億千瓦，水電、風電、太陽能發電、生物質發電裝機和新能源汽車產銷量均居世界第一，並建立了全球規模最大的碳市場。過去 10 年，我國二氧化

碳排放強度下降了 34.4%。

（三）**生態環境質量改善成效顯著**。堅持精準治污、科學治污、依法治污，着力解決群眾身邊的突出環境問題，污染防治攻堅向縱深推進，在經濟保持較高增速的同時，生態環境質量持續改善，人民群眾生態環境獲得感顯著增強。2021 年，全國地級及以上城市細顆粒物（$PM_{2.5}$）平均濃度比 2015 年下降 34.8%，優良天數比例上升 6.3 個百分點。全國地表水 I-III 類斷面比例上升至 84.9%，劣 V 類水體比例下降至 1.2%，長江幹流全線連續兩年達到 II 類水體，黃河幹流全線達到 III 類水體。全國土壤環境風險得到有效管控，約 1/3 行政村深入實施農村環境整治。全面禁止"洋垃圾"入境，實現固體廢物"零進口"目標。實施山水林田湖草沙一體化保護修復，森林覆蓋率達到 24.02%。建成首批國家公園，建成首個國家植物園、種子庫，自然保護地面積佔陸域國土面積 18%，300 多種珍稀瀕危野生動植物野外種群數量穩中有升。

（四）**生態文明制度體系更加健全**。深化生態文明體制改革、構建系統完整的生態文明制度體系是全面深化改革、堅持和完善中國特色社會主義制度的重要內容。建立並實施中央生態環境保護督察制度，實現兩輪 31 個省（區、市）以及新疆生產建設兵團的督察全覆蓋，並對 6 家中央企業和 2 個國務院有關部門開展督察，成為推動地方黨委政府及其相關部門落實生態環境保護責任的硬招實招。生態文明建設目標評價考核和責任追究制度、生態保護補償制度、河湖長制、林長制、排污許可制度、生態保護紅線制度、省以下生態環境機構監測監察執法垂直管理制度、環境保護"黨政同責"和"一崗雙責"等制度建立實施。制修訂 30 多部生態環境領域法律和行政法規，覆蓋各類環境要素的法律法規體系基本建立。

（五）**全球環境治理貢獻日益凸顯**。堅定踐行多邊主義，努力推動構建公平合理、合作共贏的全球環境治理體系。推動應對氣候變化《巴黎協定》達成、簽署、生效和實施，宣佈碳達峰碳中和目標願景，充分展現負責任大國擔當。成功舉辦《生物多樣性公約》第十五次締約方大會（COP15）第一階段會議，會議發佈《昆明宣言》，提出設立昆明生物多樣性基金，開啟全球生物多樣性治理新篇章。倡導建立"一帶一路"綠色發展國際聯盟和"一帶一路"生態環保大數據服務平台，開展南南合作，幫助發展中國家提高環境治理水平。我國生態文明建設成就得到國際社會廣泛肯定，成為全球生態文明建設重要參與者、貢獻者、引領者。

三、努力建設人與自然和諧共生的美麗中國

黨的二十大報告，緊緊圍繞推動綠色發展，促進人與自然和諧共生，對新時代新征程生態文明建設作出重大決策部署，提出重點任務舉措。我們要深入學習貫徹習近平生態文明思想，統籌產業結構調整、污染治理、生態保護、應對氣候變化，協同推進降碳、減污、擴綠、增長，努力建設人與自然和諧共生的美麗中國。

（一）**加強黨對生態文明建設的全面領導**。黨的十八大以來，我國生態文明建設決心之大、力度之大、成效之大前所未有，根本在於習近平總書記領航掌舵，在於習近平生態文明思想科學指引，在於以習近平同志為核心的黨中央堅強領導。要堅持黨的領導這一最大政治優勢，深刻領悟“兩個確立”的決定性意義，不斷增強“四個意識”、堅定“四個自信”、做到“兩個維護”，不斷提高政治判斷力、政治領悟力、政治執行力，牢記“國之大者”，牢固樹立和踐行綠水青山就是金山銀山的理念，保持加強生態文明建設的政治定力和戰略定力不動搖，確保黨中央關於生態文明建設的決策部署落地見效。

（二）**推動經濟社會發展綠色化低碳化**。實踐表明，生態環境保護和經濟發展是辯證統一、相輔相成的。要充分發揮生態環境保護的引領、優化和倒逼作用，加快推動產業結構、能源結構、交通運輸結構等調整優化。加強生態環境分區管控，聚焦長江經濟帶發展、黃河流域生態保護和高質量發展等重大國家戰略實施，打造綠色發展高地。積極穩妥推進碳達峰、碳中和，推動能源消耗總量和強度調控逐步轉向碳排放總量和強度“雙控”制度，完善碳排放統計核算制度，健全碳排放權交易制度。加快節能降碳先進技術研發和推廣應用，推動形成綠色低碳的生產方式和生活方式，提升經濟發展的“含金量”、“含綠量”，降低“含碳量”。

（三）**深入推進環境污染防治**。當前，我國生態環境質量穩中向好的基礎還不穩固，從量變到質變的拐點還沒有到來。要堅持精準治污、科學治污、

依法治污，保持力度、延伸深度、拓寬廣度，持續深入打好藍天、碧水、淨土保衛戰。加強污染物協同控制，基本消除重污染天氣。統籌水資源、水環境、水生態治理，推動重要江河湖庫生態保護治理，基本消除城市黑臭水體。強化陸海統籌，保護海洋生態環境。加強土壤污染源頭防控，開展新污染物治理。提升環境基礎設施建設水平，推進城鄉人居環境整治。

（四）**切實維護生態環境安全**。生態環境安全是國家安全的重要組成部分，是經濟社會持續健康發展的重要保障。要以國家重點生態功能區、生態保護紅線、自然保護地等為重點，加快實施重要生態系統保護和修復重大工程，推進以國家公園為主體的自然保護地體系建設，實施生物多樣性保護重大工程，加強生物安全管理，防治外來物種侵害，提升生態系統多樣性、穩定性、持續性，守住自然生態安全邊界。嚴密防控環境風險，緊盯危險廢物、尾礦庫、化學品等高風險領域，強化環境風險預警防控與應急。實行最嚴格的安全標準和監管措施，確保核與輻射安全萬無一失。

（五）**健全現代環境治理體系**。生態環境治理體系是國家治理體系和治理能力現代化建設的重要內容，也是生態環境保護工作推進的基礎支撐。要深入推進中央生態環境保護督察，壓實各級黨委政府生態文明建設的政治責任。全面實行排污許可制，加快構建以排污許可制為核心的固定污染源執法監管體系，推動落實企業主體責任。完善支持綠色發展的財稅、金融、投資、價格政策和標準體系，健全資源環境要素市場化配置體系，建立健全生態產品價值實現機制，完善生態保護補償制度，讓保護修復生態環境獲得合理回報，讓破壞生態環境付出相應代價。

（六）**積極推動全球可持續發展**。建設綠色家園是人類的共同夢想。要積極對外宣介習近平生態文明思想，講好中國生態文明故事，讓生態文明中國理念、中國方案、中國行動走向世界。堅持共同但有區別的責任原則、公平原則和各自能力原則，維護以聯合國為核心的國際體系，踐行真正的多邊主義，加強應對氣候變化、海洋生態環境保護、生物多樣性保護等領域國際合作，主動承擔與我國國情、發展階段和能力相適應的國際義務，堅決維護我國發展權益。積極推動綠色"一帶一路"建設，不斷深化南南合作以及周邊國家合作，共同實現聯合國2030年可持續發展目標。

加快發展方式綠色轉型

尹艷林

習近平總書記在黨的二十大報告中指出："必須牢固樹立和踐行綠水青山就是金山銀山的理念，站在人與自然和諧共生的高度謀劃發展。"加快發展方式綠色轉型，是黨中央立足全面建成社會主義現代化強國、實現第二個百年奮鬥目標，以中國式現代化全面推進中華民族偉大復興作出的重大戰略部署，具有十分重要的意義。我們要堅決貫徹落實黨的二十大部署和要求，推動綠色發展，促進人與自然和諧共生。

一、深刻認識加快發展方式綠色轉型的重大意義

習近平總書記指出，"殺雞取卵、竭澤而漁的發展方式走到了盡頭，順應自然、保護生態的綠色發展昭示着未來。"推動綠色低碳發展是國際潮流所向、大勢所趨，綠色經濟已成為全球產業競爭制高點。加快發展方式綠色轉型，就是要儘快徹底改變過去那種以犧牲生態環境為代價換取一時一地經濟增長的做法，推動形成綠色低碳的生產方式和生活方式，從根本上緩解經濟發展與資源環境約束的矛盾。

（一）加快發展方式綠色轉型是貫徹落實新發展理念的戰略要求。習近平總書記指出，"新時代抓發展，必須更加突出發展理念，堅定不移貫徹創新、協調、綠色、開放、共享的新發展理念。"綠色發展是新發展理念的重要組成部分，綠色決定着發展的成色。加快發展方式綠色轉型，就是要堅持和貫徹新發展理念，正確處理經濟發展和生態環境保護的關係，把經濟活動、人的行為限制在自然資源和生態環境能夠承受的限度內，不再簡單以國內生產總值增長論英雄，改變傳統的"大量生產、大量消耗、大量排放"的生產模

式和消費模式，使資源、生產、消費等要素相匹配相適應，實現經濟社會發展和生態環境保護協調統一、人與自然和諧共生。綠色發展要貫穿經濟社會發展全過程、各領域，加快綠色轉型，是對我國發展方式的一場深刻變革，將對生產方式、生活方式、思維方式和價值觀念產生全方位、革命性影響。

（二）加快發展方式綠色轉型是實現高質量發展的應有之義。黨的二十大報告指出，"推動經濟社會發展綠色化、低碳化是實現高質量發展的關鍵環節。"高質量發展是綠色成為普遍形態的發展。加快發展方式綠色轉型，就是要改變過多依賴增加物質資源消耗、過多依賴規模粗放擴張、過多依賴高能耗高排放產業的發展模式，按照促進人與自然和諧共生的要求，從"有沒有"轉向發展"好不好"、質量"高不高"，構建科技含量高、資源消耗低、環境污染少的產業結構，大幅提高經濟綠色化程度，有效降低發展的資源環境代價。以綠色化、低碳化為顯著特徵的綠色轉型，將通過技術進步、提升效能等降低資源消耗和污染物排放，減少溫室氣體和對自然生態破壞，從而形成資源高效、排放較少、環境清潔、生態安全的高質量發展格局。

（三）加快發展方式綠色轉型是全面建設社會主義現代化國家的重大舉措。黨的二十大報告指出，"尊重自然、順應自然、保護自然，是全面建設社會主義現代化國家的內在要求。"人與自然和諧共生是中國式現代化的重要特徵。回顧歷史，幾百年來工業化進程創造了前所未有的物質財富，但大量消耗資源能源，也帶來了觸目驚心的環境污染和生態破壞，造成了難以彌補的生態創傷。中國式現代化堅持推動綠色發展，同步推進物質文明和生態文明建設。加快發展方式綠色轉型，就是要深刻把握自然規律和經濟社會可持續發展一般規律，加快形成節約資源和保護環境的產業結構、生產方式、生活方式、空間格局，走出一條生產發展、生活富裕、生態良好的文明發展道路。

二、認真落實加快發展方式綠色轉型的重點任務

（一）加快推動產業結構、能源結構、交通運輸結構等調整優化。調整優化經濟結構是從源頭推動發展方式綠色轉型的重要任務。要抓住產業結構調整這個關鍵，減少過剩和落後產能，增加新的增長動能。加快傳統產業改造

升級，推進達標排放，降低重點行業污染物排放，持續降低碳排放強度。推動戰略性新興產業、高技術產業、現代服務業加快發展。立足資源稟賦，調整優化能源結構，大力發展非化石能源，加快發展風電、太陽能發電，建設一批多能互補清潔能源基地，統籌水電開發和生態保護，積極安全有序發展核電。加快國內油氣勘探開發，增強油氣供應能力。大力推進煤炭等化石能源清潔低碳高效利用，推進生物質能多元化利用，着力提高利用效能。調整交通運輸結構，大力發展多式聯運，加快大宗貨物和中長途貨物運輸"公轉鐵"、"公轉水"，減少公路運輸量，增加鐵路運輸量，提高沿海港口集裝箱鐵路集疏港比例。加快充電樁等新型基礎設施建設，促進新能源汽車生產和消費。

（二）**推進各類資源節約集約利用**。轉變資源利用方式、提高資源利用效率是加快發展方式綠色轉型的重要途徑。要全面實施節約戰略，實行最嚴格的耕地保護、水資源管理制度，強化能源和水資源、建設用地總量和強度"雙控"管理。堅決遏制耕地"非農化"，嚴格管控"非糧化"。要堅持最嚴格的節約用地制度，調整建設用地結構，降低工業用地比例，推進城鎮低效用地再開發和工礦廢棄地復墾，嚴格控制農村集體建設用地規模。建立水資源剛性約束制度，嚴格水資源用途管制，強化規劃和建設項目水資源論證，完善取水許可制度，暫停水資源超載地區新增取水許可。深入實施國家節水行動，強化高耗水行業用水管理。大力推進農業節水增效、工業節水減排、城鎮節水降損。加強高能耗行業管理，嚴格控制鋼鐵、化工、水泥等主要用煤行業煤炭消費。加強工業領域節能和效能提升，推廣節能和提升能效的工藝、技術、裝備。強化建築、交通節能，大力推進城鎮既有建築和市政基礎設施節能改造。加強商品過度包裝治理，推進快遞包裝綠色化、減量化和循環化。加快構建廢棄物循環利用體系，推動各種廢棄物和垃圾集中處理和資源化利用，實現生產系統和生活系統循環鏈接。

（三）**發展綠色低碳產業**。發展綠色低碳產業是發展方式綠色轉型的重要方向。要推動互聯網、大數據、人工智能、第五代移動通信（5G）等新興技術與綠色低碳產業深度融合，建設綠色製造體系和服務體系。培育壯大節能環保產業、清潔生產產業、清潔能源產業，加快發展氫能、新材料、新能源汽車、綠色智能船舶等產業。發展高效節能與先進環保裝備製造業，壯大新能源與清潔能源裝備製造業，大力推進太陽能、風能、潮流能、儲能等新能源與清潔能源裝備製造發展。加快推進綠色農業發展，建立綠色低碳循環的農業產業體系。發展循環經濟，推動再生資源清潔回收、規模化利用和集聚化發展。大力發展綠色建築，推廣新型綠色建造方式，提高綠色建材應用比例。大力發展裝配式建築，推動鋼結構裝配式住宅建設，不斷提升構件標準化水平，形成完整產業鏈。積極培育一批具有國際競爭力的大型節能環保龍頭企業，推動重點技術裝備產業化發展。

（四）倡導綠色消費。綠色消費是倒逼生產方式綠色轉型的重要推動力。要大力弘揚勤儉節約的中華民族優秀傳統，廣泛開展綠色衣食住行宣傳，推動生活方式和消費模式向簡約適度、綠色低碳、文明健康的方向轉變，拒絕奢華和浪費。鼓勵推行綠色衣着消費，推廣應用綠色纖維製備、高效節能印染、廢舊纖維循環利用等技術的衣着製品。大力推廣綠色有機食品、農產品，引導消費者合理、適度採購、儲存、製作食品和用餐。提倡綠色居住，鼓勵使用節能燈具、節能環保灶具、節水馬桶等節能節水產品，支持家電、家具等以舊換新。有序發展舊貨市場，鼓勵居民家庭閒置物品交易和流通。大力倡導公共交通工具、自行車、步行等綠色出行方式，合理引導消費者購買輕量化、小型化、低排放乘用車。有序引導文化和旅遊領域綠色消費。積極踐行"光盤行動"，堅決制止餐飲浪費行為，促進綠色低碳產品推廣使用，努力使厲行節約、環保選購、重複使用、適度消費在全社會蔚然成風。

三、大力營造加快發展方式綠色轉型的環境

（一）完善綠色低碳政策體系。發展方式綠色轉型離不開政策保障。要完善支持綠色發展的財稅、金融、投資、價格政策，加大對綠色低碳產品、技術等支持。擴大環境保護、節能節水等企業所得稅優惠目錄範圍，落實環境保護稅、環境保護專用設備企業所得稅、第三方防治企業所得稅以及資源綜合利用領域稅收支持政策。鼓勵有條件的地區對智能家電、綠色建材、節能低碳產品等消費品予以適當補貼或貸款貼息。積極推行綠色產品政府採購制

度。推進綠色稅制改革，嚴格執行環境保護稅法。大力發展綠色金融，擴大綠色信貸、綠色債券等融資規模，發展綠色基金。引導銀行保險機構規範發展綠色消費金融服務，推動消費金融公司綠色業務發展，為生產、銷售、購買綠色低碳產品的企業和個人提供金融服務。依法依規在環境高風險領域推行環境污染強制責任保險。規範發展政府和社會資本合作（PPP）模式，引導社會資本參與綠色低碳項目投資建設運營。嚴格落實污水垃圾處理收費制度，深入推進農業水價綜合改革，進一步完善居民用水、用電、用氣階梯價格制度，落實清潔取暖電價、氣價、熱價等政策。完善差別化電價等政策，嚴禁對高耗能、高排放、資源型行業實行電價優惠。

（二）**完善綠色低碳標準體系。** 綠色標準體系是引領生產生活方式綠色轉型的重要手段。要進一步完善並強化綠色低碳產品和服務標準、認證、標識體系，加強與國際標準銜接，大力提升綠色標識產品和服務市場認可度和質量效益。加強節能家電、節水器具等綠色產品認證，推進綠色產品認證、標識體系建設。依法完善產品能效、水效、能耗限額和碳排放、污染物排放等標準，定期對強制性標準進行評估，及時更新修訂。完善綠色設計和綠色製造標準體系，加快節能標準更新升級，提升重點產品能耗限額要求，大力淘汰低能效產品。實施能效、水效領跑者制度。完善新能源消費綠色認證標準、標識和公示等配套制度，引導企業利用綠色能源製造產品和提供服務。建立節水強制性標準體系，強化高耗水行業用水定額管理。調整完善產業、基礎設施、公共服務領域建設用地使用標準，強化土地使用標準和節約集約用地評價，嚴格各類建設用地標準管理。健全"雙碳"標準，完善碳排放統計核算體系，補齊基礎制度短板，推動能源消耗總量和強度調控逐步轉向碳排放總量和強度"雙控"制度。

（三）**健全資源環境要素市場化配置體系。** 市場化配置是引導各類資源要素向綠色低碳發展集聚的有效方式。要深入推進資源要素市場化改革，完善自然資源有償使用制度。推進自然資源資產交易平台和服務體系建設，構建統一的自然資源資產交易平台。健全城鄉統一的建設用地市場，完善國有建設用地市場化配置機制，進一步擴大國有土地有償使用範圍，縮小劃撥用地範圍。按照國家統一部署，穩妥推進農村集體經營性建設用地入市。深化產業用地市場化配置改革，健全長期租賃、先租後讓等工業用地市場供應機制。完善土地利用計劃管理，實施年度建設用地總量調控制度，增強土地管理靈活性，城鄉建設用地指標使用應更多由省級政府負責。加快自然資源統一確權登記，建立健全用水權、排污權、碳排放權初始分配制度。健全水流產權制度，加快推進水流產權確權登記，完善水資源有償使用制度。推進水權市場化交易，培育和發展水權交易市場。全面實行排污許可制，加快建設全國用能權、碳排放權交易市場。完善碳定價機制，加強碳排放權交易、用能權交易、電力交易銜接協調。

（四）加快健全綠色低碳技術體系。推動發展方式綠色轉型，科技支撐是關鍵。要增強綠色低碳科技創新能力，狠抓綠色技術攻關，加快節能降碳先進技術研發和推廣應用。聚焦化石能源綠色智能開發和清潔低碳利用、可再生能源大規模利用、儲能、二氧化碳捕集利用和封存等重點，實施一批具有前瞻性、戰略性的國家重大科技示範項目，推動實現重大突破。圍繞節能環保、清潔生產、清潔能源、城鄉綠色基礎設施、城市綠色發展、生態農業等領域對標國際先進水平，推動研發一批具有自主知識產權的關鍵核心技術。引導企業積極研發和引進先進適用的綠色低碳技術，提升綠色製造水平。加強創新能力建設，支持龍頭企業整合高校、科研院所等力量、產業鏈上下游資源，建立綠色技術創新聯合體，開展聯合攻關。建立完善綠色低碳技術評估、交易體系，加快創新成果轉化。積極發揮國家綠色發展基金和國家科技成果轉化引導基金作用，支持重點綠色技術創新成果轉化應用。推動首台（套）重大技術裝備示範和推廣，促進綠色低碳新技術產業化規模化應用。優化綠色技術創新環境，健全綠色技術知識產權保護制度。加強綠色技術國際交流合作。創新人才培養模式，鼓勵高等學校加快相關學科建設，為我國綠色低碳發展提供源源不斷的人才支撐。

（五）推動形成綠色轉型的社會環境。推動形成綠色低碳的生產方式和生活方式需要全社會的共同努力。要強化宣傳教育，推進綠色低碳基礎知識進機關、進學校、進企業、進社區、進農村、進家庭，增強全民節約意識、環保意識、生態意識，引導職工、學生和居民節糧、節水、節電、綠色出行、綠色購物等綠色消費實踐。地方各級政府要貫徹落實新發展理念，樹立正確的政績觀，切實把加快發展方式綠色轉型擺到更加突出的位置，加大投入和工作力度，推進生態優先、節約集約、綠色低碳發展。要完善企業綠色發展責任，督促企業嚴格執行節能環保等法律法規標準，進一步落實生產者責任延伸制度，鼓勵企業公開綠色發展信息、履行社會責任。廣泛開展綠色低碳社會行動，創建節約型機關、綠色家庭、綠色學校、綠色社區、綠色出行、綠色商場、綠色建築。鼓勵具備條件的重點地區、重點行業、重點企業先行先試、走在前列。持續推進垃圾分類，養成城市社區和鄉村文明新風尚。鼓勵新聞媒體加強輿論監督，維護公眾環境權益，推動形成綠色轉型的良好社會氛圍。

提升生態系統多樣性、穩定性、持續性

陸　昊

　　習近平總書記所作的黨的二十大報告着眼全面建設社會主義現代化國家全局，部署了推進生態文明建設的戰略任務和重大舉措，指出要"提升生態系統多樣性、穩定性、持續性"。我們要深入貫徹落實習近平生態文明思想，推動落實黨的二十大確定的生態系統保護任務舉措，夯實生態文明建設的根基。

一、我國生態系統保護工作取得歷史性成就

　　黨的十八大以來，以習近平同志為核心的黨中央以前所未有的力度抓生態文明建設，開展了一系列根本性、開創性、長遠性工作，生態文明建設從認識到實踐都發生了歷史性、轉折性、全局性變化，美麗中國建設取得重大進展。通過深化生態文明體制改革，實施山水林田湖草沙一體化保護和系統治理，持續推進污染防治攻堅戰，我國生態保護工作取得了歷史性成就、發生了歷史性變革。

　　（一）生態文明理念深入人心。習近平總書記傳承中華優秀傳統文化、順應時代潮流和人民意願，站在新時代堅持和發展中國特色社會主義、實現中華民族偉大復興中國夢的戰略高度，圍繞生態文明建設創造性提出一系列新理念新思想新戰略，深刻回答了為什麼建設生態文明、建設什麼樣的生態文明、怎樣建設生態文明等重大理論和實踐問題，形成了習近平生態文明思想，為推進美麗中國建設、實現人與自然和諧共生的現代化提供了方向指引和根本遵循。生態文明建設寫入黨章和憲法，實現了黨的主張、國家意志、人民意願的高度統一，成為全黨全社會的共識和行動。

（二）**生態保護制度體系更加健全**。黨中央統籌推進生態文明體制改革，組織實施主體功能區戰略，建立健全自然資源資產產權制度、國土空間開發保護制度，構建"多規合一"的國土空間規劃體系，建立以國家公園為主體的自然保護地體系，健全生態保護補償制度、生態環境損害賠償制度、生態文明建設目標考核評價制度和責任追究制度等，充分發揮制度管根本、管長遠的作用。頒佈實施長江保護法、濕地保護法，修改土地管理法、森林法，推進制定黃河保護法等，生態保護法律制度日趨嚴密。

（三）**生態安全格局得到優化**。以青藏高原、東北森林帶、北方防沙帶、南方丘陵山地帶、海岸帶和長江、黃河等大江大河為骨架，以國家重點生態功能區為支撐，構建國家生態安全屏障，編制實施全國重要生態系統保護和修復重大工程總體規劃。完成耕地和永久基本農田、生態保護紅線、城鎮開發邊界的劃定工作，全國劃定陸域和海域生態保護紅線319.11萬平方公里。基本完成自然保護地的整合優化，實現了各類自然保護地不交叉不重疊。設立三江源、大熊貓、東北虎豹、海南熱帶雨林、武夷山等第一批國家公園，保護重要生態系統的原真性、完整性。

（四）**生態系統質量穩步提升**。推動天然林保護、國土綠化，加強水土流失和荒漠化治理。國土"三調"顯示，2009—2019年，林地、草地、濕地、河流、湖泊等面積增加2.6億畝。2012—2021年，全國森林覆蓋率由21.63%提高到24.02%，我國成為世界上森林資源增長最多的國家。1999—2019年全國荒漠化和沙化土地面積連續20年實現"雙縮減"。2012—2021年，全國地表水優良水體比例由61.6%提高到84.9%，顯著改善了河湖和濕地生態狀況。2018年7月以來，違法圍填海的規模由以往一年幾百上千公頃下降到3年累計十幾公頃，得到根本性遏制；實施"藍色海灣"整治、紅樹林保護修復專項行動等，修復岸線和濱海濕地，大陸自然岸線保有率保持在35%以上。

（五）**生物多樣性保護有效加強**。實施瀕危物種拯救工程等，發佈陸生野生動物"三有"名錄和重要棲息地名錄，大熊貓、朱鹮、亞洲象、藏羚等瀕危物種種群數量穩中有升。實施長江流域重點水域10年禁漁，恢復流域水生態和生物多樣性。成功舉辦《生物多樣性公約》第十五次締約方大會第一階段會議，發佈《昆明宣言》，設立昆明生物多樣性基金，支持發展中國家生物多樣性保護。積極推動聯合國2030年可持續發展議程框架下的海洋領域可持續發展目標落實。

但是也要看到，我國生態本底脆弱，陸域生態極脆弱和脆弱區約佔48%，生態系統保護任重道遠；人與自然關係複雜，疊加全球氣候變化帶來的不確定性，對一些重大專業問題的認識還不夠深入；生態系統保護取得的成效還是階段性的；等等。我們必須以釘釘子精神持續加強生態保護，推動我國生態環境狀況得到根本改善。

二、準確把握生態系統保護的總體要求

黨的二十大報告強調，必須牢固樹立和踐行綠水青山就是金山銀山的理念，站在人與自然和諧共生的高度謀劃發展。這為進一步推進生態保護提供了總方向、總方針和總要求。

（一）正確認識人與自然的關係，推進人與自然和諧共生的現代化。黨的二十大報告指出："大自然是人類賴以生存發展的基本條件。尊重自然、順應自然、保護自然，是全面建設社會主義現代化國家的內在要求。"我國建設社會主義現代化國家的一個重要特徵，就是要實現人與自然和諧共生。大自然是包括人在內的一切生物的搖籃，人與自然是生命共同體。習近平總書記指出："人類可以利用自然、改造自然，但歸根結底是自然的一部分，必須呵護自然，不能凌駕於自然之上。"在處理人與自然的關係上，要堅持有取捨、守底線，控制向自然的無度索取，限制過度利用自然的不合理行為，包括那些雖然在技術和工程上可行，但違背倫理和自然規律的行為，為自然守住安全邊界和底線，真正構建和諧共生的人與自然關係。

（二）正確處理發展和保護的關係，堅定不移地走生態優先、節約集約、綠色低碳發展之路。黨的二十大報告指出："統籌產業結構調整、污染治理、生態保護、應對氣候變化，協同推進降碳、減污、擴綠、增長，推進生態優先、節約集約、綠色低碳發展。"生態環境問題歸根到底是發展方式和生活方式問題，是由資源過度開發、粗放利用、奢侈浪費造成的。我國的基本國情決定了我們不能複製西方國家走過的現代化道路，必須堅持節約資源和保護環境的基本國策。習近平總書記指出："建立健全綠色低碳循環發展經濟體

系、促進經濟社會發展全面綠色轉型是解決我國生態環境問題的基礎之策。"推動經濟社會發展全面綠色轉型，穩定平衡的生態系統是根本基礎，這就要求我們必須堅持生態優先，強化國土空間規劃和用途管制，牢牢守住耕地和永久基本農田、生態保護紅線等空間管控底線；貫徹全面節約戰略，通過資源節約集約利用支撐高質量發展，從源頭上減少對生態系統的影響；推動產業和能源結構調整，促進實現碳達峰碳中和，以穩定可持續的生態系統減緩和適應氣候變化。

（三）**正確把握生態系統整體和生態要素之間的關係，推動山水林田湖草沙一體化保護和系統治理。** 生態系統由生物與環境組成，通過能量流動、物質循環、信息傳遞構成統一整體。習近平總書記指出："人的命脈在田，田的命脈在水，水的命脈在山，山的命脈在土，土的命脈在林和草，這個生命共同體是人類生存發展的物質基礎。" 生態系統作為一個有機系統，不是各部分生態要素的機械組合，其功能通過系統整體得以發揮。實施生態系統保護不能頭痛醫頭、腳痛醫腳，必須統籌山水林田湖草沙等自然生態各要素，實行一體化保護和系統治理，從而增強生態系統循環能力、維護生態平衡。要尊重自然環境地帶性分佈規律、生態系統演替規律等，堅持宜林則林、宜灌則灌、宜草則草、宜濕則濕、宜沙則沙，科學實施保護修復。比如，植樹造林是生態建設的主要手段之一，但對乾旱、半乾旱地區則以草灌為主恢復生態，如果大規模植樹造林就有可能打破區域大氣降水、地表水、土壤水、地下水之間的轉化平衡，過度疏乾地下水，反而影響生態系統的穩定性。

（四）**正確處理綠水青山與金山銀山的關係，為人民群眾提供更多優質的生態產品。** 推進生態文明建設，既要綠水青山，也要金山銀山；綠水青山就是金山銀山。處理好二者的關係，關鍵是樹立正確的發展觀和政績觀。習近平總書記指出："良好生態環境是最公平的公共產品，是最普惠的民生福祉。"我們追求的發展，從根本上講是為了人民生活得更好。我國社會主要矛盾已經轉化為人民日益增長的美好生活需要和不平衡不充分的發展之間的矛盾，其中生態環境質量同人民群眾對美好生活的期盼相比就有較大差距。我們謀劃發展，要主動回應人民群眾對良好生態環境的追求。一方面，通過保護生態系統，不斷提升其質量和穩定性，使之能持續提供更多優質生態產品。另一方面，發揮市場配置資源的決定性作用和更好發揮政府作用，建立健全生態產品價值實現機制，推動綠水青山向金山銀山轉化。

三、提升生態系統多樣性、穩定性、持續性的任務和舉措

黨的二十大報告對生態文明建設作出了戰略部署，明確了提升生態系統多樣性、穩定性、持續性的戰略任務和重大舉措，我們要着力抓好落實。

（一）**加快實施重要生態系統保護和修復重大工程。** 實施生態系統保護和修復重大工程是保障國家生態安全的重要基礎。要深入實施主體功能區戰略，以國家重點生態功能區、生態保護紅線、自然保護地等為重點，突出對國家重大戰略的生態支撐，統籌考慮生態系統的完整性、地理單元的連續性和經濟社會發展的可持續性，在青藏高原生態屏障區、黃河重點生態區、長江重點生態區、東北森林帶、北方防沙帶、南方丘陵山地帶、海岸帶等“三區四帶”，推動重大工程實施，築牢國家生態安全屏障。

（二）**全面推進自然保護地體系建設。** 自然保護地在維護全國生態安全中居於首要地位。我國已經初步建立了以國家公園為主體，由國家公園、自然保護區、自然公園構成的自然保護地體系，建立了自然保護地分類分區管控制度。要落實國家公園空間佈局方案，把自然生態系統中最重要、自然景觀最獨特、自然遺產最精華、生物多樣性最富集的區域劃入國家公園。完善自然保護區佈局，填補保護空白，優化現有自然保護區邊界。將具有生態、觀賞、文化和科學價值的森林、草原、濕地、海洋、沙漠、冰川等自然生態系統、自然遺跡和自然景觀區域劃入自然公園，發揮自然公園服務科研、教育、遊憩的功能。推進國家公園立法，修訂自然保護區條例、風景名勝區條例等，完善自然保護地法律法規體系。

（三）**實施生物多樣性保護重大工程。** 生物多樣性是生物及其環境形成的生態複合體以及與此相關的各種生態過程的綜合，對生態系統功能發揮和結構穩定起着決定性作用。我國生物多樣性保護取得積極成效，但也面臨着生物棲息地破碎化、外來物種入侵等問題。實施生物多樣性保護重大工程，需要優化就地保護體系，完善遷地保護體系，加強生物多樣性保護優先區域的

保護監管，填補重要區域和重要物種遷地保護空缺，構築生物多樣性保護網絡。生物安全管理是生物多樣性保護的重要內容，需要建立健全生物技術環境安全評估與監管技術支撐體系，完善監測信息報告系統和生物安全事件應急處置能力；開展外來入侵物種普查，加強互花米草、松材線蟲等入侵物種的監測和治理。支持生物多樣性多邊治理體系，履行涉及生物多樣性保護的國際公約義務，推動制定"2020年後全球生物多樣性框架"。

（四）**科學開展大規模國土綠化行動**。國土綠化是改善生態環境、應對氣候變化、維護生態安全的重要舉措。要堅持科學綠化、規劃引領、因地制宜，開展造林綠化和種草改良空間適宜性調查評估，確定造林種草空間並納入國土空間規劃統籌安排，實行造林綠化任務帶圖斑下達。要充分考慮區域水資源承載能力，堅持以水而定、量水而行，宜綠則綠、宜荒則荒，科學恢復林草植被，實施沙化土地封禁保護等。實施鞏固提升生態系統碳匯能力專項行動，有效發揮森林、草原、濕地、海洋、土壤、凍土的固碳作用。

（五）**推動草原森林河流湖泊濕地休養生息**。我國草原、森林、河流、湖泊、濕地資源相對豐富，但長期高強度開發對生態系統的結構和功能帶來不同程度損害，需要降低人為活動干擾強度，實施休養生息。要以保障草原生態安全為目標，落實禁牧、休牧和草畜平衡制度，促進草原永續利用。實施天然林保護，全面禁止天然林商業採伐，加強森林撫育。統籌水資源、水環境、水生態、水安全，加強河流和濕地生態流量管理，實施好長江10年禁漁，推動河湖和濕地生態保護修復。針對農田過度利用、土壤污染、肥力下降等問題，堅持用養結合，健全耕地休耕輪作制度，實施污染管控治理，提高耕地生產能力。

（六）**完善生態產品價值實現機制和生態保護補償制度**。生態產品多數屬公共產品，不能直接通過市場方式交換，需要政府積極引導和規制，建立保護者受益、使用者付費、破壞者賠償的利益導向機制。要完善橫向補償、縱向補償等補償機制，探索建立自然資源開發利用生態補償機制，健全生態環境損害賠償制度。推動生態產品價值評估機制，健全生態產品經營開發機制，促進生態產品價值轉化。深化集體林權制度改革，統籌生態保護和林業發展，推動適度規模經營，發展生態產業，促進林權增值、林農增收。

積極穩妥推進碳達峰碳中和

胡　飛

　　黨的二十大報告提出，"積極穩妥推進碳達峰碳中和"。這是以習近平同志為核心的黨中央統籌國內國際兩個大局作出的重大決策部署，為推進碳達峰碳中和工作提供了根本遵循，對於全面建設社會主義現代化國家、促進中華民族永續發展和構建人類命運共同體都具有重要意義。我們要堅決貫徹黨中央決策部署，以"雙碳"工作為總牽引，全面加強資源節約和環境保護，加快推動形成綠色低碳的生產生活方式，促進經濟社會發展全面綠色轉型，建設人與自然和諧共生的現代化。

一、深刻認識推進碳達峰碳中和的重大意義

　　習近平總書記指出，實現碳達峰碳中和，是貫徹新發展理念、構建新發展格局、推動高質量發展的內在要求，是一場廣泛而深刻的經濟社會系統性變革，具有重大的現實意義和深遠的歷史意義。

　　（一）推進"雙碳"工作是破解資源環境約束突出問題、實現可持續發展的迫切需要。黨的十八大以來，我國綠色、循環、低碳發展邁出堅實步伐，資源節約集約利用水平持續穩步提升。但資源約束趨緊、環境容量不足等問題依然突出，而且隨着工業化、城鎮化進一步推進，我國能源資源需求還將剛性增長，目前我國能源資源利用效率與國際先進水平相比還存在差距，石油、天然氣和部分礦產資源對外依存度不斷攀升，能源資源安全保障面臨的壓力持續加大，生產生活方式綠色低碳轉型存在多重困難挑戰。如果繼續沿用粗放的生產生活方式，資源能源無法支撐、生態環境也難以承受。要突破可持續發展的瓶頸制約，必須以扎實推進"雙碳"工作為重要抓手，加快建

設綠色低碳循環發展經濟體系，提高能源資源利用效率，增強能源資源供應的穩定性、安全性、可持續性，推動形成綠色生產生活方式，從源頭破解資源環境約束突出問題，實現經濟社會可持續發展，為全面建成社會主義現代化強國提供堅實的資源環境保障。

（二）推進“雙碳”工作是順應技術進步趨勢、推動經濟結構轉型升級的迫切需要。我國經濟已由高速增長階段轉向高質量發展階段，調結構轉方式任務艱巨繁重，產業鏈供應鏈還處於向中高端邁進的重要關口。當前，新技術快速迭代，新業態、新模式迅猛發展，我國產業門類齊全，新能源、新業態和數字經濟發展勢頭良好，具備在變革中掌握先機的有利條件。同時，實現“雙碳”目標將帶來巨大的綠色低碳投資和消費需求，為我國經濟發展帶來新的機遇和廣闊市場。加快經濟結構轉型升級，必須以扎實推進“雙碳”工作為牽引，緊緊抓住新一輪科技革命和產業變革的機遇，強化綠色低碳科技創新，促進傳統產業與新興產業協同創新、融合發展，持續壯大綠色低碳產業，建設綠色製造體系和服務體系，形成綠色經濟新動能和可持續增長極，推動我國產業鏈、供應鏈、價值鏈向中高端邁進，為經濟社會發展全面綠色轉型提供堅實的產業基礎和技術支撐。

（三）推進“雙碳”工作是滿足人民群眾日益增長的優美生態環境需求、促進人與自然和諧共生的迫切需要。良好的生態環境是最普惠的民生福祉，建設美麗中國是關係人民群眾切身利益的重大戰略舉措。黨的十八大以來，我國生態文明制度體系不斷健全，生態環境質量持續改善，生態環境保護發生了歷史性、轉折性、全局性變化。但也要看到，我國生態環境保護仍然面臨諸多矛盾和挑戰，生態環境穩中向好的基礎還不穩固，距離人民群眾的期望還有一定差距。我國生態文明建設已進入以降碳為重點戰略方向的關鍵時期。滿足人民群眾對優美生態環境的需求，必須以扎實推進“雙碳”工作為重要載體，發揮降碳對生態環境質量改善的源頭牽引作用，大力實施節能減排，全面推行清潔生產，加快發展循環經濟，推進減污降碳協同增效，加快實現生態環境質量改善由量變到質變的根本轉變，守護好藍天白雲、綠水青山，為人民群眾提供更加優美的生態環境，提高人民生活品質。

（四）推進“雙碳”工作是主動擔當大國責任、推動構建人類命運共同

體的迫切需要。地球是人類賴以生存的家園，良好的生態環境是人類永續發展的根基。當前，氣候變化已成為全球共同關切，綠色低碳發展成為廣泛共識，各國都採取行動積極應對氣候變化。中國作為世界上最大的發展中國家，在大力推進自身碳減排的同時，積極參與多雙邊對話合作，是全球應對氣候變化的重要參與者、貢獻者、引領者。順應全球綠色低碳發展潮流，必須以扎實推進"雙碳"工作為重要契機，在全球綠色低碳發展大勢中始終保持戰略主動，以更加積極姿態參與和引領全球氣候治理，強化綠色低碳領域多雙邊交流溝通和務實合作，展現負責任大國的擔當，構築國際競爭新優勢，推動共建清潔美麗世界。

二、黨的十八大以來我國綠色低碳發展邁出堅實步伐

黨的十八大以來，在以習近平同志為核心的黨中央堅強領導下，各地區各部門認真貫徹黨中央決策部署，堅定不移貫徹新發展理念，深入推進供給側結構性改革，着力調整產業結構和能源結構，狠抓全社會節能減排，推動我國綠色低碳發展邁出堅實步伐。

（一）產業結構持續升級。深入推進供給側結構性改革，積極化解過剩產能，10 年來退出過剩鋼鐵產能 1.5 億噸以上、取締地條鋼 1.4 億噸。一二三產比例進一步優化，新技術、新產業、新業態發展迅猛，智能化、綠色化和服務化轉型步伐加快，2021 年高技術製造業佔規模以上工業增加值比重達到15.1%，比 2012 年增加 5.7 個百分點。大力發展綠色產業和循環經濟，實施園區循環化改造，建設一批"無廢城市"和大宗固廢綜合利用示範基地，過去 10 年我國主要資源產出率提高了約 58%。

（二）能源結構不斷優化。積極發展非化石能源，立足以煤為主的基本國情，大力推進煤炭清潔高效利用，有序推進重點地區煤炭消費減量替代。2021 年，我國清潔能源消費佔比達到 25.5%，比 2012 年提升 11 個百分點；煤炭消費佔比降至 56%，比 2012 年下降 12.5 個百分點。截至 2022 年 5 月，我國可再生能源裝機規模已突破 11 億千瓦，水電、風電、太陽能發電、生物質發電裝機均居世界第一，非化石能源裝機比重首次超過煤電。

（三）能效水平穩步提升。制定印發"十三五"、"十四五"節能減排綜合工作方案，完善能源消費總量和強度"雙控"制度，大力推進全社會節能，實施節能減排重大工程，推動重點行業開展節能改造，推廣節能高效產品設備，健全能效法規體系，持續提升能效水平。過去 10 年，我國能耗強度累計下降 26.4%，以年均 3.0% 的能源消費增速支撐了年均 6.6% 的經濟增長，相當於少用約 14 億噸標準煤。

（四）二氧化碳排放控制成效明顯。碳排放增速由"十五"的 12.5%、"十一五"的 6.1%，降為"十二五"的 3.3%、"十三五"的 1.7%，排放增量也以每 5 年約 6 億噸的速度下降，"十三五"時期增量僅為 6.7 億噸。過去 10 年，我國單位國內生產總值二氧化碳排放下降約 34%。2020 年我國單位國內生產總值二氧化碳排放較 2005 年累計下降 48.4%，超額完成上一階段承諾的自主貢獻目標。

（五）生態系統碳匯能力不斷提升。深入實施大規模國土綠化行動，10 年來累計完成造林 9.6 億畝，佔全球人工造林的 1/4。2021 年，我國森林覆蓋率達到 24.02%，森林蓄積量提高到 194.93 億立方米，草原綜合植被蓋度達到 50.32%，濕地保護率達到 52.65%。我國成為全球森林資源增長最多的國家，在森林覆蓋率和森林蓄積量連續保持"雙增長"的同時，實現水土流失面積和強度"雙下降"，以及荒漠化、沙化土地面積"雙縮減"。

同時，我國能源結構偏煤、產業結構偏重、資源利用效率偏低的矛盾仍然突出，能源結構和產業結構轉型壓力仍然巨大，深刻演變的國際局勢給我國經濟社會發展全面綠色轉型帶來新的挑戰。實現"雙碳"目標意味着我國作為世界上最大的發展中國家，將完成全球最高碳排放強度降幅，用全球歷史上最短的時間實現從碳達峰到碳中和，這無疑將是一場硬仗，需要付出極其艱苦的努力。

三、扎實推進碳達峰碳中和重點任務

黨的二十大對"雙碳"工作作出全面部署、提出明確要求。我們要深入學習貫徹習近平總書記重要講話和指示批示精神，全面貫徹黨的二十大精神，認真落實黨中央、國務院決策部署，堅持全國統籌、節約優先、雙輪驅動、內外暢通、防範風險的工作原則，扎實推進碳達峰碳中和各項重點工作，加快形成節約資源和保護環境的產業結構、生產方式、生活方式、空間格局，推動我國綠色低碳發展取得新的更大成效。

（一）**加強工作統籌協調**。把系統觀念切實貫徹到"雙碳"工作全過程，注重處理好發展和減排、整體和局部、長遠目標和短期目標、政府和市場的關係，正確認識和把握"雙碳"工作，既堅定不移走綠色低碳發展的新路子，又不急於求成、偏激冒進。把"雙碳"工作納入生態文明建設整體佈局和經濟社會發展全局，拿出抓鐵有痕的勁頭，扎扎實實把黨中央決策部署落實到位。從我國現階段國情實際出發，立足我國能源資源稟賦，按照碳達峰碳中和"1＋N"政策體系有關部署，科學把握推進節奏，策略上穩中求進，行動上堅定不移，有計劃分步驟實施好"碳達峰十大行動"。持續深化對"雙碳"工作的認識和理解，跟蹤國內外新情況、新動向，組織開展重大問題研究，強化政策實施效果評估。加強對地方工作的督促指導，及時發現並糾正跑偏傾向，堅決制止"碳衝鋒"和運動式"減碳"。

（二）**深入推進能源革命**。立足富煤貧油少氣的基本國情，堅持先立後破、通盤謀劃，深入推進能源革命，加強煤炭清潔高效利用，大力實施煤電機組節能降碳改造、靈活性改造、供熱改造"三改聯動"。加大油氣資源探勘開發和增儲上產力度。把促進新能源和可再生能源發展放在更加突出的位置，加快規劃建設新型能源體系，加大力度在沙漠、戈壁、荒漠化地區規劃建設以大型風電光伏基地為基礎、以其周邊清潔高效先進節能的煤電為支撐、以穩定可靠的特高壓輸變電線路為載體的新能源供給消納體系。統籌水電開發和生態保護，積極安全有序發展核電。堅決落實能源保供責任，夯實國內能源生產基礎，加快油氣、煤炭儲備能力建設，加強能源產供儲銷體系，確保能源安全。

（三）**大力推動工業領域綠色低碳發展**。堅持增量存量並重，加快建設綠色低碳現代產業體系，推動產業綠色化、低碳化。積極做大增量，緊緊抓住新一輪科技革命和產業變革機遇，大力發展戰略性新興產業，推動大數據、5G等新興技術與綠色低碳產業深度融合，不斷提高綠色低碳產業在經濟總量中的比重，堅決遏制高耗能、高排放項目盲目發展。持續優化存量，下大力氣推動鋼鐵、有色、石化、化工、建材等傳統產業優化升級，樹立並滾動更新行業能效標杆水平和基準水平，引導鼓勵相關行業企業實施節能降碳改造、工藝革新和數字化轉型，依法依規退出落後產能。同時，抓住資源利用這個源頭，大力發展循環經濟，健全資源循環利用體系，全面提高資源利用效率。

（四）**推進建築、交通等領域清潔低碳轉型。**積極構建綠色低碳交通運輸體系，加快發展以鐵路、水路為骨幹的多式聯運。推廣節能低碳型交通工具，推進交通基礎設施綠色化提升改造，協同推進交通出行的智能化、綠色化。鼓勵車輛集約使用，優先發展公共交通服務，建設慢行交通設施，引導低碳出行。着力提升城鄉建設綠色低碳發展質量，大力發展綠色建築，推行綠色設計，推廣綠色低碳建材和綠色建造方式。優化建築用能結構，提高可再生能源使用比例，推廣供熱計量收費和合同能源管理。加快農房節能改造，持續推進農村地區清潔取暖。

（五）**提升生態系統碳匯能力。**堅持系統觀念，推進山水林田湖草沙一體化保護和系統治理，提升生態系統多樣性、穩定性、持續性。構建有利於"雙碳"工作的國土空間開發保護格局，嚴守生態保護紅線，加強土地節約集約利用，鞏固生態系統固碳作用。持續實施生態系統保護修復重大工程，科學開展大規模國土綠化行動，強化森林資源保護，加強草原、濕地生態保護修復，擴大林草資源總量，提升生態系統碳匯增量。建立生態系統碳匯監測核算體系，實施生態保護修復碳匯成效監測評估，建立健全能夠體現碳匯價值的生態保護補償機制。

（六）**強化科技創新和人才培養。**狠抓關鍵核心技術攻關，組織實施低碳零碳負碳重大項目示範，加快先進適用技術研發和推廣應用。構建有利於碳達峰碳中和的科技創新體制機制，加強創新能力建設，建立完善綠色低碳技術評估、交易體系，加快創新成果轉化。強化"雙碳"專業人才培養，完善碳達峰碳中和高等教育體系，創新人才培養模式，規範社會化培訓，持續加強專業技能人才隊伍建設。把"雙碳"工作作為幹部教育培訓體系的重要內容，推動各級黨校和行政學院開展培訓，切實增強各級領導幹部推動綠色低碳發展的本領。

（七）完善"雙碳"基礎制度。完善碳排放統計核算制度，加強基礎能力建設，開展全國及省級地區碳排放統計核算，建立健全行業企業和重點產品碳排放核算方法，統籌編制國家溫室氣體清單，建立碳達峰碳中和標準、計量、檢測、認證體系。完善能源消費總量和強度調控，重點控制化石能源消費，逐步轉向碳排放總量和強度"雙控"制度，統籌建立科學合理的碳達峰碳中和綜合評價考核制度。健全碳排放權市場交易制度，完善相關交易規則和核算標準，加強從業機構和重點排放企業監督管理，嚴厲打擊數據造假行為。完善溫室氣體自願減排交易規則，規範市場主體行為。

（八）積極參與應對氣候變化全球治理。秉持人類命運共同體理念，積極參與國際氣候談判和規則制定，推動構建公平合理、合作共贏的全球環境治理體系。統籌做好應對氣候變化國際鬥爭合作，堅持我國發展中國家定位，堅持共同但有區別責任原則、公平原則和各自能力原則，堅決維護我國發展權益。積極開展綠色低碳領域務實合作和技術交流，參與碳定價機制和綠色金融標準體系國際宏觀協調。深化綠色"一帶一路"建設，提高境外項目環境可持續性，支持發展中國家能源綠色低碳發展。

完善社會治理體系

陳一新

　　黨的二十大站在推進國家安全體系和能力現代化的戰略高度，對完善社會治理體系作出新的部署。完善社會治理體系是以習近平同志為核心的黨中央從推進國家安全體系和能力現代化，堅決維護國家安全和社會穩定的戰略高度提出的一項重大任務。我們要堅持以習近平新時代中國特色社會主義思想為指導，按照黨的二十大決策部署，完善社會治理體系，提升社會治理效能，以社會治理現代化夯實"中國之治"的基石。

一、黨的十八大以來社會治理取得的重大成就

　　黨的十八大以來，以習近平同志為核心的黨中央着眼於國家長治久安、人民安居樂業，建設更高水平的平安中國，完善社會治理體系，推動社會治理現代化取得重大成就，續寫了社會長期穩定奇跡。2021 年人民群眾對平安建設的滿意度達 98.6%。國際社會普遍認為，中國是世界上最安全的國家之一。

　　（一）社會治理體制日益健全。黨中央加強對社會治理的領導，設立平安中國建設協調小組，推動建立健全堅強有力的組織領導體制、系統完備的制度體系、融合聯動的工作機制，黨委領導、政府負責、群團助推、社會協同、公眾參與的社會治理體制不斷健全，共建共治共享的社會治理格局基本形成。

　　（二）維護政治安全取得戰略成果。有效應對外部打壓遏制，堅決維護了我國主權、安全、發展利益。建立健全香港特別行政區維護國家安全的法律制度和執行機制，實現了香港局勢由亂到治的重大轉折。防範打擊敵對勢力滲透、破壞、顛覆、分裂活動，堅定維護了國家政權安全、制度安全、意識

形態安全。防範打擊暴力恐怖犯罪，實現了反恐怖鬥爭形勢根本好轉。

（三）掃黑除惡奪取全面勝利。2018 年至 2020 年開展為期 3 年掃黑除惡專項鬥爭，全國打掉涉黑組織 3644 個、涉惡犯罪集團 11675 個，打掉的涉黑組織是前 10 年總和的 1.28 倍，黑惡犯罪得到根本遏制，營商環境持續優化，基層基礎全面夯實，黨風政風社會風氣明顯好轉。

（四）社會治安狀況不斷改善。推進社會治安防控體系建設，嚴厲打擊影響人民群眾安全感的突出違法犯罪，全國刑事立案總量、八類主要刑事案件和查處治安案件數量保持連年下降，我國成為刑事犯罪率最低、命案發案率最低、槍爆犯罪案件最少的國家之一。

（五）社會矛盾總量穩中有降。健全社會矛盾糾紛多元預防調處化解綜合機制，完善信訪制度，扎實開展化解信訪積案等專項工作，大量矛盾得到防範化解，大量糾紛解決在訴訟之前，大批"骨頭案"、"釘子案"得到有效解決，全國信訪總量呈現下降態勢。

（六）服務人民群眾取得顯著成效。積極投入疫情防控，運用大數據、網格化手段築牢疫情防控網。完善公共服務體系，統籌推進網格化服務管理中心、訴訟服務中心、公共法律服務中心等建設，為群眾提供更多普惠均等、便捷高效的服務。扎實開展"我為群眾辦實事"實踐活動，解決了一大批群眾急難愁盼問題。

（七）市域社會治理現代化試點深入推進。按照"同步起跑、自願試點、分批推進、接續達標"的思路部署開展市域社會治理現代化試點工作，制定《全國市域社會治理現代化試點工作指引》，分類指導試點地區探索創新，推動社會治理在市域整體統籌、工作舉措在市域精準落地、重大風險在市域有效化解，社會治理整體效能充分顯現。

（八）基層基礎建設更加扎實。堅持和發展新時代"楓橋經驗"，加強基層組織建設，全國鄉鎮（街道）已基本配齊政法委員，建成各級綜治中心 58.3 萬餘個，共有網格員 450 萬名，基本實現網格化服務管理全覆蓋。加強基礎工作建設，落實重點領域、行業、物品等全要素精準監管措施。加強基本能力建設，社會治理專業隊伍依法辦事、打擊防範、群眾工作、輿論引導等能力不斷提升。

二、社會治理的總體要求

　　完善社會治理體系，加快推進社會治理現代化，是再創"中國之治"新輝煌的必然要求。我們要緊緊圍繞完成"十四五"規劃和2035年遠景目標、全面建成社會主義現代化強國等重大節點，到2035年基本實現社會治理現代化，到本世紀中葉全面實現社會治理現代化，確保政治安全、社會安定、人民安寧，為實現第二個百年奮鬥目標和中華民族偉大復興的中國夢創造良好社會環境。

　　（一）確保政治安全。政治安全是民族復興的根基。要有力防範境外敵對勢力滲透、破壞、顛覆、分裂活動，對敵對勢力和有關組織的非法活動和動向，能及時發現、快速處置。要有效清除境內影響政治安全的土壤，推動"去極端化"工作取得明顯成效，保持境內嚴重暴恐活動"零發生"。

　　（二）確保社會安定。社會穩定是國家強盛的前提。要解決涉穩"存量"問題，人民群眾初信初訪基本辦結，涉眾等重大突出矛盾風險有效化解。控制涉穩"增量"問題，社會穩定風險評估更加規範化制度化，"三調聯動"體系有效運轉，訴訟案件基本案結事了，群體性事件持續下降。防控涉穩"變量"問題，有效防止社會風險演變為政治風險、區域風險演變為全局風險、境外風險演變為境內風險。

　　（三）確保人民安寧。人民平安是最大的民生。要實現刑事案件持續下降，八類嚴重暴力案件逐年下降，新型網絡犯罪高發態勢得到有效遏制。鞏固掃黑除惡成效，實現掃黑除惡常態化機制化，黑惡勢力滋生的土壤基本鏟除。要實現公共安全事故逐年下降，生產安全事故死亡人數、重特大生產安全事故起數、億元國內生產總值生產安全事故死亡率逐年下降。

三、社會治理的重點任務

　　完善社會治理體系，最重要的就是防控化解各類矛盾風險，確保矛盾風險不外溢不擴散、不升級不變異。我們要堅持底線思維，增強憂患意識，提高風險洞察、防控、化解、治本、轉化能力，重點防控化解好五類風險。

（一）**防控化解政治安全風險。**加強維護政治安全力量、能力建設，建立健全政治安全風險研判、防控協同、防範化解機制，嚴密防範和嚴厲打擊敵對勢力滲透、破壞、顛覆、分裂活動。堅持嚴打暴恐常態化，深化"去極端化"工作，嚴防發生暴恐襲擊事件。

（二）**防控化解社會治安風險。**強化社會治安整體防控，始終保持嚴打高壓態勢，推進掃黑除惡常態化，依法嚴懲群眾反映強烈的黃賭毒、食藥環、盜搶騙等突出違法犯罪，有力保護人民群眾生命財產安全。深入研究新形勢下犯罪活動規律特點，完善打擊犯罪新機制。健全社會心理服務體系和疏導機制、危機干預機制，嚴防發生個人極端暴力案事件。

（三）**防控化解重大矛盾糾紛。**完善正確處理新形勢下人民內部矛盾機制，暢通和規範群眾訴求表達、利益協調、權益保障通道，推行領導幹部特別是市縣領導幹部每月下基層大接訪。加強和改進人民信訪工作，貫徹落實《信訪工作條例》，認真解決信訪積案和群眾合理合法訴求。完善基層治理平台，發揮好調解、仲裁、行政覆議、訴訟等方式化解矛盾的作用，排查化解重點領域矛盾糾紛。

（四）**防控化解公共安全風險。**從最突出的問題防起，加強重點行業、領域安全監管，推進安全生產風險專項整治。從最基礎的環節做起，推動城鄉公共安全監管執法和綜合治理一體化。從最明顯的短板補起，推動公共安全治理模式向事前預防轉型。從最關鍵的責任抓起，嚴格實行"黨政同責、一崗雙責、失職追責"。

（五）**防控化解網絡安全風險。**健全網絡綜合治理體系，加強網絡領域法律制度建設，全面清理網上政治謠言等有害信息，依法打擊網絡黃賭毒騙、涉槍涉爆等違法犯罪，整治網絡黑灰產業。加強關鍵信息基礎設施安全防護，依法打擊侵犯公民隱私、竊取數據秘密等違法犯罪活動。落實"三同步"機制，牢牢掌握網絡輿論主動權。

四、社會治理的基本方式

黨的十八大以來，以習近平同志為核心的黨中央就社會治理現代化提出了一系列新理念新思想新戰略，蘊含着完善社會治理方式的新要求，主要體現為政治引領、法治保障、德治教化、自治強基、智治支撐。

（一）**發揮政治引領作用。**把握政治方向，深刻領悟"兩個確立"的決定性意義，堅決維護習近平總書記黨中央的核心、全黨的核心地位，推動學習習近平新時代中國特色社會主義思想往深裏走、往心裏走、往實裏走。發揮政治優勢，加強黨對社會治理現代化的領導，發揮省市縣鄉村五級黨組織作用，完善社會治理現代化推進體系。凝聚政治力量，發揮黨員幹部先鋒隊作用、人民群眾主力軍作用、社會各界助推者作用，引導全社會自覺投身社會治理現代化實踐。淨化政治生態，以優良黨風促政風帶民風，以優良政治生態引領社會生態。

（二）**發揮法治保障作用。**堅持依法決策，嚴守法定程序和權限，保障公眾參與，不斷提高決策公信力和執行力。注重科學立法，找準立法切口，嚴守立法"紅線"，制定接地氣、有特色、真管用的法律法規。堅持嚴格規範公正文明執法司法，加大重點領域執法力度，健全完善執法司法制約監督體系和執法司法責任體系，讓人民群眾感受到公平正義就在身邊。落實"誰執法誰普法"普法責任制，增強全民法治觀念。

（三）**發揮德治教化作用。**以社會主義核心價值觀為統領，傳承中華優秀傳統道德文化精髓，加強社會公德、職業道德、家庭美德、個人品德建設，讓社會和諧穩定建立在較高道德水平之上。完善村規民約、居民公約、行業規章、團體章程等各類規則，建立健全一體可信可控的社會信用鏈系統，專項治理群眾反映強烈的違法敗德問題。深化文明創建活動，形成凡人善舉層出不窮、向上向善蔚然成風的良好局面。

（四）**發揮自治強基作用。**健全基層黨組織領導的基層群眾自治機制，在城鄉社區治理中實行群眾自我管理、自我服務、自我教育、自我監督。構建黨領導下多方參與、共同治理、充滿活力的城鄉社區治理體系，提高服務群眾的能力水平。廣泛開展村民說事、民情懇談等活動，有效通達社情民意、平衡各方利益、化解矛盾糾紛。

（五）**發揮智治支撐作用。**推進信息互聯互通，構建以數據為核心、業務為牽引、決策為目標的信息數據資源池，為風險精準"畫像"，確保見事早、看得準、下手先。深化"雪亮工程"建設，推進升級改造、聯網應用。加強智能化執法辦案，提升精準打擊犯罪、優質高效執法司法的整體效能。構建完善線上線下一體的智能化公共服務平台，普遍實現"網上辦、馬上辦、一次辦"、"不見面審批"。

五、社會治理的層級責任定位

完善社會治理體系，要明確從中央到省、市、縣、鄉各級黨委和政府職能定位，充分發揮各層級重要作用。當前和今後一個時期，要特別突出強調中央、市域、基層的特殊職能作用，完善工作抓手，推動社會治理現代化行穩致遠。

（一）**堅持黨中央集中統一領導，加強社會治理現代化頂層設計。**黨中央對社會治理實施集中統一領導，決定社會治理的大政方針、重大舉措、重大事項。黨中央加強戰略設計和整體謀劃，制定實施加快推進社會治理現代化、建設更高水平平安中國的指導意見，推動各地區各部門貫徹落實。黨中央組織領導平安中國建設工作，健全平安中國建設協調小組工作機制，研究平安中國建設的重大思路政策，協調解決重大事項問題。

（二）**加快推進市域社會治理現代化，把重大矛盾隱患防範化解在市域。**市域是社會治理宏觀和微觀的轉承點，治理半徑較優，資源統籌餘地較大，法治手段較多，要成為撬動國家治理的戰略支點、重大風險的終結地、治理方式現代化的集成體。要在充分運用全國市域社會治理現代化試點工作成果的基礎上，依託現有市域社會治理機制平台，整合各方資源，形成權責明晰、高效聯動、上下貫通的市域風險防控鏈條，不斷提升共防風險、共築平安的能力水平。

（三）**推進基層社會治理創新，把小矛盾小問題化解在基層、化解在萌芽狀態。**新時代"楓橋經驗"最突出的特點，就是牢牢抓住基層基礎這一本源，最大程度把矛盾風險防範化解在基層、化解在萌芽狀態。要完善正確處理新形勢下人民內部矛盾機制，加強和改進人民信訪工作，暢通和規範群眾訴求表達、利益協調、權益保障通道。要堅持重心下移、力量下沉、資源下投，完善網絡化管理、精細化服務、信息化支撐的基層治理平台，健全城鄉社區治理體系，確保基層事情基層辦、基層權力給基層、基層事情有人辦。完善鄉鎮（街道）政法委員統籌綜治中心、社區網格、人民法庭、檢察室、公安派出所、司法所工作機制，實現平安聯創、矛盾聯調、問題聯治。

六、社會治理的體制保障

完善社會治理體系，必須強化體制保障。我們要健全共建共治共享的社會治理制度，增強完善社會治理體系的向心力和執行力，建設人人有責、人人盡責、人人享有的社會治理共同體。

（一）**健全黨委領導體制**。堅持黨的全面領導，落實請示、報告、決策、執行制度，做強組織指揮體系，完善統籌實施等機制。履行好黨委政法委牽頭協調、組織推動、督辦落實職責，調動各部門各單位參與社會治理積極性。發揮基層黨組織戰鬥堡壘作用，構建區域統籌、條塊協同、共建共享的工作新格局。

（二）**健全政府負責體制**。突出防控化解政治安全、社會治安、矛盾糾紛、公共安全、網絡安全五類風險隱患，將該負責的事務管好管到位。突出行業領域亂象常態化整治，堅持"打防管控建"並舉，推動行業領域健康發展。突出社會治理服務保障，豐富和創新公共服務供給。

（三）**健全群團組織助推體制**。建立群團助推責任機制，把適合群團組織承擔的社會管理服務職能按法定程序轉由群團組織行使。探索群團助推組織形式，健全以基層黨組織為圓心、群團組織為紐帶、社會組織為依託的工作體系。找準群團助推着力點，聚焦群眾所急、黨政所需、群團所能領域，創新活動載體，確保取得實效。

（四）**健全社會組織協同體制**。健全社會組織培育扶持機制，重點扶持發展治保維穩類、專業調處類、公益慈善類、居民互助類等社會組織。擴大社會組織有序參與，堅持黨建引領，確保社會組織按照黨的路線方針政策和決策部署開展業務活動。加強社會組織規範管理，強化自律誠信和守法意識，不斷提升服務質效和社會公信力。

（五）**構建人民群眾參與體制**。暢通群眾參與社會治理的制度渠道，保障群眾知情權、參與權、表達權和監督權。健全群眾參與社會治理的引導機制，落實專群結合、群防群治，弘揚見義勇為、見義眾為。創新完善群眾工作機制，推動聽民聲察民情常態化，讓人民群眾有更多看得見、摸得着、享受得到的實惠，使社會治理扎根於人民群眾之中。

確保槍桿子永遠聽黨指揮

鍾　新

黨的二十大報告指出，全面加強人民軍隊黨的建設，確保槍桿子永遠聽黨指揮。這是以習近平同志為核心的黨中央把握我們黨建軍治軍基本規律，順應全面建設社會主義現代化國家戰略要求，着眼如期實現建軍一百年奮鬥目標、加快把人民軍隊建成世界一流軍隊作出的重大部署。我們要堅決貫徹這一部署，毫不動搖堅持黨對人民軍隊的絕對領導，在新時代新征程上奮力開創強軍事業新局面，為實現中華民族偉大復興提供戰略支撐。

一、確保槍桿子永遠聽黨指揮是強軍之魂

堅持黨對人民軍隊的絕對領導，確保槍桿子永遠聽黨指揮，是中國特色社會主義的本質特徵，是黨和國家的重要政治優勢，是人民軍隊建軍之本、強軍之魂。無論時代如何發展、形勢如何變化，這一條永遠不能變。

（一）這是在血與火的鬥爭中得出的顛撲不破的真理。我們黨在領導革命、建設、改革的歷史進程中，對締造和領導新型人民軍隊進行不懈探索，創造性地建立了黨對人民軍隊絕對領導的根本原則和制度。這個偉大創造，覺醒於大革命失敗，我們黨從血的教訓中得出"槍桿子裏面出政權"的結論；發端於南昌起義，黨在起義部隊設立前敵委員會，在團以上單位建立黨組織，使我軍創建之初就置於黨的領導之下；奠基於三灣改編，"支部建在連上"使黨的領導直達基層；定型於古田會議，確立思想建黨、政治建軍原則，樹起黨對人民軍隊絕對領導的歷史豐碑。從那以後，我們黨在各個歷史時期都毫不動搖堅持黨指揮槍的根本原則，同各種錯誤路線和陰謀進行了堅決鬥爭。遵義會議"糾正了當時具有決定意義的軍事上和組織上的錯誤"，事

實上確立了毛澤東在黨中央和紅軍的領導地位。紅一、四方面軍會師後，粉碎張國燾分裂黨和紅軍的陰謀活動。抗日戰爭時期，挫敗蔣介石控制我軍的圖謀。抗戰勝利後，識破國民黨政令軍令統一的幌子，始終堅持我們黨對人民軍隊的領導權。"文化大革命"期間，粉碎林彪反革命集團策動武裝政變和"四人幫"反革命集團插手軍隊的陰謀。改革開放後，堅持同各種敵對勢力圍繞鑄魂與去魂進行堅決鬥爭，使我軍始終堅定站在黨的旗幟下。回望歷史，人民軍隊之所以能夠戰勝各種風險挑戰，不斷從勝利走向勝利，最根本的就是靠黨的堅強領導。

（二）**這是新時代強軍實踐形成的寶貴經驗。**黨的十八大之前一個時期，人民軍隊黨的領導弱化問題突出，如果不徹底解決，不僅影響戰鬥力，而且事關黨指揮槍這一重大政治原則。黨中央和習主席力挽狂瀾、扶危定傾，果斷決策在古田召開全軍政治工作會議，對新時代政治建軍作出部署，帶領全軍以整風精神推進政治整訓，重整行裝再出發。人民軍隊貫徹全面從嚴治黨、全面從嚴治軍要求，嚴明政治紀律和政治規矩，嚴肅軍隊黨內政治生活，深入推進作風建設和反腐敗鬥爭，堅決查處郭伯雄、徐才厚、房峰輝、張陽嚴重違紀違法案件並徹底肅清其流毒影響，純潔幹部特別是高級幹部隊伍。經過堅持不懈政治整訓，有力扭轉了人民軍隊政治生態一度惡化的局面，堅持和強化了黨對人民軍隊的絕對領導，為深化國防和軍隊改革、加快國防和軍隊現代化建設、全面加強練兵備戰、完成一系列重大任務奠定了堅實政治基礎。10 年來的強軍實踐充分證明，沒有黨對人民軍隊絕對領導的根本性加強和創新性發展，就沒有國防和軍隊建設的歷史性成就和歷史性變革。

（三）**這是把強軍事業繼續推向前進必須堅守的政治原則。**當前，中華民族偉大復興進入關鍵時期，世界百年未有之大變局加速演進，戰爭形態和作戰方式發生深刻變化，我國國家安全不穩定性不確定性增大，對加快建設鞏固國防和強大人民軍隊提出新的更高要求。未來 5 年，我軍要如期實現建軍一百年奮鬥目標，時間緊迫，任務繁重。越是形勢複雜、任務艱巨，越要毫不動搖堅持黨對人民軍隊的絕對領導，越要強化黨的政治優勢和組織優勢。特別是現在意識形態領域鬥爭尖銳複雜，各種思想文化交流交融交鋒，敵對勢力始終把我軍作為意識形態滲透的重點，千方百計想把我軍從黨的旗幟下拉出去。如果黨對人民軍隊的絕對領導這一條守不牢、守不住，我軍就會面臨變質變色的危險，強軍事業就無從談起，黨和國家長治久安也難以得到可靠保障。在堅持黨對人民軍隊的絕對領導這個根本問題上，頭腦要特別清醒，態度要特別鮮明，行動要特別堅決，不能有絲毫含糊和動搖。

二、確保槍桿子永遠聽黨指揮首先要全面深入貫徹軍委主席負責制

軍委主席負責制關係我軍最高領導權和指揮權，在黨領導人民軍隊的一整套制度體系中處於最高層次、居於統領地位，是堅持黨對人民軍隊絕對領導的根本制度和根本實現形式，是"兩個確立"在人民軍隊落地生根的重要制度保證。實踐充分表明，軍委主席負責制貫徹得好，黨對人民軍隊的絕對領導就有根本保證，黨和軍隊事業就會興旺發達；軍委主席負責制貫徹不好，黨對人民軍隊的絕對領導就會從根本上受到削弱，黨和軍隊事業就會受到嚴重損害。

黨的十八大以來，黨中央和中央軍委對貫徹軍委主席負責制高度重視，領導全軍下了很大氣力。比如，在軍隊領導指揮體制上，通過深化國防和軍隊改革，形成了軍委管總、戰區主戰、軍種主建新格局，更好使軍隊最高領導權和指揮權集中於黨中央和中央軍委。在軍事政策制度上，制定軍隊黨的建設條例，修訂軍隊政治工作條例，將貫徹軍委主席負責制要求在重要法規中固化下來。在推進工作落實上，印發全面深入貫徹軍委主席負責制的意見，建立和落實請示報告、督促檢查、信息服務三項工作機制，出台批示指示督辦落實、重大事項請示報告、監督問責等方面措施規定，推動軍委主席負責制貫徹到國防和軍隊建設各方面和全過程。通過一系列重大舉措，使黨對人民軍隊的絕對領導更加具體、更加有力地落到實處，聽習主席指揮、對習主席負責、讓習主席放心成為全軍官兵高度政治自覺。

黨的二十大報告提出要健全貫徹軍委主席負責制體制機制，這充分體現了黨中央持續推進軍委主席負責制貫徹落實的堅定意志。我們要深刻領會黨中央決心意圖，深入研究新形勢新體制下軍隊工作運行特點規律，着力破

解在貫徹軍委主席負責制方面存在的突出矛盾和問題，着力增強相關制度機制的系統性和操作性，不斷推進貫徹軍委主席負責制法治化、規範化、程序化，確保貫徹軍委主席負責制取得新的更大成效。

全軍各級要把貫徹軍委主席負責制作為最高政治要求來遵循，作為最高政治紀律來嚴守，做到堅決地而不是敷衍地、全面地而不是片面地、具體地而不是抽象地、無條件地而不是有條件地貫徹軍委主席負責制。決不允許合意的就執行、不合意的就不執行，決不允許先斬後奏，決不允許口是心非、陽奉陰違，決不允許打擦邊球、搞變通、打折扣，搞上有政策、下有對策那一套。高層黨委和高級幹部在貫徹軍委主席負責制上肩負重大責任，要堅持從自身做起，帶頭做到真忠誠、真擔當、真負責，堅決同危害黨的團結統一、損害黨中央權威、破壞軍委主席負責制的現象作鬥爭。要堅持一級抓一級，一級帶一級，層層壓實責任，把貫徹軍委主席負責制各項要求落細落實落到位。

三、確保槍桿子永遠聽黨指揮必須加強人民軍隊黨的建設

堅持黨的領導必須加強黨的建設，這是我們黨在長期實踐探索中得出的重要結論。要貫徹新時代黨的建設總要求，扎實做好軍隊黨的建設各項工作，確保黨始終從思想上、政治上、組織上牢牢掌握部隊。

（一）**推進政治整訓常態化制度化**。政治整訓是我軍從政治上加強自身建設的傳統法寶，是新時代我軍加強政治建設、提高政治能力、防範政治風險的重要途徑。開展政治整訓不是一蹴而就的，必須常抓不懈、久久為功。要鞏固黨的十八大以來政治整訓的理論成果、實踐成果和制度成果，持續發揚整風精神，堅決查處忽視政治、淡化政治、不講政治的人和事，不斷純正我軍政治生態，保持部隊高度集中統一和純潔鞏固。要圍繞增強政治判斷力、政治領悟力、政治執行力，常態抓好政治能力訓練，確保全軍在任何時候任何情況下都同黨中央保持高度一致，堅決聽從黨中央和中央軍委指揮。

（二）**深化黨的創新理論武裝**。政治上的堅定源於理論上的清醒。要組織部隊深入學習習近平新時代中國特色社會主義思想，突出學好習近平強軍思

想，引導官兵深刻領悟“兩個確立”的決定性意義，不斷增強“四個意識”、堅定“四個自信”、做到“兩個維護”，貫徹軍委主席負責制。當前和今後一個時期，要把學習宣傳貫徹黨的二十大精神作為首要政治任務，堅持理論聯繫實際，堅持學用一致，堅持領導帶頭，在武裝頭腦、指導實踐、推動工作上下功夫，務求取得實效。要扎實開展“學習強軍思想、建功強軍事業”教育實踐活動，加強軍史學習教育，繁榮發展強軍文化，強化戰鬥精神培育，打牢部隊鐵心向黨、矢志強軍的思想政治基礎。

（三）建強人民軍隊黨的組織體系。黨的力量來自組織，黨對人民軍隊的絕對領導必須靠堅強的組織體系來實現。要適應形勢任務發展變化和軍隊體制編制調整，找準各級各類黨組織職能定位，優化組織設置，健全制度機制，改進領導方式，嚴格落實各項組織生活制度，增強各級黨組織的領導力、組織力、執行力。要深入貫徹新時代人才強軍戰略，堅持黨管幹部、黨管人才、組織選人，做好從政治上培養、考察、使用人才工作，確保槍桿子始終掌握在對黨忠誠可靠的人手中。

（四）持之以恆正風肅紀反腐。作風建設永遠在路上，反腐倡廉建設永遠在路上，全面從嚴治黨永遠在路上。要大力發揚自我革命精神，堅持嚴字當頭、全面從嚴、一嚴到底，壓實各級責任，抓好問題整改，扎實推進體系治理。要強化紀檢監察、巡視巡察、審計監督、司法監督，走開軍內聯合監督、軍地融合監督路子，加大重點行業領域、軍地交叉地帶問題和基層不正之風整治力度，持續糾治“四風”特別是形式主義、官僚主義，推動形成不敢腐、不能腐、不想腐的良好局面，確保槍桿子永不生鏽、永不變質。

（五）健全完善人民軍隊黨的建設制度。要堅持黨委制、政治委員制、政治機關制，堅持黨委（支部）統一的集體領導下的首長分工負責制，堅持支部建在連上，結合我軍建設豐富實踐，與時俱進完善制度安排，賦予我軍黨的建設制度新的內涵和實現形式。要統籌加強我軍黨的政治建設、思想建設、組織建設、作風建設、紀律建設等各方面制度，不斷提高黨的建設制度體系化科學化水平，為提高人民軍隊黨的建設質量提供制度保障。

人民軍隊聽黨指揮，必須落實在具體行動上，體現到奮力實現建軍一百年奮鬥目標的全部實踐中。全軍要深入貫徹習近平強軍思想，貫徹新時代軍事戰略方針，堅持黨對人民軍隊的絕對領導，堅持政治建軍、改革強軍、科技強軍、人才強軍、依法治軍，堅持邊鬥爭、邊備戰、邊建設，堅持機械化信息化智能化融合發展，加快軍事理論現代化、軍隊組織形態現代化、軍事人員現代化、武器裝備現代化，提高捍衛國家主權、安全、發展利益戰略能力，有效履行新時代人民軍隊使命任務，堅決向黨和人民交出合格答卷。

全面加強練兵備戰

劉延統

習近平總書記在黨的二十大報告中強調："全面加強練兵備戰，提高人民軍隊打贏能力。"這是新時代新征程黨對人民軍隊的戰略要求，是確保如期實現建軍一百年奮鬥目標的戰略舉措。全軍要堅決貫徹黨中央、中央軍委和習主席決策部署，堅持全部心思向打仗聚焦、各項工作向打仗用勁，研戰務戰、真抓實備，推動練兵備戰有一個大的加強，堅決履行黨和人民賦予的新時代使命任務。

一、新時代 10 年來我軍能打仗、打勝仗能力顯著提升

黨的十八大以來，以習近平同志為核心的黨中央着眼於實現中國夢強軍夢，確立黨在新時代的強軍目標，確立新時代軍事戰略方針，明確新時代人民軍隊使命任務，就加強練兵備戰、提高打贏能力作出一系列戰略謀劃和部署。習主席決策並領導召開古田全軍政治工作會議、中央軍委軍事工作會議、中央軍委軍事訓練會議等重要會議，出席中央軍委開訓動員大會、發佈全軍年度開訓動員令，參加重大演訓活動，深入軍委聯合作戰指揮中心、戰區、軍兵種、基層部隊和科研院所調研，推動把全軍工作重心歸正到備戰打仗上來，推動把新時代軍事戰略思想立起來、把新時代軍事戰略方針立起來、把備戰打仗指揮棒立起來、把抓備戰打仗的責任擔當立起來，推動解決備戰打仗中的突出矛盾和問題，引領我軍重整鬥爭格局、重構建設佈局，指揮我軍有力有效應對各種突發情況，把新時代我軍軍事鬥爭準備推進到一個新水平。

全軍堅決聽從習主席指揮、執行習主席號令，堅決貫徹中央軍委決策

部署，全力以赴抓備戰謀打贏，緊貼使命任務攻克短板弱項，取得許多標誌性、開創性、歷史性重大成就。與時俱進創新軍事戰略指導，構建新時代軍事戰略體系，優化軍事戰略佈局，軍事力量建設與運用水平不斷提高。全面優化組織形態，重構我軍領導指揮體制、現代軍事力量體系、軍事政策制度，全面停止軍隊有償服務，裁減軍隊現役員額 30 萬，形成軍委管總、戰區主戰、軍種主建新格局，人民軍隊體制一新、結構　新、格局一新、面貌一新。建設堅強高效的戰區聯合作戰指揮機構，推進軍兵種戰略轉型，壯大戰略力量和新域新質作戰力量，打造聯合作戰指揮體系、力量體系、保障體系。大力糾治"和平積弊"，大抓實戰化軍事訓練，深入推進實戰實訓、聯戰聯訓、科技強訓、依法治訓，組織一系列專攻精練和重大聯演聯訓，推動練兵備戰向核心能力聚焦、向新質力量拓展。着力建設一切為了打仗的後勤，構建武器裝備現代化管理體系，加緊實施國防領域發展重大工程，加快國防科技創新步伐，鍛造高素質專業化新型軍事人才隊伍，為提高部隊戰鬥力提供了有力支撐。統籌抓好各方向各領域軍事鬥爭，有效應對外部軍事挑釁，震懾"台獨"分裂勢力，遂行邊防鬥爭、海上維權、反恐維穩、搶險救災、抗擊疫情、維和護航等重大任務，以頑強鬥爭精神和實際行動捍衛了國家主權、安全、發展利益。

經過新時代 10 年不懈努力，人民軍隊練兵導向更加鮮明，備戰氛圍更加濃厚，主責主業更加聚焦，實戰能力顯著提升，軍事鬥爭有利態勢不斷鞏固發展，在黨領導進行的具有許多新的歷史特點的偉大鬥爭中發揮了重要作用。

二、深刻認識我軍練兵備戰面臨的新形勢新要求

當前，世界百年未有之大變局加速演進，世界之變、時代之變、歷史之變正以前所未有的方式展開，新時代新征程上推進強國強軍事業任務艱巨繁重，我國國家安全和軍事鬥爭形勢發生深刻變化，對我軍加強練兵備戰、提高打贏能力提出新的更高要求。

（一）**國際戰略格局深度演變，我國外部安全環境更加嚴峻複雜。**世界進入新的動盪變革期，烏克蘭危機加速世界主要力量戰略調整，一些國家加大

國防開支和軍費投入，一些地區局部衝突不斷，各種安全挑戰層出不窮。全球戰略重心加速向亞太地區轉移，我國周邊地緣競爭更加錯綜複雜。美國將我國視為最主要戰略對手和最嚴峻的長期挑戰，竭力對我國進行遏制打壓。今後一個時期，國際形勢不穩定性不確定性明顯增加，各種可以預料和難以預料的風險挑戰增多，我國國家安全威脅的突發性、聯動性、多變性進一步增強。天下很不太平，戰爭並不遙遠，和平需要保衛。中國始終是維護世界和平的堅定力量，人民軍隊始終是黨和人民完全可以信賴的英雄軍隊。如果有人把戰爭強加到我們頭上，人民軍隊必然予以迎頭痛擊，堅決做到敢戰能勝、不辱使命。

（二）台海局勢面臨新一輪緊張，維護國家主權、統一和領土完整的任務更加艱巨。一個時期以來，台灣民進黨當局勾結外部勢力，歪曲否定"九二共識"，公然拋出"新兩國論"，阻撓破壞兩岸交流合作和融合發展，加緊"以武謀獨"、"以武拒統"。美國一些勢力圖謀"以台制華"，加強與台灣地區官方往來，不斷策動對台軍售，加深美台軍事勾連，不時炮製損害中國主權的涉台法案議案，縱容鼓動"台獨"分裂勢力滋事挑釁。這些惡劣行徑，不斷加劇兩岸關係緊張，嚴重危害台海和平穩定。如果"台獨"分裂勢力或外部干涉勢力挑釁逼迫，甚至突破紅線，我們將依法採取斷然措施。這是民族大義，也是我軍的使命所在。

（三）現代戰爭形態深刻變化，軍事競爭戰略制高點的爭奪更加激烈。世界新軍事革命迅猛發展，現代戰爭信息化程度不斷提高，智能化特徵日益顯現。特別是在新一輪科技革命作用下，戰爭的制勝觀念、制勝要素、制勝方法都在發生重大變化。從世界近幾場局部戰爭和武裝衝突看，大量高新技術武器用於實戰，智能技術、無人裝備、數據信息等成為戰鬥力新的重要增長點，跨域聯合、分佈殺傷、無人自主等成為新的作戰趨向。一些國家加快升級戰略威懾力量，加強新興領域軍事佈局，加緊構建智能化軍事體系。面對日益激烈的軍事競爭態勢，我們需要站在戰爭前沿、科技前沿，加快形成現代化練兵模式和戰鬥力生成模式，贏得軍事戰略競爭主動。

（四）我軍職能使命不斷拓展，遂行多樣化軍事任務的空間更加廣闊。黨和人民所需就是我軍使命任務所繫。當前，我國國家安全的內涵外延、時空領域、內外因素都發生深刻變化，安全需求的綜合性、全域性、外向性特徵更加突出，軍事力量運用日益常態化，運用方式越來越多樣化。無論是維護國家主權、統一、領土完整，維護國家海外利益，還是履行國際責任和義務，維護地區安全穩定，都需要提高相應軍事能力。這就要求我軍緊貼多樣化任務需求，拓展練兵備戰內容，提高練兵備戰水平，確保一旦需要能有效履行肩負的使命任務。

三、按實戰要求推動練兵備戰走深走實

黨的二十大就全面加強練兵備戰作出戰略部署，全軍要增強憂患意識、危機意識、打仗意識，堅持邊鬥爭、邊備戰、邊建設，推動練兵備戰往深裏走、往實裏落，做好隨時打仗的充分準備，做到召之即來、來之能戰、戰之必勝。

（一）**不斷創新軍事戰略指導**。軍事戰略從來是為實現黨和國家戰略目標服務的，軍事戰略指導的生命力在於應時而變、應勢而動。深入把握國家發展戰略和安全戰略新要求，適應軍事鬥爭和強軍實踐新發展，研究掌握信息化智能化戰爭特點規律，加強軍事戰略運籌，優化軍事戰略體系，優化戰略佈局和力量佈勢。緊跟戰爭形態和作戰方式演變，深入研究作戰任務、作戰對手、作戰環境，創新戰爭和作戰籌劃，構建先進作戰理論體系，發展人民戰爭戰略戰術，不斷增強練兵備戰針對性實效性。

（二）**進一步增強威懾和實戰能力**。面對強敵對手的挑釁施壓，必須鍛造更強大的能力、更可靠的手段，強化人民軍隊塑造態勢、管控危機、遏制戰爭、打贏戰爭的戰略功能。堅持備戰與止戰、威懾與實戰相統一，集中優勢資源打造強大戰略威懾力量體系，增加新域新質作戰力量比重，加快無人智能作戰力量發展，統籌網絡信息體系建設運用，掌握捍衛國家主權、安全、發展利益的戰略主動。優化聯合作戰指揮體系，推進偵察預警、聯合打擊、戰場支撐、綜合保障體系和能力建設，提高一體化聯合作戰能力、全域作戰能力。

（三）**深入推進實戰化軍事訓練**。打仗硬碰硬，訓練必須實打實。遵循勝

戰機理和練兵規律，堅持仗怎麼打兵就怎麼練，打仗需要什麼就苦練什麼，部隊最缺什麼就專攻精練什麼，練就能戰善戰的精兵勁旅。優化各層次各領域訓練佈局，抓好聯合指揮訓練、跨領域跨軍兵種聯合專項訓練、軍地聯合訓練，發展我軍特色聯合訓練體系。堅持以作戰的方式訓練、以訓練的方式作戰，抓好實案化、檢驗性、對抗性訓練，加強軍事鬥爭一線練兵，在近似實戰的環境下摔打鍛煉部隊。大力推進科技練兵，加強現代科技特別是軍事高技術知識學習，加強模擬化、網絡化訓練手段建設，探索"科技＋"、"網絡＋"等訓練方法。深入開展群眾性練兵比武，發揚軍事民主，鼓勵創新創造，把廣大官兵練兵熱情激發出來、練兵智慧凝聚起來。

（四）**堅定靈活開展軍事鬥爭。**我們越是發展壯大，面臨的壓力和阻力就越大，同各種敵對勢力的鬥爭就越激烈。"有文事者，必有武備。"緊跟國家安全和軍事鬥爭形勢發展，堅持從政治高度和國家利益全局籌劃指導軍事行動，在涉及國家核心利益問題上寸步不讓。注重把戰略的堅定性和策略的靈活性結合起來，加強軍事力量常態化多樣化運用，敢於鬥爭、善於鬥爭，以堅定意志品質、靈活戰略策略、有力軍事行動確保政治和戰略全局主動。貫徹新時代黨解決台灣問題的總體方略，密切關注台海形勢變化，做好以非和平方式及其他必要措施應對外部勢力干涉和"台獨"重大事變的充分準備，始終保持高度戒備狀態，全時待戰、隨時能戰，堅決粉碎任何形式的"台獨"分裂和外部干涉圖謀。

四、加快先進戰鬥力有效供給

練兵備戰是一個系統工程，涉及國防和軍隊建設各領域各方面。必須堅持戰鬥力這個唯一的根本的標準，推動各項工作和建設、各方面力量和資源向練兵備戰聚焦，進一步夯實我軍戰鬥力建設和運用的基礎。

（一）**強化以戰領建。**要堅持把備戰打仗作為一切工作的出發點和落腳點，向能打仗、打勝仗的要求聚焦，形成戰、建、備一體推進的良好局面。加快軍隊建設"十四五"規劃落實，突出抓好戰略能力建設、練兵備戰急需等方面重點任務，加緊實施戰略性、引領性、基礎性重大工程，推動我軍戰鬥力持續躍升。各級黨委和領導幹部要履行備戰打仗的政治責任，想打仗的事情，謀打仗的問題，抓打仗的準備，推動形成有利於提高戰鬥力的輿論導向、工作導向、用人導向、政策導向。廣大官兵要樹立隨時準備打仗、立足現有條件打勝仗的思想，強化戰鬥精神培育，錘煉血性膽氣，苦練殺敵本領。

（二）**強化改革創新**。改革創新是戰鬥力建設的動力源泉。我們要跟上世界軍事革命的潮流、補上作戰體系的短板、突破武器裝備發展的瓶頸，都必須勇於探索、大膽創新、銳意改革。要緊跟世界軍事和戰爭發展趨勢，緊貼我軍現代化發展進程，鞏固拓展國防和軍隊改革成果，完善軍事力量結構編成，體系優化軍事政策制度。堅持面向世界軍事前沿、面向國家安全重大需求、面向國防和軍隊現代化，深入推進軍事理論、技術、組織、管理、文化等各方面創新，提高創新對戰鬥力增長的貢獻率。科技是核心戰鬥力。要堅持自主創新戰略基點，加快突破關鍵核心技術，加快發展戰略性、前沿性、顛覆性技術，加快實施國防科技和武器裝備重大工程，加速科技向戰鬥力轉化。

（三）**強化戰略管理**。管理出效益、出戰鬥力，一支現代化軍隊必然是具有先進管理水平的軍隊。要加快推進以效能為核心、以精準為導向的軍事管理革命，更新管理理念，優化管理流程，創新管理機制，完善戰略管理鏈路，提高軍事系統運行效能和國防資源使用效益。重視發揮軍事需求主導作用，堅持需求牽引規劃、規劃主導資源配置，聚焦提高先進戰鬥力確定資源投向投量。堅持質量第一、效益優先，發揚艱苦奮鬥精神，厲行勤儉節約，反對鋪張浪費，把寶貴資源用在戰鬥力建設的刀刃上。

（四）**強化體系支撐**。經濟實力、科技實力、綜合國力是軍隊戰鬥力的基礎支撐，只有整合和運用好國家整體實力，才能贏得軍事競爭優勢。要鞏固提高一體化國家戰略體系和能力，加強軍地戰略規劃統籌、政策制度銜接、資源要素共享，深入推進重點區域、重點領域、新興領域協調發展，更好滿足我軍戰鬥力建設和軍事鬥爭需求。優化國防科技工業體系和佈局，加強國防科技工業能力建設，做強一流國防科技工業支撐，把我國快速增長的科技實力和創新能力轉化為軍事實力。推進現代邊海空防建設，完善邊海防力量體系，構建現代人民防空體系，鑄就堅不可摧的護民之盾。

我們的軍隊是人民軍隊，我們的國防是全民國防。地方各級黨委和政府需要履行好法定的國防建設職責，深化全民國防教育，協力推進國防動員和後備力量建設，在訓練場地建設、訓練資源保障、演訓任務矛盾化解等方面給予部隊以有力支持，共同把我軍練兵備戰水平搞上去，為建設鞏固國防和強大人民軍隊作出應有貢獻。

落實"愛國者治港"、"愛國者治澳"原則

鄧中華

習近平總書記在黨的二十大報告中明確提出:"落實'愛國者治港'、'愛國者治澳'原則"。這是習近平總書記站在歷史、現實和未來的戰略高度對港澳治理作出的戰略部署,是對香港、澳門回歸祖國以來"一國兩制"實踐規律的高度凝練,是推動香港實現從由亂到治走向由治及興的重大轉折中得出的深刻啟示。把"愛國者治港"、"愛國者治澳"鄭重寫進黨的全國代表大會報告,這在黨的歷史上還是第一次。我們一定要深入學習領會"愛國者治港"、"愛國者治澳"原則的重大現實意義和深遠歷史意義,旗幟鮮明、堅定不移貫徹落實,確保"一國兩制"實踐行穩致遠,保持港澳長期繁榮穩定和長治久安,推動港澳為實現中華民族偉大復興作出新的更大貢獻。

一、充分認識"愛國者治港"、"愛國者治澳"原則的重大意義

2022 年 7 月 1 日,習近平主席在慶祝香港回歸祖國 25 周年大會上,用"四個必須"精闢總結了香港回歸以來"一國兩制"實踐的經驗和啟示,其中之一就是"必須落實'愛國者治港'"。在"一國兩制"下治理實行資本主義制度的香港、澳門兩個特別行政區,特區由誰來治理、政權由誰來掌握,這是事關國家主權、安全、發展利益,事關港澳長期繁榮穩定的核心要害問題,對"一國兩制"事業的興衰成敗有着決定性影響。因此,在"愛國者治港"、"愛國者治澳"這個大是大非問題上,我們必須頭腦十分清醒、態度十分堅決,不能有絲毫含糊。

(一)"愛國者治港"、"愛國者治澳"是"一國兩制"方針的應有之義。早在 20 世紀 80 年代"一國兩制"科學構想形成之初,以愛國者為主體的"港

人治港" 就已經作為一項重要原則確立起來。鄧小平明確提出將來特別行政區政府應由香港、澳門的愛國者為主體組成,並提出要儘早培養治港治澳人才,參與過渡期香港、澳門的管理。1984 年 6 月,鄧小平在會見香港工商界訪京團和香港知名人士時指出:"要相信香港的中國人能治理好香港。不相信中國人有能力管好香港,這是老殖民主義遺留下來的思想狀態。" "港人治港有個界線和標準,就是必須由以愛國者為主體的港人來治理香港。" 作為 "一國兩制" 方針具體實現方式的香港基本法明文規定,香港特別行政區行政長官、主要官員、行政會議成員、立法會議員、各級法院法官和其他司法人員在就職時,必須依法宣誓效忠中華人民共和國香港特別行政區。澳門基本法也有類似規定。可以說,"愛國者治港"、"愛國者治澳" 是 "一國兩制" 方針從一開始就包含的核心內涵,是全面準確理解和貫徹 "一國兩制" 方針的應有之義,服從服務於 "一國兩制" 的根本宗旨。堅持 "愛國者治港"、"愛國者治澳",就是堅持 "一國兩制" 的初心和使命。

（二）"愛國者治港"、"愛國者治澳" 是公認的基本政治倫理。習近平主席強調:"政權必須掌握在愛國者手中,這是世界通行的政治法則。世界上沒有一個國家、一個地區的人民會允許不愛國甚至賣國、叛國的勢力和人物掌握政權。" 對管治者的愛國立場和相關政治資格作出嚴格要求是世界通例。環顧世界,無論哪個主權國家,無論實行什麼樣的社會制度,無論處於什麼發展階段,效忠自己的祖國都是公職人員必須遵守的基本政治倫理。香港、澳門特別行政區作為中華人民共和國享有高度自治權的地方行政區域,其政權、管理權必須掌握在愛國者手中,這是一條基本的政治倫理,天經地義。

（三）"愛國者治港"、"愛國者治澳" 是維護國家主權、安全、發展利益的必然要求。習近平主席指出:"維護國家主權、安全、發展利益是 '一國兩制' 方針的最高原則"。"一國兩制"、"港人治港"、"澳人治澳" 的前提是什麼?就是 "一國" 原則,就是愛國者治港治澳。中央對特別行政區擁有全面管治權,這是特別行政區高度自治權的源頭。尊重 "兩制" 差異必須堅持 "一國" 前提,這就要求掌握特區管治權的人必須是愛國者。香港回歸以來,"一國兩制" 實踐取得舉世公認的成功,但也出現了一些不利於 "一國兩制" 順利實施甚至挑戰 "一國兩制" 原則底線的現象和問題。之所以出現這些現象和問題，一個重要原因就是"愛國者治港"原則沒有得到全面、有效落實。無論是在特區的行政、立法、司法等政權機關，還是在區議會等非政權組織，以及教育、傳媒等領域，尚未真正形成穩固的"愛國者治港"局面。2020年以來，面對2019年"修例風波"這一香港回歸後出現的最為嚴峻的局勢，以習近平同志為核心的黨中央果斷決策，制定實施香港國安法，修改完善香港選舉制度，支持特區政府依法懲治危害國家安全分子，堅定落實"愛國者治港"，有力維護了國家安全和香港的法治秩序，香港實現由亂到治的重大轉折，進入由治及興的新階段。正如習近平主席所指出的："香港由亂及治的重大轉折，再次昭示了一個深刻道理，那就是要確保'一國兩制'實踐行穩致遠，必須始終堅持'愛國者治港'。"

（四）"愛國者治港"、"愛國者治澳"是保持港澳長期繁榮穩定的現實需要。習近平主席深刻指出："守護好管治權，就是守護香港繁榮穩定，守護七百多萬香港居民的切身利益。""愛國者治港"、"愛國者治澳"，不僅要確保特別行政區的政權、管治權牢牢掌握在愛國者手中，還要為港澳的繁榮穩定和長治久安奠定堅實基礎、創造良好條件，推動特別行政區實現良政善治。香港回歸以來，一小撮反中亂港分子在美西方等外部敵對勢力支持、慫恿下，打着所謂"民主人權自由"幌子，炮製、炒作"雙普選"等政治議題，煽動、蠱惑香港民眾對中央和特區政府的不信任情緒，唯恐香港不亂。他們的反中亂港行徑致使特區行政機關和立法機關長期對立、立法會內鬥無為、政府施政嚴重受阻、社會管治效能下降，把香港搞得面目全非。澳門局勢總體穩中向好，但極少數反中亂澳分子也蠢蠢欲動，企圖染指特區的管治權。這兩年多來，在中央的鼎力支持下，港澳撥亂反正、正本清源，特別是隨着香港新選舉制度的全面深入實施，"愛國者治港"得到有效落實，反中亂港勢力的破壞勢能大大削弱，越來越多的賢能愛國者進入特區治理架構，使香港成功擺脫過去的嚴重政治爭拗和內耗，讓特區政府能夠集中精力發展經濟、改善民生，實實在在增進廣大居民的福祉。澳門的各項事業也蒸蒸日上，特區政府治理效能不斷提升，經濟適度多元邁出實質性步伐。這些都是"愛國者治港"、"愛國者治澳"展現出來的新氣象，必須倍加珍惜、長期堅持。

二、準確把握"愛國者治港"、"愛國者治澳"原則的深刻內涵

"愛國者治港"、"愛國者治澳"思想深刻、內涵豐富，是從"一國兩制"實踐中總結提煉出來的，也是奔着解決港澳治理的實際問題去的，具有鮮明的時代性和實踐性，是一個完整的邏輯體系。可以從以下三個方面來理解和認識。

（一）"愛國者治港"、"愛國者治澳"不是最高標準，而是最基本標準。之所以說"愛國者治港"、"愛國者治澳"是最基本標準，是因為"愛國者治港"、"愛國者治澳"是香港、澳門回歸祖國、成為中華人民共和國的特別行政區、納入國家治理體系後的必然要求。試問，有哪個國家會把地方管治權交給不認同自己國家和民族、對國家毫無忠誠、心甘情願充當外國勢力政治代理，甚至鼓吹和從事分裂國家活動、損害國家利益的人？"愛國者治港治澳，反中亂港亂澳者出局"，這是"一國兩制"下港澳治理的基本政治規矩和邏輯。特別是那些身處重要崗位、掌握重要權力、肩負重要管治責任的人士，必須是堅定的愛國者。

（二）"愛國者治港"、"愛國者治澳"不是抽象的，而是具體的。誰是真正的愛國者？怎樣判別一個人是不是真正的愛國者？鄧小平曾作了明確界定，即尊重自己民族，誠心誠意擁護祖國恢復行使對香港的主權，不損害香港的繁榮和穩定。國家不是抽象的，愛國也不是抽象的。社會主義制度是中華人民共和國的根本制度，中國共產黨領導是中國特色社會主義最本質的特徵。香港、澳門特別行政區不是別的什麼特別行政區，是中華人民共和國的特別行政區。我們強調"愛國者治港"、"愛國者治澳"，就是要真心尊重和維護中國共產黨的領導，真心尊重和維護中國特色社會主義制度，真心擁護中華人民共和國對特別行政區擁有並行使主權，真心維護祖國統一，真心支持建立健全特別行政區維護國家安全的法律制度和執行機制，真心支持港澳融入國家發展大局。對於治港治澳的愛國者的這些具體的標準和要求，都要落實到言行上，既要聽其言，更要觀其行。

（三）"愛國者治港"、"愛國者治澳"不是"清一色"，而是"五光十色"。愛國者治港治澳不搞"清一色"而搞"五光十色"，首先強調的是"港獨"分子、反中亂港亂澳分子絕對不能進入特區管治架構。除此以外，在擁護"一國

兩制"方針、效忠中華人民共和國及其香港、澳門特別行政區，遵守憲法和基本法、國安法的大前提下，只要善於在治港治澳實踐中全面準確貫徹"一國兩制"方針、善於破解港澳發展面臨的各種矛盾和問題、善於為民眾辦實事、善於團結方方面面的力量、善於盡職盡責，都可以成為治港治澳者。這兩年多來，澳門第七屆立法會選舉、香港選舉委員會選舉、香港第七屆立法會選舉、香港第六任行政長官選舉成功舉行，香港新一屆特區政府順利組建，進入兩個特區管治架構的人員都是愛國愛港愛澳人士，同時構成多元，代表不同的政團和利益。這一事實充分證明，"愛國者治港"、"愛國者治澳"就是在愛國愛港愛澳基礎上，實現港澳社會各界力量和人士的大團結、大聯合。

三、全面落實"愛國者治港"、"愛國者治澳"原則的實踐要求

"愛國者治港"、"愛國者治澳"作為全面準確落實"一國兩制"方針的一項根本原則，需要在港澳治理實踐中不斷豐富發展。現在，"愛國者治港"、"愛國者治澳"理念已經在港澳扎根，成為社會共識。要繼續旗幟鮮明、堅定不移落實，堅持多措並舉、綜合施策、久久為功，讓"愛國者治港"、"愛國者治澳"內化於心、外化於行，成為"一國兩制"下港澳社會堅如磐石的政治自覺、思想自覺、行動自覺。

（一）**不斷健全完善"一國兩制"制度體系。**香港國安法的制定實施、香港選舉制度的修改完善，已經為確保"愛國者治港"從根本上築起了制度保障，但接下來還有大量的工作需要跟進。必須嚴格依照憲法和基本法，建立健全有關法律規定和制度機制，確保香港、澳門的管治權牢牢掌握在愛國愛港愛澳者手中。必須堅決維護和落實中央全面管治權，堅持中央全面管治權和保障特別行政區高度自治權相統一。必須結合香港、澳門的實際情況，確保各項制度能有效維護港澳社會的整體利益和根本利益，維護港澳長期繁榮穩定，更好地保障最廣大港澳居民的民主權利和根本福祉。必須落實行政主導體制，把各方面力量匯聚到發展經濟、改善民生這個第一要務上來，着力破解港澳發展面臨的深層次問題。

（二）**系統推進重點領域撥亂反正。**"愛國者治港"、"愛國者治澳"，

必須有深厚的社會政治基礎。這就要求把重點領域的撥亂反正、正本清源擺在重要位置，不斷鞏固愛國愛港愛澳社會政治基礎，主動塑造有利於"一國兩制"實踐行穩致遠的大勢。管治領域，要完善公務員制度和特區治理體系，轉變政府作風，提升政府治理效能。司法領域，要完善特別行政區司法制度，增強司法法律界對憲法、基本法、國安法的正確理解和運用。教育領域，要抓好愛國主義宣傳教育，不斷增強港澳同胞特別是青少年的國家意識和愛國精神，對國家和民族、對中華文化的認同感和歸屬感。傳媒領域，要不斷創新宣傳方式，用港澳居民聽得懂、易接受的方式開展宣傳，建好守好用好港澳輿論陣地，不斷擴大愛國愛港愛澳輿論版圖。

（三）**持續發展壯大愛國愛港愛澳力量**。落實"愛國者治港"、"愛國者治澳"，既要有制度保障，更要有充足的、高素質的人才保障。要發展壯大愛國愛港愛澳力量，完善培養、選拔、任用機制，特別是加強對青年政治人才、管治人才的培養，確保"一國兩制"事業薪火相傳。進一步做好港澳統一戰線工作，形成更廣泛的國內外支持"一國兩制"的統一戰線，持續擴大愛國愛港愛澳朋友圈。

（四）**堅持不懈打擊反中亂港亂澳勢力**。樹牢底線思維和風險意識，時刻警惕反中亂港亂澳分子滋事破壞和美西方等外部敵對勢力的干預行徑。堅持抓早抓小、周密管控，防止各類"黑天鵝"、"灰犀牛"事件發生。敢於鬥爭，善於鬥爭，堅決打擊反中亂港亂澳勢力，堅決防範和遏制美西方等外部敵對勢力干預港澳事務。

我們堅信，在以習近平同志為核心的黨中央堅強領導下，有偉大祖國作堅強後盾，有香港、澳門特別行政區和社會各界人士的齊心協力，旗幟鮮明、堅定不移落實"愛國者治港"、"愛國者治澳"原則，香港、澳門一定能夠創造更加美好的未來，不斷譜寫新時代"一國兩制"事業高質量發展的新篇章。

堅持貫徹新時代黨解決
台灣問題的總體方略

劉結一

習近平總書記所作的黨的二十大報告，強調堅持貫徹新時代黨解決台灣問題的總體方略，為做好新時代對台工作提供了根本遵循和行動指南，對新征程推進祖國統一進程，具有重大深遠意義。

一、新時代黨解決台灣問題的總體方略是黨的十八大以來對台工作守正創新的寶貴結晶和根本指引

解決台灣問題、實現祖國完全統一，是黨矢志不渝的歷史任務，是全體中華兒女的共同願望，是實現中華民族偉大復興的必然要求。長期以來，我們黨為此進行了不懈奮鬥，付出了巨大努力。黨的十八大以來，中國特色社會主義進入新時代，中華民族迎來了從站起來、富起來到強起來的偉大飛躍，比以往任何時候都更有能力、更有信心也更加接近實現祖國完全統一。同時，世界百年未有之大變局加速演進，美國加大"以台制華"，解決台灣問題面臨新的戰略環境。習近平總書記統籌中華民族偉大復興戰略全局和世界百年未有之大變局，把握歷史大勢和時代變化，豐富和發展國家統一理論和對台方針政策，形成新時代黨解決台灣問題的總體方略，指引對台工作克難前行，譜寫了新時代 10 年偉大變革的對台篇章。

我們推動兩岸政治交往取得新突破，實現 1949 年以來兩岸領導人首次會晤、直接對話溝通，樹立兩岸關係和平發展歷史性標杆；開展兩岸各界對話協商，在一個中國原則和"九二共識"基礎上平等協商、共議統一邁出新步伐，引領兩岸關係正確前進方向；深化兩岸融合發展展現新作為，同台灣同

443

胞分享大陸發展機遇、落實同等待遇，出台一系列惠及台灣同胞的政策舉措並形成疊加效應，增進兩岸同胞親情福祉；有效應對台海形勢變化及風險挑戰，堅決反制"台獨"分裂活動和外來干涉挑釁行徑，取得反分裂反干涉鬥爭新成效，強化統一歷史大勢；攜手共圓中國夢的宏願，激發台灣同胞做民族復興的參與者和受益者、當堂堂正正中國人的認同感和自豪感，凝聚團結奮鬥的磅礴偉力。

新時代 10 年對台工作最鮮明的特徵是牢牢掌握兩岸關係主導權主動權，最關鍵的因素是黨和國家事業取得歷史性成就、發生歷史性變革，最重要的啟示是統一的時、勢、義始終在祖國大陸這一邊，最根本的保證是以習近平同志為核心的黨中央的堅強領導和習近平新時代中國特色社會主義思想的科學指引。

二、深刻領會新時代黨解決台灣問題的總體方略的豐富內涵和重大意義

黨的十八大以來，習近平總書記就對台工作發表一系列重要論述，作出一系列重要指示批示，提出一系列新理念新思想新戰略。黨的十九大進一步確立堅持"一國兩制"和推進祖國統一的基本方略。習近平總書記在《告台灣同胞書》發表 40 周年紀念會上系統宣示新時代推進祖國和平統一的重大政策主張。黨的十九屆四中全會明確堅持和完善"一國兩制"制度體系、推進祖國和平統一。黨的十九屆六中全會首次提出新時代黨解決台灣問題的總體方略。

新時代黨解決台灣問題的總體方略內涵豐富、邏輯嚴密、系統完備，深刻回答了新征程推進祖國統一的根本保證、歷史方位、戰略思路、大政方針、政治基礎、實踐途徑、根本動力、必然要求、外部條件、戰略支撐等重大理論和實踐問題，蘊含了習近平總書記強烈使命擔當、深厚民族情懷、鮮明人民立場、宏闊歷史視野、辯證戰略思維、堅強鬥爭精神的領袖品格，為新時代解決台灣問題、實現祖國完全統一指明了方向，必須長期堅持、全面貫徹。

第一，堅持黨中央對對台工作的集中統一領導。這是統一的根本保證。

習近平總書記指出，必須堅持黨的全面領導特別是黨中央集中統一領導，把黨的領導落實到黨和國家事業各領域各方面各環節。對台工作是黨和國家事業的重要組成部分，必須把加強黨中央集中統一領導落實到對台工作的各方面全過程。進一步明確做好對台工作的優勢所在、關鍵所在、根本所在。要把握好黨的全面領導與發揮各方面積極性的關係，把政治制度優勢轉化為對台工作效能，鞏固全國一盤棋對台工作格局，為推進統一大業提供更為強大的合力。

第二，堅持在中華民族偉大復興進程中推進祖國統一。這是統一的歷史方位。習近平總書記指出，民族復興、國家統一是大勢所趨、大義所在、民心所向。國家統一是中華民族走向偉大復興的歷史必然。台灣問題因民族弱亂而產生，必將隨着民族復興而解決。進一步明確國家統一在民族復興戰略全局中的重要地位。要把握好國家統一與民族復興的關係，把握歷史大勢，掌握歷史主動，為推進統一大業注入更為主動的精神力量。

第三，堅持在祖國大陸發展進步基礎上解決台灣問題。這是統一的戰略思路。習近平總書記指出，從根本上說，決定兩岸關係走向的關鍵因素是祖國大陸發展進步。我們要保持自身發展勢頭，同時採取正確政策措施做好台灣工作。進一步明確解決台灣問題的必要充分條件。要把握好發展硬實力與軟實力的關係，把國家和民族發展放在自己力量的基點上，辦好自己的事情，持續增強對台影響力、吸引力和感召力，為推進統一大業奠定更為雄厚的基礎。

第四，堅持“和平統一、一國兩制”基本方針。這是統一的大政方針。習近平總書記指出，我們所追求的國家統一不僅是形式上的統一，更重要的是兩岸同胞的心靈契合。“和平統一、一國兩制”是解決台灣問題的基本方針，也是實現兩岸統一的最佳方式，對兩岸同胞和中華民族最有利。我們願意為和平統一創造廣闊空間，着力探索“兩制”台灣方案。進一步明確高質量統一的內涵和形式。要把握好“一國”與“兩制”的關係，堅定制度自信，在實踐探索中不斷開闢“一國兩制”新境界，為推進統一大業提供更為完善的制度保障。

第五，堅持一個中國原則和“九二共識”。這是統一的政治基礎。習近平總書記指出，一個中國原則是兩岸關係的政治基礎。體現一個中國原則的"九二共識"是確保兩岸關係和平發展的關鍵。在此基礎上，我們願意同台灣各黨派、團體和人士就兩岸政治問題和祖國和平統一開展對話溝通，推動兩岸各政黨、各界別推舉的代表性人士就兩岸關係和民族未來開展民主協商。進一步明確共商共議統一的基礎和方式。要把握好原則堅定與策略靈活的關係，堅持一個中國原則，廣泛開展對話協商，為推進統一大業積累更為廣泛的社會共識。

第六，堅持推動兩岸關係和平發展、融合發展。這是統一的實踐途徑。習近平總書記指出，兩岸關係和平發展是維護兩岸和平、促進共同發展、造福兩岸同胞的正確道路，也是通向和平統一的光明大道。要深化兩岸融合發展，率先同台灣同胞分享發展機遇，提供同等待遇，擴大深化兩岸交流合作，壯大中華民族經濟，共同弘揚中華文化，建設兩岸命運共同體。進一步明確和平統一的必由之路。要把握好和平發展、融合發展與和平統一的關係，增強統一預期和動力，實現統一過程和目的高度統一，為推進統一大業提供更為充分的條件。

第七，堅持團結台灣同胞、爭取台灣民心。這是統一的根本動力。習近平總書記指出，要秉持"兩岸一家親"理念，在對台工作中貫徹好以人民為中心的發展思想，對台灣同胞一視同仁，像為大陸百姓服務那樣造福台灣同胞。兩岸同胞要攜手同心，共圓中華民族偉大復興中國夢。偉大祖國是所有愛國統一力量的堅強後盾。進一步明確統一的依靠力量和精神旗幟。要把握好一致性與多樣性的關係，重視人心回歸，堅持不懈做台灣人民工作，為推進統一大業凝聚更為磅礴的力量。

第八，堅持粉碎"台獨"分裂圖謀。這是統一的必然要求。習近平總書記指出，"台獨"分裂是祖國統一的最大障礙，是民族復興的嚴重隱患。我們絕不允許任何人、任何組織、任何政黨、在任何時候、以任何形式、把任何一塊中國領土從中國分裂出去。我們有堅定的意志、充分的信心、足夠的能力挫敗任何形式的"台獨"分裂圖謀。進一步明確決不容忍"台獨"分裂的態度和決心。要把握好治標與治本的關係，堅決打擊"台獨"分裂行徑，廓清"台獨"社會思想根源，為推進統一大業徹底清除障礙隱患。

第九，堅持反對外部勢力干涉。這是統一的外部條件。習近平總書記指出，台灣是中國的台灣。解決台灣問題是中國人自己的事，要由中國人來決定。台灣問題是中國的內政，事關中國核心利益和中國人民民族感情，不容任何外來干涉。任何人都不要低估中國人民捍衛國家主權和領土完整的堅強決心、堅定意志、強大能力。進一步明確台灣問題的本質和突出風險。要把握好爭取國際理解支持與反對外來干涉的關係，堅決同打"台灣牌"、"以台制華"的行徑作鬥爭，鞏固國際社會堅持一個中國原則的格局，為推進統一大業營造更為有利的外部環境。

第十，堅持決不承諾放棄使用武力。這是統一的戰略支撐。習近平總書記指出，我們決不承諾放棄使用武力，保留採取一切必要措施的選項，這針對的是外部勢力干涉和極少數"台獨"分裂分子及其分裂活動，絕非針對廣大台灣同胞。進一步明確統一必須堅持兩手並用，把握好和平與非和平方式的關係，始終做足做好兩手準備，確保兩手都過硬，為推進統一大業提供更為牢靠的手段。

新時代黨解決台灣問題的總體方略是習近平新時代中國特色社會主義思想的重要組成部分，是我們黨對台大政方針的繼承發展和集大成，是我們黨為祖國統一奮鬥百年歷史的智慧結晶，是實現統一的認識論和方法論，昇華了我們黨的國家統一觀，標誌着我們黨的國家統一理論更加成熟、更加定型。

三、深刻把握新時代黨解決台灣問題的總體方略的實踐要求

黨的二十大報告對今後一個時期對台工作作出戰略部署。我們要貫徹黨的二十大精神，把新時代黨解決台灣問題的總體方略落實到對台工作各方面全過程。

（一）把握歷史主動，堅定推進祖國統一進程。習近平總書記強調要把握歷史主動，創造新的歷史偉業。黨的二十大報告把握中華民族偉大復興不可逆轉的歷史大勢，立足黨和國家事業發展全局謀劃對台工作，提出"牢牢把握兩岸關係主導權和主動權，堅定不移推進祖國統一大業"的對台工作目標。黨的二十大將有力推進祖國大陸現代化建設進程，我們要發揮歷史主動

精神，把日益增長的綜合實力、顯著的制度優勢持續轉化為推進統一進程的強大動能。報告堅持"和平統一、一國兩制"方針，強調"以最大誠意、盡最大努力爭取和平統一的前景，但決不承諾放棄使用武力，保留採取一切必要措施的選項"，目的是從根本上維護祖國和平統一的前景、推進祖國和平統一的進程，體現了我們黨對民族大義、同胞福祉與兩岸和平的珍視，對中華民族前途命運和國家發展全局的深刻把握，彰顯了我們的戰略信心和定力。

（二）增進人民福祉，深化兩岸各領域融合發展。習近平總書記強調要增進兩岸同胞福祉，實現兩岸同胞對美好生活的嚮往。黨的二十大報告提出"繼續致力於促進兩岸經濟文化交流合作，深化兩岸各領域融合發展，完善增進台灣同胞福祉的制度和政策，推動兩岸共同弘揚中華文化，促進兩岸同胞心靈契合"的對台工作舉措，彰顯以人民為中心的發展思想、為同胞謀福祉的不變初心。經濟文化交流合作是發展兩岸關係的"兩個輪子"，是促進兩岸共同發展、增進同胞親情福祉的重要渠道，要拉緊兩岸同胞利益聯結和情感紐帶，鑄牢兩岸命運共同體意識。兩岸各領域融合發展是和平統一的基礎工程，要在探索兩岸融合發展新路上邁出更大步伐，支持福建率先建設兩岸融合發展示範區；支持台胞台企抓住黨的二十大帶來的廣闊發展空間和發展機遇，更好融入新發展格局、參與高質量發展。台灣同胞與大陸百姓共享福祉，是台胞作為中國公民的應有之義，要積極落實同等待遇，依法保障台灣同胞權益，不斷提升其獲得感和認同感。中華文化是兩岸同胞的根和魂，是兩岸關係中最天然的聯結、最深沉的力量，也是最牢不可破的紐帶，從根本上決定了"台獨"分裂必然失敗。要共同弘揚中華文化，增強中華文化認同、自信，建設共同精神家園。

（三）發揚鬥爭精神，堅決粉碎"台獨"分裂和外來干涉圖謀。習近平總書記強調要堅定鬥爭意志，增強鬥爭本領。統一就是同"台獨"分裂勢力和外來干涉勢力不斷鬥爭直至最終勝利的過程。一個時期以來，台灣民進黨當局堅持"台獨"錯誤立場，拒不承認一個中國原則和"九二共識"，甘為外部勢力遏華棋子，不斷進行謀"獨"挑釁。美國大打"台灣牌"，掏空一個中國原則，提升美台往來層級，加大對台售武，圖謀阻撓中國統一和民族復興進程。黨的二十大報告強調鬥爭精神，劃出底線紅線，展現敢於鬥爭、敢於勝利的決心信心。要增強憂患意識，堅持底線思維，敢於鬥爭、善於鬥爭，鞏固拓展反分裂反干涉鬥爭成果，堅決挫敗"台獨"挑釁和外來干涉行徑，堅定捍衛國家主權和領土完整，為黨和國家事業發展營造穩定台海環境。

（四）促進團結奮鬥，攜手共創祖國統一、民族復興歷史偉業。習近平總書記強調團結奮鬥是中國人民創造歷史偉業的必由之路。黨的二十大報告突出團結奮鬥的重要性。台灣同胞是中華民族的成員，是發展兩岸關係、推進祖國統一的重要力量，島內愛國統一力量更是其中的中堅力量。我們要團結廣大台灣同胞，堅定支持島內愛國統一力量，共同把握歷史大勢，堅守民族大義，堅定反"獨"促統。兩岸同胞血脈相連，是一家人。我們要始終尊重、關愛、造福台灣同胞，綿綿用力、久久為功，增進台灣同胞尤其是青少年對民族、對國家的認知和感情，加深他們對統一有好處、"台獨"是絕路、外人靠不住的認識，引導他們自覺投身祖國統一和民族復興的光輝事業。兩岸的事是兩岸同胞的家裏事，當然也應該由家裏人商量着辦。我們願意在一個中國原則和"九二共識"基礎上，推進同台灣各黨派、各界別、各階層人士就兩岸關係和國家統一開展廣泛深入協商，共同推動兩岸關係和平發展、推進祖國和平統一進程，創造全體中國人共同美好的未來。

堅定奉行獨立自主的和平外交政策

鄧洪波

　　獨立自主的和平外交政策是新時代中國特色大國外交的靈魂和旗幟,是習近平新時代中國特色社會主義思想和習近平外交思想的重要組成部分,是我們黨立足實現中華民族偉大復興全局和長遠的戰略選擇。黨的二十大報告再次鄭重宣示:中國堅定奉行獨立自主的和平外交政策。新形勢下,必須堅持統籌中華民族偉大復興戰略全局和世界百年未有之大變局,深入推進中國特色大國外交,堅定不移維護國家主權、安全、發展利益,推動構建人類命運共同體,為全面建設社會主義現代化國家營造良好外部環境,為促進世界和平與發展的崇高事業而不懈努力。

一、獨立自主的和平外交政策具有深厚歷史背景和重大時代意義

　　堅定奉行獨立自主的和平外交政策,是我們黨的奮鬥經驗和中國特色社會主義的本質屬性所決定的。獨立自主是我們立黨立國的重要原則,走自己的路是黨百年奮鬥得出的歷史結論。和平發展是中國特色社會主義的必然選擇,也是興黨興國的重要支撐。我們黨始終從中國國情出發,獨立自主探索並形成符合中國實際的正確道路,堅持把國家和民族發展放在自己力量的基點上,把中國發展進步的命運牢牢掌握在自己手中。中國特色社會主義道路是一條自立自強之路,我們學習借鑒國外的有益經驗,同時始終堅定民族自尊心和自信心,堅持中國的事情必須由中國人民自己作主張、自己來處理。中國特色社會主義道路是一條和平發展之路,我們既通過維護世界和平發展自己,又通過自身發展促進世界和平與發展,同各國人民一道推動歷史車輪向着光明的前途前進。

堅定奉行獨立自主的和平外交政策，是中華民族文明基因和歷史傳統的突出體現。獨立自主鑄就中華民族的精神之魂，和平發展融入中華民族的血脈基因。中華文明之所以能夠成為人類歷史上唯一一個綿延 5000 多年而未曾中斷、歷久彌新的偉大文明，與獨立自主的民族精神、和合共生的文化傳統息息相關。和平、和睦、和諧是中華民族幾千年來一直追求和傳承的理念，中華民族的血液中沒有侵略他人、稱王稱霸的基因。中國歷史上曾經長期是世界上最強大的國家之一，但對外政策歷來重視和平交往與互利合作，從未侵略其他國家。近代以後，由於西方列強入侵和封建統治腐敗，舊中國逐步淪為半殖民地半封建社會，中國人民遭受侵略、掠奪達百年以上，歷盡苦難和屈辱，更加深知獨立自主與和平安寧來之不易，更加堅定維護世界和平、促進公平正義。

堅定奉行獨立自主的和平外交政策，是新中國成立以來外交工作一以貫之堅持和發揚的基本原則。中華人民共和國成立之初，就鮮明提出以保障民族獨立和維護世界和平為主旨的外交政策，"另起爐灶"、"打掃乾淨屋子再請客"原則確立了新中國外交獨立自主的底色。20 世紀 50 年代中期，我們提出和平共處五項原則，成為獨立自主和平外交政策發展的里程碑，我國外交在錯綜複雜的國際環境中始終堅持獨立自主和維護和平的主基調。進入改革開放新時期，我們黨根據國內外形勢變化，提出和平與發展是時代主題、推動建立國際政治經濟新秩序、堅持走和平發展道路、建設和諧世界等重要理念主張，在新的時代條件下豐富和發展了獨立自主的和平外交政策。黨的十八大以來，以習近平同志為核心的黨中央深刻把握中國和世界發展大勢，提出推動構建人類命運共同體、建設新型國際關係、共建"一帶一路"等一系列重大新理念新倡議，推動新時代中國特色大國外交不斷開創新局面，獨立自主的和平外交政策在我國從站起來、富起來到強起來的偉大歷史進程中，實現了與時俱進的新飛躍。

堅定奉行獨立自主的和平外交政策，是符合當今時代潮流和各國人民根本利益的正確選擇。當前，世界百年未有之大變局加速演進，世界之變、時代之變、歷史之變以前所未有的方式展開。世界進入新的動盪變革期，國際形勢中的不穩定性不確定性明顯增加，地緣政治博弈尖銳複雜，霸權主義、強權政治、單邊主義、保護主義甚囂塵上，恐怖主義、極端勢力、傳染疾病、自然災害等威脅不斷，和平赤字、發展赤字、安全赤字、治理赤字愈加突出。面對複雜嚴峻的國際形勢和接踵而至的風險挑戰，世界各國更加認識到獨立自主與和平發展的珍貴，和平、發展、合作、共贏更加成為國際社會人心所向。我們黨堅持獨立自主的和平外交政策，維護了中國人民的根本利益，順應了時代潮流和各國人民的共同期待，站在歷史正確的一邊，站在人類進步的一邊，為促進世界和平發展和人類文明進步貢獻了重要力量。

二、準確把握新時代獨立自主的和平外交政策的核心要義和豐富內涵

　　黨的十八大以來，以習近平同志為核心的黨中央領導指揮中國特色大國外交開展了波瀾壯闊的理論與實踐創新，深化了我們黨對新時代對外工作的規律性認識，賦予了獨立自主的和平外交政策新的時代意義和思想內涵，指引我國外交在國際風雲變幻中不斷開拓前行。

　　新時代獨立自主和平外交政策，是服務實現中華民族偉大復興與推動構建人類命運共同體的有機統一。習近平總書記指出，中國共產黨是為中國人民謀幸福、為中華民族謀復興的黨，也是為人類謀進步、為世界謀大同的黨。服務實現中華民族偉大復興，是新時代我國對外工作的歷史使命。推動構建人類命運共同體，是新時代中國特色大國外交的總目標。我們準確把握新時代我國發展歷史方位和使命任務，緊緊圍繞黨和國家中心工作推進中國特色大國外交，在變局中開新局、在危機中育新機，為國內改革發展穩定積極營造良好外部環境。同時，我們始終堅持中國的前途命運和世界的前途命運緊密相連，堅持維護世界和平、促進共同發展的外交政策宗旨，堅持胸懷天下的負責任大國擔當，致力於同各國一道，推動構建人類命運共同體，攜手建設持久和平、普遍安全、共同繁榮、開放包容、清潔美麗的世界。中國始終是世界和平的建設者、全球發展的貢獻者、國際秩序的維護者，不斷為人類發展進步作出新的更大貢獻。

　　新時代獨立自主和平外交政策，是堅定維護國家核心重大利益與促進國

際公平正義的有機統一。習近平總書記指出，中國不覬覦他國權益，不嫉妒他國發展，但決不放棄我們的正當權益，任何外國不要指望我們會拿自己的核心利益做交易。堅決維護國家主權、安全、發展利益，是對外工作的出發點和落腳點。我們堅持總體國家安全觀，發揚不信邪、不怕鬼的精神，同企圖顛覆中國共產黨領導和我國社會主義制度、企圖遲滯甚至阻斷中華民族偉大復興進程的一切勢力鬥爭到底，有力開展在台灣問題以及涉港、涉疆、涉藏、涉海、人權等問題上的鬥爭，有效防範化解各種風險挑戰。同時，對國際事務，我們始終從中國人民和世界人民的共同根本利益出發，根據事情本身的是非曲直決定自己的立場和政策，維護國際關係基本準則，維護國際公平正義。我們主張國家不分大小、強弱、貧富一律平等，尊重各國主權和領土完整，尊重各國人民自主選擇的發展道路和社會制度。我們堅持世界前途命運應該由各國共同掌握，國際上的事應該由大家商量着辦。我們倡導共商共建共享的全球治理觀，堅持真正的多邊主義，推動國際關係民主化，推動全球治理朝着更加公正合理方向發展。

新時代獨立自主和平外交政策，是中國堅持走和平發展道路與推動各國共同走和平發展道路的有機統一。習近平總書記指出，走和平發展道路是我們黨根據時代發展潮流和我國根本利益作出的戰略抉擇。中國堅持走和平發展道路，集中力量辦好自己的事，本身就是對世界和平的重大貢獻。我們永遠做維護世界和平的堅定力量，永遠不稱霸，永遠不搞擴張，不參加任何軍備競賽和軍事集團。我們一貫奉行防禦性國防政策，加強國防建設不針對、不威脅任何國家。同時，和平發展不是單行道，也不是一廂情願的事，而是世界各國共同的責任，只有各國都走和平發展道路，才能和平相處，世界的和平與安全才有基本保障。我們提出全球安全倡議，堅持共同、綜合、合作、可持續的安全觀，倡導通過對話協商、以和平手段解決國際爭端，擯棄冷戰思維和集團政治，反對侵略擴張和干涉別國內政，反對一切形式的霸權霸道霸凌行徑，走對話而不對抗、結伴而不結盟的國與國交往新路。

新時代獨立自主和平外交政策，是堅持自力更生、自立自強與開放合作、互利共贏的有機統一。習近平總書記指出，自力更生是中華民族自立於世界民族之林的奮鬥基點。黨的百年奮鬥史昭示我們，只有自力更生、自立自強，人民的幸福生活才有可靠保證，黨和國家事業才能擁有戰略主動。新中國外交就是在自力更生基礎上建立和發展壯大的，新時代中國特色大國外交取得的一切成就都是自立自強奮鬥出來的。同時，自力更生不是盲目排外，自立自強不是閉關自守。我們堅定奉行互利共贏的開放戰略，致力於在開放合作中構建新發展格局、推動高質量發展，既實現自身更大發展，又促進各國共同發展。我們堅持經濟全球化正確方向，推動建設開放型世界經濟，維護全球產業鏈供應鏈安全穩定開放，反對單邊主義、保護主義，反對任何"脫鈎斷鏈"、"築牆設壘"、極限施壓的行徑。我們推動落實全球發展倡議，加強宏觀政策協調，促進全球平衡、協調、包容發展，構建全球發展命運共同體。

新時代獨立自主和平外交政策，是堅持戰略自信、歷史自信和促進文明交流、互學互鑒的有機統一。習近平總書記指出，要堅持中國特色社會主義道路自信、理論自信、制度自信、文化自信，不斷把中國特色社會主義偉大事業推向前進。堅定"四個自信"，體現了新時代中國的國家意志和民族精神，是對外工作的力量之源和信念之基。我們堅持中國共產黨領導和中國特色社會主義，堅持我國的發展道路、社會制度、文化傳統、價值理念，成功走出中國式現代化道路，創造了人類文明新形態。中國特色社會主義的成功，拓展了發展中國家走向現代化的途徑，為人類共同發展開闢了更加廣闊前景。同時，我們堅持世界是豐富多彩的、文明是多樣多元的，堅持和而不同、兼收並蓄，積極學習借鑒人類文明的一切有益成果。我們弘揚和平、發展、公平、正義、民主、自由的全人類共同價值，促進世界各國的相互理解與信任，反對以意識形態劃線，反對"教師爺"般頤指氣使的說教，推動文明交流互鑒成為增進人民友誼的橋樑、促進人類進步的動力、維護世界和平的紐帶。

三、堅定奉行獨立自主的和平外交政策全力做好新時代對外工作

新征程上，我們要堅持以習近平新時代中國特色社會主義思想和習近平外交思想為指導，緊緊圍繞服務民族復興、促進人類進步這條主線，進一步

增強堅定奉行獨立自主的和平外交政策的理論自覺和行動自覺，更加主動有為地推進新時代中國特色大國外交，為黨和國家事業不斷邁上新台階創造有利條件。

堅持政治統領，把握正確方向。始終堅持外交大權在以習近平同志為核心的黨中央，深刻領悟“兩個確立”的決定性意義，增強“四個意識”、堅定“四個自信”、做到“兩個維護”，不斷提高政治判斷力、政治領悟力、政治執行力。全面把握習近平外交思想的科學性時代性先進性，充分認識獨立自主的和平外交政策的政治性原則性戰略性，引領中國特色大國外交理論與實踐守正創新。堅持和加強黨對對外工作的集中統一領導，不斷夯實黨總攬全局、協調各方的對外工作大協同局面，確保黨中央對外大政方針和戰略部署得到有力貫徹落實。

統籌發展安全，服務中心大局。立足實現第二個百年奮鬥目標“兩步走”戰略安排，統籌國內國際兩個大局、發展安全兩件大事，全面深入謀劃推進對外工作，為國內改革發展穩定保駕護航。辯證把握新形勢下發展和安全的關係，增強系統觀念、提高戰略思維，推動我國高質量發展和高水平安全相互促進，推動國際社會共同落實全球發展倡議和全球安全倡議。堅持開放合作，扎實推進共建“一帶一路”，暢通做強國內國際雙循環，拓展合作共贏新局面。堅持國家利益、人民利益至上，堅定維護國家主權、安全、發展利益，積極維護我國公民、法人海外權益，更好服務國家發展和民族復興。

深化外交佈局，拓展夥伴關係。在和平共處五項原則基礎上，同各國發展友好合作，深化拓展平等、開放、合作的全球夥伴關係。推動構建和平共處、總體穩定、均衡發展的大國關係格局，深化同周邊國家友好互信和利益融合，加強同發展中國家團結合作、維護發展中國家共同利益。積極參與全球治理體系改革和建設，倡導和踐行真正的多邊主義，堅定維護以聯合國為核心的國際體系、以國際法為基礎的國際秩序、以聯合國憲章宗旨和原則為基礎的國際關係基本準則。擴大同各國利益的匯合點，團結一切可以團結的力量，調動一切可以調動的積極因素，打造最廣泛的國際統一戰線，促進世界和平與發展。

強化擔當作為，提高鬥爭本領。深刻認識和把握我國發展面臨的新的戰略機遇、新的戰略任務、新的戰略階段、新的戰略要求、新的戰略環境，勇於直面外部環境中各種風險挑戰的考驗，堅定信心、迎難而上，銳意進取、開拓前行，不斷深入推進中國特色大國外交，不斷提升工作的針對性預見性創造性。增強憂患意識、樹牢底線思維，堅定鬥爭意志、錘煉鬥爭本領，着力提高駕馭複雜國際局勢和處理紛繁涉外事務的能力，特別要提高對重大風險挑戰的精準判斷、及時應對和有力處置，以正確的戰略策略識變應變、攻堅克難，依靠頑強鬥爭開闢外交事業發展新天地。

凝聚道義力量，夯實戰略保障。高舉和平、發展、合作、共贏旗幟，堅持不懈推動構建人類命運共同體、構建新型國際關係，弘揚全人類共同價值，深入宣介新時代獨立自主的和平外交政策精髓要義，增進國際社會理解和認同，不斷提升我國國際影響力感召力。加快國際傳播能力建設，展示真實、立體、全面的中國，塑造可信、可愛、可敬的中國形象，增進同各國民心相通。推進涉外法治建設，強化國際法研究和運用。加強人才培養和組織能力建設，持續打造政治過硬、業務精湛、勇於擔當、忠誠乾淨的外交外事幹部隊伍，為譜寫新時代中國特色大國外交新篇章提供堅強有力保障。

加強同各國政黨和政治組織
交流合作

宋　濤

習近平總書記指出，中國共產黨是為中國人民謀幸福、為中華民族謀復興的黨，也是為人類謀進步、為世界謀大同的黨。黨的十八大以來，在以習近平同志為核心的黨中央堅強領導下，我們黨持續拓展深化同各國政黨和政治組織交流合作，與世界各國人民一道推動歷史車輪向着光明的前途前進，為世界發展和人類文明進步作出重要貢獻。習近平總書記在黨的二十大報告中強調，中國共產黨願在獨立自主、完全平等、互相尊重、互不干涉內部事務原則基礎上加強同各國政黨和政治組織交流合作。這為新時代黨的對外工作指明了方向、提供了根本遵循。當前，百年未有之大變局加速演進，世界進入新的動盪變革期，機遇和挑戰都前所未有。我們要深入學習領會和貫徹落實習近平新時代中國特色社會主義思想，準確把握新時代新征程黨的對外工作的使命任務和基本原則，為促進人類發展進步、共創世界美好未來而不懈奮鬥。

一、胸懷天下、銳意進取，在促進人類進步的歷史偉業中發揮重要作用

作為馬克思主義政黨，中國共產黨始終胸懷天下，始終關注人類前途命運，百餘年來同各國政黨和政治組織深化交流合作，同世界上一切進步力量攜手前進，為促進世界和平發展和人類進步事業作出了偉大的歷史性貢獻。

新民主主義革命時期，我們黨通過建立、維護、發展同世界共產黨和進步力量的聯繫，積極爭取國際社會對中國革命的同情、理解和支持。我們黨

把馬克思主義基本原理同中國具體實際相結合，實現民族獨立和人民解放，深刻改變了中國人民和中華民族的前途和命運，也極大改變了世界政治格局，鼓舞了全世界被壓迫民族和被壓迫人民爭取解放的鬥爭。

社會主義革命和建設時期，面對帝國主義的孤立封鎖，我們黨通過積極發展同各國共產黨、工人黨和其他進步力量的關係，帶動了國家關係的建立和發展。我們黨順應廣大第三世界國家和人民的呼聲，支持和援助世界被壓迫民族解放事業、新獨立國家建設事業和各國人民正義鬥爭，反對帝國主義、霸權主義、殖民主義、種族主義，為促進人類進步發揮了重要作用。

改革開放和社會主義現代化建設新時期，我們黨堅持維護世界和平、促進共同發展的外交政策宗旨，解放思想、實事求是，超越意識形態差異和分歧，同一切願意同我們黨交往的外國政黨、政治組織建立和發展關係，交往對象不斷增多、交往範圍持續擴大、交往內涵日益豐富。我們黨積極促進世界多極化和國際關係民主化，旗幟鮮明反對霸權主義和強權政治，堅定維護廣大發展中國家利益，推動建立公正合理的國際政治經濟新秩序，成為促進世界持久和平、共同繁榮的關鍵性力量。

二、踔厲奮發、勇毅前行，為促進人類進步作出新的歷史性貢獻

黨的十八大以來，中國特色社會主義進入新時代。習近平總書記站在歷史和時代發展的潮頭，舉旗定向、謀篇佈局、躬身力行，引領新時代黨的對外工作不斷開創新局面，取得一系列歷史性成就，我們黨前所未有地走進世界政黨舞台中央，前所未有地深刻影響了世界政治文明發展進程。黨的對外工作堅持以習近平新時代中國特色社會主義思想特別是習近平總書記關於黨的對外工作的重要論述為根本遵循，牢牢把握黨的對外工作是黨的一條重要戰線、國家總體外交的重要組成部分、中國特色大國外交的重要體現的定位，同各國政黨和政治組織廣泛交往、深入交流，以建立新型政黨關係助力構建新型國際關係，以夯實全球政黨夥伴關係網絡助力完善全球夥伴關係網絡，為實現第一個百年奮鬥目標、開啟向第二個百年奮鬥目標進軍新征程、推動構建人類命運共同體、促進人類發展進步發揮了獨特而重要的作用。

（一）擔當歷史使命，彰顯偉大思想之光。習近平新時代中國特色社會主義思想不僅是實現中華民族偉大復興的行動指南，也為推動全球發展和促進人類進步提供重要引領，在動盪變革的世界中愈加放射出真理光芒。國際社會特別是許多發展中國家政黨表達了希望學習借鑒習近平新時代中國特色社會主義思想、促進自身發展的強烈願望。我們積極回應各國政黨和政治組織的期待，舉辦中國共產黨與世界馬克思主義政黨論壇等活動，共同推進馬克思主義本土化時代化進程，充分彰顯習近平新時代中國特色社會主義思想引領時代潮流和人類前進方向的思想偉力。通過舉辦"中國共產黨的故事 ── 習近平新時代中國特色社會主義思想在地方的實踐"專題宣介會、黨的重要會議精神吹風會等方式，面向各國政黨深入闡釋習近平新時代中國特色社會主義思想的時代意義、深刻內涵和實踐成效，全面介紹我們黨以偉大的自我革命引領偉大的社會革命等成功經驗，為各國政黨特別是廣大發展中國家政黨克服道路選擇之惑、思想理論之困、國家發展之難提供了方向引領和思想啟示。越來越多的發展中國家政黨在結合自身實際的基礎上，在治黨治國實踐中積極學習和借鑒習近平新時代中國特色社會主義思想，並高度讚譽這一思想的實踐偉力。

（二）廣交政黨夥伴，共擔引領時代之責。習近平總書記指出，政黨是推動人類進步的重要力量，要擔負起引領方向、凝聚共識、促進發展、加強合作、完善治理的責任。面對世界百年未有之大變局，我們黨廣交天下朋友，同社會主義國家執政黨和進步力量的團結合作不斷深化，同周邊國家政黨關係更加穩固，同發展中國家政黨交流合作日益密切，同發達國家政黨機制化交往日臻成熟，同新興政黨交往不斷取得新突破，積極參與國際和地區多邊政黨活動，推動更多外國政黨和政治組織與我們黨攜手並肩，共同擔負起維護世界和平、促進人類進步的時代責任，贏得國際社會廣泛響應。在我們黨成立 100 周年之際，來自 160 多個國家的 500 多個政黨和政治組織等的領導人、逾萬名政黨和各界代表出席中國共產黨與世界政黨領導人峰會，習近平總書記發表主旨講話，全面深入闡釋為人民謀幸福的政黨責任，為各國政黨攜手構建人類命運共同體指明了前進方向，得到與會各方和國際社會的高度認同和廣泛讚譽。外國政黨領導人紛紛表示，願同中國共產黨一道肩負起時代使命，為人類邁向更美好的未來貢獻政黨力量。

（三）團結各方力量，激揚公平正義之聲。習近平總書記強調，中國人民熱愛和平，深知和平安寧的珍貴，始終奉行獨立自主的和平外交政策，主持公道，伸張正義，堅決反對霸權主義和強權政治。在國際形勢的風雲激盪中，我們黨堅定地站在歷史正確的一邊、站在人類進步的一邊，倡導並踐行真正的多邊主義，同各國政黨和政治組織一道，努力維護以聯合國憲章宗旨和原則為基礎的國際關係基本準則，捍衛人類共同和長遠利益。在國際事務中，我們黨始終根據事情本身的是非曲直和歷史經緯作出公正判斷、發出正義聲音，得到廣大發展中國家政黨的廣泛認同和積極響應。在台灣、涉港、涉疆、涉藏、涉疫、南海、人權、中美經貿摩擦等問題上，眾多外國政黨和政治組織紛紛仗義執言，形成認同支持我們黨立場的強大聲勢，共同書寫了發展中國家政黨和進步力量共克時艱、守望相助、捍衛正義的時代佳話，有力推動了國際秩序和全球治理體系朝着更加公正合理的方向發展。

（四）聚焦人民福祉，拓展共同發展之路。習近平總書記指出，發展是實現人民幸福的關鍵，強調堅持以人民為中心，做到發展為了人民、發展依靠人民、發展成果由人民共享。在對外交往中，我們黨始終堅持人民至上的價值理念，通過充分發揮黨的對外工作特色優勢，創新開展“政黨＋”交往等，努力凝聚合作共識、加強政策對接、拓展合作空間，在服務國內發展需求、促進各地方各領域對外務實合作，助力構建新發展格局、全面建成小康社會的同時，為共創更加繁榮美好的世界作出積極貢獻。面對貧困這一困擾人類幾千年的世界性難題，我們黨毫無保留地與各國政黨分享脫貧攻堅經驗，幫助發展中國家政黨增強國家發展的內生動力，助力推進全球減貧事業。與“一帶一路”沿線國家建立政黨共商機制，推動共建“一帶一路”高質量發展，與各國政黨、社會組織、智庫等共同推動全球發展倡議落地落實，努力提升全球發展的公平性、有效性、協同性，為人類可持續發展貢獻中共方案和中國力量。

（五）着眼命運與共，共謀和平穩定之道。習近平總書記多次強調，人類是一個整體，地球是一個家園，任何人、任何國家都無法獨善其身；和平是人類共同事業，需要各方共同爭取和維護。我們黨着眼全人類共同利益，通過舉辦中國共產黨與世界政黨高層對話會及各類全球性、地區性和雙邊交往活動等方式，廣泛對話、深入交流，同各國政黨等一切愛好和平的力量一道，推動構建人類命運共同體，攜手建設更加美好的世界。深入推動落實習近平總書記提出的全球安全倡議，倡導摒棄冷戰思維，反對單邊主義，深化政治安全領域戰略互信，努力破解全球安全治理難題。通過政黨外交渠道，積極推動國際和地區熱點難點問題政治解決進程，通過舉辦國際和平日紀念活動等傳播和平理念、匯聚各方力量，為維護世界和平穩定發揮積極作用。各國政黨和政治組織普遍高度評價我們黨為世界和平安寧作出的重要貢獻，認為中國共產黨領導的中國不愧為世界和平的建設者、全球發展的貢獻者、國際秩序的維護者。

三、繼往開來、團結奮進，在新征程上譜寫更加輝煌的時代篇章

當前，世界之變、時代之變、歷史之變正以前所未有的方式展開。世界多極化、經濟全球化在曲折中深入發展，和平、發展、合作、共贏的歷史潮流不可阻擋，民心所向、大勢所趨決定了人類前途終將走向光明。同時，霸權霸凌霸道行徑危害深重，冷戰思維和強權政治陰霾不散，人類社會面臨深刻挑戰，世界又一次站在歷史十字路口，何去何從取決於各國人民的抉擇。

政黨在國家政治生活中發揮着重要作用，也是推動人類文明進步的重要力量。當前，許多國家政黨政治複雜演變，安全挑戰層出不窮，經濟復甦步履維艱，各種思潮相互激盪，不穩定不確定因素增多，加之政治極化、治理失靈以及社會新形態、科技新變革的衝擊，不少政黨都遭遇"方向困境"、"價值困境"、"發展困境"等多重挑戰。我們將在獨立自主、完全平等、互相尊重、互不干涉內部事務原則基礎上，加強同各國政黨和政治組織交流合作，凝聚共識、匯聚力量，推動構建平等、開放、合作的全球夥伴關係，為服務民族復興、促進人類進步作出新的更大貢獻。

（一）**堅持獨立自主，豐富世界政黨政治發展新路徑**。習近平總書記指出，人類歷史上，沒有一個民族、沒有一個國家可以通過依賴外部力量、跟在他人後面亦步亦趨實現強大和振興。獨立自主是中華民族精神之魂，是我

們立黨立國的重要原則。走自己的路，是黨的全部理論和實踐立足點，更是黨百年奮鬥得出的歷史結論，對各國政黨探索符合本國國情的發展道路也具有重要借鑒意義。不同國家的歷史文化、資源稟賦、發展水平各異，各國政黨要把國家和民族發展放在自己力量的基點上，堅持自己的事情必須由自己作主張、自己來處理，從本國國情和實際出發自主選擇本國發展道路和社會制度。

敢於鬥爭是獨立自主的重要體現。只有敢於鬥爭、善於鬥爭，才能獨立自主、贏得尊嚴、贏得主動、維護利益。在對外交往中，我們要一以貫之地堅持獨立自主的基本原則，把堅定維護黨的領導、鞏固黨的執政地位、強化黨的執政基礎，作為工作的根本出發點和落腳點，對一切削弱、歪曲、否定黨的領導和我國社會主義制度的言行，對一切損害我國核心利益的圖謀和行為，要旗幟鮮明進行堅決鬥爭。中國走出的成功發展道路也為世界上那些既希望加快發展又希望保持自身獨立性的國家和民族提供了全新選擇。我們要一如既往地堅定支持各國特別是發展中國家政黨和政治組織探索符合本國國情的發展道路，把國家發展的前途和命運牢牢掌握在自己手中，在引領國家發展、推動人類進步的征程中攜手前行。

（二）堅持完全平等，拓展世界政黨交往新基礎。習近平總書記強調，國與國相處，要把平等相待、互尊互信挺在前面。政黨不分歷史長短、人數多少、力量強弱、執政與否，都是國際社會中平等的一員，這也是不同國家政黨開展交往的基礎。要堅持以寬廣胸懷尊重不同政黨對全人類共同價值內涵的認識和對價值實現路徑的探索。堅持平等相待，反對霸權主義、強權政治，反對以一己之私搞"雙重標準"，反對把一個國家的發展建立在損害別國利益之上。在百年變局和世紀疫情交織疊加的背景下，政黨都應當肩負起為人民謀幸福、為人類謀進步的歷史責任，攜手應對共同的時代挑戰。要通過平等交往，在包容多樣性中尋求一致性，努力找到最大公約數，為推動構建人類命運共同體匯聚最廣泛的政黨力量。

我們要秉持開放包容的胸襟，本着實事求是的態度，以全人類共同價值為思想聚合點，團結一切可以團結的力量，進一步拓展全球政黨夥伴關係網絡。在堅持完全平等的基礎上，全面發展與不同國家、不同類型政黨的友好關係，廣交朋友、多交朋友，不斷拓展交往外延，豐富交往內涵，創新交往方式，進一步完善全方位、多層次、寬領域、立體化的黨的對外工作佈局，增進中國共產黨與世界政黨的相互理解和彼此信任，引導更多外國政黨和政治組織與我們黨攜手同行，為推動人類進步提供堅實的政治保障。

（三）**堅持互相尊重，樹立踐行國際道義新典範。**習近平總書記指出，相互尊重和信任是國與國應有的相處之道。各國政黨之間互相尊重，既是時代進步的客觀要求，也是國際政黨交往法則的應有之義。在對外交往中，要尊重各國政黨自身特點，尊重彼此的核心利益。要加強溝通協調、增進政治互信，用對話協商的方式解決分歧，促進各國良性互動、和平共處。要堅持共商共建共享，反對單邊主義、搞小圈子，在廣泛協商、凝聚共識基礎上改革和完善全球治理體系，推動國際秩序朝着更加公正合理的方向發展，讓各國人民共同掌握世界的命運。

"己所不欲，勿施於人。"中國共產黨和中國人民從苦難中走過來，深知相互尊重、互諒互讓才是人間正道。在對外交往中，堅持推動構建相互尊重、公平正義、合作共贏的新型國際關係，倡導不衝突不對抗，不搞零和博弈、你輸我贏，堅決反對各種以意識形態對立搞陣營對抗、分裂世界的圖謀。我們永遠不稱霸、不擴張，也絕不會坐視自己國家的主權、安全、發展利益受損，絕不會允許任何人任何勢力侵犯和分裂祖國的神聖領土。要引領團結更多政黨和政治組織踐行真正的多邊主義，增強發展中國家的話語權和影響力，為捍衛國際公平正義切實發揮政黨的獨特作用。

（四）**堅持互不干涉內部事務，譜寫人類文明進步新篇章。**習近平總書記強調，各國的事務應該由各國人民自己來管。互不干涉內部事務，是重要的國際關係基本準則，是發展中國家政黨維護自身安全、實現自主發展的前提，也是確保人類政治文明多樣化發展的重要保障。中國共產黨不會對別的政黨指手畫腳，不"輸出"中國模式，不會要求別的政黨"複製"中國的做法，也不接受"教師爺"般頤指氣使的說教，不會任由少數國家、少數政黨把自己的意志、規則強加於人。

作為人類政治文明的產物和推動政治文明發展的力量，不同國家政黨既要恪守互不干涉內部事務的原則，也要通過政治對話與思想交流求同存異、推動進步。我們黨願意通過各種方式和渠道繼續加強同各國政黨的對話交流，讓政黨間的互學互鑒成為促進國家關係發展的橋樑、推動人類文明進步的動力、維護世界和平穩定的紐帶。要一如既往地吸收借鑒人類一切優秀文明成果，立足新時代中國特色社會主義的偉大實踐，不斷深化對共產黨執政規律、社會主義建設規律、人類社會發展規律的認識。要順應世界“向東看”、各國“謀發展”和政黨“求治理”的大勢，加強政治引領，闡釋好習近平新時代中國特色社會主義思想，闡釋好中國式現代化的豐富內涵和本質特徵，彰顯中國之治、中國之路、中國之理，為有需要的外國政黨加強自身建設、提升治理能力、改善民生福祉提供參考借鑒，為人類文明發展作出中國共產黨的貢獻。

新時代新征程上，我們要更加緊密地團結在以習近平同志為核心的黨中央周圍，深刻領悟“兩個確立”的決定性意義，進一步增強“四個意識”、堅定“四個自信”、做到“兩個維護”，加強同各國政黨和政治組織交流合作，推動黨的對外工作不斷守正創新，在實現民族復興、促進人類進步的偉大事業中書寫新的歷史華章。

推動全球治理朝着更加
公正合理的方向發展

張來明

當今世界，百年未有之大變局加速演進，人類社會既面臨重要的發展機遇、又面臨前所未有的挑戰，全球治理赤字加重就是一大挑戰。推進全球治理體系改革和建設，是完善全球治理、增進世界各國人民福祉的客觀要求，也是構建人類命運共同體的內在要求。習近平總書記在黨的二十大報告中站在促進世界和平與發展、推動構建人類命運共同體的高度，深刻把握全球治理變革大勢，針對全球治理面臨的突出問題，就推進全球治理體系改革和建設提出了一系列主張，為完善全球治理指明了前進方向。

推動全球治理朝着更加公正合理的方向發展，是全人類的共同利益所在，也是各國人民的共同心願。歷史事實一再證明，世界各國相互聯繫和影響日益加深是不可阻擋的歷史潮流，加強和完善全球治理是造福全人類的客觀要求。馬克思、恩格斯在《共產黨宣言》中就明確指出，資產階級，由於開拓了世界市場，使一切國家的生產和消費都成為世界性的了。遠的不說，第二次世界大戰結束後，隨着科學技術尤其是信息技術的突飛猛進，經濟全球化深入發展，世界越來越成為你中有我、我中有你的命運共同體。當今世界，沒有哪個國家能夠獨自應對人類面臨的各種挑戰，也沒有哪個國家能夠退回到自我封閉的孤島，人類只有和衷共濟、和合共生這一條出路。正如習近平總書記所強調的，"地區爭端和恐怖主義、氣候變化、網絡安全、生物安全等全球性問題正擺在國際社會面前，只有形成更加包容的全球治理、更加有效的多邊機制、更加積極的區域合作，才能有效加以應對。"近年來，面對世紀疫情等全球性嚴峻挑戰，人們更加深刻地認識到，唯有全世界人民攜手合作，共同參與全球治理，推動國際秩序朝着更加公正合理的方向發展，才能有效應對各種全球性問題、共建地球美好家園。正如黨的二十大報告所作的重大論斷，和平、發展、合作、共贏的歷史潮流不可阻擋，人心所向、大勢所趨決定了人類前途終歸光明。

推動全球治理朝着更加公正合理的方向發展，是解決當今世界突出問題的價值取向，也是開創人類更加美好未來的重要途徑。應該看到，全球治理面臨不少嚴峻挑戰，全球治理體系運轉不靈、效能不彰，突出表現在：霸權主義者肆意違反國際規則、破壞國際秩序、奉行雙重標準，新興市場國家和廣大發展中國家在國際機構和全球治理中的代表性和話語權不足，聯合國憲章宗旨和原則未能得到有效履行；一些國家依然固守冷戰思維、信奉零和博弈，搞陣營化和小圈子，恃強凌弱、巧取豪奪等霸權霸道霸凌行徑危害深重；傳統安全風險和非傳統安全風險疊加交織，地區衝突和局部戰爭不斷發生，不少國家的人民遭受戰火摧殘；南北差距進一步拉大，部分發展中國家陷入困境，實現聯合國 2030 年可持續發展議程面臨更多挑戰；等等。現實問題就是實踐課題，解決問題是人類爭取更好前途命運的不二法門。問題從來不會自動消失，矛盾也從來不會自動緩解，上述全球治理所面臨的一系列挑戰迫切需要通過世界各國共同推進全球治理體系改革和建設來加以應對。

推動全球治理朝着更加公正合理的方向發展，是由生產力與生產關係、經濟基礎與上層建築的矛盾運動決定的，因而是不以人的意志為轉移的。一切事物都是發展變化的。國際秩序是這樣，國際格局是這樣，國際規則是這樣，全球治理是這樣，全球治理體系也是這樣。從根本上講，全球治理體系改革和建設是由生產力與生產關係、經濟基礎與上層建築矛盾運動推動的。生產力決定生產關係，經濟基礎決定上層建築，這個道理對一國治理、全球治理都是適用的。說到底，當今世界百年未有之大變局是世界範圍的生產力與生產關係、經濟基礎與上層建築矛盾運動的產物。全球治理體系改革和建設作為這個大變局的組成部分，也是由世界範圍的生產力與生產關係、經濟基礎與上層建築的矛盾運動推動的。全球治理應該符合變化了的世界政治經濟格局，順應和平發展合作共贏的歷史趨勢，滿足應對全球性挑戰的現實需要。世界各國都應該義不容辭地積極參與全球治理體系改革和建設。

社會主義中國一直是世界和平的建設者、全球發展的貢獻者、國際秩序的維護者。新中國成立後，中國共產黨和中國人民就旗幟鮮明地提出，反對霸權主義，維護世界和平，推動建立更加公正合理的國際政治經濟新秩序，並一直在為解決人類面臨的共同問題提供更多更好的中國智慧、中國方案、中國力量。黨的十八大以來，習近平總書記從全人類前途命運出發，提出了構建人類命運共同體的重大思想，提出了和平、發展、公平、正義、民主、自由的全人類共同價值，提出了全球發展倡議、全球安全倡議和建設新型國際關係、發展全球夥伴關係、共建“一帶一路”等一系列重大倡議，對“世界怎麼了、我們怎麼辦”這一時代之問給出了科學答案。在以習近平同志為核心的黨中央堅強領導下，中國特色大國外交全面推進，社會主義中國展現負責任大國擔當，參與全球治理體系改革和建設，全面開展抗擊新冠肺炎疫情國際合作，進一步贏得國際讚譽，我國國際影響力、感召力、塑造力顯著提升。完全可以說，社會主義中國始終是全球治理體系改革和建設的重要推動力量。

綜觀當今國際大勢，世界又一次站在歷史的十字路口，何去何從取決於各國人民的抉擇。全球治理赤字的消減，全球治理體系的完善，需要世界各國人民攜手努力。黨的二十大報告就此提出了一系列重要主張和倡議，彰顯了中國共產黨人以天下為己任的博大胸懷，突出體現為以下幾個方面。

一、弘揚和平、發展、公平、正義、民主、自由的全人類共同價值。有共同價值，才有共同意志、共同選擇、共同行動，才有求同存異、增同減異，才能推動構建人類命運共同體。全球治理體系變革離不開全人類共同價值的引領。沒有共同價值，就不會有共同實踐行為，就沒有世界大同。只有各國人民一道弘揚和平、發展、公平、正義、民主、自由的全人類共同價值，才能形成全球治理的強大合力，步調一致地推進全球治理體系改革和建設。具體講，和平與發展是世界各國人民的共同事業，公平正義是世界各國人民的共同理想，民主自由是世界各國人民的共同追求。沒有和平，發展就無從談起。發展是解決一切問題的總鑰匙，是增進人類福祉的重要前提。沒有發展，和平就失去了基礎。在追求本國利益時兼顧他國合理關切，在謀求自身發展中促進各國共同發展，不斷擴大共同利益匯合點，才能讓發展成果惠及世界各國。正如習近平總書記所指出的：“中國走和平發展道路，其他國家也都要走和平發展道路，只有各國都走和平發展道路，各國才能共同發展，國與國才能和平相處。""大道之行也，天下為公。"世界的命運必須由各國人民共同掌握，世界上的事情應該由各國政府和人民共同商量來辦，共同推動國際關係民主化。各國在國際關係中遵守國際法和公認的國際關係基本準則，用統一適用的規則來明是非、促和平、謀發展，共同推動國際關係法治化。民主不是哪個國家的專利，實現民主有多種方式，不是只有一種形態、一個標準，不能由個別國家壟斷性解讀並強加於人。要始終堅持平等民主、兼容並蓄，尊重各國人民自主選擇發展道路和制度模式的權利。要加強交流互鑒，推進適合本國國情的民主政治建設，不斷提高為人民謀幸福的能力和成效，讓各國人民真正享受更加廣泛、更加充實的權利和自由。

　　二、**踐行共商共建共享的全球治理觀**。國家不分大小、強弱、貧富一律平等，都是國際社會的平等一員，平等享有權利，平等履行義務。全球治理，顧名思義就是造福世界各國、依靠世界各國的治理。共商，就是全球事務由各國一起商量着辦，有事好商量，有事多商量。協商是民主的重要形式，也應該成為全球治理的重要方法，要倡導以對話解爭端、以協商化分歧。什麼樣的國際秩序和全球治理體系對世界好、對世界各國人民好，要由各國人民商量，不能由一家說了算，不能由少數人說了算。共建，就是治理體系由大家攜手建設。經濟全球化深入發展，把世界各國利益和命運更加緊密地聯繫在一起。很多問題不再局限於一國內部，很多挑戰也不再是一國之力所能應對。各國要加強溝通和協調，照顧彼此利益關切，共商規則，共建機制，共迎挑戰。各國歷史文化和社會制度差異不是對立對抗的理由，而是合作的動力。各國應該求同存異、聚同化異，互尊互諒，通過對話溝通增進政治互信。堅持以開放求發展，深化交流合作，堅持"拉手"而不是"鬆手"，堅持"拆牆"而不是"築牆"，堅決反對保護主義、單邊主義，不斷削減貿易壁壘，推動全球價值鏈、供應鏈更加完善，共同培育市場需求。共享，就是發展成果由各國人民共同分享。一些國家越來越富裕，另一些國家長期貧窮落後，這樣的局面是不可持續的。各國都應該成為全球發展的參與者、貢獻者、受益者，在謀求自身發展時促進其他國家共同發展，讓發展成果更多更好惠及各國人民，不能一個國家發展、其他國家不發展，一部分國家發展、另一部分國家不發展。要奉行雙贏、多贏、共贏的新理念，扔掉我贏你輸、贏者通吃的舊思維，摒棄冷戰思維、零和博弈的舊理念，拒絕以鄰為壑、自私自利的狹隘政策，拋棄壟斷發展優勢的片面做法。共商共建共享，其中關鍵的一點是要充分聽取發展中國家的意見、更好反映廣大發展中國家的正當權益和合理訴求。

三、推進全球治理體系改革和建設。改革創新是一國發展的必由之路，也是推動世界和平與發展的必由之路。現行的全球治理體系是在第二次世界大戰後形成的，原本就存在很多不公正不合理之處。隨着國際關係變遷、國際力量對比變化，全球治理體系的歷史局限性和不公正不合理問題日益突出。推進全球治理體系改革和建設、推動全球治理朝着更加公正合理的方向發展，已成為促進世界和平與發展的當務之急。聯合國是最具普遍性、代表性、權威性的政府間國際組織，聯合國憲章是公認的國與國關係的基本準則，國際法是調節國際關係、維護國際秩序的基本規則，要堅定維護以聯合國為核心的國際體系、以國際法為基礎的國際秩序、以聯合國憲章宗旨和原則為基礎的國際關係基本準則。全球事務是多邊事務，世界多極化有利於維護世界和平穩定，要堅持真正的多邊主義，反對一切形式的單邊主義，反對搞針對特定國家的陣營化和排他性小圈子。經濟全球化是由生產力發展和科技進步推動的歷史進步潮流，逆流的現象、反潮流的現象都會有，但都改變不了歷史規律、扭轉不了歷史大勢。要推動世界貿易組織、亞太經合組織等多邊機制更好發揮作用，擴大金磚國家、上海合作組織等合作機制影響力，增強新興市場國家和發展中國家在全球事務中的代表性和發言權。

四、完善全球治理。實踐出真知，實踐成進步。推動國際秩序朝着更加公正合理的方向發展，最終要靠世界各國人民的實踐。說到底，全球治理是一個實踐問題，是一項系統工程，需要國際社會同心協力在政治、經濟、文化、安全等方方面面不斷作出改進和完善的努力。在政治上，要積極順應世界多極化大趨勢，推進國際關係民主化，尊重各國主權和領土完整，尊重各國人民自主選擇的發展道路和社會制度，走對話而不對抗、結伴而不結盟的國與國交往新路，構建相互尊重、公平正義、合作共贏的新型國際關係，堅決反對一切形式的霸權主義和強權政治，反對例外主義，反對干涉別國內政，反對搞雙重標準；在經濟上，要堅持經濟全球化正確方向，推動建設開放型世界經濟，推動貿易和投資自由化便利化，推進雙邊、區域和多邊合作，促進國際宏觀經濟政策協調，共同營造有利於發展的國際環境，共同培育全球發展新動能，確保各國在國際經濟合作中機會平等、規則平等、權利平等，支持和幫助廣大發展中國家加快發展，加快落實聯合國 2030 年可持續發展議程，努力縮小南北差距，反對保護主義，反對“築牆設壘”、“脫鈎斷鏈”，反對單邊制裁、極限施壓；在文化上，要牢固樹立文明沒有高低之別、更無優劣之分的觀念，堅持相互尊重、平等相待，堅持美人之美、美美與共，堅持開放包容、互學互鑒，堅持與時俱進、創新發展，促進各國人民相知相親，尊重世界文明多樣性，以文明交流超越文明隔閡、文明互鑒超越文明衝突、文明共存超越文明優越，倡導不同文明交流互鑒，促進人類文明進步，反對任何形式的“新冷戰”和意識形態對抗，反對把人類文明分為三六九等；在安全上，要堅持各國都有平等參與國際和地區安全事務的權利、也都有維護國際和地區安全的責任，堅持重視各國合理安全關切，堅持通過對話協商以和平方式解決國家間的分歧和爭端，堅持統籌維護傳統領域和非傳統領域安全，堅持安全不可分割原則，加強國際安全合作，促進國際共同安全，共同維護世界和平和安全，追求普遍安全和共同安全，反對一切把自身安全建立在他人不安全之上的行為，反對一切濫用“國家安全”損害別國正當權益的行為。

我們所處的是一個充滿挑戰的時代，也是一個充滿希望的時代。構建人類命運共同體是世界各國人民前途所在，推動全球治理朝着更加公正合理的方向發展是構建人類命運共同體的題中應有之義。沒有治理，不成世界。要有更好的世界，就必須有更好的全球治理。世界各國人民攜手努力，一同行天下之大道、治全球之難題、開世界之新局，就一定能夠把人類共有的地球家園建設成為一個持久和平、普遍安全、共同繁榮、開放包容、清潔美麗的世界。

深入推進新時代黨的建設
新的偉大工程

姜信治

黨的二十大報告指出："全面從嚴治黨永遠在路上，黨的自我革命永遠在路上，決不能有鬆勁歇腳、疲勞厭戰的情緒，必須持之以恆推進全面從嚴治黨，深入推進新時代黨的建設新的偉大工程"。這一重要要求，充分體現了時刻保持解決我們這樣一個大黨獨有難題的清醒和堅定，充分展示了以偉大自我革命引領偉大社會革命的堅定意志和決心。

偉大工程是引領偉大鬥爭、偉大事業、最終實現偉大夢想的根本保證

全面建設社會主義現代化國家、全面推進中華民族偉大復興，關鍵在黨。習近平總書記指出："黨要團結帶領人民進行偉大鬥爭、推進偉大事業、實現偉大夢想，必須毫不動搖堅持和完善黨的領導，毫不動搖推進黨的建設新的偉大工程，把黨建設得更加堅強有力。"

（一）**推進偉大事業，必須深入推進偉大工程。**把黨的建設作為一項偉大工程來推進，是我們黨的一大創舉，是我們黨領導人民進行偉大社會革命的重要法寶。黨的二十大報告強調："從現在起，中國共產黨的中心任務就是團結帶領全國各族人民全面建成社會主義現代化強國、實現第二個百年奮鬥目標，以中國式現代化全面推進中華民族偉大復興。"這是一項空前偉大而艱巨的事業，必須依靠黨的堅強領導、依靠黨和人民團結奮鬥才能完成。我們黨要在以習近平同志為核心的黨中央堅強領導下，堅持全面從嚴治黨戰略方針，以黨的政治建設為統領，全面加強思想建設、組織建設、作風建設、紀

律建設等，充分發揮黨的政治優勢、組織優勢、密切聯繫群眾的優勢，使全黨始終做到政治堅定、思想統一、組織嚴密、作風頑強、紀律嚴明，形成為奪取新時代中國特色社會主義新勝利而團結奮鬥的強大力量。

（二）**進行偉大鬥爭，必須深入推進偉大工程。** 敢於鬥爭是我們黨的鮮明品格。沒有鬥爭，就沒有新時代的歷史性成就、歷史性變革，就沒有今天黨和國家事業的大好局面。我們黨依靠鬥爭走到現在，也必將依靠鬥爭贏得未來。黨的十八大以來，我們黨進行了一系列具有許多新的歷史特點的偉大鬥爭，黨在革命性鍛造中更加堅強有力。同時應當看到，世界百年未有之大變局加速演進，我國改革發展穩定面臨不少深層次矛盾躲不開、繞不過，各種"黑天鵝"、"灰犀牛"事件隨時可能發生，美西方更加肆無忌憚地對我們進行全方位打壓、圍堵，目的就是要搞垮中國共產黨領導和我國社會主義制度，阻斷中華民族偉大復興歷史進程。以鬥爭求安全則安全存，以鬥爭求發展則發展興。我們必須增強憂患意識，堅持底線思維，把鬥爭精神貫穿黨的建設各方面全過程，始終保持共產黨人敢於鬥爭的風骨、氣節、操守、膽魄，不信邪、不怕鬼、不怕壓，堅定鬥爭意志、增強鬥爭本領，積極應對風高浪急甚至驚濤駭浪的重大考驗，依靠頑強鬥爭打開事業發展新天地。

（三）**實現偉大夢想，必須深入推進偉大工程。** 實現中華民族偉大復興是近代以來中華民族最偉大的夢想。我們黨成立以來團結帶領人民所進行的一切奮鬥，就是為了把我國建設成為現代化強國，實現中華民族偉大復興。沒有中國共產黨的領導，民族復興只能是空想。黨的十八大以來，以習近平同志為核心的黨中央團結帶領人民全面建成小康社會，踏上了全面建設社會主義現代化國家新征程，實現中華民族偉大復興進入了不可逆轉的歷史進程。今天，我們比歷史上任何時期都更接近、更有信心和能力實現中華民族偉大復興的目標，同時必須準備付出更為艱巨、更為艱苦的努力，必須始終堅持全面從嚴治黨戰略方針，確保我們黨始終成為時代先鋒、民族脊樑。

（四）**堅持自我革命，必須深入推進偉大工程。** 自我革命精神是黨永葆青春活力的強大支撐。我們黨歷史這麼長、規模這麼大、執政這麼久，如何跳出治亂興衰的歷史周期率？毛澤東給出了第一個答案，這就是"讓人民來監督政府"；經過百年奮鬥特別是黨的十八大以來新的實踐，習近平總書記又給出了第二個答案，這就是自我革命。黨的十八大以來，以習近平同志為核心的黨中央以刀刃向內的勇氣向黨內頑瘴痼疾開刀，以雷霆萬鈞之勢推進全面從嚴治黨，開闢了百年大黨自我革命的新境界，形成了中國共產黨之治、中國之治的新優勢。新時代新征程，必須繼續發揚自我革命精神，堅決清除一切損害黨的先進性和純潔性的因素，清除一切侵蝕黨的健康肌體的病毒，確保黨永遠不變質、不變色、不變味，確保黨在堅持和發展中國特色社會主義的歷史進程中始終成為堅強領導核心。

深入推進新時代黨的建設新的偉大工程的重點任務

黨的二十大報告對堅定不移全面從嚴治黨、深入推進新時代黨的建設新的偉大工程作出全面部署、提出明確要求。我們要弘揚偉大建黨精神，結合偉大鬥爭、偉大事業、偉大夢想的實踐，抓住關鍵重點，形成整體態勢，認真貫徹落實。

（一）**堅持和加強黨中央集中統一領導**。習近平總書記指出：＂堅持和加強黨的全面領導，關係黨和國家前途命運，我們的全部事業都建立在這個基礎之上，都根植於這個最本質特徵和最大優勢。＂＂兩個確立＂是新時代我們黨取得的重大政治成果，是我們黨在新征程上戰勝各種艱難險阻的最大底氣，是我們黨自信自立自強的力量之源。堅持黨的全面領導，最根本的是堅持＂兩個確立＂、做到＂兩個維護＂，堅決維護習近平同志黨中央的核心、全黨的核心地位，堅決維護黨中央權威和集中統一領導。要健全總攬全局、協調各方的黨的領導制度體系，完善黨中央重大決策部署落實機制，確保全黨在政治立場、政治方向、政治原則、政治道路上同黨中央保持高度一致，確保黨的團結統一。要加強黨的政治建設，嚴明政治紀律和政治規矩，嚴格黨內政治生活，提高各級黨組織和黨員幹部政治判斷力、政治領悟力、政治執行力，引導黨員、幹部做政治上的明白人，自覺做到黨中央提倡的堅決響應，黨中央決定的堅決執行，黨中央禁止的堅決不做，執行黨中央決策部署不講條件、不打折扣、不搞變通，把堅持＂兩個確立＂、做到＂兩個維護＂轉化為聽黨指揮、為黨盡責的實際行動，轉化為推進偉大事業、實現偉大夢想的磅礴力量。

（二）堅持不懈用習近平新時代中國特色社會主義思想凝心鑄魂。習近平新時代中國特色社會主義思想是馬克思主義中國化時代化的最新成果，為推進社會革命和自我革命提供了強大思想武器。要堅持用習近平新時代中國特色社會主義思想統一思想、統一意志、統一行動，把學習貫徹黨的創新理論作為各級黨委（黨組）的首要政治任務，作為廣大黨員、幹部理論武裝的中心內容，及時跟進學、深入系統學、聯繫實際學，完整把握、準確理解習近平新時代中國特色社會主義思想的世界觀和方法論，堅持好、運用好貫穿其中的立場觀點方法，真正做到虔誠而執着、至信而深厚。組織實施黨的創新理論學習教育計劃，持續做好進教材、進課堂、進頭腦工作，建設馬克思主義學習型政黨。堅持理論武裝同常態化長效化開展黨史學習教育相結合，大力弘揚理論聯繫實際的馬克思主義學風，引導黨員、幹部學思用貫通、知信行統一，把習近平新時代中國特色社會主義思想轉化為堅定理想、錘煉黨性和指導實踐、推動工作的強大力量。

（三）完善黨的自我革命制度規範體系。全面從嚴治黨既是政治保障，也是政治引領。要堅持制度治黨、依規治黨，以黨章為根本，以民主集中制為核心，完善黨內法規制度體系，增強黨內法規權威性和執行力，形成堅持真理、修正錯誤，發現問題、糾正偏差的機制。要健全黨統一領導、全面覆蓋、權威高效的監督體系，強化對權力運行的制約和監督，讓權力在陽光下運行，依靠強化黨的自我監督和人民監督推進黨的自我革命。

（四）建設堪當民族復興重任的高素質幹部隊伍。全面建設社會主義現代化國家，必須有一支政治過硬、適應新時代要求、具備領導現代化建設能力的幹部隊伍。要堅持黨管幹部原則，堅持新時代好幹部標準，堅持德才兼備、以德為先、五湖四海、任人唯賢，把各級領導班子和幹部隊伍建設好、建設強。黨對幹部的要求，首先是政治上的要求。要堅持把政治標準放在首位，做深做實幹部政治素質考察，嚴把政治關、廉潔關，絕不能讓政治上有問題、廉潔上有硬傷的人選上來。加強實踐鍛煉、專業訓練，注重在重大鬥爭中磨礪幹部，加強幹部鬥爭精神和鬥爭本領養成，着力增強防風險、迎挑戰、抗打壓能力。圍繞完整、準確、全面貫徹新發展理念完善幹部考核評價體系，引導幹部樹立和踐行正確政績觀。健全幹部擔當作為激勵保護機制，推動幹部能上能下、能進能出，形成能者上、優者獎、庸者下、劣者汰的良好局面。抓好後繼有人這個根本大計，健全培養選拔優秀年輕幹部常態化工作機制，鼓勵年輕幹部到基層和艱苦地區鍛煉成長。堅持嚴管和厚愛相結合，加強對幹部全方位管理和經常性監督。要深入實施人才強國戰略，加快建設世界重要人才中心和創新高地，加快建設國家戰略人才力量，不斷強化現代化建設人才支撐。

（五）**增強黨組織政治功能和組織功能**。黨的全面領導、全部工作要靠黨的堅強組織體系來實現。只有黨的各級組織都健全、都過硬，形成上下貫通、執行有力的嚴密組織體系，黨的領導才能"如身使臂、如臂使指"。各級黨組織要適應形勢任務新變化，強化政治功能和組織功能，認真履行黨章賦予的各項職責，把黨的路線方針政策和黨中央決策部署貫徹落實好，把各領域廣大群眾組織凝聚好。要以"上下貫通、執行有力"為着力點，抓好中央和國家機關這個"最初一公里"、地方黨委這個"中間段"、基層黨組織這個"最後一公里"，堅決防止出現"攔路虎"、"中梗阻"和"斷頭路"。要堅持大抓基層的鮮明導向，抓黨建促鄉村振興，加強城市社區黨建工作，推進以黨建引領基層治理，抓緊補齊基層黨組織領導基層治理的各種短板，持續整頓軟弱渙散基層黨組織，把各領域基層黨組織建設成為有效實現黨的領導的堅強戰鬥堡壘。全面提高機關、企業、事業單位黨建工作質量，理順行業協會、學會、商會黨建工作管理體制，加強新經濟組織、新社會組織、新就業群體黨的建設，推動基層黨組織全面進步、全面過硬。注重從青年和產業工人、農民、知識分子中發展黨員，加強和改進黨員特別是流動黨員教育管理。落實黨內民主制度，保障黨員權利，激勵黨員發揮先鋒模範作用。各級黨組織要提高政治領導力、思想引領力、群眾組織力、社會號召力，把廣大黨員、幹部和各方面人才有效組織起來，把廣大人民群眾廣泛凝聚起來，為全面建設社會主義現代化國家而共同奮鬥。

（六）**堅持以嚴的基調強化正風肅紀**。黨要永遠贏得人民群眾擁護、永遠立於不敗之地，必須走好新時代黨的群眾路線，以優良黨風帶動社風民風向上向善。要堅持治"四風"樹新風並舉，以更大力度弘揚謙虛謹慎、艱苦奮鬥等光榮傳統，涵養求真務實、清正廉潔的新風正氣。鍥而不捨落實中央八項規定精神，堅決鏟除腐敗滋生的作風溫床，堅決糾治形式主義、官僚主義，堅決破除特權思想和特權行為，以好作風好形象創造新偉業。紀律嚴明是我們黨堅強有力的重要保障。要全面加強紀律建設，督促領導幹部特別是高級幹部嚴於律己、嚴負其責、嚴管所轄。堅持黨性黨風黨紀一起抓，從思想上固本培元，提高黨性覺悟，增強拒腐防變能力，涵養富貴不能淫、貧賤不能移、威武不能屈的浩然正氣。

（七）**堅決打贏反腐敗鬥爭攻堅戰持久戰**。腐敗是我們黨面臨的最大危險，反腐敗是最徹底的自我革命。只要存在腐敗問題產生的土壤和條件，反腐敗鬥爭就一刻不能停，必須永遠吹衝鋒號。堅持不敢腐、不能腐、不想腐一體推進，懲治震懾、制度約束、提高覺悟一體發力，從嚴查處政治問題和經濟問題交織的腐敗案件，堅決斬斷權力與資本勾連紐帶，堅決斬斷"前腐後繼"的代際傳遞，堅決防止領導幹部成為利益集團和權勢團體的代言人、代理人，確保黨不變質、不變色、不變味。深化整治權力集中、資金密集、資源富集領域的腐敗，嚴厲懲治群眾身邊的"蠅貪"，嚴肅查處領導幹部配偶、子女及其配偶等親屬和身邊工作人員利用影響力謀私貪腐問題。堅持受賄行賄一起查，一體構建追逃防逃追贓機制，絕不讓腐敗分子逍遙法外。要加強新時代廉潔文化建設，教育引導廣大黨員、幹部明大德、守公德、嚴私德，清清白白做人、乾乾淨淨做事，永葆清正廉潔的政治本色。

全面提高新時代黨的建設新的偉大工程質量

全面從嚴治黨永遠在路上，黨的自我革命永遠在路上。推進偉大工程，必須持之以恆、善作善成，把全面從嚴治黨的思路舉措搞得更加科學、更加嚴密、更加有效，以黨的建設高質量發展統籌全局、應對變局、開創新局。

（一）**堅持強根固魂**。黨的政治建設是黨的根本性建設，對黨的思想建設、組織建設、作風建設、紀律建設等起着綱舉目張的作用。黨的政治建設抓好了，黨的建設就鑄了魂、扎了根。要強化政治建設的統領地位，黨的各方面建設都要堅持政治原則、把握政治方向、落實政治要求，把堅持和加強黨中央集中統一領導貫徹到黨的建設各方面全過程。

（二）**堅持守正創新**。黨的建設是一門科學。守正才能不迷失方向、不犯顛覆性錯誤，創新才能把握時代、引領時代。必須堅持馬克思主義基本原理不動搖，堅持黨的全面領導不動搖，堅持中國特色社會主義不動搖，運用好黨的十八大以來全面從嚴治黨的好經驗，加強實踐探索、總結基層創造，使黨的建設不斷增強時代性、把握規律性、富於創造性。

（三）**堅持問題導向**。問題是時代的聲音。今天我們所面臨問題的複雜程度、艱巨程度明顯加大。深入推進偉大工程，就要奔着問題去，以解決問題的實際成效來檢驗。要增強問題意識，緊盯削弱黨的領導的問題，影響黨的先進性、純潔性的問題，人民群眾反映強烈的突出問題，敢於動真碰硬，敢於刀刃向內，敢於刮骨療毒，以徹底的自我革命精神解決黨內存在的突出問題，使我們黨永葆生機活力。

（四）**堅持系統觀念**。偉大工程既與偉大鬥爭、偉大事業、偉大夢想緊密聯繫，本身又是各方面各要素各環節相互聯繫的統一整體。要把握好全局和局部、當前和長遠、宏觀和微觀、主要矛盾和次要矛盾、特殊和一般的關係，不斷提高戰略思維、歷史思維、辯證思維、系統思維、創新思維、法治思維、底線思維能力，加強前瞻性思考、全局性謀劃、戰略性佈局、整體性推進，推動黨的建設系統集成、協同高效。

堅定不移全面從嚴治黨，深入推進新時代黨的建設新的偉大工程，是全黨的重大政治責任。黨委（黨組）要主動履責盡責，推動主體責任一貫到底，推動全面從嚴治黨向縱深發展，不斷夯實黨的執政根基，不斷增強黨的創造力、凝聚力、戰鬥力，為全面建設社會主義現代化國家提供堅強保證。

健全全面從嚴治黨體系

唐 方 裕

　　黨的二十大報告指出："我們要落實新時代黨的建設總要求，健全全面從嚴治黨體系，全面推進黨的自我淨化、自我完善、自我革新、自我提高，使我們黨堅守初心使命，始終成為中國特色社會主義事業的堅強領導核心。"黨的全國代表大會報告首次提出"健全全面從嚴治黨體系"，這是強化管黨治黨全面系統佈局、協同高效推進的重大舉措，對於堅定不移全面從嚴治黨、深入推進新時代黨的建設新的偉大工程具有重要意義。我們要深刻領會，認真貫徹落實。

一、全面從嚴治黨需要體系化推進

　　我們黨作為長期執政的馬克思主義政黨和世界上第一大政黨，管黨治黨任務繁重，客觀上需要形成一個佈局合理、內容科學、要素齊備、統一高效的全面從嚴治黨體系。形成這樣一個體系，是黨的建設制度機制更加成熟更加定型的重要標誌，也是推進新時代黨的建設新的偉大工程的必然要求。

　　第一，黨的遠大目標和歷史使命，決定全面從嚴治黨需要體系化推進。中國共產黨一經成立，就把實現共產主義作為最高理想，把實現中華民族偉大復興作為歷史使命，團結帶領人民進行艱苦卓絕的鬥爭，書寫了中華民族幾千年歷史上最恢宏的史詩。當前，實現中華民族偉大復興處於關鍵時期，黨正團結帶領人民意氣風發向着第二個百年奮鬥目標邁進。我們黨立志於中華民族千秋偉業，致力於人類和平與發展崇高事業，奮鬥之路還很長，要探索解決的課題還很多。習近平總書記強調，打鐵必須自身硬。黨的創造力凝聚力戰鬥力，從根本上決定着黨的遠大目標和歷史使命的實現進程。只有整體地而不是局部地、系統地而不是零碎地、持久地而不是短暫地、高標準地而不是一般化地全面從嚴治黨，才能使我們黨永葆先進性和純潔性，引領中國特色社會主義巍巍巨輪劈波斬浪、一往無前。

第二，黨的隊伍的龐大規模和廣泛分佈，決定全面從嚴治黨需要體系化推進。我們黨一路走來，始終把建好隊伍作為自身建設的基礎性工作，不斷吸收新鮮血液，不斷推動組織覆蓋，着力鍛造先鋒骨幹和戰鬥堡壘，使黨保持旺盛生機和活力。截至 2021 年底，全黨黨員總數達到 9671.2 萬名，黨的基層組織共有 493.6 萬個，廣泛分佈在各條戰線、各個領域。對於這樣一支規模龐大、層級多重、與社會各方面聯繫密切的隊伍，在管黨治黨上必須有戰略的謀劃、系統的設計、完備的制度、配套的手段，否則就難以準確把握其基本特點、內在要求和發展變化，難以實現健康發展和整體優化，難以形成全黨統一意志和行動，最終就難以鞏固和發展黨的政治優勢、組織優勢，甚至可能成為一盤散沙，大而不強。

第三，黨面臨的重大風險和嚴峻挑戰，決定全面從嚴治黨需要體系化推進。新時代，我們黨領導人民進行偉大社會革命，涵蓋領域的廣泛性、觸及利益格局調整的深刻性、涉及矛盾和問題的尖銳性、突破體制機制障礙的艱巨性、進行偉大鬥爭形勢的複雜性，都前所未有。黨面臨的"四大考驗"、"四種危險"將長期存在，前進道路上隨時可能遇到難以想像的狂風暴雨甚至驚濤駭浪。管黨治黨要適應全面建設社會主義現代化國家的需要，還有不少短板需要補上，還有一些突出問題亟待解決。只有更加全面地認識現狀、查找問題，更加深入地剖析原因、摸清癥結，更加系統地完善制度、採取措施，使全面從嚴治黨更加體系化，才能更好地以黨的自我革命推進黨的自我淨化、自我完善、自我革新、自我提高，保證黨能夠戰勝現實和潛在的一切風險挑戰，始終成為時代先鋒、民族脊樑、人民主心骨。

二、我們黨已經形成比較成熟的全面從嚴治黨體系

百餘年來，伴隨着我們黨從小到大、由弱變強，黨的建設連點成線、織線成面，管黨治黨不斷體系化推進。黨的十八大以來，以習近平同志為核心

的黨中央明確提出全面從嚴治黨，在管黨治黨上更加注重整體推進、協同發力，推動形成了一個比較成熟的全面從嚴治黨體系。

第一，有系統的理論指導。注重思想建黨、理論強黨，是我們黨的鮮明特色和重要優勢。在長期實踐中，我們黨創造性運用馬克思主義建黨原則，圍繞建設一個什麼樣的馬克思主義政黨、怎樣建設馬克思主義政黨進行不懈探索，科學確定了黨的性質、宗旨、奮鬥目標、思想路線、組織原則、領導制度，各個時期都注重把黨的建設實踐經驗凝練上升為理論指導，黨的幾代領導人都就管黨治黨作過大量論述，黨的建設成為一門相對獨立的科學。進入新時代，習近平總書記就全面從嚴治黨創造性提出一系列新思想新觀點新論斷。比如，關於堅持馬克思主義基本原理同中國具體實際相結合、同中華優秀傳統文化相結合，關於弘揚偉大建黨精神，關於堅持和加強黨的全面領導，關於以黨的自我革命引領社會革命，關於以黨的政治建設統領黨的各方面建設，關於堅持新時代黨的組織路線，關於強化黨組織政治功能和組織功能，關於反對形式主義、官僚主義、享樂主義和奢靡之風，關於嚴明黨的政治紀律和政治規矩，關於思想建黨和制度治黨相統一，關於一體推進不敢腐、不能腐、不想腐，等等。這些論斷及其論述，精準把脈管黨治黨現實，深刻回答了黨的建設一系列重大問題，為全面從嚴治黨提供了系統而科學的理論指導。

第二，有完善的任務佈局。黨的建設的內容和重點，有保持基本要素相對穩定的一面，也有適應黨的事業發展和黨的隊伍變化不斷調整完善的一面。回顧黨的自身建設歷程，改革開放前基本上是主要抓思想建設、組織建設、作風建設三大建設，改革開放後加強了制度建設，黨的十七大又把反腐倡廉建設納入總體佈局。黨的十九大系統總結黨的十八大以來全面從嚴治黨的創造性實踐，提出了新時代黨的建設總要求：堅持和加強黨的全面領導，堅持黨要管黨、全面從嚴治黨，以加強黨的長期執政能力建設、先進性和純潔性建設為主線，以黨的政治建設為統領，以堅定理想信念宗旨為根基，以調動全黨積極性、主動性、創造性為着力點，全面推進黨的政治建設、思想建設、組織建設、作風建設、紀律建設，把制度建設貫穿其中，深入推進反腐敗鬥爭，不斷提高黨的建設質量，把黨建設成為始終走在時代前列、人民衷心擁護、勇於自我革命、經得起各種風浪考驗、朝氣蓬勃的馬克思主義執政黨。關於全面從嚴治黨，習近平總書記強調要堅持思想從嚴、監督從嚴、執紀從嚴、治吏從嚴、作風從嚴、反腐從嚴。黨的二十大強調要落實新時代黨的建設總要求。可以說，新時代黨的建設總要求和全面從嚴治黨"六個從嚴"的要求，從根本上完善了全面從嚴治黨的任務佈局。

第三，有健全的制度設計。 我們黨在各個時期，都制定了一系列管黨治黨的制度文件。從黨的一大通過黨的第一個綱領、黨的二大通過第一部黨章，到 1941 年專門作出關於增強黨性的決定、1948 年專門建立請示報告制度，再到新中國成立之後作出關於增強黨的團結的決議、改革開放之後出台關於黨內政治生活的若干準則，我們黨堅持不懈抓黨的制度建設，發揮了法規制度立規矩定遵循的根本之策、長遠之策作用。進入新時代，黨中央明確提出堅持制度治黨、依規治黨，前所未有重視和加強黨內法規制度建設，新制定修訂的黨內法規佔比超過 70%，現行有效黨內法規近 4000 部。在建黨 100 周年時，我們黨宣告形成比較完善的黨內法規體系。制度治黨、依規治黨的大力加強，實現了黨組織工作活動和黨員、幹部行為全面有規可依、有章可循，為在制度軌道上推進全面從嚴治黨提供了一整套嚴明的標準和規範。

第四，有配套的工作抓手。 長期以來，我們黨在管黨治黨實踐中，堅持因時因勢、因人因事施策，點面結合、上下協力，採取了很多行之有效的實招硬招，積累了豐富的"開鎖"、"過河"經驗，形成了功能齊全的"工具箱"。比如，開展黨內集中教育，包括延安整風、"三講"教育、"三個代表"重要思想學習教育活動、保持共產黨員先進性教育活動、深入學習實踐科學發展觀活動、黨的群眾路線教育實踐活動、"三嚴三實"專題教育、"兩學一做"學習教育、"不忘初心、牢記使命"主題教育、黨史學習教育等。比如，開展整黨，包括 1947 年至 1949 年整黨，主要解決一些地方黨組織特別是農村基層黨組織存在的思想、作風、成分不純問題；1951 年至 1954 年整黨，重點解決黨內驕傲自滿情緒和官僚主義、命令主義作風問題；1983 年至 1987 年整黨，以統一思想、整頓作風、加強紀律、純潔組織為基本任務。比如，對黨員幹部特別是領導幹部加強經常性教育管理監督，包括嚴肅組織生活、定期培訓、政治審查、民主評議、考核考察、報告個人事項等。比如，有針對性地反對不正之風，包括新中國成立後不久的"三反"、"五反"，黨的十八大後的持續反"四風"等。比如，開展專項整頓，包括持續整頓軟弱渙散基層黨組織，全面清理整頓黨政機關和軍隊辦企業等。比如，以堅決的態度反對腐敗，各個時期都嚴厲查處了一批腐敗典型案件，新時代 10 年反腐力度和成效翻遍中國二十四史都找不到。比如，實行黨建工作責任制，包括層層明確管黨治黨主體責任和監督責任，常態化部署黨建工作重點任務和措施，加強黨建工作督促檢查、考核評價和問責追責等。黨的十八大以來，我們黨綜合運用這些工作抓手，打出管黨治黨"組合拳"，打掉了寬鬆軟、打出了嚴緊硬，打贏了一場接一場全面從嚴治黨戰役。特別是加強黨中央集中統一領導，出台中央八項規定及其實施細則，加強派駐監督和政治巡視，深入開展反腐敗鬥爭，全面開創了我們黨革命性鍛造的新局面。

以上幾個方面，撐起了管黨治黨的"四樑八柱"，表明我們黨已經形成比較成熟的全面從嚴治黨體系。放眼全世界，沒有任何一個其他政黨能像中國共產黨這樣從嚴管黨治黨，能像中國共產黨這樣擁有如此科學嚴密的全面從嚴治黨體系，這是我們黨的一大顯著優勢和制勝密碼。

三、適應新時代新征程形勢任務需要健全全面從嚴治黨體系

全面從嚴治黨永遠在路上，黨的自我革命永遠在路上。新征程上，我們必須保持"趕考"的清醒和堅定，深入貫徹全面從嚴治黨戰略方針，守正創新健全全面從嚴治黨體系。習近平總書記深刻指出，全面從嚴治黨，核心是加強黨的領導，基礎在全面，關鍵在嚴，要害在治。健全全面從嚴治黨體系，要認真貫徹落實這一重要指示要求，始終圍繞堅持和加強黨的全面領導，緊扣落實黨的二十大關於全面從嚴治黨的戰略部署，加強謀劃實施，切實做到領域過程對象全覆蓋、教育制度監督齊發力、標準質量效果共提升。

第一，領域過程對象全覆蓋。這是落實全面從嚴治黨"基礎在全面"的基本要求。健全全面從嚴治黨體系，首先要在"全面"上下功夫，繼續拓展從嚴治黨的廣度和深度。領域全覆蓋，就是全面從嚴治黨要覆蓋黨的各方面建設，包括黨的政治建設、思想建設、組織建設、作風建設、紀律建設和制

度建設、反腐敗鬥爭，覆蓋黨的建設各方面工作，不能以為全面從嚴治黨就只是正風肅紀反腐。過程全覆蓋，就是全面從嚴治黨要貫穿於各級黨組織管黨治黨謀劃、部署、實施、督促、考核、問責等各個環節，貫穿於黨的建設各方面工作鋪陳展開的每一時段。對象全覆蓋，就是全面從嚴治黨要面向全體黨員和各級黨組織，做到管全黨、治全黨，特別是抓住"關鍵少數"，管好各級黨員領導幹部特別是高級幹部，不能在管黨治黨上有任何特殊的組織和個人。領域過程對象全覆蓋，要求統籌推進全面從嚴治黨，抓緊補短板、強弱項，使各領域相互協同、各環節緊密銜接，避免出現缺項漏項，徹底消除死角盲區，切實把所有黨員和黨組織都管住管好。

　　第二，教育制度監督齊發力。這是落實全面從嚴治黨"關鍵在嚴"的基本要求。健全全面從嚴治黨體系，要在"嚴"上持續用力，營造嚴的氛圍，採取嚴的措施，不斷豐富和深化從嚴管黨治黨的方式手段。教育上發力，就是要更加重視教育的作用，着眼於提高思想認識、形成思想自覺，堅持不懈加強黨的創新理論武裝，深入開展理想信念教育，引導黨員幹部不斷堅定對馬克思主義的信仰、對社會主義和共產主義的信念、對中國特色社會主義的信心，始終保持崇高的精神追求，不斷提高黨性修養，堅守共產黨人精神高地。制度上發力，就是要更加重視制度的作用，着眼於規範行為、制約權力、激勵擔當，加強黨內法規制度建設，提高黨內法規制度的權威性和執行力，進一步為全黨確立精準的行為規則和行為邊界，促使廣大黨員認真履行義務、鄭重行使權利，促使各級黨組織勤勉履行職責，確保全黨行動統一、步調一致。監督上發力，就是要更加重視監督的作用，着眼於及時發現和有效解決黨內存在的各種問題，健全黨統一領導、全面覆蓋、權威高效的監督體系，把黨內監督和民主監督、群眾監督、輿論監督等有機結合起來，強化責任追究，嚴厲懲治各種違規違紀行為，使各級黨組織和廣大黨員幹部勇於開展批評和自我批評、樂於接受各方面監督。教育制度監督齊發力，要求全面從嚴治黨綜合施治、立體施策，讓各項措施和手段各盡所能、各展其長、相互配合，同時發力、同向發力、形成合力，切實做到真管真嚴、敢管敢嚴、長管長嚴。

　　第三，標準質量效果共提升。這是落實全面從嚴治黨"要害在治"的基本要求。健全全面從嚴治黨體系，要在“治”上更加用力，採取標本兼治、針對性更強的舉措，確保全面從嚴治黨各項任務和部署不折不扣落實落地，實現黨的建設高質量發展。標準提升，就是要把全面從嚴治黨各項工作的目標定得更高一些，無論定性要求還是定量要求都追求“跳起來摘桃子”的狀態，同時各方面標準都要嚴格遵照執行，不能降格以求或者各行其是。質量提升，就是要使管黨治黨的各項政策、各項舉措都經過深入調研和充分論證，各項工作、各個環節都抓得很扎實、有質量，確保黨的建設全部理論和實踐都適應形勢任務發展要求，符合管黨治黨規律，能夠有效破解黨的建設難題。效果提升，就是要突出管黨治黨的效果導向，使黨的建設一切努力都不做無用功，而能最終體現到黨組織功能的普遍強化上，體現到黨員作用的充分發揮上，體現到黨內深層次矛盾和突出問題的有效解決上，體現到黨群幹群關係的持續改善上，體現到黨的創造力凝聚力戰鬥力的不斷提高上，體現到黨的執政地位更加鞏固、黨的事業更加興旺發達上。標準質量效果共提升，要求以標準質量效果為標尺評價全面從嚴治黨優劣得失，高度警惕並堅決糾治管黨治黨中的形式主義、官僚主義，反對擺花拳繡腿、做表面文章，防止看起來熱熱鬧鬧、實際上成效寥寥。要通過真抓實幹、務求實效，不斷提高全面從嚴治黨水平，使新時代黨的建設新的偉大工程為進行偉大鬥爭、推進偉大事業、實現偉大夢想提供更加堅強的保證。

堅持和加強黨中央集中統一領導

方　宇

　　黨的二十大報告在對堅定不移全面從嚴治黨、深入推進新時代黨的建設新的偉大工程作出的重大部署中，把堅持和加強黨中央集中統一領導作為第一位的任務，提出明確要求。落實這一任務和要求，要充分認識堅持和加強黨中央集中統一領導的極端重要性，深刻領悟"兩個確立"的決定性意義，增強"四個意識"、堅定"四個自信"、做到"兩個維護"，動員全黨全軍全國各族人民更加緊密地團結在以習近平同志為核心的黨中央周圍，萬眾一心為全面建設社會主義現代化國家、全面推進中華民族偉大復興而奮鬥。

一、堅持和加強黨中央集中統一領導意義重大，事關全局和根本

　　習近平總書記指出："黨中央是大腦和中樞，黨中央必須有定於一尊、一錘定音的權威"。堅持黨中央集中統一領導是黨的最高政治原則，是一個成熟的馬克思主義政黨必須堅持的根本要求，任何時候、任何情況下都不能含糊和動搖。

　　重溫馬克思主義政黨建設史，馬克思、恩格斯在創建和領導無產階級政黨過程中，就提出"實行最嚴格的中央集權制是真正革命黨的任務"；在總結巴黎公社失敗教訓時，又指出"巴黎公社遭到滅亡，就是由於缺乏集中和權威"。列寧在領導布爾什維克黨的建設實踐中，將黨中央集中統一領導明確為建黨原則之一，使"黨的中央機關成為擁有廣泛的權力、得到黨員普遍信任的權威性機構"，從而取得十月革命的勝利，創建了世界上第一個社會主義國家。總結後來蘇聯解體的教訓，一個重要方面就是蘇共放棄了集中統一領導，搞所謂各級黨組織自治，最終導致這個大黨老黨轟然倒塌。

我們黨在戰爭年代，從遵義會議開始逐步形成成熟的、有權威的中央領導集體，確保了黨的團結統一，使革命事業不斷發展壯大。毛澤東當年就反覆強調黨的統一領導問題，提出要堅持"四個服從"、特別是全黨服從中央。社會主義革命和建設時期，毛澤東進一步指出："為了建設一個強大的社會主義國家，必須有中央的強有力的統一領導"。改革開放後，鄧小平提出"黨中央的權威必須加強"，強調"中央定了措施，各地各部門就要堅決執行"。我們黨的歷史經驗充分證明，什麼時候堅定維護黨中央集中統一領導，黨的領導就得到加強，黨的事業就不斷勝利；反之，黨的領導就受到削弱，黨的事業就遭受挫折。

新時代黨和國家事業之所以取得歷史性成就、發生歷史性變革，根本在於有習近平總書記作為黨中央的核心、全黨的核心，在於堅持和加強黨中央集中統一領導。面對世所罕見、史所罕見的嚴峻複雜形勢，正是在以習近平同志為核心的黨中央堅強領導下，我們才成功地反貧困、建小康、抗地震、戰疫情、化危機、應變局，在中美經貿摩擦、釣魚島主權捍衛、中印邊境衝突、南海主權和權益維護以及涉港、涉台、涉疆、涉藏、人權等一系列重大問題上，取得一個又一個偉大成就，戰勝一個又一個艱難險阻，推動中華民族偉大復興進入不可逆轉的歷史進程。

當前，世界百年變局和世紀疫情交織疊加，國際形勢錯綜複雜，我國改革發展穩定任務艱巨繁重，各種"黑天鵝"、"灰犀牛"事件時有發生，各種可以預見和難以預見的風險挑戰不斷增多。我們黨作為擁有 9600 多萬名黨員和 490 多萬個基層黨組織、在 14 億多人口大國長期執政的世界最大政黨，治國理政的艱巨性複雜性可想而知。越是形勢複雜、任務艱巨，就越是要毫不動搖堅持和加強黨中央集中統一領導，鞏固黨的團結統一，把全國各族人民緊密團結起來，匯聚起同心共圓中國夢的磅礴偉力。

二、堅持和加強黨中央集中統一領導，最重要的是擁護"兩個確立"、做到"兩個維護"

"兩個確立"、"兩個維護"是黨的十八大以來全黨在革命性鍛造中形成的共同意志，是新時代偉大實踐取得的最重要政治成果。10 年來，在以黨的自我革命引領社會革命的生動實踐中，習近平總書記成為黨中央的核心、全黨的核心是眾望所歸、人心所向，習近平新時代中國特色社會主義思想成為黨和國家的指導思想是理所當然、勢所必然。正是有習近平總書記領航掌舵，有習近平新時代中國特色社會主義思想科學指引，全黨全國各族人民才更有志氣骨氣底氣、更加自尊自信自強。"兩個確立"、"兩個維護"具有根本性、全局性、戰略性、持久性意義，決定道路方向，決定事業成敗，決定黨的興衰，決定國家和民族前途命運。只有堅定擁護"兩個確立"、切實做到"兩個維護"，才能牢牢把握黨和國家事業發展的正確方向、確保中國特色社會主義事業行穩致遠，才能將中國發展進步的命運牢牢掌握在自己手中、獨立自主拓展中國式現代化道路，才能把全黨全國各族人民緊緊團結起來、眾志成城為全面建設社會主義現代化國家而奮鬥，才能戰勝前進道路上一切風險挑戰、不斷奪取具有許多新的歷史特點的偉大鬥爭新勝利。

習近平總書記作為深受全黨全軍全國各族人民信賴和崇敬的領袖，核心地位是在改革發展穩定、內政外交國防、治黨治國治軍的偉大實踐中確立的。習近平新時代中國特色社會主義思想作為當代中國馬克思主義、二十一世紀馬克思主義，作為中華文化和中國精神的時代精華，是以習近平同志為主要代表的中國共產黨人在推動馬克思主義基本原理同中國具體實際相結合、同中華優秀傳統文化相結合的歷史進程中創立的。黨的領導核心的確立和黨的創新理論的形成緊密聯繫、不可分割，"兩個確立"是內在統一的，應當整體把握、全面貫徹。維護習近平總書記黨中央的核心、全黨的核心地位，就要堅持習近平新時代中國特色社會主義思想的指導地位；堅持習近平新時代中國特色社會主義思想的指導地位，就要維護習近平總書記黨中央的核心、全黨的核心地位。

堅持和加強黨中央集中統一領導，要正確把握"兩個確立"和"兩個維護"的關係。"兩個確立"是"兩個維護"的政治前提和思想基礎，"兩個維護"是"兩個確立"的政治責任和實踐要求。要把"兩個維護"建立在對黨的核心發自內心的敬仰愛戴上，建立在對習近平新時代中國特色社會主義思想持之以恆的學習踐行上，自覺以理論的清醒確保政治的堅定，以黨性的純潔確保行動的正確，自覺信賴核心、維護核心、緊跟核心、捍衛核心，始終在思想上政治上行動上同以習近平同志為核心的黨中央保持高度一致。

三、結合形勢任務發展變化，進一步完善堅持和加強黨中央集中統一領導的制度機制

堅持和加強黨中央集中統一領導，既要有鮮明的態度、自覺的行動，也要有剛性的制度要求、有力的落實機制。貫徹落實黨的二十大精神，完善堅持和加強黨中央集中統一領導的制度機制，要重點把握好以下幾個方面。

完善落實"兩個維護"的制度機制。"兩個維護"是新時代我們黨管黨治黨、治國理政的根本政治要求。當前，全黨落實"兩個維護"總的是好的，但個別黨員幹部在理解和執行上還存在一些偏差。比如，有的嘴上說一套、實際幹一套，做"兩面人"、搞偽忠誠；有的落實黨中央決策部署滿足於照抄照轉、機械套用，甚至嚴重脫離實際；有的亂提口號、亂貼標籤，甚至搞"低級紅"、"高級黑"；等等。這些問題，都要注重從制度機制上防止和解決。要聚焦"兩個維護"，進一步建章立制，完善相關黨內法規制度，推動各級黨組織和黨員幹部以正確的認識和行動做到"兩個維護"，提高維護能力和效果。要把做到"兩個維護"情況作為巡視巡察、督促檢查的重要內容，推進政治監督具體化、精準化、常態化，使"兩個維護"更好落實到實際行動上。

完善黨中央對重大工作集中統一領導的制度機制。經過長期探索實踐特別是黨的十八大以來的改革創新，黨中央已形成一整套有效領導重大工作的體制機制。每次中央全會都對關係黨和國家事業發展全局的重大問題作出決定和決議，中央政治局常委會、中央政治局定期研究關係全局的重大問題、決定重大事項。中央全面深化改革、國家安全、網絡安全和信息化、軍民融合發展、財經、外事工作、全面依法治國、審計、機構編制等領域的決策議事協調機構，立足自身職能，加強對重大工作的頂層設計、總體佈局、

統籌協調、整體推進。黨的十九大後，黨中央在深化黨和國家機構改革中，進一步完善了黨中央對重大工作的領導體制。實踐證明，這些制度機制符合實際、行之有效，要長期堅持、不斷完善，以適應新時代新征程形勢任務要求，推動黨中央對重大工作的集中統一領導制度化科學化規範化，提高黨把方向、謀大局、定政策、促改革的能力。

完善黨中央決策部署貫徹落實的制度機制。堅持和加強黨中央集中統一領導，必須不折不扣貫徹黨中央大政方針和決策部署，決不能做選擇、搞變通。黨的十八大以來，圍繞黨中央決策部署的貫徹落實，在任務分工、督促檢查、情況通報、監督問責等方面建立完善了一系列制度，為確保政令暢通、令行禁止提供了有力保障。要認真總結經驗，有成效的繼續堅持，有缺失的及時彌補，有薄弱的及時加強，該修訂的抓緊修訂，使各方面制度機制更加成熟定型。要完善上下貫通、執行有力的工作體系，健全"任務分工——督辦落實——抽查檢查——定期報告——跟蹤問效"的全鏈條工作機制，使中央和國家機關發揮好"最初一公里"作用、地方黨委和政府履行好"中間段"職責、基層組織完成好"最後一公里"任務，確保黨中央決策部署在各地區各部門各層級全面貫徹。要完善定期就黨中央決策部署和習近平總書記重要指示批示貫徹落實情況"回頭看"和報告、通報制度，切實解決貫徹執行中的堵點淤點難點問題。

嚴格執行向黨中央請示報告制度。這是黨中央集中統一領導的重要制度安排和重要政治紀律。經過這些年實踐，向黨中央請示報告制度逐步完善，中央書記處和中央紀律檢查委員會、全國人大常委會黨組、國務院黨組、全國政協黨組、最高人民法院黨組、最高人民檢察院黨組每年向中央政治局常委會、中央政治局報告工作，中央政治局全體同志每年向黨中央和習近平總書記書面述職，各地區各部門加強向黨中央請示報告工作。要按照《中國共產黨重大事項請示報告條例》的規定，該請示的必須請示，該報告的必須報告，既報喜又報憂、既報功又報過、既報結果又報過程，決不能弄虛作假、掩蓋問題、欺上瞞下。要堅持守土有責、守土盡責，對職責範圍內的事情主動擔當，決不能推諉塞責；對重大突發事件在及時請示報告的同時果斷應對處置，決不能"等靠要"。

四、把堅持和加強黨中央集中統一領導作為領導幹部政治能力建設的首要任務抓緊抓實

　　堅持和加強黨中央集中統一領導，制度管長遠，幹部是關鍵。要突出重點、抓住關鍵，切實加強領導幹部政治能力建設，不斷提高"關鍵少數"的政治判斷力、政治領悟力、政治執行力。

　　加強學習教育。政治上的堅定源於理論上的清醒。個別領導幹部在重大關頭迷茫、關鍵時刻搖擺，根子上還是理論素養不過硬。要引導各級領導幹部深入學習貫徹習近平新時代中國特色社會主義思想，同學習黨的二十大報告和黨章修正案相結合，同領會黨的百年奮鬥歷程特別是新時代 10 年的偉大變革相聯繫，在強化理論武裝中不斷提高擁護"兩個確立"、做到"兩個維護"的自覺性堅定性。要充分運用黨委（黨組）理論學習中心組學習、幹部教育培訓、理論宣講等方式，引導各級領導幹部深刻認識黨中央集中統一領導的重大意義和實踐要求，內化於心、外化於行，不斷增強維護黨中央集中統一領導的高度自覺。

　　注重政治歷練。要推動各級領導幹部全面貫徹落實黨的二十大精神，緊密聯繫本地區本部門實際，把黨中央大政方針和決策部署轉化為切實可行的目標任務，以釘釘子精神抓好落實，以扎扎實實的工作成效維護黨中央集中統一領導。要引導各級領導幹部善於從政治上研判形勢、分析問題，自覺在黨和國家工作大局下行動，堅持局部服從整體，真正做到圍繞中心、服務大局。堅持和加強黨中央集中統一領導不能照本宣科、依葫蘆畫瓢，也不能搞簡單化、機械式執行，而是要把貫徹落實黨中央精神與結合實際創造性開展工作緊密結合，既吃透上情又吃透下情，既有思想上的堅決性又有行動上的科學性，真正幹實事、謀實招、求實效，確保黨中央決策部署精準落實落地。

　　增強鬥爭精神。新征程上，大量矛盾問題疊加交織，各種風險挑戰嚴峻複雜，全黨上下必須堅決鬥爭。要引導各級領導幹部增強鬥爭精神、堅定鬥爭意志、提高鬥爭本領，特別是要在大是大非上態度鮮明、立場堅定，在原則問題上保持定力、毫不動搖，堅決反對一切違背、歪曲、否定黨中央集中統一領導的言行，堅決反對一切目無政治紀律、無視黨中央權威的現象。

要推動各級領導幹部強化底線思維、極限思維，增強政治敏銳性和政治鑒別力，對損害黨中央集中統一領導的苗頭性傾向性問題、對形形色色的“低級紅”和“高級黑”現象保持高度警惕，做到眼睛亮、見事早、行動快，切實提高防範化解風險的本領。

強化管理監督。堅持和加強黨中央集中統一領導不是抽象的、不能空喊口號，應當體現到日常管理上、貫徹到實際工作中。要發揮考核“指揮棒”作用，在考核考察中重點看各級領導幹部是否做到了“兩個維護”、是否堅決執行了黨中央決策部署，指導督促他們把維護黨中央集中統一領導貫穿想問題、作決策、抓落實的全過程各方面。要樹立鮮明選人用人導向，把堅決做到“兩個維護”作為選拔任用幹部的首要政治條件。要強化巡視巡察“利劍”作用，進一步聚焦黨中央集中統一領導和習近平總書記重要指示批示落實情況開展政治監督和督促檢查，對那些有悖於黨中央集中統一領導的行為嚴肅追責問責。

堅持不懈用習近平新時代中國特色社會主義思想凝心鑄魂

王曉輝

　　黨的十八大以來，以習近平同志為主要代表的中國共產黨人，堅持把馬克思主義基本原理同中國具體實際相結合、同中華優秀傳統文化相結合，科學回答了新時代堅持和發展什麼樣的中國特色社會主義、怎樣堅持和發展中國特色社會主義等重大時代課題，創立了習近平新時代中國特色社會主義思想。這一重要思想，是當代中國馬克思主義、二十一世紀馬克思主義，是中華文化和中國精神的時代精華，是黨和人民實踐經驗和集體智慧的結晶，是全黨全國人民為實現中華民族偉大復興而奮鬥的行動指南。黨的二十大報告對堅持不懈用習近平新時代中國特色社會主義思想凝心鑄魂作出重大部署，為我們加強新時代黨的思想建設提供了方向指引和根本遵循。我們要認真落實這一重大政治任務，堅定用黨的創新理論武裝全黨、教育人民、指導實踐，更好統一思想、統一意志、統一行動，為全面建設社會主義現代化國家、全面推進中華民族偉大復興而團結奮鬥。

一、堅持不懈用習近平新時代中國特色社會主義思想凝心鑄魂，是新時代黨的思想建設的根本任務

　　注重思想建黨、理論強黨是我們黨的鮮明特色和光榮傳統。回顧黨的百年奮鬥歷程，我們黨之所以能夠歷經艱難困苦而不斷發展壯大，很重要的一個原因就是我們黨始終重視思想建黨、理論強黨，使全黨始終保持統一的思想、堅定的意志、協調的行動、強大的戰鬥力。習近平新時代中國特色社會主義思想在指導新時代偉大實踐中展現出強大的真理力量和實踐偉力，是我

492

們認識世界和改造世界的強大思想武器。邁步新的征程，堅持不懈用這一光輝思想凝心鑄魂，不斷鞏固團結奮鬥的共同思想基礎，具有十分重大的意義。

（一）**這是新的歷史條件下堅持和發展中國特色社會主義的迫切需要。**中國特色社會主義是黨和人民歷經千辛萬苦、付出巨大代價取得的根本成就。堅持和發展中國特色社會主義，需要不斷在實踐和理論上進行探索，用發展着的理論指導發展着的實踐。黨的十八大以來，以習近平同志為核心的黨中央以偉大的歷史主動精神、巨大的政治勇氣、強烈的責任擔當，統籌中華民族偉大復興戰略全局和世界百年未有之大變局，採取一系列戰略性舉措，推進一系列變革性實踐，實現一系列突破性進展，取得一系列標誌性成果，黨和國家事業取得歷史性成就、發生歷史性變革，中國特色社會主義展現出蓬勃生機與活力。新時代 10 年取得的偉大成就，根本在於以習近平同志為核心的黨中央的堅強領導，在於習近平新時代中國特色社會主義思想的科學指引。新時代新征程上，我們黨所處的歷史方位和實踐基礎發生了深刻變化，改革發展穩定任務之重、矛盾風險挑戰之多、治國理政考驗之大都前所未有，前途光明但任重道遠。我們必須堅持以習近平新時代中國特色社會主義思想為指導，堅定中國特色社會主義道路自信、理論自信、制度自信、文化自信，更有定力、更有自信、更有智慧地堅持和發展新時代中國特色社會主義，確保黨和國家事業始終沿着正確方向前進。

（二）**這是開闢馬克思主義中國化時代化新境界的迫切需要。**中國共產黨為什麼能，中國特色社會主義為什麼好，歸根到底是馬克思主義行，是中國化時代化的馬克思主義行。我們黨自成立之日起，就堅持把馬克思主義寫在自己的旗幟上，不斷推進馬克思主義中國化時代化。習近平新時代中國特色社會主義思想，以全新的視野深化對共產黨執政規律、社會主義建設規律、人類社會發展規律的認識，以原創性理論貢獻標注了馬克思主義發展的新高度，實現了馬克思主義中國化時代化新的飛躍。黨的十九大、十九屆六中全會提出的"十個明確"、"十四個堅持"、"十三個方面成就"概括了這一光輝思想的主要內容，黨的二十大提出的"六個必須堅持"深入詮釋了貫穿其中的立場觀點方法，是重大理論創新，進一步豐富發展了這一科學理論體系。實踐沒有止境，理論創新也沒有止境。繼續推進實踐基礎上的理論創新，需要我們深刻領會習近平新時代中國特色社會主義思想的豐富內涵和核心要義，準確把握其世界觀和方法論，不斷推動馬克思主義同中國具體實際相結合、同中華優秀傳統文化相結合，讓中國化時代化的馬克思主義展現出更加強大的真理力量和實踐偉力。

（三）**這是全面建設社會主義現代化國家、全面推進中華民族偉大復興的迫切需要。** 從現在起，我們黨的中心任務就是團結帶領全國各族人民全面建成社會主義現代化強國、實現第二個百年奮鬥目標，以中國式現代化全面推進中華民族偉大復興。一個民族要走在時代前列，就一刻不能沒有理論思維，一刻不能沒有思想指引。今天，我們比歷史上任何時期都更接近、更有信心和能力實現中華民族偉大復興的目標，同時世界百年未有之大變局加速演進，我國發展面臨新的戰略機遇、新的戰略任務、新的戰略階段、新的戰略要求、新的戰略環境，必須準備付出更為艱巨、更為艱苦的努力。黨的二十大提出以中國式現代化全面推進中華民族偉大復興，指明中國式現代化的中國特色、本質要求和推進中國式現代化建設的重大原則，進一步深化了對建設什麼樣的社會主義現代化強國、怎樣建設社會主義現代化強國的理論和實踐認識。我們必須強化科學理論指引，增強戰略定力、保持戰略清醒、勇於善於鬥爭，自覺把習近平新時代中國特色社會主義思想貫徹落實到黨和國家工作各方面全過程，確保各項工作更好體現時代性、把握規律性、富於創造性，堅定有力推動黨的二十大擘畫的宏偉藍圖一步一步變為現實。

（四）**這是深入推進新時代黨的建設新的偉大工程、建強高素質執政骨幹隊伍的迫切需要。** 辦好中國的事情，關鍵在黨，關鍵在全面從嚴治黨。黨的十八大以來，以習近平同志為核心的黨中央以前所未有的勇氣和定力推進全面從嚴治黨，經過不懈努力，我們黨找到了自我革命這一跳出治亂興衰歷史周期率的第二個答案，自我淨化、自我完善、自我革新、自我提高能力顯著增強，管黨治黨寬鬆軟狀況得到根本扭轉，風清氣正的黨內政治生態不斷形成和發展。同時必須清醒看到，黨面臨的執政考驗、改革開放考驗、市場經濟考驗、外部環境考驗將長期存在，精神懈怠危險、能力不足危險、脫離群眾危險、消極腐敗危險將長期存在，全面從嚴治黨永遠在路上，黨的自我革命永遠在路上。馬克思主義政黨的先進性，首先體現為思想理論上的先進性。踏上新的趕考之路，必須堅持不懈用馬克思主義中國化時代化最新成果武裝全黨，為黨的政治建設提供可靠的思想保障，作為靈魂貫穿於黨的組織建設、作風建設、紀律建設等各方面建設之中，持續用力推動全面從嚴治黨向縱深發展，把黨員幹部隊伍建設得更加堅強有力，推動全黨思想上統一、政治上團結、行動上一致，使我們黨堅守初心使命、勇立時代潮頭，始終成為中國特色社會主義事業的堅強領導核心。

二、堅持不懈用習近平新時代中國特色社會主義思想凝心鑄魂，關鍵要堅持守正創新、與時俱進，持續學深悟透、統一思想意志

理論創新每前進一步，理論武裝就要跟進一步。必須大力弘揚馬克思主義學風，不斷推進理念創新、手段創新和工作創新，引導黨員幹部持續在學懂弄通做實上下功夫，自覺做習近平新時代中國特色社會主義思想的堅定信仰者、積極傳播者、忠實實踐者。

（一）**持續抓好黨的創新理論學習教育。**黨的二十大報告明確要求組織實施黨的創新理論學習教育計劃，建設馬克思主義學習型政黨。要堅持把深入學習貫徹習近平新時代中國特色社會主義思想作為理論武裝的重中之重，落實黨委（黨組）理論學習中心組學習制度，有計劃地組織開展研討班、讀書班等，引導各級領導幹部讀原著、學原文、悟原理，深刻領會其豐富內涵、精神實質和實踐要求，深入把握貫穿其中的立場觀點方法。健全幹部教育培訓機制，把學習習近平新時代中國特色社會主義思想作為各級黨校、行政學院、幹部學院主課，切實增強學習教育的實效性。健全面向基層、面向群眾的理論普及工作體系，統籌用好廣播、電視、報刊、網絡、新媒體等渠道，採取群眾喜聞樂見的方式，講好黨的創新理論的學理哲理道理情理，推動學習教育往深裏走、往實裏走、往心裏走。

（二）**持之以恆加強理想信念教育。**理想信念是中國共產黨人的精神支柱和政治靈魂，也是保持黨的團結統一的思想基礎。要堅持把理想信念教育作為思想建設的戰略任務，把習近平新時代中國特色社會主義思想作為砥礪理想信念和初心使命的最好教材，引導黨員幹部深刻感悟習近平總書記的堅定

信仰信念、深厚人民情懷、強烈歷史擔當、求真務實作風，深刻感悟黨的創新理論的真理力量、實踐力量、人格力量，不斷夯實理想信念的思想根基。經常性組織開展專題學習、主題黨日、儀式教育、黨員政治生日等，通過學習經典、體會情懷、紅色體驗、氛圍浸潤的結合，引導黨員幹部牢記黨的宗旨，解決好世界觀、人生觀、價值觀這個總開關問題，自覺做共產主義遠大理想和中國特色社會主義共同理想的堅定信仰者和忠實實踐者，做人民美好生活和民族復興偉業的矢志創造者和不懈奮鬥者。

（三）**常態化長效化開展黨史學習教育。**黨的二十大報告明確提出堅持理論武裝同常態化長效化開展黨史學習教育相結合。要把學習黨史作為黨員幹部的必修課和常修課，納入黨員發展和教育管理全過程，分層分類完善學習制度、確保學習實效。鞏固拓展黨史學習教育成果，注重從黨的光輝歷程、重大成就、歷史經驗中深入挖掘紅色教育資源，充分發揮革命博物館、紀念館、黨史館、烈士陵園等紅色基因庫的教育功能，用好"我為群眾辦實事"活動形成的良好機制，引導黨員、幹部不斷學史明理、學史增信、學史崇德、學史力行。把黨內學習教育和全社會宣傳教育相結合，把黨史學習教育和"四史"宣傳教育相結合，針對不同群體和受眾的特點加強宣傳普及。大力弘揚偉大建黨精神，學習傳承中國共產黨人的精神譜系，激勵廣大黨員幹部永葆政治本色、堅守精神家園。

（四）**以縣處級以上領導幹部為重點在全黨深入開展主題教育。**這是黨的二十大報告作出的重大部署。要總結運用我們黨歷次黨內集中教育的成功經驗，聚焦深學細悟習近平新時代中國特色社會主義思想這個主題，加強統籌謀劃，精心組織實施。領導幹部是"關鍵少數"，是黨執政興國的骨幹力量。要把縣處級以上領導幹部作為重點，引導大家帶着感情學、帶着使命學，先學一步、學深一層，充分發揮示範引領作用，帶動廣大黨員幹部深學細悟篤行。抓好集中輪訓，分期分批把縣處級以上領導幹部培訓一遍，分層分類抓好基層黨員、幹部教育培訓，確保全員覆蓋、有力有效。統籌推進專題學習、宣傳宣講、教育培訓、實踐活動、檢視問題和整改落實各項工作，以思想自覺引領行動自覺，以行動自覺深化思想自覺。

三、堅持不懈用習近平新時代中國特色社會主義思想凝心鑄魂，根本要堅持學思用貫通、知信行統一，把黨的創新理論轉化為堅定理想、錘煉黨性和指導實踐、推動工作的強大力量

　　理論的價值在於指導實踐，學習的目的全在於運用。深入學習貫徹習近平新時代中國特色社會主義思想，必須堅持理論聯繫實際，堅持學以致用、學用相長，切實提高用黨的創新理論觀察新形勢、研究新情況、解決新問題的能力水平，更好把科學理論轉化為認識世界和改造世界的強大物質力量。要將學習成果**體現到提高政治能力上**，不斷提高政治判斷力、政治領悟力、政治執行力深刻領悟"兩個確立"的決定性意義，進一步增強"四個意識"、堅定"四個自信"、做到"兩個維護"，確保在政治立場、政治方向、政治原則、政治道路上同以習近平同志為核心的黨中央保持高度一致。**體現到推動高質量發展上，**立足新發展階段，完整、準確、全面貫徹新發展理念，加快構建新發展格局，緊緊抓住解決不平衡不充分的發展問題，着力在補短板、強弱項、固底板、揚優勢上下功夫，把黨的二十大關於推動高質量發展的各項重大部署落到實處。**體現到增進民生福祉上，**認真踐行以人民為中心的發展思想，把讓老百姓過上更好日子作為根本價值取向，採取更多惠民生、暖民心舉措，着力解決好人民群眾急難愁盼問題，不斷提高公共服務水平，扎實推進共同富裕，讓現代化建設成果更多更公平惠及全體人民。**體現到增強鬥爭本領上，**統籌發展和安全，堅持問題導向，樹牢底線思維，主動識變應變求變，主動防範化解風險，事不避難、攻堅克難，全力戰勝前進道路上的各種困難和挑戰，依靠頑強鬥爭打開事業發展新天地。**體現到弘揚清風正氣上，**以嚴的基調正風肅紀，馳而不息轉作風、樹新風，促進黨員幹部特別是領導幹部帶頭撲下身子幹實事、謀實招、求實效，以實幹擔當推動事業發展，為全面建設社會主義現代化國家、全面推進中華民族偉大復興而團結奮鬥。

增強黨組織政治功能和組織功能

張慶偉

習近平總書記在黨的二十大報告中對"增強黨組織政治功能和組織功能"作出新的全面部署,明確指出:"嚴密的組織體系是黨的優勢所在、力量所在。各級黨組織要履行黨章賦予的各項職責,把黨的路線方針政策和黨中央決策部署貫徹落實好,把各領域廣大群眾組織凝聚好。"我們要認真學習貫徹黨的二十大精神,聚焦增強黨組織政治功能和組織功能這個重要任務,深入推進新時代黨的建設新的偉大工程,為譜寫全面建設社會主義現代化國家新篇章提供堅強保證。

一、充分認識增強黨組織政治功能和組織功能的重要性緊迫性

我們黨是依靠革命理想和鐵的紀律組織起來的馬克思主義政黨。增強黨組織政治功能和組織功能,把黨員組織起來、把人才凝聚起來、把群眾動員起來,對於我們黨以偉大自我革命引領偉大社會革命意義重大。

(一)增強黨組織政治功能和組織功能,是馬克思主義建黨學說揭示的科學真理。馬克思主義政黨具有崇高政治理想、高尚政治追求、純潔政治品質、嚴明政治紀律,其力量的凝聚和運用在於科學的組織。只有組織起來,形成嚴密組織體系,才能實現力量倍增。馬克思指出:"只有當工人通過組織而聯合起來並獲得知識的指導時,人數才能起舉足輕重的作用。"列寧指出:"無產階級在爭取政權的鬥爭中,除了組織,沒有別的武器。"毛澤東指出:"一個政黨要引導革命到勝利,必須依靠自己政治路線的正確和組織上的鞏固。"習近平總書記指出:"黨的力量來自組織。黨的全面領導、黨的全部工作要靠黨的堅強組織體系去實現。"馬克思主義政黨正是依靠強大政治功能

和組織功能，充分調動廣大黨員的積極性主動性創造性，煥發出強大生命力和戰鬥力。

（二）**增強黨組織政治功能和組織功能，是中國共產黨百年奮鬥的制勝秘訣。**我們黨自誕生起，始終堅持以馬克思主義為指導，高度重視增強黨組織政治功能和組織功能，加強黨對一切工作的政治領導，將“四個服從”寫入黨章。黨的十八大以來，中國特色社會主義進入新時代，以習近平同志為核心的黨中央堅持“兩個結合”，創立習近平新時代中國特色社會主義思想，堅持黨要管黨、全面從嚴治黨，完善堅定維護黨中央權威和集中統一領導的各項制度，以提升組織力為重點，突出政治功能，不斷健全組織體系，黨在革命性鍛造中更加堅強有力，擁護“兩個確立”、做到“兩個維護”成為全黨最重要的政治紀律和政治規矩，引領推動黨和國家事業取得歷史性成就、發生歷史性變革。脫貧攻堅中，黨中央一聲號令，全黨盡銳出戰，形成“五級書記一起抓、全黨動員促攻堅”的生動局面；抗擊新冠肺炎疫情中，各級黨組織聞令而動，構築起聯防聯控、群防群控的堅固防線，都凸顯了黨的政治優勢和組織優勢。實踐證明，黨組織政治功能和組織功能充分發揮，全黨全國人民緊緊擰成一股繩，黨的事業就會不斷從勝利走向勝利。

（三）**增強黨組織政治功能和組織功能，是完成新時代新征程黨的使命任務的必然要求。**當今世界百年變局和世紀疫情相互交織影響，我國發展面臨新的戰略機遇、新的戰略任務、新的戰略階段、新的戰略要求、新的戰略環境，需要應對的風險和挑戰、需要解決的矛盾和問題比以往更加錯綜複雜。黨的二十大準確把握世界之變、時代之變、歷史之變的新特徵新趨勢，明確了新時代新征程中國共產黨的使命任務，提出以中國式現代化全面推進中華民族偉大復興。在新時代新征程上應變局、育新機、開新局，迫切需要增強黨組織政治功能和組織功能。只有各級黨委（黨組）切實加強領導，基層黨組織發揮戰鬥堡壘作用，廣大黨員發揮先鋒模範作用，才能團結帶動全黨全國各族人民步調一致奮進新征程、建功新時代。

二、準確把握增強黨組織政治功能和組織功能的內涵要求

政治屬性是黨組織的根本屬性，政治功能是黨組織的基本功能；組織功能服務於政治功能，是發揮黨組織政治功能的基礎和保證。兩者相輔相成、內在統一，只有"兩個功能"都增強，黨的政治優勢、組織優勢才能充分發揮。我們要牢牢把握增強"兩個功能"的內涵要求。

（一）**突出加強黨的全面領導、堅決做到"兩個維護"**。習近平總書記指出："加強黨的組織建設，根本目的是堅持和加強黨的全面領導，為推進中國特色社會主義事業提供堅強保證。"黨的領導既宏觀又具體，必須依靠千千萬萬個黨組織發揮作用，將"黨政軍民學，東西南北中，黨是領導一切的"要求落實到位，確保全黨團結成"一塊堅硬的鋼鐵"。堅持黨的全面領導，最根本的是堅持黨中央權威和集中統一領導。黨章規定"四個服從"，最重要的是全黨各個組織和全體黨員服從黨的全國代表大會和中央委員會；黨中央強調增強"四個意識"，特別是核心意識、看齊意識。增強黨組織政治功能和組織功能，必須胸懷"國之大者"，忠誠擁護"兩個確立"、堅決做到"兩個維護"，在政治立場、政治方向、政治原則、政治道路上同以習近平同志為核心的黨中央保持高度一致。

（二）**突出堅持組織路線服務政治路線的基本定位**。黨的政治路線是黨的政治主張的集中體現，黨的組織路線由政治路線決定，是實現黨的政治路線的重要保證。我們黨一路走來，始終堅持組織路線服務政治路線，組織工作服務於黨的中心工作，為實現黨的政治任務提供了堅強組織保證。以習近平同志為核心的黨中央創造性提出新時代黨的組織路線，為加強黨的組織建設提供了科學遵循。增強黨組織政治功能和組織功能，既要突出政治引領，確保黨在同級各種組織中發揮領導作用；又要突出組織體系建設這個重點，一體推進黨的各方面各領域建設，使新時代黨的組織路線服務黨的政治路線更加科學、更加精準、更加有效。

（三）**突出樹牢宗旨意識、堅持人民至上**。民心是最大的政治，人民是黨執政的最大底氣。黨章明確把"堅持全心全意為人民服務"作為黨的建設必須堅決實現的五項基本要求之一。黨代表中國最廣大人民根本利益，沒有任

何自己特殊的利益，其性質宗旨決定了增強黨組織政治功能和組織功能，必須堅持人民至上，把一切為了人民、緊緊依靠人民、不斷造福人民、牢牢植根人民作為根本出發點和落腳點。黨的各級組織只有堅持以人民為中心，把對上負責和對下負責統一起來、讓黨中央放心和讓人民群眾滿意統一起來，才能贏得人民信任、得到人民支持。

（四）突出問題導向和目標導向相統一。實現黨的組織和黨的工作全覆蓋，是發揮黨組織政治功能和組織功能的物質依託和基本前提。當前，黨組織建設整體形勢向好，但也存在部分基層黨組織政治功能弱化、組織軟弱渙散現象，黨的領導落實到基層還有不少"中梗阻"，新經濟組織、新社會組織、新就業群體黨建工作有待加強。必須強化問題導向，堅持守正創新，下大力固根基、揚優勢、補短板、強弱項，着力消除黨組織設置的空白點，積極拓展建設新興領域黨組織，更好推動黨的組織有效嵌入各類基層組織，黨的工作有效覆蓋社會各類群體。

（五）突出分類別具體指導、分領域統籌推進。截至 2021 年底，全國基層黨組織 493.6 萬個，廣泛分佈在各條戰線各個領域，量大面廣、層級不同、類型多樣，構成了黨執政大廈的穩固基礎。增強黨組織政治功能和組織功能，必須堅持一切從實際出發，分類指導、精準施策、統籌推進。落實農村基層黨組織工作條例，抓黨建促鄉村振興，切實增強農村基層黨組織凝聚力戰鬥力。落實關於加強和改進城市基層黨建工作的意見，加強城市社區黨建工作，健全黨建引領基層治理的體制機制。落實黨和國家機關基層黨組織工作條例，全面提高機關黨建質量，推進事業單位黨建工作。堅持"兩個一以貫之"，推進國有企業、金融企業在完善公司治理中加強黨的領導，把企業黨組織內嵌到公司治理結構之中。加強混合所有制企業、非公有制企業黨建工作，理順行業協會、學會、商會黨建工作管理體制。在新經濟組織、新社會組織、新就業群體中擴大黨的組織和工作覆蓋，促進企業和社會組織健康發展。在高校，重點是落實地方黨委和主管部委黨建工作責任，抓好立德樹人這個根本任務。

三、全面落實增強黨組織政治功能和組織功能的主要任務

黨的二十大對增強黨組織政治功能和組織功能作出全面部署，提出明確要求，我們必須深入理解、準確把握、堅決落實。

（一）**着眼增強政治領導力抓實政治建設**。黨是最高政治領導力量，政治領導力在黨的執政能力中是第一位的能力。要堅持把黨的政治建設擺在首位，推動黨的各級組織堅持和加強黨的全面領導，把擁護"兩個確立"、做到"兩個維護"體現在堅決貫徹黨中央決策部署的行動上，體現在履職盡責、做好本職工作的實效上，體現在黨員幹部的日常言行上，不斷提高政治判斷力、政治領悟力、政治執行力。嚴明黨的政治紀律和政治規矩，嚴肅黨內政治生活，發展積極健康的黨內政治文化，認真執行"三會一課"、民主集中制、談心談話、民主評議黨員等制度，推動黨的組織生活經常化、規範化、制度化。切實加強黨組織對各領域社會基層組織的政治領導，引導廣大黨員幹部群眾把準政治方向，增強政治敏銳性和政治鑒別力，共同擔負起愛黨、為黨、興黨、護黨的責任。

（二）**着眼增強思想引領力強化理論武裝**。習近平總書記指出，組織是"形"，思想是"魂"。增強黨組織政治功能和組織功能，既要"造形"，也要"鑄魂"。要堅持用習近平新時代中國特色社會主義思想凝心鑄魂，充分運用"學習強國"等各類黨員學習平台，推進經常性教育和黨內集中教育相結合，促使廣大黨員幹部進一步在學懂弄通做實上下功夫，深刻理解當代中國馬克思主義、二十一世紀馬克思主義"十個明確"、"十四個堅持"、"十三個方面成就"的豐富內涵，"兩個結合"的理論特質，"六個必須堅持"的世界觀和方法論，不斷增進政治認同、思想認同、情感認同。認真實施黨的創新理論學習教育計劃，加強理想信念教育，引導廣大黨員堅定信仰信念信心、增強志氣骨氣底氣，緊緊凝聚在黨的思想旗幟之下。

（三）**着眼增強貫徹執行力嚴密組織體系**。黨組織政治功能和組織功能強不強，抓重大任務落實是試金石，也是磨刀石。只有黨的中央組織、地方組織、基層組織都堅強有力、充分發揮作用，黨的各級組織都健全、都過硬，黨的組織體系的優勢和威力才能充分發揮出來，黨的領導才能"如身使臂、

如臂使指"。中央和國家機關作為貫徹落實黨中央決策部署的"最初一公里"，要着力打造讓黨中央放心、讓人民群眾滿意的模範機關；地方黨委是貫徹落實黨中央決策部署的"中間段"，要有令即行、有禁即止，成為堅決聽黨中央指揮、管理嚴格、監督有力、班子團結、風氣純正的堅強組織；基層黨組織是貫徹落實黨中央決策部署的"最後一公里"，要堅持大抓基層的鮮明導向，堅持黨的一切工作到支部，全面加強各領域基層黨組織建設，成為宣傳黨的主張、貫徹黨的決定、領導基層治理、團結動員群眾、推動改革發展的堅強戰鬥堡壘。要着力提高發展黨員和黨員教育管理工作質效，注重從青年和產業工人、農民、知識分子中發展黨員，嚴肅穩妥處置不合格黨員，把各方面先進分子和優秀人才吸收進來、組織起來，增強黨組織肌體活力，讓組織體系的經脈氣血更加暢通。

（四）着眼增強群眾組織力走好群眾路線。 黨的最大政治優勢是密切聯繫群眾，黨執政後的最大危險是脫離群眾。增強黨組織政治功能和組織功能，必須牢記"中國共產黨是什麼、要幹什麼"這個根本問題，在黨的各項工作中自覺走好群眾路線。始終把人民放在心中最高位置，堅持人民主體地位，尊重人民首創精神，完善群眾參與決策機制，架好黨心、民心的"連心橋"，做到問需於民、問策於民、問計於民。扎實做好服務群眾工作，深入落實黨中央各項惠民政策，真心實意為群眾解難事、做實事、辦好事。把推進黨的基層組織設置和擴大黨同人民群眾的血肉聯繫統一起來，堅持哪裏有群眾哪裏就有黨的工作，哪裏有黨員哪裏就有黨的組織，哪裏有黨的組織哪裏就有黨組織作用的充分發揮，更好組織引領廣大群眾堅定不移聽黨話、跟黨走、與黨一起奮鬥。

（五）着眼增強社會號召力加強團結凝聚。 習近平總書記在黨的二十大報告中重申走好"五個必由之路"，指出團結奮鬥是中國人民創造歷史偉業的必由之路。增強黨組織政治功能和組織功能，就要以提升社會號召力為抓手，更加廣泛地團結一切可以團結的力量、調動一切可以調動的積極因素，為全面建設社會主義現代化國家、全面推進中華民族偉大復興而團結奮鬥。推動基層黨組織擔負起組織群眾、宣傳群眾、凝聚群眾、服務群眾的職責，廣泛開展社會主義核心價值觀教育，更好引領社會思潮、整合社會力量、凝聚社會共識，使黨的指導思想成為國家和社會的指導思想，使黨的主張轉化為人民群眾的自覺行動。堅持和發展全過程人民民主，健全人民當家作主制度體系，完善民主選舉、民主協商、民主決策、民主管理、民主監督制度機制，擴大人民群眾有序政治參與，齊心協力奮進新征程、譜寫新篇章。

（六）**着眼增強自身免疫力推進自我革命**。打鐵必須自身硬。增強黨組織政治功能和組織功能，必須貫徹新時代黨的自我革命戰略思想，保持正視問題的自覺和刀刃向內的勇氣，着力解決思想不純、政治不純、組織不純、作風不純等突出問題，不斷提高自我淨化、自我完善、自我革新、自我提高能力。堅持嚴的基調不動搖，推動各級黨組織履行政治責任、嚴肅政治生活，認真貫徹執行黨的組織紀律、組織原則、組織制度，帶動廉潔紀律、群眾紀律、工作紀律、生活紀律嚴起來，讓黨員幹部知敬畏、存戒懼、守底線。繼續打好黨風廉政建設和反腐敗鬥爭這場攻堅戰、持久戰，深入整治民生領域的"微腐敗"、放縱包庇黑惡勢力的"保護傘"、妨礙惠民政策落實的"絆腳石"，確保黨的各級組織堅強有力、全面過硬。

堅持不敢腐、不能腐、不想腐
一體推進

肖　　培

　　堅持不敢腐、不能腐、不想腐一體推進，是習近平新時代中國特色社會主義思想的重要內容，是反腐敗鬥爭基本方針和新時代全面從嚴治黨的重要方略，體現了我們黨在新的歷史條件下對共產黨執政規律、黨的建設規律的深刻把握。習近平總書記所作的黨的二十大報告着眼新時代新征程中國共產黨的使命任務，對堅定不移全面從嚴治黨作出戰略部署，深刻闡明了堅持不敢腐、不能腐、不想腐一體推進的基本原則、戰略重點、方法路徑，為全面打贏反腐敗鬥爭攻堅戰持久戰、以黨的自我革命引領社會革命提供了根本遵循。

一、反腐敗是最徹底的自我革命

　　全面從嚴治黨是新時代黨的自我革命的偉大實踐，反腐敗鬥爭是其中關鍵一役。黨的十八大以來，以習近平同志為核心的黨中央把全面從嚴治黨納入"四個全面"戰略佈局，開展了史無前例的反腐敗鬥爭，不敢腐、不能腐、不想腐一體推進，"打虎"、"拍蠅"、"獵狐"多管齊下，反腐敗鬥爭取得壓倒性勝利並全面鞏固，開闢了黨的自我革命新境界。

　　（一）**實現黨全面領導反腐敗力量的戰略性重塑**。黨的十八大前一度出現管黨不力、治黨不嚴問題，一些貪腐問題觸目驚心，引起廣大黨員、幹部和群眾的強烈不滿和義憤。人心向背關係黨的生死存亡，人民最不滿意的是腐敗、最憂心的是腐敗、最痛恨的也是腐敗。黨的十八大以來，黨中央旗幟鮮明加強對反腐敗工作的領導，以"得罪千百人、不負十四億"的使命擔當祛痾治亂，實現反腐敗領導體制重塑、戰略目標重塑、組織機構重塑、工作力量重塑、責任體系重塑，管黨治黨寬鬆軟狀況得到根本扭轉，構建起黨全面領導的反腐敗工作格局，健全了黨中央集中統一領導、各級黨委統籌指揮、紀委監委組織協調、職能部門高效協同、人民群眾參與支持的反腐敗工作體制機制，匯聚起全黨全社會動手一起抓的強大合力。

（二）**反腐敗鬥爭贏得了我們黨永葆先進純潔的歷史主動。**黨中央堅持從政治高度把握和推進反腐敗鬥爭，嚴肅查處政治問題和經濟問題交織的腐敗案件，堅決糾治"七個有之"，鏟除黨內野心家、陰謀家，防止黨內形成利益集團，消除了黨、國家、軍隊內部存在的嚴重隱患。我們黨在革命性鍛造中浴火重生，防止了因腐敗蔓延、"四風"肆虐、特權橫行而變質褪色，贏得了保持同人民群眾血肉聯繫、人民衷心擁護的歷史主動；防止了黨被利益集團、權勢團體滲透干預，贏得了黨的肌體健康純潔、全黨高度團結統一的歷史主動；防止了黨在日益複雜的鬥爭中懈怠停滯，贏得了走在時代前列、帶領人民實現中華民族偉大復興的歷史主動。

（三）**堅決有力遏制腐敗蔓延勢頭。**黨中央堅持無禁區、全覆蓋、零容忍，堅持重遏制、強高壓、長震懾，堅持受賄行賄一起查，堅持有案必查、有腐必懲，十年如一日、一刻不停歇。嚴肅查處阻礙黨的理論和路線方針政策貫徹執行、嚴重損害黨的執政根基的腐敗問題，堅決清除對黨陽奉陰違的兩面人、不收斂不收手的腐敗分子，深化金融、國企、政法、糧食購銷、煤炭資源、開發區建設等重點領域反腐敗工作，堅決整治群眾身邊腐敗，反腐力度和規模之大世所罕見、史所罕見。黨的十八大以來，全國紀檢監察機關共立案審查調查 464.8 萬餘件、處分 457.3 萬人，其中立案審查調查中管幹部 553 人，處分廳局級幹部 2.5 萬多人、縣處級幹部 18.2 萬多人。2014 年以來，"天網行動"共從 120 多個國家和地區追回外逃人員 10668 人，追回贓款 447.9 億元，"百名紅通人員"已有 61 人歸案。在高壓震懾和政策感召下，8.1 萬人主動投案，2020 年以來共有 21.6 萬人主動交代問題，反腐敗鬥爭減存量、遏增量成效不斷彰顯。

（四）**防治腐敗的制度效能全面提升。**黨中央堅持全面從嚴治黨和全面深化改革、全面依法治國協同推進，形成靠制度管權、管事、管人的長效機制。堅持依規治黨，制定修訂一系列重要黨內法規，推進反腐敗國家立法，形成了一整套比較完善的黨內法規體系和反腐敗法律體系，增強制度剛性，防止"破窗效應"，貫通執紀執法，確保各項法規制度落地生根。發揮查辦案件的治本功能，發現個案背後的共性問題和深層次問題，實現查處一案、警示一片、治理一域綜合效應。

（五）拒腐防變的思想堤壩不斷加固。堅持思想建黨和制度治黨同向發力，用理想信念強基固本，用黨的創新理論武裝全黨，用優秀傳統文化正心明德，補足精神之"鈣"，鑄牢思想之"魂"。把不忘初心、牢記使命作為加強黨的建設的永恆課題和全體黨員、幹部的終身課題，持續開展黨內集中學習教育，深入清除滋生腐敗的思想病毒。加強年輕幹部思想教育，引導扣好廉潔從政"第一粒扣子"。印發加強新時代廉潔文化建設意見，引導黨員幹部錘煉黨性、增強拒腐防變能力。

（六）黨和國家監督體系更加完善。黨中央堅持黨的自我監督和群眾監督相結合，持續深化紀檢監察體制改革，組建國家和地方各級監察委員會、與同級紀委合署辦公，實現黨內監督全覆蓋、對公職人員監察全覆蓋。以黨內監督為主導，完善紀律監督、監察監督、派駐監督、巡視監督統籌銜接的權力監督格局，推動人大監督、民主監督、行政監督、司法監督、審計監督、財會監督、統計監督、群眾監督、輿論監督貫通協調，健全紀檢監察與巡視、司法、審計等協作配合機制，構建起黨統一領導、全面覆蓋、權威高效的監督體系。突出"關鍵少數"，破解對"一把手"和領導班子監督難題。從理論創新到實踐創制，從重點突破到全面覆蓋、系統集成，中國特色社會主義監督制度更加成熟定型，黨的自我淨化、自我完善、自我革新、自我提高能力顯著增強。

二、成功走出一條中國特色反腐敗之路

黨的十八大以來，黨中央深刻把握系統施治、標本兼治基本規律，把嚴肅懲治腐敗與嚴密制度約束、嚴格教育引導緊密結合，形成不敢腐、不能腐、不想腐一體推進的方針方略，這是我們黨百年奮鬥特別是新時代反腐敗

鬥爭經驗的集中體現。

（一）牢牢把握政治主動，堅持黨中央對反腐敗工作的集中統一領導。黨的十八大以來，黨中央為新時代反腐敗鬥爭指明方向、擘畫路徑、重構力量，深刻分析反腐敗鬥爭依然嚴峻複雜的形勢，強化黨對反腐敗工作全覆蓋、全方位、全過程的領導，明確全面從嚴治黨主體責任和監督責任，深化國家監察體制改革，不斷完善黨和國家監督體系。在黨中央堅強領導下，成功走出一條依靠中國共產黨領導反對腐敗、依靠中國特色社會主義法治嚴懲腐敗、依靠中國特色社會主義制度優勢防治腐敗的反腐敗之路。

（二）始終保持戰略定力，永遠吹響正風反腐衝鋒號。黨的二十大報告強調，腐敗是危害黨的生命力和戰鬥力的最大毒瘤。同腐敗的較量就是一場殊死搏鬥，只能進、絕不能退，只能贏、絕不能輸。我們堅持全面從嚴與突出重點相統一，嚴懲腐敗與清除土壤相結合，查處受賄與懲治行賄相促進，境內反腐與境外追逃相貫通，反腐敗、反"四風"、反特權多管齊下，推動反腐敗鬥爭進入了保持零容忍的震懾，有腐必反、有貪必肅，發現一起查處一起的常態化階段，形成了懲惡揚善、糾治並舉的良性循環，兌現了"不論什麼人，不論其職務多高，只要觸犯了黨紀國法，都要受到嚴肅追究和嚴厲懲處，決不是一句空話"的承諾。

（三）持續釋放綜合效能，懲治震懾、制度約束、提高覺悟同向發力。不敢腐、不能腐、不想腐是相互依存、相互促進的有機整體，"不敢"是前提，"不能"是關鍵，"不想"是根本，必須打通內在聯繫，增強總體效果。黨中央把"一體推進"的理念貫穿正風肅紀反腐各項工作中，堅持懲治這一手始終不軟不鬆，為不能、不想提供後盾；通過改革和制度創新堵塞漏洞，規範權力運行，鞏固不敢、不想的成果；深化黨性黨風黨紀教育，加強新時代廉潔文化建設，加固不敢、不能的思想防線。堅持以案促改促治，辦案、整改、治理結合，辦案、監督、警示貫通，不斷提高治理腐敗的成效。

（四）有效運用政策策略，做到堅定穩妥、精準懲治。反腐敗鬥爭是具有許多新的歷史特點的偉大鬥爭的重要方面，既要堅決懲治腐敗，又要把握政策策略。着眼政治安全，由具體線索切入、從政治高度辨析，堅持實事求是、依規依紀依法，查處腐敗案件中隱藏的政治問題、責任問題和作風問題。統籌防範化解腐敗風險與經濟社會風險，堅決鏟除重點領域風險背後的腐敗問題，推動經濟平穩健康發展，保障社會大局穩定。

（五）**不斷拓展方法路徑，深化理念創新實踐創制。**腐敗是黨內各種不良因素長期積累、持續發酵的體現，反腐敗工作必須與時俱進、守正創新。創造性運用"四種形態"處置方式，綜合考慮事實證據、思想態度、紀法標準，將懲前毖後、治病救人方針具體化政策化。創新查辦重大案件機制，綜合運用政治、紀律、法治方式，查處一批多年積累的領導幹部及其子女親屬嚴重違紀違法案件。創建系統治理制度，聚焦案件頻發領域、緊盯群眾痛點難點問題集中整治，使系統問題得到系統治理。創立主動投案規則，統籌運用黨性教育、政策感召、紀法威懾，促使違紀違法幹部如實向組織交代問題。

（六）**確保依規依紀依法，貫穿法治思維和法治方式。**鏟除腐敗滋生蔓延的土壤，關鍵要靠完善法規制度，依法反腐、依法治腐。堅持依法治國和依規治黨有機統一，統籌黨內法規制度建設和反腐敗國家立法，用留置取代"兩規"，依規依紀依法監督權力。堅持紀嚴於法、執紀執法貫通，健全線索移交、成果共享機制，對違紀、職務違法、職務犯罪問題一體審查調查。堅持嚴格監督約束執紀執法權，黨中央制定紀律檢查委員會工作條例、紀律檢查機關監督執紀工作規則，批准監察機關監督執法工作規定，確保紀委監委依規依紀依法履職盡責。

三、堅決打贏反腐敗鬥爭攻堅戰持久戰

黨的二十大報告指出，全面從嚴治黨永遠在路上，黨的自我革命永遠在路上。黨的二十大黨章對一體推進不敢腐、不能腐、不想腐作出明確規定，對推動完善黨和國家監督體系提出新的要求。10年力度空前的反腐敗鬥爭，成效卓著、舉世矚目，但對腐敗的頑固性和危害性絕不能低估，反腐敗鬥爭形勢依然嚴峻複雜。我們要堅決貫徹落實黨的二十大關於全面從嚴治黨戰略部署，增強"四個意識"、堅定"四個自信"、做到"兩個維護"，堅持嚴的基調不動搖，不敢腐、不能腐、不想腐同時發力、同向發力、綜合發力，堅決打贏這場極其複雜、極其艱難的鬥爭。

（一）健全黨領導反腐敗鬥爭的責任體系。堅持黨中央集中統一領導最高政治原則，加強反腐敗協調機制建設，把黨的領導貫穿一體推進不敢腐、不能腐、不想腐全鏈條，覆蓋從監督、執紀、執法到起訴、審判、執行、改造全過程。壓實全面從嚴治黨主體責任，貫通落實相關職能部門監管職責，健全各負其責、統一協調的管黨治黨責任格局。推動反腐敗鬥爭同黨的建設各項工作貫通協同，發揮政治監督、思想教育、組織管理、作風整治、紀律執行、制度完善的重要作用，打好總體戰。

（二）以零容忍態度反腐懲惡不動搖。黨的二十大報告指出，只要存在腐敗問題產生的土壤和條件，反腐敗鬥爭就一刻不能停，必須永遠吹衝鋒號。要更加有力遏制增量，更加有效清除存量，堅決查處政治問題和經濟問題交織的腐敗，堅決防止領導幹部成為利益集團和權勢團體的代言人、代理人，堅決治理政商勾連破壞政治生態和經濟發展環境問題，堅決懲治群眾身邊的"蠅貪"，決不讓黨和人民賦予的權力變成為少數人謀利的工具。聚焦權力集中、資金密集、資源富集領域深化整治，對行業性、系統性腐敗深挖徹查，對新型腐敗和隱性腐敗精準施治，嚴肅查處領導幹部配偶、子女及其配偶等親屬和身邊工作人員利用影響力謀私貪腐問題，一體構建追逃防逃追贓機制，絕不讓腐敗分子逍遙法外。

（三）完善防止腐敗滋生蔓延的體制機制。反腐敗是同各種弱化黨的先進性、損害黨的純潔性的病原體作鬥爭，必須從源頭着手、深化標本兼治。完善管權治吏的體制機制，完善幹部考核評價體系，健全培養選拔、從嚴教育管理監督年輕幹部常態化工作機制。抓住政策制定、審批監管、執法司法等關鍵權力，嚴格職責權限，規範工作程序，強化權力制約。推進反腐敗國家立法，明確公職人員任職迴避以及兼職、商業行為、離職從業限制等管理制度。堅持受賄行賄一起查，強化對行賄人的懲治懲戒。弘揚黨的光榮傳統和優良作風，培育新時代廉潔文化，從思想上固本培元，提高黨性覺悟，明大德、守公德、嚴私德，增強不想腐的自覺。

（四）健全系統集成、權威高效的監督體系。監督是權力正確運行的重要保證，監督體系是治理體系的重要基礎和保障。持續深化黨和國家監督體制改革，以黨內監督為主導、政治監督為基礎，推動審計、財會、統計等監督力量與黨委（黨組）巡視巡察、紀委監委監督檢查和審查調查相結合，打通各類監督貫通協調的堵點。推動監督深度融入治理，全面推進黨的自我淨化、自我完善、自我革新、自我提高。

（五）完善"一體推進"的有效載體和實踐途徑。不敢腐、不能腐、不想腐各有側重、相互融合，必須統籌聯動才能取得更多制度性成果和更大治理效能。堅持系統觀念，注重總結經驗、把握規律，立足新的實踐，探索三者貫通融合的有效載體，使嚴厲懲治、規範權力、教育引導緊密結合、協調聯動。更加注重發揮信仰信念對不敢腐、不能腐、不想腐一體推進的引領作用，推動他律向自律轉化、自律向自覺昇華，激勵黨員幹部從內心深處堅守正道、去惡揚善，不斷推動全面從嚴治黨向縱深發展，為全面建設社會主義現代化國家作出新的貢獻。